信息系统审计培训教材

信息系统审计

INFORMATION SYSTEM AUDIT

组织编写⊙中国计算机用户协会政务信息化分会

主　　编⊙周德铭

副 主 编⊙石跃军　赵进延　唐　群　曹洪泽　彭维民

知识产权出版社

全国百佳图书出版单位

—北京—

图书在版编目（CIP）数据

信息系统审计 / 中国计算机用户协会政务信息化分会组织编写；周德铭主编 . — 北京：知识产权出版社,2022.1

ISBN 978-7-5130-8040-8

Ⅰ . ①信… Ⅱ . ①中… ②周… Ⅲ . ①信息系统－审计 Ⅳ . ①F239.6

中国版本图书馆 CIP 数据核字（2022）第 002018 号

责任编辑：张　珑　　　　　　　　　　　　　　　责任印制：孙婷婷

信息系统审计

XINXI XITONG SHENJI

组织编写　中国计算机用户协会政务信息化分会

主　　编　周德铭

副 主 编　石跃军　赵进延　唐　群　曹洪泽　彭维民

出版发行：知识产权出版社 有限责任公司		网　　址：http://www.ipph.cn	
电　　话：010－82004826		http://www.laichushu.com	
社　　址：北京市海淀区气象路 50 号院		邮　　编：100081	
责编电话：010－82000860 转 8574		责编邮箱：laichushu@cnipr.com	
发行电话：010－82000860 转 8101		发行传真：010－82000893	
印　　刷：三河市国英印务有限公司		经　　销：各大网上书店、新华书店及相关专业书店	
开　　本：720mm×1000mm　1/16		印　　张：34	
版　　次：2022 年 1 月第 1 版		印　　次：2022 年 1 月第 1 次印刷	
字　　数：838 千字		定　　价：198.00 元	

ISBN 978－7－5130－8040－8

编 委 会

序

　　审计是国家治理体系的重要构成部分，是实现公平、公正，规范管理的有效手段。审计是企业和其他机构管理能力和管理制度的重要构成部分。

　　政府、企业和其他机构拥有和使用的信息是战略资源，也是重要的资产。相应的信息系统既是资产，更是其运行和发展的重要工具。

　　信息和处理信息的系统也必然成为审计的对象。信息系统审计可以追溯到半个多世纪以前，当时是对电子数据处理系统及电子化数据的安全和可靠性审计。随着信息技术、信息网络和信息技术应用的发展，信息系统的不断进化、深化，信息系统审计逐渐成为一门专业的知识和一个职业门类。

　　专业人士根据专业的知识和工具，做专业的事，这是一个普遍性的要求，信息系统审计更是如此。

　　中国的信息技术应用从20世纪70年代初开始，从企业、政府到社会领域，渐次发展。用户单位、系统集成商、专业咨询队伍不断成长，信息系统审计也从无到有、由浅入深，发挥着应有的作用。总体来说，信息系统审计依然不能满足快速发展的应用需求，在一定程度上成为一个短板，它对人才、队伍、制度、方法、培训有迫切的需求。

　　中国计算机用户协会政务信息化分会自成立以来，看到了信息系统审计潜在的需求和发展的薄弱环节，着手专注于专业信息系统审计师队伍培训，从基础教材抓起，为培训奠定基础。

　　本次出版的《信息系统审计》，内容完整、系统，全面阐述了信息系统审计的发展历史、流程和一般方法，着重讨论了信息系统管理控制、应用控制、网络控制和安全控制等方面的审计，从项目管理、技术构成、信息资源、方法工具、流程制度等不同侧面，展示了信息系统审计的全貌和工作细节，是专业信息系统审计必备的知识体系。

　　这本书的编写者均是信息系统审计领域有实践经验的专家，此书可供从事信息系统审计的专业人员及相关人士研读。是以为序。

工业和信息化部原副部长
北京大学兼职教授

柳学山

2021年10月4日

前　言

党的十八大以来,随着我国经济快速发展和新一代信息技术的崛起,我国信息化建设已经遍及政治、经济、文化、社会等各领域,为国家治理体系和治理能力现代化提供了充分保障。为强化对各类信息系统的审计监督,中华人民共和国第十三届全国人民代表大会常务委员会第三十一次会议于2021年10月23日通过了修订的《中华人民共和国审计法》,该法案提出,审计机关有权检查被审计单位信息系统的安全性、可靠性、经济性,这为开展信息系统审计奠定了重要的法律基础。因此,应当建立我国自己的信息系统审计职业队伍,加强信息系统的审计监督,促进信息系统组织目标的实现。为此,中国计算机用户协会政务信息化分会组织编写了《信息系统审计》一书,这本书作为信息系统审计职业队伍的培训教材,也是对当前国家启动新职业政策的积极响应。

本书借鉴国外信息系统审计理论和中国信息系统审计实践的发展需要,构建了中国的信息系统审计知识体系和技能体系,组建信息系统审计职业队伍,为国家治理体系和治理能力现代化建设提供支撑。在"信息系统审计"教学大纲指导下,本书内容主要体现6个方面的30个主题:一是信息系统审计,包括①信息系统审计概论;②信息系统法规知识;③承载业务专业知识;④信息系统技术知识;⑤信息系统审计知识。二是信息系统管理控制审计,包括⑥组织管理控制审计;⑦项目立项控制审计;⑧项目实施控制审计;⑨项目投资控制审计;⑩项目验收控制审计;⑪项目绩效控制审计。三是信息系统应用控制审计,包括⑫应用规划控制审计;⑬应用能力控制审计;⑭信息资源控制审计;⑮分析模型控制审计;⑯新技术运用控制审计。四是信息系统网络控制审计,包括⑰网络系统控制审计;⑱计算系统控制审计;⑲存储系统控制审计;⑳备份系统控制审计;㉑机房系统控制审计。五是信息系统安全控制审计,包括㉒网络安全控制审计;㉓等级保护控制审计;㉔风险评估控制审计;㉕应急预案控制审计。六是信息系统审计案例,包括㉖信息系统审计案例概述;㉗管理控制审计案例;㉘应用控制审计案例;㉙网络控制审计案例;㉚安全控制审计案例。

信息系统审计机构和审计人员依据国家对信息系统的法规类、标准类、规则类控制规定,按照信息系统的审计程序、审计方法、审计判断、审计质量的要求,通过对信息系统的管理控制、应用控制、网络控制、安全控制的审计检查,提出审计意见和建议,促进可靠性、安全性、经济性组织目标的实现。信息系统审计师应当了解和掌握信息系统审计的法规知识、专业知识、技术知识和审计知识,不断提升审计实践能力。信息系统建设和运维中存在的关键问题和关键技术,将通过信息系统高级审计师的关键技术突破性攻关逐步解决。在提升信息系统审计人员综合素质的同时,不断推进信息系统审计机构的基本能力、管理能力、实施能力、报告能力和质量控制能力,推进我国信息系统审计职业队伍的壮大,提升信息化治理体系和治理能力现代化的能力。

本书的编写人员为周德铭(提出审计教材的体系框架,负责第三章"应用控制审计"、第六章"信息系统审计案例"的编写),石跃军(负责第二章"管理控制审计"、第五章"安全控制审计"的编写),曹洪泽(负责第一章"信息系统审计总论"、第四章"网络控制审计"的编写)。唐群、赵进延、彭维民对本书、信息系统审计团体标准和相关实施规则的撰写与培训等工作给予了大力指导和支持。工业和信息化部原副部长杨学山为本书撰写了序,审计署原副审计长石爱中、中国工程院院士沈昌祥给予了大力指导;本教材得到了计算机用户协会王智玉、胡帆、张保印、吴幼毅、刘建国、顾炳中、陈天晴、陆锡林、李忱、孔祥清、杜维成、胡鹏举等的热情帮助,在此一并表示感谢!

由于我国正在构建信息系统审计的知识体系和技能体系,《信息系统审计》一书仅仅提出了体系框架,一定存在诸多不足,需要在日后审计实践中不断发展和调整扩充,也敬请各位读者多多批评和指导。

《信息系统审计》编写组

2021年11月

目　　录

第一章 信息系统审计总论

本章包括信息系统审计概论、信息系统的法规知识、承载业务的专业知识、信息系统的技术知识、信息系统的审计知识五节。

第一节 信息系统审计概论

本节包括信息系统审计定义、国际信息系统审计、中国信息系统审计、信息系统审计机构人员要求四个部分。

一、信息系统审计定义

（一）信息系统审计综述

信息系统审计是顺应信息技术变革而产生的，最初是从国外发展起来的，随着计算机等信息技术手段在审计中的应用，经历了20世纪60年代的萌芽、70年代的发展、90年代的成熟，21世纪的普及等多个阶段。

20世纪60年代，信息系统审计的萌芽是从电子数据处理（EDP）审计开始的。被审计单位的纸质会计资料被电子数据取代，对账务的手工处理变成了计算机操作，审计人员越来越多地关注电子数据的获取、处理及分析，这时信息系统审计的雏形EDP审计应运而生。这一时期的审计模式是作为传统审计方式的扩展发展起来的，较多地集中在国外大型会计师事务所，业务范围集中于在外部审计中实施信息系统审计。在信息技术应用比较深入的金融机构，还设立了电子数据处理和安全办公室，开始专门评价该部门的电子数据处理和安全，美国海军审计局引进了通用审计软件包。为了对EDP审计进行指导，1969年EDP审计师协会在美国洛杉矶成立。

20世纪70年代，随着计算机应用的普及，利用计算机进行欺诈和舞弊的犯罪事件不断出现。1973年1月，美国"产权基金公司"的保险经营商利用计算机诈骗了数亿美元，负责对其审计的会计师事务所被判赔偿损失，该事件引起了审计界的震惊，美国开始重新重视信息系统应用给审计工作带来的风险，并对EDP审计标准、内部控制评价、信息系统审计方法等问题进行了深入的研究。1978年，美国EDP审计师协会推出了信息系统审计师（CISA）认证考试，成为信息系统审计发展职业化的开端。

进入20世纪80年代，网络和通信技术迅速发展，企业总部与分支机构的信息资源交互与共享使得企业更注重从战略目标出发建立集成信息系统。业务数据与财务数据的大量交互使得审计人员在进行财务审计时必须考虑信息系统的安全、可靠及效率，以保证信息的真实完整。这一时期计算机辅助审计技术得到广泛应用，对信息系统进行直接审查以及运用审计测试技术，审计人员能够更加深入地了解信息系统的开发、程序设计及信息处理的具体过程，开始尝试运用嵌入审计程序的方式开展信息系统审计。

20世纪90年代,信息系统越来越复杂,互联网技术深刻地改变着人们的业务处理方式和思维方式,催生了企业的数据大集中及信息系统网络化。集中化的业务处理方式在提高信息共享与资源交互程度的同时,也暴露了业务处理过度依赖信息系统的弱点。因此如何确保网络条件下信息系统的安全、可靠和有效就变得越来越重要。为了更好地实现对信息系统审计的指导,1992年最高审计机关国际组织(INTOSAI)成立了EDP审计委员会,对成员国的信息系统审计进行指导并相互交流。民间组织方面,1969年美国洛杉矶成立了电子数据处理审计师协会(ED-PAA),随着计算机对被审计单位各个业务环节的影响越来越大,计算机审计也从单纯地关注电子数据处理,延伸到对计算机系统的可靠性、安全性进行了解和评价。1994年该协会正式更名为信息系统审计与控制协会(ISACA),先后制定了信息系统审计相关的标准、指南和程序,对信息系统审计进行指导。目前ISACA组织已经在全球160多个国家和地区建立了分支机构。这一阶段在成立职业化国际组织的同时,信息系统审计技术也实现了突飞猛进的发展,标志着信息系统审计在发达国家进入了普及阶段。

21世纪,信息系统审计得到了普及性发展。我国审计署与INTOSAI进行了积极的交流与沟通,派出计算机审计骨干人员赴美学习信息系统审计理念与技术。对国有金融机构、中央企业等信息化程度较高的单位进行了信息系统审计的探索。在审计信息化系统建设项目(金审工程)的框架下,研究了信息系统审计方法与技术,制定了分行业的数据规划体系,借鉴CISA认证模式培养了一批信息系统审计人才。地方审计机关也积极尝试信息系统审计,在社会保障、财政税收、医疗卫生、交通运输等多个领域做出了有益的探索。

(二)中国对信息系统审计的定义

信息系统审计在不同发展时期内涵有所不同,不同国家各个发展阶段的定义也略有不同,目前尚无一个统一的定义。信息系统审计领域的权威专家威伯·荣(Ron Weber)将其定义为"信息系统审计是一个获取并评价证据,以判断信息系统是否能够保证资产安全、数据完整以及高效地利用组织的资源,有效地实现组织目标的过程"。日本通产省认为IT审计是"为了信息系统的安全、可靠和有效,由独立于审计对象的IT审计师,以第三方的客观立场对以计算机为核心的信息系统进行综合的检查与评价,向IT审计对象的最高领导层提出问题与建议的一连串的活动"。

我国国家审计署发布的《信息系统审计指南》认为,信息系统审计是指国家审计机关依法对被审计单位信息系统的真实性、合法性、效益性和安全性进行检查监督的活动,具体审计时应当考虑应用控制、一般控制和项目管理的审计。中国内部审计师协会发布的《第2203号内部审计具体准则——信息系统审计》认为,信息系统审计是指内部审计机构和内部审计人员对组织的信息系统及其相关的信息技术内部控制和流程所进行的审查与评价活动;具体审计时应当考虑组织层面的信息技术、一般性控制层面的信息技术、业务流程层面的信息技术等。中国注册会计师协会发布的《独立审计具体准则第20号——计算机信息系统环境下的审计》认为,计算机信息系统环境下的内部控制包括一般控制和应用控制,评价一般控制时应当考虑组织与管理控制、应用系统开发和维护控制、计算机操作控制、系统软件控制、数据和程序控制等;评价应用控制时应当考虑输入控制、计算机处理与数据文件控制、输出控制。

综上所述,信息系统审计是审计机构对被审计单位的信息系统管理控制、应用控制、网络控制、安全控制进行检查,确保信息系统可靠性、安全性、经济性组织目标实现的监督活动。可以定义为:信息系统审计是指了解和掌握信息系统的专业知识、法规知识、技术知识和审计知识的机构和人员,依据国家对信息系统的法规类、标准类、规则类控制的规定,对信息系统的管理控制、应用控制、网络控制、安全控制进行检查,提出意见和建议,促进信息系统可靠性、安全性、经济性目标实现的监督活动。

本定义对信息系统审计做出了三项规则。

一是信息系统审计是一项复合型知识体系:包括信息系统的专业知识,即信息系统承载的财政、金融、投资、企业等专业知识,并保障承载的专业能够得到健康安全的运行;信息系统的法规知识,即国家的法律法规、标准规范、工作规则对信息系统的规划、建设、运维做出了具体的规定;信息系统的技术知识,即信息系统的管理类、应用类、网络类、安全类方面的知识;信息系统的审计知识,即对信息系统的审计必须了解和掌握信息系统的审计程序、审计方法、审计判断、审计质量控制。

二是信息系统审计的对象:包括信息系统管理控制的项目组织、项目立项、项目实施、项目投资、项目验收、项目绩效的控制执行情况;信息系统应用控制的应用规划、应用能力、数据资源、分析模型、新技术应用的控制执行情况;信息系统网络控制的网络系统、计算系统、存储系统、备份系统、机房系统的控制执行情况;信息系统安全控制的网络安全、等级保护、风险评估、应急预案的控制执行情况。

三是信息系统审计的目标:包括管理控制、应用控制、网络控制、安全控制所体现的可靠性、安全性、经济性。

(三)中国信息系统审计权限

在我国,信息系统审计机构包括国家审计机关、内部审计机构和社会审计组织,以及信息系统规划、建设、运维单位的审计机构。其信息系统审计权限包括法定职责、履职程序、审计规范等,彼此之间有一定的差异性。

1. 国家审计机关的信息系统审计职责和规范

根据国家审计准则的相关规定,审计人员认为仅审计电子数据不足以为发现重要问题提供适当、充分的审计证据或电子数据中频繁出现某类差异时,应当检查相关信息系统的有效性、安全性。审计发现被审计单位信息系统存在重大漏洞或者不符合国家规定的,应当责成被审计单位在规定期限内整改。根据审计署计算机审计实务公告中关于信息系统审计的相关规定,信息系统审计的主要目标是通过检查和评价被审计单位信息系统的安全性、可靠性和经济性,揭示信息系统存在的问题,提出完善信息系统控制的审计意见和建议,促进被审计单位信息系统实现组织目标;同时,通过检查和评价信息系统产生数据的真实性、完整性和正确性,防范和控制审计风险。在信息系统审计中,提供审计机关所需的各类资料和电子数据,并承诺其真实性和完整性,必要时配合审计人员实施系统测试和数据测试,是被审计单位的责任。而保守国家秘密和商业秘密,避免对被审计单位信息系统造成损害,以及向被审计单位提出信息系统控制缺失及其产生数据风险的意见,并提供意见、建议,是审计人员和审计机关的责任。

2. 内部审计机构的信息系统审计职责和规范

根据内部审计相关具体准则的规定,信息系统审计的目的是通过实施信息系统审计工作,对组织是否实现信息技术管理目标进行审查和评价,并基于评价意见提出管理建议,协助组织信技术管理人员有效地履行职责。组织的信息技术管理目标主要包括：一是保证组织的信息技术战略充分反映组织的战略目标；二是提高组织所依赖的信息系统的可靠性、稳定性、安全性及数据处理的完整性和准确性；三是提高信息系统运行的效果与效率，合理地保证信息系统的运行符合法律法规以及相关监管要求。组织中信息技术管理人员的责任是进行信息系统的开发、运行和维护，以及与信息技术相关的内部控制的设计、执行和监控。而信息系统审计人员的责任是实施信息系统审计工作并出具审计报告。

3. 社会审计组织的信息系统审计职责和规范

在国外的社会审计实践中，信息系统审计是一种独立的审计签证活动。被审计单位与会计师事务所签订业务约定书，约定由事务所对被审计单位的信息系统进行评价和鉴证。信息系统审计人员一般遵循信息系统审计与控制协会颁布的准则、指南和程序来实施信息系统审计。信息系统审计与控制协会(ISACA)颁布的《信息及相关技术的控制目标》以及设立的信息系统审计师(CISA)培训和考试，对信息系统审计的职责和规范做出了相应的规定。

二、国际信息系统审计

(一)国际信息系统审计综述

ISACA是国际上公认度较高的信息系统审计专业组织，该组织在职业化道路上一直引领着国际信息系统审计的发展，在注重分支机构建设、注重CISA职业认证考试的同时，信息系统审计标准的发展和传播更是ISACA为该行业做出的杰出贡献。

具体地说，信息系统审计准则是"以管理为核心，法律法规为保障，技术为支撑的信息系统审计框架体系"。信息系统审计准则是一个规范化的管理框架，把审计人员和被审计单位各自的权利、义务和责任等纳入管理框架，解决了各方因为职责不明确而影响信息系统审计质量的问题。目前已颁布的信息系统审计准则分为信息系统审计标准、审计指南和作业程序三个层次。

1. 审计标准

审计标准是整个信息系统准则体系的总纲，是制定审计指南和作业程序的基础和依据。审计标准是对信息系统审计和报告的强制性要求，规定了对信息系统审计师履行ISACA职业道德规定的职业责任的最低限度，以及管理层及其他利益相关人应遵循的与信息系统审计相关的职业要求。截至目前，ISACA已发布了"审计章程""审计独立性"等共16个审计标准，自2005年1月1日起陆续实施。

2. 审计指南

审计指南为审计标准的应用提供了指引，信息系统审计师在审计过程中应考虑如何应用指南以实现审计标准的要求，在应用过程中应灵活运用专业判断并纠正任何偏离准则的行为。审计指南的目标是为遵守审计标准的规定提供更多的信息。截至目前，ISACA已发布了"利用其他审计师的工作""对审计证据的要求"等共39个审计指南，自1998年6月1日起陆续生效。

3. 作业程序

作业程序提供了信息系统审计师在审计过程中可能遇到的审计程序的示例。作业程序为审计师在审计过程中实现标准的要求提供了相关信息，但并不作为硬性要求。作业程序的目标是为审计师遵循标准要求提供更多的信息。作业程序是对审计标准和指南之外的一种补充，审计人员在审计过程中可以参考作业程序中的相关示例进行审计，在遇到特殊情况的时候可以寻求作业程序的指导。截至目前,ISACA已经发布了"信息系统风险评估""数字签名"等共11个作业程序,自2002年7月1日起陆续生效。

COBIT是Controlled Objectives for Information and Related Technology的缩写,直译是《信息和相关技术的控制目标》。它是由ISACA公布,并结合应用实际不断进行修改完善发布新的版本。COBIT是"信息技术最佳实践"的总结,它从信息化建设的角度对控制进行描述。自1996年第一版推出以来,经历了1998年的第二版、2000年第三版以及2005年的第四版。2012年COBIT4升级为COBIT5,信息和相关技术的控制目标被调整为5个域(37个具体流程),即评价、指导与监控;调整、计划与组织;建立、获取与实施;交付、服务与支持;监控、评价与评估。其脉路调整为"按照IT目标,对IT资源的IT过程进行管控的过程控制"。

(二)各国信息系统审计发展

1. 美国信息系统审计机制

美国信息系统审计工作的历史可以追溯到1969年在洛杉矶成立的电子数据处理审计师协会,但在联邦政府层面,美国信息系统审计工作由政府责任署(Government Accountability Office,GAO)负责,其前身是美国审计总署。早在1974年,当时的美国审计署就已开展了"关于社会安全信息管理系统重新设计的性能预测"等信息安全方面的审计。从工作机制方面来看,组织机构、审计原则、审计流程等均有自身的特色。

(1)组织机构。GAO是美国国会的下属机构,隶属于联邦政府立法部门,作为独立机构只对国会负责。机构负责人为总审计长,由总统提名,最高任期15年。GAO负责审计政府的政策、项目、机构运行活动是否达到预期目标,确保公共支出经济有效的使用。审计对象覆盖联邦政府及其下属各类机构、联邦政府兴办、资助或补贴的企业、单位和社会团体等。

(2)审计流程。GAO信息系统控制审计的工作流程包括6个步骤:

请求发起。审计请求发起人通常是国会委员会成员或分委会成员、总审计长。GAO会结合请求的主题、GAO本身的权责要求、所需资源的多少等决定是否接受请求。

审计启动。审计请求被接受后,审计项目启动。主要包括组件审计团队、联系请求发起人以获得更多审计相关信息,并告知报告预计形成时间等。

审计计划。审计团队指定审计计划,包括了解审计目标和范围,被审计单位的关键业务、运营流程、网络结构;了解信息系统控制,识别关键控制点,确定审计的关键领域并初步评估信息系统风险等,审计周期一般在1年左右。较短的项目可能在半年内完成。

审计执行。审计团队对信息系统控制的有效性进行评估。总结审计中发现的问题。审计人员需根据审计目标确定组织使用的控制技术,并确定控制技术能否实现有效的控制活动。审计完成后对存在的缺陷进行总结,得出审计结论并形成报告。审计报告依照GAGAS和FISCAM的要求进行编写,主要内容包括:控制有效性的结论和相关依据、已确定的实质性漏洞和重大漏洞、审计机构的政策及程序文件、对审计目标与重大影响的检测结果、审计跟踪程序的结果等。

机构确认。审计的初步报告会反馈给被审计单位,并给1个月的时间对报告进行确认和回复。被审计单位的确认和回复不会影响信息系统控制审计和报告的独立性。

报告发布。通常在收到被审计单位的回复14天后,审计团队将发布审计报告。审计请求发起人可要求报告延迟公开,延迟时间不超过30天。

（3）审计模式。GAO审计分为两种形式：一是常态审计，作为GAO的日常工作开展；二是高风险领域的审计。两种审计形式的审计流程相同，但关注点存在差异。

2. 加拿大信息系统审计机制

2002年，加拿大审计署对财政部秘书处信息技术安全性实施了审查，提出多方面加大系统风险的控制，建议被审计机构应全面实施风险测评，安排员工参与信息安全意识培训，确保安全控制和监管贯穿于系统建设的整个生命周期内，并定期检测系统技术性漏洞。财政部秘书处回应会即刻采取行动，落实以上建议。

2007年，加拿大审计署针对财政部秘书处、政府服务中心、国防部和国防建设部4家政府机构在签订外包合同同时采取的信息安全防护措施开展全面审查。审计发现，由于缺乏相关的政策和指引，内部敏感信息遭遇肆意迫害和外泄风险很大。同时《政府安全策略》对外包（含合同）安全性的规定也很模糊，被审计机构与外部合作方缺乏明确的信息安全协议。加拿大审计署建议财政部秘书处应当联合相关部门完善政策法规，出台操作指南，改善外包合同的安全控制。该项审计推动了相关政策的修订和完善工作。

2012年，加拿大审计署关注了公共安全部履行该项职责的情况，建议公共安全部应当建立跨部门间的信息安全部署方案，确保所有的部门网络可以正常运作，实现跨部门的信息交互，共同协作致力于风险管理和信息安全，提高加拿大网络事故响应中心的能力，及时掌握网络风险动态。

3. 英国信息系统审计机制

2003年至2011年间，英国审计署（NAO）开展信息系统审计的主要目的在于评价政府机构信息化建设的投资价值，审查被审计机构信息系统的经济性问题。审计人员深入分析和研究这一专题，为政府在信息化建设领域的投资决策提供可靠信息。

随着信息技术的快速发展，为了应对日益严重的网络攻击，给公民提供安全可靠的网络环境，2011年11月英国政府发布了《网络安全策略》，为构建安全的国家网络系统指明了方向，规范了各种流程和方法。依据该项政策，2013年9月英国审计署进行了对英国税务海关总署、国民健康保险机构、消费者信贷许可机构和英国就业与退休保障部的信息系统风险管理的审查工作。审计揭示了各机构存在的信息系统风险管控缺失问题，建议被审计机构应当严格按照国家政策落实信息系统安全部署工作，保障信息安全、可靠；增强信息安全意识；定期检测信息系统存在的安全风险，并深度分析。

2014年开展的两项信息系统专项审计均围绕信息系统的安全性和隐私性展开。如2014年7月发布的英国税务海关总署信息和通信系统外包合同管理审计，揭露了外包服务中不合规、不安全、疏于管理的问题，建议英国税务海关总署加强信息和通信系统运作绩效，加大自身操作和技术能力，减少对外包服务的依赖，建立风险管理持续性机制，系统地规避风险。

4. 澳大利亚信息系统审计机制

澳大利亚的信息系统审计一直围绕安全性展开，从最初的结合绩效审计开展的信息系统安全性审计逐渐发展为独立的信息和通信安全审计。国家出台的各项信息安全政策为信息系统审计指出明确方向和提供可靠依据。

1995年至2011年，结合被审计机构的绩效审计，澳大利亚审计署（ANAO）多次开展信息系统安全防护审计，以2001年6月健康保险委员会信息系统审计和2002年7月健康与老龄化事务部信息技术审计为例,审计人员依据COBIT深入审查了两所机构在信息系统安全防护层面的重要举措。

2005年之后,随着澳大利亚司法部发布的PSM、ISM和PSPF的应用,对信息系统的安全防护部署定义了新的目标和要求。澳大利亚审计署通过开展独立式的信息系统安全性审计,全面掌握政府机构信息系统的安全防护措施落实情况,发现漏洞和缺失所在,督促其完善信息系统安全化建设。

自2012年开始,审计人员重点关注被审计机构依据PSPF在信息和通信安全方面,应用ISM的部署情况。已发表的审计报告如:2012年9月发布的《可移动存储设备的信息和通讯安全》,2014年6月的《物理安全管理》《面对网络攻击、维护机构信息和通信系统安全》。审计发现,各被审计机构的安全体系未能完全符合PSPF,仍存在很多安全控制薄弱点。审计人员建议应当严格按照国家政策法规的要求,尽快完成信息化安全建设,定期对信息和通信系统做风险评估,密切关注信息安全。被审计机构也认为信息安全防护迫在眉睫,完全认可审计建议,积极付诸行动。

5. 韩国信息系统审计机制

韩国审计监察院(BAI)开展信息系统审计始于2002年对韩国47个政府机构电子政务的建设管理、投资管理和风险管理的审查,韩国审计监察院建议各审计机构应合理规划信息化项目,避免重复建设,统一建立一套身份认证,电子签名及电子公章系统,节约建设投资。相关机构间实现数据互联共享,减少数据冗余,行使监督建设进展的义务,检验建设成果,促进电子政务模块信息化建设的经济性和有效性。

2006年,审计开始着眼于信息系统的建设、信息化与业务系统能力两个板块,旨在完善信息系统建设管理机制,提升在建信息系统的效益,实现系统利用最大化。2011年对大型火灾防护管理系统和社保信息系统的审查反映出系统建设不合规,使用效率偏低的问题。

2013年,审计焦点转移到信息共享以及信息系统的安全和隐私控制。2013年7月实施的公共信息共享情况审计,明确指出政府机构间实现公共信息共享的重要作用,有利于节约国家财政、提升公民利益。韩国审计监察院建议被审计机构提高数据利用率,全方位实现信息共享。

2014年,韩国审计监察院对金融领域以金融服务委员会为代表的10所公共机构,全面实施信息系统的信息防护和网络安全管理审计,发现系统监管不力、外包管理不当、移动设备管控缺乏等控制缺失点。审计建议部署信息安全措施,切实维护国家资产。

三、中国信息系统审计

(一)国家审计信息系统审计发展

中国信息系统审计已得到各方面的高度重视,从国家审计的有关法律法规来看,信息系统审计已经列入审计机关的审计范围。1993年9月1日,审计署发布的中华人民共和国审计署令第9号《审计署关于计算机审计的暂行规定》中第二条指出"凡使用计算机管理财政、财务收支及其有关经济活动的被审单位,审计机关有权采用计算机技术,依法独立对其计算机财务系统进行审计监督"。2001年国务院办公厅颁布的《关于利用计算机信息系统开展审计工作有关问题的通知》(国办发〔2001〕88号文)规定,审计机关有权检查被审计单位运用计算机管理财政财务收支的信息系统,在审计机关对被审单位电子数据真实性产生疑问时,可以对计算机信息系统进行测试。2006年新修订的《中华人民共和国审计法》进一步在法律层次上规定,审计机关有权检查被审单位运用电子计算机管理财政财务收支电子数据的系统。

2010年最新修订的《中华人民共和国国家审计准则》分别就职业胜任能力、审计计划、审计实施、获取审计证据、作出审计结论、出具审计报告等总共12个条款对信息系统审计的目标、内容、方法等做出了规定,表现出鲜明的关注信息系统审计以及信息化环境下开展审计工作的特色。该准则首次对信息系统控制情况做出具体定义:"一般控制,即保障信息系统正常运行的稳定性、有效性、安全性等方面的控制;应用控制,即保障信息系统产生的数据的真实性、完整性、可靠性等方面的控制。"

2010年4月,审计署颁布了《关于检查信息系统相关审计事项的指导意见》(审计发〔2010〕48号),对信息系统审计的目标和关注点、审计事项的主要内容、审计事项的分类、开展信息系统审计的组织管理方式以及信息系统审计的方法与工具做出了指导性规定,并明确了需要重点关注的9大类26个审计事项。

2009年起,审计署组织技术力量以研究课题的方式对国家《信息系统审计指南》体系进行了研究,借鉴了国外的理论研究成果并融入了中国特色的信息系统审计实践,2010年10月课题通过了专家验收评审。2011年审计署印发《审计署办公厅关于印发国家审计指南开发方案的通知》(审办法发〔2011〕192号)对此做了明确规定。

2012年,审计署颁布了《信息系统审计指南——计算机审计实务公告第34号》(审计发〔2012〕11号),该指南是中国国家审计指南框架体系下的专业指南之一,对信息系统审计定义、内容、流程和技术方法等做出了详细规定,将推动我国信息系统审计实践逐步走向深入。《信息系统审计指南》在美国ISACA指定的应用控制、一般控制审计内容基础上,扩展了管理控制的审计内容,包括信息系统建设经济性评价、信息系统建设管理评价、信息系统绩效评价三节。其中,信息系统建设经济性评价包括①信息系统规划经济性。包括总体规划经济性评价、业务整合规划经济性评价、行业整合规划经济性评价、技术特征规划经济性评价。②信息系统建设经济性。包括建设规划经济性评价、招标采购经济性评价、应用开发经济性评价、应用推广经济性评价。③信息系统应用经济性。包括业务管理对信息系统的依赖度评价、信息系统对业务管理的支持度评价、系统应用对提升效能的贡献率评价。④信息系统运维经济性。包括信息系统运维经济性评价、信息资产运行经济性评价、信息资产运维经济性评价。

(二)内部审计信息系统审计发展

我国会计电算化起步于20世纪70年代。1979年,财政部支持并参与了长春第一汽车制造厂的会计电算化试点工作。80年代以来,计算机在会计领域的应用得以迅速发展。随着会计电算化的起步与发展,推动了我国内部审计的电子数据审计和信息系统审计。2008年,中国内部审计师协会颁布了《内部审计具体准则第28号——信息系统审计》;2013年,修订了《第2203号内部审计具体准则——信息系统审计》。该准则主要对内部审计机构和审计人员开展的信息系统审计活动进行了规范。信息系统审计具体准则的发布促进了内部审计的信息系统审计发展进入规范阶段。

内部审计机构的信息系统审计伴随着内部审计信息化的发展而发展。我国内部审计信息化经历了从单点应用的初级阶段走向综合应用、集成应用,直至战略应用的较为成熟阶段的发展过程。当前,内部审计信息化主要聚焦于两个方面的10类应用:在审计业务应用方面主要是现场审计、审计分析、持续审计、内控合规审计、风险管理审计和信息系统审计等;在审计管理应用方面主要是审计项目管理、审计知识管理和审计决策支持等。并在如下方面开展了积极有效的探索:探索建设审计信息门户,提高审计信息系统的集成水平,发挥内审信息化整体协同作用;探索建设审计分析平台,进一步提高内部审计揭露事实性问题、发现相关性、趋势性问题的能力;探索支持新兴审计业务的计算机辅助审计工具,进一步提高审计现场工作效率;探索建设决策支持、知识管理等系统,并使之与审计项目管理、审计作业系统紧密配合,促进审计信息的顺畅沟通,实现审计决策精准化与知识共享化;探索建设风险管理审计平台,服务于内部审计,为改善公司治理、风险管理与控制发挥作用,提升内部审计价值。

(三)社会审计信息系统审计发展

信息系统审计在国外已经成为一种职业,但在国内的社会审计中还没能完全发展起来。其原因一方面是社会企业和组织机构对信息系统审计的认识仍然不够,另一方面也是由于信息系统审计方面的人才缺乏。但是,社会审计对信息技术环境非常重视,社会审计准则对注册会计师在计算机信息系统环境下的审计进行了规范,规定必须考虑计算机信息系统环境对被审计单位会计信息及其内部控制的影响,要求审计人员对计算机系统的内部控制进行研究和评价。1999年2月,中国注册会计师协会颁布《独立审计具体准则第20号——计算机信息系统环境下的审计》。

(四)我国信息系统审计特点

随着国民经济和信息科技的发展,我国已经形成了一大批承载国家政治、经济、文化、社会等重要领域的政务信息系统。为保障信息系统的健康安全发展,需要强化信息系统审计,保障国家信息系统的安全性、可靠性和经济性。为此,我国从法律制度、标准规范、组织机构、审计实践等多个方面加强了信息系统审计的建设。2001年,国务院办公厅《关于利用计算机信息系统开展审计工作有关问题的通知》(国办发〔2001〕88号)中要求,审计机关有权检查被审计单位运用计算机管理财政收支、财务收支的信息系统(以下简称"计算机信息系统");2006年修订的《中华人民共和国审计法》规定,审计机关有权检查被审计单位的会计凭证、会计账簿、财务会计报告和运用电子计算机管理财政收支、财务收支电子数据的系统。2014年10月,《国务院关于加强审计工作的意见》(国发〔2014〕48号)中提出,创新电子审计技术,提高审计工作能力、质量和效率;推进对各部门、单位计算机信息系统安全性、可靠性和经济性的审计。2012年,审计署发布了《信息系统审计指南》,目前正在构建适合我国情况的信息系统审计框架和规范。2006年以来,审计署通过组织学习借鉴国外信息系统审计成果,结合我国实际情况积极组织开展了财政、金融、企业等多类重大行业的信息系统审计实践,组织开展了多渠道、多种方式的信息系统审计培训和交流;2014年,审计署加强了专门从事电子数据审计和信息系统审计的组织机构建设。信息系统审计已经成为我国国家审计的重要组成部分。

我国信息系统审计的特点是与国家审计的总体要求相适应的,审计机关开展信息系统审计,要从推动国家信息化建设政策贯彻落实、促进信息系统作用提升、维护信息安全、揭示重大违法违纪问题和提高财政资金使用效率等方面入手,促进国家信息化建设科学发展。

一要加强国家信息化重大政策措施跟踪审计,着力监督检查行业、地区、部门落实相关政策的具体部署、执行进度和实际效果等情况,推动政策措施的贯彻落实。

二要重点关注信息系统项目规划目标实现、应用效果、系统功能和数据可靠性等方面内容,促进提高政府效能和财政资金使用效益。

三要加强信息系统安全审计,围绕安全管理和安全技术两方面,检查IT基础设施、系统软件、应用软件和数据的安全性及自主可控情况,维护国家信息安全。

四要重点关注信息化投资审批、IT软硬件及服务采购和招标投标等关键环节,揭示项目建设运维中的重大违法违纪问题,促进廉政建设。

五要重点关注信息化建设的顶层设计、统筹规划、数据资源的共享利用程度和信息系统间业务协同能力等,揭露项目建设中存在的"小、散、乱"和信息孤岛等突出问题,推动财政资金的合理配置和统筹使用。

四、审计机构人员要求

(一)信息系统审计机构职责和规范

信息系统审计机构包括规划、建设和运维信息系统的组织机构,国家审计、内部审计和社会审计的机构等。这些机构在法定职责、履职程序、审计规范等方面有一定的差异性。

1. 国家审计机关的信息系统审计职责和规范

根据国家审计准则的相关规定,审计人员认为仅审计电子数据不足以为发现重要问题提供适当、充分的审计证据或电子数据中频繁出现某类差异时,应当检查相关信息系统的有效性、安全性。审计发现被审计单位信息系统存在重大漏洞或者不符合国家规定的,应当责成被审计单位在规定期限内整改。根据审计署计算机审计实务公告关于信息系统审计的相关规定,信息系统审计的主要目标是通过检查和评价被审计单位信息系统的安全性、可靠性和经济性,揭示信息系统存在的问题,提出完善信息系统控制的审计意见和建议,促进被审计单位信息系统实现组织目标;同时,通过检查和评价信息系统产生数据的真实性、完整性和正确性,防范和控制审计风险。在信息系统审计中,提供审计机关所需的各类资料和电子数据,并承诺其真实性和完整性,必要时配合审计人员实施系统测试和数据测试,是被审计单位的责任。而保守国家秘密和商业秘密,避免对被审计单位信息系统造成损害,以及向被审计单位提出信息系统控制缺失及其产生数据风险的意见,并提供意见、建议,是审计人员和审计机关的责任。

根据《国务院办公厅关于利用计算机信息系统开展审计工作有关问题的通知》(国办发2001〔88〕号),审计机关有权检查被审计单位运用计算机管理财政收支、财务收支的信息系统,在对被审计单位电子数据真实性产生疑问时,可以对计算机信息系统进行测试。审计机关在对计算机信息系统实施审计时,被审计单位应当配合审计机关的工作,并提供必要的工作条件。信息系统审计是审计法律赋予审计机关的重要职责,任何单位和个人不得干涉审计机关依法独立开展信息系统审计,但是审计机关在审计过程中,不得对被审计单位计算机信息系统造成损害,对知悉的国家秘密和商业秘密负有保密的义务,不得用于与审计工作无关的目的。审计人员应当在其职权范围内,依法独立地开展信息系统审计活动,但不得泄露在审计过程中获得的国家秘密和商业秘密。审计人员泄露知悉的国家秘密和被审计单位的商业秘密,由审计机关给予相应的行政处分;构成犯罪的,移送司法机关依法处理。

2. 内部审计机构的信息系统审计职责和规范

根据内部审计相关具体准则的规定,信息系统审计的目的是通过实施信息系统审计工作,对组织是否实现信息技术管理目标进行审查和评价,并基于评价意见提出管理建议,协助组织信息技术管理人员有效地履行职责。组织的信息技术管理目标主要包括:一是保证组织的信息技术战略充分反映组织的战略目标;二是提高组织所依赖的信息系统的可靠性、稳定性、安全性及数据处理的完整性和准确性;三是提高信息系统运行的效果与效率,合理保证信息系统的运行符合法律法规以及相关监管要求。组织中信息技术管理人员的责任是进行信息系统的开发、运行和维护,以及与信息技术相关的内部控制的设计、执行和监控。而信息系统审计人员的责任是实施信息系统审计工作并出具审计报告。

3. 社会审计组织的信息系统审计职责和规范

在国外的社会审计实践中,信息系统审计是一种独立的审计签证活动。被审计单位与会计师事务所签订业务约定书,约定由事务所对被审计单位的信息系统进行评价和鉴证。信息系统审计人员一般遵循信息系统审计与控制协会颁布的准则、指南和程序来实施信息系统审计。

中国计算机用户协会发布的《信息系统审计机构服务能力评价》(T—CCUA006—2020)团体标准将信息系统审计机构服务能力分为三级,级别由高到低依次是一级、二级、三级,提出了信息系统审计机构的审计机构基本能力、审计组织管理能力、审计组织实施能力、审计结果报告能力、审计质量控制能力的服务能力评定要求(表1-1)。

表1-1　信息系统审计机构服务能力评价要求

机构条件和能力	编号	三级	二级	一级
审计机构基本能力	1.1	在中华人民共和国境内注册的企业或法定机关批准的行政机关或事业单位,产权关系明确	在中华人民共和国境内注册的企业或法定机关批准的行政机关或事业单位,产权关系明确,成立满2年	在中华人民共和国境内注册的企业或法定机关批准的行政机关或事业单位,产权关系明确,成立满3年
	1.2	财务状况良好,上一年度没有出现亏损,财务数据真实可信	财务状况良好,上一年度没有出现亏损,财务数据真实可信,需经国家审计、内部审计、社会审计的组织审计	财务状况良好,上一年度没有出现亏损,财务数据真实可信,需经国家审计、内部审计、社会审计的组织审计
	1.3	具有社会信用,未因信息系统审计被国家列入信用信息公示系统的失信单位	具有社会信用,未因信息系统审计被国家列入信用信息公示系统的失信单位	具有社会信用,未因信息系统审计被国家列入信用信息公示系统的失信单位
	1.4	—	通过信息系统审计机构服务能力三级评定的时间不少于1年	通过信息系统审计机构服务能力二级评定的时间不少于2年

机构条件和能力	编号	三级	二级	一级
审计组织管理能力	2.1	具有信息系统审计的组织领导能力	具有信息系统审计的组织领导、业务指导的能力	具有信息系统审计的组织领导、业务指导和专业决策的能力
	2.2	具有信息系统审计的法规类、标准类和规则类控制的制度建设能力	具有信息系统审计法规类、标准类和规则类控制的制度建设能力,具有执行力	具有信息系统审计法规类、标准类和规则类控制的制度建设能力,具有执行成效
	2.3	具有信息系统审计计划的编制、组织、实施、指导等的管理能力	具有信息系统审计计划的编制、组织、实施、指导等的管理能力;每年组织开展的独立式、结合式信息系统审计项目不少于5个	具有信息系统审计计划的编制、组织、实施、指导等的管理能力;每年组织开展的独立式、结合式信息系统审计项目不少于10个
	2.4	具有信息系统审计案例库,审计案例不少于3个	具有信息系统审计案例库,审计案例不少于5个;利用案例交流增强审计方法、审计工具的组织实施能力	具有信息系统审计案例库,审计案例不少于10个;利用案例交流增强审计方法、审计工具的组织实施能力
审计组织实施能力	3.1	具备信息系统审计师技能证书人员不少于5名	具备信息系统审计师技能证书人员不少于8名	具备信息系统审计师技能证书人员不少于10名
	3.2	—	具备信息系统高级审计师技能证书人员不少于2名	具备信息系统高级审计师技能证书人员不少于4名
	3.3	具有信息系统审计的业务知识、技术知识、审计知识的复合型人才培训制度和执行机制	具有信息系统审计的业务知识、技术知识、审计知识的复合型人才培训制度和执行机制。开展信息系统审计关键技术攻关研究	具有信息系统审计的业务知识、技术知识、审计知识的复合型人才培训制度和执行机制。开展信息系统审计关键技术攻关研究具有成效
	3.4	具有熟悉信息系统审计的专家或合作伙伴	具有熟悉信息系统审计的专家或合作伙伴	具有熟悉信息系统审计的专家或合作伙伴
审计结果报告能力	4.1	具有审计机构审计报告的审核、批准的能力	具有审计机构关于基本情况、审计发现问题、审计意见和建议的审计报告审核、批准能力;重要问题具有审计移送的能力	具有审计机构关于基本情况、审计发现问题、审计意见和建议的审计报告审核、批准能力;重要问题具有审计处理处罚和审计移送的能力

机构条件和能力	编号	三级	二级	一级
审计结果报告能力	4.2	具有审计结果公告和审计问题整改跟踪的能力	具有审计结果公告和审计问题整改跟踪的能力，帮助解决信息系统风险	具有审计结果公告和审计问题整改跟踪的能力，帮助解决信息系统关键问题风险
	4.3	具有审计项目资料归档的能力，发挥审计档案功效的能力	具有审计项目资料归档的能力，发挥审计档案功效的能力	具有审计项目资料归档的能力，发挥审计档案功效的能力
	4.4	具有审计报告和相关资料保密制度及执行能力	具有审计报告、审计决定和相关资料保密制度及执行能力	具有审计报告、审计决定和相关资料保密制度及执行能力
审计质量控制能力	5.1	审计计划和实施方案具有目标、重点、任务、方法和人员分工的质量控制	审计计划、审计工作方案和实施方案具有目标、重点、任务、方法和人员分工的质量控制；高级审计师担当重任的质量控制	审计计划、审计工作方案和实施方案具有目标、重点、任务、方法和人员分工的质量控制，高级审计师担当重任的质量控制
	5.2	具有审前调查的质量控制	具有审前调查的质量控制	具有系统风险和数据风险审前调查的质量控制
	5.3	具有审计实施的质量控制	具有审计取证、审计底稿的审计实施的质量控制	具有审计取证、审计底稿的审计实施的质量控制
	5.4	具有审计组和审计机构审计报告编制的质量控制	具有审计组和审计机构的系统和数据风险报告、审计报告编制的质量控制	具有审计组和审计机构的系统和数据风险报告、审计报告编制的质量控制

(二)信息系统审计人员职业素质要求

信息系统审计从业人员职业素质是多方面的,包括审计人员职业道德、基本知识和技术技能、资格水平等。审计人员应当具备信息系统审计的基本知识和技能。实施信息系统审计的审计组成员中,应当配备具有信息系统审计专业知识和技能的审计人员。必要时可聘请外部专家或者委托专业机构开展专项检查和评价。审计机关要加强业务和技术培训,培养熟悉利用计算机信息系统开展审计工作的专业人员,保障审计工作顺利进行。审计人员在信息系统审计中,应保持职业谨慎,独立客观地对信息系统进行审计评价。审计人员不得利用审计权力,违法审计职业道德,谋取私利。审计人员开展信息系统审计,还应具备基本的执业资格和水平。

(三)信息系统审计人员专项技能要求

为开展信息系统审计,审计人员必须了解和掌握信息系统承载业务的专业知识、信息系统的技术知识、信息系统的法规类知识、信息系统的审计知识。随着信息系统审计内容的不断扩展，以及信息系统审计技术的不断发展变化，审计人员必须不断地学习新的知识和技能，才能适应信息系统审计发展的需要。

根据信息系统审计的项目实施和项目组岗位职责划分，对于系统审计人员来说须具备审计的专业技术资格，同时由于系统审计基于内部控制开展，所以信息系统审计人员需要掌握基于内部控制的审计技术方法；审计人员还需具备计算机审计的专业资格，审计署在审计业务人员中开展的中级计算机审计业务考核是从事信息系统审计的必要条件。

由于审计项目实行分层次管理体系，所以对审计人员也分层次提出专业胜任要求。

项目负责人、主审等审计业务负责人应具有较高政治、业务素质，熟悉法规政策，恪守职业道德，遵守审计纪律，有较强的调查、分析、判断和文字表达能力，以及具备一定的组织、协调能力和工作经验。了解信息系统基本概念和构成、熟悉信息审计的业务范围和审计目标，了解审计技术、方法和流程，并能组织、协调审计人员与外部资源完成审计工作。

项目审计人员是审计业务的具体实施者，应当具备开展信息系统审计所需要的审计、内部控制与信息技术专业能力，应当取得审计署计算机审计资格和信息系统审计资格，掌握信息系统基本知识，具备一定的计算机辅助审计能力，能熟练地运用外部资源进行信息系统审计测试。

中国计算机用户协会发布的《信息系统审计师职业技能评价》(T—CCUA007—2020)团体标准，对信息系统审计师在掌握信息系统审计知识的基础上，了解和掌握管理控制审计、应用控制审计、网络控制审计、安全控制审计的知识技能体系(表1-2)。

表1-2　信息系统审计师职业技能要求

一级指标	二级指标	具体要求
一、信息系统审计	1.审计程序	具有信息系统审计计划、审前准备、审计实施、审计报告、整改跟踪审计程序的能力
	2.审计方法	具有信息系统审计方法、审计工具和第三方资源利用的能力
	3.审计判断	具有对信息系统管理控制、应用控制、网络控制、安全控制的可靠性、安全性、经济性的职业判断能力
	4.审计质量	具有对审计实施方案、审计实施记录、审计取证、审计底稿、审计报告等流程的材料复核和质量管控的能力
二、管理控制审计	5.组织管理控制审计	具有对信息系统规划建设的领导、实施、财务、运维、监管等的组织结构和工作机制，以及法规制度、标准规范和工作规则控制的审计知识和评价能力
	6.项目立项控制审计	具有对信息系统项目需求分析、建议书、可研报告和初步设计等立项报告控制的审计知识和评价能力
	7.项目实施控制审计	具有对信息系统详细设计、招标投标和政府采购、系统建设、系统和数据安全、运行维护等控制的审计知识和评价能力

一级指标	二级指标	具体要求
二、管理控制审计	8.项目投资控制审计	具有对信息系统项目预算编制与批复、预算执行、概算调整、决算编制等控制的审计知识和评价能力
	9.项目验收控制审计	具有信息系统单项验收、建设部门验收、审批部门验收控制的审计知识和评价能力
	10.项目绩效控制审计	具有对信息系统的政务效能贡献、业务信息化推动、可持续发展、能力适配指标等绩效评价控制的审计知识和评价能力
三、应用控制审计	11.应用规划控制审计	具有对政府治理、公共服务、企业和社会信息化等信息系统规划控制的审计知识和评价能力
	12.应用能力控制审计	具有对应用架构、技术架构、系统集约化、系统持续性、业务连续性、复用技术、输入处理输出、共享开放、数据接口等能力控制的审计知识和评价能力
	13.数据资源控制审计	具有对政府部门、公共服务机构、企业和社会信息化的数据资源业务目录、共享目录、开放目录,元数据、主数据、数据元素、数据表、数据库设计等标准规范控制的审计知识和评价能力
	14.分析模型控制审计	具有对信息系统的业务流程和业务逻辑等的业务处理模型,多维数据分析、聚类关联分析、模拟仿真分析等的数据分析模型,知识图谱分析、决策支持分析等的大数据分析模型等控制的审计知识和评价能力
	15.新技术运用控制审计	具有对信息系统的移动互联、物联网、大数据、云计算、人工智能等新一代技术运用控制的审计知识和评价能力
四、网络控制审计	16.网络系统控制审计	具有对信息系统利用的政务内网、政务外网、互联网、局域网、城域网、广域网,多网互联和信息共享网络等控制的审计知识和评价能力
	17.计算系统控制审计	具有对计算系统的硬件、软件、支撑系统、计算指标,以及分布式计算、虚拟化计算、云计算等控制的审计知识和评价能力
	18.存储系统控制审计	具有对信息系统的存储分类、存储方式、存储性能,以及通用存储、云存储等控制的审计知识和评价能力
	19.备份系统控制审计	具有对信息系统的数据备份和系统备份、在线备份和离线备份、同城备份和异地备份,以及备份指标等控制的审计知识和评价能力

一级指标	二级指标	具体要求
四、网络控制审计	20.机房系统控制审计	具有对计算机机房物理选择、功能布局,以及供电系统、空调系统、消防系统、防雷接地系统、监视系统等控制的审计知识和评价能力
五、安全控制审计	21.网络安全控制审计	具有对信息系统的国家网络安全、网络引导社会舆论、关键技术突破和运用等控制的审计知识和评价能力
	22.等级保护控制审计	具有对信息系统的网络安全等级保护基本要求、设计技术要求、测试要求的制度控制,包括通用技术控制和通用管理控制、云计算、移动互联、物联网、工业控制等控制的审计知识和评价能力
	23.风险评估控制审计	具有风险评估对象、风险评估指标、风险评估规范等控制的审计知识和评价能力
	24.应急预案控制审计	具有应急预案目标、任务、指标等控制的审计知识和评价能力

中国计算机用户协会发布的《关于政务信息化分会开展信息系统审计关键技术研究计划的通知》(中计用协分〔2020〕002)对信息系统高级审计师提出了职业要求,即要对信息系统的管理控制、应用控制、网络控制、安全控制的关键问题进行攻关研究。信息系统高级审计师关键技术研究计划见表1-3。

表1-3　信息系统高级审计师关键技术研究计划

专业	主题	关键技术研究
一、信息系统管理控制审计	(一)项目管理控制审计	1. 信息系统管理机构控制审计。领导机构、业务机构、实施机构等的组织管理、工作机制、工作成效等管理控制审计的关键技术研究 2. 信息系统全生命周期管理控制审计。立项报告、建设实施、项目验收、运行维护、绩效评价等管理控制审计的关键技术研究 3. 信息系统人才培训控制审计。业务人员、管理人员、技术人员的知识技能培训、工作水平发挥、工作绩效评价等管理控制审计的关键技术研究
	(二)项目立项控制审计	4. 信息系统需求分析控制审计。履职面临社会问题、确立政务目标和信息化业务、业务流程和逻辑模型构建、业务功能和性能、数据存储量处理量和传输量,需求分析与技术设计、投资概算一致性等立项控制审计的关键技术研究 5. 信息系统立项报告控制审计。项目建议书必要性、可研报告的核心业务技术方案比对、初步设计和投资概算细化等立项控制审计的关键技术研究

续表

专业	主题	关键技术研究
一、信息系统管理控制审计	(三)项目实施控制审计	6. 信息系统实施控制审计。项目的招标采购、集成和监理作用、施工和研发水平、工程实施成效控制审计的关键技术研究 7. 信息系统第三方控制审计。项目的工程测试、软件测试、安全测试、风险评估等控制审计的关键技术研究 8. 信息系统运维控制审计。项目的集中监控、知识管理、风险评估、应急预案等运行维护控制审计的关键技术研究
	(四)项目投资控制审计	9. 信息系统投资控制审计。项目的投资概算、预算执行、合同管理、资产管理、概算调整等控制审计的关键技术研究 10. 信息系统投资全生命周期控制审计。项目立项阶段的批复投资控制管理、实施阶段的超概算报告管理、终结阶段的结余资金管理、基建项目决算阶段的资产总额管理等控制审计的关键技术研究 11. 信息系统决算报告控制审计。基建项目的决算报告、资金分摊、交付资产、资产国产化水平、决算审计等控制审计的关键技术研究
	(五)项目验收控制审计	12. 信息系统单项验收控制审计。货物类、工程类、服务类的不同单项验收方式等控制审计的关键技术研究 13. 信息系统工程验收控制审计。工程的验收时间、验收条件,以及验收内容的工程类、技术类、财务类、档案类、成效类等控制审计的关键技术研究
	(六)绩效评价控制审计	14. 政府治理信息系统绩效评价控制审计。政府治理信息化的评价指标、评价方法、评价结果利用等绩效评价控制审计的关键技术研究 15. 公共服务信息系统绩效评价控制审计。公共服务信息化的评价指标、评价方法、评价结果利用等绩效评价控制审计的关键技术研究 16. 企业信息化绩效评价控制审计。企业信息化的评价指标、评价方法、评价结果利用等绩效评价控制审计的关键技术研究
二、信息系统应用控制审计	(七)应用规划控制审计	17. 国家政务信息化规划落实控制审计。政策制度的发展方向、总体目标、重大任务、保障措施规划等控制审计的关键技术研究 18. 部门(单位)信息化规划制定控制审计。部门的政府治理、公共服务、企业和社会信息化规划的发展方向、总体目标和具体指标、建设任务、保障措施规划等控制审计的关键技术研究 19. 信息系统共享开放控制审计。信息系统共享目录、开放目录、共享平台、开放平台、共享开放成效规划等控制审计的关键技术研究 20. 信息系统数据中心规划控制审计。数据中心的信息资源、目录体系、元数据、数据元素、数据表、数据库设计等标准规范,业务处理模型、数据分析模型、大数据分析模型和主题数据等规划控制审计的关键技术研究 21. 信息系统运行维护控制审计。运行维护的集中监控、知识体系、应急预案规划等控制审计的关键技术研究

专业	主题	关键技术研究
二、信息系统应用控制审计	（八）应用能力控制审计	22．信息系统应用架构能力控制。信息系统应用架构主要包括政府治理、公共服务、企业和电子商务等应用架构能力的关键技术研究 23．信息系统技术架构能力控制。信息系统技术架构包括J2EE技术架构、.NET技术架构、SOA技术架构、云计算技术架构运用的关键技术研究 24．信息系统的集约化能力控制。信息系统的集约化主要包括政府治理、公共服务、企业和电子商务等的建设目标、建设方式、建设模式集约化的关键技术研究 25．信息化业务连续性能力控制。政府治理、公共服务、企业和电子商务等领域的各类应用系统具有不同的业务连续性，采用相应的计算、存储、备份等技术手段，保障重要业务的业务流程、业务数据连续性和可用性的关键技术研究 26．组件复用技术能力控制。组件包括通用组件和业务应用的成熟组件。在政府治理、公共服务、企业和电子商务等领域充分运用通用组件和业务组件的关键技术研究 27．信息系统数据输入、处理和输出能力控制审计。信息系统的数据输入能力（外部数据采集、内部数据汇聚等）、数据处理能力（流程事项、逻辑事项等的业务处理）、数据输出能力（外部设备输出、系统间共享输出）控制审计的关键技术研究 28．数据业务共享开放目录控制。业务目录是满足各类应用的数据支持；共享目录是满足政务部门之间的信息共享和业务协同；开放目录是满足社会公众对政府信息的知情权和参与权的关键技术研究 29．信息系统整合资源共享控制。将分散的、独立的信息系统整合为一个互联互通、业务协同、信息共享的"大系统"，将分封割据、信息孤岛的数据形成互联互通、共享协同的"大数据"的关键技术研究 30．信息系统数据接口能力控制。数据接口是计算机软件系统之间传送数据、交换信息的接口。重在解决政府治理、公共服务、企业和电子商务等领域各类系统之间的数据接口和软件接口的关键技术研究
	（九）信息资源控制审计	31．信息资源目录控制审计。业务目录、共享目录、开放目录的标准化建设控制审计的关键技术研究 32．信息资源标准化控制审计。元数据、主数据、数据元素、数据表等数据库设计控制审计的关键技术研究 33．信息资源大数据标准化控制审计。业务数据、管理数据、共享开放数据、宏观调控数据、网络舆情数据的采集、语义和标识的标准化处理、大数据主题数据构建控制审计的关键技术研究

专业	主题	关键技术研究
二、信息系统应用控制审计	（十）分析模型控制审计	34. 信息系统业务处理模型控制审计。实体关系模型、业务流程模型、纵向关系和横向关系模型等控制审计的关键技术研究 35. 信息系统数据分析模型控制审计。多维分析模型、聚类关联模型等控制审计的关键技术研究 36. 信息系统大数据分析模型控制审计。知识图谱模型、模拟仿真模型、决策支持模型等控制审计的关键技术研究
	（十一）新技术运用控制审计	37. 移动互联新技术控制审计。便捷性、便携性、即时性、定向性、精准性、感触性等控制审计的关键技术研究 38. 物联网新技术控制审计。感知技术应用、基于互联网的泛在网络、传感器连接和智能处理能力等控制审计的关键技术研究 39. 云平台新技术控制审计。PaaS、SaaS、IaaS架构，以及与传统平台差异性控制审计的关键技术研究 40. 大数据新技术控制审计。应对重大社会问题的主题模型、主题数据构建，大数据基础数据采集、语义和标识处理、生成主题数据，大数据分析模型构建、计算、结果展示，大数据分析平台控制审计的关键技术研究 41. 人工智能新技术控制审计。深度学习、知识推理、归纳模拟、智能自主等控制审计的关键技术研究
三、信息系统网络控制审计	（十二）网络系统控制审计	42. 三网布局控制审计。互联网、政务外网、政务内网三网，局域网、城域网、广域网互联互通在政府治理、公共服务、企业和社会信息化中布局控制审计的关键技术研究 43. 三网互联和安全保障控制审计。互联网、政务外网、政务内网三网既隔离又双向交换或单向导入控制审计的关键技术研究 44. 局域网分域管理控制审计。接入区、交换区、应用区、数据区、用户区、安全区控制审计的关键技术研究
	（十三）计算系统控制审计	45. 通用计算系统组成控制审计。硬件、系统软件、应用软件等组成控制审计的关键技术研究 46. 计算系统指标控制审计。CPU、GPU、吞吐率、数据速率、频带利用率等控制审计的关键技术研究 47. 云计算组成控制审计。分布式计算、效用计算、负载均衡、并行计算、网络存储、热备份冗杂和虚拟化等计算机技术混合演进控制审计的关键技术研究

专业	主题	关键技术研究
三、信息系统网络控制审计	（十四）存储系统控制审计	48. 通用存储系统组成控制审计。硬件、系统软件、数据调用等组成控制审计的关键技术研究 49. "两地三中心"存储系统控制审计。两套实时切换运行的生产系统、一套系统和数据的灾备系统控制审计的关键技术研究 50. 存储系统技术指标控制审计。数据存储需求量、存储设备配置量、数据实际存储比指标，解释计算机指令和处理数据的中央处理器（CPU）指标，存储器的 RAM、RAM 指标，存储周期的 MDR、TMC 指标等控制审计的关键技术研究 51. 云存储系统组成控制审计。集群应用、网络技术、分布式文件系统控制审计的关键技术研究
	（十五）备份系统控制审计	52. 业务特征决定备份策略控制审计。信息系统业务特征决定备份策略控制审计的关键技术研究 53. 备份系统分类控制审计。备份系统的在数据备份与系统备份、线备份与离线备份、同城备份与异地备份不同类别控制审计的关键技术研究 54. 备份系统主要指标控制审计。RPO、RTO 技术指标控制审计的关键技术研究
	（十六）机房系统控制审计	55. 计算机机房主要指标控制审计。物理选择、环境控制、功能布局控制审计的关键技术研究 56. 计算机机房辅助指标控制审计。供电、空调、监视、门禁、温湿度、接地地线等辅助系统控制审计的关键技术研究 57. 政务云机房控制审计。物理环境服务、硬件设备服务、系统软件服务、定制软件服务等控制审计的关键技术研究
四、信息系统安全控制审计	（十七）网络安全控制审计	58. 网络安全控制审计。网络安全就是国家安全控制审计的关键技术研究 59. 网络引导社会舆论控制审计。政府或部门网站的网络引导社会舆论、国家安全专项引导社会舆论控制审计的关键技术研究 60. 安可替代控制审计。网络安全的国产化采用、安全可靠产品的全面替代等控制审计的关键技术研究 61. 网络强国关键技术控制审计。基础技术和通用技术、非对称技术和"杀手锏"技术、前沿技术和颠覆性技术等控制审计的关键技术研究

续表

专业	主题	关键技术研究
四、信息系统安全控制审计	（十八）等级保护控制审计	62.　网络安全等级保护制度落实控制审计。基本要求、技术设计要求、测评要求制度体系落实控制审计的关键技术研究 63.　网络安全等级保护指标控制审计。安全物理环境、安全通信环境、安全区域边界、安全计算环境、安全管理中心、安全管理制度、安全管理机构、安全管理人员、安全建设管理、安全运维管理等安全测评通用要求控制审计的关键技术研究 64.　网络安全等级保护扩展指标控制审计。云计算、移动互联、物联网、工业控制等安全测评扩展要求控制审计的关键技术研究 65.　常规安全与网络安全等级保护比较控制审计。在通用技术、通用管理、专项扩展要求的差异性控制审计的关键技术研究
	（十九）风险评估控制审计	66.　安全风险评估制度落实控制审计。评估对象、资产类型与分析、威胁识别与分析、脆弱性识别与分析、风险评估控制审计的关键技术研究 67.　安全风险评估指标控制审计。风险因素分析、模糊综合评价、内部控制评价、分析性复核、定性风险评价、风险率风险评价等控制审计的关键技术研究 68.　安全风险评估的风险评估等级控制审计。重大风险、中等风险、一般风险、低风险的风险评估标准控制审计的关键技术研究
	（二十）应急预案控制审计	69.　应急事件分类控制审计。特别重大网络安全事件、重大网络安全事件、较大网络安全事件、一般网络安全事件控制审计的关键技术研究 70.　应急预案控制审计。监测与预警、应急处置、调查与评估、预防工作、保障措施控制审计的关键技术研究

本节思考题

1.什么是信息系统审计？

2.我国信息系统审计有哪些特点？

3.信息系统审计机构应该具备哪些能力？

4.信息系统审计师应该具备哪些能力？

第二节　信息系统的法规知识

信息系统的知识体系是一门多学科知识体系的复合体。具体包括:信息系统的法规知识、承载业务的专业知识、信息系统的技术知识、信息系统的审计知识四类。

信息系统法规知识包括法规类知识、标准类知识、规则类知识。

一、信息系统法规类知识

信息系统法规类知识是指中华人民共和国现行有效的法律、行政法规、司法解释、地方法规、地方规章、部门规章等法律法规类,对信息系统管理、应用、网络和安全的法规类控制规定。

(一)管理控制法规知识

1. 政务信息化项目管理控制知识

《国家政务信息化项目建设管理办法》(国办发〔2019〕57号)、《关于开展国家电子政务工程项目绩效评价工作的意见》(发改高技〔2015〕200号)等文件对政务信息化项目建设管理提出如下控制性规定。

(1)政务信息系统的规划管理。国家发展和改革委员会(以下简称"国家发展改革委")负责牵头编制国家政务信息化建设规划,对各部门审批的国家政务信息化项目进行备案管理。财政部负责国家政务信息化项目预算管理和政府采购管理。各有关部门按照职责分工,负责国家政务信息化项目审批、建设、运行和安全监管等相关工作,并按照"以统为主、统分结合、注重实效"的要求,加强对政务信息化项目的并联管理。

(2)政务信息系统的立项审批。国家政务信息化项目的立项审批,原则上包括编报项目建议书、可行性研究报告、初步设计方案等环节。对于已经纳入国家政务信息化建设规划的项目,可以直接编报可行性研究报告。对于党中央、国务院有明确要求,或者涉及国家重大战略、国家安全等特殊原因,情况紧急,且前期工作深度达到规定要求的项目,可以直接编报项目可行性研究报告、初步设计方案和投资概算。除国家发展改革委审批或者核报国务院审批的外,其他有关部门自行审批新建、改建、扩建,以及通过政府购买服务方式产生的国家政务信息化项目,应当按规定履行审批程序并向国家发展改革委备案。

(3)政务信息系统的建设管理。项目建设单位应当确定项目实施机构和项目责任人,建立健全项目管理制度,加强对项目全过程的统筹协调,强化信息共享和业务协同,并严格执行招标投标、政府采购、工程监理、合同管理等制度。招标采购涉密信息系统的,还应当执行保密有关法律法规规定。

(4)政务信息系统的投资管理。项目建设单位应当严格按照项目审批部门批复的初步设计方案和投资概算实施项目建设。项目建设目标和内容不变,项目总投资有结余的,应当按照相关规定将结余资金退回。项目建设的资金支出按照国库集中支付有关制度规定执行。项目投资规模未超出概算批复、建设目标不变,项目主要建设内容确需调整且资金调整数额不超过概算总投资的15%,并符合《国家政务信息化项目建设管理办法》(国办发〔2019〕57号)中所列情形之一的,可以由项目建设单位调整,同时向项目审批部门备案。

(5)政务信息系统的验收管理。国家政务信息化项目建成后半年内,项目建设单位应当按照国家有关规定申请审批部门组织验收,提交验收申请报告时应当一并附上项目建设总结、财务报告、审计报告、安全风险评估报告(包括涉密信息系统安全保密测评报告或者非涉密信息系统网络安全等级保护测评报告等)、密码应用安全性评估报告等材料。项目建设单位不能按期申请验收的,应当向项目审批部门提出延期验收申请。项目审批部门应当及时组织验收。验收完成后,项目建设单位应当将验收报告等材料报项目审批部门备案。

(6)政务信息系统的绩效评价。电子政务项目绩效评价采用定量分析与定性分析相结合的方法进行,主要是采用综合指标体系评价法。对于可以采集数据的评价指标,原则上尽量采用定量分析方法。对于无法采集数据、无法直接计量效益的评价指标,可通过资料审查、专家评估、公众问卷、抽样调查等方法进行评价,并转换为可量化的指标进行评价。指标体系由基本指标和扩展指标组成。其中,基本指标包括政务效能贡献指标、业务信息化推动指标、业务应用持续发展指标、信息系统能力适配性指标等四类一级指标,以及相对应的二级和三级指标。

2. 政务信息化项目招标采购控制知识

《中华人民共和国招标投标法》(2017年修正版)(以下简称《招标投标法》)、《中华人民共和国政府采购法》(2014年修订版)(以下简称《政府采购法》)、《政府采购竞争性磋商采购方式管理暂行办法》(财库〔2014〕214号)及其相关文件对政务信息化项目招标采购提出如下控制性规定。

(1)招标采购范围。①招标范围。在中华人民共和国境内进行下列工程建设项目包括项目的勘察、设计、施工、监理以及与工程建设有关的重要设备、材料等的采购,必须进行招标。②采购范围。政府采购是指各级国家机关、事业单位和团体组织,使用财政性资金采购依法制定的集中采购目录以内的或者采购限额标准以上的货物、工程和服务的行为。政府采购应当采购本国货物、工程和服务。

(2)招标采购方式。1)招标方式。招标分为公开招标和邀请招标。公开招标,是指招标人以招标公告的方式邀请不特定的法人或者其他组织投标。邀请招标,是指招标人以投标邀请书的方式邀请特定的法人或者其他组织投标。2)采购方式。政府采购采用以下方式:①公开招标;②邀请招标;③竞争性谈判;④单一来源采购;⑤询价;⑥国务院政府采购监督管理部门认定的其他采购方式。公开招标应作为政府采购的主要采购方式。增加的竞争性磋商采购方式是指采购人、政府采购代理机构通过组建竞争性磋商小组(以下简称"磋商小组")与符合条件的供应商就采购货物、工程和服务事宜进行磋商,供应商按照磋商文件的要求提交响应文件和报价,采购人从磋商小组评审后提出的候选供应商名单中确定成交供应商的采购方式。

(3)招标采购组织方式。①招标组织方式。招标人有权自行选择招标代理机构,委托其办理招标事宜。任何单位和个人不得以任何方式为招标人指定招标代理机构。②采购组织方式。政府采购实行集中采购和分散采购相结合。集中采购的范围由省级以上人民政府公布的集中采购目录确定。

(4)招标采购评标委员会程序。评标委员会可以要求投标人对投标文件中含义不明确的内容做必要的澄清或者说明,但是澄清或者说明不得超出投标文件的范围或者改变投标文件的实质性内容。评标委员会应当按照招标文件确定的评标标准和方法,对投标文件进行评审和比较。评标委员会完成评标后,应当向招标人提出书面评标报告,并推荐合格的中标候选人。招标人根据评标委员会提出的书面评标报告和推荐的中标候选人确定中标人。招标人也可以授权评标委员会直接确定中标人。

(5)招标采购合同。①招标合同。招标人和中标人应当自中标通知书发出之日起三十日内,按照招标文件和中标人的投标文件订立书面合同。②采购合同。政府采购合同适用合同法。采购人和供应商之间的权利和义务,应当按照平等、自愿的原则以合同方式约定。采购人可以委托采购代理机构代表其与供应商签订政府采购合同。由采购代理机构以采购人名义签订合同的,应当提交采购人的授权委托书,作为合同附件。

(二)应用控制法规知识

1. 政务信息化规划控制知识

《国务院关于"十三五"国家政务信息化工程建设规划的批复》(国函〔2017〕93号)提出了构建"一个中心、三套网络、三大平台、四大资源、六类工程"的国家政务信息化工程控制。

(1)"一个中心"。构建全国一体化的国家大数据中心,有力促进网络强国建设,显著提升宏观调控科学化、政府治理精准化、公共服务便捷化、基础设施集约化水平,总体满足国家治理创新需要和社会公众服务期望。

(2)"三套网络"。①加快建设国家电子政务内网,形成全国统一的政务内网信任服务体系。②建设完善国家电子政务外网,完善统一的电子政务外网信任服务体系。③依托国家电子政务网络和互联网,统一互联网出口、拓展互联网区服务能力、加强移动接入平台建设。

(3)"三大平台"。①政务服务平台。建设统一的国家政务服务平台,实现跨地区、跨部门、跨层级政务服务事项的统一汇聚、关联互通、数据交换、身份认证、共性基础服务支撑等功能,推动基于公民身份号码、法人和其他组织统一社会信用代码的电子证照信息实现跨部门、跨区域、跨行业共享互认,支撑公民和企业办事的"一号"申请、"一窗"受理和"一网"通办。②政务信息共享平台。建设完善全国政务信息共享平台,逐步与各部门、各地区信息系统及平台实现互联互通。③国家数据开放平台。构建国家数据开放平台,促进共享开放和业务协同联动,切实提高工程建设的整体效能和投资效益。

(4)"四大资源"。人口基础信息库、法人单位基础信息库、自然资源和地理空间基础信息库和社会信用信息库。

(5)"六类工程"。①执政能力信息化工程。围绕党中央总揽全局、统筹各方、决策指挥和日常运转的需求,构建覆盖党中央各部门核心业务的应用系统,提高党科学执政、民主执政、依法执政的能力和水平。②民主法治信息化工程。围绕"法治中国"建设,优化人民代表大会立法和监督的信息保障,强化政协参政议政的信息机制,提高审判、检察和刑罚执行业务信息化水平,全面增强支撑民主法治建设的信息能力。③综合调控信息化工程。立足创新和完善宏观调控,通过综合调控治理体系工程建设,促进宏观调控、产业发展、区域经济、社会发展、生态环保等领域协同治理,加强宏观、中观、微观政策衔接配套,做好战略、规划、产业和区域政策、资源环境约束的承接落实,显著提升经济发展综合调控治理能力。④市场监管信息化工程。建成跨部门、跨层级市场监管与服务体系工程,实现工商、税务、质检、商务等部门监管与服务政务行为的协同联动,提高商事服务便捷化程度,促进更加健全有效的市场机制的形成。⑤公共服务信息化工程。紧密围绕社会公众办事创业切身需求,构建形成公开透明、高效便捷、城乡统筹、公平可及的公共服务体系,有效化解"办证多、办事难"等突出问题,实现"让信息多跑路,让居民和企业少跑腿、好办事、不添堵"的目标,增强社会公众获得感、提高社会公众满意度。⑥公共安全信息化工程。通过对自然灾害、事故灾难、公共卫生、社会安全等重点安全领域的源头性、基础性信息资源的优化整合和业务关联共治,提高常态下安全管理创新、风险隐患预防化解和非常态下的快速应急处置能力。

2. 政务信息系统集约化应用能力控制知识

《国家发展改革委关于加强和完善国家电子政务工程建设管理的意见》(发改高技〔2013〕266号)提出了政务信息系统集约化能力的控制规定。政务信息系统实现"三个转变"的思路。一是在建设目标上,要从过去注重业务流程电子化、提高办公效率,向更加注重支撑部门履行职能、提高政务效能、有效解决社会问题转变;二是在建设方式上,要从部门独立建设、自成体系,向跨部门跨区域的协同互动和资源共享转变;三是在系统模式上,要从粗放离散的模式,向集约整合的模式转变,确保电子政务项目的可持续发展。

3. 企业信息化控制规定

《关于加强中央企业信息化工作的指导意见》(国资发〔2007〕8号)、《企业会计信息化工作规范》(财会〔2013〕20号)等文件提出了企业信息化的控制规定。

(1)企业信息化目标。基本实现中央企业信息化向整个企业集成、共享、协同转变,建成集团企业统一集成的信息系统,多数中央企业的信息化基础设施、核心业务应用信息系统和综合管理信息系统达到或接近同行业的世界先进水平。

(2)企业信息化主要任务。①加快建设集团企业综合管理信息系统,强化科学管理和集中控制。②大力推进主营业务信息系统建设与应用,支撑主业做强做大。③大力推进电子商务应用,增强市场竞争能力。④继续完善信息基础设施和基础应用,提升信息化服务水平。⑤努力提高信息安全水平,保障信息系统稳定运行。⑥加强信息化技术标准和管理规范建设,保障信息集成共享和管理科学高效。

(3)企业会计软件。会计软件,是指企业使用的,专门用于会计核算、财务管理的计算机软件、软件系统或者其功能模块。会计软件具有以下功能:为会计核算、财务管理直接采集数据;生成会计凭证、账簿、报表等会计资料;对会计资料进行转换、输出、分析、利用。

4. 政务信息资源建设控制

《政务信息资源共享管理暂行办法》(国发〔2016〕51号)、《政务信息资源目录编制指南(试行)》(发改高技〔2017〕1272号)、《"互联网+政务服务"技术体系建设指南》(国办函〔2016〕108号)等文件提出了政务信息资源建设的控制规定。

(1)政务信息资源分类。①基础类。人口基础信息库、法人单位基础信息库、自然资源和地理空间基础信息库、社会信用信息库等为政务信息资源的基础类。②主题类。公共服务事项、行政权力事项等为政务信息资源的主题类。③部门类。党委、人民代表大会、政府、政协、法院、检察院等政务部门信息资源为政务信息资源的部门类。

(2)政务信息资源代码结构。为在全国构建基础类、主题类、部门类的信息资源,提出了政务信息资源代码结构。政务信息资源代码结构由前段码、后段码组成。前段码由"类""项""目""细目"组成,作为政务信息资源的分类码;后段码为政务信息资源的顺序码。政务信息资源代码结构如图1-1所示。

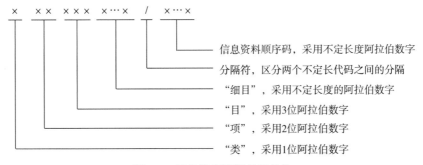

图1-1　政务信息资源代码结构

（3）政务信息资源元数据。政务信息资源元数据包括核心元数据和扩展元数据。其中，核心元数据包括：信息资源分类、信息资源名称、信息资源代码、信息资源提供方、信息资源提供方代码、信息资源摘要、信息资源格式、信息项信息、共享属性、开放属性、更新周期、发布日期、关联资源代码。

（4）政务信息资源共享开放原则。①政务信息资源定义：是指政务部门在履行职责过程中制作或获取的，以一定形式记录、保存的文件、资料、图表和数据等各类信息资源。②政务信息资源按共享类型，分为无条件共享、有条件共享、不予共享三种类型。③信息共享的原则。以共享为原则，不共享为例外的原则。

5. 政务信息分析模型控制

《"十三五"推进基本公共服务均等化规划》（国发〔2017〕9号）、《"十三五"生态环境保护规划》（国发〔2016〕65号）、《促进大数据发展行动纲要》（国发〔2015〕50号）、《"互联网+政务服务"技术体系建设指南》（国办函〔2016〕108号）等文件提出了业务处理模型、数据分析模型、大数据分析模型的控制规定。

（1）业务处理模型。政务部门、事业单位和企业等职能规定的各类业务的处理模型。例如，税务部门对中央税、地方税、共享税的征缴；财政部门对财政预算指标的分配和国库集中收付；预算部门对各类预算指标的国库支付；审计部门对财政资金支出的真实、合法和效益的审计等。

（2）数据分析模型。政务部门、事业单位和企业等为提升履职能力，对相关业务进行关联性的分析模型。例如，财政部门为提升财政履职能力，对财政收缴和财政支付的平衡性分析，对财政支出、经济发展、百姓生活等进行关联性分析；企业为提升履职能力，对ERP的销售、供应、生产进行关联性分析，对人力、财力、物力进行关联性分析等。

（3）大数据分析模型。政务部门、事业单位和企业等为解决履职面临的重大社会问题，提出解决重大社会问题的主题模型，通过数据的采集、清洗、重组和标识形成主题数据，通过主题模型的迭代分析得到结果，调整相关的政策和制度，提升治理能力。例如，"互联网+政务服务"的公共服务通过对百姓企业的投诉举报、网络舆情等信息，转化为分析指标数据，对事发地点、事发时间、事发类型、事发阶段等进行大数据分析，从而实现变被动服务为主动服务，提升公共服务能力。

（三）网络控制法规知识

1. 网络系统控制知识

《国家信息化领导小组关于我国电子政务建设指导意见》（中办发〔2002〕17号）、《国家发展改革委、财政部关于加快推进国家电子政务外网建设工作的通知》（发改高技〔2009〕988号）、《中华人民共和国计算机信息网络国际联网管理暂行规定》（1997年修订）等文件提出了我国电子政务网络的规划、建设和应用控制。

（1）电子政务网络。建设和整合统一的电子政务网络。电子政务网络由政务内网和政务外网构成，两网之间物理隔离，政务外网与互联网之间逻辑隔离。

（2）政务内网。政务内网主要是副省级以上政务部门的办公网，与副省级以下政务部门的办公网物理隔离。重点建设中央级政务内网平台，尽快实现中央办公厅、全国人民代表大会常务委员会办公厅、国务院办公厅、全国政协办公厅、最高人民法院、最高人民检察院的安全互联互通，实现与省级电子政务内网平台安全联结。

(3)政务外网。政务外网是政府的业务专网,主要运行政务部门面向社会的专业性服务业务和为需在内网上运行的业务。国家政务外网的建设目标是基本建成从中央到地方统一的国家政务外网,横向要连接各级党委、人民代表大会、政府、政协、法院、检察院等各级政务部门,纵向要覆盖中央、省、地(市)、县,满足各级政务部门社会管理和公共服务的需要。

(4)互联网络。互联网是指直接进行国际联网的计算机信息网络;互联单位是指负责互联网络运行的单位;接入网络是指通过接入互联网络进行国际联网的计算机信息网络;接入单位是指负责接入网络运行的单位。

2. 计算存储控制知识系统

《促进大数据发展行动纲要》(国发〔2015〕50号)等文件提出了以计算系统、存储系统为特征的云计算服务、专业领域云计算的控制规定。

(1)云计算系统。充分利用现有企业、政府等数据资源和平台设施,注重对现有数据中心及服务器资源的改造和利用,建设绿色环保、低成本、高效率、基于云计算的大数据基础设施和区域性、行业性数据汇聚平台。充分利用现有政府和社会数据中心资源,运用云计算技术,整合规模小、效率低、能耗高的分散数据中心,构建形成布局合理、规模适度、保障有力、绿色集约的政务数据中心体系。

(2)专业领域云计算系统。①工业领域云计算服务。建立面向不同行业、不同环节的工业大数据资源聚合和分析应用平台。抓住互联网跨界融合机遇,促进大数据、物联网、云计算和三维(3D)打印技术、个性化定制等在制造业全产业链集成运用,推动制造模式变革和工业转型升级。②教育文化云服务。推动形成覆盖全国、协同服务、全网互通的教育资源云服务体系。探索发挥大数据对变革教育方式、促进教育公平、提升教育质量的支撑作用。③农业资源云服务。利用物联网、云计算、卫星遥感等技术,建立我国农业耕地、草原、林地、水利设施、水资源、农业设施设备、新型经营主体、农业劳动力、金融资本等资源要素数据监测体系,促进农业环境、气象、生态等信息共享,构建农业资源要素数据共享平台,为各级政府、企业、农户提供农业资源数据查询服务。

3. 机房系统法规知识

《"互联网+政务服务"技术体系建设指南》(国办函〔2016〕108号)提出了利用政务云的法规知识,主要包括:①政务云建设。是指政务云平台应相对集中建设,可考虑省、市两级架构,打造省级层面统一规范、安全可靠的政务云平台。可充分依托符合安全要求的第三方云平台开展政务云建设,避免重复建设。②政务云使用。应根据建设方提交的政务云资源申请,进行政务云资源的网上受理、审批、评估和交付,完成对政务云资源的分配、发布和收回。③政务云管理及灾备。

(四)安全控制法规知识

1. 国家网络安全控制知识

《中华人民共和国网络安全法》(2016年)(以下简称《网络安全法》)、《中华人民共和国国家安全法》(2015年)提出了国家网络安全的规定。

(1)国家网络安全控制。国家坚持网络安全与信息化发展并重,遵循积极利用、科学发展、依法管理、确保安全的方针,推进网络基础设施建设和互联互通,鼓励网络技术创新和应用,支持培养网络安全人才,建立健全网络安全保障体系,提高网络安全保护能力。

（2）国家网络安全保护控制。网络运营者不得收集与其提供的服务无关的个人信息，不得违反法律、行政法规的规定和双方的约定收集、使用个人信息，并应当依照法律、行政法规的规定和与用户的约定，处理其保存的个人信息。

2. 国家网络安全等级保护控制知识

《信息安全等级保护管理办法》（公通字〔2007〕43号）、《关于开展信息安全等级保护安全建设整改工作的指导意见》（公信安〔2009〕1429号）等文件提出了信息安全等级保护的控制规定。

（1）等级保护定级。信息系统的安全保护等级分为以下五级：第一级，信息系统受到破坏后，会对公民、法人和其他组织的合法权益造成损害，但不损害国家安全、社会秩序和公共利益。第二级，信息系统受到破坏后，会对公民、法人和其他组织的合法权益产生严重损害，或者对社会秩序和公共利益造成损害，但不损害国家安全。第三级，信息系统受到破坏后，会对社会秩序和公共利益造成严重损害，或者对国家安全造成损害。第四级，信息系统受到破坏后，会对社会秩序和公共利益造成特别严重损害，或者对国家安全造成严重损害。第五级，信息系统受到破坏后，会对国家安全造成特别严重损害。

（2）等级保护测评。信息系统建设完成后，运营、使用单位或者其主管部门应当选择符合本办法规定条件的测评机构，依据《信息安全技术信息系统安全等级保护测评要求》等技术标准，定期对信息系统安全等级状况开展等级测评。第三级信息系统应当每年至少进行一次等级测评，第四级信息系统应当每半年至少进行一次等级测评，第五级信息系统应当依据特殊安全需求进行等级测评。

3. 风险评估控制规定

《关于加强国家电子政务工程建设项目信息安全风险评估工作的通知》（发改高技〔2008〕2071号）、《中央企业全面风险管理指引》（国资委〔2006年〕108号）等文件提出了信息系统风险评估的法规类控制规定。

（1）信息安全风险评估的对象。①网络结构。采用文字结构描述网络构成情况、分区情况、主要功能等，提供网络拓扑图。②业务应用。文字描述评估对象所承载的业务及其重要性。③子系统构成及定级。描述各自系统构成，根据安全等级保护定级备案结果，填写各子系统的安全保护等级情况表。

（2）资产识别与分析。①资产类型。按照评估对象的构成，分类描述评估对象的资产构成。详细的资产分类与赋值，以附件形式附在评估报告后边。②资产赋值。填写《资产赋值表》。③关键资产说明。在分析被评估系统的资产基础上，列出对评估单位十分重要的资产，作为风险评估的重要对象，并以清单形式列出。

（3）威胁识别与分析。①威胁描述与分析。依据《威胁赋值表》，对资产进行威胁源和威胁行为分析。②威胁源分析。包括《威胁源分析表》《威胁行为分析表》等。

（4）脆弱性识别与分析。①常规脆弱性描述。包括管理脆弱性、网络脆弱性、系统脆弱性、应用脆弱性、数据处理和存储脆弱性、运行维护脆弱性、灾备与应急响应脆弱性、物理脆弱性。②脆弱性专项检测。包括木马病毒专项检查、渗透与攻击性专项测试、关键设备安全性专项测试、设备采购和维保服务专项测试。

4. 应急预案控制规定

《国家网络安全事件应急预案》（中网办发文〔2017〕4号）、《公共互联网网络安全突发事件应急预案》(2017年)、《国家突发公共事件总体应急预案》(2005年)等文件,对信息系统应急预案提出了法规类控制规定。

(1)监测与预警。①预警分级。网络安全事件预警等级分为四级:由高到低依次用红色、橙色、黄色和蓝色表示。②预警监测。各单位按照"谁主管谁负责、谁运行谁负责"的要求,组织对本单位建设运行的网络和信息系统开展网络安全监测工作。重点行业主管或监管部门组织指导做好本行业网络安全监测工作。③预警研判和发布。各省(自治区、直辖市)、各部门组织对监测信息进行研判,认为需要立即采取防范措施的,应当及时通知有关部门和单位,对可能发生重大及以上网络安全事件的信息及时向应急办报告。④预警响应。红色预警响应、橙色预警响应、黄色、蓝色预警响应。⑤预警解除。预警发布部门或地区根据实际情况,确定是否解除预警,及时发布预警解除信息。

(2)应急处置。①事件报告。网络安全事件发生后,事发单位应立即启动应急预案,实施处置并及时报送信息。②应急响应。网络安全事件应急响应分为四级,分别对应特别重大、重大、较大和一般网络安全事件。I级为最高响应级别。③Ⅰ级响应、Ⅱ级响应、Ⅲ级响应、Ⅳ级响应。④应急结束。

本节思考题

1. 国家为什么要对信息系统提出法规类的控制规定?
2. 法规类的控制规定对信息系统产生什么样的控制作用?

二、信息系统标准类知识

信息系统标准类知识是指国家标准、行业标准、地方标准、企业标准、团体标准的标准规范类,对信息系统管理、应用、网络和安全的标准类控制规定。

(一)系统审计标准知识

1. 信息系统审计

《信息系统审计指南》(审计发〔2012〕11号)、《第2203号内部审计具体准则——信息系统审计》(中国内部审计协会2014年)、《独立审计具体准则第20号——计算机信息系统环境下的审计》(财协字〔1999〕6号)等指南准则对信息系统审计做出了标准类控制要求。

(1)信息系统审计是指国家审计机关依法对被审计单位信息系统的真实性、合法性、效益性和安全性进行检查监督的活动。

(2)信息系统审计是指内部审计机构和内部审计人员对组织的信息系统及其相关的信息技术内部控制和流程所进行的审查与评价活动。

(3)注册会计师应充分关注计算机信息系统环境对被审计单位会计信息及内部控制的影响,并考虑对审计工作的以下方面可能产生的影响:了解内部控制的程序;对固有风险及控制风险的考虑;符合性测试及实质性测试程序的设计与执行。

2. 信息系统审计方法

(1)系统调查方法。依据审计实施方案确定的审计目标和审计事项,调查被审计单位的相关业务活动及其所依赖的信息系统,调查信息系统的立项审批、系统建设、运行管理、运维服务、项目投资等情况,以及相关责任机构和管理制度等。

（2）资料审查方法。为了确定信息系统的重要控制环节和重要控制点,审查信息系统的立项审批、系统设计、招标采购、项目实施、项目验收、系统运行、运维服务、项目投资,以及各类第三方测试或者评估等相关文档资料。重点审查应用控制、一般控制和项目管理中的重要事项资料。

（3）系统检查方法。为了核定信息系统的重要控制环节和重要控制点,需要对应用控制的数据输入、处理、输出及其信息共享与业务协同的相关控制进行检查,对一般控制环境、区域边界和网络通信,以及信息系统的物理环境、网络、主机、应用、数据和安全等各类系统控制进行实地检查。

（4）数据测试方法。为验证数据输入、处理和输出控制的有效性,采用模拟数据对运行系统或者备份系统进行符合性测试;对重要的计量、计费、核算、分析等计算功能及其控制进行设计文档审查、系统设置检查和数据实质性测试的审查。必要时审查应用系统的源程序等。

（5）数据验证方法。①数据采集验证。利用直连式、旁路式、代理式等合适的数据采集方法和工具,采集系统监测日志或者相关业务数据,进行数据符合性验证。②数据转换验证。利用数据库数据转换、文本转换、网页信息转换等方法和工具,对异构数据库之间的数据转换、结构化数据和非结构化数据的转换、不同数据类型和格式之间数据转换的一致性和准确性进行检查验证。③数据处理验证。通过对数据库SQL语句进行转换解析,实现对各类经济业务活动的计量、计费、核算、汇总等计算的符合性与准确性进行验证。

3. 信息系统审计工具

（1）安全工具检测。利用入侵检测、漏洞扫描等工具的监测结果进行分析评价。

（2）审计工具检测。利用网络审计、主机审计、数据库审计等工具的日志记录结果进行分析评价。

（3）测评工具检测。利用网络分析检测、系统配置检测、日志分析检测等工具,通过采集信息系统之间的通信数据包并进行逆向分析,还原系统间通信内容,检测主机操作系统、数据库、网络设备等重要系统是否满足配置标准和规范要求,采集操作系统、网络设备、安全设备、应用系统等生成的日志信息进行检测分析。

（二）管理控制标准知识

1. 管理控制环节标准知识

《信息系统审计师职业技能评价》(T/CCUA007—2020)团体标准提出了信息系统管理控制的标准规定。

（1）组织管理控制。具有对信息系统的领导机构、业务机构、实施机构、财务机构、监督机构等的领导能力、工作机制的审计知识和评价能力。

（2）项目立项控制审计。具有对信息系统项目需求分析、建议书、可研报告和初步设计等立项报告控制的审计知识和评价能力。

（3）项目实施控制审计。具有对信息系统详细设计、招标投标和政府采购、系统建设、系统和数据安全、运行维护等控制的审计知识和评价能力。

（4）项目投资控制审计。具有对信息化项目预算编制与批复、预算执行、概算调整、决算编制、资产管理等控制的审计知识和评价能力。

(5)项目验收控制审计。具有信息系统单项验收、建设部门验收、审批部门验收控制的审计知识和评价能力。

(6)项目绩效控制审计。具有信息系统的绩效评价指标、绩效评价方法、绩效评价结果和运用的审计知识和评价能力。

2. 信息系统内部控制知识

《企业内部控制基本规范》(财会〔2008〕7号)做出了信息系统可参考的内部控制标准规定。

(1)内部环境。内部环境是企业实施内部控制的基础,一般包括治理结构、机构设置及权责分配、内部审计、人力资源政策、企业文化等。

(2)风险评估。风险评估是企业及时识别、系统分析经营活动中与实现内部控制目标相关的风险,合理确定风险应对策略。

(3)控制活动。控制活动是企业根据风险评估结果,采用相应的控制措施,将风险控制在可承受度之内。

(4)信息与沟通。信息与沟通是企业及时、准确地收集、传递与内部控制相关的信息,确保信息在企业内部、企业与外部之间进行有效沟通。

(5)内部监督。内部监督是企业对内部控制建立与实施情况进行监督检查,评价内部控制的有效性,发现内部控制缺陷,应当及时加以改进。

(三)应用控制标准知识

1. 应用控制环节标准知识

《信息系统审计师职业技能评价》(T/CCUA007—2020)"团体标准"提出了信息系统应用控制的标准规定。

(1)应用规划控制审计。具有对政府治理、公共服务、企业和社会信息化等信息系统规划控制的审计知识和评价能力。

(2)应用能力控制审计。具有对门户网站、管理系统、业务系统、数据中心、共享平台、运维系统、安全系统的系统整合,资源共享、数据开放、系统集约化、系统持续性、业务连续性等应用能力控制的审计知识和评价能力。

(3)数据资源控制审计。具有对政府治理、公共服务、企业和社会信息化等的数据资源业务目录、共享目录、开放目录、元数据、主数据、数据元素、数据表,数据库设计等标准规范控制的审计知识和评价能力。

(4)分析模型控制审计。具有对信息系统的业务流程和业务逻辑等的业务处理模型,多维数据分析、聚类关联分析、模拟仿真分析等的数据分析模型,知识图谱分析、决策支持分析等的大数据分析模型等控制的审计知识和评价能力。

(5)新技术运用控制审计。具有移动互联、物联网、大数据、人工智能等新一代信息技术运用的审计知识。

2. 数据资源目录标准控制知识

《政务信息资源目录体系·第1部分:总体框架》(GB/T 21063.1—2007)、《政务信息资源目录体系第2部分:技术要求》(GB/T 21063.2—2007)、《政务信息资源目录体系第3部分核心元数据》(GB/T 21063.3—2007)、《政务信息资源目录体系第4部分:政务信息资源分类》(GB/T 20163.4—

2007）、《政务信息资源目录体系第6部分：技术管理要求》（GB/T 20163.6—2007）等标准规范，做出了数据资源目录的标准控制规定。

（1）政务信息资源目录体系总体架构。政务信息资源目录体系技术总体架构包括信息库系统和目录内容服务系统。信息库系统由政务部门的共享信息库、目录内容信息库和目录服务中心的目录内容管理信息库、服务信息库组成。目录内容服务系统由共享信息服务系统、编目系统、目录传输系统、目录管理系统、目录服务系统组成。

（2）共享信息服务系统。共享信息服务系统由各政务部门基于统一的电子政务网络进行建设、管理和维护，其信息资源由各政务部门自身的业务信息系统提供、产生、发布并进行运行管理。共享信息服务系统应具备的基本功能要求包括：①共享信息资源生成：从各部门业务信息资源中生成本部门用于共享的信息资源；②共享信息资源发布：提供基于统一的电子政务网络的共享信息资源发布系统，发布共享信息资源；③共享信息资源访问：提供共享信息资源访问服务，用户可以浏览、查询、下载共享信息；并且基于统一的电子政务网络进行共享政务信息资源共享。

（3）数据资源核心元数据。①信息资源名称。②信息资源摘要。③信息资源提供方。④信息资源分类。⑤信息资源标识符。⑥元数据标识符。此外，核心元数据还包括6个可选的元数据实体和元数据元素。

3. 数据资源规划标准控制知识

《国家审计数据中心基本规划》（审计发〔2007〕44号）、《中央部门预算执行审计数据规划》（审计发〔2007〕64号）等标准做出了数据资源规划的标准控制规定。

（1）应用功能和数据规划。根据《国家审计数据中心基本规划》目录体系规划的资源分类要求，进行本规划第三级和第四级分类的资源分类规划。中央部门预算执行审计业务包括：预算编制与批复审计、预算资金拨付审计、基本支出审计、项目支出审计、非税收入收缴审计、国有资产管理审计、政府采购审计、决算审计等8类。各类审计业务对应的审计数据为：基础资料、测评数据、预算数据、会计数据、决算数据、业务数据、审计数据。

（2）数据分类规划。根据《国家审计数据中心基本规划》中央部门预算执行审计业务与审计数据对应关系，本规划的第三级分类目录共7个类别，包括基础资料、测评数据、预算数据、决算数据、会计数据、业务数据、审计数据。

（3）数据元素规划。数据元素的标识符、数据元素的名称、数据元素的说明、数据元素的表示、数据元素的注释。

（4）数据表规划。数据表是按照特定审计目标组织的相关数据元素的集合。根据《基本规划》的规定，数据表分为基础表和分析表。

4. 分析模型规划

《计算机审计方法体系基本规划》（审计发〔2008〕38号）、《计算机审计方法流程图编制规范》（审计发〔2008〕34号）、《计算机审计方法语言编制规范》（审计发〔2008〕37号）、《中央部门预算执行计算机审计方法体系》（审计发〔2010〕113号）等规范做出了分析模型构建的标准规范。

（1）审计方法目录体系。计算机审计方法资源分类按专业计算机审计分类规划，包括12类一级分类体系：综合审计方法、政府预算执行审计方法、税收征管审计方法、海关征管审计方法、金融业务审计方法、企业审计方法、社会保险基金审计方法、固定资产投资审计方法、农业与资源环保审计方法、外资运用审计方法、党政领导干部经济责任审计方法、其他审计方法。

(2)业务模型构建。①通过对审计事项所涉及的被审计单位业务关系中的实体及其相互关系的描述,构建实体关系模型(Entity-Relation,以下简称ER模型)。②通过对其数据关系的描述,构建数据模型。③通过对数据模型的描述,构建计算机语言实体模型。

(四)网络控制标准知识

1. 网络控制环节标准知识

《信息系统审计师职业技能评价》(T/CCUA 007—2020)团体标准提出了信息系统网络控制的标准规定。

(1)网络系统控制审计。具有对信息系统利用的政务内网、政务外网、互联网,局域网、城域网、广域网,多网互联和网络布线等控制的审计知识和评价能力。

(2)计算系统控制审计。具有对计算系统的硬件、软件、支撑系统、计算指标,以及分布式计算、虚拟化计算、云计算等控制的审计知识和评价能力。

(3)存储系统控制审计。具有对信息系统的存储分类、存储方式、存储性能,以及通用存储、云存储等控制的审计知识和评价能力。

(4)备份系统控制审计。具有对数据备份和系统备份、在线备份和离线备份、同城备份和异地备份,以及备份指标等控制的审计知识和评价能力。

(5)机房系统控制审计。具有对计算机机房物理选择、功能布局,以及供电系统、空调系统、消防系统、防雷接地系统、监视系统等辅助系统控制的审计知识和评价能力。

2. 网络布线控制知识

《电子政务标准化指南第3部分:网络建设》(GB/T 30850.3—2014)等标准做出了网络布线标准控制知识。

(1)网络布线的总体要求。①应满足政务机构的业务需求。②应具有可操作性、可靠性和可用性。③应具有可持续性和可扩展性。④应将数据保密和安全作为高优先项。⑤应履行验证和授权功能。⑥网络安全应与网络建设同步进行。⑦应使用基于开放的行业标准和采用成熟的主流技术。⑧网络管理责任机制由网络的主管、建设和运维单位相应确定。

(2)结构化布线系统。①铜缆。建筑物结构化布线系统选用铜缆时应符合GB/T 7424建筑物通信布线标准规定的6类非屏蔽双绞线。②光纤。建筑物结构化布线系统选用的光纤在安装、主干网的扩充或改造。

(3)网络拓扑结构。逻辑网络拓扑应表示成星型或者总线型,同时满足以下要求:①应规范星型、环型及总线型拓扑结构,最小化网络设备间的连接故障,同时确保网络设备便于增加或减少。②星型、环型及总线型拓扑应具有可扩展性和灵活性。③以太网标准支持星型局域网设计,采用点对点连接和结构化布线拓扑。

3. 网络综合布线标准控制知识

《综合布线系统工程设计规范》(GB 50311—2007)等标准列出了网络综合布线的标准控制知识。

(1)综合布线系统设施及管线的建设。应纳入建筑与建筑群相应的规划设计之中。工程设计时,应根据工程项目的性质、功能、环境条件和近、远期用户需求进行设计,并应考虑施工和维护方便,确保综合布线系统工程的质量和安全,做到技术先进、经济合理。

（2）综合布线系统的综合考虑。应与信息设施系统、信息化应用系统、公共安全系统、建筑设备管理系统等统筹规划，相互协调，并按照各系统信息的传输要求优化设计。

（3）综合布线系统的标准。设备应选用经过国家认可的产品质量检验机构鉴定合格的、符合国家有关技术标准的定型产品。

4. 计算机机房标准控制知识

《数据中心设计规范》（GB 50174—2017）、《电子计算机场地通用规范》（GBT 2887—2000）等标准列出了计算机机房的标准控制知识。

（1）机房分机。电子信息系统机房应划分为A、B、C三级。设计时应根据机房的使用性质、管理要求及其在经济和社会中的重要性确定所属级别。1）A级。符合下列情况之一的电子信息系统机房应为A级：①电子信息系统运行中断将造成重大的经济损失；②电子信息系统运行中断将造成公共场所秩序严重混乱。②B级。符合下列情况之一的电子信息系统机房应为B级。①电子信息系统运行中断将造成较大的经济损失；②电子信息系统运行中断将造成公共场所秩序混乱。③C级。不属于A级或B级的电子信息系统机房为C级。

（2）机房性能要求。①A级电子信息系统机房内的场地设施应按容错系统配置，在电子信息系统运行期间，场地设施不应因操作失误、设备故障、外电源中断、维护和检修而导致电子信息系统运行中断。②B级电子信息系统机房内的场地设施应按冗余要求配置，在系统运行期间，场地设施在冗余能力范围内，不应因设备故障而导致电子信息系统运行中断。③C级电子信息系统机房内的场地设施应按基本需求配置，在场地设施正常运行情况下，应保证电子信息系统运行不中断。

（五）安全控制标准知识

1. 安全控制环节标准知识

《信息系统审计师职业技能评价》（T/CCUA 007—2020）团体标准提出了信息系统安全控制的标准规定。

（1）网络安全控制审计。具有对信息系统的国家网络安全、网络安全引导社会舆论、关键技术突破和运用等控制的审计知识和评价能力。

（2）等级保护控制审计。具有对信息系统的网络安全等级保护的基本要求、设计技术要求、测评要求的制度控制，包括通用技术控制和通用管理控制，云计算、移动互联、物联网、工业控制等控制的审计知识和评价能力。其中，基本要求、设计技术要求、测评要求详见《信息安全技术网络安全等级保护基本要求》（GB/T 22239—2019）（以下简称《基本要求》）、《信息安全技术 网络安全等级保护设计技术要求》（GB/T 25070—2019）（以下简称《设计技术要求》）、《信息安全技术网络安全等级保护测评要求》（GB/T 28448—2019）（以下简称《测评要求》）。

（3）风险评估控制审计。具有风险评估对象、风险评估指标、风险评估规范等控制的审计知识和评价能力。

（4）应急预案控制审计。具有应急预案目标、任务、指标等控制的审计知识和评价能力。

2. 网络安全等级保护

《基本要求》《设计技术要求》《测评要求》等标准提出了网络安全等级保护的标准控制要求。

（1）等级保护五级分类。①第一级，信息系统受到破坏后，会对公民、法人和其他组织的合法权益造成损害,但不损害国家安全、社会秩序和公共利益。第一级信息系统运营、使用单位应当依据国家有关管理规范和技术标准进行保护。②第二级,信息系统受到破坏后,会对公民、法人和其他组织的合法权益产生严重损害,或者对社会秩序和公共利益造成损害,但不损害国家安全。国家信息安全监管部门对该级信息系统安全等级保护工作进行指导。③第三级,信息系统受到破坏后,会对社会秩序和公共利益造成严重损害,或者对国家安全造成损害。国家信息安全监管部门对该级信息系统安全等级保护工作进行监督、检查。④第四级,信息系统受到破坏后,会对社会秩序和公共利益造成特别严重损害,或者对国家安全造成严重损害。国家信息安全监管部门对该级信息系统安全等级保护工作进行强制监督、检查。⑤第五级,信息系统受到破坏后,会对国家安全造成特别严重损害。国家信息安全监管部门对该级信息系统安全等级保护工作进行专门监督、检查。

(2)网络安全等级保护通用技术要求。①安全物理环境控制。②安全通信网络控制。③安全区域边界控制。④安全计算环境控制。⑤安全管理中心控制。

(3)网络安全等级保护通用管理要求。①安全管理制度控制。②安全管理机构控制。③安全管理人员控制。④安全建设管理控制。⑤安全运维管理控制。

(4)网络安全等级保护专项扩展要求。①云计算安全扩展控制。云计算平台/系统由设施、硬件、资源抽象控制层、虚拟化计算资源、软件平台和应用软件等组成。软件即服务(SaaS)、平台即服务(PaaS)、基础设施即服务(IaaS)是三种基本的云计算服务模式。②移动互联安全扩展控制。采用移动互联技术的等级保护对象其移动互联部分由移动终端、移动应用和无线网络三部分组成。③物联网安全扩展控制。物联网通常从架构上可分为感知层、网络传输层和处理应用层三个逻辑层。其中感知层包括传感器节点和传感网网关节点,或RFID标签和RFID读写器。网络传输层包括将这些感知数据远距离传输到处理中心的网络,包括互联网、移动网等,以及几种不同网络的融合。处理应用层包括对感知数据进行存储与智能处理的平台,并对业务应用终端提供服务。

本节思考题

1. 国家为什么要利用国家标准、行业标准、地方标准、企业标准和团体标准对信息系统提出标准类的控制规定?

2. 标准类的控制规定对信息系统产生什么样的控制作用?

三、信息系统规则类知识

信息系统规则类知识是指公共组织制定、社会共同遵循的工作守则、行为准则的工作规则类,对信息系统管理、应用、网络和安全的规则类控制规则。

(一)管理控制规则知识

《国家政务信息化项目建设管理办法》(国办发〔2019〕57号)要求继续开展项目立项需求分析。本书提出了项目立项需求分析的规则控制。

项目立项需求分析总要求如下。

(1)履职面临的社会问题控制。任何一个政务部门、事业单位、企业或社会团体都有特定的职责,在职责履行中会遇到不同的社会问题,需求分析就是要列出这些需要解决的社会问题。

(2)解决问题的目标任务控制。①信息化目标。在确定履职面临的社会问题之后,就要确定履职信息化目标。②信息化业务。采用信息化方式、技术和手段,对相应的业务进行信息化,从而提升相应业务的信息化水平,提升职责履行的工作质量。

(3)信息化的业务模型控制。信息化的业务模型是描述信息化业务的逻辑模型、流程模型等。信息化业务的逻辑模型是指信息化业务的相关业务逻辑、持续性业务逻辑、连续性业务逻辑等。业务逻辑是指一个实体单元为了向另一个实体单元提供服务,应该具备的规则与流程。

(4)业务功能和性能控制。①业务功能是指信息化业务的相关业务逻辑、持续性业务逻辑、连续性业务逻辑等的实现功能。业务功能包括业务指标—资源指标—服务指标。在业务功能的软件实现中一般分为三个层次:表示层、业务逻辑层和数据访问层。②业务性能是指单位时间内完成所需动作的要求。一般包括三个指标:(1)业务指标。即完成所需动作的指标;(2)资源指标。所需动作对应的数据资源指标;(3)服务指标。在确定所需动作和数据资源条件下,应当完成的服务时间指标。

(5)主题模型和主题数据控制。项目立项需求分析需要依据《主题模型和主题数据编制规则》,编制主题模型(包括业务处理主题模型、数据分析主题模型、大数据分析主题模型)和主题数据(包括业务处理主题数据、数据分析主题数据、大数据分析主题数据)的业务需求,为项目技术设计提供主题模型和主题数据的需求分析。

(6)数据量控制。①数据存储量。数据存储需求量=历史数据量+年增长数据量×规划年度,为技术设计提供数据存储量支持。②数据处理量。是指单位时间内处理数据量的需求。需求分析中要对单位时间内处理数据量高的业务进行分析和描述,为技术设计提供数据处理量支持。③数据传输量。是指单位时间内传输数据量的需求,为技术设计提供数据传输量支持。

(7)网络安全需求分析控制。网络安全需求分析是指信息化项目在网络安全防御方面的需求。一般包括部门网站网络安全、网络安全等级保护、网络安全风险分析、网络安全应急预案。

(8)集约化系统架构控制。集约化系统架构是指系统设计的总体集约化。系统集约化的泛义包括系统设计集约化、信息系统整合共享、信息系统目录、信息资源目录等。

(二)应用控制规则知识

1. 政务信息系统整合共享规则

《政务信息系统整合共享实施方案》(国办发〔2017〕39号)提出了政务信息系统整合共享的要求。本书给出了政务信息系统整合共享的具体规则要求。

(1)整合共享的总体要求。采用"摸清家底、清除僵尸、系统整合、资源共享"的方法,实现"整合共享"。①对部门或单位现有的各类政务信息系统"摸清家底"。②对长期不用或可有其他系统功能代替的"清除僵尸"。③按照一个部门或单位具有门户网站、业务系统、管理系统、数据中心、行业共享、运维系统、安全系统等不超过10个信息系统,进行"系统整合"。④将原有各系统的信息资源统筹归拢到数据中心,形成支撑业务应用的业务目录、据此形成部门共享的共享目录、向社会公众发布的开放目录(图1-2)。

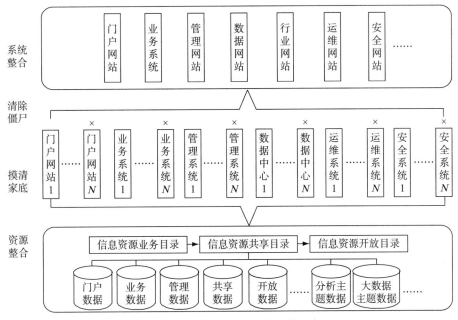

图1-2　信息系统整合共享总体要求

2.　主题模型和主题数据编制规则

国家文件和国家标准都提出要构建分析模型和相关数据进行职责履行。本书提出了主题模型和主题数据编制的规则。

（1）主题模型编制规则。主题模型是指部门履职所需的业务主题模型。一般包括：业务处理主题模型、数据分析主题模型、大数据分析主题模型。这里仅列业务处理主题模型的构建。业务处理主题模型。是指不同部门、单位、企业履职所需的依据政务职能确定的业务逻辑处理、业务流程处理等的业务模型。在业务逻辑处理模型中，需要处理同一业务中不同业务要素之间的逻辑关系。例如，在财政部门、预算部门和所属单位的不同实体之间发生的预算编制和批复的业务逻辑关系（图1-3）。

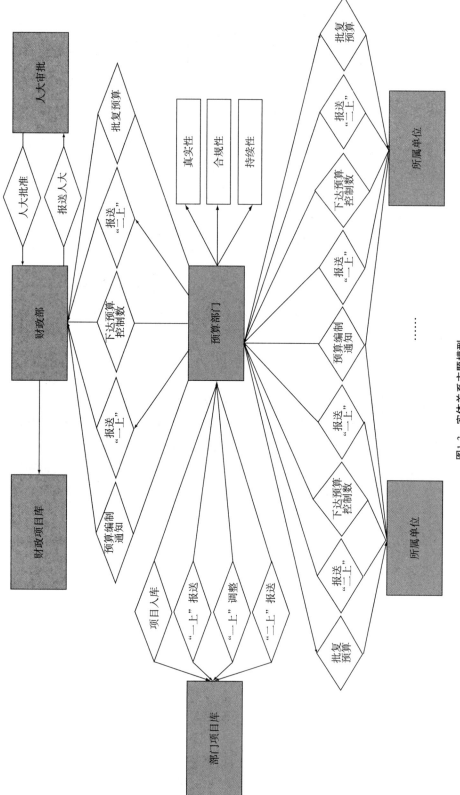

图1-3 实体关系主题模型

（2）主题数据编制规则。依据主题模型涉及的数据要素和计算公式,利用数据基础表构建主题数据,可供主题模型调用计算(图1-4)。

图1-4　实体关系主题数据

(三)网络控制规则知识

国家相关文件和标准对信息系统备份进行了规划,本书提出了基于业务特征的备份策略规则。

业务连续性是计算机容灾技术的升华概念,一种由计划和执行过程组成的策略,其目的是保证企业包括生产、销售、市场、财务、管理以及其他各种重要的功能完全在内的运营状况百分之百可用。

信息系统承载业务的基本特征是业务连续性。业务连续性呈现高、中、低三种情况。于是,对信息系统的备份提出了不同的策略要求。

(1)业务连续性高的备份策略。业务连续性高的业务系统表现为业务的不可中断性。例如,政府税收、银行、证券等，要求业务是高度不可中断性。备份策略应采用系统备份，即应用系统、数据资源、计算存储基础设施等进行系统备份，形成生产系统的备份系统，并形成"双活"系统（图1-5）。

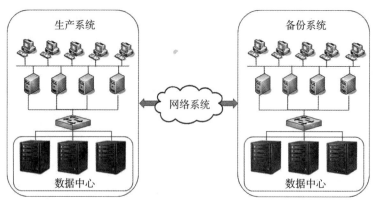

图1-5　业务连续性高的备份策略

（2）业务连续性中等的备份策略。业务连续性中等的业务系统表现为一定时间内的不可中断性。例如，财政部、市场监管总局、自然资源部等的业务系统，业务连续性的要求高度不完全是不可中断。备份策略可考虑采用系统备份或数据备份，形成数据备份或系统备份的备份系统（图1-6）。

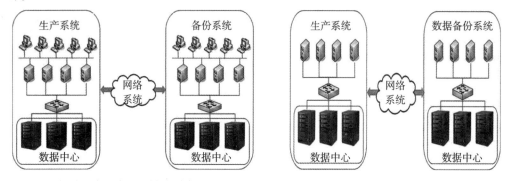

（一）业务系统的连续性系统备份　　　　（二）业务系统的数据备份

图1-6　业务连续性中等的备份策略

（3）业务连续性较低的备份策略。业务连续性较低的业务系统表现为较长时间内的不可中断性。例如，连续性业务要求不高，基本以管理为的特征的业务系统。备份策略可考虑采用数据备份的备份系统（图1-7）。

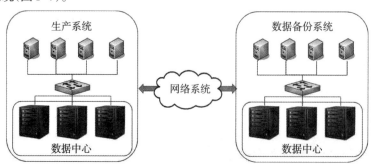

图1-7　业务连续性较低的备份策略

（四）安全控制规则知识

国家相关文件、标准描述了互联网、政务外网、政务内网，也描述了三网互联的要求。本书具体给出了三网互联的规则。

（1）互联网是广域网、局域网及单机按照一定的通信协议组成的国际计算机网络。互联网是指将两台计算机或者是两台以上的计算机终端、客户端、服务端通过计算机信息技术的手段互相联系起来的结果。

（2）政务外网是按照中办发〔2002〕17号文件和〔2006〕18号文件要求建设的我国电子政务重要公共基础设施，是服务于各级党委、人民代表大会、政府、政协、法院和检察院等政务部门，满足其经济调节、市场监管、社会管理和公共服务等方面需要的政务公用网络。政务外网支持跨地区、跨部门的业务应用、信息共享和业务协同，以及不需要在政务内网上运行的业务。

（3）政务内网是电子政务的核心和基础之一，电子政务内网主要为领导决策和指挥提供信息支持和技术服务，并承担公文、应急、值班、邮件、会议等办公业务。

（4）三网互联。互联网和政务外网之间逻辑隔离，通过国家指定的"双向交换"专用设备实现互联互通。政务外网与政务内网之间物理隔离，通过国家指定的"单项导入"专用设备实现信息传导（图1-8）。

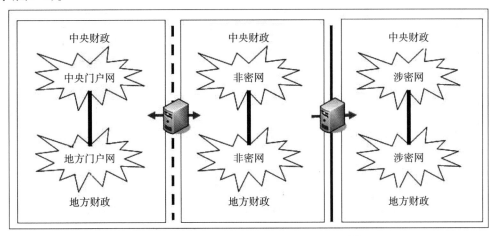

图1-8 互联网、政务外网、政务内网三网互联策略

本节思考题

1. 我国信息系统法规类控制的主要目标是什么？
2. 我国信息系统标准类控制的主要目标是什么？
3. 规则类的控制规定对信息系统产生什么样的控制作用？

第三节 承载业务的专业知识

信息系统承载业务的专业知识包括党务机关、民主法治机关、政府机关、事业单位、企业和社会团体的专业知识等。这里，侧重介绍财政部门、金融行业、企业法人的专业知识。

一、财政部门的专业知识

财政部门是政府机关的重要部门。其专业知识主要涉及财政预算指标管理、国库集中收付、非税收缴、政府采购等。

（一）财政预算指标管理专业知识

财政预算指标管理包括一般公共预算、政府性基金预算、国有资本经营预算、社会保险基金预算。财政预算管理上形成财政预算指标、部门预算指标（图1-9）。

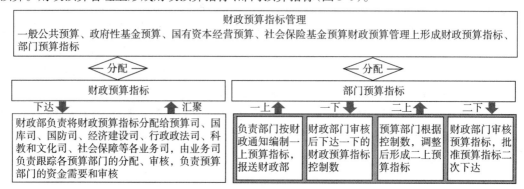

图1-9　财政预算指标管理

财政预算指标是财政部门将财政预算指标分配给预算司（处）、国库司（处）等，由业务司（处）负责跟踪各预算部门的分配、审核，并负责预算部门的资金需求和审核报送财政部门统一审定。

部门预算指标是反映预算部门和财政部门之间的预算报送和审批的过程。包括：预算部门按财政部门通知编制预算指标，一上报送财政部门；财政部门审核后下达财政预算指标的一下控制数；预算部门根据控制数，调整后形成二上预算指标报送；财政部门审核预算指标，批准预算指标二次下达。

（二）国库集中收付专业知识

国库集中收付制是建立国库单一账户体系，所有财政性资金都纳入国库单一账户管理，收入直接缴入国库或财政专户，采用财政直接支付与授权支付方式支付（图1-10）。

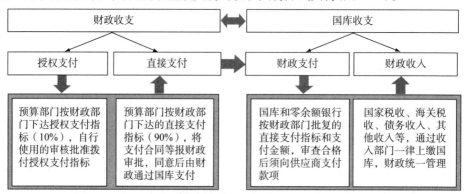

图1-10　国库集中收付制度

授权支付是预算部门按财政部门下达授权支付指标（10%），自行使用和审核批准拨付授权支付指标。

直接支付是预算部门按财政部门下达的直接支付指标(90%),将支付合同等报财政审批,同意后由财政通过国库直接支付。

(三)非税收缴和支付专业知识

非税收支是指除税收以外,由政府、事业单位、代行的社会团体提供特定公共服务、准公共服务取得的财政性资金,是财政收入支出的重要组成部分(图1-11)。

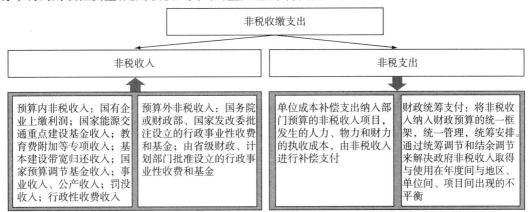

图1-11　非税收缴和支付专业

非税收入包括预算内收入和预算外收入。预算内非税收入包括:国有企业上缴利润;国家能源交通重点建设基金收入;教育费附加等专项收入;基本建设贷款归还收入;国家预算调节基金收入;事业收入、公产收入;罚没收入;行政性收费收入。预算外非税收入包括:国务院或财政部、国家发展改革委批准设立的行政事业性收费和基金;由省级人民政府或省级财政、计划部门批准设立的行政事业性收费和基金。

非税支出包括单位成本补偿支出和财政统筹支出。单位成本补偿支出纳入部门预算的非税收入项目,发生的人力、物力和财力的执收成本,由非税收入进行补偿支付。财政统筹支付是将非税收入纳入财政预算的统一框架,统一管理,统筹安排。通过统筹调节和结余调节来解决政府非税收入取得与使用在年度间与地区、单位间、项目间出现的不平衡。

(四)政府采购专业知识

政府采购是指政府为了提供服务,在财政监督下,以法定的范围、组织和方式,通过多种采购方式,由财政部门以直接向供应商付款的方式,从国内、外市场上为政府部门或所属团体购买货物、工程和服务的行为(表1-4)。

图1-4　政府采购

政府采购	采购实施	采购合同
《政府采购法》	发布采购文件	采购合同要求
采购范围:货物、工程和服务	投标人响应	采购合同签订
采购组织:集中采购、社会采购、自行采购	组织采购开标	续购合同要求
采购方式:公开、邀请、竞争性谈判、单一来源、	评标委员会实施	合同质疑投诉
询价和竞争性磋商	推荐中标候选人	合同监督检查
财政部:集中采购目录等	采购确定中标人	合同法律责任

二、金融行业的专业知识

我国金融体系包括中国人民银行管辖的政策性银行、商业性银行、金融机构和外汇管理，以及证券机构、保险机构、监管会等（图1-12）。

图1-12 我国金融行业体系

(一)中国人民银行的职责

(1)起草有关法律和行政法规;完善有关金融机构运行规则;发布与履行职责有关的命令和规章。

(2)依法制定和执行货币政策。

(3)监督管理银行间同业拆借市场和银行间债券市场、外汇市场、黄金市场。

(4)防范和化解系统性金融风险,维护国家金融稳定。

(5)确定人民币汇率政策;维护合理的人民币汇率水平;实施外汇管理;持有、管理和经营国家外汇储备和黄金储备。

(6)发行人民币,管理人民币流通。

(7)经理国库。

(8)会同有关部门制定支付结算规则,维护支付、清算系统的正常运行。

(9)制定和组织实施金融业综合统计制度,负责数据汇总和宏观经济分析与预测。

(10)组织协调国家反洗钱工作,指导、部署金融业反洗钱工作,承担反洗钱的资金监测职责。

(11)管理信贷征信业,推动建立社会信用体系。

(12)作为国家的中央银行,从事有关国际金融活动。

(13)按照有关规定从事金融业务活动。

(14)承办国务院交办的其他事项。

(二)政策性银行的职能

(1)政策导向性职能。是指政策性银行以直接或间接的资金投放吸引其他金融机构从事符合政策意图的放款,从而发挥其提倡、引导功能。

(2)补充辅助性职能。是指政策性银行的金融活动补充和完善了以商业银行为主的现代金融体系的职能。

(3)选择性职能。是指政策性银行对其融资领域或部门具有选择性,不是任意融资,当然尊重市场机制是进行选择的前提。

(4)服务性职能。政策性银行一般是专业性银行,有精通业务并且具备有丰富实践经验的专业人员,可以为企业提供信息及出谋划策等全方位的服务。

(三)商业性银行的职责

(1)调节经济。调节经济是指商业银行通过其信用中介活动,调剂社会各部门的资金短缺,同时在央行货币政策和其他国家宏观政策的指引下,实现经济结构,消费比例投资,产业结构等方面的调整。此外,商业银行通过其在国际市场上的融资活动还可以调节本国的国际收支状况。

(2)信用创造。商业银行在信用中介职能和支付中介职能的基础上,产生了信用创造职能。商业银行是能够吸收各种存款的银行,可用其所吸收的各种存款发放贷款,在支票流通和转账结算的基础上,贷款又派生为存款,在这种存款不提取现金或不完全提现的基础上,就增加了商业银行的资金来源,最后在整个银行体系,形成数倍于原始存款的派生存款。

(3)信用中介。信用中介是商业银行最基本、最能反映其经营活动特征的职能。这一职能的实质,是通过银行的负债业务,把社会上的各种闲散货币集中到银行里来,再通过资产业务,把它投向经济各部门;商业银行是作为货币资本的贷出者与借入者的中介人或代表,来实现资本的融通,并从吸收资金的成本与发放贷款利息收入、投资收益的差额中,获取利益收入,形成银行利润。商业银行成为买卖"资本商品"的"大商人"。

(4)支付中介。商业银行除了作为信用中介,融通货币资本以外,还执行着货币经营业的职能。通过存款在帐户上的转移,代理客户支付,在存款的基础上,为客户兑付现款等,成为工商企业、团体和个人的货币保管者、出纳者和支付代理人。

(5)金融服务。随着经济的发展,工商企业的业务经营环境日益复杂化,银行间的业务竞争也日益剧烈化,银行由于联系面广,信息比较灵通,特别是电子计算机在银行业务中的广泛应用,使其具备了为客户提供信息服务的条件,咨询服务,对企业"决策支援"等服务应运而生,工商企业生产和流通专业化的发展,又要求把许多原来属于企业自身的货币业务转交给银行代为办理,如发放工资,代理支付其他费用等。

(四)国家外汇管理的职责

(1)研究提出外汇管理体制改革和防范国际收支风险、促进国际收支平衡的政策建议;研究逐步推进人民币资本项目可兑换、培育和发展外汇市场的政策措施,向中国人民银行提供制定人民币汇率政策的建议和依据。

(2)参与起草外汇管理有关法律法规和部门规章草案,发布与履行职责有关的规范性文件。

(3)负责国际收支、对外债权债务的统计和监测,按规定发布相关信息,承担跨境资金流动监测的有关工作。

(4)负责全国外汇市场的监督管理工作;承担结售汇业务监督管理的责任;培育和发展外汇市场。

(5)负责依法监督检查经常项目外汇收支的真实性、合法性;负责依法实施资本项目外汇管理,并根据人民币资本项目可兑换进程不断完善管理工作;规范境内外外汇账户管理。

(6)负责依法实施外汇监督检查,对违反外汇管理的行为进行处罚。

(7)承担国家外汇储备、黄金储备和其他外汇资产经营管理的责任。

(8)拟订外汇管理信息化发展规划和标准、规范并组织实施,依法与相关管理部门实施监管信息共享。

(9)参与有关国际金融活动。

(10)承办国务院及中国人民银行交办的其他事宜。

(五)证券机构的职责

(1)贯彻执行国家有关法律、法规和方针政策。

(2)对辖区内证券发行人、上市公司、非上市公众公司、证券公司、基金管理公司、期货公司、私募基金管理人、证券投资咨询机构、基金销售机构,以及从事证券期货业务的会计师事务所、资产评估机构、律师事务所、资信评级机构等市场主体实施日常监管。

(3)对辖区监管范围内的违法违规行为依法进行查处,开展证券期货投资者教育和保护工作,防范和依法处置辖区有关市场风险。

（4）履行法律法规规定和中国证监会授权的其他职责,有效维护市场公开、公平、公正,维护投资者特别是中小投资者的合法权益,促进辖区资本市场健康发展。

（六）商业保险机构的职责

（1）商业保险是一种经营行为,保险业经营者以追求利润为目的,独立核算、自主经营、自负盈亏;社会保险是国家社会保障制度的一种,目的是为人民提供基本的生活保障,以国家财政支持为后盾。

（2）商业保险依照平等自愿的原则,是否建立保险关系完全由投保人自主决定;而社会保险具有强制性,凡是符合法定条件的公民或劳动者,其缴纳保险费用,接受保障,都是由国家立法直接规定的。

（3）商业保险的保障范围由投保人、被保险人与保险公司协商确定,不同的保险合同项下,不同的险种,被保险人所受的保障范围和水平是不同的,而社会保险的保障范围一般由国家事先规定,风险保障范围比较窄,保障的水平也比较低。这是由保险的社会保障性质所决定的。

（4）商业保险是通过订立保险合同运营,以营利为目的的保险形式,由专门的保险企业经营;商业保险关系是由当事人自愿缔结的合同关系,投保人根据合同约定,向保险公司支付保险费,保险公司根据合同约定的可能发生的事故所造成的财产损失承担赔偿保险金,或者当被保险人死亡、伤残、疾病或达到约定的年龄、期限时承担给付保险金。

（七）监管会的职责

1. 中国银行保险监督管理委员会的职责

依照法律法规统一监督管理银行业和保险业,维护银行业和保险业合法、稳健运行,防范和化解金融风险,保护金融消费者合法权益,维护金融稳定。

2018年5月14日,商务部办公厅发布通知,已将制定融资租赁公司、商业保理公司、典当行业务经营和监管规则职责划给中国银行保险监督管理委员会,自4月20日起,有关职责由银保监会履行。

（1）依法依规对全国银行业和保险业实行统一监督管理,维护银行业和保险业合法、稳健运行,对派出机构实行垂直领导。

（2）对银行业和保险业改革开放和监管有效性开展系统性研究。参与拟订金融业改革发展战略规划,参与起草银行业和保险业重要法律法规草案以及审慎监管和金融消费者保护基本制度。起草银行业和保险业其他法律法规草案,提出制定和修改建议。

（3）依据审慎监管和金融消费者保护基本制度,制定银行业和保险业审慎监管与行为监管规则。制定小额贷款公司、融资性担保公司、典当行、融资租赁公司、商业保理公司、地方资产管理公司等其他类型机构的经营规则和监管规则。制定网络借贷信息中介机构业务活动的监管制度。

（4）依法依规对银行业和保险业机构及其业务范围实行准入管理,审查高级管理人员任职资格。制定银行业和保险业从业人员行为管理规范。

（5）对银行业和保险业机构的公司治理、风险管理、内部控制、资本充足状况、偿付能力、经营行为和信息披露等实施监管。

（6）对银行业和保险业机构实行现场检查与非现场监管,开展风险与合规评估,保护金融消费者合法权益,依法查处违法违规行为。

（7）负责统一编制全国银行业和保险业监管数据报表,按照国家有关规定予以发布,履行金融业综合统计相关工作职责。

（8）建立银行业和保险业风险监控、评价和预警体系,跟踪分析、监测、预测银行业和保险业运行状况。

（9）会同有关部门提出存款类金融机构和保险业机构紧急风险处置的意见和建议并组织实施。

（10）依法依规打击非法金融活动,负责非法集资的认定、查处和取缔以及相关组织协调工作。

（11）根据职责分工,负责指导和监督地方金融监管部门相关业务工作。

（12）参加银行业和保险业国际组织与国际监管规则制定,开展银行业和保险业的对外交流与国际合作事务。

（13）负责国有重点银行业金融机构监事会的日常管理工作。

（14）完成党中央、国务院交办的其他任务。

（15）职能转变。围绕国家金融工作的指导方针和任务,进一步明确职能定位,强化监管职责,加强微观审慎监管、行为监管与金融消费者保护,守住不发生系统性金融风险的底线。按照简政放权要求,逐步减少并依法规范事前审批,加强事中事后监管,优化金融服务,向派出机构适当转移监管和服务职能,推动银行业和保险业机构业务和服务下沉,更好地发挥金融服务实体经济功能。

2. 中国证券监督管理委员会的职责

（1）根据法律和国务院行政法规制定证券市场规章及规范性文件,以规范证券市场稳健运行。①研究和拟订证券期货市场的方针政策、发展规划。②起草证券期货市场的有关法律、法规,提出制定和修改的建议;③制定有关证券期货市场监管的规章、规则和办法。

（2）在国务院的领导下对证券市场进行监督管理。证监会的监督管理具体如下:①垂直领导全国证券期货监管机构,对证券期货市场实行集中统一监管;管理有关证券公司的领导班子和领导成员。②监管股票、可转换债券、证券公司债券和国务院确定由证监会负责的债券及其他证券的发行、上市、交易、托管和结算;监管证券投资基金活动;批准企业债券的上市;监管上市国债和企业债券的交易活动。③监管上市公司及其按法律法规必须履行有关义务的股东的证券市场行为。④监管境内期货合约的上市、交易和结算;按规定监管境内机构从事境外期货业务。⑤管理证券期货交易所;按规定管理证券期货交易所的高级管理人员;归口管理证券业、期货业协会。⑥监管证券期货经营机构、证券投资基金管理公司、证券登记结算公司、期货结算机构、证券期货投资咨询机构、证券资信评级机构;审批基金托管机构的资格并监管其基金托管业务;制定有关机构高级管理人员任职资格的管理办法并组织实施;指导中国证券业、期货业协会开展证券期货从业人员的资格管理工作。⑦监管境内企业直接或间接到境外发行股票、上市以及在境外上市的公司到境外发行可转换债券;监管境内证券、期货经营机构到境外设立证券、期货机构;监管境外机构到境内设立证券、期货机构,从事证券、期货业务。⑧监管证券期货信息传播活动,负责证券期货市场的统计与信息资源管理。⑨会同有关部门审批会计师事务所、资产评估机构及其成员从事证券期货中介业务的资格,并监管律师事务所、律师及有资格的会计师事务所、资产评估机构及其成员从事证券期货相关业务的活动。⑩依法对证券期货违法违规行为进行调查、处罚。⑪归口管理证券期货行业的对外交往和国际合作事务。⑫承办国务院交办的其他事项。

三、企业法人的专业知识

企业作为一种生产经营组织形式,同时具有营利法人和公益法人的特点。其营利性体现为追求国有资产的保值和增值。其公益性体现为国有企业的设立通常是为了实现国家调节经济的目标,起着调和国民经济各个方面发展的作用。

企业的专业知识具有不同的专业,企业资源计划包括销售、供应、生产、人力、财力、物力等基本要素。

(一)企业销售专业知识

企业销售是指企业服务于国内外市场客户、实现企业生产成果的活动。既可获得市场销售需求的信息,又是向市场推销企业成果的活动(图1-13)。

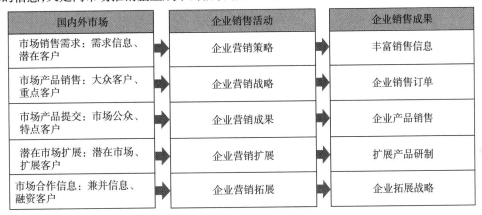

国内外市场	企业销售活动	企业销售成果
市场销售需求：需求信息、潜在客户	企业营销策略	丰富销售信息
市场产品销售：大众客户、重点客户	企业营销战略	企业销售订单
市场产品提交：市场公众、特点客户	企业营销成果	企业产品销售
潜在市场扩展：潜在市场、扩展客户	企业营销扩展	扩展产品研制
市场合作信息：兼并信息、融资客户	企业营销拓展	企业拓展战略

图1-13　企业销售流程

销售目标与计划管理(图1-14)包括:制定销售目标解决问题的标准、制定具体的销售目标估算表、编制执行销售计划书、销售过程检查与评估、销售计划的目标调整和跟踪、调整销售执行目标完成总结、销售目标计划汇总和总结、销售目标计划考核评估。

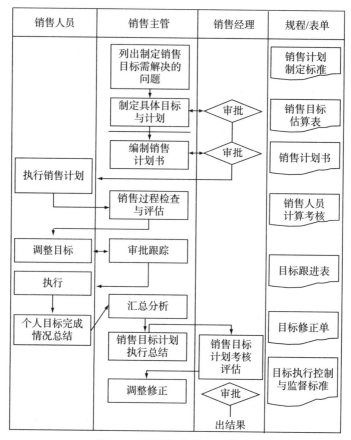

图1-14　销售目标与计划管理

(二)企业供应专业知识

企业供应是指因销售信息(含潜在销售信息)引发的产品生产原材料的供应商、生产商、分销商、零售商的采购供应,以及企业内部原有生产材料的调配(图1-15)。

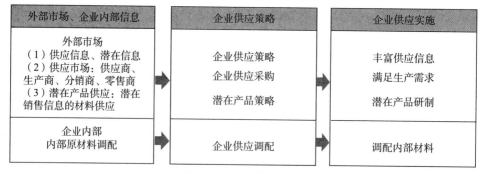

图1-15　企业供应流程

分析图1-15,其中,外部市场存在供应信息、潜在信息。供应市场的信息包括供应商、生产商、分销商、零售商,潜在信息包括潜在销售信息的材料供应等。外部市场信息推动企业供应策略、企业供应采购、潜在产品策略,从而推动企业丰富供应信息、满足生产需求、潜在产品研制。企业内部原材料调配推动企业供应调配、调配内部材料。

(三)企业生产专业知识

企业生产是指在一定时期为社会提供某种产品或劳务的能力。生产能力是反映企业所拥有的加工能力、生产质量、生产规模和技术更新能力(图1-16)。

生产计划	生产实施	生产成果
下达生产计划 下达组装计划 下达交货计划	组织生产实施 组织组装实施 组织交货实施	半成品成果 产成品成果 产成品交货
下达潜在产品计划 下达潜在组装计划	组装潜在产品生产 组装潜在组装实施	潜在成品成果 潜在组装完成
下达技术更新计划 下达技术更新组装	组装生产技术更新 组装技术更新组装	技术更新实时成果 技术更新完整成果

图1-16　企业生产流程

从企业生产计划流程管理(结合图1-17)看企业的生产流程:①年销售、季销售、月销售;②年生产、季生产、月生产;③销售、生产划审批、审定;④生产过程审批、审定、调度;⑤生产用料安排、原材料供应;⑥生产汇总的审批、审定;⑦产成品入库、编报;⑧生产总站的汇总报告。

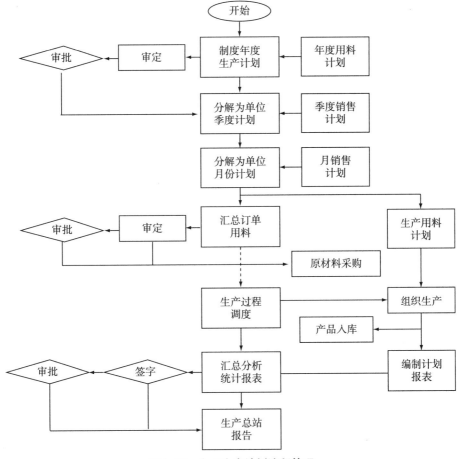

图1-17　企业生产计划流程管理

(四)企业人力资源知识

人力资源是指能够推动经济和社会发展的劳动者的能力。企业人力资源包括人员的聘用、人才的培养、领导的选拔(图1-18)。

企业人员的聘用	企业职工的培训	企业领导的选拔
聘用策略 企业发展环境 企业用人政策 工资福利优厚	职业培训 爱国主义培养 职业精神培养 技能技巧培养	政治素质 政治观、品性观 能力关、作风关 创新关、廉政关
培养策略 企业社会责任 人员素质培养 人员技能培养	福利活动 加强职业福利 调节职业家庭	选拔岗位 书记厂长选拔 车间主任选拔 重要岗位选拔

图1-18 企业人力资源

(五)企业财务专业知识

企业财务管理是企业管理的基础,是企业内部管理的中枢。企业销售、供应、生产的全部市场活动,人力、财力、资产的全部管理活动,形成的资产、负债、权益的全部经营活动,每一环节都离不开财务的反映和调控,企业的经济核算、财务监督,更是企业经济活动的有效制约和检查。财务管理是一切管理活动的共同基础,它在企业管理中的中心地位是一种客观要求(图1-19)。

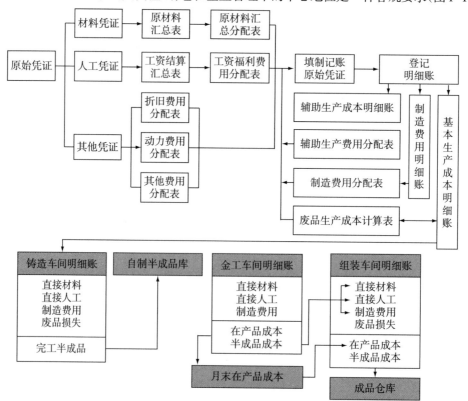

图1-19 企业财务核算流程

（六）企业资产专业知识

企业资产是指企业拥有或控制的能以货币计量的经济资源，包括各种财产、债权和其他权利。按流动性可以将资产分为流动资产和非流动资产。

在企业资产中，固定资产是很重要的资产。按国家标准GB/T 14885—2010，资产类别：1. 土地、房屋及构筑物。101土地、102房屋、103构筑物……。2. 通用设备。201计算机设备及软件、202办公设备、203车辆、204机械设备、205电气设备、206仪器仪表、207器具、衡器及工具等。3. 专用设备。301工程机械、302电力专用设备、303安全生产设备、304环境污染防治设备、305试验、检验设备等。

本节思考题

1. 财政部门的专业知识主要包括哪些内容？
2. 金融行业的专业知识主要包括哪些内容？
3. 企业法人的专业知识主要包括哪些内容？
4. 信息系统审计人员为什么要了解和掌握信息系统承载业务的专业知识？

第四节　信息系统的技术知识

信息系统技术知识包括信息系统的管理控制、应用控制、网络控制、安全控制4个部分。

一、信息系统管理控制

信息系统管理控制包括项目管理控制、项目立项控制、项目实施控制、项目投资控制、项目验收控制、项目绩效控制。

（一）项目管理控制

项目管理控制为信息化项目的建设、运营、维护及满足安全性、可靠性、经济性的总体要求打下良好的组织基础。

项目管理控制包括以下几个方面：一是组织管理机构控制，为开展信息化建设项目，建设单位应当建立组织管理机构，主要有部门信息化领导机构、运维机构、监督机构、专家机构。这些组织机构各司其职，共同形成了组织管理机构控制。二是部门信息化制度控制，部门信息化制度是信息化建设、运营、维护的重要基础，建设单位应当建立健全各项信息化制度，把制度的设计和执行作为重要的控制活动，为信息系统的安全、可靠运行打下坚实的基础。制度控制主要包括信息系统管理、建设、验收制度控制，安全制度控制，运维制度控制，标准规范控制。三是部门信息化培训控制，包括业务人员培训控制、技术人员培训控制、管理人员培训控制、行业人员培训控制。

（二）项目立项控制

项目立项控制包括以下几个方面：一是信息化建设发展规划的控制，主要包括发展规划的指导思想和总体目标与组织目标的符合性控制、信息化发展的前瞻性控制、发展规划主要任务与业务需求的符合性及可实施性控制、发展规划保障措施的有效性控制，以及发展规划的贯彻落实情况控制;二是信息化项目需求分析的控制,主要包括组织履职面临问题和问题根源症结的分析控制、信息化目标促进组织目标实现的可行性控制,考核指标可行性控制;三是信息化项目立项报告的控制,主要包括信息化项目建设书的必要性控制、信息化项目可研报告的可行性控制、信息化项目初步设计的可实施性细化控制;四是信息化项目立项审批的控制,主要包括:立项程序管理的完整性和合规性控制、建设项目投资的必要性和经济性控制。

(三)项目实施控制

项目实施管理是指建设项目的设计、监理、集成、施工、应用研发、系统试运行等实施管理工作。项目实施管理是信息系统建设项目的建设质量、建设进度的重要保障,是信息系统审计重要关注的内容。

项目实施控制包括以下几个方面:一是信息化项目招标采购控制,包含信息化项目招标投标控制和信息化项目的政府采购控制;二是信息化项目设计控制,包含信息化项目总体设计控制、信息化项目监理设计控制、信息化项目集成设计控制、信息化项目应用设计控制、信息化项目网络设计控制、信息化项目安全设计控制;三是信息化项目建设实施控制,包含信息化项目应用开发过程的控制、信息化项目网络系统控制(包括网络、计算、存储、安全等的系统集成控制)、安全系统控制、项目集成控制、项目监理控制;四是信息化项目验收控制,包含单项验收、建设部门验收、审批部门验收;五是信息化项目运维控制,包含项目运维组织控制、项目运维系统控制、项目安全应急控制、项目核心岗位人员控制等。

(四)项目投资控制

项目投资控制是指依据批复的项目概算,做好合同支付、国库支付、调概报告、项目决算、资产管理等各项工作,保障项目投资的高效廉洁和有效产出。

项目投资控制包括以下几个方面:一是信息化项目预算执行控制,主要包括项目预算编制控制和项目预算批复的控制;二是信息化项目预算支付控制,主要包括信息化项目国库支付的控制、信息化项目财务核算的控制、信息化项目合同管理的控制、信息化项目资产管理的控制;三是信息化项目概算调整控制,主要包括信息化项目概算调整报备控制和信息化项目概算调整报审控制;四是信息化项目决算审计控制,主要包括信息化基建项目竣工决算报告控制和信息化基建项目决算审计报告控制;五是信息化项目运维资金控制,主要包括信息化项目资产变动控制、信息化项目运维预算控制。

(五)项目验收控制

信息化建设项目验收是指信息化项目审批部门和信息化项目建设单位依据相关规定,在信息化建设项目任务完成后对批复建设项目的任务、技术、财务、档案及其效果等进行检查和结项的活动。

项目验收控制包括以下几个方面:一是信息化项目单项验收控制,主要包括工程(信息化项目土建单项验收)、货物(信息化项目硬件验收)和服务(信息化项目软件和数据建设项目验收);二是信息化项目建设单位验收控制,包括对项目的任务、技术、财务、档案和成效的验收。三是信息化项目审批部门验收控制,主要包括对项目的任务、技术、财务、档案和成效的验收。

(六)项目绩效控制

项目绩效控制包括以下几个方面:一是信息化项目的职责履行指标的实现情况,包括项目可研和初步设计中确定的建设目标和量化指标;二是信息化项目系统设计和建设的成效指标实现情况,包括设计任务的完成情况、设计指标的实现情况等;三是信息化项目运行的经济社会成效指标实现情况,包括社会效益、经济效益;四是信息化项目后评价的经济社会成效指标实现情况。近年来,国家大力推进国家政务信息化项目、信息惠民项目、智慧城市项目等,这些项目的绩效控制,包括项目绩效评价的范围控制、指标控制、报告控制和项目绩效成果利用控制,也是完善项目治理管理,提升项目绩效的重要控制手段。

二、信息系统应用控制

信息系统应用控制包括应用规划控制、应用能力控制、数据资源控制、分析模型控制、新技术应用控制。

(一)应用规划控制

应用规划控制是指履行政务职能的全局性控制,包括国家、社会和行业三个层面的规划要求、体系架构、技术路线等。业务应用系统的开发、建设应当首先遵循这些总体控制。

应用规划控制的任务包括:国家政务信息化应用规划的顶层设计、新技术应用等规划,部门和企业信息化应用规划的中长期规划、解决重大社会问题的规划、年度规划等。

国家层面,"十三五"政务信息化工程规划了"一个中心、两套网络、三大平台、六类系统",体现了政务信息化总体控制。通过完善重要部门信息化发展框架控制、政务信息系统整合控制、信息资源部门共享控制、信息资源共享开放控制等,建立了政府治理信息化的总体控制;社会层面,根据相关文件要求,建立了公共服务信息化体系架构总体控制,具体包括公共服务信息化组织保障控制、公共服务信息化制度改革控制、公共服务信息化数据建设控制、公共服务信息化体系架构控制、公共服务信息化获得感成效控制;行业层面,参照"中国制造2025""互联网+"战略、《工业和信息化部关于进一步推进中小企业信息化的指导意见》等信息化体系架构文件,建立起以业务架构控制为核心,以技术架构控制为关键,以服务成效控制为抓手的企业或商务信息化总体控制。

(二)应用能力控制

应用能力控制是指通过提升应用系统的集约化能力、共享开放能力、数据处理能力、新技术应用能力等,有效地提升应用系统对国家治理体系和治理能力现代化的支撑能力。

应用能力控制包括以下几个方面:一是信息系统的集约化能力控制,主要包括顶层设计的总体架构能力,政府治理、公共服务、企业或商务信息化项目的集约化能力;二是信息系统的复用性能力控制,主要包括政府治理信息化项目、公共服务信息化项目,以及企业或商务信息化项目的可复用能力控制;三是信息系统的业务连续性能力控制;包括业务系统的连续性保障、备份系统的业务连续性保障等;四是信息共享开放能力控制,主要包括信息共享能力控制、信息开放能力控制;五是数据处理能力控制,主要包括数据输入能力控制、数据处理能力控制和数据输出能力控制;六是数据参数和数据接口能力控制,主要包括系统参数和业务参数控制、接口规划和接口处理程序控制;七是应用支撑能力控制,主要包括应用支撑总体架构控制、身份认证和访问权限控制、应用支撑组件控制、异构操作系统控制、异构数据库控制、异构中间件控制;八是技术架构能力控制,主要包括当今流行的主流技术框架如J2EE、.NET、SOA、技术、云计算技术架构能力控制;九是运行维护能控制力,主要包括系统监测能力控制、应急响应能力控制、软硬件运维能力控制。

(三)分析模型控制

分析模型控制是指在政府治理、公共服务、企业管理、商务管理等的信息化建设中,数据分析模型(包括业务分析模型、数据分析模型、聚类关联分析模型、模拟仿真分析模型、大数据分析模型)及模型的构建、迭代测试,主题数据与主题模型同步构建等方法和系统,发挥着重要的特殊作用。

分析模型控制包括以下几个方面:一是业务处理模型控制,解决政务履职面临的业务逻辑处理、业务流程处理等的业务处理模型;二是数据分析模型控制,解决为提升履职能力而对相关业务数据进行分析的数据分析模型,主要包括多维数据模型控制、聚类关联模型控制、模拟仿真模型控制;三是大数据分析模型,为解决政务履职面临的重大社会问题而采用大数据分析的大数据分析模型,主要包括聚类关联模型构建环境与迭代测试控制、模拟仿真模型构建环境与迭代测试控制、知识图谱模型构建环境与迭代测试控制等;四是数据分析迭代测试工具控制,主要包括数据分析模型元数据选择控制、数据分析模型迭代测试控制、数据分析模型调试上线控制;五是主题数据与主题模型同步构建控制,主要包括数据分析模型主题数据需求控制、主题数据与主题模型同步构建控制;六是分析结果数据与源数据追溯控制,主要包括分析结果数据与源数据关系控制、分析结果数据与源数据追溯控制。

(四)数据资源控制

数据资源是指在政府治理、公共服务、企业信息化中产生、积累的数据资源,其是国家资源,应当做好数据资源的业务目录、共享目录、开放目录和相关数据标准,为各类应用系统提供有效的数据支撑。

数据资源控制包括以下几个方面:一是数据资源的总体控制;二是数据资源的业务目录;三是数据资源的共享目录;四是数据资源的开放目录;五是数据资源的元数据控制;六是数据资源的主数据控制;七是数据资源的数据元素控制;八是数据资源的数据表控制;九是与分析模型对应的业务处理、数据分析、大数据分析的主题数据;十是数据库设计的控制,主要包括数据库概念设计、逻辑设计、物理设计、验证设计、运维设计的控制。

(五)新技术应用控制

新技术应用控制是指移动互联、物联网、大数据、云计算、5G、AR/VR、北斗、人工智能等新技术在政府治理、公共服务、企业信息化中的应用。基于移动互联网技术产生了"互联网+"政务服务、"互联网+"协同制造、"互联网+"现代农业、"互联网+"智慧能源、"互联网+"普惠金融、"互联网+"高效物流等新应用,基于物联网技术产生了智能工业、智能物流、智能交通、智能电网、智能安防等新应用,在我国的政府治理、公共服务、企业管理、商务管理等信息化建设中这些新技术新应用也得到了广泛应用,逐渐成为我国政务信息化和社会信息化的重要基础。

新技术应用控制包括以下几个方面:一是移动互联新技术应用控制,包括移动互联发展目标控制、移动互联发展任务控制;二是物联网新技术应用控制,包括物联网发展目标控制、物联网发展任务控制、物联网措施保障控制;三是大数据新技术应用控制,包括大数据发展目标控制、大数据发展任务控制、大数据云计算架构控制;四是云计算新技术应用控制,包括SaaS、PaaS、IaaS的云计算整体架构,分布式、虚拟式的应用等;五是人工智能新技术应用控制,包括人工智能发展目标控制、人工智能发展任务控制、人工智能关键技术控制;六是5G新技术应用,第五代移动通信技术是最新一代蜂窝移动通信技术,5G的性能目标是高数据速率、减少延迟、节省能源、降低成本、提高系统容量和大规模设备连接;七是AR/VR新技术应用。

三、信息系统网络控制

信息系统网络控制包括网络系统控制、计算系统控制、存储系统控制、备份系统控制、机房系统控制。

(一)网络系统控制

网络系统控制是指对互联网、政务外网、政务内网、局域网、城域网、广域网、局域网的接入域、交换域、应用域、数据域、用户域、安全域等的分域管理,以及"三网"互联控制、网络布线控制等的可靠安全性控制。

网络系统控制包括以下几个方面:一是互联网、政务外网、政务内网部署运用的控制。将公开信息系统部署在互联网,将工作信息系统部署在政务外网,将涉密信息系统部署在政务内网。二是局域网、城域网、广域网部署运用的控制。将本机各类应用和数据资源部署在局域网,将本城市所辖的机关、事业单位通过城域网部署应用,将本城市以外的所属机构、事业单位和地方相关单位通过广域网部署应用。三是局域网的分域管理控制。包括接入域、交换域、应用域、数据域、用户域、安全域等的分域管理。四是"三网"互联的控制。在互联网和政务外网之间实施逻辑隔离条件下,通过"双向交换"专用设备实行互联互通和信息交换;在政务外网和政务内网物理隔离的条件下,通过"单向导入"专用设备实行数据的单向导入的信息交换。五是网络布线的控制。在互联网、政务外网的网络中可采用五类线、六类线的分域网络布线部署,在政务内网的网络中采用光纤的网络布线部署,以及相关的系统屏蔽,以保障不同网络之间的信息交换和信息屏蔽。

(二)计算系统控制

计算系统是指硬件、系统软件、支撑环境组成的系统。其发展阶段包括大型主机和分布式模式两个阶段。其数据处理模式包括数字处理和模拟处理两类。计算系统的应用指标包括计算、判断、存储、联网等,技术指标包括资源利用率、吞吐量、响应时间、分布式、虚拟化等。

计算系统控制包括以下几个方面：一是计算系统总体控制，包括组成控制和指标控制；二是计算系统硬件控制，主要包括硬件构成控制、处理控制、外部设备控制；三是计算系统软件控制，主要包括系统软件构成控制、操作系统控制、数据库控制、使用程序控制、编译程序控制；四是计算系统支撑软件控制，主要包括支撑软件构成控制、接口软件控制、工具软件控制、环境数据库控制；五是计算系统应用软件控制，主要包括应用软件构成控制、专用程序控制；六是计算系统指标控制，主要包括指标构成控制、资源利用率控制、吞吐量控制、响应时间控制、其他指标控制等。

（三）存储系统控制

存储系统是指计算机中由存放程序和数据的各种存储设备、控制部件及管理信息调度的设备（硬件）和算法（软件）所组成的系统。在计算机中必须有速度由慢到快、容量由大到小的多级层次存储器，以最优的控制调度算法和合理的成本，构成具有性能可接受的存储系统。

存储系统控制包括以下几个方面：一是存储系统总体控制、分类控制；二是通用存储系统组成控制，主要包括组成总体控制、存储设备控制、控制部件和管理信息调度设备控制、存储算法（软件）控制；三是云计算平台组成控制，主要包括云计算平台总体控制、SaaS系统控制、PaaS系统控制、IaaS系统控制、云计算存储控制、分布式存储控制、虚拟式存储控制；四是政务云存储系统组成控制。

（四）备份系统控制

备份系统是指为防止信息系统和数据遭到人为或非人为因素的破坏，而将系统或数据进行本地、同城、异地的数据、系统备份，需要时进行系统和数据的及时恢复的保障措施。

备份系统控制包括以下几个方面：一是总体控制、分类控制，主要包括本地备份和异地备份控制、物理备份和虚拟备份控制；二是备份系统组成控制，主要包括系统备份、数据备份控制，本地备份、异地备份控制；三是备份系统指标控制，主要包括数据恢复点控制、数据恢复时间控制、容灾系统指标控制、保障业务连续性指标控制；四是备份系统政务云利用控制，主要包括同城备份的政务云利用控制、异地备份的政务云利用控制。

（五）机房系统控制

机房系统是指机房物理位置选择、机房功能布局、机房环境保护等主系统，以及供电系统、消防系统、空调系统、监视系统、门禁系统、防雷接地系统等辅助系统的保障。

机房系统控制包括以下几个方面：一是机房物理选择控制，主要包括应选择在具有防震、防风和防雨等能力的建筑内；二是机房物理布局控制，主要包括机房网络接入控制、机房计算存储控制、机房数据分析控制；三是机房功能布局控制，主要包括数据采集功能控制、数据处理功能控制、数据存储功能控制、数据备份功能控制、系统监测功能控制；四是机房辅助系统控制，主要包括机房供电系统控制、机房空调系统控制、机房消防系统控制、机房防雷系统控制、机房监视系统控制、机房温感烟感控制、机房其他系统控制；五是政务云计算机机房控制，主要包括政务云计算机机房的选择控制、布局控制、功能控制、辅助系统控制。

四、信息系统安全控制

信息系统安全控制包括网络安全控制、等级保护控制、风险评估控制、应急响应控制。

(一)网络安全控制

网络安全是指网络系统的硬件、软件和数据受到保护,不因偶然的或者恶意的原因而遭受到破坏、更改、泄露,系统连续可靠正常运行,网络服务不中断。

网络安全控制包括以下几个方面:一是网络安全控制就是国家安全控制,主要是落实《网络安全法》《中华人民共和国数据安全法》(以下简称《数据安全法》)等法律法规控制;二是正确处理安全和发展的控制;三是网络引导社会舆论控制,打造网络空间最强音、打造政民互动网络窗口、加强网络执法控制;四是网络安全关键技术控制,主要包括虚拟网、防火墙、病毒防护、访问控制、认证和数字签名、态势感知等技术控制。

(二)等级保护控制

网络安全等级保护制度是指国家制定的网络安全等级保护《基本要求》《设计技术要求》《测评要求》等,用于保障我国的网络安全。

网络安全等级保护制度控制包括以下几个方面:一是等级保护通用技术要求;包括安全物理环境、安全通行环境、安全区域环境、安全计算环境、安全管理环境;二是等级保护通用管理要求,包括安全管理制度、安全管理机构、安全管理人员、安全建设管理、安全运维管理;三是专项扩展要求,包括云计算安全扩展要求、移动互联安全扩展要求、物联网安全扩展要求控制、工业控制系统安全扩展要求等。

(三)风险评估控制

风险评估是指对信息资产所面临的威胁、存在的弱点、造成的影响,以及三者综合作用所带来风险的可能性的评估。

风险评估控制包括以下几个方面:一是安全风险评估总体控制,包括对可接受风险、中等风险、重大风险、特别重大风险的评估和处置;二是安全风险评估内容控制,主要包括资产类型与分析评估、威胁识别与分析评估、脆弱性识别与分析评估、脆弱性专项检测评估;三是关键资产综合评估控制,主要包括关键资产风险结果评估、关键资产风险等级评估。

(四)应急响应控制

应急响应是指确定应急救援的范围和体系、作出及时的应急响应、各类突发事故的应急基础、与上级应急救援体系的衔接、提高风险防范意识能力的总称。

应急响应控制包括应急响应预案目标控制、应急响应预案任务控制、应急响应预案体系控制、应急响应预案指标控制等。

本节思考题

1. 信息系统控制的目标是什么?

2. 信息系统控制的主要内容有哪些?

3. 信息化项目管理控制的主要内容有哪些?

4. 信息系统应用控制的主要内容有哪些?

5. 信息系统网络控制的主要内容有哪些?

6. 信息系统安全控制的主要内容有哪些?

第五节　信息系统的审计知识

信息系统审计知识包括信息系统的审计程序、审计方法、审计判断、审计质量4个部分。

一、信息系统审计程序

信息系统审计程序包括审计计划、审前调查、审计实施、审计终结。

信息系统审计通过审计计划的确定,在审前调查中对发现的系统和数据控制缺失可能导致的数据风险编写《数据风险报告》,为数据审计提供预警;在审计实施中对管理控制、应用控制、网络控制和安全控制进行检查取证形成底稿;在审计终结时形成审计报告并根据审计意见进行整改(图1-20)。

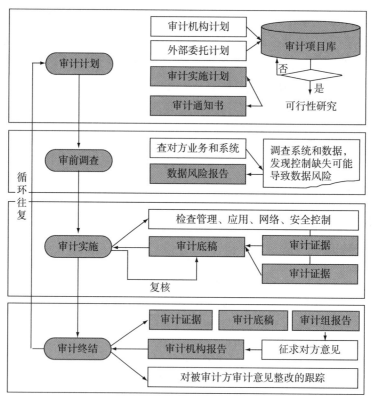

图1-20　信息系统审计程序

(一)信息系统审计计划

信息系统审计计划是审计主体为了完成审计任务,达到预期的审计效果,在审计实施前通过编制科学合理的计划以顺利实现审计目标的过程。

信息系统审计计划包括：审计项目初选、审计项目可行性论证、审计项目的确定和计划编制、审计工作方案和实施方案的编写、审计组的确定、《审计通知书》的编写和发送。

1. 审计项目初选

审计机关应调查信息系统审计需求，初步选择信息系统审计项目。在调查审计需求时，审计机关应综合考虑国家对信息化建设的重点和要求，以及相关部门和企业对信息系统的开发建设情况进行统筹安排。审计机关在调查审计需求时，应通过多种渠道获取信息化主管部门、研究机构、审计机构业务部门、派出机构乃至公众的意见，使审计需求的反映更加贴近现实。在统筹考虑上述因素之后，初步选择信息系统审计项目。

2. 审计项目可行性论证

对初步选择的信息系统审计项目进行可行性研究，确定备选的信息系统审计项目及其优先次序。在进行可行性研究的时候，应重点调查研究下列内容：一是国家关于信息化建设特别是电子政务建设相关法律、法规及其规划；二是重点企业信息系统开发建设的计划及其实施情况；三是信息系统或信息化相关的管理制度和组织建设情况；四是信息系统开发的资金投入产出情况；五是其他信息化主管部门或信息安全部门的监督检查情况及其结果等。

审计机关在调查审计需求和可行性研究过程中，应根据信息系统项目在国家经济和社会发展中的重要性、资金投入规模情况及项目本身的风险水平和预期效果等方面的评估，合理确定备选项目及其优先次序。

3. 编制审计项目计划

在调查需求和可行性研究之后，审计机关应当编制信息系统审计项目计划。信息系统审计项目计划应纳入审计部门综合审计项目计划，按照审计机关规定的程序进行审定。由于技术性比较强，信息系统审计项目计划审定前，可根据需求组织相关的专家进行论证。对于国家关于信息化建设或信息系统开发的特定事项，涉及宏观性、普遍性、政策性或跨行业、跨地区、跨单位的，可考虑进行信息系统专项审计调查。信息系统审计项目计划的内容主要包括信息系统审计项目名称、审计目标、审计范围、审计重点、组织实施单位和审计资源等。信息系统审计计划应形成书面文件，并在审计工作底稿中加以记录。审计人员应严格按照审计计划开展审计，一般情况下不允许修改。特殊情况下需要修改的，应当将修改后的审计计划报审计机关批准。审计机关对同一单位既实施信息系统审计，又实施财政财务审计的，应当在人员和时间安排上进行组织协调，尽量避免给被审计单位工作带来不必要的影响。

（二）信息系统审前调查

信息系统审前调查是在审计计划之后、审计实施之前开展的有关信息系统基本情况的调查。信息系统审前调查包括以下3个方面。

1. 调查被审计单位的基本情况

需要了解的基本情况包括：第一，被审单位的业务性质和生产经营情况，即被审单位从事什么样的业务，其生产经营在整个行业中所处的地位和处境，将来可能会面临什么样的风险。第二，被审单位的组织结构和管理水平，即被审单位组织和管理的架构是什么样的，管理活动的水平如何，关键管理人员的素质和品行及对内外部环境的应变能力等。第三，被审单位信息系统的一般情况,即信息系统的结构、所使用的软硬件和网络设施以及运行环境。第四,被审单位信息系统所承载的业务信息及其所处理的交易和事项的类型。第五,被审单位对外包给其他组织的信息系统活动的依赖程度。审计人员通过对这些基本情况的调查了解,可以对被审单位进行初步评价。

2. 调查被审计单位信息系统内部控制

在计划阶段,审计人员应了解被审单位的内部控制特别是信息系统内部控制,对内部控制的健全和有效性进行评估,初步确定控制风险的大小。审计人员在进行信息系统审计的时候,应该对这些控制措施进行调查了解,并对控制风险的水平进行初步评价。对控制风险的评价可以使审计人员对信息系统如何保障所承载信息的真实性、完整性和正确性进行保障的程度。在进行信息系统的内部控制调查的时候,审计人员应关注相关内部控制与业务数据的真实性、完整性和正确性的关系,发现由于内部控制设计不合理、执行不到位等原因导致业务数据真实性、完整性、正确性受到影响。

3. 提出防范数据风险的审计意见建议

审计人员在信息系统的内部控制的评价过程中,应搜集相关审计证据,为财政财务收支审计防范数据风险提供相关意见建议。在结合式信息系统审计中,审计人员应关注与信息系统承载业务数据相关的内部控制,找出内部控制设计的不合理或执行过程中不到位导致可能产生数据风险的问题,提出相关的审计意见建议,为数据审计降低数据风险提供保障。

(三)信息系统审计实施

信息系统审计实施是指对信息系统的管理控制、应用控制、网络控制、安全控制的审计检查,对发现的问题进行审计取证、编写审计底稿等的监督活动。

信息系统审计实施采用符合性测试方式检查信息系统的管理控制、应用控制、网络控制、安全控制,对发现问题的采用实质性测试进行检查。

1. 编制审计工作方案和实施方案

审计项目计划确定审计机关统一组织多个审计组共同实施一个审计项目或者分别实施同一类审计项目的,审计机关业务部门应当编制审计工作方案。信息系统审计工作方案应当根据审计项目计划形成过程中调查审计需求、进行可行性研究的情况,开展进一步调查,对审计目标、范围、重点和项目组织实施等进行确定。审计工作方案的内容包括审计目标、范围、内容、重点、审计工作组织安排、审计工作要求等。信息系统审计实施方案则由审计组负责编写,审计组应在调查了解被审计单位信息系统的详细情况,评估信息系统内部控制存在问题的可能性,确定审计应对措施,编写审计实施方案。审计实施方案的内容与工作方案一致,但应针对被审计单位的情况做出更加具体明确的审计工作安排,尤其是根据审计的内容、重点提出信息系统内部控制测试的审计应对措施。审计工作要求应该更加详细具体,包括审计项目进度安排、审计组内部职责分工及其他管理事项等。在结合式的信息系统审计中,审计工作安排应特别提出信息系统审计与财政财务审计结合进行的人员分工、协调控制等内容。在审计实施方案中,为合理使用审计资源,有效地实现审计目标,可根据审计风险大小确定重要性水平。重要性水平是指在审计事项中,能够容忍出现差错的程度和大小。审计事项越重要,所能容忍出现的差错越小,所需搜集的审计证据就越多。重要性水平的制定与审计风险有关,审计风险越高,所确定的重要性水平就应该越低。反之,审计风险越低,确定的重要性水平可以高一些。通过对审计风险的评估,可以确定合理的重要性水平,以获取充分适当的审计证据,从而提高审计效率。

2. 信息系统内部控制实施符合性测试

符合性测试的目的是检查内部控制是否健全有效。为了达到这个目的,审计人员需要对被审单位的控制系统进行识别、测试和评价,从而确定后续的实质性测试的性质、范围和程度。控制系统识别是指审计人员通过与相关人员面谈、问卷调查及查阅信息系统和控制系统说明文件等方式,识别被审单位的控制系统及控制环境,并将调查情况记录在审计工作底稿中。控制系统测试是指对被审单位的控制系统进行测试,证实所识别的信息系统控制设计是否科学,运行是否有效。审计人员只对所识别的实际存在的控制措施执行符合性测试,在执行符合性测试的时候,应将实际控制和补偿性控制与规定的程序进行比较。为了确定控制措施是否适当并一贯应用,审计人员还应审核有关文档,并与有关人员进行面谈。控制系统评价是指通过对被审单位控制系统识别、测试的结果进行复核,对控制系统进行综合评价。在对测试结果进行复核的时候,应审核抽查结果是否符合规定的程序,如果不符合则识别实际程序,并将实际程序和补偿性控制与规定的程序进行比较,如果实际程序不适当则表明控制程序不适当或没有得到一贯应用,信息系统控制无效,应实施大量的实质性测试。如果抽查结果符合规定的程序,或者虽然抽查结果不符合规定的程序但是实际程序和补偿性控制与规定的程序适当,则说明控制程序适当且得到一贯应用,信息系统控制有效,应当实施有限的实质性测试。

根据符合性测试结果,确定实质性测试的性质、范围和程度。符合性测试着重审查被审单位信息系统的内部控制的健全性和有效性。内部控制越强,信息系统出现差错的概率就越小,审计人员则可以相应地减少实质性测试的范围和程度。反之,内部控制越弱,信息系统出现差错的概率就越大,审计人员则应该加大实质性测试的范围和程度。在符合性测试的过程中,审计人员应当对控制措施进行记录,并就规定的程序和补偿性控制是否适当及其在该组织中是否一贯应用进行说明。根据符合性测试的结果,审计人员要确定所要实施的实质性测试的性质、范围和程度,必要的时候要修改审计实施方案,从而为控制整体的审计风险提供保证。

3. 信息系统内部控制实施实质性测试

实质性测试是对信息系统内部控制进行的详细测试,以获得这些内部控制在审计期间是否真实存在并合法有效的证据。信息系统审计实质性测试与财政财务审计实质性测试的手段、内容、方法、对象都有所不同。财政财务审计实质性测试主要采取分析性符合以及抽查相关数据进行复算等方式进行,信息系统审计实质性测试则从信息系统的内部控制出发,对信息系统一般控制和应用控制进行测试,以判断相关的控制措施是否健全有效。

实质性测试主要通过测试必要的数据,对信息系统达到特定的控制目标的程度进行评价。

审计人员应根据符合性测试的结果,确定实质性测试的性质、范围和程度。根据符合性测试的结果,如果在某个领域没有任何内部控制,或内部控制措施无效以及内部控制虽然有效但没有得到一贯应用,审计人员应加大实质性测试的范围和程度,以证实所有交易都得到有效控制。反之,如果在某个领域的内部控制措施有效并得到一贯应用,则可以采取有限的实质性测试。

对信息系统内部控制进行实质性测试即对信息系统安全性、可靠性和经济性进行评价。从系统的安全性来看,审计人员要对交易和事项的安全控制措施进行实质性测试。从信息系统的可靠性来看,审计人员也要对交易或事项进行测试。又如,为了说明某数据库的可靠性,审计人员要对记录在交易日志中的查询进行抽样审查,以评价该查询操作的可靠性。为评价信息系统的效率性,审计人员要对提交应用系统处理的作业周转时间进行审查,周转时间是用户从提交作业到执行后结果返回用户所需要的总时间,评价周转时间是否在可以接受的范围内。

通过实质性测试搜集相关证据,对信息系统控制是否达到目标得出结论。在进行实质性测试的时候,需要采取抽样的方法。在确定需要测试的领域和抽样方法后,按照一定步骤进行抽样,并对样本进行实质性测试。在需要大量测试的领域进行大量的随机或统计抽样,在不需要大量测试的领域则进行有限的随机或判断抽样。最后对得到的样本的实质性测试结果,评价是否达到控制目标,如果样本结果显示达到了控制目标,则可以合理保证信息系统控制的目标得以实现,如果样本结果显示没有达到控制目标,则不能合理保证信息系统控制目标得以实现。

需要注意的是,在执行信息系统审计时,信息系统的日志文件是重要的审计线索。日志文件是对信息系统日常运行最基本、最全面和最详尽的反映,包括操作系统日志、数据库系统日志、应用系统日志、网络和存储处理设备运行日志等。在信息系统审计取证中,对这些日志文件进行审查,成为信息系统审计工作的重要内容。

(四)信息系统审计终结

信息系统审计终结是信息系统审计报告和跟踪审计报告意见整改情况的监督活动。

审计终结阶段的主要工作包括整理归纳审计取证和资料、复核工作底稿、撰写并出具审计报告、作出审计决定等。具体来说,在审计报告阶段,审计人员应在审计实施工作的基础上,以审计证据和资料为依据,对被审计单位信息系统安全性、有效性和经济性进行评价,指出信息系统存在的内部控制和管理等方面的问题,提出相关的意见和建议,出具审计报告并作出审计决定。一般来说,审计报告出具后在一定时间内被审计单位要针对审计决定、意见和建议做出相应的后续整改,这也属于审计终结阶段的一部分,成为审计整改跟踪。

1. 审计报告阶段

审计人员应运用专业判断,综合所搜集到的相关证据,以经过核实的审计证据为依据,形成审计意见,出具审计报告。审计报告中除了对被审单位信息系统的安全性、可靠性、经济性发表审计意见之外,还需要对信息系统所承载的业务信息的真实性、完整性和正确性发表意见,此外还可就信息系统内部控制和管理等方面的问题提出相关的建议。在正式发布审计报告之前,审计人员还应考虑后期事项的影响。在现场审计工作结束日到发布审计报告日之间一般都会有一段时间,审计人员应考虑在此期间被审单位及其信息系统是否发生导致重大变化的事项。例如,对信息系统的一般控制进行审计之后,被审单位机房搬到了别处;对信息系统应用控制进行审计之后,被审单位更新了原有模块等。审计人员应当判断这些事项对审计结论和建议的影响,并采取适当行动,提醒报告使用者注意这些影响。

审计报告阶段的具体过程如下,审计组在现场审计工作完成之后,应就审计目标的完成情况、审计实施方案完成情况、审计证据的充分适当性、审计评价意见、处理处罚意见等事项进行讨论,经过讨论达成一致意见后,编制审计报告初稿征求被审单位意见。被审单位反馈意见后,审计组应将审计报告初稿和被审单位的反馈意见一并报送审计机关,审计机关对审计组的审计报告进行审议并对被审单位的反馈意见进行研究后,提出审计机关的审计报告。

审计机关签署审计报告和审计决定并不意味着终结,还需要对审计结果的整改情况进行跟踪。根据国际信息系统审计标准,审计人员对于在信息系统审计中发现的信息系统的重大问题和漏洞,可对被审单位所采取的纠正措施及其效果进行后续审计。根据我国的国家审计准则,审计机关应该建立审计整改检查机制,督促被审计单位和其他有关单位根据审计结果进行整改。审计结果整改跟踪的目的是通过监督被审单位整改的情况,促进被审单位修改信息系统漏洞,完善信息系统规章制度,提高信息系统建设和运营的水平。

2.信息系统审计跟踪

审计报告出具以后,被审单位应根据报告指出的问题和建议,制定措施并切实纠正错误。审计人员可在一定期限内,对被审单位的纠正措施制定和执行情况进行整改跟踪。审计机关应将整改检查纳入计划,并安排必要的人员和时间进行审计。被审单位对于纠正措施的制定和执行情况,应提供审计人员所需的相关资料。审计人员在进行整改检查时应考虑审计报告的意见是否可行,如果因为被审单位内部控制或其他因素发生变化,使原有的建议不再适用时,应进行必要的修订。审计人员还应对被审单位纠正措施的复杂性、所需的时间和成本进行评价,并对纠正措施实施的效果进行检查,判断审计报告中指出的问题是否已解决,必要的时候可以提出在下次审计中予以重点关注。当然,由于时间和资源的限制,整改检查不能面面俱到,而应更多地关注主要部门和核心业务,更多地关注关键环节和重点部位,更多地关注管理制度的问题,更多地关注审计所反映的深层次问题是否解决,提高整改检查的质量和效率。

(五)信息系统审计组织方式

信息系统审计组织方式包括独立式和结合式。

1. 独立式信息系统审计方式

所谓独立式信息系统审计的组织方式,是指审计机关根据对国家信息安全或被审计单位经济活动和信息安全密切相关的信息系统,专门组织开展对审计项目的审计调查。有需求的内部审计机构及社会审计组织也可针对特定审计目标开展信息系统专项审计。目前常见的专项审计组织方式主要有信息系统安全性审计、信息系统绩效审计及信息系统生命周期审计等。

一般来说,独立式信息系统审计方式接受安排或受托对信息系统的立项、建设、运行的安全性、可靠性、经济性进行审计。

2. 结合式信息系统审计方式

与财政财务收支审计相结合的组织方式,是在财政财务收支审计过程中运用信息系统审计的手段和方法进行审计的组织方式。

结合式信息系统审计方式的特点:(1)结合式审计方式的审计程序。结合式审计方式包括财政财务审计和信息系统审计。两个审计项目实施方案在审计对象、审计期限等方面是一致的,在审计重点、审计事项、审计程序和审计方法等方面是不同的。(2)结合式审计方式的内容特点。财政财务审计关注相关业务的真实性、合法性和效益性。信息系统审计关注信息系统的可靠性、安全性和经济性。

本节思考题

1. 信息系统审计程序是什么?
2. 简述我国信息系统审计的组织方式。

二、信息系统审计方法

信息系统审计方法一般包括信息系统审计方法、信息系统审计工具、第三方资源利用（表1-5）。

表1-5　信息系统审计方法

信息系统审计方法															信息系统审计工具						第三方资源利用					
审计一般方法				审计测试方法				实地测试方法			数据审计方法		其他审计方法		审计一般工具				安全检测工具		第三方机构资源				第三方专家资源	
系统调查方法	资料审查方法	图表审查方法	实地考察方法	数据测试方法	综合测试方法	平行模拟方法	嵌入审计方法	实地测试方法	符合性测试方法	实质性测试方法	数据测试技术方法	数据验证技术方法	风险评估方法	绩效评价方法	网络检测工具	应用检测工具	主机检测工具	机房检测工具	数据安全检测工具	系统安全检测工具	第三方咨询机构	第三方应用测评机构	第三方风险测评机构	第三方等级保护测评机构	第三方业务专家	第三方技术专家

（一）信息系统审计方法

信息系统审计方法包括审计一般方法、审计测评方法、实地测试方法、数据审计方法和其他审计方法。

1. 信息系统审计一般方法

信息系统审计一般方法包括系统调查方法、资料审查方法、图表审查方法、实地考察方法等。

（1）系统调查方法。系统调查方法是依据信息系统审计实施方案所确定的审计目标和审计事项，对被审计单位的相关业务活动及其所依赖的信息系统开展调查的一种信息系统审计方法。信息系统审计人员通过对信息系统的立项审批、系统建设、运行管理、运维服务、项目投资等情况，以及管理信息系统的相关责任机构、管理制度等方面内容进行系统调查，从而全面深入清晰地了解、认识被审计单位的信息系统管理体制、总体规划、系统架构、系统建设和运行维护情况，为下一步开展信息系统审计打下重要的基础。

系统调查方法是一种综合谈话与询问，审阅文档资料，记录图表文字等各种基本的调查了解信息的方法，这些基本的方法可以归为以下几种。

一是面谈询问法。审计人员通过个别面谈和召开会议的形式找信息系统相关人员谈话，以调查了解信息系统规划、实施、应用与管理控制等情况。在执行信息系统审计时，可以向被审计单位的高层管理人员、信息部门主管、系统管理人员、各业务部门的应用系统使用人员和内部审计人员等询问有关信息系统管理、应用和控制方面的问题，根据对方的回答获取所关注的信息。

二是调查问卷法。审计人员采用调查问卷的方式来了解被审计单位的基本情况、信息系统及其内部控制情况。审计人员设计有针对性的调查问卷,将问卷交给被审计信息系统相关人员进行填写。审计人员所要调查的问题主要针对被审计单位的信息系统管理情况、信息技术环境下的各类应用系统的处理流程、内部控制及关键控制点。审计人员通过对问卷回答情况的分析,判断信息系统的控制是否存在或者是否可靠。一般情况下,设计的调查问卷法都会列出关键性的内容和问题,而且较为详尽全面,要求对于调查问卷中提出的每一个问题都要回答。因此,通过调查问卷可以初步了解被审计单位的信息系统及其控制情况。但是调查问卷法只能按项目分别考查,因此,往往不能提供一个完整的看法,对于不同行业、不同规模和信息化水平不同的企业,标准问题的调查问卷会显得不太适用。

三是控制矩阵法。控制矩阵是由控制目标和相关控制措施组成的列表,审计人员利用控制矩阵可以全面、透彻地了解和描述某一特定系统的控制情况。一个完整的控制矩阵由三个基本要素组成:控制目标,分为经营系统的控制目标和信息系统的控制目标两类;控制措施是为了确保系统目标的实现而采取的各种合理、有效的控制措施;单元内容,在控制矩阵中,位于某项控制措施和控制目标行和列交汇处的矩形方框称为单元。依据某一单元是否打钩,可以清晰地了解到每一控制目标有哪些控制措施,已有的控制措施对哪些控制目标是有效的。在对信息系统进行初步审查时,通过控制矩阵可以了解某一应用系统有哪些控制,是否有效、完整。

(2)资料审查方法。资料审查方法是为了确定信息系统的重要控制环节和重要控制点,对信息系统的立项审批、系统设计、招标采购、项目实施、项目验收、系统运行、运维服务、项目投资,以及各类第三方测试或者评估等相关文档资料进行全面的审查,主要用于对信息系统建设和运行全过程的审查。

信息系统审计人员审查的资料主要包括以下两个方面。

一方面是信息系统内部控制的相关文档资料。通过审查信息系统内部控制相关文档资料,可以从被审计单位规章制度的制定层面了解其内部控制水平,对其进行初步的信息系统控制测试,查找其信息系统制度层面薄弱环节和关键节点,为下一步对其内部控制内容进行实质性测试做好准备。

另一方面是信息系统项目管理相关文档资料。审查信息系统项目管理相关文档资料需要根据信息系统项目管理方面的测试需求,查阅相关文档资料,了解基本情况,以备同后续的实质性测试和实地调查对照。具体包括以下三个方面。

一是信息系统建设经济性评价相关文档资料。该部分主要是通过检查被审计单位的信息系统总体规划文件、被审计单位业务流程相关的操作手册或部门规章制度、被审计单位信息系统分期建设、招标采购方面的文档资料以及信息系统运行维护和资产运行方面的内部报告等资料,与被审计单位信息系统规划和实际建设、运维和运行方面的报告相对照,初步评价被审计单位信息系统规划、建设、应用和运维的经济性。

二是信息系统建设管理相关文档资料。该部分主要通过检查被审计单位信息系统建设的立项申报、建设管理、资金管理、监督管理、验收管理、运行管理、等级保护管理和风险评估管理,揭示系统建设管理控制缺失的问题,提出审计意见和建议,促进项目建设管理的规范性。

审计人员可按照以下几个方面分别查阅相关文档资料。

①查阅项目审批管理事项。查阅的资料主要包括被审计单位信息系统项目立项规划、项目建议书、项目可行性研究报告、项目初步设计方案、投资概算报告以及历次调整报告申请和有关部门批复文件、项目建设过程中相关重大事项的报告和有关部门的批复文件等。

②查阅项目建设管理事项。查阅的资料主要包括项目管理制度、招标投标和政府采购文件及会议纪要、项目合同内容与执行情况文件以及项目监理制度等。

③查阅项目资金管理事项。查阅的资料主要包括项目预算、决算及政府采购用款申请审批文件、项目历次审计报告和整改报告等。

④查阅项目验收管理事项。查阅的资料包括项目单项验收的结论性文件、项目整体竣工验收申请和批复以及竣工验收报告以及项目主管部门的后评估报告等。

⑤查阅项目运维管理事项。查阅的资料包括项目运维管理部门规章制度和操作手册等。重点关注信息系统项目高安全防护信息的分级保护制度以及相关主管部门的安全保密评价文件和项目运维部门的整改报告等。

三是第三方测试或评估相关资料。该部分审查主要包括信息系统建设运行维护部门或项目主管部门委托第三方所做的测试、评估等报告或结论性文件、被审计单位信息系统方面历次自查报告和审计报告等文档资料。

(3)图表审查方法。图表审查方法是指通过对信息系统的系统架构图、应用架构图、网络拓扑图、硬件部署图、软件部署图、安全部署图及软硬件配置表的等静态图表,数据流程图、系统流程图、文件流程图、控制流程图等动态图表开展审查,深入了解信息系统的整体架构、技术路径、软硬件配置、运行逻辑等情况。

系统整体架构图是对信息系统的应用系统、数据资源、网络系统、安全系统、运维系统的整体描述。一般采用"×层×翼"架构,即应用展示层、应用系统层、应用支撑层、信息资源层、基础设施层"×层",以及信息安全服务和运行维护服务"×翼"。不同的系统可以采取不同的体系架构。

应用系统架构图是对应用展示、应用功能、应用支撑、信息资源的整体描述。通常情况下,应用展示层包括门户网站、共享交换平台、业务管理内部门户;应用功能层对应应用展示层包括网站应用功能,对应共享交换平台的共享服务、交换服务和目录服务,对应业务管理内部门户的业务系统、管理系统和决策系统功能;应用支撑层包括流程类功能组件、数据分析类功能组件、安全控制类功能组件等;信息资源层包括对应应用系统的业务信息、管理信息、决策信息等。

网络系统拓扑图是对多层级互联网络和局域网架构的描述。多层级互联网络是指组织中的中央、省、市、县多层级机构之间网络互联互通的体系架构。包括:中央级组织通过中央城域网与城域网接入单位的互联互通、通过中央广域骨干网与所辖地方组织的互联互通。局域网架构是指由接入域、交换域、应用域、存储域、安全管理域和用户域等组成的信息系统网络运行环境。

硬件部署图是指路由器、交换机等网络设备,服务器、存储、终端等主机设备,防火墙、安全网关等安全设备,机柜、不间断电源(UPS)、消防设备、新风空调等机房设备的部署结构。软件部署图是指操作系统、数据库、中间件等系统软件,业务、管理和决策等应用软件,以及相关信息资源库等的部署结构。安全部署图是指安全域划分,并在网络通信、安全域边界、应用系统、信息资源等部署的软硬件设备,以及采用的安全策略等。软硬件设备清单是指在硬件部署图、软件部署图、安全部署图中的各类软硬件的清单。

数据流程图:表示求解某一问题的数据通路,用于描述在系统中如何处理和控制数据流,其一般被用于描述和评价应用控制的一些控制点,而不用于一般控制流的描述。

系统流程图:体现系统内操作控制和各项数据的流通情况,用于描述对系统中数据文件(数据库)和软件的控制。

文件流程图:用来说明某一项业务的文件如何在组织中传递,主要描述信息系统中手工数据处理的那些流程。

控制流程图:控制流程图用来显示信息系统中有何控制点和控制条件。控制流程图,事实上是其他流程图的"影像"。其主要特征是省去了其他流程中任何与控制条件无关的文字叙述,只剩下符号,借以突出控制流程图中的控制条件和控制点。

充分利用流程图,信息系统审计人员在开展信息系统审计中可以对被审计的信息系统结构有更深刻的理解,从而更有效地分析系统的运行过程,描述系统中的控制点和控制条件。审计人员应该确定被审计单位提供的流程图是否正确,防止造假。

(4)实地考察方法。实地考察方法是指为了解信息系统的建设管理情况及标准规范、应用系统、信息资源、主机系统、网络系统、安全系统、机房设施等各系统建设和运行的实际情况,组织相关人员到被审计单位信息系统的实地,采用询问法、观察法等方法进行调查研究的方法。

信息系统审计人员实地考察主要包括以下8个方面。

①考察信息系统建设和运行管理情况。主要内容包括:一是信息系统建设和运行的组织架构协同工作情况。了解被审计单位信息系统的领导机构、实施机构、业务机构、监督机构等组织设置、职责制度、协同工作情况。二是信息系统建设和运行的管理制度和标准规范的建立和执行情况。了解被审计单位信息系统建设和运行的管理制度和标准规范的建立情况,重点考察管理制度和标准规范在信息系统的规划、立项、建设、验收、交付、运行等全过程管理中的执行情况。三是信息系统建设和运维人员的岗位设置、人员培训和综合素质情况。实地考察信息系统建设和运维人员的岗位设置和岗位职责,询问相关人员的岗位知识和岗位培训情况,了解技术技能及其与岗位职责的符合程度。

②结合信息系统建设实际需求,考察信息系统标准规范运行和实际使用情况。主要内容包括:一是信息系统标准和操作规程的体系架构。考察标准和操作规程的完整性和执行有效性。二是数据标准和操作规程的运行和实际使用情况。考察数据标准和操作规程制定的完整性和执行有效性。三是应用标准和操作规程的运行和实际使用情况。考察应用标准和操作规程制定的完整性和执行有效性。四是主机标准和操作规程的运行和实际使用情况。考察主机标准和操作规程制定的完整性和执行有效性。五是网络标准和操作规程的运行和实际使用情况。考察网络标准和操作规程制定的完整性和执行有效性。六是安全标准和操作规程的运行和实际使用情况。考察安全标准和操作规程制定的完整性和执行有效性。七是机房标准和操作规程的运行和实际使用情况。考察机房标准和操作规程制定的完整性和执行有效性。

③考察应用系统运行和实际使用情况。主要内容包括:一是实地观看应用系统的运行情况。结合系统调查、资料审查等方法掌握的应用系统业务需求、技术设计等资料,分析建成的应用系统与应用系统设计的整体架构、技术路线等的符合程度,应用系统的功能和性能的业务满足程度。二是实地了解应用系统的使用效果。采用实地询问、问卷调查等方法,向使用对象、服务对象了解应用系统的实际使用效果。必要时,延伸考察所属单位部署使用应用系统的实际使用效果。三是实地考察应用系统各类数据模型的制度符合性情况,包括数据查询模型、数据分析模

型、业务核算模型、计算汇总模型等的制度符合性。四是实地考察系统应用人员的业务和信息技术知识，了解应用人员的应用系统使用情况，以及对应用系统的满意度和意见建议。

④考察信息资源建设和实际使用情况。主要内容包括：一是实地观看信息资源的组成架构。结合系统调查、资料审查等方法掌握的应用系统业务信息需求、数据库技术设计等资料，分析建成的信息资源与信息资源设计的整体架构，包括信息资源目录体系和交换体系、元数据、主数据、基础数据、主题数据、数据集市等的建设和实际使用情况。二是实地考察信息资源对承载业务信息的满足程度。结合系统调查、资料审查等方法掌握的承载业务的信息需求，考察信息系统的业务数据、财务数据、内部数据和利用外部数据对承载业务信息的满足程度。三是实地考察信息资源在信息共享和业务协同中的满足程度。结合系统调查、资料审查等方法掌握的信息共享和业务协同需求，考察在组织内部、领域内部、与其他相关组织和领域的信息共享和业务协同情况。四是实地考察信息资源各类数据接口的业务符合程度。考察数据采集接口、数据转换接口、数据共享接口、数据交换接口和相关软件接口的业务符合程度。

⑤考察主机系统运行和实际使用情况。主要内容包括：一是实地观看主机系统的体系架构。考察物理和逻辑的集中式、分布式、集中和分布结合式，以及政务信息化和移动互联网特征的主机系统架构，对于业务特征和应用特征的数据存储处理和应急备份体系的复合型程度；考察主机系统体系运行和实际使用情况。二是实地考察存储处理的满足程度。考察主机系统的数据存储能力、交易处理能力、计算处理能力、会话处理能力、请求响应能力等功能性能，对于业务需求的符合性程度及其利用率与冗余度；主机系统功能性能的运行和实际使用情况。

⑥考察网络系统运行和实际使用情况。主要内容包括：一是实地考察网络结构情况。考察公开信息、内部信息、高安全防护信息的网络组网结构，广域、城域、局域的网络组网结构，局域网的接入域、交换域、应用域、数据域、安全域、用户域的网络分域结构等方面的实际运行情况，以及规范符合性和业务满足度；考察不同层级的组织之间、不同密级的信息之间网络架构运行和实际使用情况。二是实地考察网络通信情况。考察公开信息、内部信息、高安全防护信息网络之间，广域、城域、局域网络之间，局域网的接入域、交换域、应用域、数据域、安全域、用户域的网络分域之间网络通信的运行和实际使用情况，以及规范符合性和业务满足度；不同层级的组织之间、不同密级的信息之间的信息交换与共享的网络通信运行和实际使用情况。

⑦考察安全系统运行和实际使用情况。主要内容包括：一是考察安全系统的整体架构情况。安全系统架构包括：国家关于信息安全等级保护、高安全防护信息系统分级保护的制度和标准，重点考察通用技术、通用管理、专项扩展的安全技术体系；具体考察应用系统、信息资源、主机系统、网络系统、安全系统、机房设施方面的安全防控运行情况。二是考察通用技术的建设和防护情况。结合系统调查、资料审查等方法掌握的信息安全防护的现状进行风险分析和需求设计，实地考察网络通信安全、边界防护安全、可信环境安全的建设和防护与技术设计的符合程度，以及对保障业务信息安全和系统服务安全的满足程度。三是考察通用管理的建设和防护情况。结合系统调查、资料审查等方法掌握的信息安全的物理安全、网络安全、主机安全、应用安全、数据安全的风险分析和需求设计，实地考察各类安全防护的建设、运行情况。四是考察专项扩展的建设和管控情况。结合移动互联、物联网、云计算、工业控制、人工智能等新一代技术的运用，实地考察各类安全防护的建设、运行情况。

⑧考察机房设施运行和实际使用情况。主要内容包括：一是考察机房功能布局。结合系统

调查、资料审查等方法掌握的机房功能需求,实地考察网络接入、存储处理、机房辅助系统、机房监控等功能布局,以及机房楼宇承重的满足度和合理性。二是考察机房物理安全。结合系统调查、资料审查等方法掌握的机房物理安全需求,实地考察互联网、非涉密网、高安全防护网的物理隔离设置和防护措施对于国家相关规定的符合性。三是考察机房的辅助设施符合性。结合系统调查、资料审查等方法掌握的机房辅助设施需求,实地考察楼宇到机房的双路供电情况、不间断电源的保障情况,机房防雷接地情况,机房消防情况,烟感温感和报警系统情况,新风空调和温湿度情况,机房监视、门禁系统情况等。

2. 信息系统审计测评方法

信息系统审计测评方法包括数据测试法、综合测试法、平行模拟法、嵌入审计法等。

(1)数据测试法。该方法指在信息系统审计中,信息系统的操作人员按照审计人员的要求,或审计人员亲自将预先准备的测试数据输入被检查的信息系统,待信息系统完成对该组数据的处理后,审计人员将输出结果与预先独立计算的结果相核对的方法。测试数据法的目的是检查信息系统的输入处理和输出是否能准确地完成预定的数据处理任务,以进一步判断被审信息系统的功能与控制是否达到要求。

在采用数据测试法时,应注意两个问题:第一,所挑选或设计的测试数据应具有代表性和典型性,既要有正确、真实、合法的数据,也要有错误、虚假、不正常、不合法的数据,以便全面地测试系统的功能;第二,为了保证被测试的程序确为被审单位日常数据处理所实际使用的程序,防止同名异版程序之间的串用或不法者的"调包计",测试应建立在已确信被审单位对程序的修改和调用有严格控制制度的基础上,采用突击的方式进行。

(2)综合测试法。综合测试法有时也被称为整合测试法,或整体测试法,是在被审系统正常处理业务时,用测试数据对系统进行检测。采用这种方法要在被审系统的文件中建立一个虚拟实体(如一个虚拟的部门、顾客或员工),准备此虚拟实体发生的各种检测业务数据(包括正确的和有错的),然后把检测业务数据混在被审单位要处理的真实业务数据中,通过被审单位正常的输入操作与真实业务数据一起输入系统进行处理,通过将被审系统对测试数据处理的结果同预期结果进行比较,可确定被审系统的处理功能和程序控制的恰当性和有效性。

这种技术因为是在真实处理的过程中检测,而且可对系统的整体进行检测,故更为可靠。但使用此技术时,需注意采取措施消除检测数据对被审单位的总帐和财务报表的影响。

(3)平行模拟法。平行模拟法亦称"并行模拟法""并行处理法",是一种通过比较被审程序和模拟程序对被审单位真实业务数据处理的结果,检查被审单位应用程序处理逻辑的正确性、控制功能的有效性和处理结果的可靠性的一种系统功能审查方法。

平行模拟法的步骤是:首先调查了解被审计信息系统的设计目的、主要功能和控制要求;其次由信息系统审计人员根据所理解的程序功能和逻辑,独立编写与被审信息系统目的一致、功能相同、符合控制要求的计算机程序,或者使用其他与功能相当的工具软件作为模拟程序;随后将实际的业务数据分别输入被审计信息系统和模拟程序中,进行并行处理并输出处理结果;最后比较两者处理结果,检查被审计信息系统的程序逻辑是否正确,控制是否有效,结果是否可靠。

(4)嵌入审计法。嵌入式审计法是指在被审系统的开发阶段中,在该被审系统中嵌入为执行特定的审计功能而设计的应用程序,以便在以后的审计过程中利用该嵌入的审计模块对被审系统功能与进行审查的方法。

连续与间歇模拟系统法也是一种嵌入式审计方法。这种方法适用于具有数据库管理系统的被审系统，与系统控制审计复核文件法基本原理相似，系统控制审计复核文件法需要审计人员在被审系统中嵌入审计程序去"捕获"异常，但连续与间歇模拟系统则是用数据库管理系统去"捕获"异常，被审计信息系统未发生改动，当被审计信息系统调用了数据库管理系统提供的服务时，数据库管理系统指示连续与间歇模拟系统接受服务请求，由其决定是否由数据库管理系统继续检查该服务。

快照技术也是一种嵌入式审计方法。信息系统审计人员对被审计信息系统中的重要控制点上嵌入审计程序，当业务流经过不同的控制点时，嵌入审计程序就"捕获"该业务映像，从而证实在不同快照控制点上业务的一致性。审计人员通过仔细审查前后映像及其转换情况，进而评价该业务处理的真实性、正确性和完整性。

3. 实地测试方法

实地测试方法包括实地测试方法、符合性测试方法、实质性测试方法。

(1)实地测试方法。信息系统实地测试方法是为了确定信息系统执行控制制度的可靠性、安全性、经济性的审计程序。实地测试方法的内容包括信息系统的管理控制、应用控制、网络控制、安全控制。

(2)符合性测试方法。信息系统符合性测试是在实地测试方法中使用的审计程序。在对管理控制、应用控制、网络控制、安全控制的实地测试中，为了考查各类控制的可靠性、安全性、经济性，需要采用符合性测试方法，是否符合国家的法规类、标准类、规则类的规定。如果发现有问题，则采用实质性测试方法。具体测试方法详见《信息系统审计符合性测试法(管理控制、应用控制、网络控制、安全控制)规则》。

(3)实质性测试方法。信息系统实质性测试是在符合性测试方法后针对相关问题进行的测试。在对管理控制、应用控制、网络控制、安全控制的符合性测试中，为了考查各类控制的可靠性、安全性、经济性，在采用符合性测试方法后，对不符合国家的法规类、标准类、规则类的规定的，则采用实质性测试方法。具体测试方法详见《信息系统审计实质性测试法(管理控制、应用控制、网络控制、安全控制)规则》

4. 数据审计方法

数据审计方法，包括数据测试技术方法、数据验证技术方法。

(1)数据测试技术方法。信息系统审计人员对被审计信息系统开展审计时，为验证数据输入、处理和输出控制的有效性，采用模拟数据对运行系统或者备份系统进行符合性测试；对重要的计量、计费、核算、分析等计算功能及其控制进行设计文档审查、系统设置检查和数据实质性测试的审查；必要时审查应用系统的源程序等。数据测试技术方法主要包括：数据符合性测试法、数据实质性测试法、数据计算模型测试法。

(2)数据验证技术方法。数据验证是指对信息系统采集数据、转换数据以及处理数据的过程及结果进行符合性与实质性的测试，从而验证信息系统处理数据的符合性、一致性及准确性，以此对信息系统的相关指标进行分析和评测。数据验证技术方法主要包括数据采集验证、数据转换验证和数据处理验证。

5. 其他审计方法

其他审计方法包括风险评估法、专家审查法、绩效评价法等。

（1）风险评估方法。信息系统风险评估是对信息系统潜在的安全危险、可能发生影响信息和信息系统安全导致信息资产损失事件的评估过程和方法。风险评估的主要内容包括三个方面：基于资产的估值与分析、资产本身存在的脆弱性的识别与分析、资产受到的威胁识别及它的影响与可能性分析。风险评估的具体方法包括定性风险评估和定量风险评估。

（2）专家评审方法。专家评审方法是指组织相关专业领域内的专家或委托有资质的专业机构，对信息系统审计中的相关专业领域、技术路线、关键性技术等内容进行必要的评审。

（3）绩效评价方法。信息化工程项目绩效评价可以采用定量分析与定性分析相结合的方法进行，主要按照信息化工程项目绩效评价指标体系进行采用综合指标体系评价。对重要业务系统项目可采用经济社会秩序、公共服务普惠、制度设计安排等改善程度的基本指标；对基础信息资源、网络基础设施、信息安全基础设施和电子政务相关支撑体系的项目，可采用政务信息化服务改善程度的基本指标。对每个指标的实现程度进行客观、公正、公平地评价，采用数据、典型事例、技术测试结果予以说明。

（二）信息系统审计工具

信息系统审计工具包括信息系统审计一般工具、信息系统安全检测工具、信息系统安全审计工具。

1. 信息系统审计一般工具

信息系统审计一般工具是指审计人员在信息系统审计项目中，利用被审计单位集中部署的记录、监控信息系统的设备设施在一段时期中的运行日志和运行状态信息的各类专门监控管理系统，或者其他的网络分析检测、系统配置检测、日志分析检测等检测工具，通过采集操作系统、网络设备、安全设备、应用系统等生成的日志信息进行检测分析，采集信息系统之间的通信数据包并进行逆向分析，还原系统间通信内容，可以检测服务器、网络设备、操作系统、数据库、机房环境等重要的设备和系统是否能够满足配置标准和规范要求，从而对信息系统的安全性、可靠性和经济性做出初步的评价。

信息系统一般工具包括网络检测工具、应用系统检测工具、服务器主机检测工具、机房环境检测工具等。

（1）网络系统检测工具。对网络流量、应用进程、CPU利用率、内存利用率等各类指标进行监控并分析评价。通过系统运行监控能够实现对信息系统的性能监控和应用监控。性能监控是指对网络和信息系统的性能（负载、压力）等情况进行监测，验证系统性能是否符合需求，或诊断系统的性能瓶颈。应用监控是指通过跟踪系统应用过程，发现信息系统运行存在的问题，包括系统响应时间慢、交易失败、经常死机等，判断网络或应用的瓶颈。

（2）应用系统检测工具。应用系统检测工具的作用是监控应用系统运行情况，一是运行情况监控，判断应用系统是否在正常运行或应用系统提供的服务是否可被访问。一般通过轮询机制实现，即按照一定的时间间隔（一般设计为数分钟）向待确定的应用系统服务接口或监测接口发送请求，根据请求的反馈情况判断系统的运行状况。二是功能监控，判断应用系统各项功能是否正常。功能监控目标的实现主要基于对软件运行日志进行统计分析。软件日志需要对软件运行情况，特别是数据等处理情况进行记录，当出现系统功能异常时，系统日志也需要存在相应记录。对于某些具有数据存储或生成功能的系统，也可以通过对软件后台数据的相关校验判断软件功能是否正常。应用系统功能监控的周期一般为数小时或一天。

（3）服务器主机检测工具。服务器主机检测工具用于对信息系统所在的服务器主机的启动情况、CPU负载、内存占用、网络流量等运行状况开展实时监控。服务器主机运行监控工具目前已经成为诊断服务器是否健康可靠的重要工具，能够提供显示服务器当前状态的"实时监测"，以及历史监测，即服务器过去性能的记录。服务器主机监控的监控周期，一般设计为数分钟或者数小时。

（4）机房环境检测工具。随着信息化程度越来越高，担当信息处理与交换重任的机房是整个信息网络工程的数据传输中心、数据处理中心和数据交换中心。机房环境检测工具主要用于实现对信息系统所处机房环境的温度、湿度、电力、网络等各种硬件情况的实时监控。机房设施运行监控通常需要安装额外的嵌入式设备，用于监控机房温度、湿度等并提供异常警报，独立的机房监控设备，一般监控周期设计为数分钟。

2. 信息系统安全检测工具

信息系统安全检测工具包括计算机安全检测工具、系统安全检测工具。

（1）计算机安全检测工具。信息系统审计人员可以利用计算机安全检测工具提供的检查功能，完成相关安全检查，基于安全检查的结果，对所审计计算机的安全性、可靠性做出初步的评价。利用计算机安全检测工具，可以进行计算机应用信息检查、常规安全检查、深度安全检查、综合安全评估、统一全网管控评估等。

（2）系统安全检测工具。其是指对应用系统安全、安全漏洞扫描、入侵检测等的检查工具。

3. 信息系统安全审计工具

信息系统安全审计是指按照一定的安全策略，利用信息技术检查信息系统中记录的系统活动日志和用户活动日志，从而发现信息系统漏洞、入侵行为、未经授权访问或改善信息系统性能的过程。

信息系统安全审计工具包括主机审计工具、网络审计工具、数据库审计工具等。

（三）第三方资源利用

第三方资源利用是指审计机构在信息系统审计中利用第三方专业机构和专家的资源解决审计中的遇难问题，强化审计工作力度。

第三方资源包括第三方专业机构、第三方专家资源。

（1）第三方专业机构。包括第三方咨询机构、第三方应用软件测评机构、第三方等级保护测评机构、第三方风险评估专业机构。信息系统审计中会遇到这些机构已经出具了咨询评估资料，审计机构认为必要，可以将相关资源作为审计证据。资源的真实性由第三方专业机构负责，将资源作为审计证据由审计机构和审计人员负责。

（2）第三方专家资源。包括第三方业务专家、技术专家。信息系统审计中需要有相关的业务专家、技术专家辅助。审计机构可以根据需要聘请这些专家参与信息系统审计。专家出具意见的真实性由专家负责，将专家意见作为审计证据由审计机构和审计人员负责。

本节思考题

1. 信息系统审计方法包括哪几大类？
2. 信息系统审计一般方法包括哪几种方法？

3. 信息系统审计人员使用系统调查方法需要了解哪些内容?

4. 信息系统审计人员使用资料审查方法应当审查哪些资料?

5. 什么是图表审查方法? 其主要作用是什么?

6. 信息系统审计人员开展实地考察主要考察哪些方面?

7. 什么是数据测试技术方法。

8. 信息系统审计工具可以分为哪几类?

9. 数据库审计常见的安全审计技术主要有哪几类?

三、信息系统审计判断

信息系统审计判断是指审计人员依据法规类、标准类、规则类的控制规定,对信息系统管理控制、应用控制、网络控制、安全控制进行的审计建议类、违规类、违法类的职业类判断的活动。

审计职业判断的建议类、违规类、违法类图示如下(图1-21)。

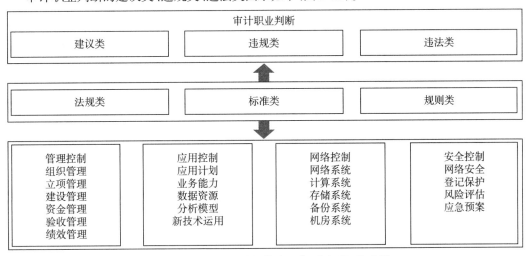

图1-21　审计职业判断的建议类、违规类、违法类

(一)建议类审计职业判断

建议类审计职业判断是指审计人员依据标准类、规则类的控制规定,对信息系统管理控制、应用控制、网络控制、安全控制中违反规则类、标准类的行为,提出建议类的审计建议(表1-6)。

表1-6　建议类审计职业判断

管理控制	应用控制	网络控制	安全控制
组织管理、立项管理、建设管理、资金管理、验收管理、绩效管理	应用规划、业务能力、数据资源、分析模型、新技术运用	网络系统、计算系统、存储系统、备份系统、机房系统	网络安全、等级保护、风险评估、应急预案

| 【例1】可行性研究报告中,需求分析、技术设计、软硬件配置、投资概算的关联性、一致性存在不协调,不符合信息系统规则类要求,建议改进
【例2】初步设计报告中,总投资概算结构、硬件招标单价、软件开发费计算等,不符合信息系统规则类要求,建议改进 | 【例1】公共服务应用系统建设中,服务事项优化、服务数据建设、服务体系有序、服务办理联动方面,存在关联性、协调性不足的问题,不符合规则类要求,建议改进
【例2】应用系统定制开发中,系统的集约化设计、服务功能的复用、通用功能组件的利用方面,不符合规则类要求,建议改进 | 【例1】网络系统建设中,局域网的接入域、交换域、应用域、数据域、用户域、安全域的分域建设管理方面存在不足,不符合规则类要求,建议改进
【例2】存储系统建设中,数据存储量、设备存储量、实际存储量方面,存在关联性不足,不符合规则类要求,建议改进 | 【例1】门户网站的建设和运维中,构建门庭清气正的网络空间,引导社会舆论正确发展方面存在不足,不符合规则类要求,建议改进
【例2】网络安全等级保护建设中,安全硬件、安全软件、安全管理方面存在不足,不符合规则类要求,建议改进 |

(二)违规类审计职业判断

违规类审计职业判断是指审计人员依据法规类、标准类的控制规定,对信息系统管理控制、应用控制、网络控制、安全控制中违反法规类、标准类的行为,提出违规类的审计意见(表1-7)。

表1-7 违规类审计职业判断

管理控制 组织管理、立项管理、建设管理、资金管理、验收管理、绩效管理	应用控制 应用规划、业务能力、数据资源、分析模型、新技术运用	网络控制 网络系统、计算系统、存储系统、备份系统、机房系统	安全控制 网络安全、等级保护、风险评估、应急预案
【例1】项目立项审批中,总投资不足3000万元的为部门审批,但未给审批部门备案,不符合55号法规性要求,应当予以纠正 【例2】可行性研究报告中,应当构建共享分析篇(章)、政务信息系统目录、政务信息资源目录等方面,不符合57号信息系统法规类要求,应当予以纠正	【例1】公共服务应用系统设计建设中,省级公共服务平台未符合国家公共服务平台进行对接,不符合108号文件法规类要求,应当予以纠正 【例2】信息资源设计建设中,未提供政务信息资源业务目录、共享目录、开放目录,不符合57号等法规类要求,应当予以纠正	【例1】网络系统设计建设中,采用的互联网与政务外网之间未进行逻辑隔离,政务外网与政务内网之间未进行物理隔离,不符合法规类要求,应当予以纠正 【例2】机房系统设计建设中,未进行涉密信息系统的屏蔽机房建设,不符合法规类要求,应当予以纠正	【例1】等级保护三级系统身份认证设计建设中,未提供Key+Pin码的强认证设计建设,不符合法规类要求,应当予以纠正 【例2】网络安全等级保护建设中,未取得专门机构的等级保护测评和认定,不符合法规类要求,应当予以纠正

(三)违法类审计职业判断

违法类审计职业判断是指审计人员依据法规类、标准类的控制规定,对信息系统管理控制、应用控制、网络控制、安全控制中违反法律类的行为,构成犯罪的应当依法追究刑事责任,审计机构按规定办理移交(见表1-8)。

表1-8 违法类审计职业判断

管理控制	应用控制	网络控制	安全控制
组织管理、立项管理、建设管理、资金管理、验收管理、绩效管理	应用规划、业务能力、数据资源、分析模型、新技术运用	网络系统、计算系统、存储系统、备份系统、机房系统	网络安全、等级保护、风险评估、应急预案
【例1】《招标投标法》规定,对招标投标活动依法负有行政监督职责的国家机关工作人员徇私舞弊构成犯罪的依法追究刑事责任。审计机构办理移交。 【例2】《财政违法行为处罚处分条例》规定,对单位和个人有规定的财政违法行为,构成犯罪的,依法追究刑事责任。审计机构办理移交	【例】《中华人民共和国政府信息公开条例》(2019年国务院令第117号)规定,行政机关违反本条例的规定,不依法履行政府信息公开职能;不及时更新公开的政府信息内容、政府信息公开指南和政府信息公开目录,构成犯罪的,依法追究刑事责任。审计机构办理移交	【例】《网络安全法》(2016年)规定,违反本法规定,构成违反治安管理行为的,依法给予治安管理处罚;构成犯罪的,依法追究刑事责任。审计机构办理移交	【例】《网络安全法》(2016年)规定,依法负有网络安全监督管理职责的部门及其工作人员,必须对在履行职责中知悉的个人信息、隐私和商业秘密严格保密,不得泄露、出售或者非法向他人提供。构成犯罪的,依法追究刑事责任。审计机构办理移交

四、信息系统审计质量

(一)信息系统审计质量的要点

审计质量管控是指在审计机构建立审计质量管控制度和机制的基础上,加强审计质量控制,提升信息系统审计的质量和水平的过程。

审计质量管控制度是指在审计组成员、审计组组长(科长)、审计法制部门、审计机构负责人(总审计师)中,建立分级负责的审计质量控制制度。

审计质量管控机制是指在审计计划、审前调查、审计实施、审计终结的四个阶段,发挥审计质量管控机制的作用,不断提升信息系统审计的工作质量和水平。

因此,要综合运用审计质量管控制度、审计质量管控机制,保障信息系统审计项目的有效运行(表1-9)。

表1-9 信息系统审计质量控制

	审计人员	审计组长(科长)	审计法制部门	审计机构负责人
审计计划	制定审计计划项目; 对计划项目做可研论证; 编制《审计方案》; 编制《审计通知书》	报送审计计划项目; 同意计划项目可研论证; 审查《审计方案》; 审查《审计通知书》	受理审计计划项目; 审核同意计划项目可研论证; 审查《审计方案》; 审查《审计通知书》	审核同意审计计划项目; 审核同意计划项目可研论证; 审核同意《审计方案》; 审核同意《审计通知书》
审前调查	开展业务和系统调研; 发现数据风险; 编制《数据风险报告》; 提出调查中的问题	组织业务和系统调研; 审查数据风险; 查并送《风险报告》; 回答或报送问题	回答所提问题予以指导	—
审计实施	开展系统四类控制审计; 获取审计证据; 编制审计底稿; 提出审计中的问题	组织系统四类控制审计; 审查审计证据; 审查审计底稿; 回答或报送问题	回答所提问题予以指导	—
审计终结	汇总审计底稿、证据; 编写审计组《审计报告》; 问题整改的跟踪; 负责项目归档	审查审计底稿、证据; 审查审计组《审计报告》; 汇总形式审计机构《审计报告》; 汇总问题整改情况; 审查并报送项目档案	审查审计组《审计报告》; 审查机构《审计报告》; 编制整改跟踪的报告	审核同意机构《审计报告》; 审查《整改跟踪报告》; 考虑下一年度计划

表1-9强调了四类人员在四个环节的质量控制。

1. 审计计划阶段的质量控制

(1)审计人员的质量控制。制定审计计划项目;对计划项目做可研论证;编制《审计方案》;编制《审计通知书》。

(2)审计组长的质量控制。报送审计计划项目;同意计划项目可研论证;审查《审计方案》;审查《审计通知书》。

(3)审计法制部门的质量控制。受理审计计划项目;审核同意计划项目可研论证;审查《审计方案》;审查《审计通知书》。

(4)审计机构负责人的质量控制。审核同意审计计划项目;审核同意计划项目可研论证;审核同意《审计方案》;审核同意《审计通知书》。

2. 审前调查阶段的质量控制

(1)审计人员的质量控制。开展业务和系统调研;发现数据风险;结合式审计项目中编制《数据风险报告》;提出调查中的问题。

(2)审计组长的质量控制。组织业务和系统调研;审查数据风险;查并送《数据风险报告》;回答或报送问题。

(3)审计法制部门的质量控制。回答所提问题,予以指导。

3. 审计实施阶段的质量控制

(1)审计人员的质量控制。开展系统四类控制审计;获取审计证据;编制审计底稿;提出审计中的问题。

(2)审计组长的质量控制。组织系统四类控制审计;审查审计证据;审查审计底稿;回答或报送问题。

(3)审计法制部门的质量控制。回答所提问题,予以指导。

4. 审计终结阶段的质量控制

(1)审计人员的质量控制。汇总审计底稿、证据;编写审计组《审计报告》;问题整改的跟踪;负责项目归档。

(2)审计组长的质量控制。审查审计底稿、证据;审查审计组《审计报告》;汇总形成审计机构《审计报告》;汇总问题整改情况;审查并报送项目档案。

(3)审计法制部门的质量控制。审查审计组《审计报告》;审查机构《审计报告》;编制整改跟踪的报告。

(4)审计机构负责人的质量控制。审核同意机构《审计报告》;审查《整改跟踪报告》;考虑下一年度计划。

(二)国家审计信息系统审计质量控制

国家审计信息系统审计质量控制包括审计流程质量控制和审计目标质量控制。

审计流程质量控制是指在信息系统审计全过程的各个环节中加以质量检查的控制,包括审计资格和职业要求,对审计实施方案、审计实施记录、审计取证、审计报告等流程的复核和审理等。关于审计资格和职业要求,《国家审计准则》第十二条规定,审计机关和审计人员执行审计业务,应当具备本准则规定的资格条件和职业要求。第十三条规定,审计机关执行审计业务应当具备下列资格条件:符合法定的审计职责和权限,有职业胜任能力的审计人员,建立适当的审计质量控制制度,必需的经费和其他工作条件。第十四条规定,审计人员执行审计业务应当具备下列职业要求:遵守法律法规和本准则,恪守审计职业道德,保持应有的审计独立性,具备必需的职业胜任能力和其他职业要求。关于审计组组成的质量控制,第五十四条规定,审计组由审计组组长和其他成员组成。审计组实行审计组组长负责制。审计组组长由审计机关确定,审计组组长可以根据需要在审计组成员中确定主审,主审应当履行其规定职责和审计组组长委托履行的其他职责。关于编制和调整审计实施方案的质量控制,第五十七条规定,审计组应当调查了解被审计单位及其相关情况,评估被审计单位存在重要问题的可能性,确定审计应对措施,编制审计实施方案。对于审计机关已经下达审计工作方案的,审计组应当按照审计工作方案的要求编制审计实施方案。第七十八条规定,遇有下列情形之一的,审计组应当及时调整审计实施方案:年度审计项目计划、审计工作方案发生变化的,审计目标发生重大变化的,重要审计事项发生变化的,被审计单位及其相关情况发生重大变化的,审计组人员及其分工发生重大变化的,需要调整的其他情形。第七十九条规定,一般审计项目的审计实施方案应当经审计组组长审定,并及时报审计机关业务部门备案。重要审计项目的审计实施方案应当报经审计机关负责人审定。第八十条规定,审计组调整审计实施方案中的有关事项,应当报经审计机关主要负责人批准。关于审计实施中的质量控制,第六十四条规定,审计人员根据审计目标和被审计单位的实际情况,运用职业判断确定调查了解的范围和程度。对于定期审计项目,审计人员可以利用以往审计中获得的信息,重点调查了解已经发生变化的情况。第七十条规定,审计人员实施审计时,应当根据重要性判断的结果,重点关注被审计单位可能存在的重要问题。第七十三条规定,审计组针对审计事项确定的审计应对措施包括,评估对内部控制的依赖程度,确定是否及如何测试相关内部控制的有效性;评估对信息系统的依赖程度,确定是否及如何检查相关信息系统的有效性、安全性等。关于审计实施中审计资源的质量控制,第七十四条规定,审计组在分配审计资源时,应当为重要审计事项分派有经验的审计人员和安排充足的审计时间,并评估特定审计事项是否需要利用外部专家的工作。关于审计证据的质量控制,第八十四条规定,审计人员获取的审计证据,应当具有适当性和充分性。适当性是对审计证据质量的衡量,即审计证据在支持审计结论方面具有的相关性和可靠性。相关性是指审计证据与审计事项及其具体审计目标之间具有实质性联系。可靠性是指审计证据真实、可信。充分性是对审计证据数量的衡量。审计人员在评估存在重要问题的可能性和审计证据质量的基础上,决定应当获取审计证据的数量。第九十三条规定,审计人员应当依照法律法规规定,取得被审计单位负责人对本单位提供资料真实性和完整性的书面承诺。第九十四条规定,审计人员取得证明被审计单位存在违反国家规定的财政收支、财务收支行为以及其他重要审计事项的审计证据材料,应当由提供证据的有关人员、单位签名或者盖章;不能取得签名或者盖章不影响事实存在的,该审计证据仍然有效,但审计人员应当注明原因。第九十五条规定,被审计单位的相关资料、资产可能被转移、隐匿、篡改、毁弃并影响获取审计证据的,审计机关应当依照法律法规的规定采取相应的证据保全措施。第九十七条规定,审计人员需要利用所聘请外部人员的专业咨询和专业鉴定作为审计证据的,应当对下列方面做出判断:依据的样本是否符合审计项目的具体情况,使用的方法是否适当和合理,专业咨询、专业鉴定是否与其他审计证据相符。第九十八条规定,审计人员需要使用有关监管机构、中介机构、内部审计机构等已经形成的工作结果作为审计证据的,应当对该工作结果的下列方面做出判断:是否与审计目标相关,是否可靠,是否与其他审计证据相符。第一百条规定,审计人员在审计实施过程中,应当持续评价审计证据的适当性和充分性。已采取的审计措施难以获取适当、充分审计证据的,审计人员应当采取替代审计措施;仍无法获取审计证据的,由审计组报请审计机关采取其他必要的措施或者不作出审计结论。第一百七十四条规定,审计机关实行审计组成员、审计组主审、审计组组长、审计机关业务部门、审理机构、总审计师和审计机关负责人对审计业务的分级质量控制。

审计目标质量控制是指为实现信息系统审计目标而实施的质量控制。按照信息系统审计目标的要求,可分为促进被审计单位信息系统内部控制的审计质量控制、防范数据审计风险的审计质量控制两大类。促进被审计单位信息系统内部控制的审计质量控制是指,在对被审计单位信息系统的应用控制、一般控制、项目管理控制的审计检查中,按照审计实施方案要求进行审计事项和测评内容的检查控制,进行审计程序和规范的控制,正确发现内部控制缺失及其对系统安全性、可靠性和经济性的影响,提出完善内部控制的审计意见和建议。防范数据审计风险的审计质量控制是指,在对被审计单位信息系统的应用控制、一般控制、项目管理控制的审计检查中,一方面注重系统内部控制缺失对系统产生数据的真实性、完整性和正确性的影响,另一方面注重审计获取该系统承载业务和财务数据的真实性、完整性和正确性的影响,提出数据审计风险防范的意见和建议。

现行的《信息系统审计指南》在应用控制审计、一般控制审计、项目管理审计的3部分内容中,均提出了促进被审计单位信息系统内部控制的审计质量控制和防范数据审计风险的审计质量控制的具体要求。在第十九条的信息系统业务流程控制审计中提出,其目的是通过检查被审计单位信息系统承载的经济业务活动的发生、处理、记录和报告的业务流程和业务循环过程,评价系统业务流程控制的合理性和有效性,揭示系统业务流程设计缺陷、控制缺失等问题,形成审计结论,提出审计意见和建议;为防范和控制数据审计风险,以及审计项目对信息系统业务流程控制的审计评价提供支持。在第二十一条的数据输入、处理和输出控制审计中提出,其目的是通过检查被审计单位信息系统数据输入、处理和输出控制的有效性,发现因系统控制缺失产生的数据风险,形成数据控制水平的审计评价和结论,提出审计意见和建议;为数据审计防范和控制审计风险,以及审计项目对信息系统数据风险控制的审计评价提供支持。在第二十六条的信息共享与业务协同审计中提出,其目的是通过检查被审计单位信息系统内外部信息共享与业务协同,揭示共享与协同控制的缺失,分析并评价风险程度,形成被审计单位信息共享与业务协同水平的审计评价和结论,提出审计意见和建议;为数据审计获取真实、完整和正确的审计数据,以及审计项目对被审计单位信息共享与业务协同的审计评价提供支持。在第三十一条的信息系统总体控制审计中提出,其目的是通过检查被审计单位信息系统总体控制的战略规划、组织架构、制度机制、岗位职责、内部监督等,分析信息系统在内部环境、风险评估、控制活动、信息与沟通、内部监督方面的有效性及其风险,形成信息系统总体控制的审计评价和结论,提出审计意见和建议,促进信息系统总体控制的完善,并为审计项目对信息系统总体控制的审计评价提供支持。在第三十三条的信息安全技术控制审计中提出,其目的是通过检查被审计单位信息系统的信息安全技术及其控制的整体方案,检查安全计算环境、区域边界、通信网络等方面的安全策略和技术设计,检查信息系统的安全技术配置和防护措施,发现并揭示信息系统安全技术控制的缺失,分析并评价风险程度,形成信息安全技术控制的审计结论,提出审计意见和建议,促进信息系统安全技术及其相关控制的落实;为数据审计防范和控制审计风险,以及审计项目对信息安全技术控制的审计评价提供支持。在第三十五条的信息安全管理控制审计中提出,其目的是通过检查被审计单位信息系统的信息安全管理,评价信息安全管理的完整性和有效性,揭示信息安全管理缺失的问题,形成信息安全管理控制的审计评价和结论,提出审计意见和建议,促进信息系统安全管理的有效性;为数据审计防范和控制审计风险,以及审计项目对系统安全管理的审计评价提供支持。在第三十七条的信息系统建设经济性审计中提出,其目的是通过检查被审计单位信息系统规划、建设、应用和运维的经济性,发现系统建设不经济的问题,形成审计结论,提出审计意见和建议,促进信息化建设投资的有效性,并为审计项目对信息系统建设经济性的审计评价提供支持。在第四十二条的信息系统建设管理审计中提出,其目的是通过检查被审计单位信息系统建设的立项申报、建设管理、资金管理、监督管理、验收管理、运行管理、等级保护管理和风险评估管理,揭示系统建设管理控制缺失的问题,提出审计意见和建议,促进项目建设管理的规范性,为审计项目对信息系统建设管理的审计评价提供支持。在第五十二条的信息系统绩效评价中提出,其目的是通过检查被审计单位信息系统顶层设计及建设实现的管理决策支持能力、经济业务协同能力、系统建设发展能力和信息系统贡献能力的提升,以及经济业务活动的效率、效果和效能的改善,揭示信息系统顶层设计和建设方面的不足,提出审计意见和建议,进一步促进信息系统的实际效能提升,为审计项目对系统建设绩效的审计评价提供支持。

（三）内部审计信息系统审计质量控制

内部审计机构建立质量控制制度应保证审计过程遵守法律法规和内部审计准则,保证审计结论恰当、审计建议与处理结果可行。信息系统内部审计的质量控制应按照内部审计准则的要求,建立起包含质量责任、职业道德、人力资源、业务执行和质量监控等在内的质量控制制度。在信息系统审计实施过程中,审计人员、主审、审计组长等应各司其责,确保审计过程中的质量。各相关业务部门和内部审计机构负责人应承担相应的质量控制责任,确保信息系统审计质量控制措施得到贯彻执行。由于信息系统审计的审计内容特殊、审计技术性较强,必要时可安排相关专家参与信息系统审计的质量控制过程。

对于内部审计来说,在信息系统审计质量控制过程中审计证据的获取与评价是审计质量控制的重要一环,也要进行规范性的管理并引起重视。

1. 审计证据的获取

信息系统审计证据的获取方法是审计人员为实现信息系统审计目标所采取的手段和方式。其方法主要包括:(1)一般审计方法,包括系统调查方法、资料审查方法、实地考察方法、专家评审方法等。技术测试方法包括系统整体检查方法、图表分析检查方法、应用程序检查方法。(2)工具测试方法,包括安全工具检测、审计工具检测、测评工具检测、系统运行监测、系统监控检测等。(3)数据审计技术方法,其在信息系统审计中的应用主要是数据测试技术、数据验证技术等方面的技术方法。

2. 审计证据的评价标准

审计人员所获取的审计证据应当具有适当性和充分性。适当性是对审计证据质量的衡量,即审计证据在支持审计结论方面具有的相关性和可靠性。相关性是指审计证据与审计事项及其具体审计目标之间具有的实质性联系。可靠性是指审计证据真实、可信的品质。充分性是对审计证据数量的衡量,审计人员应当在评估存在重要问题的可能性和审计证据质量的基础上,决定应当获取审计证据的数量。

3. 审计证据的评价方法

审计人员在对审计证据的相关性进行评价时,应关注审计证据与审计目标的对应关系,即针对一项审计目标可以从不同来源获取审计证据,而从一种来源获取的审计证据可能只与某些审计目标相关,与其他的审计目标无关。在对审计证据的可靠性进行评价时,应关注审计证据获取的来源和方式。一般来说,从被审计部门外部获取的审计证据比从内部获取的审计证据更可靠;内部控制健全有效情况下形成的审计证据比内部控制缺失或者无效情况下形成的审计证据更可靠;直接获取的审计证据比间接获取的审计证据更可靠;从被审计部门信息系统资料中直接采集的审计证据比经被审计单位加工处理后提交的审计证据更可靠;原件形式的审计证据比复制件形式的审计证据更可靠。不同来源和不同形式的审计证据存在不一致或者不能相互印证时,审计证据的可靠性将受到影响。影响审计证据充分性的因素,除了审计证据的质量外,还包括审计证据的成本。评价审计证据的充分性应当遵循成本效益原则的标准。一般来说,对于可能存在重要问题或少量大额的审计事项,可对审计事项中的全部项目进行审查。对于审计事项包含的项目众多,需要对审计事项的某一方面总体特征做出结论时,可以进行抽查。对全部事项进行审查不符合成本效益原则的,应当进行抽查。

4. 审计使用第三方证据

当内部审计人员的知识结构和能力水平不能满足审计取证的需要时,可以采用聘请第三方人员或采用第三方人员取得证据。在信息系统审计过程中,由于信息系统本身具有坚强的技术性和专业性,审计人员的知识结构和能力水平常常不能满足要求,聘请第三方人员或采用第三方人员获取的审计证据可有效地降低审计风险。

内部审计机构在审计过程中,可以根据特殊需要按照一定的程序聘请专门机构或外部专业技术人员参加审计或提供技术支持、专业咨询、专业鉴定。内审计机构聘请外部机构或人员进行审计需要履行申请审批程序,并按照相关要求选择外部机构和人员,签订正式的外聘合同。所聘请的外部人员和机构应当符合审计准则对于审计人员的职业要求。审计人员在信息系统审计中使用第三方证据时,应当保持职业谨慎,对审计证据的适当性和充分性进行客观评价。审计人员对第三方证据有疑虑的,应当与证据提供方进行交流,了解第三方搜集证据的过程和方法,以达成共识。第三方机构应积极配合,不能达成共识的,第三方证据的效力将受到影响。

审计证据的提供方应当对审计证据负最终责任,但审计人员在采用审计证据时应尽到审慎评价的责任。第三方证据多为其他专业机构和人员提供的咨询、鉴定等,技术性比较强,提供证据的机构应当为证据的合法性、正确性负责。但如果因为内部审计人员自身的知识和技术所限,或工作的疏忽和过失,对采用显失公平公正的第三方证据,未能尽到审慎评价的义务,内部审计人员应当为此承担相应责任。

(四)社会审计信息系统审计质量控制

社会审计中信息系统审计因组织方式、审计主体、审计对象的不同,对审计质量控制方式略有不同。一般认为,在社会审计中审计人员是否能够发现问题并报告错报和舞弊是审计质量控制的关键点,审计质量的高低受到内外部环境的影响。审计质量分为过程质量和结果质量。外部监管力度、法律环境、市场需求等一定程度上决定了审计质量。高质量的信息系统审计报告需要专业胜任能力高、独立性强的审计人员加以保障,也与组织形式、审计成本、人员招聘与管理、规模有关;会计师事务所是否拥有一个良好的治理结构、激励约束机制,执业人员是否拥有专业胜任能力和风险意识是一个会计师事务所质量控制的根本,更是能够持续经营的关键。

本节思考题

1. 信息系统审计程序主要包括什么?
2. 信息系统审计方法主要包括什么?
3. 信息系统审计判断主要包括什么?
4. 信息系统审计质量主要包括什么?

第二章　管理控制审计

管理控制审计包括组织管理控制审计、项目立项控制审计、项目实施控制审计、项目投资控制审计、项目验收控制审计、项目绩效控制审计6个部分。

第一节　组织管理控制审计

信息系统组织管理是信息系统建设和运维的领导机构、实施机构、监督机构遵从信息系统建设的法律法规和标准规范,组织领导建设信息系统以及人才队伍和保障体系,保障系统正常运行,以确保信息系统组织管理控制的符合性和有效性,确保信息系统的可靠性、安全性和经济性目标。

信息系统组织管理控制是信息系统建设、运维单位为保障组织管理的符合性和有效性,按照国家和行业的规章制度和标准规范,加强组织领导、制度规范、人才队伍控制,使组织管理控制能够保障信息系统的可靠性、安全性和经济性。

信息系统组织管理控制审计是信息系统审计服务单位按照国家和行业的规章制度和标准规范,对建设、运维单位的组织领导、制度规范、人才队伍控制的符合性和有效性进行检查监督,提出审计意见和建议,保障组织管理具有符合性和有效性,保障信息系统的可靠性、安全性和经济性。

一、信息化组织机构控制

组织机构控制是指信息系统建设单位的领导机构、实施机构、监督机构、咨询资源、技术服务资源各类机构和组织资源的职责与履行的管理活动。

(一)信息化领导机构控制

《国家信息化领导小组关于我国电子政务建设指导意见》(中办发〔2002〕17号)要求我国电子政务建设要坚持统一规划,加强领导,各级党政主要领导同志要亲自抓。国家发展改革委《关于加强和完善国家电子政务工程建设管理的意见》(发改高技〔2013〕266号)要求:强化电子政务项目"一把手"负责制。为确保信息系统的建设和运行的顺利和有序发展,建设单位应当组建信息化建设领导机构,实施"一把手"工程,单位主要负责人、分管信息化领导挂帅任领导小组组长、副组长,领导小组成员一般包括信息化建设实施机构、业务部门、监督机构的代表。

信息化领导小组的职责:一是领导本行业的信息化建设,实行统一领导、统一组织;二是审查批准本行业的信息化发展规划和建设方案;三是组织信息化建设的人力、财力、技术等资源的统筹规划、协调配合;四是组织信息系统建设项目的建设、验收和运行。

信息化建设领导机构的主要控制点包括:领导机构是否促进了组织机构的健全性、组织领导的有效性,组织实施的完整性、工作的协调性等。

(二)信息化实施机构控制

建设单位在信息化领导小组的统一领导下,组建信息化领导小组办公室(或网络与信息化办公室),组建负责信息系统建设和运维的机构(一般为信息中心),有的建设单位还设有科技部门负责信息化科研。上述机构分工合作,共同负责信息化建设和运行的规划和实施工作。

信息化建设实施机构的职责:一是负责组织编制本行业的信息化发展规划和建设方案;二是负责与国家信息化的业务和资金等主管部门沟通协调,办理信息系统建设项目的立项申请;三是负责信息系统建设项目的实施工作,包括招标采购、组织设计、监理、集成、工程施工、应用研发等;四是负责信息系统建设项目的验收工作;五是负责信息系统的运维服务和应用服务。

信息化建设实施机构的主要控制点包括:实施机构管理是否促进了项目实施机构的健全性、组织领导的有效性、组织实施的完整性、工作的协调性等。

(三)信息化运维机构控制

运维机构控制是指建设单位为保障信息系统的正常有效运行,组建运维机构并建立运维机制。运维机构的主要控制点包括:是否促进了运维机构组织的完整性、运维机制的有效性。

1. 信息系统运维机构

信息系统运维机构一般由项目建设单位的信息中心承担,组建相应的运维处室,负责系统的运行维护。

(1)应用系统运维处室。负责应用系统、信息资源、主机系统的运行服务和维护工作,保障应用系统的正常有效运行。

(2)网络系统运维处室。负责局域网、城域网、广域网的运行服务,负责机房的供电、消防、新风空调、监控、温湿度控制等系统的运行服务和维护工作,保障网络系统的正常有效运行。

(3)安全系统运维处室。负责物理安全、网络安全、主机安全、应用安全、数据安全的运行服务和维护工作,保障安全系统的正常有效运行。

2. 信息系统运维机制

信息系统运维机制主要包括以下三个方面。

(1)系统运行监控。实施对应用系统、信息资源、主机系统、网络系统、安全系统、机房系统运行状况的监控。

(2)系统运行情况报告。实行对各系统运行状况的记录和情况报告。

(3)系统运行应急处置。对各系统的运行故障实施应急处置。

(四)信息化监督机构控制

《国家政务信息化项目建设管理办法》(国办发〔2019〕57号)第二十九条规定:项目建设单位应当接受项目审批部门及有关部门的监督管理,配合做好绩效评价、审计等监督管理工作,如实提供建设项目有关资料和情况,不得拒绝、隐匿、瞒报。第三十一条规定:审计机关应当依法加强对国家政务信息系统的审计,促进专项资金使用真实、合法和高效,推动完善并监督落实相关制度政策。

信息化建设监督机构的主要控制点包括:通过监督是否促进了建设项目的优质、高效和廉洁方面的效果和效益。

（五）信息化专家机构控制

建设单位为保障信息系统建设项目的方案合理性、技术先进性，一般会组建信息化专家咨询委员会或专家组，邀请系统内、外部的相关专家，提供专家咨询服务，包括：对建设项目方案的合理性和技术先进性提供咨询服务，对应用系统架构、网络系统架构和安全系统架构的合理性和关键技术先进性提供咨询服务。

信息化专家服务资源管理的主要控制点包括：专家服务资源管理是否促进了专家咨询资源和提供咨询服务的需求满足度。

（六）信息技术服务资源控制

建设单位为开展信息系统建设项目的实施，通过招标采购，组织信息系统建设项目的设计、监理、集成、工程施工、应用研发、系统测试等信息技术企业服务资源，一方面以合同方式约定服务内容和服务机制，另一方面实行诚挚合作、互利共赢的合作机制，形成综合服务资源的优化组合和服务机制的有效实施。

信息技术企业服务资源的主要控制点包括：服务资源的优质、服务机制的持续、服务效果的良好。

二、信息化制度控制

《国家政务信息化项目建设管理办法》（国办发〔2019〕57号）第十三条明确规定："项目建设单位应确定项目实施机构和项目责任人，建立健全项目管理制度。"

信息化制度包括管理控制、应用控制、网络控制、安全控制方面的法规制度、标准规范等。

（1）管理控制制度。主要包括机构职责、建设管理、资金管理、运维管理和科研管理等方面的法规制度、标准规范等。

（2）应用控制制度。主要包括应用规划、应用能力、数据资源、应用模型、新技术应用等方面的法规制度、标准规范等。

（3）网络控制制度。主要包括网络系统、计算系统、存储系统、备份系统、机房系统等方面的法规制度、标准规范等。

（4）安全控制制度。主要包括安全防护、等级保护、风险评估、应急预案等方面的法规制度、标准规范等。

三、信息化人才控制

《国家信息化发展战略纲要》提出"全面开展国家工作人员信息化培训和考核"。

（一）信息化队伍培养规划

信息化队伍培养规划是建设单位为了保障所建系统的有效应用，制定信息化队伍培养规划并组织和监督实施的活动。培养规划主要包括培养目标、培养内容和保障措施。

（1）信息化队伍培养目标。要结合建设单位实际，明确信息系统的规划、建设、应用三支队伍的中长期培养目标。

（2）信息化队伍培养内容。要结合建设单位信息系统规划、建设、应用三支队伍的实际情况，分别提出培养内容和要求。

（3）信息化队伍培养保障措施。包括组织领导、培养条件、培养资金、激励机制等方面。

（二）信息化综合素质培养

信息化综合素质培养是指建设单位为了保障所建系统的有效应用，根据信息化队伍培养规划，对信息系统规划、建设、应用三支队伍的信息化综合素质培养的组织实施，并有效提高队伍综合素质方面的活动和效果。

（1）队伍思想观念。应当培养各类人员建立信息技术是第一生产力的重要组成部分的思想观念，建立信息化是重塑政治、经济、文化和社会发展新格局，驱动管理体制机制变革的助力器的思想意识，建立信息化进则事业进、信息化退则事业退的紧迫感。

（2）队伍专业素质。信息系统的规划、建设、应用三支队伍人员，应当精通或掌握各自的专业知识。同时，重要的是掌握分析问题和解决问题的信息化思维方式。

（3）队伍技术技能。能够把专业知识、信息化思维方式应用到信息技术实现之中。

（三）队伍建设激励机制

队伍建设激励机制是指建设单位为了保障所建系统的有效应用和信息系统组织目标的实现，采取相应的激励机制，充分调动和发挥各支队伍积极性的制度设计和制度安排。队伍建设激励机制主要包括人员使用、人员晋级等方面。

（四）信息化业务人员培训控制

部门信息化能否取得成效的关键是人，尤其是广大业务人员。对业务人员培训的重点是能够针对具体业务用信息化的思维方式和思维逻辑去分析问题，并使用计算机语言实现的技能去解决问题。

（五）信息化技术人员培训控制

部门信息化技术人员是负责信息系统建设、运行管理、故障排除的专业人员。对技术人员培训的重点：一是提高信息技术与业务深度融合度，掌握信息系统需求分析的整体思路和系统整体规划的技术技能；二是提升技术人员应用能力和综合素质，掌握某一方面的信息技术，而且能够熟悉其他相关方面的信息技术；三是不仅能够建成一套系统，而且能够发现和排除系统运行中的故障并保障其正常有效运行。

（六）信息化管理人员培训控制

部门信息化管理人员是负责信息系统战略规划、实施协调的人员，要求信息管理人员熟悉本部门、本地区业务，了解现代信息技术，精通公共管理和国家政策，并且善于以系统工程的思想方法，将信息化与实际业务结合起来。

部门信息化管理人员的培训通常是在职培训形式，包括培训班、研讨班、研修班等，一般采用集中授课、案例分析与考察学习相结合的方式。

四、组织管理控制审计

对信息系统组织管理控制的审计内容包括组织管理、制度管理和培训管理及其控制的有效性。

（一）组织管理机构控制审计

组织机构控制审计的重点是，检查建设单位组织机构管理的有效性，即组织机构的健全性、组织领导的有效性、组织实施的完整性、工作的协调性等，具体包括以下5个方面。

（1）信息化建设领导机构是否实行了"一把手"工程，是否由单位主要负责人实行总负责，实施机构、业务部门、监督机构代表是否参加了领导机构；是否建立了领导机构的职责制度，是否履行了领导信息化建设的相关职责，是否较好地发挥了领导机构统一领导信息系统建设和运维的作用。

（2）信息系统建设实施机构是否建立了相关的职责制度，是否履行了信息系统建设和运维管理的相关职责，相关实施机构之间是否做到了协调配合。

（3）监督机构是否履行了对信息系统建设和运维的全过程、全方位的监督职责，是否有效地纠正了信息系统建设和运维过程中的有关问题，是否促进了信息系统建设和运维的高效、优质和廉洁。

（4）信息化专家咨询机构或组织资源是否履行了对信息系统建设和运维的技术咨询支持服务的职责，在提供系统总体规划设计和应用、网络、安全系统的技术咨询服务方面是否较好地发挥了作用。

（5）建设项目对于信息系统设计、监理、集成、工程施工、应用研发、系统测试等各类信息技术企业服务资源的组织和管理是否有序，是否有效地发挥了各类信息技术企业服务资源的作用。

（二）信息化制度控制审计

制度标准控制审计的重点是，检查建设单位的信息系统各项管理制度、标准规范、设计规范和操作规程建立的完整性、执行的有效性，具体包括以下4个方面。

（1）管理制度是否建立了工程建设管理、系统运维管理、工程科研管理等方面的制度；能否实施对立项、招投标、项目实施、项目验收、项目移交，以及项目预算执行、财务管理与会计核算、工程预算、资产管理等方面的全过程管理控制；能否实施对系统应用服务、系统运行服务、服务队伍建设、服务机制建设、服务经费保障等方面的全过程控制。

（2）标准规范是否结合建设项目实际需要建立健全，建立的数据标准能否支持构建信息资源目录体系和交换体系、数据元素和基础数据表规划、数据交换接口规划等；建立的数据分析模型标准能否实施模型构建、模型运用和结果展示。

（3）设计规范是否结合建设项目实际需要，制定了应用系统、信息资源和数据库设计、主机系统、网络系统、安全系统、机房系统等方面的设计规范；是否充分发挥了各类设计规范对于信息系统设计的指导作用。

（4）操作规程是否结合建设项目实际需要建立健全，是否建立了软件操作规程、软件配置规程、工程实施规程、项目验收规程等，能够有效地支持信息系统操作规范和作业规范。

（三）信息化培训控制审计

信息化培训控制审计的重点是，检查建设单位的信息化队伍培养规划的制定和落实、信息化队伍综合素质的培养和实效、队伍建设激励机制的建立和实效等，具体包括以下3个方面。

（1）信息化队伍培养规划是否明确了信息系统的规划、建设和运维、应用三支队伍的中长期培养目标。

（2）信息化综合素质培养是否促进了三支队伍的思想观念、专业素质和技术技能的综合提升，信息化队伍素质是否满足建设单位信息化规划、建设和运维、系统应用的实际需要。

（3）队伍建设激励机制是否促进了人员使用激励机制和人员晋级激励机制的建立和执行，是否促进了三支队伍积极性的有效提升。

本节思考题

1. 信息系统组织管理控制的目标和内容是什么？
2. 组织机构管理有哪些主要控制点？
3. 信息系统管理制度的主要内容和控制点是什么？
4. 信息化领导机构的职责是什么？
5. 信息化运维机构有哪些任务？
6. 为什么需要设立信息化监督机构？
7. 信息化培训的目标是什么？
8. 组织机构控制审计的重点有哪些？
9. 制度标准控制审计的重点有哪些？
10. 信息化培训控制审计的重点有哪些？

第二节　项目立项控制审计

项目立项控制是信息系统建设、运维单位为保障项目立项的符合性和有效性，按照国家和行业的规章制度和标准规范，加强项目立项的发展规划、需求分析、立项报告控制，使项目立项具有可靠性、安全性和经济性。

项目立项控制审计是信息系统审计服务单位按照国家和行业的规章制度和标准规范，对项目立项的发展规划、需求分析、立项报告控制的符合性和有效性进行检查监督，提出审计意见和建议，保障项目立项具有符合性和有效性，保障信息系统的可靠性、安全性和经济性。

一、信息化建设发展规划控制

《国家政务信息化项目建设管理办法》（国办发〔2019〕57号）提出：国家发展改革委会同有关部门根据信息化发展规律和政务信息化建设特点，统筹考虑并充分论证各部门建设需求，编制国家政务信息化建设规划并报国务院批准后实施；各有关部门编制规划涉及政务信息化建设的，应当与国家政务信息化建设规划进行衔接。

国家信息化中长期发展规划是建设单位信息化发展的纲领性文件,国家关于信息化建设的思路和原则,是建设单位制定信息化中长期发展规划的重要指导思想,决定建设单位一个时期信息化发展的目标和主要任务。因此,信息化中长期发展规划是信息系统管理控制的重要内容。

(一)国家信息化发展规划的控制

国家发展改革委《关于加强和完善国家电子政务工程建设管理的意见》(发改高技〔2013〕266号)关于电子政务项目建设的思路和原则提出如下要求。

(1)电子政务建设思路要实现三个转变。一是在建设目标上,要从过去注重业务流程电子化、提高办公效率,向更加注重支撑部门履行职能、提高政务效能、有效解决社会问题转变;二是在建设方式上,要从部门独立建设、自成体系,向跨部门、跨区域的协同互动和资源共享转变;三是在系统模式上,要从粗放离散的模式,向集约整合的模式转变,确保电子政务项目的可持续发展。

(2)电子政务项目建设要坚持三个原则。一是解决社会问题的原则,电子政务项目建设内容的确定,要以解决广大人民群众最关心最直接最现实的利益问题为出发点,以服务公众为落脚点,加快促进政府职能转变;二是提升政务部门信息能力的原则,要充分利用信息化手段,提升政务部门宏观调控、市场调节、社会管理和公共服务的能力,切实发挥电子政务支撑政务部门履行职能的作用;三是注重顶层设计的原则,要推进部门间的互联互通、业务协同和信息共享,发挥电子政务项目促进多部门协同解决经济社会问题的作用,避免重复投资、重复建设,发挥投资效益。

对于项目建设实施,《关于加强和完善国家电子政务工程建设管理的意见》提出如下要求。

(1)落实电子政务项目建设的责任机制。项目建设部门的"一把手",应按照"三个转变"的建设思路,强化责任机制,有效落实顶层设计的思想,强化需求分析工作的指导,推动业务流程优化和业务模式创新,促进部门内部和部门之间的信息共享和业务协同,加强电子政务项目全过程的统筹指导,切实保障电子政务项目的建设实效。

(2)加强电子政务项目跨部门统筹协调。涉及多部门建设的电子政务项目,应建立跨部门统筹协调机制。项目牵头部门应会同共建部门,明确具体建设任务,确定部门间的业务协同关系和信息共享需求,落实共建部门的建设范围和责任义务。项目建成后,应进一步完善跨部门的共享共用机制,保障部门间的业务协同和信息共享,切实提高投资效益。

(二)部门信息化发展规划的控制

部门信息化发展规划是本部门信息化中长期和年度发展目标、建设原则、建设任务和保障措施等内容的纲领性文件,部门信息化发展规划控制是组织编制规划的活动过程。部门信息化发展规划的结构主要包括:指导思想、总体目标、建设原则、主要任务、保障措施。

部门信息化发展规划的主要控制点包括:发展规划的总体目标和指导思想与国家规划方向、本部门职责的符合性,主要任务的需求符合性及可实施性,信息化发展的前瞻性,发展规划保障措施的有效性,以及发展规划的贯彻落实情况等。

1. 信息化规划总体目标

依据建设单位职责,确定信息化长期发展战略,中期发展目标,并提出相关定性和定量的考核指标。

2. 信息化规划主要任务

信息化规划主要任务是中长期发展规划的重点,一般包括:

(1)关于信息资源建设的任务;

(2)关于应用系统建设的任务;

(3)关于网络系统建设的任务;

(4)关于信息安全建设的任务;

(5)关于信息化组织方式和发展方式的任务;

(6)关于信息化队伍建设的任务。

3. 信息化规划保障措施

信息化规划保障措施是落实主要任务、实现总体目标的保障条件,一般包括以下4个方面。

(1)组织领导保障措施,包括组建信息化建设领导小组和相关实施机构,实行信息化"一把手"工程等。

(2)信息系统建设内容的保障机制,包括业务部门、管理部门、技术部门、监督部门的通力合作机制等。

(3)队伍综合素质培养。

(4)信息化建设和运维资金的保障等。

二、信息化项目需求分析控制

国家发展改革委《关于进一步加强国家电子政务工程建设项目管理工作的通知》(发改高技〔2008〕2544号)要求"新申请立项的电子政务项目,其项目建设部门应在项目建议书编制阶段,组织专业力量开展电子政务需求分析工作,形成的需求分析报告由项目建设部门送国家发展改革委组织专家组进行评议"。《关于加强和完善国家电子政务工程建设管理的意见》(发改高技〔2013〕266号)要求"强化电子政务项目需求分析工作,注重需求分析工作的基础性、适用性和指导性"。

信息化项目的立项需求分析,需要在发展规划指导下,进行建设项目的具体需求分析,包括组织履职面临的问题及其问题根源和症结分析、为解决问题确定的组织目标和考核指标分析、为实现目标确定启动的信息化业务及其业务模型分析,以及业务模型类型影响的信息系统技术架构和业务模型要素影响的信息系统功能性能、业务模型产生的数据存储量、数据处理量、数据传输量等方面的分析。

(一)信息化项目需求分析社会问题的控制

建设项目需求分析是指信息系统建设单位为履行法定组织职责,解决组织履职面临的问题,对采用信息化方式的相关业务进行业务模型及要素分析,从而确定信息系统的功能和性能需求的分析活动。

需求分析的程序包括六个步骤,即组织职责分析、组织履职面临的问题分析、问题根源和症结分析、解决问题的组织目标和信息化目标及考核指标分析、信息化业务需求分析、对信息系统功能和性能需求分析。需求分析流程和内容如图2-1所示。

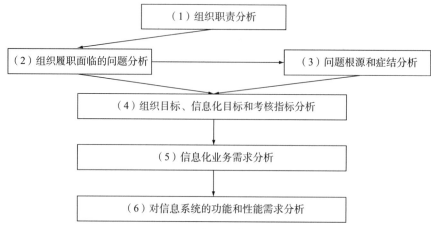

图2-1　需求分析流程和内容

建设项目需求分析的主要控制点包括:组织履职面临问题和问题根源症结的分析结果是否抓住了当前组织履职面临的最主要、急需的、可信息化的问题;组织目标、信息化目标和考核指标的分析结果是否具有促进组织目标实现的可行性,考核指标是否可量化、可考核;信息化业务需求的分析结果是否结合了问题分析中信息化能力不足的关键业务;业务模型分析、模型要素分析及对信息系统功能和性能的分析结果是否反映、符合信息化业务的实际需求。

1. 组织职责分析

任何一个组织都有其特定的职责。政府部门的职责由政府组建该部门时定机构、定职责、定编制(三定)确定。企业职责则由企业登记时的经营范围和国家相关管理部门确定。

2. 组织履职面临的问题分析

组织在履行其职责的过程中,遇到与其履职对象相关的问题。国家政务部门需要分析在履行法定职责过程中面临的相关社会问题,重点反映建设服务型、责任型、效益型、廉洁型政府方面的相关社会问题。企业则要分析提高社会责任和投资效益方面的相关问题。

3. 问题根源和症结分析

需求分析中的问题根源在于组织履职的主体和组织履职对象的客体两个方面。例如,经济活动领域中的社会问题,既有经济活动单位的问题,也有经济活动监管方面的问题。需求分析中的问题症结,主要是研究组织履职主体在经济活动监管尤其是监管信息化能力方面的问题,并由此引出信息系统组织目标、业务需求等。

4. 组织目标和考核指标分析

组织目标是指建设单位通过信息系统的建设和运用,有效地改善组织履职面临的问题,实现组织的履职目标。信息化目标是指为实现组织目标而采取的信息化方式和技术支持的目标。考核指标是指细化的组织目标和信息化目标的各类定性和定量指标。

5. 信息化业务需求分析

实现组织改善履职面临问题的目标,在于提升相关业务的信息化能力不足。研究业务信息化需求,主要是研究不同组织履职的不同类型业务及其信息化需求,研究业务实施的业务逻辑、业务流程、业务信息、业务处理、业务性能、业务部署等业务要素及其信息化需求。

6. 信息系统功能和性能分析

通过业务需求分析,可以构建业务模型。不同组织履职业务类型形成不同业务模型的类型。

实施业务的业务逻辑、业务流程、业务信息、业务处理、业务性能、业务部署等业务特征需求构成业务模型的要素。不同的业务模型类型和业务模型要素,会对信息系统的架构、功能和性能产生重要影响。

7. 需求分析的分段实施

应在建设项目立项各阶段有重点、渐进地实施需求分析。在项目建议书阶段,重点完成组织职责分析、组织履职面临的问题分析、问题根源和症结分析、业务需求分析、组织目标和考核指标分析,为建设项目的必要性提供支持;在项目可行性研究阶段,除细化上述内容外,重点进行信息系统功能和性能分析,比选论证建设方案,为建设项目的可行性提供支持;在初步设计方案和投资概算阶段,进一步细化上述内容,重点进行技术方案和数据治理分析,为建设项目的初步设计方案、软硬件配置和投资概算等可实施性提供支持。

(二)需求分析业务模型的控制

业务需求分析包括业务模型、业务功能、业务性能。

1. 业务模型

业务模型是对信息系统承载业务的逻辑和流程等要素的描述。不同组织的履职业务或同一组织中的不同履职业务,具有不同的业务逻辑和业务流程。不同业务逻辑和业务流程,构成业务模型类型。

2. 业务模型类型

业务模型类型包括两层含义。

(1)业务视角下,按组织的职责分类,包括政务部门的事务处理类、为民服务类、监测监管类、社会管理类、应急处置类、行政执法类等;企业的销售业务类、供应业务类、生产业务类、财务管理类、人力资源类、经营组织类、企业决策类等。

(2)信息化视角下,同一业务类型中包括业务、管理和决策等共性业务类型。信息系统规划设计时,需要将不同业务模型类型中的业务、管理和决策需求进行二次功能归集,形成包括各类业务模型类型的业务、管理和决策的功能系统,实现信息系统的集约化设计。

(三)业务模型类型对系统设计的影响

不同的业务模型类型会对信息系统体系架构产生不同的影响。例如,政务部门的业务模型为民服务类业务,包括公民健康、社会保障、文化教育等。以社会保险为例,其业务逻辑是社保机构、受保人之间的社会保险业务关系。业务流程是社保机构提供征缴服务,受保人履行缴纳义务并按规定享受社保权利,社保机构管理社保基金的发放和结存资金的管理。信息系统架构的特征是,构建社保机构和受保人之间的社保业务办理关系和业务流程控制的系统架构。

同理,事务处理类业务包括机关事务、统计事务、公文事务、档案事务、后勤事务等,其信息系统架构的特征是,构建基于组织内部实体之间的相关事务办理关系和业务流程控制的系统架构。监测监管类业务包括安全生产监管、食品药品安全监管、市场价格监管、金融监管等,其系统架构的特征是构建基于监管机构和监管对象之间的监管交互关系和业务流程控制的系统架构。社会管理类业务包括市场监管、公安、环境保护等,其系统架构的特征是,构建基于主管部门、主管部门与相关部门之间和管理(服务)对象的业务办理关系和业务流程控制的系统架构。应急处置类业务包括社会维稳处置、重大灾害处置、灾后救助处置等,其系统架构的特征是,构建基于应急主管部门为主、相关部门和社会资源配合的应急响应、快速处置、事后总结的业务逻辑和业务流程控制的系统架构。行政执法类业务包括行政许可、行政监察、行政处罚、行政裁决、行政强制、审计等,其系统架构的特征是,构建行政执法主体对公民、法人或其他组织违规行为的调查取证、依法处理、执法公示、全程记录、重大执法决定法制审核、复议的业务逻辑和业务流程控制的系统架构。

　　除了业务模型类型对系统架构的影响外,还要考虑系统的体系架构应当对组织履职涉及的不同业务模型类型的业务、管理和决策的整体化架构规划和设计。以人力资源和社会保障部门为例,至少涉及三类业务模型,即机关事务、统计、公文等事务处理类,养老保险、医疗保险等社会保障为民服务类,人口发展、失业控制等监测监管类。因此,应当进行二次功能归集,按照整体化控制要求,构建集约化、一体化的信息系统架构,以信息系统的整体性和可持续发展性确保实现组织的中长期发展目标。

(四)业务模型要素对系统设计的影响

1. 业务模型要素

业务模型要素包括业务逻辑、业务流程、业务信息、业务处理、业务性能、业务部署等。同一业务模型包含各类业务要素,不同的业务要素对信息系统的架构、功能和性能会产生不同的影响。

2. 业务模型要素对系统设计影响

(1)业务逻辑要素对系统影响

业务逻辑要素是业务实体之间有序、约束的业务关系的需求描述。例如,养老保险跨区转移接续业务模型,其业务逻辑是受保人的业务关系从A城市到A省、到中央,再到B省、B城市的业务转移接续逻辑。业务逻辑要素影响信息系统的应用系统、信息资源、网络系统和安全系统的逻辑架构。

(2)业务流程要素对系统影响

业务流程要素是业务逻辑中的业务流、信息流、资金流、物质流的需求描述。例如,养老保险跨区转移接续业务模型的业务流程,涉及社保机构对受保人保险基金的征缴、发放、结存管理流程,涉及受保人业务在A城市的转出、省和中央的转移登记和认证、目的地B城市的转入等流程。业务流程要素影响信息系统的应用流程、信息资源流程、网络通信流程、信息流转的安全防护等流程架构和功能性能。

(3)业务信息要素对系统影响

业务信息要素是业务流程中的实体信息、业务信息、资金信息,以及系统内外部信息共享和业务协同的信息量、存储量、传输量等的需求描述。例如,养老保险跨区域转移接续业务模型的业务信息,涉及社保机构和受保人的实体信息、养老保险基金征缴和发放信息、业务转移接续信息等。业务信息要素影响信息资源目录体系、元数据、主数据、基础数据及其信息资源技术架构,信息交换的交换接口、交换功能和交换性能,信息量则影响存储处理系统的信息容量配置,传输量则影响网络通信传输带宽等。

(4)业务处理要素对系统影响

业务处理要素是业务信息的输入(采集、交换)、处理(计算、汇总、分析等)、输出等业务需求的需求描述。例如,养老保险跨区域转移接续业务模型的业务处理,涉及转出地社保机构对受保人转出业务的信息处理、省和中央社保机构的转移信息确认处理、转入地社保机构对受保人转入业务的信息处理。业务处理要素影响应用系统的数据处理功能、共享协同功能和应用支撑平台功能组件等。

（5）业务部署要素对系统影响

业务部署要素是业务系统在组织本级、所辖机构及其他相关组织中部署应用的需求描述。例如，养老保险跨区域转移接续业务模型的业务部署，涉及在A城市、A省、中央、B省、B城市的系统部署，以及受保人业务终端的系统部署。业务部署要素影响应用系统、信息资源、网络系统和安全系统的部署格局。

系统规划设计时，除了要考虑上述业务模型要素对信息系统的影响外，还应当将这些要素特征，按照用信息资源的最小投入、获取信息资源的最大产出的集约化思路和原则，进行系统架构的规划、设计，配置相应的系统功能和性能，构建集约化的信息系统。

业务模型及其各要素对信息系统各组成部分的影响参见表2-1。

表2-1　业务模型及其各要素对信息系统各组成部分的影响

业务模型要素	对信息系统架构、功能和性能的控制性影响		
	应用功能和性能	网络功能和性能	安全功能和性能
业务模型类型	影响信息系统的业务特征总体架构		
业务模型要素影响	按照信息资源的投入最小、获取信息资源的最大产出的集约化的思路和原则，构建信息系统并促使其持续发展		
业务逻辑	应用系统和信息资源的逻辑架构	网络系统、存储处理系统、机房系统的逻辑架构	安全系统的逻辑架构
业务流程	应用系统流程；信息资源流程	网络通信流程	信息流转的安全域设计和业务流程的安全策略
业务信息	信息资源标准化；信息共享和业务协同	存储处理容量配置	数据存储处理安全防护
业务处理	应用系统数据输入、处理和输出功能；支撑平台组件配置	存储处理的访问相应功能	保障业务处理的安全防护
业务性能	应用业务处理性能配置；应用软件和系统软件性能配置	网络通信带宽和流量控制等性能配置；主机系统性能配置	保障业务性能的安全防护
业务部署	应用系统共享交换功能配置；信息资源标准化配置	网络结构互联互通配置；主机系统配置；机房系统配置	业务部署的安全防护

（五）需求分析数据量的控制

1. 数据存储量控制

数据存储需求量是指一个单位的业务、管理、共享、开放等各类应用所需的和产生的数据的总体设备存储需求量。数据存储需求量的估算主要受下列因素影响：业务应用所需业务主数据（字典信息、参数信息、应用服务信息）及其年度增长率、业务应用所需业务交易流水信息及其年度增长率、其他业务相关信息及其年度增长率、系统生命周期、业务增长估算模型和系统备份与恢复模型(持续性计划)。这些信息是计算数据存储需求量的基础信息。

根据上述基础信息进行数据存储需求量计算时,应计算三类数据(业务应用所需的业务主数据和业务交易流水数据、其他业务相关信息)在项目生命周期末时,预计可达到的数据量,加上为满足系统正常运行而保留的必要的系统数据量冗余(依赖系统存储效率,通常受系统最小存储块和索引机制影响,数据库系统尤其是数据仓库、大数据系统的冗余量成倍增长),加上系统备份或恢复所需存储量,得到数据存储需求量。

2. 数据处理量及性能控制

数据处理性能要素是指业务处理在单位时间内的计算机响应速度,包括对数据输入、处理和输出中的交易处理、计算处理、会话处理、请求响应的信息系统响应性能的需求描述。性能要素影响信息系统的应用系统、系统软件、主机系统、网络系统的数据输入、处理和输出功能的技术性能。

(1)常规数据处理量和性能控制

交易处理:一般以联机事务处理(OLTP)性能测试来反映特定存储系统的交易处理能力。通常控制点有交易吞吐量(单位时间交易处理量)是否符合系统设计要求;交易饱合度(年度/月度内达到交易吞吐量上限)是否影响实际业务处理;平均交易处理时间和平均交易等待时间是否影响系统业务目标实现等。

计算处理能力:指存储系统的带宽,是存储系统的一个重要指标,通常采用每秒传输数据的多少来表示。除带宽外,还要看IOPS性能,因为IOPS反映了较小数据非连续读写的计算处理能力。计算处理能力控制点包括两个方面,一是系统处理计算的能力,通常由存储处理系统的CPU、内存、总线频率、缓存等因素综合决定;二是系统处理存储访问能力,通常由存储系统的技术路线、存储部件物理访问带宽和速度、存储处理缓存机制等因素综合决定。

会话处理能力:是体现存储系统性能的一个重要指标,主要反映存储系统应对不同客户请求的能力,通常采用并发连接数来衡量。对存储系统进行的一次数据请求,称其为一个"会话",存储系统同时承担的会话次数称为会话并发数量,即系统的会话处理能力。存储系统也可以利用缓存和队列技术提供超出系统物理处理能力的会话能力,但这时的会话处理会有一定延迟。因此会话处理能力的控制点包括并发连接数、平均会话处理时延、最长会话等待时延等控制点。

请求响应能力:主要反映存储处理系统的响应延迟,指从某个请求发出到接收到返回结果消耗的时间,通常用平均延时或者99.9%以上请求的最大延时来衡量。

并行处理:是计算机系统中能同时执行两个或更多个处理机的一种计算方法。

(2)大数据存储处理量和性能控制

大数据处理:大数据存储处理性能控制点主要涉及三个方面。一是大数据的正确理解与表达,即数据的电子化和数据化。大数据的来源渠道多种多样,其表达形式往往不尽一致,既有以文本、数值形式表达数据含义的数据,也有以图片(像)、声音形式表达的数据,数据格式的不一致无法在计算机系统中使用。在大数据处理中,将外部世界各种信息采集并以电子形式存储到计算机系统中称为电子化,而将这些不同形式的信息以相对标准化的数据形式转换成计算机系统能够理解的数据称作数据化。合理设置大数据采集与处理环节,完成大数据的电子化与数据化处理,是大数据存储处理的基石。二是大数据的及时收集与标准化。现实世界中的大数据不停、快速更新变化,而越是时间距离近的数据对于实时展示或预测分析的影响越大,因此及时收集这些增量更新的大数据信息,并进行标准化的归集,是影响大数据存储处理实质性能的第二个重要控制点。三是大数据分析技术控制点,主要体现为大数据处理的效率。通常该控制点在技术实现上,以数据存储处理的并发性和大数据分析软件结构的效率决定。由于大数据的规模动则达到P级,目前的技术处理往往会采取存储网络和专门的大数据处理系统,如Hadoop分布式集群操作系统,利用类似MapReduce技术进行分析工作流的分配与结果归并。合理综合利用上述技术,是实现大数据处理效率的关键。

3. 数据传输量控制

数据传输量是指不同业务在局域网、城域网和广域网等不同场景的业务数据传输的需求。

局域网的交互能力需求分析:局域网上的业务数据传输对交换机端口数量和网络带宽要求。

城域网、广域网的交互能力需求分析:城域网、广域网的业务数据传输对交换机、路由器端口数量和网络带宽要求。

根据对局域网传输、城域网传输、广域网传输等不同场景的分析,结合不同业务的实际需求,提出不同场景、不同应用在不同电路上的数据传输需求量,为网络带宽设计提供数据依据。

三、信息化项目立项报告控制

《中央预算内直接投资项目管理办法》(发改委2014年第7号令)第三条规定,直接投资项目实行审批制,包括审批项目建议书、可行性研究报告、初步设计。

《国家政务信息化项目建设管理办法》第七条要求:国家发展改革委审批或者核报国务院审批的政务信息化项目,以及其他有关部门按照项目审批管理的政务信息化项目,原则上包括编报项目建议书、可行性研究报告、初步设计方案等环节。对于已经纳入国家政务信息化建设规划的项目,可以直接编报可行性研究报告。对于党中央、国务院有明确要求,或者涉及国家重大战略、国家安全等特殊原因,情况紧急,且前期工作深度达到规定要求的项目,可以直接编报项目可行性研究报告、初步设计方案和投资概算。

《国家政务信息化项目建设管理办法》规定了国家政务信息化项目的通常立项环节,以及已经纳入国家规划和特殊情况的处理方式。

建设项目立项报告编制控制是指建设单位依据国家相关规定组织立项阶段各类报告的编制和报告申报程序过程进行必要性、可行性、充分性和合规性控制的活动。建设项目立项报告编制的主要控制点包括:立项报告编制是否促进了立项报告的必要性、可行性、充分性和合规性。

关于项目建议书、可行性研究报告、初步设计方案等立项报告的编制大纲,目前仍可参照早先发布的《国家电子政务工程建设项目管理暂行办法》(国家发展和改革委员会令第55号)。

(一)信息化项目建议书的必要性控制

《中央预算内直接投资项目管理办法》第十条规定:项目建议书要对项目建设的必要性、主要建设内容、拟建地点、拟建规模、投资匡算、资金筹措以及社会效益和经济效益等进行初步分析,并附相关文件资料。项目建议书的编制格式、内容和深度应当达到规定要求。由国家发展改革委负责审批的项目,其项目建议书应当由具备相应资质的甲级工程咨询机构编制。

信息化项目建议书(或立项报告)是对项目的轮廓性设想,主要从项目建设的必要性方面论述,对拟建项目从面临问题、解决途径、需求分析、系统目标、规划布局、系统规模、系统功能、建设内容、投资概算、经济和社会影响等方面进行综合论证,分析项目建设的可能性。

　　1. 立项报告的编制章节

　　立项报告一般包括6个章节,即项目概述、需求分析、建设方案、项目建设与运行管理、投资(概)估算、项目效益和风险分析。

　　建设项目在项目建议书、可行性研究报告、初步设计方案中应对如下需求分析内容逐步深化。

　　(1)与政务职能相关的社会问题和政务目标分析,即分析政务部门履职面临的社会问题、解决这些问题的信息化能力不足的根源、为解决和改善这些问题的组织目标、以及保障实现组织目标的信息化目标和指标。

　　(2)业务逻辑和业务流程分析,即为实现组织目标和信息化目标及指标而启动的信息化业务,分析这些业务的逻辑关系、业务流程等需求。

　　(3)信息量分析,包括信息存储量、信息处理量、信息传输量等需求。

　　(4)系统功能和性能需求分析,即为实现这些业务的信息化和信息量的存储、处理和传输量,应当构建什么样的信息系统功能,以及这些功能的技术性能。

　　2. 信息系统项目建设方案

　　建设方案一般包括如下结构:建设目标和内容、系统技术架构、标准规范、信息资源、应用系统、主机系统、网络系统、安全系统、其他系统、机房设施、软硬件配置清单,以及机房工程。建设方案编制的控制点在于按照建设目标和建设内容,进行整体技术架构的设计和论证,依据业务信息化需求编制标准规范,规划信息资源和应用系统,进行网络和安全等系统的规划设计。

　　3. 信息系统项目投资估算

　　按照建设方案规划设计的各大系统,提出各类软硬件的数量和性能配置,并根据相关的资金测算标准和方法,估算信息系统建设项目的投资。投资估算的控制点在于要符合需求分析、技术设计、软硬件配置、投资估算的逻辑关系。

　　4. 信息系统项目效益分析

　　作为政务信息化建设项目,其效益的核心在于是否推进了需求分析提出的改善社会问题的政务目标实现,并产生相应的经济效益。

(二)信息化项目可行性研究报告的可行性控制

　　项目可行性研究报告是在前一阶段项目建议书的基础上,主要对拟建项目的技术、管理、投资等方面进行精确系统设计、完备无遗分析,是对技术的先进性和适应性、投资的合理性以及建设条件的可能性和可行性等方面进行科学论证,对项目建设方案、技术方案、设备配置、组织管理、人员能力、运行维护方式、实施计划及风险等内容进行详细分析,并对项目建成以后可能取得的经济效益及社会影响进行预测,选定最佳方案。可行性研究报告应有分析、论证及必要的方案比较,并有明确的结论和意见,文字简明扼要,图表完整清晰。

　　可行性研究报告应依据经批准或审查的上级部门信息化建设规划、相关规划、立项批复文件等进行编制。

　　1. 可行性研究报告的章节要求

　　可行性研究报告的大纲通常如下。

第一章　项目概述

第二章　项目建设单位概况

第三章　需求分析和项目建设的必要性

第四章　总体建设方案

第五章　本期项目建设方案

第六章　信息资源共享分析

第七章　项目招标方案

第八章　环保、消防、职业安全、卫生和节能

第九章　项目组织机构和人员培训

第十章　项目实施进度

第十一章　投资估算和资金来源

第十二章　效益与评价指标分析

第十三章　项目风险与风险管理

附表、附件

2. 可行性研究报告的内容要求

(1)信息资源共享分析篇(章)内容要求。

《国家政务信息化项目建设管理办法》第十一条对可行性研究报告中的"信息资源共享"作出了专门规定:可行性研究报告、初步设计方案应当包括信息资源共享分析篇(章)。咨询评估单位的评估报告应当包括对信息资源共享分析篇(章)的评估意见。审批部门的批复文件或者上报国务院的请示文件应当包括对信息资源共享分析篇(章)的意见。

据此,项目建设单位应当编制信息资源目录,建立信息共享长效机制和共享信息使用情况反馈机制,确保信息资源共享。信息资源目录是审批政务信息化项目的必备条件。信息资源共享的范围、程度及网络安全情况是确定项目建设投资、运行维护经费和验收的重要依据。

按照编写信息资源目录要求,应当编写信息资源业务目录、共享目录、开放目录。业务目录是指满足部门各类应用的数据资源集合。共享目录是指满足政务部门之间信息共享的数据资源集合。开放目录是指政务部门向社会公众开放的数据资源集合。

(2)跨部门共建共享项目的工程框架。

《国家政务信息化项目建设管理办法》要求:跨部门共建共享的政务信息化项目,由牵头部门会同参建部门共同开展跨部门工程框架设计,形成统一框架方案后联合报国家发展改革委。框架方案要确定工程的参建部门、建设目标、主体内容,明确各部门项目与总体工程的业务流、数据流及系统接口,初步形成数据目录,确保各部门建设内容无重复交叉,实现共建共享要求。框架方案确定后,各部门按照项目管理要求申请建设本部门参建内容。

各有关部门对于需要地方共享协同的政务信息化项目,应当按照统筹规划、分级审批、分级建设、共享协同的原则建设,并加强与地方已有项目的衔接。项目建设单位应当加强对地方的指导,统筹制定信息共享、业务协同的总体要求和标准规范。地方项目建设单位应当根据项目的总体目标、整体框架、建设任务、绩效目标及指标等,按照本地有关规定开展项目审批建设工作,并做好与国家有关项目建设单位的衔接配合。

(3)节能评估、规划选址、用地预审、环境影响评价等要求。

国家政务信息化项目原则上不再进行节能评估、规划选址、用地预审、环境影响评价等审批，涉及新建土建工程、高耗能项目的除外。因此，可考虑将原来的环保、消防、职业安全和卫生章与节能章合并。

（4）信息化项目的信息系统目录要求。

《国家政务信息化项目建设管理办法》第十二条：各部门所有新建政务信息化项目，均应当在全国投资项目在线审批监管平台政务信息化项目管理子平台（以下简称管理平台）报批或者备案。所有中央本级政务信息系统应当全口径纳入管理平台进行统一管理。各部门应当在管理平台及时更新本部门政务信息系统目录。管理平台汇总形成国家政务信息系统总目录。这里涉及两个问题：

①部门政务信息系统目录。所有中央本级政务信息系统应当全口径纳入管理平台进行统一管理。各部门应当在管理平台及时更新本部门政务信息系统目录。新建政务信息化项目，均应当在全国投资项目在线审批监管平台政务信息化项目管理子平台报批或者备案。应当在管理平台及时更新本部门政务信息系统目录。

②国家政务信息系统总目录。全国投资项目在线审批监管平台政务信息化项目管理子平台对各部门的报批或者备案实行统一管理，汇总形成国家政务信息系统总目录。

（5）自行审批项目的备案及附件要求。

《国家政务信息化项目建设管理办法》第九条规定：除国家发展改革委审批或者核报国务院审批的外，其他有关部门自行审批新建、改建、扩建，以及通过政府购买服务方式产生的国家政务信息化项目，应当按规定履行审批程序并向国家发展改革委备案。

①备案文件的项目要求。上述"其他有关部门自行审批新建、改建、扩建，以及通过政府购买服务方式产生的国家政务信息化项目"，可参照《中央预算内直接投资项目管理办法》（2014年第7号令）执行：第四条申请安排中央预算内投资3000万元及以上的项目，以及需要跨地区、跨部门、跨领域统筹的项目，由国家发展改革委审批或者由国家发展改革委委托中央有关部门审批；其余项目按照隶属关系，由中央有关部门审批后抄送国家发展改革委。

②备案文件的内容要求，包括项目名称、建设单位、审批部门、绩效目标及绩效指标、投资额度、运行维护经费、经费渠道、信息资源目录、信息共享开放、应用系统、等级保护或分级保护备案情况、密码应用方案和密码应用安全性评估报告等内容，其中改建、扩建项目还需提交前期项目第三方后评价报告。

（6）可行性研究报告内容的深度应符合以下要求：

①通过对现状的分析，论证项目建设的必要性和可行性；

②深化需求，确定项目的建设目标、建设范围、建设任务、建设原则和技术路线；

③通过对方案的细化及综合比选论证，确定项目建设方案；

④明确项目实施计划，确定建设管理和运行维护管理方案；

⑤细化项目投资估算，明确资金筹措方案，提出资金使用计划；

⑥通过定量或定性的方式深化项目的经济效益和社会效益分析；

⑦从技术、经济、管理、社会条件、环保、节能等方面论证项目建设方案的可行性。

可行性研究报告编制时使用的基本术语应参照有关国家标准、行业标准、国际标准及国际、国内的惯用术语。可行性研究报告中的各类数据流程图、程序流程图、系统流程图、网络拓扑图、系统资源图和计算机系统配置图等图形表示方式及符号应符合 GB/T 1526、GB/T 13502 和 GB/T 14085 等国家标准的规定。

涉及保密内容的可行性研究报告的编制、印刷、传送、使用和保存等,应符合《中华人民共和国保守国家秘密法》与有关规定,并须明确标注保密等级。

(三)信息化项目初步设计的细化控制

初步设计是在可行性研究的基础上进一步细化各分部工程,是施工图设计和施工组织设计的基础。初步设计应在批准的可行性研究报告(或项目建议书)的基础上,遵循国家相关政策法规,按照有关标准、规范进行编制。初步设计是进行项目建设及验收的重要依据。编制初步设计时,应认真进行调查和研究,取得可靠的基本资料。设计应安全可靠,技术先进,密切结合实际,节约投资,注重经济效益。

初步设计的主要内容深度应符合下列要求。

(1)详细描述项目需求、项目建设目标与任务,明确业务处理流程、数据结构与流程、功能和性能需求。

(2)根据项目需求分析,明确初步设计对象及内容,设计系统的总体架构。

(3)根据项目的内容组成和技术特点,进行系统划分,并对各组成部分进行设计。

(4)根据系统设计,确定系统集成方案,明确项目的招标方案。

(5)提出项目建设与运行管理方案。

(6)编制初步设计概算和实施计划,列出概算汇总表和各单项工程费用明细表,说明经费来源,制订资金使用计划等。

初步设计概算原则上不能超过可行性研究报告阶段批复投资估算的10%。初步设计概算经有关部门审批后,作为控制项目总投资的重要依据。

四、信息化项目立项控制审计

信息化项目立项控制的审计目标是保障信息系统可靠性和经济性的有效性。审计内容是检查实现信息系统的预期目标、主要任务、保障措施对系统建设运行的满足度,检查投资估算的合理性、合规性,检查对国家和行业相关法律法规和规章制度的合规性等。

(一)信息化发展规划控制审计

发展规划控制的审计重点:一是检查建设单位信息化发展规划的目标、内容和措施等与国家规划方向、与本部门职责的符合性,即信息化发展规划是否具有明确的战略前瞻性和目标性,是否明确了中长期的建设内容并具有可实施性,是否明确了相关的保障措施并予以落实;二是检查对立项报告的支持度。

(二)信息化项目需求分析控制审计

项目需求分析控制审计的要点是检查建设单位的项目需求分析、业务模型类型分析、业务模型要素及其对信息系统技术架构、功能和性能的影响分析等方面的规范性、合理性和有效性;检查需求分析是否进行了职责分析、履职问题分析、问题根源和症结分析、组织目标和考核指标分析等,是否可对信息系统建设项目立项的体系架构和功能性能技术设计提供有效支持。

(1)是否结合本单位职责及其与信息化相关的主要职责进行了职责分析。

(2)是否结合本单位职责履行进行了与信息化相关的主要问题的逐项分析。

(3)是否结合组织履职面临问题进行了与信息化相关的问题根源和症结的梳理与分析,提出组织在信息化能力方面的不足。

(4)是否结合信息化能力的不足提出组织的政务目标和信息化目标,并将组织目标细化为定性和定量相结合的考核指标。

(5)是否结合组织的信息化目标和考核指标,研究确定与之相关的信息化业务、业务模型及其模型类型、模型要素的分析。

(6)是否结合确定的信息化业务及其业务模型要素进行了信息系统的功能和性能分析。

(三)业务模型类型设计审计

业务模型类型构建审计的重点是检查建设单位在需求分析确定信息化业务后,进行业务模型构建的合理性、完整性和有效性。

(1)业务模型类型构建是否参照政务部门的事务处理类、为民服务类、监测监管类、社会管理类、应急处置类、行政执法类等,企业的销售业务类、供应业务类、生产业务类、财务管理类、人力资源类、经营组织类、企业决策类等,结合需求分析确定的信息化业务进行业务模型构建;是否依据业务模型类型进行了信息系统的整体化架构的规划和设计。

(2)是否将不同业务模型类型中的业务、管理和决策需求进行二次功能归集,形成包括各类业务模型类型的业务、管理和决策的功能系统,实现信息系统的集约化设计。

(四)业务模型要素分析审计

业务模型要素分析审计的重点是检查建设单位在确定业务模型及其类型后,分析业务模型要素的完整性和有效性。

(1)业务逻辑要素分析是否包括相关业务实体之间有序、约束的业务关系,并对业务逻辑要素影响应用系统、信息资源、网络系统和安全系统的逻辑架构进行了分析。

(2)业务流程要素分析是否包括业务逻辑中的业务流、信息流、资金流、物质流分析,并对业务流程要素影响应用系统流程、信息资源流程、网络通信流程、信息流转、安全防护等的流程架构和功能性能进行了分析。

(3)业务信息要素分析是否包括业务流程中的实体信息、业务信息、资金信息等的信息量、存储量、传输量分析,并对业务信息要素影响信息资源规划、存储系统容量配置和网络通信传输带宽进行了分析。

(4)业务处理要素分析是否包括业务信息的输入、处理和输出等业务处理需求分析,并对业务处理要素影响信息系统规划建设的应用系统的数据处理功能、共享协同功能和应用支撑平台功能等进行了分析。

(5)业务性能要素分析是否包括业务处理中的交易处理、计算处理、会话处理、请求响应等业务在单位时间内的响应速度需求分析,并对业务性能要素影响信息系统规划建设的应用系统、系统软件、主机系统、网络系统的数据处理功能的技术性能配置进行了分析。

(6)业务部署要素分析是否包括业务系统在组织本级、所辖机构及其他相关组织中的应用部署需求分析,并对业务部署要素影响信息系统规划建设的应用系统、信息资源、网络系统和安全系统的部署格局进行了分析。

(五)信息化项目立项控制审计

建设项目立项审计的重点是检查两大方面:一是建设项目立项程序的完整性和合规性;二是建设项目投资的必要性和经济性。

对于立项程序的完整性和合规性,重点关注如下内容。

(1)项目立项设计文件是否落实了信息化发展规划要求,是否将项目需求分析中业务模型的业务特征和业务要素需求较为完整地落实到立项设计文件中。

(2)是否按规定执行了项目建议书、可行性研究报告、初步设计方案的立项程序。

(3)立项报告编制是否符合惯用的项目建议书、可行性研究报告、初步设计方案的编制大纲和编制要求。

对于项目投资的必要性和经济性,重点关注如下内容。

(1)建设项目立项投资符合性审计。是否符合国家政务信息化整体规划和政务部门职责履行核心业务的需要,是否符合企业生产经营活动信息化整体规划和核心业务的需要。

(2)建设项目的建设目标和投入产出审计。在项目的设计方案和具体实施中,电子政务信息系统的建设目标是否体现了改善政务履职所面临的社会问题即问题导向目标,是否具有明确的绩效指标即投入产出指标;企业信息系统是否体现了改善企业生产经营活动、提升企业社会服务职责和生产经营效益的信息化能力目标,是否具有明确的绩效指标即投入产出指标。

(3)项目的建设方式和投资有效性审计。在项目的设计方案和具体实施中,电子政务信息系统的建设方式是否体现了本行业(包括中央和地方)统一规划、统一组织、共建共享的原则,相关业务是否体现了跨部门、跨行业的信息共享、业务协同的共建共享原则,是否体现了共享国家电子政务网络和安全基础设施、国家基础信息库资源,提升国家政务信息化的共享协同原则,从而有效避免重复建设、重复投资。企业信息系统建设项目的经济审计,可参照上述内容。

(4)项目的建设模式和投资经济性审计。在项目的设计方案和具体实施中,电子政务信息系统的建设模式是否坚持了顶层设计、系统整合、集约化建设的原则,是否坚持了系统功能复用、行业部署复用的原则,是否坚持了信息资源持续开发利用、应用系统持续扩展利用的原则,从而提高信息系统建设投资的经济性。企业信息系统建设项目的经济审计,可参照上述内容。

(5)项目立项程序的符合性审计。电子政务信息系统建设项目是否符合国家关于政务信息化的立项申请、主管部门组织的审查和批复程序;企业信息系统建设项目是否符合主管部门和企业的立项申请、审查和批复程序。

(6)项目投资与建设内容匹配的合理性审计。土建的工程投资和工程其他费用投资的投资结构,信息系统的软件、硬件、信息资源、标准规范、系统集成、工程其他费用等与建设内容匹配的合理性和经济性。

(7)项目投资的合规性审计。检查信息系统建设项目是否存在重复立项、多头立项或套用其他专项资金擅自立项审批等问题。

本节思考题

1. 国家发展改革委关于电子政务项目建设的思路和原则是什么？
2. 部门信息化发展规划有哪些主要控制点？
3. 信息化建设项目需求分析的主要内容是什么？
4. 信息系统业务模型构建的基础是什么？
5. 信息化建设项目立项报告编制有哪些主要控制点？
6. 信息化项目建议书、可行性研究报告、初步设计的关注点分别是什么？
7. 初步设计概算与可研报告阶段批复的投资估算关系是什么？
8. 信息化项目需求分析控制的审计内容是什么？
9. 项目立项控制审计的内容是什么？
10.《国家政务信息化项目建设管理办法》对信息化立项报告中的信息资源共享有哪些要求？

第三节　项目实施控制审计

项目实施控制指的是信息系统建设、运维单位为保障项目实施的符合性和有效性，按照国家和行业的规章制度和标准规范，加强项目实施的项目设计、招标采购、建设实施、运行维护控制，使项目实施具有可靠性、安全性和经济性。

项目实施控制审计指的是信息系统审计服务单位按照国家和行业的规章制度和标准规范，对项目实施中的项目设计、招标采购、建设实施、运行维护控制的符合性和有效性进行检查监督，提出审计意见和建议，保障项目实施具有符合性和有效性，保障信息系统的可靠性、安全性和经济性。

一、项目设计总体控制

（一）项目设计控制

信息化项目的总体设计，是要提出系统的总体方案，用以指导、控制和协调新建系统的集成化开发和已建系统的整合，是避免分散开发、各自为战、浪费资源和重复投资等问题的根本保障。

总体设计控制是指建设单位对相关承建单位在建设实施中提交的应用系统、网络系统、安全系统的详细设计报告，在执行制度和标准的合规性、业务需求的符合性方面的检查和督促。项目总体设计控制的内容包括：建设项目实施中的应用系统、网络系统、安全系统等的详细设计报告。主要控制点包括：总体设计是否促进了各类项目的业务满足度和规范符合性。

总体设计一般遵循如下原则：

（1）统一设计原则。统筹规划和统一设计系统结构，尤其是应用系统结构、数据模型结构、数据存储结构以及系统扩展规划等内容，均需从全局出发、从长远的角度考虑。

（2）先进性原则。系统构成必须采用具有国内先进水平，并符合国际发展趋势的技术和装备。在设计过程中充分依照国际上的标准规范，借鉴国内外当前成熟的主流网络和综合信息系统的体系结构，以保证系统具有较长的生命力和扩展能力。保证先进性的同时还要保证技术的稳定性、安全性。

（3）高可靠/高安全性原则。系统设计和数据架构设计充分考虑系统的安全性和可靠性。

（4）标准化原则。系统各项技术遵循国际标准、国家标准、行业和相关规范。

（5）成熟性原则。系统要采用国际主流、成熟的体系架构来构建，实现跨平台的应用。

（6）适用性原则。保护已有资源，急用先行，在满足应用需求的前提下，尽量降低建设成本。

（7）可扩展性原则。要考虑到业务未来发展的需要，尽可能设计得简明，降低各功能模块的耦合度，并充分考虑兼容性。系统能够支持对多种格式数据的存储。

（二）项目应用设计控制

应用系统详细设计是指按照建设项目立项阶段初步设计的总体要求，对应用系统、应用支撑平台、信息资源和共享交换系统等内容进行细化设计（一般由中标的应用研发或应用集成服务商具体负责）。

建设项目立项阶段初步设计方案中应用系统的设计，要求达到可招标的内容细化程度；应用系统详细设计要求达到可研发、可测试的内容细化程度；设计文档一般包括应用系统详细设计、应用支撑平台详细设计、信息资源详细设计、共享交换系统详细设计，以及应用系统测试大纲和测试计划。

应用系统详细设计方案的控制点一般包括：按照建设项目的应用需求，设计应用系统总体架构、技术路线、技术架构；按照各系统的业务需求、系统功能和性能需求，设计各子系统的业务流程、信息表单、功能模块，实现业务流程和功能模块的技术工具组件配置；设计应用系统的部署方案，以及应用系统定制开发的人月工作量。

应用支撑平台详细设计方案的控制点一般包括：按照应用系统架构和功能需求，设计应用支撑平台应具备的功能和技术特征，实现对异构操作系统、数据库、中间件等的跨平台支撑；设计应用支撑平台需要的功能组件、专用软件、商业软件及其功能。估算支撑平台需要定制开发的人月工作量、功能组件、专用软件、商业软件的选型和投资估算。

信息资源详细设计方案的控制点一般包括：满足业务数据、财务数据、管理数据及内外部各类数据的业务需求，设计业务流程的数据流及数据采集、清洗、转换、整理方式；按照业务处理需求进行业务查询、多维数据分析、数据挖掘分析、智能信息处理、模拟仿真预测等数据分析模型的规划与设计（这部分内容也可列入应用系统详细设计方案）；按照业务处理需求和数据标准进行元数据、主数据、基础数据、分析数据、主题数据、数据集市及数据仓库的设计；支持信息资源和应用系统的操作系统、数据库、中间件和相关专用软件的选型和理由，信息资源设计和数据库建设的人月工作量估算，操作系统、数据库、中间件和相关专用软件的选型和投资估算。

共享协同系统详细设计方案的控制点一般包括：根据信息共享业务需求和业务协同需求，以及数据标准，设计信息资源目录体系、信息资源交换体系，包括内部共享交换数据资源目录、需要外部及向外部共享交换的数据资源目录；设计数据采集、交换、共享的数据接口和相关接口软件；设计与国家交换平台对接的信息资源目录和数据接口；估算共享协同系统定制开发的人月工作量。

（三）项目网络设计控制

网络系统详细设计是按照建设项目立项阶段初步设计的总体要求，对网络结构、网络通信、存储处理、机房系统等内容进行细化设计(一般由中标的网络建设与集成服务商具体负责)。要求网络系统的详细设计达到可建设、可测试的内容细化程度;设计文档一般包括网络结构详细设计、网络通信详细设计、存储处理详细设计、机房系统详细设计,以及网络系统测试大纲和测试计划。

1. 网络结构详细设计方案的控制点

一般包括:按照建设项目业务需求,设计构建三类网络结构:

(1)设计互联网、电子政务外网、电子政务内网的网络结构。分别涉及三个网络的分域管理。

(2)按照三网的网络结构,分别设计局域网、城域网、广域网的网络结构以及网络接入区、交换区、应用区、存储区、安全区、用户区等分域,各分域间的网络路由、网络设备的布局等;设计城域网、广域网各接入点的路由和IP规划。

(3)按照三网的网络结构和网间的隔离要求,规划设计楼宇网络布线系统,选择相应的网络线路材质,以及黑白电源和光电转换等设备,绘制网络结构拓扑图,提出各类网络软硬设备的选型和网络建设投资估算。

2. 存储处理详细设计方案的控制点

一般包括:按照建设项目业务信息和业务处理的需求,设计构建存储处理的五类方案(存储处理详细设计也可列入应用系统详细设计中)。

(1)存储处理系统架构。按照业务系统的集中式部署和分布式部署要求,设计集中式或云存储、分布式部署的存储处理系统架构。

(2)存储处理量和性能设计。按照建设项目的数据存储业务需求,设计服务器、存储设备的存储容量技术指标;分别按业务系统的交易处理、计算处理、会话处理、请求响应等方面的响应速度需求,设计相应存储处理系统的响应速度技术性能指标。

(3)存储处理部署方案。按照业务系统的集中式或分布式部署要求和相应的存储处理系统架构设计要求,规划存储处理部署方案。

(4)备份系统设计架构。按照业务的实时性和不可间断性的特征需求,规划设计备份系统架构。实时性和不可间断性要求不高的系统,可采用定期数据备份方式,在保障数据可恢复的前提下,降低运维复杂度和投资成本;实时性和不可间断性要求较高的系统,可采用部分相关业务或全部业务系统的镜像、双活等容灾备份方式,以保障业务系统的实时性和不可间断性。

一般备份系统可采用在线备份、近线备份、离线备份、异地备份等方式。实行异地备份的需要符合相关规定。

(5)计算机终端等其他设备的设计方案。绘制系统拓扑图,提出各类设备软硬件的选型和投资估算。

3. 机房系统详细设计方案的控制点

一般包括:按照业务需求和国家相关规定、标准,重点设计计算机机房的功能布局和保障系统。

(1)机房功能布局。包括互联网、电子政务外网、电子政务内网的功能布局:一是功能面积布局,满足各网的使用面积加适当冗余,规划相应的机房功能面积;规划设计各网的网络接入、网络交换、数据处理、数据存储、系统监控等功能布局。二是各网隔离布局。应按国家规定实行相应的隔离措施,其中高安全防护网络机房应按国家规定设计建设相应等级的屏蔽机房。

(2)机房保障系统。包括机房的楼板承重、防雷接地、供电系统、消防系统、新风空调系统、环境监视系统、漏水检测系统、温感烟感检测和报警系统等;绘制计算机机房的功能布局和隔离系统拓扑图;估算机房功能布局改造、保障系统设备软硬件选型和投资估算。

(四)信息化项目安全设计控制

国家发展改革委《关于进一步加强国家电子政务工程建设项目管理工作的通知》(发改高技〔2008〕2544号)要求"项目建设部门要进一步加强电子政务项目的信息安全工作。根据国家关于信息安全等级保护和涉密信息系统分级保护的有关规定,项目建设部门在电子政务项目的需求分析报告和建设方案中,应同步落实等级保护和分级保护的相关要求,形成与业务应用紧密结合、技术上自主可控的信息安全解决方案"。

1. 信息安全技术控制详细设计方案的控制点

一般包括:

(1)物理安全控制设计。包括:物理位置选择、物理访问控制、防盗防破坏、防雷击、防火、防水和防潮、防静电、温湿度控制、电力供应、电磁防护等。

(2)网络安全控制设计。包括:结构安全、访问控制、安全审计、边界完整性检查、恶意代码防范、网络设备防护等。

(3)主机安全控制设计。包括:身份鉴别、访问控制、安全审计、剩余信息保护、入侵防范、恶意代码防范、资源控制等。

(4)应用安全控制设计。包括:身份鉴别、访问控制、安全审计、剩余信息保护、通信完整性、通信保密性、抗抵赖、软件容错、资源控制等。

(5)数据安全控制设计。包括:数据完整性、数据机密性、备份和恢复等。

2. 信息安全管理控制详细设计方案的控制点

一般包括:

(1)安全管理制度设计。包括:管理制度、制定和发布、评审和修订等。

(2)安全管理机构设计。包括:岗位设置、人员配备、授权和审批、沟通和合作、审核和检查等。

(3)人员安全管理设计。包括:人员录用、人员离岗、人员考核、安全意识教育和培训、外部人员访问管理等。

(4)安全系统建设管理设计。包括:系统定级、安全方案设计、产品采购和使用、自行软件开发、外包软件开发、工程实施、测试验收、系统交付、系统备案、等级测评、安全服务商选择等。

(5)安全系统运维管理设计。包括:环境管理、资产管理、介质管理、设备管理、监控管理和安全管理中心、网络安全管理、系统安全管理、恶意代码防范管理、密码管理、变更管理备份与恢复管理、安全事件处置、应急预案管理等。

(五)项目集成设计控制

项目集成设计是建设单位组织系统集成服务商按照建设项目立项阶段初步设计方案的总体要求,对应用系统、信息资源、主机系统、网络系统、安全系统、机房系统等集成进行细化设计。

建设项目的系统集成一般分为应用系统集成、网络系统集成、安全系统集成。系统集成主要采用系统论、控制论的方法,对所集成的对象系统的各类软硬件,按照整体化、集约化、高效化和便利化的原则,将各系统和各资源集成到相互关联的、统一协调的系统之中。

项目集成设计的主要控制点包括：项目集成设计是否促进了应用系统、网络系统、安全系统的集成实施及业务满足度和规范符合性。

1. 应用系统集成设计

应用系统集成设计的控制点是基于统一的应用支撑平台，按照整体化、集约化、高效化的原则，将应用软件、信息资源、主机系统等资源集成为相互关联的、统一协调的整体应用系统，实现应用软件对各类数据资源的快速访问、准确处理和结果展示。

（1）按照松耦合和异构软件相互接口的要求，将各类应用软件集成为统一的应用软件系统。

（2）按照满足快速访问和处理响应的要求，将各类信息资源集成为符合业务分类的基础数据、主题数据和标准化数据，并合理规划数据、提高共享效率、确保数据安全。

（3）按照满足应用软件与信息资源之间快速访问和处理响应的要求，规划并集成服务器、存储设备和操作系统、数据库等系统软件，形成高效有序的主机系统。

2. 网络系统集成设计

网络系统集成设计的控制点是按照业务部署和业务通信的需求，将各类网络设备设施进行系统集成。

（1）将路由器、交换机、网关设备、网络电路等资源集成为满足分域管理的局域网，集成为互联互通、信息共享的城域网和广域网。

（2）将信息交换隔离设备、信息交换目录服务器等资源，按照共享协同、信息安全的原则，设计和集成公开信息网（互联网网站、运行在互联网上的业务系统，以下简称互联网）、非涉密工作信息网（或电子政务外网）、涉密工作信息网（或电子政务内网）三网之间的信息交换体系。

（3）将机房环境、网络接入和交换设备等资源，按照三网运行的环境要求，设计并集成为分域管理的机房布局；将供电、消防、新风空调和相关检测设备设施等资源，集成为统一管理的环境监测和报警系统。

3. 安全系统集成设计

安全系统集成设计的控制点是，按照业务需求和国家相关制度标准，将各类安全软硬件集成为安全可靠、保障有效的安全系统。

（1）应用系统安全集成。将应用软件、CA认证系统等，按照应用安全技术控制要求进行统一的安全设计并集成，保障应用系统的身份鉴别、访问控制等安全防护。

（2）信息资源安全集成。将信息资源、数据库加密系统等，按照数据安全技术控制要求进行统一的安全设计并集成，保障数据的完整性、机密性。

（3）主机系统安全集成。将主机系统、可信计算环境系统等，按照主机安全技术控制要求进行统一的设计并集成，保障主机系统的身份鉴别、访问控制、安全审计等安全防护。

（4）网络系统安全集成。将网络系统、网络入侵防护系统等，按照网络安全技术控制要求进行统一的设计并集成，保障网络系统的结构安全、边界完整性检查等安全防护。

（5）机房系统安全集成。将机房系统按照物理安全技术控制要求进行统一的设计并集成，保障机房系统的物理访问控制等安全防护。

（6）安全系统集成。将防火墙、入侵检测、漏洞扫描、安全隔离等安全设备设施，以及安全监控管理系统，按照安全管理中心控制要求进行统一的设计并集成，便于系统管理员、安全管理员、安全审计员的依规操作和作业留痕，保障安全管理中心对各类安全设备设施的统一调控和监管。

（六）信息化项目监理设计控制

《国家政务信息化项目建设管理办法》第十九条规定：国家政务信息化项目实行工程监理制，项目建设单位应当按照信息系统工程监理有关规定，委托工程监理单位对项目建设进行工程监理。

项目监理设计是指建设单位按照相关规定，对建设项目监理机构承担的建设项目质量、进度、投资等方面应履行的监理职责进行的详细规定。

项目监理设计的主要控制点是监理岗位职责、履职程序、监理职责履行的控制。

1. 监理岗位职责和履职程序

监理岗位职责和履职程序的管理控制点包括：

（1）明确岗位职责。监理机构应当确定建设项目的总监理工程师、监理工程师和其他监理人员，在其监理职责范围内，采用相应的流程和方法，履行监理职责。

（2）监理流程及方法。包括编制监理计划，并与业主单位协商确认；编制工程阶段监理细则；实施监理；参与工程验收并签署监理意见；监理业务完成后，向业主单位提交最终监理档案资料。

2. 监理职责履行的控制

监理机构履行监理职责的内容控制点包括：

（1）质量控制。监理工作的各阶段必须严格依照承建合同的要求，审查关键性过程和阶段性成果，检查其是否符合预定的质量要求。监理工作中应强调对工程质量的事前控制、事中监管和事后评估。

（2）进度控制。在工程实施过程中，监理工程师严格按照招标文件、合同、工程进度计划的要求，跟进工程进度，确保整体施工有序进行。

（3）成本控制。信息系统工程的投资基本由软硬件设备购置、项目配套工程、项目集成费用和工程建设其他投资组成，主要包括设计阶段的投资控制和实施阶段的投资控制。

（4）变更控制。对变更进行管理，确保变更合理、合规。软件开发项目发生变更的情况较多，因此变更控制格外重要。

（5）合同管理。解决业主单位和承建单位在工程建设过程中的合同争议，保障工程各方权益。

（6）信息管理。科学记录工程建设过程，保证工程文档的完整性和时效性，为工程建设过程的检查和系统后期维护提供文档保障。

（7）安全管理。完善安全生产管理体制，建立健全安全生产管理制度、安全生产管理机构和安全生产责任制是安全生产管理的重要内容，也是实现安全生产目标管理的保证。

（8）组织协调。工程建设过程中，协调业主单位、承建单位以及各相关单位和机构的关系，为工程的顺利实施提供组织保证。

二、项目招标采购控制

信息系统建设项目招标采购控制是指项目建设单位依据国家相关制度政策要求，对招标投标项目的招标方式、招标代理机构选择、招标公告和投标邀请、开标和评标、中标和合同，政府采购项目的政府采购方式、政府集中采购、变更政府采购方式和采购进口产品等的管理和控制。项目单位应当严格执行《招标投标法》《中华人民共和国招标投标法实施条例》《政府采购法》《中华人民共和国政府采购法实施条例》和相关行政法规的规定。

（一）信息化项目的招标投标控制

建设项目招标投标控制是对信息系统建设项目按照《招标投标法》规定组织的招标投标活动的管理。招标投标控制的主要内容包括：招标方式、招标代理机构的选择、招标公告和投标邀请、开标和评标、中标和合同。招标投标的主要控制点包括：检查招标投标控制是否促进了各类招标投标项目的方式和程序等方面的合规性，是否促进了招标投标对建设项目的有效支持。

（1）招标方式。《招标投标法》规定，招标分为公开招标和邀请招标，不适宜公开招标的项目经相关部门批准可以进行邀请招标。

（2）招标代理机构的选择。《招标投标法》规定，招标人有权自行选择招标代理机构委托其办理招标事宜；招标人具有编制招标文件和组织评标能力的，可以自行办理招标事宜，但应当向有关行政监督部门备案。

（3）招标公告和投标邀请。采用公开招标方式的应当发布招标公告，采用邀请招标方式的应当向三个以上具备承担项目能力、资信良好的特定法人或者其他组织发出投标邀请书。招标人应当确定投标人编制投标文件所需要的合理时间。

（4）开标和评标。评标由招标人依法组建的评标委员会负责。评标委员会应当按照招标文件确定的评标标准和方法，对投标文件进行评审和比较；设有标底的，应当参考标底；评标委员会完成评标后，应当向招标人提出书面评标报告，并推荐合格的中标候选人。投标人少于3个的，不得开标；招标人应当重新招标或报批邀标。

（5）中标。招标人根据评标委员会提出的书面评标报告和推荐的中标候选人确定中标人，招标人也可以授权评标委员会直接确定中标人；招标人应当自收到评标报告之日起3日内公示中标候选人，公示期不得少于3日；中标人确定后，招标人应当向中标人发出中标通知书，并同时将中标结果通知所有未中标的投标人。

（6）合同。招标人和中标人应当自中标通知书发出之日起三十日内，按照招标文件和中标人的投标文件订立书面合同；中标人按照合同约定或者经招标人同意，可以将中标项目的部分非主体、非关键性工作分包给他人完成；接受分包的人应当具备相应的资格条件，并不得再次分包。

（7）监督。招标人应当自确定中标人之日起十五日内，向有关行政监督部门提交招标投标情况的书面报告。财政部门依法对实行招标投标的政府采购工程建设项目的预算执行情况和政府采购政策执行情况实施监督。监察机关依法对与招标投标活动有关的监察对象实施监察。行政监督部门处理投诉，有权查阅、复制有关文件、资料，调查有关情况，相关单位和人员应当予以配合。

（二）信息化项目的政府采购控制

政府采购是指信息系统建设项目按照《政府采购法》和政府采购相关规定组织的采购活动。政府采购控制的内容包括：政府采购方式、政府集中采购、变更政府采购方式、采购进口产品等。政府采购的主要控制点包括：检查政府采购控制是否促进了各类采购项目的方式和程序等方面的合规性，是否促进了政府采购对建设项目的有效支持。

1. 政府采购方式

政府采购采用公开招标、邀请招标、竞争性谈判、单一来源采购、询价和规定的其他采购方式。

(1)公开招标应作为政府采购的主要采购方式,采购人采购货物或者服务应当采用公开招标方式的,其具体数额标准由相关部门规定或批准;采购人不得将应当以公开招标方式采购的货物或者服务化整为零或者以其他任何方式规避公开招标采购。

(2)采用邀请方式,应当符合下列情形:具有特殊性,只能从有限范围的供应商处采购的;采用公开招标方式的费用占政府采购项目总价值的比例过大的。

(3)采用竞争性谈判方式,应当符合下列情形:招标后没有供应商投标或者没有合格标的或者重新招标未能成立的;技术复杂或者性质特殊,不能确定详细规格或者具体要求的;采用招标所需时间不能满足用户紧急需要的;不能事先计算出价格总额的。

(4)采用单一来源方式,应当符合下列情形:只能从唯一供应商处采购的;发生了不可预见的紧急情况不能从其他供应商处采购的;必须保证原有采购项目一致性或者服务配套的要求,需要继续从原供应商处添购,且添购资金总额不超过原合同采购金额百分之十的。

(5)采用询价方式,应当符合下列情形:采购的货物规格、标准统一、现货货源充足且价格变化幅度小的政府采购项目。

2. 政府采购程序

负有编制部门预算职责的部门在编制下一财政年度部门预算时,应当将该财政年度政府采购的项目及资金预算列出,报本级财政部门汇总。部门预算的审批,按预算管理权限和程序进行。

实行招标方式采购的,自招标文件开始发出之日起至投标人提交投标文件截止之日止,不得少于二十日。

采取邀请招标方式采购的,采购人应当从符合相应资格条件的供应商中,随机选择三家以上的供应商,并向其发出投标邀请书。

采用竞争性谈判方式采购的,应当成立由采购人代表和有关专家共三人以上单数组成的谈判小组(其中专家的人数不得少于成员总数的三分之二);制定明确谈判程序、谈判内容、合同草案条款及评定成交标准等事项的谈判文件;确定邀请参加谈判的供应商名单;从符合相应资格条件的供应商名单中确定不少于三家的供应商参加谈判;谈判小组所有成员集中与单一供应商分别进行谈判。谈判文件有实质性变动的,谈判小组应当以书面形式通知所有参加谈判的供应商;确定成交供应商。

采取询价方式采购的,应当成立由采购人代表和有关专家共三人以上单数组成的询价小组(其中专家的人数不得少于成员总数的三分之二);确定被询价的供应商名单;从符合相应资格条件的供应商名单中确定不少于三家的供应商;询价小组询价;确定成交供应商。

3. 政府集中采购

政府集中采购分为集中采购机构采购和部门集中采购两种情形。集中采购机构采购是由集中采购机构按标准规定的政府集中采购目录项代理采购人采购的活动。部门集中采购,是由主管预算单位(主管部门)按列入集中采购目录的项目及标准自行组织的本部门、本系统集中采购的活动。属于政府集中采购目录的项目,应当按照规定委托集中采购机构代理采购。属于部门集中采购项目,已经设立部门集中采购机构的,应当由部门集中采购机构具体组织实施;未设立的,可以委托集中采购机构或经财政部门认定资格的政府采购代理机构即社会代理机构具体组织实施。

4. 变更政府采购方式

财政部关于《中央单位变更政府采购方式审批管理暂行办法》(财库〔2009〕48号)规定,因特殊情况需要采用公开招标以外其他采购方式的,采购人应当在采购活动开始前,按照财政部规定要求将变更政府采购方式申请报财政部审批。

5. 采购进口产品

财政部《关于政府采购进口产品管理有关问题的通知》(财办库〔2008〕248号)规定,采购人需要采购的产品在中国境内无法获取进口产品的,应当报送《政府采购进口产品申请表》等资料并获得财政部门核准。

6. 合同与履约

政府采购合同适用合同法。采购人与中标、成交供应商应当在中标、成交通知书发出之日起30日内,按照采购文件确定的事项签订政府采购合同。采购人应当自政府采购合同签订之日起2个工作日内,将政府采购合同在省级以上人民政府财政部门指定的媒体上公告,但政府采购合同中涉及国家秘密、商业秘密的内容除外。

采购人应当组织对供应商履约进行验收。大型或者复杂的政府采购项目,应当邀请国家认可的质量检测机构参加验收工作。

7. 监督

政府采购项目的采购合同自签订之日起7个工作日内,采购人应当将合同副本报同级政府采购监督管理部门和有关部门备案。

政府采购监督管理部门可对政府采购活动及集中采购机构进行监督检查。监督检查的主要内容是:

(1)有关政府采购的法律、行政法规和规章的执行情况;

(2)采购范围、采购方式和采购程序的执行情况;

(3)政府采购人员的职业素质和专业技能。

各级人民政府财政部门可对政府采购活动进行监督检查,有权查阅、复制有关文件、资料,相关单位和人员应当予以配合。

三、项目建设实施控制

(一)信息化项目应用开发控制

应用系统研发项目控制是指建设单位对应用研发服务商承担的定制设计开发应用软件和数据库,以及在已有应用支撑平台、应用软件和数据库基础上扩展与集成方面的管理。应用系统研发项目控制的目标是保障应用系统研发满足业务发展需求、符合设计要求和国家相关规范。应用系统研发项目控制的对象是应用软件定制开发服务商,以及相关的设计机构、监理机构、测试机构和集成服务商。应用系统研发项目的主要控制点包括:应用系统研发项目控制是否促进了定制软件、已有应用软件的扩展与集成等的业务满足度和规范符合性。

1. 定制设计开发应用软件的控制

定制设计开发应用软件的控制点指的是保障应用软件和数据库的设计开发符合合同规定和相关制度标准、满足业务需求。

(1)应用软件功能和性能的设计开发。包括输入、处理和输出的核心功能和性能,交易处理、计算处理、会话处理、请求响应等各类软件功能和性能,应当满足用户的业务、管理和决策的软件功能需求,满足各类功能的响应速度性能需求,满足软件的可扩展、可复用性,满足分析模型的目录开放、模型表达式的依身份和权限增删改,满足软件系统和数据资源的松耦合,满足软件界面标准和人机会话友好,满足软件源代码的注释量要求,应当满足建设项目业务模型的业务处理、业务性能等要素需求,符合应用软件开发的相关技术标准。软件开发控制需要特殊关注的问题是:重点关注对含有计量、计价、计费等软件功能中其计算公式的合规性,重点关注是否具有违反规定和规则的"后门""漏洞"等软件功能。

(2)数据库的设计开发。包括:按信息资源分类的信息资源目录体系和数据集市、数据仓库设计,按数据标准的元数据、主数据、基础数据、分析数据的数据项和数据表设计,按业务应用的主题数据、分析模型、用户视图设计,按业务特征的数据备份、系统备份的备份数据和备份策略设计,数据库的概念设计、逻辑设计、物理设计和数据布局设计,按建设项目业务模型的业务信息要素需求,满足应用软件的数据访问、快速响应、准确反馈的需求,符合数据库设计开发的相关技术标准。

2. 在已有应用系统基础上扩展集成的控制

在已有应用系统基础上扩展集成的控制点是保障各类集成内容符合合同规定和相关制度标准,满足业务需求。扩展集成的主要内容是依据合同规定的任务。

(1)对已有应用支撑平台的扩展与集成。包括:对已有应用支撑平台总体架构、服务总线技术架构的扩展和完善,流程引擎组件、数据采集组件、数据通信组件、身份认证组件等各类功能组件的扩展和完善,以及对各类应用中间件、各类操作系统和异构数据库的跨平台支撑的扩展完善和系统集成等,应当满足对异构系统的支撑、对应用系统扩展的支撑,符合相关技术标准。

(2)对已有应用软件和数据库的扩展与集成。在已有应用系统基础上的本次开发的应用软件和数据库的扩展与集成,应当满足对已有应用软件和数据库的持续利用的保护,满足新开发应用软件与已有应用软件在统一支撑平台上的集成,满足新开发的数据库同已有数据库的共享协同和统一协调管理。

(3)应用系统测试。对含有计量、计价、计费等功能的应用软件,重点测试其计算公式的合规性;重点测试是否具有违反规定和规则的"后门""漏洞"等软件功能;对本次开发和已有系统扩展集成后的应用系统的统一测试,重点测试本次开发应用软件功能和性能的业务满足度和技术符合性,测试扩展集成后的已有应用系统的运行稳定性和性能持续性,以及扩展集成后总体系统的协同性等。

(4)系统升级部署。建设单位将扩展的应用系统在所辖机构和组织的升级部署,应当保障原有应用系统的功能和性能,保障新开发系统对新增业务的功能和性能的满足度。

(二)网络系统控制

网络系统控制是指建设单位对网络系统服务商承担的网络、存储、机房等方面的管理。网络系统建设应该保证建设单位承载于网络之上的业务系统高效稳定运行。网络系统的主要控制点包括:一是网络系统、存储处理系统、机房设施等,对承载业务和信息存储处理的功能和性能的满足度,即网络、存储处理、机房设施等系统形成的技术功能和性能;二是对国家和行业相关标准和规范的符合性,即网络标准和操作规程的运行和实际使用情况。

功能和性能的满足度方面包括网络结构情况、网络通信情况、网络系统部署。

(1)网络结构情况,包括组网结构,以及网络的接入域、交换域、应用域、数据域、安全域、用户域的网络分域结构等方面的实际运行情况,以及规范符合性和业务满足度;不同层级的组织之间、不同密级的信息之间网络架构运行和实际使用情况。

(2)网络通信情况,包括互联网、电子政务外网、电子政务内网之间,广域、城域、局域网之间,以及局域网的接入域、交换域、应用域、数据域、安全域、用户域的网络分域之间网络通信的运行和实际使用情况,以及规范符合性和业务满足度;不同层级的组织之间、不同密级的信息之间的信息交换与共享的网络通信运行和实际使用情况。

(3)网络系统部署,包括网络系统软硬件配置环境,网络结构和分域管理、网络通信和网间交换、网络流量监测与控制等的部署与配置,应用角色和网络访问权限配置,主机功能部署调试和用例测试等方面的规程。

网络系统标准和操作规程方面包括:网络结构规范、网络通信规范、网络设备使用规程规范等,以及依据标准和操作规程,结合本单位实际需求,制定的网络标准和操作规程的完整性和执行有效性。

(三)安全系统控制

安全系统控制是建设单位对安全服务商承担的安全系统建设方面的管理。安全系统的主要控制点包括:安全系统建设的业务符合性,功能和性能的技术满足度,对国家和行业相关信息技术标准和规范的符合性,标准和操作规程的完整性和执行有效性等。

安全系统的业务符合性包括总体规划与策略、系统建设安全和系统运维安全保障措施、技术安全和管理安全保障措施。

功能和性能的满足度包括:

(1)安全系统的整体架构。包括通用技术、通用管理、专项扩展的安全技术体系和安全管理体系。

(2)安全系统部署。包括安全系统环境、物理安全、网络安全、主机安全、应用安全、数据安全等的软硬件配置与部署,安全功能部署调试和用例测试等。

(3)通用技术防护的建设和防护。包括网络通信安全、边界防护安全、可信环境安全的建设和防护的符合程度,对保障业务信息安全和系统服务安全的满足程度。

(4)五个重点的建设和防护。包括物理安全、网络安全、主机安全、应用安全、数据安全的防护建设和运行。

(5)安全管理体系的建设和管控。重点关注安全系统对于保障承载业务及其信息的安全健康运行的控制可靠性。

对国家和行业相关信息技术标准和规范的符合性,以及安全系统标准和操作规程包括:符合国家关于信息安全等级保护、分级保护的制度和标准;安全系统的安全防控规程和规范;安全标准和操作规程制定的完整性和执行的有效性。

(四)集成控制

项目集成的主要控制点包括是否按照集成设计实现了应用系统、网络系统、安全系统集成和实施管理的业务满足度和规范符合性。

(五)系统试运行控制

系统试运行控制是指建设单位对经过系统设计、项目施工、应用研发和系统集成的应用系统、信息资源、主机系统、网络系统、安全系统、机房系统等新建系统,依据合同规定组织系统上线试运行的管理。系统试运行的目标是测试新建系统的运行稳定性、性能稳定性和安全有效性。系统试运行管理的对象是系统建设的设计单位、监理机构、集成服务商、施工服务商、应用研发服务商,以及第三方专业测评机构和系统用户。系统试运行的主要控制点包括:系统试运行管理是否促进了新建系统的单项验收、上线试运行、专业机构测评、用户测评的业务满足度和规范符合性。

(1)新建系统的单项验收:依据合同规定,对新建的应用系统、信息资源、主机系统、网络系统、安全系统、机房系统等单个项目,重点进行合同规定任务和技术要求方面的初步验收,为系统试运行做好准备。

(2)新建系统上线试运行:依据合同规定,对新建项目组织合同规定期限上线试运行,重点检查新建项目的功能符合性、运行稳定性、性能可靠性、与其他相关系统的协同性等。

(3)新建系统专业机构测评:由建设单位组织第三方专业机构对新建系统进行测评,重点测评新建系统的功能完备性、技术性能符合性。

(4)新建系统用户测评:由建设单位组织相关用户对新建系统进行测评,测评方式可采用实际业务应用的系统测评,也可采用对专用功能的专项测评;测评重点是新建系统的功能、性能、操作友好等方面的功能符合性和完备性、技术性能对业务应用的满足度等。

(六)项目监理控制

项目监理控制是指建设单位按照相关规定,对项目监理机构承担的建设项目质量、进度、投资等方面监理职责履行情况进行的检查和督促,保障建设项目的质量和水平。项目监理的主要控制点包括:对于监理的组织和管理是否有序,是否促进了监理岗位履职程序、监理职责履行等的业务满足度和规范符合性,是否有效地发挥了监理的作用。

四、系统运行维护控制

运行维护控制是指为保障信息系统的正常有效运行,从组织、制度和人员等方面实施运行维护管理的体系。

(一)运维组织控制

运维机构控制是指建设单位为保障信息系统的正常有效运行,组建运维机构并建立运维机制。运维机构的主要控制点包括运维机构控制是否促进了运维机构组织的完整性、运维机制的有效性。

1. 信息系统运维机构

信息系统运维机构一般由项目建设单位的信息中心承担,组建相应的运维处室,具体负责相应的运行服务和维护工作,一般有应用系统运维处室、网络系统运维处室、安全系统运维处室。

2. 信息系统运维机制

信息系统运维机制主要包括:

(1)系统运行监控。监控应用系统、信息资源、主机系统、网络系统、安全系统、机房系统的运行状况。

(2)系统运行情况报告。实行对各系统运行状况的记录和情况报告。

(3)系统运行应急处置。对各系统的运行故障实施应急预案和应急处置。

3. 运维制度控制

运维制度控制是指建设单位为保障信息系统的正常有效运行,建立相关的管理制度和执行机制。运维制度主要包括运行管理制度和运维操作规范。运维制度的主要控制点包括运维制度管理是否促进了运行管理制度和运维操作规范的完整性和执行有效性。

4. 运维操作规范

在建立信息系统运维制度的同时,要建立系统运维操作规范。主要包括:

(1)应用系统运维操作规程。即应用系统数据输入、处理和输出功能,应用支撑各类组件功能等运行故障的发现和排除的操作规程。

(2)数据库运维操作规程。即元数据、基础数据表、主题数据库等运行故障的发现和排除的操作规程。

(3)主机系统运维操作规程。即数据存储与备份、数据处理性能等运行故障的发现和排除的操作规程。

(4)网络系统运维操作规程。即网络接入系统、网络分域管理、网络流量控制、网络通信等运行故障的发现和排除的操作规程。

(5)安全系统运维操作规程。即物理安全、网络安全、主机安全、应用安全、数据安全等运行故障的发现和排除的操作规程。

(6)机房系统运维操作规程。即供电系统、消防系统、新风空调系统、监视系统等运行故障的发现和排除的操作规程。

(二)运维系统控制

包括业务应用服务和系统运行控制两个方面。

1. 业务应用服务

业务应用服务是指为保障信息系统的有效应用,采用各种方式提供应用服务和管理的活动。业务应用服务方式包括:远程应用服务、现场应用服务、应用培训服务、应用知识服务等。

(1)远程应用服务。

远程应用服务是指需要采用非现场服务方式为信息系统的应用提供服务和管理的活动。远程应用服务方式主要包括互联网网站和呼叫中心。远程应用服务的主要控制点包括:远程应用服务控制是否促进了各类服务方式的需求符合性、管理规范性、服务有效性。

①互联网网站的远程应用服务。互联网网站开设网站应用服务动态信息、应用咨询服务、在线互动服务、应用常识和案例分析等各类服务栏目,为系统应用提供为全面的知识和技能服务。

②呼叫中心的远程应用服务。呼叫中心开设应用系统、主机系统、网络系统、安全系统、机房系统等电话呼叫专线,提供实时的远程服务,疑难问题及时提交后台专家系统会诊并反馈解决方案,为系统应用提供实时服务。

(2)现场应用服务。

现场应用服务是指采用现场服务方式为信息系统的应用提供服务和管理的活动。现场应用服务方式主要包括业务应用的现场服务、管理应用的现场服务等。现场应用服务的主要控制点包括现场应用服务控制是否促进了各类服务方式的需求符合性、管理规范性、服务有效性。

①业务应用的现场服务。针对业务应用尤其是移动应用的特点,需要信息技术人员提供现场支持服务。例如,复杂数据分析模型的构建、由于信息系统内控缺失可能导致数据风险的系统内控分析等。

②管理应用的现场服务。针对管理系统初始应用的特点,需要信息技术人员提供现场支持服务。例如,具体功能的流程引擎调整、查询条件的变更、统计表单的要素设置等。

(3)应用培训服务。

应用培训服务是指为提高信息系统应用的质量和水平,提供多种方式的应用培训服务和管理的活动。应用培训服务方式主要包括应用功能使用培训、业务应用培训服务等。应用培训服务的主要控制点包括:应用培训服务控制是否促进了各类服务方式的需求符合性、管理规范性、服务有效性。

①应用功能使用培训,是指应用系统初始使用的培训服务。

②业务应用培训服务,是指在掌握应用功能的基础上,提供业务应用的培训服务。

(4)应用知识服务。

应用知识服务是指通过组织专家编制,广泛征集编制包括查询、计算、汇总、统计、分析等各类模型,构建应用知识库并提供知识服务和管理的活动。其服务方式包括构建应用知识库规则、组织征集构建知识库、提供知识库应用服务。应用知识服务的主要控制点包括:应用知识服务控制是否促进了应用知识库构建的需求符合性、管理规范性、服务有效性。

①构建应用知识库规则。研究构建与信息系统应用相配套的应用知识库的知识和技能条目数据结构规则、知识库条目征集规则、知识库服务制度,构建业务应用系统中的知识库。应用知识库条目内容包括与组织履职和信息系统应用配套的业务知识和数据查询、计算、分析等技能方法。

②组织征集构建知识库。广泛征集各类业务、管理和决策的知识和分析方法,并组织专家审核入库,核准的知识词条进入知识库。逐年持续组织征集和编审,逐步形成较为完整的应用知识库。

③提供知识和技能服务管理。每年组织征集编审的知识词条,以年度更新知识库的方式进

行发布,新增知识词条直接进入应用系统中的知识库,不断充实业务应用知识库。

2. 系统运行服务

系统运行服务控制是指为保障信息系统的有效运行,采用多种方式提供系统运行服务和管理的活动。系统运行服务控制内容包括:系统运行监控、系统运维服务、系统运维服务方式等。系统运行服务的主要控制点包括:各类运行服务的需求符合性、管理规范性、服务有效性。

(1)系统运行监控控制。

系统运行监控控制是指利用信息化手段监控信息化系统的方式,构建信息系统的运行监控系统,对应用系统、信息资源、网络系统、安全系统、机房系统及其信息资产的运行状况进行实时监控、预警报告等。系统运行监控的主要控制点包括:运行监控控制是否促进了系统运行监控的需求符合性、监控指标设置合理性、监控管理有效性。系统运行监控的主要功能是:

①设置各类系统和信息资产的运行状况及技术性能的指标阀值,如应用交易响应速度不超过3秒,存储设备的实际存储量不超过80%,CPU利用率控制在90%,网络带宽利用率控制在80%,城域、广域的路由互联,等等。

②采集各类系统和信息资产的运行状况。在各类系统和信息资产上设置数据采集模块,采集上述各类运行状况和性能指标的实时运行值。

③预警系统运行异常。通过对系统运行状况和信息资产性能指标信息的分析和诊断,对异常情况进行实时报警。如各类系统和信息资产的运行状况和技术性能指标在控制值范围内,以绿灯表示;接近阀值10%时以黄灯表示;超过阀值时以红灯表示,并发出警报声响。

④构建系统运维知识库,提供故障排除的参考方案。利用系统设计技术路线和软硬件技术故障排除知识、积累的系统运维知识和经验,构建信息系统运行维护知识库,对各类异常情况的排除提供可参考的解决方案。

⑤分析信息资产的健康状况。利用运行监控系统与信息资产管理系统的信息共享,分析信息资产的使用年度、异常情况的发生频度、主体或部件的运维记录等信息,诊断信息资产的健康状况,为信息资产的维修或更换提供有效依据。

(2)系统运维服务控制。

系统运维服务控制是指信息系统建设项目通过竣工验收并办理交付使用手续后,进入项目所建系统的运行管理,保障各类系统正常有效运行的维护服务的活动。系统运维服务控制的主要任务是发现并排除系统运行故障、各类信息资产的维护和更新,保障系统正常运行。系统运维服务的主要控制点包括:运维服务控制是否促进了运维服务中问题发现的及时性和准确性、故障排除的及时性和有效性、信息资产维护和更新的合规性和对系统运行的保障性。

①发现并排除系统运行故障。这是信息系统运维服务的主要内容。服务要素包括以下几个方面:

服务对象:是信息系统的应用系统、信息资源、主机系统、网络系统、安全系统、机房系统、运维系统。

服务人员:运维人员中的三大员和岗位人员。

服务制度和规程:运维制度和规范、运维人员和职责管理中的相关运维制度、操作规范、岗位职责。

运维监控系统:系统运行监控管理中的运行监控系统。

服务要素的综合运用:需要把服务人员的岗位职责履行、服务制度和规程的落实、运维监控系统的服务工具的有效使用等要素综合起来,实现对服务对象正常运行、有效运行的服务保障。

②信息资产维护和更新。这是保障信息系统持续有效运行的重要途径。其内容包括:

制订信息资产维护和更新年度计划。根据运行监控系统提供的信息资产健康状况信息,以及信息资产管理系统提供的信息资产使用期和技术性能信息,并依据信息资产所在系统的重要性程度,研究确定维护类和更新类的信息资产目录,为编制运维资金年度预算提供支持。

运维项目招标管理。信息资产维护和更新年度预算计划落实后,需要办理信息资产维护服务和更新资产采购的招标项目。

信息资产维护和更新实施。运维项目招标采购后,组织信息资产维护和更新的实施。更新实施的控制点在于,重要系统、重要部位、重要软硬件的更新是个系统工程,需要制订更新计划,避免在更新实施中对相关系统的技术参数配置产生影响。

(3)系统运维服务方式。

系统运维服务方式是指信息系统运行维护的组织方式,包括自行服务、外包服务和混合性服务等方式。系统运维服务方式的主要控制点包括:运维服务方式控制是否促进了运维服务方式的实际符合性和实施有效性。

①自行运维服务方式。项目建设单位利用自身的人力资源和技术资源组织系统的运行维护,招标采购的软硬件维护需要通过运维项目招标采购除外。这种方式适用于信息系统规模较小,或建设单位的运行维护资源较为充足的情况。

②外包运维服务方式。项目建设单位依托外部资源实施信息系统的运行维护,包括招标采购的软硬件维护需要通过运维项目招标采购。这种方式适用于信息系统规模较大,或建设单位的运行维护资源较为薄弱,难以依托自身资源保障信息系统运行维护的情况。

③系统运维混合服务方式。项目建设单位部分依托自身资源、部分依托外部资源实施信息系统的运行维护。一般来说,单一的自行服务和外包服务较为少见。因为单一的自行服务还是要对招标采购的软硬件维护依托原厂商资源;单一的外包服务中涉及敏感信息、高安全防护信息的系统和信息资源,一般还是依托自身资源。因此,目前的信息系统运维服务方式,基本上是混合服务方式。采用混合服务方式的控制点在于,一是要合理划分依托自身资源和外部资源的服务内容;二是依托自身资源的要加强重要数据资源的建设和管理,依托外部资源的要加强招标采购和运维服务的管理。

(三)安全应急控制

为提高应对网络与信息安全事件的能力,及时控制和最大限度地消除信息安全突发事件的危害和影响,确保信息系统和网络的安全通畅运行,保障信息的合法性、完整性、准确性,保障网络、计算机、相关配套设备设施及系统运行环境的安全,预防和减少网络安全事件造成的损失和危害,应根据《网络安全法》《中华人民共和国突发事件应对法》《互联网信息服务管理办法》《计算机病毒防治管理办法》《国家突发公共事件总体应急预案》《突发事件应急预案管理办法》《信息安全技术信息安全事件分类分级指南》(GB/Z 20986—2007)和《国家网络安全事件应急预案》等相关法规、规定,建立健全容灾备份和网络安全事件应急的组织机构和工作机制。

信息化项目安全应急管理包括容灾备份和网络信息安全应急。

1. 容灾备份控制

容灾备份包括可靠性和有效性控制点,重点是备份策略、数据级备份、容灾恢复系统。一是备份策略,包括应对业务连续性特征的数据备份、应急容灾备份等备份策略,双机热备、在线备份、同城备份、异地备份等备份方式,硬盘备份、磁带备份等备份介质的备份策略对业务连续性需求的符合性。二是数据级备份的技术,包括全部数据备份、部分数据备份、秒分级实时备份、日或周定期备份,以及数据备份恢复策略等对业务系统需求的符合性。三是容灾恢复系统的技术性,包括采用一主一备、"双活"灾备策略对业务系统需求的符合性。

容灾备份是两个概念。容灾是为了在遭遇灾害时仍能保证信息系统正常运行,以实现业务连续性的目标,容灾是系统高可用性技术的一个组成部分。备份是为了应对灾难后造成的数据丢失问题。

(1)容灾备份的分类。

从对信息系统的保护程度来分,容灾系统分为数据容灾和应用容灾。

①数据容灾。建立一个异地的数据系统,该系统是本地应用数据的一个可用复制。当本地数据及整个应用系统出现灾难时,系统至少在异地保存有一份可用的业务数据。该数据可以是与本地生产数据的完全实时复制,也可以比本地数据略微落后,但一定是可用的。采用的主要技术是数据备份和数据复制技术。数据容灾技术,也称为异地数据复制技术,按照其实现的技术方式,主要分为同步传输方式和异步传输方式,也有"半同步"的方式。根据容灾的距离,数据容灾可以分成远程数据容灾和近程数据容灾。

②应用容灾。在数据容灾的基础上,在异地建立一套完整的与本地生产系统相当的备份应用系统(可以是互为备份),在灾难情况下,远程系统迅速接管业务运行。建立这样一个系统相对比较复杂,不仅需要一份可用的数据复制,还要有包括网络、主机、应用、甚至IP等资源,以及广域网络故障和各资源之间的切换机制。

(2)本地高可用系统。

本地高可用系统指在多个服务器运行一个或多种应用的情况下,应确保任意服务器出现任何故障时,其运行的应用不能中断,应用程序和系统应能迅速切换到其他服务器上运行,即本地系统集群和热备份。

(3)灾难恢复

灾难恢复指自然或人为灾害后,重新启用信息系统的数据、硬件及软件设备,恢复正常运行的过程。灾难恢复规划是涵盖面更广的业务持续性规划的一部分,核心是对企业或机构的灾难性风险做出评估、防范,特别是对关键业务数据、流程及时记录、备份和保护。数据恢复是灾难恢复的重要组成部分,旨在将数据恢复到灾难发生之前的最近备份时点状态,最大限度地还原数据,保证其完整性和有效性。

2. 网络信息安全应急

网络信息安全应急控制的关键是网络信息安全应急预案制度。网络信息安全应急预案制度包括:应急预案的组织和程序、安全事件的分类与分级、应急响应的分类与分级、应急响应评估等控制点。

关于网络信息安全应急控制,将在第五章说明。

（四）信息化项目三大员控制

运维人员控制是指建设单位为保障信息系统的正常有效运行,配置相关运维岗位和人员,并对其职责履行情况进行检查监督的活动。运维人员的主要控制点包括:运维人员控制是否促进了系统三大员和应用、网络、安全运维人员及岗位职责履行的合规性和有效性。

1. 三大员人员配置和职责履行

系统管理员、安全管理员、安全审计员的三大人员配置和岗位职责,是信息系统运行的重要保障。

（1）系统管理员。明确系统管理员对各类系统运行状况的问题发现与报告、按照批准方案的调整与配置等岗位职责。

（2）安全管理员。明确安全管理员对系统管理员发现问题的诊断、对调整方案的审核与批准,重要故障排除方案需要集体会诊和必要的请示等岗位职责。

（3）安全审计员。明确安全审计员对系统管理员和安全管理员岗位职责的履行、行为日志的审核,确保不相容职责分离等岗位职责。

2. 应用运维人员及岗位职责履行

应用系统运维人员的岗位职责是负责应用系统、信息资源、主机系统的运行服务和维护工作,及时发现和报告应用系统的运行故障,配合三大员对故障分析、诊断和排除,保障应用系统的正常有效运行。

3. 网络运维人员及岗位职责履行

网络系统运维人员的岗位职责是负责局域网、城域网、广域网的运行服务,负责机房的供电系统、消防系统、新风空调系统、监视系统、温湿度控制系统等的运行服务和维护工作,及时发现和报告网络系统的运行故障,配合三大员对故障分析、诊断和排除,保障网络系统的正常有效运行。

4. 安全运维人员及岗位职责履行

安全系统运维人员负责物理安全、网络安全、主机安全、应用安全、数据安全的运行服务和维护工作,及时发现和报告安全系统的运行故障,配合三大员对故障分析、诊断和排除,保障安全系统的正常有效运行。

五、项目实施控制审计

项目实施控制审计的要点是,检查建设单位的招标采购控制、设计控制、建设实施控制、运维控制等方面的合规性、有效性,保障信息系统建设的可靠性和经济性。

（一）信息化项目招标采购控制审计

招标采购控制审计的目标是,通过对被审计单位招标采购活动的真实性、合法性和效益性的审计监督,维护国家财政经济秩序,提高财政资金使用效益,促进廉政建设,保障国民经济和社会健康发展,发挥国家审计在完善国家治理、维护国家安全和人民根本利益方面的作用。审计的内容是招标采购活动的控制可靠性,即:对实现项目预期目标、保障项目合理有效建设运行的满足度,对国家和行业相关法律法规和规章制度的合规性等。招标采购审计的目的是通过检查被审计单位信息系统建设的招标,揭示系统建设管理控制缺失的问题,提出审计意见和建议,促进项目建设管理的规范性。招标采购控制审计主要采用资料审查方法。

项目招标采购控制审计的重点是,检查建设单位实施招标投标、政府采购项目的合规性和有效性。

(1)招标方式是否按照公开招标和邀请招标方式组织实施,采用邀请招标是否经过相关部门审批。

(2)招标代理机构选择是否按照相关规定操作,自行办理是否向有关行政监督部门备案。

(3)招标公告和投标邀请是否按照相关程序和时间要求办理,是否执行了公开、公正的原则。

(4)招标开标和评标是否按照相关程序和规定办理,是否做到了科学、客观。

(5)招标中标和合同是否按照相关规定确定中标人和发出中标通知书,签订招标合同是否按照规定的要求办理。

(6)政府采购方式是否按照规定的公开招标、邀请招标、竞争性谈判、单一来源采购、询价和规定的其他采购方式组织实施,采用非公开招标采购方式的是否具备规定的条件。

(7)政府集中采购是否执行了集中采购机构采购和部门集中采购,是否按照政府集中采购目录及其相关规定,部门集中采购机构的组织实施是否符合规定。

(8)变更政府采购方式和采购进口产品是否按规定办理了变更政府采购方式的申请和批准,采购进口产品是否符合相关规定并办理了主管部门的核准手续。

(二)项目设计控制审计

项目设计控制审计的重点是,检查建设单位建设思路和原则的符合性,建设项目责任制的落实情况,以及项目设计工作的合规性、有效性。审计的内容是系统设计对实现信息系统的预期目标、保障信息系统合理有效建设运行的满足度,对国家和行业相关法律法规和规章制度的合规性,检查信息化发展规划、信息化需求分析和问题导向机制、建设项目设计等方面的组织管理的控制可靠性,揭示信息系统的信息化发展规划目标不清、任务不明和措施不力、问题导向的需求分析不到位、技术设计不合理等导致的信息系统在组织管理、建设管理、运行管理方面的控制可靠性程度低下,影响信息系统建设和运行的可靠性绩效等问题。

(1)建设项目的建设思路和原则是否结合项目实际在建设目标、建设方式、建设模型方面进行了转变,是否突出了社会问题、提升组织的信息能力和注重顶层设计的要求。

(2)建设项目责任制是否落实了"一把手"原则,是否加强了建设项目全过程的统筹指导,是否加强了建设项目跨部门的统筹协调,是否促进了部门内部和部门间的业务协同和信息共享。

(3)项目设计控制是否对建设实施中的应用系统、网络系统、安全系统、系统集成的详细设计报告进行了检查和督促,是否促进了执行制度和标准的合规性、业务需求的符合性。

(三)项目建设控制审计

项目建设控制审计的目标是,通过检查建设单位的应用研发、施工、集成、系统试运行、监理等管理工作的合规性、有效性及信息系统的安全性、可靠性和经济性,促进信息系统组织目标的实现,维护国家网络信息安全,保障国民经济和社会信息化的健康发展,发挥国家审计在完善国家治理、维护国家安全和人民根本利益方面的作用。项目建设控制审计的重点是,一是信息系统保障承载业务及其信息的业务可靠性,即:信息系统对于承载业务及其信息的整合和集约化架构,保障信息共享和业务协同,保障信息资源的真实性、完整性和准确性。二是信息系统各组成部分的技术可靠性,即:信息系统的应用系统、信息资源系统、存储处理系统、网络系统、安全系统、机房设施系统等,对承载业务和信息存储处理的功能和性能的满足度,对国家和行业相关信息技术标准和规范的符合性等。

(1)应用研发控制是否促进了定制设计开发应用软件、与已有应用系统集成对于系统设计和技术规范的符合性、执行国家相关规范的符合性,重点是业务系统运行需求的符合性。

(2)项目集成控制是否促进了应用系统、网络系统、安全系统等集成设计和集成实施对于总体方案的符合性、技术方案的适用性和先进性、系统集成的有效性、业务需求的满足度。

(3)项目施工控制是否促进了工程装修、设备安装的设计和技术符合性、执行国家相关规范的符合性。

(4)系统试运行控制是否验证了各类服务商的服务质量符合用户需求、符合设计质量和相关规定,是否促进了新建系统的运行稳定性、性能稳定性和安全有效性。

(5)项目监理控制是否执行了项目监理的程序和职责,是否有效地保障了建设项目的质量、进度、投资等方面的质量和水平。

(四)项目运维控制审计

运行维护控制审计的目标是,检查项目建设单位的运行维护管理、业务应用服务、系统运行服务的有效性和合规性,促进信息系统的业务应用服务和系统运行服务的质量和水平,促进信息系统组织目标的实现。运行维护控制审计关注的重点是项目运行服务管理、项目应用服务管理、项目系统监控管理等的项目运维控制等方面的组织管理和运行的控制可靠性。通过系统调查、资料审查、实地考察等方法,检查运行维护的控制可靠性,揭示信息系统的项目运维不到位影响系统安全健康运行、项目运行服务不到位影响系统发挥作用等,导致信息系统在运行管理方面的控制可靠性程度低下,影响信息系统建设和运行的可靠性绩效等问题。

运行维护控制审计的内容是,建设单位的运行维护控制、业务应用服务和系统运维服务。

1. 运行维护控制审计

运行维护控制审计的重点是,检查项目建设单位运维机构管理、运维制度管理、运维人员管理的完整性、有效性。

(1)运维机构管理是否促进了建设单位的运维管理机构,应用运维、网络运维、安全运维等实施机构的机构完整性、职责明确性和执行有效性。

(2)运维制度管理是否促进了应用服务制度、运行服务制度、经费管理制度的制度完整性和执行有效性;应用系统、数据库、主机系统、网络系统、安全系统、机房系统等的操作规程的制度完整性和执行有效性。

(3)运维人员管理的系统管理员、安全管理员、安全审计员,以及应用、网络、安全运维人员的岗位职责的完整性和职责履行的有效性。

2. 业务应用服务审计

业务应用服务审计的重点是,检查建设单位实施的远程应用服务、现场应用服务、应用培训服务、应用知识服务等服务内容的完整性、服务质量的有效性。

(1)远程应用服务是否加强了互联网网站和呼叫中心等方式的远程应用服务,是否促进了业务应用所需的知识和技能服务、业务应用的即时服务、疑难问题的实时服务。

（2）现场应用服务是否促进了现场业务所需的诸如信息系统内控缺失可能导致数据风险的分析、现场管理所需的诸如统计表单要素设置等现场服务和有效指导。

（3）应用培训服务是否促进了应用软件功能使用培训、业务应用所需的复杂分析模型构建等业务应用知识和应用实例培训的效果。

（4）应用知识服务是否促进了应用知识库的构建和内容拓展、是否调动了广大业务人员构建知识和技能方法的积极性，是否促进了业务知识和技术技能的共享，是否为广大业务人员提供了有效的知识和技能方法服务，是否促进了业务应用的质量提升，是否得到了广大业务人员的满意。

3. 系统运维服务审计

系统运行服务审计的重点是，检查建设单位实施的系统运行监控、系统运维服务的有效性，系统运维方式选择的合理性和管理的有效性。

（1）系统运行监控控制的审计重点是，检查建设单位构建的对信息系统运行状况进行监控的系统功能架构的合理性，监控系统中对监管对象的系统和信息资产运行状况及技术性能指标阀值设置的合理性，运行状况及技术性能指标数据采集的有效性，对指标数据分析并预警异常情况的有效性，故障排除运维知识库构建内容的合理性，信息资产健康状况诊断的合理性；监控系统的构建和运行是否促进了对应用系统、信息资源、网络系统、安全系统、机房系统及其信息资产的运行状况的实时监控、预警报告、故障排除和健康诊断等。

（2）系统运维服务管理是否促进了对系统运行故障的发现和排除；信息资产维护和更新年度计划的编制是否合理有效，运维项目招标采购是否符合规定，信息资产维护和更新实施是否符合技术要求，是否促进了信息系统的正常有效运行。

（3）系统运维服务方式的审计重点是，检查建设单位选择的系统运维自行服务、外包服务、自行和外包相结合的服务等方式是否符合建设单位的实际情况，是否有效地促进了信息系统的运维质量和水平。

（五）安全应急控制审计

信息系统安全应急审计的目标是，通过对被审计单位信息系统的安全性和可靠性的审计监督，维护国家网络信息安全，保障国民经济和社会信息化的健康发展。审计内容包括容灾备份和网络信息安全应急。

信息资源是网络系统运行过程中形成的最具价值的资产，容灾备份控制的目的是为了保护信息资产，因此，容灾备份控制审计主要关注容灾备份控制的可靠性、安全性，包括容灾备份与恢复的及时性、完备性、真实性、有效性。

（1）容灾备份控制的可靠性审计，包括以下四个方面：

①关注应急应用系统可接受的备份间隔，一般而言，对于不同应用系统可以接受的备份间隔时间不同，按重要程度分为有备份间隔和无备份间隔，前者允许按照一定时间间隔备份业务处理系统数据，往往用于OA系统、数据分析系统等实时性影响不会导致严重系统问题，而且在备份时间间隔内有其他手段补充数据的情况，可以采用脱机备份的形式；后者要求实时备份业务系统发生的数据更新，一般用于大型不间断的联机服务，如实时的联机售票系统、证券交易系统等，通常

采用数据旁路、交易旁路等形式。

②关注应急应用系统可接受的备份追溯期。应急备份根据应用系统需求不同,会采取备份历史数据、备份应用场景、备份不同时间应用场景等与备份追溯期有关的形式。

③关注备份与恢复使用的数据传输通信渠道是否能够支持备份与恢复的及时性要求。由于备份与恢复涉及大量数据的传输处理,对网络通信性能提出特殊的要求,系统设计的网络通信控制应满足在正常业务处理之外支撑备份与恢复的需要,尤其是备份的需要。这是保证备份与恢复的及时性要求的基础。其中重点关注容灾备份系统中异地备份与恢复的情况。

④关注备份真实有效性的覆盖范围,备份应覆盖重建系统应用所有必要的信息,按重要性程度依次涉及应用系统的信息资源、配置信息、程序和程序变更(包括操作系统和应用系统)、网络管理系统的基础配置数据、更新等。这是保证备份与恢复的真实有效性要求的基础。

(2)容灾备份控制的有效性审计,包括以下两个方面:

①是否建立健全了应急备份控制制度,并切实执行,应急备份控制制度的建设与执行管理,是否覆盖保障应急备份真实有效的各个方面。

②是否执行应急备份测试演练,应急备份测试演练是否覆盖保障应急备份真实有效的各个方面,测试频率与结果是否达到预期效果。

(3)容灾备份控制的安全性审计,包括以下四个方面:

①容灾备份系统设计目标与建设成果中对安全性需求的符合程度。

②容灾备份系统数据资源传递、保管和使用的特殊保护措施,因为备份介质可以脱机存放,或异地存储,引入了在其他环节产生数据暴露的机会,因此应注意在数据传递、保管和使用方面加强制度建设和执行管理,特别是对恢复使用或进行数据测试的环境,应纳入存储处理同样或更高的安全级别予以控制。

③容灾备份能力能不能满足应急备份与恢复的及时性与完备性、应急备份的真实性与有效性及安全性方面的需求。

④对于UPS管理控制,例如各种配置与操作、电池组维护与性能调整、应急演练等也需要纳入管理控制。此外,相关供应商与服务体系也应纳入管理控制。

本节思考题

1. 项目实施控制包括哪些内容? 其作用是什么?

2. 信息化项目采购必须严格执行哪些国家法规规定?

3. 信息化项目总体设计控制包括哪些内容?

4. 应用系统详细设计要求达到的细化程度是什么?

5. 信息安全详细设计方案的控制点一般包括哪些内容?

6. 应用系统研发控制的目标是什么?

7. 什么是信息化项目"三大员"控制?

8. 容灾备份控制审计的主要关注点是什么?

9. 信息化项目实施控制审计的要点是什么?

10. 招标采购管理审计的目标是什么?

第四节　项目投资控制审计

项目投资控制是信息系统建设、运维单位为保障项目投资的符合性和有效性,按照国家和行业的规章制度和标准规范,对项目投资的预算编制与批复、概算调整、预算支付、决算和审计、运行资金的控制,使项目投资具有可靠性、安全性和经济性。

项目投资控制审计是信息系统审计服务单位按照国家和行业的规章制度和标准规范,对项目投资的预算编制与批复、概算调整、预算支付、决算和审计、运行资金控制的符合性和有效性进行检查监督,提出审计意见和建议,保障项目投资具有符合性和有效性,保障信息系统的可靠性、安全性和经济性。

一、项目预算批复控制

(一)项目预算编制控制

国家发展改革委令2014年第7号《中央预算内直接投资项目管理办法》,对中央预算内直接投资项目管理做出了如下规定:一是中央预算内直接投资项目的范围。二是投资项目审批程序。三是投资项目的建设管理。该办法对监督检查和法律责任也做出了相应规定。

1. 投资概算编制的控制

信息系统项目投资概算包括项目建议书、可行性研究报告、初步设计的投资概算编制的控制。项目投资概算控制的要点是:按照建设方案规划设计的各大系统,提出各类软硬件的数量和性能配置,并根据相关的资金测算标准和方法,估算信息系统建设项目的投资(投资估算表参见表2-2)。《中央预算内直接投资项目管理办法》第十九条规定,初步设计应当符合国家有关规定和可行性研究报告批复文件的有关要求,明确各单项工程或者单位工程的建设内容、建设规模、建设标准、用地规模、主要材料、设备规格和技术参数等设计方案,并据此编制投资概算。投资概算应当包括国家规定的项目建设所需的全部费用。《中央预算内直接投资项目概算管理暂行办法》规定,国家建立项目信息化系统,项目单位将投资概算全过程控制情况纳入信息化系统,国家发展改革委和项目主管部门通过信息化系统加强投资概算全过程监管。

项目投资概算的控制点是:要符合需求分析、技术设计、软硬件配置、投资估算的逻辑关系。即顺查法为有需求才有设计、有设计才用配置、有配置才用投资;逆查法为每笔投资应有软硬件配置、每个配置的软硬件应当有设计、每个功能和性能的设计应当有需求。

表2-2　信息系统建设项目投资估算表

单位:万元

序号	建设内容	投资估算	说明
	总投资		
一	土建部分		
(一)	房屋建设或购置		
(二)	装修		
(三)	工程其他费用		

续表

序号	建设内容	投资估算	说明
（四）	预备费		
二	信息系统建设部分		
（一）	硬件		
1	网络设备		
2	存储设备		
3	处理设备		
4	终端设备		
5	安全设备		
6	机房设备		
7	其他设备		
（二）	软件		
1	系统软件		
2	安全软件		
3	专用软件		
4	定制应用软件		
5	信息资源		
（三）	系统集成		
（四）	工程其他费用		
1	建设单位管理费		
2	前期工作费		含需求分析、项目建议书、可行性研究报告编制等
3	设计费		
4	招标费		
5	监理费		
6	培训费		
7	电路租用费		
8	其他费用		
（五）	预备费		

2. 投资概算评估审核

《中央预算内直接投资项目管理办法》第四条规定："申请安排中央预算内投资3000万元及以上的项目，以及需要跨地区、跨部门、跨领域统筹的项目，由国家发展改革委审批或者由国家发展改革委委托中央有关部门审批，其中特别重大项目由国家发展改革委核报国务院批准；其余项目按照隶属关系，由中央有关部门审批后抄送国家发展改革委。"项目审批部门和专业机构对建设项目项目建议书、可行性研究报告、初步设计等立项报告中投资估算进行评估和审核批复的重点，包括如下方面：

（1）投资估算与资金来源的可行性。包括但不限于：项目总投资、中央和地方投资结构的合理性，中央部分建设资金结构和补助地方建设资金安排的合理性，资金筹措渠道的可行性，资金使用计划的合理性，项目运维经费估算的合理性和可行性等。

（2）相对于项目建议书批复的投资调整方案的可行性。

（二）项目预算批复的控制

项目建设单位应依据项目审批部门对可行性研究报告的批复，招标选定或委托具有相关专业资质的设计单位编制初步设计方案和投资概算报告，报送项目审批部门。项目审批部门委托专门评审机构评审后审核批复。审核批复重点关注如下内容：

（1）立项评估审核控制中的项目审批部门组织或委托的立项评估是否按照规定程序和内容进行了评估，项目审批部门是否依据相关要求和评估结论进行审核批复；项目建设单位是否配合项目审批部门或其委托的专业机构对申报的立项报告进行必要性、可行性、充分性和合规性方面的评估，并就评估建议进行调整。

（2）建设项目立项投资符合性审计。是否符合国家政务信息化整体规划和政务部门职责履行核心业务的需要，是否符合企业生产经营活动信息化整体规划和核心业务的需要。

二、项目概算调整控制

建设项目投资概算调整是指项目建设单位在项目预算执行中，因国家相关制度和政策变化、部门职责和业务需求变化、信息技术发展变化等因素，引起批复的建设项目的建设内容、投资概算发生相应变化，建设单位按照相关规定进行的建设项目投资概算的调整并履行相应的报批程序。《中央预算内直接投资项目概算管理暂行办法》（发改投资〔2015〕482号）第十三条规定"项目初步设计及概算批复核定后，应当严格执行，不得擅自增加建设内容、扩大建设规模、提高建设标准或改变设计方案。确需调整且将会突破投资概算的，必须事前向国家发展改革委正式申报；未经批准的，不得擅自调整实施"。项目建设单位投资调整概算的，项目审批部门可以要求项目单位重新组织编制和报批可行性研究报告。建设项目投资概算调整的主要控制点包括：投资概算调整控制具有投资概算调整的真实性和合规性。

（一）信息化项目概算调整报备控制

《国家政务信息化项目建设管理办法》（国办发〔2019〕57号）第二十三条规定：项目投资规模未超出概算批复、建设目标不变，项目主要建设内容确需调整且资金调整数额不超过概算总投资15%，并符合下列情形之一的，可以由项目建设单位调整，同时向项目审批部门备案：（一）根据党中央、国务院部署，确需改变建设内容的；（二）确需对原项目技术方案进行完善优化的；（三）根据所建政务信息化项目业务发展需要，在已批复项目建设规划的框架下调整相关建设内容及进度的。不符合上述情形的，应当按照国家有关规定履行相应手续。

（二）信息化项目概算调整报审控制

《中央预算内直接投资项目概算管理暂行办法》（发改投资〔2015〕482号）第十四条规定：因

项目建设期价格大幅上涨、政策调整、地质条件发生重大变化和自然灾害等不可抗力因素等原因导致原核定概算不能满足工程实际需要的,可以向国家发展改革委申请调整概算。

三、项目预算支付控制

建设项目预算执行控制是指项目建设单位依据批复的项目建设内容和建设周期、项目预算执行等相关规定,按照批复的建设项目预算、财政部门拨付的预算资金,对预算用款、预算项目支出、会计核算等进行的管理和监督。建设项目预算执行控制的目标是保障建设项目预算执行的真实、合法和效益。国家发展改革委关于进一步加强国家电子政务工程建设项目管理工作的通知(发改高技〔2008〕2544号)规定,项目建设部门应严格按照批复的初步设计方案和投资概算实施项目建设。《中央预算内直接投资项目概算管理暂行办法》(发改投资〔2015〕482号)第五条规定:经核定的概算应作为项目建设实施和控制投资的依据。第八条规定:项目单位在其主管部门领导和监督下对概算管理负主要责任,按照核定概算严格执行。概算核定后,项目单位应当按季度向项目主管部门报告项目进度和概算执行情况,包括施工图设计(含装修设计)及预算是否符合初步设计及概算,招标结果及合同是否控制在概算以内,项目建设是否按批准的内容、规模和标准进行以及是否超概算等"建设项目预算执行的主要控制点包括:预算执行控制是否促进了项目预算申请、预算用款、预算支出、会计核算等方面的合规性。

(一)项目预算申请控制

建设项目预算申请的控制点包括:保持建设项目的建设内容预算申请的唯一性,即防止建设项目的同一建设内容向发展和改革委员会多个业务司局的多头申请,或向发展和改革委员会和财政部门的多头申请,或同一建设内容设置在不同建设项目的多头申请,或同一建设内容设置在分期建设项目的多头申请。属于续建、扩建的建设内容,应当在建设项目预算申请中予以说明,并说明已申请预算建设内容的完成情况、效果效益,以及续建、扩建的需求和必要性。

项目预算用款的控制点包括以下几个方面。

(1)编制年度和按季分月用款计划。按照项目审批部门的规定,在"初步设计方案和投资概算"立项报告中编制年度用款计划,项目审批部门和财政部门按照批复的年度用款计划在年度部门预算中安排建设项目用款;按照财政部门规定,编制按季分月用款计划,财政部门按照批复的计划安排建设单位的国库支付用款计划。

(2)编制政府采购预算计划。按照财政部门规定,在年度预算中编制建设项目支出的政府采购预算计划,政府采购专业机构按照财政部门批复的建设项目政府采购预算计划组织采购活动。建设项目的政府采购应当执行批复的年度政府采购预算。

(3)编制国库直接支付和授权支付计划。按照财政部门规定,建设项目年度用款计划应当实行国库直接支付、授权支付和银行零余额账户管理制度。建设单位应当按照批复的国库直接支付和授权支付计划,安排和控制两类支付的用款计划。

(二)项目国库支付的控制

财政性资金的支付实行财政直接支付和财政授权支付两种方式。国库集中支付是以国库单一帐户体系为基础,以财政支付信息系统和银行间实时清算系统为依托,支付款项时,由预算单位提出申请,经审核机构(国库集中支付执行机构或预算单位)审核后,将资金通过单一账户体系支付给收款人的制度。

项目预算支出的控制点包括:

(1)严格建设单位内部的建设项目预算支出管理。建设单位应当制定项目预算支出管理办法,明确项目计划的提出、审批、用款安排、招标采购、合同签订、国库支付报送等责任单位权限和管理流程。

(2)执行财政部门的国库支付制度。建设单位应当执行财政部门的相关规定,项目国库支付用款应当报送符合规定的政府采购资料。

(3)预算单位按照批准的用款计划向财政支付机构提出申请,经支付机构审核同意后在预算单位的零余额帐户中向收款人支付款项,然后通过银行清算系统由零余额帐户与财政集中支付专户进行清算,再由集中支付专户与国库单一帐户进行清算。

(4)严格项目的预算执行管理。一是建设单位应当按照项目审批部门批复的建设项目投资概算总额、批复投资概算表中"项目名称"的投资结构,办理投资结构的项目支出,控制项目支出的投资总额和投资结构的合理性。二是应当按照财政部门和建设单位预算管理部门的年度预算计划,控制年度预算支出的执行进度,控制年度预算结余资金的结转和净结余处理。三是应当按照基建财务规定的基本建设支出科目和在该科目下实行单项核算。

(三)项目财务核算的控制

会计核算也称会计反映,是以货币为主要计量尺度,对会计主体的资金运动进行的反映。它主要是指对会计主体已经发生或已经完成的经济活动进行的事后核算,也就是会计工作中记账、算账、报账的总称。会计核算目标是向会计信息使用者提供与建设单位财务状况、预算执行情况等有关的会计信息,反映建设单位受托责任的履行情况。建设项目会计核算的控制点包括以下几个方面。

(1)保持预算项目名称和编码在预算管理和会计核算中的一致性。预算执行的控制点之一是保持预算支出和会计核算的一致性,避免同一预算项目在预算管理和会计核算中项目名称和编码的不一致。

(2)建立不同的帐套分别核算。由于信息系统建设项目投资需要多维度核算考核,需要在行政事业单位会计核算科目、基本建设会计核算科目、信息资产核算科目、审批部门批复投资结构科目、建设项目的单项核算科目等方面,分别建立不同的帐套核算。

(四)项目合同管理的控制

建设项目合同管理是指建设单位依法对合同订立、履行、变更、转让、终止的全过程进行审查、办理、监督和控制的活动。项目合同管理的目标是保障合同的合规性和执行有效性。项目合同的主要控制点包括:项目合同控制是否保证了合同的订立、履行和变更的真实性和合法性。

1. 合同订立控制

合同订立控制是指建设单位依照《中华人民共和国合同法》(以下简称《合同法》)的规定办理合同订立并对其进行检查监督的活动。项目合同订立的主要控制点是:

(1)合同形式。项目合同订立应当采用书面形式及规范的合同文本(可参照《合同法》的买卖合同、建设工程合同或技术合同等文本),政府协议采购项目合同可以直接使用其规范合同文本。

(2)合同条款。项目合同主要关注的条款:合同标的物数量和质量、标的物的交付期限和地点及质量验证、合同价款和明细、结算方式、标的物的知识产权、法律纠纷约定、合同有效期等。上述条款应当按照公平原则确定当事人各方的权利和义务。

2. 合同履行控制

合同履行控制是指建设单位依照《合同法》的规定履行合同并对其进行检查监督的活动。项目合同履行的主要内容和控制点:

一是甲方的权利和义务。

(1)甲方权利:有权审查、验收和要求其修订乙方提交的合同内容,获得合同规定的内容提交物,获得合同规定相关内容的知识产权成果等。

(2)甲方义务:按照合同规定向乙方提供需求调研相关资料、合同实施事项的相关工作场地和条件,按照合同规定支付相关费用、以及保守乙方的相关商业秘密等。

二是乙方的权利和义务。

(1)乙方权利:有权按照合同规定对甲方的业务需求进行调研并获取甲方同意的相关资料,获取合同规定的甲方支付费用,获得合同规定的相关知识产权成果等。

(2)乙方义务:按照合同规定向甲方提交服务类项目的设计方案、测试大纲、软件源程序及其售后服务等;提交货物类项目的定制软件、系统软件、专用软件,或服务器、存储设备、计算机终端等硬件,以及相关的安装调试和售后服务;提交工程类项目的机房改造、扩建、装修等及其售后服务;保守甲方业务需求和相关资料信息的秘密。

3. 合同变更控制

合同变更控制是指建设单位依照《合同法》的规定办理合同变更并对其进行检查监督的活动。项目合同变更控制的主要内容和控制点是:

(1)合同需求变更。包括定制开发应用软件、系统集成、监理服务等服务类项目,机房改造装修等工程类项目,系统软件、服务器等货物类项目的需求变更,合同中有具体约定的按约定办理,无约定的按合同法律约束条款办理。

(2)合同价格变更。包括合同内容发生变化引起合同总价的变化,合同经审计的确认价与合同价的差异变化等,合同中有具体约定的按约定办理,无约定的按合同法律约束条款办理。

(3)合同支付方式变更。包括银行支票付款和国库支付等方式,采用国库支付方式的应当在合同中写明。

(五)项目资产的控制

建设项目信息资产控制是指建设单位对各类信息资产的采购和登记、领用和调拨、运行和维护、报废和残值的全过程进行审查、办理、监督和控制的活动。项目信息资产控制的目标是保障信息资产的有效管理,提高信息资产的投入产出。项目信息资产的主要控制点包括:信息资产管理是否促进了采购和登记、领用和调拨、运行和维护、报废和残值管理的真实性和合规性。

1. 信息资产采购和登记控制

信息资产采购和登记控制的目标是保障资产采购和登记符合合同和相关制度规定。其采购

和登记的控制点是:

（1）采购控制。信息系统软硬件招标采购到货（定制软件提交）后,应当按规定进行验货,检查是否符合招标采购的技术和数量要求;需要安装调试的应当在完成安装调试后再次验收,直至合格。

（2）登记控制。信息系统软硬件招标采购验货合格后,应当办理信息资产入库登记,并持资产入库信息办理财务报销和财务资产核算。

2. 信息资产领用和调拨控制

信息资产领用和调拨控制的目标是保障资产的使用和管理符合相关规定。其领用和调拨的控制点是:

（1）资产领用控制。建设单位应当实行由信息系统运维机构统一领用和运行管理的制度,外地所辖单位需要使用信息资产且具有独立财务核算的机构,可以单独办理领用手续。领用的信息资产由领用单位办理信息资产的实物登记,并可实施资产价值预登记。建设单位的二级预算单位实行建设项目投资二级预算分配管理的,应当参照上述做法。

（2）资产调拨控制。建设项目竣工决算报表经财政部门批复后,按分摊后的信息资产价值办理调拨手续,实施资产价值预登记的按调拨价值进行资产登记。

（3）信息资产财务控制。受理资产调拨的机构应当按照相关规定办理固定资产财务账,完善信息资产管理。

3. 信息资产运行和维护控制

信息资产运行和维护控制的目标是保障资产的有效使用,提升信息资产的使用价值。信息资产运行和维护的控制点是:

（1）信息资产运行控制。建设单位实施信息系统运行监控的,其运行监控系统将监视应用系统、信息资源、主机系统、网络系统、安全系统、机房系统的各类软硬件信息资产的运行状况和健康状况,并可连接信息资产管理库展示某台设备的名称、编码、原值、采购日期、技术指标、性能指标、采购维保服务期等。

（2）信息资产维护控制。对于超过采购维保服务期的软硬件设备,建设单位应当采用购买服务的方式,提供原厂商的持续维护服务,以持续发挥信息资产的系统承载作用。

4. 信息资产报废和残值控制

信息资产报废和残值控制的目标是保障信息资产的吐故纳新以保持信息系统的持续运行。其报废和残值的控制点是:

（1）信息资产报废控制。对于已失去运行能力的信息资产,应经论证后办理报废手续,并提前办理增补资产的采购,保持信息系统的持续运行。

（2）信息资产残值控制。由于信息资产承担着存储处理业务信息的功能,对报废的软硬件设备介质不能交由服务商以旧换新处理,应当由建设单位妥善保管,存储处理高安全防护信息的设备介质则由建设单位按国家相关规定交由专业机构处理。

四、项目决算编制控制

项目决算是由建设单位编制的反映建设项目实际造价和投资效果的文件。建设项目竣工决算审计是建设项目审计的一个重要环节,它是指建设项目正式竣工验收前,由审计人员依法对建设项目竣工决算的正确性、真实性、合法性和实现的经济效益、社会效益及环境效益进行的检查、评价和鉴证。其主要目的是保障建设资金合理、合法使用,正确评价投资效果,促进总结建设经验,提高项目管理水平。

(一)信息化项目竣工决算报告控制

《财政部关于进一步加强中央基本建设项目竣工财务决算工作的通知》(财办建〔2008〕91号)对基本建设项目竣工财务决算编报及审核工作作出了明确的规定。建设项目竣工决算审核是指建设单位对竣工决算报表的编制进行完整性、有效性、合规性的检查和监督活动。建设项目竣工决算审核的主要控制点包括:竣工决算审核控制是否促进了各类决算报表数据的真实性和合规性。

建设项目竣工决算报表包括:《基本建设项目竣工财务决算报表》封面、《基本建设项目概况表》《基本建设项目竣工财务决算表》《基本建设项目交付使用资产总表》《基本建设项目交付使用资产明细表》《待摊投资明细表》《待摊投资分配明细表》《转出投资明细表(参考)》《应付款余额明细表》《基本建设工程决算审核情况汇总表》。

1. 基本建设项目竣工财务决算编制依据

(1)国家有关法律法规及制度;

(2)经批准的可行性研究报告、初步设计、概算及调整文件;

(3)历年下达的年度投资计划、项目支出预算;

(4)会计核算及财务管理资料;

(5)招投标文件、项目合同(协议)、工程结算等有关资料;

(6)其他有关资料等。

2. 基本建设项目竣工财务决算编报要求

(1)时限要求:

项目建设单位应在项目竣工后三个月内完成竣工财务决算的编制工作,并报主管部门审核。

(2)组织管理要求:

主管部门应督促项目建设单位加强对基本建设项目竣工财务决算的组织领导,组织专门人员,及时编制竣工财务决算。设计、施工、监理等单位应积极配合建设单位做好竣工财务决算编制工作。在竣工财务决算未经批复之前,原机构不得撤销,项目负责人及财务主管人员不得调离。

(3)编报内容要求:

①基本建设项目竣工财务决算报表;

②竣工财务决算说明书;

③项目立项、可研及初步设计批复文件;

④项目历年投资计划及中央财政预算文件;

⑤经有关部门或单位进行决(结)算审计或审核的,需附完整的审计审核报告,报告内容应详实,其主要内容应包括:工程概况、资金来源、审核说明、审核依据、审核结果、意见和建议,并附有

项目竣工决(结)算审核汇总表、待摊投资明细表、转出投资明细表、待摊投资分配明细表;

⑥其他与项目决算相关的资料。

(二)信息化项目决算审计报告控制

第三方审计也称注册会计师审计或者独立审计,是指注册会计师依法接受委托,独立执业,有偿为社会提供专业服务的活动。第三方审计机构一般是会计师事务所,是依法独立承担注册会计师业务的中介服务机构,是由有一定会计专业水平、经考核取得证书的会计师(如中国的注册会计师)组成的,受当事人委托承办有关审计、会计、咨询、税务等方面业务的组织。审计就是监督财务方面的真实性及合规性。第三方审计机构具有审计的独立性,不受那些削弱或纵是有合理的估计仍会削弱注册会计师做出无偏审计决策能力的压力及其他因素的影响。因此,由具有审计资格的第三方审计出具的审计报告具有法律效力的证明。

审计报告是指审计人员根据审计计划对被审计单位实施必要的审计程序,就被审计事项作出审计结论,提出审计意见和审计建议的书面文件。注册会计师根据审计结论,出具下列类型之一的审计报告。

(1)无保留意见:报表符合国家颁布的会计准则和相关会计制度的规定,所有重大方面公允反映了被审计单位的财务状况、经营成果和资金情况;注册会计师已经按照独立审计准则计划和实施了审计工作,在审计过程中未受到限制;不存在应当调整或披露而被审计单位未予调整或披露的重要事项。

(2)保留意见:会计政策的选用、会计估计的作出或报表的披露不符合国家颁布的会计准则和相关会计制度的规定,虽影响重大,但不至于出具否定的意见;因审计范围受到限制,无法获取充分、适当的审计证据,虽影响重大,但不至于出具无法表示意见的审计报告。

(3)否定意见:报表不符合国家颁布的会计准则和相关会计制度的规定,未能从整体上公允反映被审计单位的财务状况、经营成果和资金情况。

(4)无法表示意见:审计范围受到限制可能产生的影响非常重大和广泛,不能获取充分、适当的审计证据,以致无法对报表发表意见。

五、项目运维资金控制

(一)项目资产变动控制

信息化项目资产是指实施项目所采购的各类计算机设备、存储设备、网络设备、安全设备、机房设备、电源设备、影像设备、系统软件及其他电子设备。对信息化项目资产应实施全生命周期管理。项目资产购入后需由固定资产管理员入账,建立固定资产登记簿,将固定资产的增加、减少、用途变化登记在册。

项目资产登记时,按照成本进行初始计量。外购固定资产的成本,包括购买价款、相关税费、使固定资产达到预定可使用状态前所发生的可归属于该项资产的运输费、装卸费、安装费和专业人员服务费等。固定资产因改良、扩建等原因形成后续支出的,应将发生的后续支出计入固定资产成本,并同时终止确认被替换部分的账面价值。已经使用的正版软件,与成本相关的软件许可和续订,如果系统已被整合或已部署虚拟化技术,那么软件许可证也应该合并。

项目资产的减少,包括固定资产的转让、处置、报废、盘亏。因转让、报废、处置等原因形成固定资产减少的,应当将处置收入扣除账面价值和相关税费后的金额计入当期损益。固定资产折旧年限及折旧率遵照国家有关规定。

项目资产管理,要提高工作效率,降低管理成本实现资产管理和预算管理的有机结合。

只有列入运行的软硬件资产方能作为运维基数。

(二)项目运维预算控制

运维资金控制是指列入建设单位年度预算中的信息系统运行维护资金的预算编制、预算执行等方面的管理活动。一般情况下,运维预算编制由二级预算单位即建设单位运维机构组织,运维预算执行管理由建设单位预算管理部门统一管理。

1. 运维预算编制控制

运维预算编制控制是指信息系统运行维护资金的预算编制、预算申请、预算批复与报备等方面的活动。运维预算编制的主要控制点包括:运维预算编制控制是否促进了运维预算编制的真实性、合规性。

运维预算编制的控制点在于确定合理的预算结构、采用适用的测算方法,编制合理的运维预算。运维资金预算结构一般包括三个部分:

(1)软硬件运维预算。包括:超过采购合同售后服务期且已上线运行的各类信息资产,需要依托原厂商资源提供运维服务的,需要编制运维预算。

(2)服务运维预算。包括:需要外部采购的相关数据资源;需要聘用人员完成相关数据的采集、清洗、整理、转换等;需要租用城域、广域电路等,需要编制运维预算。

(3)软硬件更新运维预算。属于信息资产更新计划中需要采购的软硬件且不能依托续建工程建设资金解决的零星软硬件采购,需要编制运维预算。

运维资金测算方法一般包括两种:

(1)定额法。即按照信息资产原值的一定比例,确定不同类型的软硬件的运维预算定额。如,某类型的服务器单价原值为10万元,按6%比例,确定其运维预算定额为6000元。按此定额测算软硬件运维预算。

(2)类别比例法。即将信息资产分为网络设备、主机设备、安全设备、机房设备、系统软件、专用软件、应用软件等不同类型,参照运维招标成交价和本单位以往运维合同价与资产原值的比例,确定不同类型资产的运维预算比例,按此方法测算软硬件运维预算。

上述两种方法各有优劣,需要选择并保持相对稳定的运维资金测算方法。

2. 运维预算申请

运维预算作为建设单位年度预算的组成部分,将列入建设单位年度预算一并办理预算申请。运维资金预算申请的控制点在于,项目运维机构在向预算管理部门申请运维资金预算时,需要在编制的预算说明中明确刚性预算需求和弹性预算需求。即:如果服务器中的主板一旦损坏,没有预算资金保证将会导致系统服务中断,属于刚性需求;如果负责单位零星设备维护的外聘人员预算资金不足,可以通过加强管理、提高效率、挖掘潜力等措施予以弥补,可以说是弹性需求。

3. 运维资金预算批复与报备

根据单位年度预算批复的运维资金预算,如与申报预算不一致,需要按批复预算进行明细调整后,向单位预算管理部门报备。

(三)运维预算执行控制

运维资金预算执行控制是指依据批复的年度运维预算,按照预算执行的相关规定,办理预算用款申请、预算项目支出、预算执行进度管理等方面的活动。运维资金预算执行的主要控制点包括:运维资金预算执行控制是否促进了运维资金预算执行活动的真实性、合规性、有效性。

(1)预算用款申请。按照本节项目投资控制中关于编制年度和按季分月用款计划的相关规定,办理运维资金的用款申请。

(2)预算项目支出。按照本节项目投资控制中关于建设单位应当制定建设项目预算支出管理办法,明确建设项目招标采购项目计划的提出、审批、用款安排、招标采购、合同签订、国库支付报送等的责任单位权限和管理流程的相关规定,办理运行维护的预算项目支出。

(3)预算执行进度管理。按照本节项目投资控制中关于按照财政部门和建设单位预算管理部门的年度预算计划,控制年度预算支出执行进度,控制年度预算结余资金的结转和净结余处理的规定,安排好运行维护预算项目支出的执行进度。

六、项目投资控制审计

项目投资控制审计的重点是,检查建设单位实施的建设项目预算执行管理、项目投资概算调整、项目采购合同管理、项目信息资产管理、项目竣工决算管理等方面的真实性、合法性和效益,促进建设项目的经济性。

(一)项目预算编制控制的审计

从建设项目投资的必要性和经济性角度看,重点关注如下内容:

(1)项目的建设目标和投入产出审计。在项目的设计方案和具体实施中,电子政务信息系统的建设目标是否体现了改善政务职责履行所面临的社会问题即问题导向目标,是否具有明确的绩效指标即投入产出指标;企业信息系统是否体现了改善企业生产经营活动、提升企业社会服务职责和生产经营效益的信息化能力目标,是否具有明确的绩效指标即投入产出指标。

(2)项目的建设方式和投资有效性审计。在项目的设计方案和具体实施中,电子政务信息系统的建设方式是否体现了本行业(包括中央和地方)统一规划、统一组织、共建共享的原则,相关业务是否体现了跨部门、跨行业的信息共享、业务协同的共建共享原则,是否体现了共享国家电子政务网络和安全基础设施、国家基础信息库资源,提升国家政务信息化的共享协同原则,从而有效地避免重复建设、重复投资。企业信息系统建设项目的经济审计,可参照上述内容。

(3)项目投资与建设内容匹配的合理性审计。土建的工程投资和工程其他费用投资的投资结构,信息系统的软件、硬件、信息资源、标准规范、系统集成、工程其他费用等与建设内容匹配的合理性和经济性。

(4)项目投资的合规性审计。检查项目是否存在重复立项、多头立项或套用其他专项资金擅自立项审批等问题。

（二）项目概算调整控制的审计

项目概算调整控制审计的内容是项目投资概算调整是否具有充分性和合规性,是否按照相关规定调整并履行相应的报批程序,项目建设中是否严格执行了批复的项目投资概算。

（三）项目预算支付控制的审计

预算支出审计是对预算支出情况和财政机关与国库安排拨付预算资金、贯彻国家支出政策情况的审计,重点是项目预算执行控制是否促进了建设项目执行预算批复、组织预算用款、预算项目支出、会计核算等方面的合规性,是否促进了建设项目预算执行的真实、合法和效益。

预算支出审计的主要内容包括:

(1)审查预算支出是否按照原经过批准的国家预算执行,并坚持兼顾需要与可能,收支平衡,略有结余的原则,有无违背量力而行原则,发生赤字等问题。

(2)审查预算支出的安排是否做到统筹兼顾、保证重点、照顾一般,支出范围是否合理,有无虚列支出、转移资金或私设小金库等情况。

(3)审查预算支出制度是否健全,报批内容和手续是否完善严密。

(4)审查预算支出的完成情况,是否按照批准的预算及时准确拨款,对超预算支出是否办理追加预算,有无正式批准手续。

(5)审查预算支出项目的可行性和效益性,能否达到预期的目的,有无铺张浪费和无效投资等现象。

(6)项目采购合同是否严格执行了合同订立、履行、变更、转让、终止的各项规定,是否促进了合同控制的合规性和执行有效性。

（四）项目竣工决算控制的审计

项目竣工决算审计的主要内容包括:预算批复与执行、决算的账账相符、各类决算表数据的真实性、各类决算表相关数据的钩稽平衡、交付资产与实物资产的账实相符等。

1. 预算批复与执行、决算的账账相符和帐表相符

(1)审查竣工决算编制依据。审核决算依据是否齐全、是否符合有关规定、是否存在遗留问题。

(2)审查是否按规定的时间及时进行竣工决算的编报。建设项目的竣工决算应在项目办理竣工验收后的一个月内编报。

(3)审核项目审批部门批复建设项目概预算、资金来源和资金到位情况,项目预算执行的总额和结构情况,与《基本建设项目竣工财务决算表》《基本建设工程决算审核情况汇总表》等相关报表中相关数据的账账相符和帐表相符。检查有无任意挪用其他资金和非法集资等情况;竣工决算表中所列的各项基本建设拨款或贷款额,是否反映了从开始建设起至竣工为止的累计数,历年的拨款或贷款之和是否超过核定的拨款或贷款总额。竣工决算表中所列的基本建设结余资金数额是否与竣工年度决算中的数额相符,且数字是否真实、准确。剩余的设备、材料及其他物资

的处理,资金的收回是否得当;投资支出是否合理,有无扩大开支范围、提高开支标准以及存在贪污、受贿、索贿、铺张浪费等违纪的情况。

(4)审查项目建设是否按照批准的初步设计进行,各单项工程是否严格按照批准的概算内容进行,有无概算外项目和提高建设标准、扩大建设规模的问题;有无重大质量事故和经济损失。

(5)工程施工发生计划调整、设计变更有无批准调整计划的文件和变更设计的手续;设计变更和现场签证是否合理,有关手续是否符合规定。

(6)审查在工程实施过程中有关设备和材料的变化情况、建设的变化情况、补充合同的内容变化等是否正常,调整是否合理。

(7)审查建设工期。审查是否按计划开工和竣工,查明建设速度加快或延缓的原因,明确责任。

(8)审查工程质量。审核是否符合工程质量检验评定标准和验收规范,有无不符合质量要求的工程,有无报废工程。

(9)审查、评价投资效益。从物资使用、新增生产能力、预测投资回收期等方面评价投资效益。

(10)审查、核实尾工工程的未完工程量,防止将新增项目列为尾工项目和增加新的工程内容。

2. 各类决算报表数据的真实性

(1)审核竣工决算资料的齐全性。有关财务报表、主要附表是否齐全,表中各项目的内容填列是否完整、正确、真实,各表之间应该一致的数字是否相符;竣工情况说明书所列项目内容是否全面、真实。

(2)审核各类决算报表数据的真实性。包括:

①审核《基本建设项目概况表》中基建支出的概算数和实际数,以及其他非财务数据的真实性。

②审核《基本建设项目竣工财务决算表》中的资金来源与资金占用项下各类数据的真实性。

③审核《待摊投资明细表》《应付款余额明细表》中的各类数据的真实性。

3. 各类决算报表相关数据的钩稽平衡

各类决算报表相关数据的钩稽平衡包括:

(1)审核《基本建设项目竣工财务决算表》与《基本建设项目交付使用资产总表》《应付款余额明细表》的相关数据,以及与项目预算结余资金等的钩稽平衡。

(2)审核《待摊投资分配明细表》与《待摊投资明细表》、摊前资产价值等的钩稽平衡等。

4. 交付资产与实物资产的账实相符

(1)审核《基本建设项目交付使用资产明细表》与资产使用单位的信息资产实物的账实相符。

(2)审查交付使用财产是否真实和完整,是否符合交付条件,移交手续是否齐全、合规。审查竣工决算中所列的交付使用资产价值是否真实、准确,其构成是否合理;应计入交付使用资产成本的报废工程损失、坏账损失和非常损失等,是否已按规定程序报经有关部门批准;应分摊计入交付使用资产成本的待摊投资,是否已按规定的方法分摊计入交付使用资产成本,其分摊标准是否合理;有无多报、重报、虚报交付使用资产价值的情况等。同时核实在建工程完成额,查明未能全部完成和及时交付使用的原因。

(3)审查转出投资、应核销投资和应核销支出的列支依据是否充分,手续是否完备,内容是否真实,核销是否合规,有无虚列投资的问题。

(五)项目运维资金控制的审计

运维资金控制审计的重点是,检查建设单位运维资金预算编制控制、运维资金预算执行控制的合规性、有效性和经济性。包括:

(1)运维资金预算编制控制是否按规定组织了预算编制、预算申请、预算批复与报备,预算编制是否真实、合理,采用的运维资金预算结构、运维资金测算方法是否合理,是否符合细化预算编制规定的要求。

(2)运维资金预算执行控制是否促进了预算用款申请、预算项目支出、预算执行进度的真实性、合规性、效益性。

(3)运维资金投入是否促进了信息系统的健康安全运行,是否保障了信息系统投入产出的经济性。

本节思考题

1. 信息系统项目投资概算编制必须遵守的国家法规有哪些?
2. 信息化项目投资概算调整需要报审、报备的条件和额度是什么?
3. 信息化建设项目预算执行的主要控制点是什么?
4. 信息化建设项目预算支出的控制点是什么?
5. 信息化建设项目合同管理的主要控制点是什么?
6. 信息化建设项目信息资产的主要控制点是什么?
7. 信息化建设项目竣工决算审核的主要控制点是什么?
8. 运维预算编制的控制点是什么?
9. 项目投资控制审计的重点是什么?
10. 预算支出审计的主要内容有哪些?

第五节 项目验收控制审计

项目验收控制是信息系统建设、运维单位为保障项目验收的符合性和有效性,按照国家和行业的规章制度和标准规范,对项目的单项验收、初步验收、最终验收的控制,使项目验收具有可靠性、安全性和经济性。

项目验收控制审计是信息系统审计服务单位按照国家和行业的规章制度和标准规范,对项目的单项验收、初步验收、最终验收控制的符合性和有效性进行检查监督,提出审计意见和建议,保障项目验收具有符合性和有效性,保障信息系统的可靠性、安全性和经济性。

一、项目验收总体控制

建设项目验收是指项目审批部门和项目建设单位依据相关规定,在建设项目任务完成后对批复建设项目的任务、技术、财务、档案及其效果等进行检查和结项的活动。项目验收的主要控制点包括：项目验收是否符合相关规定和要求，组织的单项验收、初步验收、配合或受托竣工验收是否促进了项目管理质量和项目建设效益。

《"十三五"国家政务信息化工程建设规划》(国函〔2017〕93号)要求"严格工程项目验收及后评价，加强责任追究"。《国家政务信息化项目建设管理办法》明确要求，国家政务信息化项目建成后半年内，项目建设单位应当按照国家有关规定申请审批部门组织验收。项目建设单位不能按期申请验收的，应当向项目审批部门提出延期验收申请。

电子政务建设项目验收的具体要求如下。

（1）验收方式和时限：

①验收方式。包括单项验收、初步验收和竣工验收。

②验收组织。单项验收、初步验收由项目建设单位按照要求自行组织，竣工验收由项目审批部门或委托项目建设单位组织验收。

③验收时限。电子政务项目建设完成半年内，项目建设单位应完成初步验收工作，并向项目审批部门提交竣工验收申请报告。

（2）验收条件：

①建设项目确定的网络、应用、安全等主体工程和辅助设施，已按照设计建成，能满足系统运行的需要；

②建设项目确定的网络、应用、安全等主体工程和配套设施，经测试和试运行合格；

③建设项目涉及的系统运行环境的保护、安全、消防等设施已按照设计与主体工程同时建成并经试运行合格；

④建设项目投入使用的各项准备工作已经完成，能适应项目正常运行的需要；

⑤完成预算执行情况报告和初步的财务决算；

⑥档案文件整理齐全。

（3）验收任务：

①审查项目的建设目标、规模、内容、质量及资金使用等情况。

②审核项目形成的资产情况。

③评价项目交付使用情况。

④检查项目建设单位执行国家法律、法规情况。

二、项目单项验收控制

建设项目单项验收是指项目建设单位根据规定对批复的单项建设内容进行检查和结项的活动。单项验收是依据合同规定，对所建的应用系统、信息资源、主机系统、网络系统、安全系统、机房系统等单个项目进行任务、技术、进度、财务、档案等方面的验收，应形成单项或专项验收报告。验收报告应包括验收依据(批复、合同等)、建设内容和质量、验收意见及工程管理、技术实现、财务管理和文档资料等情况。单项验收控制的主要内容包括：单项验收组织、验收方式和内容。单项验收的主要控制点包括：单项验收控制是否促进了单项验收方式和内容的合规性和合理性，以及验收质量控制的有效性。

单项验收的组织包括两层含义：

(1)单个建设项目的确认。以批复的建设内容为依据,可独立形成单个的建设项目,可能包含一个或多个合同的,可以组织单项验收。如同一应用软件在项目建设期内可能有多个合同。

(2)单项验收的组织。一般由建设单位的实施机构直接组织验收并出具验收报告。属于建设单位所属机构独立承担的建设内容且具有验收能力的,可以由建设单位实施机构委托其组织单项验收并出具验收报告。

单个建设项目视其采购方式和建设内容的不同,可以采取不同的验收方式和内容：

(1)招标采购货物类的验收。包括主机设备、网络设备、安全设备、系统软件等,经过安装调试即可使用的软硬件信息资产的单项验收,可采用合同规定和资产验收单的方式,检查、核对其资产的质量、数量、使用部门和安装调试后的运行情况组织验收。

(2)招标采购工程、服务类的验收。包括土建工程、机房装修、网络布线、应用软件定制、系统集成等的建设项目,应当组成专家组进行评审后出具验收意见的方式。其中,定制应用软件的单项验收应有第三方测试报告和用户报告;机房土建装修项目的单项验收应有具备资质的机构出具消防、防雷接地等检测报告和监理报告;信息安全等级保护建设项目应具有相关部门的测评报告。

(一)信息化项目土建单项验收控制

信息化项目土建单项验收控制的主要内容包括：一是功能必需满足各个系统的设置,二是符合有关国家标准和规范,并满足电气、通风、消防及装修艺术、环境标准工程的要求,具体包括：

(1)建筑安全：机房整体结构、防雷、机房所有出入口的身份验证控制等。

(2)机房环境：根据设备数量及尺寸而定房间尺寸、空气条件尘埃、有害气体浓度、地板强度、地板墙壁和天花表面防静电、楼层高度、防火自动预警和灭火装置、电场强度、磁场强度、温度、湿度、卫生条件、照明等。

(3)机房电源、地线：不间断稳压电源、地线、供电备份系统等。

信息化项目土建工程完成后的验收,需要对防雷、消防、室内环境进行检测,消防验收要与消防批准的图纸相符,要对联动、烟感、水枪的喷射高度等进行必要的检测。

机房土建装修项目的单项验收应有具备资质的机构出具消防、防雷、接地等检测报告和监理报告。

(二)硬件单项验收控制

包括主机设备、网络设备、安全设备、系统软件等,经过安装调试即可使用的软硬件信息资产的单项验收,可采用合同规定和资产验收单的方式,检查、核对其资产的质量、数量、使用部门和安装调试后的运行情况组织验收。

硬件验收的内容包括：外观检查、资料验收、数量检验、设备安装、质量检验、加电试运行、验收记录、设备入库等。外购的操作系统、数据库、中间件、开发工具等符合知识产权相关政策法规的要求。

(三)定制软件单项验收控制

定制软件单项验收控制的主要内容包括:一是软件开发合同内容与项目设计方案中软件功能性能的符合性,或有调整的合理性,乙方实际完成软件开发功能和质量的符合性,以及各类提交物的合同符合性。二是软件交付后应当按照合同规定由乙方提供相应的运维、培训等服务,确保软件运行和投资的有效性。三是定制应用软件的单项验收应有第三方测试报告和用户报告。

三、项目初步验收控制

初步验收由项目建设单位组织。初步验收是由项目建设单位根据批复的建设项目,依据合同规定,在完成建设内容和单项验收的基础上对所建的应用系统、信息资源、主机系统、网络系统、安全系统、机房系统等项目,进行初步结项检查的活动。初步验收的重点是对合同规定的任务和技术要求进行初步验收,主要控制点包括初步验收控制是否促进了初步验收内容和资料的完整性与真实性,工程、技术、财务、档案的分项验收和综合验收质量控制的有效性。

初步验收的基本条件是项目建设单位依据合同完成各单项验收,形成单项或专项验收报告。

(一)验收依据

(1)国家有关法律、法规及国家关于信息系统和电子政务建设项目的相关标准;
(2)经批准的建设项目项目建议书、可行性研究报告、初步设计和投资概算等报告及批复文件;
(3)建设项目的合同文件、施工图、设备和软件技术说明书。

(二)初步验收内容

(1)工程验收。包括对批复建设项目的建设目标和考核指标,标准规范、应用系统、信息资源、主机系统、网络系统、机房土建和保障系统、运维系统、安全系统等各项建设内容,中央和地方共建项目的建设规模等实现和完成情况,实际建设任务对批复建设任务有重大调整的报批情况,建立运维服务队伍和服务机制、实施系统运行维护等运维保障体系建设情况,以及项目组织机构、管理制度、管理情况的检查验收。

(2)技术验收。对批复建设项目的技术方案、技术实现情况,包括应用系统、信息资源、主机系统、网络系统、运维系统、安全系统等的技术架构、技术路线,应用系统与计算机环境的系统响应速度、网络通信和存储系统的功能和性能利用率等技术指标,先进实用技术的应用创新情况,以及信息安全等级保护、分级保护和风险评估实施情况等的检查验收。

(3)财务验收。对批复建设项目投资概算和投资结构,中央本级建设部分投资、中央补助地方建设资金、地方投资部分等的完成情况,项目预算余额和应付款同项目投资总额的占比情况,招标投标和政府采购及其执行国家招标投标和政府采购制度情况,因特殊原因改变招标和采购方式的报批情况,基本建设工程财务核算情况,建设项目合同管理和执行情况,项目建设形成的各类信息资产的验收、登记、领用、调拨、管理和信息资产账实相符情况,自主可控装备同信息资产总量的占比情况等的检查验收。

（4）档案验收。对建设项目的档案管理机构、管理制度及执行情况,实施项目建设和档案建设同步工作机制情况,反映项目建设过程记录的立项文档、建设文件、项目文档、财务文档、单项验收文档等情况,项目文档资料的齐全和整理情况的检查验收。《国家政务信息化项目建设管理办法》规定:未进行档案验收或者档案验收不合格的,不得通过项目验收。

（三）初步验收组织

（1）组建验收组织。组建初步验收委员会和分项验收专家组。

（2）组织专家验收。分项组织工程、技术、财务、档案的专家验收并提出评价意见和建议。

（3）组织初步验收。召开初步验收会,其议程是:报告建设项目的工程、技术、财务、档案及其效果情况,报告监理情况、专业机构测评情况、用户使用情况等;初步验收委员会经听取汇报、审查资料、观看系统演示、审查专家分组评价意见和建议,讨论形成初步验收意见报告;专家组分组报告验收评价意见和建议,初步验收委员会报告初步验收意见。

（4）项目建设单位根据规定向项目审批部门提出竣工验收申请。

四、项目竣工验收控制

项目竣工验收是信息化建设过程的最后一道程序,是建设投资成果转入生产或使用的标志,也是全面考核投资效益、检验设计和施工质量的重要环节。项目竣工验收是由项目审批部门组织的对批复的建设项目在完成初步验收后进行结项检查的活动。竣工验收是依照国家有关法律、法规及工程建设规范、标准的规定完成工程设计文件要求和合同约定的各项内容,建设单位已取得政府有关主管部门(或其委托机构)出具的工程施工质量、消防等验收文件或准许使用文件后,组织工程竣工验收并编制完成《建设工程竣工验收报告》。竣工验收一般由项目审批部门或其组织成立的电子政务项目竣工验收委员会组织。建设规模较小或建设内容较简单的建设项目,项目审批部门可委托项目建设单位组织验收。项目竣工验收的主要控制点包括:竣工验收控制是否促进了竣工验收内容和资料的完整性与真实性,工程、技术、财务、档案的分项验收和综合验收质量控制的有效性,保障建设项目实现建设目标、提高投资效益。

（一）竣工验收申请审核批复

项目审批部门组织对建设单位报送的建设项目竣工验收申请的审核,包括申请所附的项目建设总结、初步验收报告、财务报告、审计报告和信息安全风险评估报告。项目审批部门审核后批复。建设项目竣工验收依据同初步验收依据外,增加建设单位竣工验收申请和项目审批部门的批复。

（二）项目竣工验收内容

竣工验收的内容除初步验收内容外,还增加以下内容:

（1）初步验收所提意见和建议的整改情况。

（2）工程验收增加内容:建设项目如有特殊情况需将部分建设内容待竣工验收后组织实施的内容、原因和措施。

（3）技术验收增加内容：信息安全等级保护、分级保护和风险评估的报备和测评结果情况。

（4）财务验收的增加内容：项目预算余额和应付款及其同项目投资总额的占比情况，建设项目如有特殊情况需将部分建设投资待竣工验收后组织实施的金额、原因和措施，建设项目竣工决算和审计报告等。

（三）项目竣工验收组织和结果报备

项目审批部门或委托建设单位组织竣工验收。

（1）组建验收组织。组建竣工验收委员会和分项验收专家组。

（2）组织专家验收。专家组负责开展竣工验收的先期基础性工作，分项组织工程、技术、财务、档案的专家验收，重点检查项目建设、设计、监理、施工、招标采购、档案资料、预（概）算执行和财务决算等情况，提出评价意见和建议。

（3）组织竣工验收。召开竣工验收会的议程是：报告建设项目的工程、技术、财务、档案及其效果情况，报告监理情况、专业机构测评情况、用户使用情况等；竣工验收委员会经听取汇报、审查资料、观看系统演示、审查专家分组评价意见和建议，讨论形成竣工验收意见报告；专家组分组报告验收评价意见和建议，竣工验收委员会报告竣工验收意见。

（4）项目建设单位将建设项目竣工验收结果情况形成《竣工验收报告》，向项目审批部门报备。

（四）竣工验收报告主要内容

（1）建设依据：简要说明工程竣工验收报告，项目可行性研究报告批复或计划任务书和核准单位及批准文号，批准的建设投资和工程概算（包括修正概算），规定的建设规模及生产能力，建设项目的合同协议主要内容。

（2）工程概况：工程前期工作及实施情况；设计、施工、总承包、建设监理、设备供应商、质量监督机构等单位；各单项工程的开工及完工日期；完成工作量及形成的生产能力（详细说明工期提前或延迟原因和生产能力与原计划有出入的原因，竣工验收报告以及建设中为保证原计划实施所采取的对策）。

（3）初验与试运行情况：初验时间与初验的主要结论以及试运行情况（应附工程竣工验收报告初验报告及试运行主要测试指标，试运行时间一般为3~6个月）。

（4）工程技术档案的整理情况：工程施工中竣工验收报告的大事记载，各单项工程竣工资料、隐蔽工程竣工验收资料、设计文件和图纸、监理文件、主要器材技术资料及工程建设中的来往文件等整理归档的情况。

（5）竣工决算概况：概算（修正概算）、预算执行情况与初步决算情况，项目竣工验收报告投资分析。

（6）经济技术分析：主要技术指标测试值及结论；工程质量的工程竣工验收报告分析，对施工中发生的质量事故处理后的情况说明；建设成本分析和主要经济指标，以及采用新技术、新设备、新材料、新工艺所获得的投资效益；投资效益的竣工验收报告分析，形成固定资产占投资的比例。

(7)投产准备工作情况:运行管理部门的组织机构,人员配备情况,工程竣工验收报告培训情况及建立的运行规章制度的情况。

(8)收尾工程的处理意见。

(9)项目建设的经验、教训及对今后工作的建议。

五、项目验收控制审计

项目验收控制是信息系统可靠性绩效的审计内容,通过系统调查、资料审查、实地考察等方法,检查组织管理、建设管理的控制可靠性,揭示信息系统的项目实施管理不力、项目验收不合规或质量控制失效而影响系统安全健康运行,导致信息系统在组织管理、建设管理方面的控制可靠性低下,影响信息系统建设和运行的可靠性绩效等问题。

(一)项目验收控制的审计

项目验收控制审计的重点是,检查建设单位实施的建设项目验收在执行建设项目验收要求,组织单项验收、初步验收、竣工验收等方面的合规性和有效性,检查项目验收要求方面是否执行了验收方式和验收时限的要求,是否具备项目的验收条件。

(二)项目单项验收控制的审计

单项验收控制的审计是否按照规定组织了单项验收,验收方式和内容是否符合相关要求,是否提高了项目验收基础工作的质量。

对于定制软件的单项验收审计包括业务符合性和技术经济性审计两个方面,重点检查软件开发的合同规定内容及其完成情况、合同金额的合理性、软件交付后的运行和维护情况。一是软件开发合同内容与项目设计方案中软件功能性能的符合性,或有调整的合理性,乙方实际完成软件开发功能和质量的符合性,以及各类提交物的合同符合性。二是软件研发成本的计算可参照《软件研发成本度量规范》关于软件研发成本构成、软件研发成本度量过程、软件研发成本度量应用的相关规范。如发现软件成本规范估算与合同金额有较大出入,应当进行逐项审查,并依据相关规定提出审计意见。三是软件交付后应当按照合同规定由乙方提供相应的运维、培训等服务,确保软件运行和投资的有效性。

(三)项目初步验收控制的审计

组织初步验收是否进行了验收依据的前期准备,是否执行了初步验收的工程、技术、财务、档案等验收内容的规定,初步验收程序是否符合相关规程,是否促进了验收内容资料的完整性与真实性,以及验收质量控制的有效性。

(四)项目竣工验收控制的审计

组织竣工验收是否办理了申请和审核批准,是否执行了竣工验收的工程、技术、财务、档案等验收内容的规定,竣工验收程序是否符合相关规程,是否促进了验收内容资料的完整性与真实性,是否促进了项目建设和验收质量控制的有效性,是否促进了建设项目的社会效益和经济效益的目标实现。

本节思考题

1. 项目验收的主要控制点是什么？
2. 国家电子政务建设项目验收有哪些具体要求？
3. 单项或专项验收报告应包括哪些内容？
4. 初步验收的内容是什么？
5. 信息化建设投资成果转入生产或使用的标志是什么？
6. 竣工验收在初步验收基础上增加的内容是什么？
7. 信息化项目土建单项验收的主要内容是什么？
8. 信息化项目软件单项验收控制点是什么？
9. 项目验收控制审计的目的是什么？
10. 信息化项目工程验收控制的审计内容有哪些？

第六节　项目绩效控制审计

项目绩效控制是信息系统建设、运维单位为保障项目绩效评价的符合性和有效性，按照国家和行业的规章制度和标准规范，对项目政务效能贡献、业务信息化推动、业务应用持续发展、信息系统能力适配性等基本指标和扩展指标的绩效评价活动控制，以使项目具有更好的经济社会效益和百姓企业获得感。

项目绩效控制审计是信息系统审计服务单位按照国家和行业的规章制度和标准规范，对项目的政务效能贡献、业务信息化推动、业务应用持续发展、信息系统能力适配性等基本指标和扩展指标的绩效评价控制的符合性和有效性进行检查监督，提出审计意见和建议，保障项目绩效具有符合性和有效性，保障信息系统项目具有更好的经济社会效益和百姓企业获得感。

一、信息化项目绩效评价总体控制

"绩效评价"是指对照统一的标准，建立特定的指标体系，运用数理统计、运筹学等方法，按照一定程序，通过定性定量对比分析，对一定期间的管理过程和管理效果做出客观、公正和准确的综合评判。"信息化项目绩效评价"是指运用信息化绩效评价指标体系，对组织实施信息化战略而产生的效益进行客观、公正和准确的综合评判。

2016年发布的《国家信息化发展战略纲要》提出"建立和完善信息化统计指标体系，加强信息化统计监测和评估工作，组织开展战略实施年度检查与绩效评估"。

《中共中央国务院关于全面实施预算绩效管理的意见》（财预〔2018〕167号）要求：到2020年底中央部门和省级层面要基本建成全方位、全过程、全覆盖的预算绩效管理体系，既要提高本级财政资源配置效率和使用效益，又要加强对下转移支付的绩效管理，防止财政资金损失浪费；到2022年底市县层面要基本建成全方位、全过程、全覆盖的预算绩效管理体系，做到"花钱必问效、无效必问责"，大幅提升预算管理水平和政策实施效果。

《国家政务信息化项目建设管理办法》第二十条规定：项目建设单位应当对项目绩效目标执

行情况进行评价,并征求有关项目使用单位和监理单位的意见,形成项目绩效评价报告,在建设期内每年年底前向项目审批部门提交。项目绩效评价报告主要包括建设进度和投资计划执行情况。对于已投入试运行的系统,还应当说明试运行效果及遇到的问题等。第二十七条规定:项目建设单位应当在项目通过验收并投入运行后12至24个月内,依据国家政务信息化建设管理绩效评价有关要求,开展自评价,并将自评价报告报送项目审批部门和财政部门。第三十二条规定:项目审批部门、主管部门应当加强对绩效评价和项目后评价结果的应用,根据评价结果对国家政务信息化项目存在的问题提出整改意见,指导完善相关管理制度,并按照项目审批管理要求将评价结果作为下一年度安排政府投资和运行维护经费的重要依据。

(一)项目绩效评价控制

信息化项目绩效评价是一个检验体系,也是一个指导体系。通过绩效评价,一方面能够及时发现问题,有针对性地解决现代电子政府运行中的效率、成本、服务、管理等方面的问题,为信息化项目的进一步发展保驾护航。另一方面,可以指出部门、地区之间的差距,从而吸取先进经验,弥补不足。

信息化绩效评价是信息化一切投入和产出的过程评估,完整的绩效评价的内容可规范为四个大的方面:一是信息化业绩,主要表现为社会经济活动提供服务的数量和质量。在数量上,表现为尽可能满足社会对政府管理服务规模的需要;在质量上,表现为尽量提供优质服务,具备高效率办事能力。二是信息化效率,反映的是业务活动所取得的劳动成果、社会经济效益同所消耗的人力、物力、财力和时间的比例关系。三是信息化效能,指通过实施信息化所产生的"产品"和履行职责及向公众提供服务的水平。四是信息化成本,即实施信息化所占用和消耗的资源及程度。

信息化绩效评价包括评估目标、评估主体、评估客体、评估指标体系、评估程序及评估方法等基本要素。

信息系统的安全性、可靠性和经济性是信息系统绩效的重要体现。信息系统审计正是关注信息系统在管理控制、应用控制、网络控制和安全控制方面,对于保障信息系统安全性、可靠性和经济性的控制有效性,对于保障信息系统组织目标实现的作用。

(二)信息化项目后评价控制

项目后评价,是指在项目竣工验收并投入使用或运营一定时间后,运用规范、科学、系统的评价方法与指标,将项目建成后所达到的实际效果与项目的可行性研究报告、初步设计(含概算)文件及其审批文件的主要内容进行对比分析,找出差距及原因,总结经验教训,提出相应对策建议,并反馈到项目参与各方,形成良性项目决策机制。

《国家发展改革委关于加强和完善国家电子政务工程建设管理的意见》(发改高技〔2013〕266号)关于完善电子政务项目的全过程管理的要求中提出"在验收和后评价工作中,应加强对电子政务项目的绩效评价,切实保障项目建设取得实效"。根据需要,可以针对项目建设(或运行)的某一问题进行专题评价,也可以对同类的多个项目进行综合性、政策性、规划性评价。项目后评价应当遵循独立、客观、科学、公正的原则,保持顺畅的信息沟通和反馈。项目后评价采用定性和定量相结合的方法,主要包括:逻辑框架法、调查法、对比法、专家打分法、综合指标体系评价法、项目成功度评价法。

《中央政府投资项目后评价管理办法》(发改投资〔2014〕2129号)规定了项目后评价的组织管理、工作程序、后评价报告编制大纲(附件2《中央政府投资项目后评价报告编制大纲(试行)》)和成果应用。

1. 项目后评价的组织管理

国家发展改革委负责项目后评价的组织和管理工作,具体包括:确定后评价项目,督促项目单位按时提交项目自我总结评价报告并进行审查,委托承担后评价任务的工程咨询机构,指导和督促有关方面保障后评价工作顺利开展和解决后评价中发现的问题,建立后评价信息管理系统和后评价成果反馈机制等。

项目行业主管部门负责加强对项目单位的指导、协调、监督,支持承担项目后评价任务的工程咨询机构做好相关工作,项目单位负责做好自我总结评价并配合承担项目后评价任务的工程咨询机构开展相关工作。

2. 工作程序

(1)项目单位可委托具有相应资质的工程咨询机构编写自我总结评价报告。项目单位对自我总结评价报告及相关附件的真实性负责。

(2)项目单位应在项目竣工验收并投入使用或运营一年后两年内,将自我总结评价报告报送国家发展改革委,同时提供开展项目后评价所需的以下文件及相关资料清单:

①项目审批文件。主要包括项目建议书、可行性研究报告、初步设计和概算、特殊情况下的开工报告、土地预审报告、环境影响评价报告、安全预评价报告、节能评估报告、重大项目社会稳定风险评估报告、金融机构出具的融资承诺文件等相关的资料,以及相关批复文件。

②项目实施文件。主要包括项目招投标文件、主要合同文本、年度投资计划、概算调整报告、施工图设计会审及变更资料、监理报告、竣工验收报告等相关资料,以及相关的批复文件。

③其他资料。主要包括项目结算和竣工财务决算报告及资料,项目运行和生产经营情况,财务报表以及其他相关资料,与项目有关的审计报告、稽察报告和统计资料等。

项目自我总结评价报告内容不完整或深度达不到相应要求的,项目行业主管部门或者省级发展改革部门要求项目单位限期补充完善。

项目单位存在不按时限提交自我总结评价报告,隐匿、虚报瞒报有关情况和数据资料,或者拒不提交资料、阻挠后评价等行为的,根据情节轻重给予通报批评,在一定期限内暂停安排该单位其他项目的中央投资。

(3)国家发展改革委根据《中央政府投资项目后评价管理办法》第十二条规定的原则,对跨地区、跨流域、工期长、投资大、建设条件复杂,以及项目建设过程中发生重大方案调整、重大社会民生、社会舆论普遍关注等项目,结合项目单位自我总结评价情况,确定需要开展后评价工作的项目,制订项目后评价年度计划,印送有关项目行业主管部门、省级发展改革部门和项目单位。

(4)国家发展改革委根据项目后评价年度计划,委托具备相应资质的工程咨询机构承担项目后评价任务。承担项目后评价任务的工程咨询机构,在现场调查、资料收集和社会访谈的基础上,结合项目自我总结评价报告,对照项目的可行性研究报告,初步设计(概算)文件及其审批文件的相关内容,对项目进行全面系统地分析评价。在规定时限内完成项目后评价任务,提出合格的项目后评价报告。

3.　成果应用

国家发展改革委将后评价成果提供给相关部门、省级发展改革部门和有关机构参考。对于通过项目后评价发现的问题,有关部门、地方和项目单位应认真分析原因,提出改进意见。后评价成果作为规划制定、项目审批、资金安排、项目管理的重要参考依据,以不断提高投资决策水平和政府投资效益。

二、政务信息化项目绩效评价控制

《国务院办公厅关于促进电子政务协调发展的指导意见》(国办发〔2014〕66号)要求:"开展电子政务绩效评估。切实发挥绩效评估的导向作用,引导电子政务健康发展。推动建立考核评价体系,由发展改革、财政、审计等部门对相关电子政务项目进行专项评估,并与现有项目管理手段相衔接,作为系统运维和后期建设投资的重要参考,避免重复建设和盲目投资;各地区各部门从成本效益、应用效果、协同共享、安全保密、创新服务等方面提出评估指南,开展电子政务绩效自我评估"。

(一)项目绩效评价方法与范围控制

对信息化项目绩效评价有两种方法,一是依据信息化项目绩效评价规范要求的方法,二是依据信息化项目确定绩效评价内容的方法。两种方法的评价范围有所不同。

1.　依据信息化项目绩效评价规范要求的评价方法

该评价方法适用于国家主管部门制定了信息化项目绩效评价规范性文件的相关信息化项目的绩效评价,例如,国家发展改革委等部门发布的《关于开展国家电子政务工程项目绩效评价工作的意见》的规范性文件。

该评价方法的重点是,依据国家相关部门绩效评价的规范性文件要求,对两种不同的情况采取不同的评价方法。

第一种情况:信息化项目已经完成时,重点对项目的政务效能贡献度、业务信息化推动度、业务应用持续发展度、信息系统能力适配度等绩效指标进行评价。

第二种情况:信息化项目尚未完成,或是投资较大、建设期较长的重大信息系统建设项目的事中绩效评价,可利用主管部门规范性文件要求的绩效评价指标,进行各类绩效指标的基期值和报告期值取值,再进行指标值计算和汇总,形成建设项目绩效的评价。

上述评价方法的好处是评价是以规范性文件为依据的,具有一定的客观性。其缺点是评价可能会受规范性文件指标体系的局限,如《关于开展国家电子政务工程项目绩效评价工作的意见》的指标体系中没有对项目资金使用管理的合规性做出评价要求,可能在一定程度上影响绩效评价的效果。因此,在利用信息化项目绩效评价规范要求的评价方法中,可同时结合下述第二种方法,扩展绩效评价的范围和要求。同时,在使用下述第二种方法中,也可结合上述第一种方法中的相关绩效评价指标。

2. 依据信息化项目确定绩效评价内容的方法

该方法适用于评价项目方案确定的绩效内容的信息化项目。该方法的评价重点是信息系统建设项目的安全性、可靠性、经济性方面的绩效情况。

(1)建设项目安全性的绩效评价重点

根据信息系统安全性目标的要求,信息化项目安全性绩效的评价重点是:是否有效地保障了信息系统承载业务及其信息的安全性,是否有效地保障了信息系统运行和服务的持续和健康。绩效评价指标可以参照本书第五章信息系统安全控制审计的安全管理体系和安全技术体系的相关要求。

①安全管理体系的绩效评价:重点关注安全管理制度、安全管理机构、人员安全管理、安全建设管理、安全运维管理对于保障信息系统安全管理的有效性。

②安全技术体系的绩效评价内容:重点关注安全物理环境、安全通信网络、安全区域边界、安全计算环境、安全管理中心的通用技术要求,云计算扩展、移动互联扩展、物联网扩展、工业控制扩展、大数据的专项扩展要求的安全技术保障的有效性。

③安全可控信息化装备的绩效评价:重点关注信息化项目的系统软件、网络设备、存储处理设备、机房设备、安全设备等软硬件配置的国产安全可控信息化装备的有效性。

(2)建设项目可靠性的绩效评价内容

根据信息系统可靠性目标的要求,信息化项目可靠性绩效的评价重点是:信息系统的组织管理和建设运行的管理可靠性、信息系统保障承载业务及其信息的业务可靠性、信息系统各组成部分的技术可靠性方面的绩效情况。

①组织管理和建设运行的管理可靠性绩效评价:重点关注组织机构和工作机制、制度标准和执行机制、队伍建设和作用机制的组织管理,信息化发展规划和实现机制、信息化需求分析和问题导向机制、建设项目立项设计和信息化推进机制等的规划管理,建设项目招标采购管理、项目实施管理、项目投资管理、项目验收管理等的项目建设管理,项目运行服务管理、项目应用服务管理、项目系统监控管理、项目运维资金管理等的项目运维管理等方面的组织管理和建设运行的控制可靠性。

②保障承载业务及其信息的业务可靠性绩效评价:重点关注应用系统、网络系统和安全系统对于保障承载业务及其信息的安全健康运行的控制可靠性。

③信息系统各组成部分的技术可靠性绩效评价:重点关注信息系统的应用系统、信息资源系统、存储处理系统、网络系统、机房设施系统、安全系统等技术组成部分,对承载业务的功能和性能的技术满足度,对国家和行业相关信息技术标准和规范的符合性等方面的技术可靠性。

(3)信息化项目经济性的绩效评价内容

根据信息系统经济性目标的要求,信息化项目经济性绩效的审计重点是:信息系统建设投资的技术性价比,即投资形成的信息系统技术装备同满足信息系统承载业务的功能和性能的价值比;信息系统投入产出的效益性价比,即信息系统建设投资与信息系统运用产出的价值比。

①信息系统建设投资的技术性价比绩效评价内容:重点关注应用系统、信息资源系统、存储处理系统、网络系统、机房设施系统、安全系统的建设投入及其形成的技术功能和性能,对于保障承载业务和信息的技术性价比的经济性绩效。

②信息系统投入产出比的效益性绩效评价内容:重点关注信息系统项目的建设和运维的投

入与项目运行产出的社会效益和经济效益的投入产出比的效益性绩效。

(二)项目绩效评价指标控制

2015年1月,国家发展改革委、中央编办和财政部联合发布的《关于开展国家电子政务工程项目绩效评价工作的意见》发改高技〔2015〕200号,提出了国家电子政务建设项目绩效评价的指标体系。

该意见提出的国家电子政务工程建设项目绩效评价指标体系,由基本指标和扩展指标组成。其中,基本指标包括政务效能贡献指标、业务信息化推动指标、业务应用持续发展指标、信息系统能力适配性指标等四类一级指标,以及相对应的二级和三级指标。同时明确不同类型的政务信息化工程项目,可根据项目特点和实际,在基本指标基础上选择或扩展相应指标,开展绩效评价工作。

1. 政务效能贡献绩效评价指标

政务效能贡献绩效是指通过项目建设和运用,反映项目政务目标的实现程度,即对政府管理成效的贡献度,包括对经济社会秩序、公共服务普惠、制度设计安排等方面的改善程度。

政务效能贡献绩效评价指标下设二级指标,包括经济社会秩序改善程度、公共服务普惠改善程度、制度设计安排改善程度等。在二级指标下设置相应的三级指标。

2. 业务信息化推动绩效评价指标

业务信息化推动绩效是指通过项目建设和运用,反映项目业务目标的实现程度,包括项目对政务业务协同机制发展水平、政务信息资源开放共享、业务信息化应用模式等方面的推动作用。

业务信息化推动绩效评价指标下设二级指标,包括业务协同机制发展水平、信息共享机制发展水平、业务应用模式发展水平等。在二级指标下设置相应的三级指标。

3. 业务应用持续发展绩效评价指标

业务应用可持续发展绩效是指通过项目建设和运用,反映项目的可持续发展目标的实现程度,包括业务应用集约化、业务功能复用率、信息资源复用水平等方面的实现程度。

业务应用持续发展绩效评价指标下设二级指标,包括业务应用集约化发展水平、业务功能复用率发展水平、信息资源复用水平等。在二级指标下设置相应的三级指标。

4. 信息系统能力适配性绩效评价指标

信息系统能力适配性绩效是指通过项目建设和运用,反映信息系统综合能力目标的实现程度,包括计算处理能力等信息系统技术能力的利用率,以及信息安全保障和项目组织和队伍的保障能力等。

信息系统能力适配性绩效评价指标下设二级指标,包括信息系统技术能力利用水平、信息安全保障能力水平、项目组织保障能力水平等。在二级指标下设置相应的三级指标。

(三)项目绩效评价报告控制

《关于开展国家电子政务工程项目绩效评价工作的意见》(发改高技〔2015〕200号)附件2《国家电子政务工程项目绩效评价报告编制大纲(试行)》规定了编制绩效评价报告的具体要求。

1. 绩效评价报告的主要内容

(1)绩效评价组织开展情况。

包括评价依据、绩效评价项目人员组成、绩效评价的开展情况。其中,绩效评价的开展情况包括绩效评价开展的时间周期、该项目绩效评价的前期调研、评价基本和扩展指标的确定及其权重、各类指标数据采集的方法和来源、各类指标测评的方法和组织等(如专家评价、调查问卷、系统技术测试)。

(2)项目概况。

包括项目基本情况;项目决策理由与目标(项目决策的依据、背景、理由和预期宏观和实施目标);项目建设内容及规模(经批准和实际建成的建设内容、建设规模和建设周期,主要实施过程、变化内容及原因);项目投资情况(经批准的投资估算、初步设计概算及调整概算、竣工决算);政府采购管理情况(计划、形式、组织、实施和评价等);项目运行及效益现状;主要结论。

(3)项目全过程总结与评价。

《国家电子政务工程项目绩效评价报告编制大纲(试行)》第三部分要求对项目概况中的内容逐一详细描述,包括绩效总体评价和分项评价、存在的问题和原因分析、整改意见和建议等。

2. 绩效评价程序与方法

(1)信息系统绩效评价程序。

包括编制绩效评价方案,组织评价指标的数据采集、指标测评计算和绩效分析,编写绩效评价报告。

①编制绩效评价方案。依据绩效评价基本指标,结合建设项目实际,可扩展相应指标,确定绩效评价指标,并进行指标重组和权重确定,采用相应的数据采集和评价方法,形成绩效评价方案。

②绩效评价指标的数据采集。根据确定的绩效评价末级指标,从项目建议书、项目可行性研究报告、项目初步设计和投资概算文件及其审批文件等相关资料中获取末级指标的基期值数据(信息系统建设项目立项申报时的状况水平);通过项目验收、系统运行、应用效果的评价,组织开展可数量化统计计算的问卷调查,组织信息系统技术测试等方法,获取末级指标的报告期值数据(信息系统建设项目完成后的绩效状况水平)。

③指标测评与计算汇总。根据获取的末级指标数据,采用报告期值与基期值比值的测评方法,确定各类末级指标值;再利用末级指标值及其权重,按照上一级指标的权重进行计算汇总,直至汇总形成评价项目的绩效总评价值。条件具备时,可进行电子政务项目绩效指标的本领域历史纵向水平和相关领域横向水平的比较与分析。

④编制绩效评价报告。

(2)信息系统绩效评价指标测定方法。

①指标值测定:

对建设项目各类三级指标的基期设计值和报告期测评值先进行量化测定,再进行量化比较,确定各类三级指标的测评值。

三级指标测评值的测评公式如下:

$$C_i = X/Y \times 100\% \tag{2-1}$$

式(1)中,C_i 设为三级指标测评值,其值域为 $0 \leqslant C_i \leqslant 100$;以三级指标经济社会秩序改善程度为例,$X$为报告期改善经济社会秩序测评值,$Y$为基期改善经济社会秩序设计值。

实际评价时,某些绩效指标的基期设计值和报告期测评值可能难以直接获取确定的定量值。此时,可采取定量和定性分析的方法,将优、良、中、差的定性分析,转换为相应的定量值。

②指标计算:计算三级指标。利用三级指标的测评值和权重,计算得到三级指标的计算值。计算公式为

$$A_i = C_i \times W_i \tag{2-2}$$

式(2)中,A_i为级指标测评值C_i三与权重W_i的计算值,$0 \le A_i \le W_i$。

汇总二级指标。计算公式为

$$A_j = (\sum A_i) \times W_j \tag{2-3}$$

式(3)中,A_j为二级指标计算值,$0 \le A_j \le W_j$。其中,$\sum A_i$为A_j下的三级指标计算值之和,W_j为二级指标A_j的权重。

式(3)原理可用于一级指标的计算汇总。

③示例如下。

某建设项目改善经济社会秩序三级指标的基期设计值为:通过检查监督,使财政财务收支中的违纪违规问题由原来的15%降低到10%。则该指标的基期设计值为5%。绩效评价时测得财政财务收支的违纪违规问题由原来的15%降低到8%,则该指标的报告期测评值为8%(测评计算过程和结果见表2-3)。

三级指标测评值。按式(1),$C_i = X/Y \times 100\%$测评,该指标的X为8,Y为5,C_i为160。由于C_i的值域为$0 \le C_i \le 100$,故C_i的测评值为100;若示例中设公共服务普惠改善程度指标的X为6,Y为8,则C_i公共服务普惠改善程度指标的测评值为75。

三级指标计算值。按式(2),$A_i = C_i \times W_i$计算,改善经济社会秩序指标C_i为100,示例表中设该指标权重W_i为0.35,则$A_i = 1$的计算值为35;公共服务普惠改善程度指标C_i为75,示例表中设该指标权重W_i为0.35,则$A_i = 2$的计算值为26.25;依次计算。

二级指标汇总计算。按式(3),$A_j = (\sum A_i) \times W_j$,汇总示例表中政务目标实现程度二级指标的计算值,则$A_j = (35 + 26.25 + 30) \times W_j = 91.25 \times 0.35 = 31.94$。

一级指标汇总计算。利用式(3),$A_j = (\sum A_i) \times W_j$,汇总政务贡献能力一级指标的计算值。同理,可进行四个一级指标的合计汇总。

表2-3　国家政务信息化工程建设项目绩效评价示例表

序号	指标名称	基期 设计值 Y	报告期 测评值 X	指标 测评值 C	指标权重 $W/\%$	指标 计算值 A
	合计				100	
1	政务贡献能力				30	
1.1	政务目标实现程度				35	31.94
1.1.1	经济社会秩序改善程度	5	8	100	35	35.00
1.1.2	公共服务普惠改善程度	8	6	75	35	26.25
1.1.3	制度设计安排改善程度	6	6	100	30	30.00

序号	指标名称	基期设计值 Y	报告期测评值 X	指标测评值 C	指标权重 $W/\%$	指标计算值 A
1.2	业务目标实现程度				35	
	⋮					
1.3	经济社会效益实现程度				30	
	⋮					
2	业务推动能力				25	
2.1	信息共享机制实现程度					
	⋮					
3	系统支撑能力				25	
	⋮					
4	组织保障能力				20	
	⋮					

注:1.表中的指标权重 W,在绩效评价方案的指标重组和权重确定时设置;2.基期设计值 Y、报告期测评值 X、指标测评值 C,在指标测评时输入,或由绩效评价软件从相关测评表中获取;3.指标计算值 A,可由 Excel 工具的计算功能或绩效评价软件的计算功能自动完成。

（3）二级指标同项下的三级指标权重之和为 100,以及 $0 \leqslant C_i \leqslant 100$、$0 \leqslant A_i \leqslant W_i$、$0 \leqslant A_j \leqslant W_j$ 等的规则,可由绩效评价软件控制实现。

（四）项目绩效成果利用控制

信息系统绩效评价报告的成果利用包括两个方面:一方面作为对信息系统项目建设单位和建设项目主管部门的工作评价、问题揭示、审计意见和建议,以便督促整改;另一方面,需要将信息系统建设、运行和应用的绩效情况,向建设项目的投资方报告。国家政务信息系统的建设和运行使用了财政资金,企业信息系统的建设和运行使用了国有资金或投资人或股民的钱,都需要向社会公众发布结果信息。信息化项目绩效评价,既是评价已建项目应用效能、以评促改的重要手段,也是后续电子政务项目规划制定、项目审批、投资决策、项目管理的重要参考依据。同时,信息系统绩效情况、存在的问题和潜在风险等,反映了国家政务信息化和企业信息化需要进一步完善的体制、制度和机制等方面的问题。

三、信息惠民项目绩效评价控制

国家发展改革委、财政部等部门于2016年制定的《推进"互联网+政务服务"开展信息惠民试点实施方案》(国办发〔2016〕23号)提出"建立健全效能评估和监督考核制度,开展绩效评估考核指标体系研究,以惠民效果和群众反响来检验考核信息惠民工作"。国家发展改革委《关于加快实施信息惠民工程有关工作的通知》(发改高技〔2014〕46号)要求"国家发展改革委、财政部、审计署加强对信息惠民工程的绩效评价和监督检查"。《关于开展信息惠民国家试点城市评价工作的意见》(发改高技〔2015〕312号)规定了评价工作的总体要求、指标体系、评价程序、评价组织、成果利用等具体内容。

(一)项目评价范围控制

在充分考虑东中西部地区发展条件差异的基础上,对信息惠民国家试点城市进行评价。重点是解决当前体制机制和传统环境下民生服务突出难题的;简化群众办事环节、提升政府行政效能、畅通政务服务渠道的;推动跨层级、跨部门信息共享开放和业务协同的;改变以往技术导向、项目驱动的建设模式,更加注重体制机制和政策制度创新,逐步构建方便快捷、公平普惠、优质高效的公共服务信息体系的。以评促建、以评促效,切实保障试点工作取得实效。

评价工作由国家部委、省、市政府部门共同完成。各试点城市人民政府对信息惠民工程成效进行跟踪分析和自我监督,阶段性地开展自评价工作。

自评价以试点城市信息惠民的热点、难点为出发点,基于本地基础,剖析问题及原因,评价已应用的信息惠民工程对惠民成效的提升,覆盖综合评价指标体系中所述要点。

(二)项目评价指标控制

指标体系由基本指标和扩展指标组成。其中基本指标以"综合惠民成效"评价为核心,是各试点城市的必选评价指标,包含惠民保障指标、信息共享指标和综合成效指标三个一级指标,以及对应的二级和三级指标。

(1)惠民保障指标是评价试点城市实施信息惠民工程的保障能力,包括组织架构、工作机制、政策环境、资金投入、信息安全等方面。

(2)信息共享指标是评价试点城市在推动信息资源跨部门、跨层级共享的水平和确保共享实效的举措,包括信息共享设施利用水平、信息资源开发利用水平、信息共享标准与管理水平。

(3)综合成效指标是评价试点城市在信息惠民综合服务方面的应用水平和成效,包括横向集约化服务水平、纵向延伸化服务水平、多渠道服务能力。

扩展指标以"特色惠民成效"评价为核心,各试点城市的评价不限于示例中所列的九大领域,可依据本地民生服务面临的重点问题及具体创建方案,自行提出、设定若干信息惠民领域的评价指标,指标要细化至三级指标,并提出指标的权重、数据的采集和计算方式。

表 2-4 信息惠民国家试点城市评价指标

	一级指标	二级指标	三级指标	指标说明
基本指标	1. 惠民保障	组织保障	建立领导负责制	评价试点城市在信息惠民工程中"一把手"领导发挥的组织协调作用。如市委书记或市长牵头实际协调解决的难题等
			信息惠民工作组	评价试点城市在实施信息惠民工程中工作组的组织情况、工作机制及运行成效。如城市相关委办局相关领导作为工作组成员、建立跨部门的协商决策机制等
			组织架构创新	评价试点城市是否结合自身特点开展组织架构创新,在调动各方积极性和解决部门协作方面所取得的实际成效
		工作机制	试点城市专家组	评价试点城市专家组工作情况,及其在推进试点城市信息惠民工程中所发挥的实际支撑成效
			细化工程实施方案	评价试点城市按照创建工作方案要点,落实并细化创建实施方案的情况。如实现目标的具体步骤和工作计划、细化创建任务和保障措施等
			工作推进机制	评价试点城市信息惠民工程的推进和考核机制。如纳入政府"为民十件实事"等市政府年度重点工程、纳入政府部门的绩效考核体系、及时向上级部门汇报实施进展及成效等
		政策环境	信息共享与数据开放政策	评价试点城市在信息共享与数据开放方面的政策法规制定和落实情况
			行政审批及管理流程优化政策	评价试点城市结合信息惠民工程,优化行政审批和业务管理流程,形成长效政策与机制情况。
			省级部门政策支撑情况	评价试点城市所属省级管理部门推进信息惠民工程的相关政策情况。如省级信息惠民总体规划、总结试点城市成功经验及推广等
		资金保障	信息惠民资金保障	评价试点城市在信息惠民工程实施中的资金保障能力和引导各类市场主体共同参与的水平。如创新资金投入模式、合理引导社会资金投入等
		安全保障	信息网络与系统安全保障	评价试点城市在信息网络与系统安全方面的保障措施。如技术保障、安全管理机制等

一级指标	二级指标	三级指标	指标说明
1. 惠民保障	安全保障	信息资源安全保障	评价试点城市在信息资源安全管理方面的措施。如制定信息资源安全管理办法、内部管理制度和安全技术实施方案等
		信息安全事件	评价试点城市在试点期间信息惠民领域的信息安全事件发生情况
基本指标		信息资源开发利用	基础信息资源开发利用	评价试点城市在推动人口、法人、地理空间等基础信息资源满足各部门履行职能需求的实现情况。包括：基础信息资源的采集方式，如集中采集、一数一源、多方共享校核等。基础信息资源的完整程度。基础信息资源共享利用情况，如无条件共享基础信息资源的委办局占全部委办局的比率情况等
	2. 信息共享	信息资源开发利用	业务信息资源共享	评价试点城市在推动业务信息资源在相关政务部门间共享的实现程度。如跨部门、跨层级提供基于协议共享的业务信息资源情况，推动医疗卫生、劳动就业、社会保障、养老与社区服务等领域开展协同业务情况
			信息资源开放与开发	评价试点城市在推动信息资源开放和鼓励社会力量开发利用的实现程度
		信息共享配套支撑	信息共享管理举措	评价试点城市推动惠民项目在信息共享方面的管理机制和措施。如信息惠民项目工程建设前期，以联合签署信息共享协议等方式，确定信息共享的相关事项；项目工程立项、绩效管理和验收时，审批部门将信息共享作为重要考核内容；工程项目建成后，可根据业务需求变化情况，及时调整信息共享授权范围等
			信息共享标准规范	评价试点城市对信息资源标准规范及信息资源规范化共享的实现程度。包括对已有国家标准、行业标准的采纳情况，利用已有国际、国家的相关标准情况，细化或先行先试制定信息共享等标准规范等
			信息共享基础设施	评价试点城市在利用信息共享基础设施方面的水平。如对非涉密政务网络基础设施的利用水平，对基础信息资源库、共享交换平台、信息资源共享目录等设施的利用水平等

	一级指标	二级指标	三级指标	指标说明
基本指标	3. 综合成效	综合服务能力	集约化服务能力	评价试点城市在推动公共服务事项和社会信息服务全天候受理和"一站式"办理的服务水平。如在已有基础上建设完善政府惠民公共服务平台,网络办事大厅实现一站式服务,全流程办理;一卡通应用方便市民在不同领域享受公共服务;通过城市统一热线实现市民提出和反馈问题的受理等成效
			延伸化服务能力	评价试点城市在推动公共服务事项和社会信息服务向基层延伸的实现程度。如推动惠民公共服务向县(区)、乡镇(街道)、社区(村)等下沉的举措和服务成效等
			多渠道服务能力	评价试点城市在应用云计算、大数据、移动互联网等新一代信息技术,拓宽服务渠道方面的举措和应用水平。如建立行政服务大厅、网络办事大厅、热线电话服务、数字电视服务、自助终端办理、移动终端APP办理等,以及民众利用多种服务渠道的便捷程度等
		服务满意度	服务的便捷感	通过问卷调查、网络调查、电话访问等多种方式,评价试点城市市民在出行、就医、办事、养老等方面的主观感受
			生活的安全感	通过问卷调查、网络调查、电话访问等多种方式,评价试点城市市民在公共安全、食药安全等方面的主观感受
扩展指标	1. 社保领域	社保卡应用		评价试点城市社保卡人群覆盖范围与覆盖人口比例;评价社保卡在市民生活中的应用情况,如以社保卡为基础的金融支付业务使用情况,在居民健康、惠民待遇发放等公共服务领域的集成应用情况等
		社保业务办理		评价试点城市民众办理社保业务时便捷性与时效性提升程度。如利用网上服务、自助服务、移动互联服务、电视电话服务等新业务模式办理的业务量的增长情况,社保数据网上查询、网上缴费便捷性、社保业务办理时间缩短以及实现医保跨地区联网结算的地区数量增加等

续表

	一级指标	二级指标	三级指标	指标说明
扩展指标	1. 社保领域	社保数据共享利用		评价试点城市社保数据跨部门或跨上下级的共享程度。如社保数据跨部门共享方式、社保转移接续便捷性与时效性的提升、电子化社保缴纳证明开具等
	2. 医疗领域	健康卡应用		评价试点城市居民健康卡覆盖常住人口比例及居民健康卡使用情况。如使用居民健康卡就诊医疗机构比例、居民健康卡与社保卡、金融IC卡、市民服务卡等公共服务卡的应用集成情况等
		医疗服务优化		评价试点城市医疗机构医疗服务便捷性提升效果。如就医双向转诊无障碍、远程健康跟踪管理、就诊等待时间缩短、重复检验减少等
		医疗信息共享		评价试点城市医疗信息跨医疗机构、跨部门共享利用程度。如居民电子健康档案建档率,电子病历跨医疗机构共享使用情况,医疗信息在医院、社区、养老、社保机构等不同部门之间业务协同情况等
	3. 社区领域	社区服务能力		评价试点城市社区服务能力提升程度。如社区公共服务综合信息平台是否实现社区公共服务事项的一站式受理、全人群覆盖、全口径集成、全区域通办,可在线办理社区服务事项数量增加、可即时办理社区服务事项比例提升、针对困难群体主动式信息服务等
		社区信息采集		评价试点城市社区基础数据资源集中采集和信息共享利用程度。如社区集中采集数据支撑委办局数量、社区服务综合利用各委办局数据情况等
		社区服务模式创新多元		评价试点城市社会力量在社区服务领域的参与程度。如参与社区服务商业服务机构数量,商业服务机构提供的社区服务种类,公共服务、志愿服务和商业服务的衔接情况等
	4. 公共安全领域	视频监控能力		评价试点城市视频监控基础能力建设及对城市公共安全提升的促进作用。如视频监控覆盖范围、高清监控探头比例、破案率提升、交通违法行为查处等

续表

	一级指标	二级指标	三级指标	指标说明
扩展指标	4. 公共安全领域	视频资源共享与开放		评价试点城市非涉密视频资源在公安、城管、安监、应急等相关部门之间共享利用水平；评价试点城市非涉密视频资源面向公众开放程度、开放内容及访问便捷性
		视频资源整合		评价试点城市对现有社会视频资源的整合程度。如社会监控探头接入平台比例、社会监控探头扩展监控覆盖面积等
	5. 就业领域	就业服务能力及质量		评价试点城市就业服务向基层延伸水平、一站式服务能力和就业信息服务质量，如就业信息化基础设施在街道和农村地区服务覆盖范围，城市综合就业信息服务平台能否为待就业人群提供一站式就业服务体验，提供政策咨询、求职招聘、职业培训、就业失业登记等信息服务的及时性、有效性等
		就业信息共享		评价试点城市就业信息共享程度。如就业信息数据覆盖高校毕业生/城镇失业人员/农村劳动力三大人群比例、数据更新频率、数据与工商/社保等共享程度与方式等
		就业服务模式创新多元		评价试点城市在引入社会力量提供就业信息化服务的水平。如引入社会力量提供就业培育信息化服务达到的用户覆盖率、就业中介信息化服务用户覆盖率、就业信息服务平台已注册用工单位占全市用工单位比例等
	6. 养老领域	机构养老		评价试点城市养老机构内提供的信息化服务种类和质量，及其对周边区域养老对象辐射提供的信息化服务成效
		居家和社区养老		评价试点城市居家和社区养老信息服务在城镇和农村的覆盖范围与覆盖老人比例，评价居家和社区养老服务引入社会力量提供的服务种类和质量
		养老信息共享		评价试点城市养老信息数据覆盖老年人群比例，数据更新频率；试点城市养老机构、社区、社会养老服务供应商、医疗机构间信息共享程度与共享方式

续表

	一级指标	二级指标	三级指标	指标说明
扩展指标	7. 食品药品安全领域	协同监管能力		评价试点城市食品药品安全部门是否实现信息共享、业务协同,如食品药品监管数据交换、共享及应用情况,食品药品安全检验检测信息共享和结果综合利用情况
		互联互通能力		评价试点城市食品药品安全监管信息系统是否与国家食品安全监管信息化工程和国家药品监管工程相衔接,采用统一的信息化标准和技术规范,能够互联互通,信息共享,能够满足本级及下级食品药品监管部门的业务需求
		食品安全溯源服务		评价试点城市食品生产企业建立产品电子档案、食品质量安全追溯系统的比率,提供公众对食品企业信用查询服务、食药产品溯源查询服务情况
	8. 教育领域	教育信息化应用		评价试点城市教育信息化应用水平。如学校网络教学环境建设情况、教师信息技术应用能力培训和考核认证情况、信息化手段在各级各类学校教育教学过程中的深入普遍应用情况、以及信息化对全民学习和终身教育的支撑作用
		教育资源均等化		评价试点城市依托信息化手段推进教育资源均等化水平。如数字教育资源开发与汇聚情况、优质教育资源共享覆盖范围及共享程度,利用信息化手段帮助农村地区学校提高教学质量情况等
		教育管理服务		评价试点城市教育管理信息化应用和服务水平。如学生、教师、教育机构、学校资产及办学条件等基础数据库建设情况,管理信息系统在学生、教师和学校教学、行政等日常管理工作中的应用情况,与政府主管部门信息系统的对接情况,以及入学政策、收费信息等网上信息公开情况等
	9. 家庭服务领域	家庭信息服务提供能力		评价试点城市对家庭信息服务业务提供的支撑能力。如设立区域性家庭服务电话呼叫号码、家庭信息服务平台建设情况、全市家庭服务基础信息统筹共享水平等

续表

	一级指标	二级指标	三级指标	指标说明
扩展指标	9. 家庭服务领域	家庭信息服务业务应用情况		评价试点城市家庭信息服务业务提供及应用情况。如家庭信息服务业务覆盖领域范围、业务提供数量、家庭服务平台使用情况、是否提供针对乡镇、农村居民的特色服务等

四、智慧城市项目绩效评价控制

智慧城市是运用物联网、云计算、大数据、空间地理信息集成等新一代信息技术,促进城市规划、建设、管理和服务智慧化的新理念和新模式。智慧城市建设包括公共服务便捷化、城市管理精细化、生活环境宜居化、基础设施智能化、网络安全长效化等方面。国家发展改革委《关于促进智慧城市健康发展的指导意见》(发改高技〔2014〕1770号)要求"将智慧城市建设成效纳入政府绩效考核体系"。《关于组织开展新型智慧城市评价工作务实推动新型智慧城市健康快速发展的通知》(发改办高技〔2016〕2476号)提出了评价指标、评价组织方式和评价工作要求。

《关于组织开展新型智慧城市评价工作 务实推动新型智慧城市健康快速发展的通知》中附带《新型智慧城市评价指标(2016年)》(以下简称《评价指标》)。

该《评价指标》按照"以人为本、惠民便民、绩效导向、客观量化"的原则制定,包括客观指标、主观指标、自选指标三部分,共8项一级指标,21项二级指标,54项二级指标分项。其中惠民服务、精准治理、生态宜居、智能设施、信息资源、网络安全、改革创新、市民体验作为一级指标占比分别为37%、9%、8%、7%、7%、8%、4%、20%。另外,在各个一级指标中的二级指标及二级指标分项中涉及多种安防产品的普及率及使用情况的要求。客观指标重点对城市发展现状、发展空间、发展特色进行评价,包括7个一级指标。其中,惠民服务、精准治理、生态宜居3个成效类指标,旨在客观反映智慧城市建设实效;智能设施、信息资源、网络安全、改革创新4个引导性指标,旨在发现极具发展潜力的城市。主观指标指"市民体验问卷",旨在引导评价工作注重公众满意度和社会参与。另外在一级指标"惠民服务"中"城市服务"涉及一卡通应用情况,一级指标生态宜居二级指标"智慧环保"中涉及重点污染源在线监测情况。自选指标指各地方参照客观指标自行制定的指标,旨在反映本地特色。

各级指标设置相应的权重。一级指标权重为其各二级指标权重之和,二级指标下的各分项权重之和为100%。

评价采取百分制,满分为100分。总得分为各一级指标得分之和。各级指标得分为其下层指标得分之和。计算时各分值保留2位小数。

通过评价工作,主要是及时发现不同地区、不同层级、不同规模城市推动智慧城市建设的优秀案例、实践经验和共性问题,总结提炼一批可复制、可推广的最佳实践,促进各地共享交流,见表2-5。

表2-5　新型智慧城市评价指标（2016年）

一级指标及权重	二级指标及权重	二级指标分项及计算方法
惠民服务 L1（37%）	政务服务 L1P1（8%）	1. 以公民身份号码或法人和其他组织统一社会信用代码为唯一标识的电子证照使用率（L1P1-A1）
		2. 一站式办理率（L1P1-A2）
		3. 网上统一入口率（L1P1-A3）
	交通服务 L1P2（3%）	1. 城市交通运行指数发布情况（L1P2-A1）
		2. 公共汽电车来车信息实时预报率（L1P2-A2）
		3. 公共交通乘车电子支付使用率（L1P2-A3）
	社保服务 L1P3（3%）	1. 社保服务在线办理情况（L1P3-A1）
		2. 街道（乡镇）社区（行政村）社保自助服务开通率（L1P3-A2）
		3. 社保异地业务联网办理情况（L1P3-A3）
	医疗服务 L1P4（3%）	1. 二级以上医疗机构电子病历普及率（L1P4-A1）
		2. 二级以上医疗机构预约诊疗率（L1P4-A2）
		3. 二级以上医疗机构门诊健康档案调阅率（L1P4-A3）
	教育服务 L1P5（3%）	1. 学校多媒体教室普及率（L1P5-A1）
		2. 师生网络学习空间覆盖率（L1P5-A2）
		3. 学校无线网络覆盖率（L1P5-A3）
	就业服务 L1P6（3%）	1. 就业信息服务覆盖人群情况（L1P6-A1）
		2. 就业服务在线办理情况（L1P6-A2）
	城市服务 L1P7（7%）	1. 移动互联网城市服务提供情况（L1P7-A1）
		2. 移动互联网城市服务公众使用情况（L1P7-A2）
		3. 一卡通应用情况（L1P7-A3）
	帮扶服务 L1P8（5%）	1. 困难户电子信息档案建档率（L1P8-A1）
		2. 互联网残疾人无障碍访问情况（L1P8-A2）
	电商服务 L1P9（2%）	1. 网上商品零售占比（L1P9-A1）
		2. 跨境电商交易占比（L1P9-A2）
精准治理 L2（9%）	城市管理 L2P1（4%）	1. 数字化城管情况（L2P1-A1）
		2. 市政管网管线智能化监测管理率（L2P1-A2）
		3. 综合管廊覆盖率（L2P1-A3）
	公共安全 L2P2（5%）	1. 公共安全视频资源采集和覆盖情况（L2P2-A1）
		2. 公共安全视频监控资源联网和共享程度（L2P2-A2）
		3. 公共安全视频图像提升社会管理能力情况（L2P2-A3）
生态宜居 L3（8%）	智慧环保 L3P1（4%）	1. 重点污染源在线监测情况（L3P1-A1）
		2. 企业事业单位环境信息公开率（L3P1-A2）
		3. 城市环境问题处置率（L3P1-A3）

一级指标及权重	二级指标及权重	二级指标分项及计算方法
生态宜居 L3 （8%）	绿色节能 L3P2（4%）	1. 万元 GDP 能耗降低率（L3P2-A1）
		2. 绿色建筑覆盖率（L3P2-A2）
		3. 重点用能单位在线监测率（L3P2-A3）
智能设施 L4 （7%）	宽带网络设施 L4P1 （4%）	1. 固定宽带家庭普及率（L4P1-A1）
		2. 光纤到户用户渗透率（L4P1-A2）
		3. 移动宽带用户普及率（L4P1-A3）
	时空信息平台 L4P2 （3%）	1. 多尺度地理信息覆盖度和更新情况（L4P2-A1）
		2. 平台在线为部门及公众提供空间信息应用情况（L4P2-A2）
		3. 为用户提供高精度位置服务情况（L4P2-A3）
信息资源 L5 （7%）	开放共享 L5P1（4%）	1. 公共信息资源社会开放率（L5P1-A1）
		2. 信息资源部门间共享率（L5P1-A2）
	开发利用 L5P2（3%）	1. 政企合作对基础信息资源的开发情况（L5P2-A1）
网络安全 L6 （8%）	网络安全管理 L6P1 （4%）	1. 智慧城市网络安全组织协调机制的建立情况（L6P1-A1）
		2. 建立通报机构及机制，对信息进行共享和通报预警，提高防范控制能力情况（L6P1-A2）
		3. 建立完善网络安全应急机制，提高风险应对能力，并对重大网络安全事件进行及时有效的响应和处置（L6P1-A3）
	系统与数据安全 L6P2（4%）	1. 梳理并形成关键信息基础设施名录，并完成相关备案工作情况（L6P2-A1）
		2. 根据风险评估结果和等级保护要求，对关键信息基础设施实施有效的安全防护（L6P2-A2）
		3. 关键信息基础设施监管情况（L6P2-A3）
改革创新 L7 （4%）	体制机制 L7P1（4%）	1. 智慧城市统筹机制（L7P1-A1）
		2. 智慧城市管理机制（L7P1-A2）
		3. 智慧城市运营机制（L7P1-A3）
市民体验 L8 （20%）	市民体验调查 L8P1 （20%）	—

五、信息化项目绩效控制的审计

（一）信息化项目绩效总体控制的审计

信息化项目绩效审计的目标是，针对信息系统建设项目立项时确定的建设目标和各类绩效指标，评价项目建成运行后建设目标和各类指标的实现程度，同时评价信息系统的安全性、可靠性和经济性。通过对信息系统安全性、可靠性和经济性的审计评价和检查，找出信息系统建设过程中存在的系统安全保障不足、系统运行不可靠、系统建设运行不经济等方面的问题,并提出相应的意见建议,提高我国信息系统建设和运行的绩效。

(二)政务信息化项目绩效评价控制的审计

政务信息化项目绩效评价有依据信息化项目绩效评价规范要求评价和依据信息化项目确定绩效评价内容两种方法,对两种方法的审计内容和方法如下。

1. 对利用信息化项目绩效评价规范要求的审计

审计的重点是依据国家相关部门绩效评价的规范性文件要求,对两种不同的情况采取不同的审计方法。

第一种情况:信息化项目已经完成了绩效评价并出具了绩效评价报告,则可利用绩效评价报告结果,重点对国家电子政务建设项目的政务效能贡献度、业务信息化推动度、业务应用持续发展度、信息系统能力适配度等绩效指标评价结果的真实性、完整性和可靠性进行检查,具体检查各类绩效具体指标的基期值和报告期值的真实性、完整性和可靠性,揭示相关绩效指标基期值和报告期值的不真实、不完整和不可靠,从而导致绩效评价结果和评价报告的不真实、不完整和不可靠问题,并对此提出审计意见和建议。

第二种情况:信息化项目尚未开展绩效评价,或是投资较大、建设期较长的重大信息化建设项目的事中绩效审计,可利用主管部门规范性文件要求的绩效评价指标,进行各类绩效指标的基期值和报告期值审计取证取值,再进行指标值计算和汇总,形成建设项目绩效的审计评价,并对存在的问题提出审计意见和建议。

2. 对依据信息系统审计项目方案实施的审计

审计重点是检查信息系统建设项目的安全性、可靠性、经济性方面的绩效情况。

(1)建设项目安全性的绩效审计。

根据信息系统安全性审计目标的要求,信息化项目安全性绩效的审计重点是:是否有效地保障了信息系统承载业务及其信息的安全性,是否有效地保障了信息系统运行和服务的持续和健康。

①安全管理体系的绩效审计。

重点关注安全管理制度、安全管理机构、人员安全管理、安全建设管理、安全运维管理对于保障信息系统安全管理的有效性。通过资料审查、实地考察等方法,检查各类安全管理的完备性和执行有效性,揭示安全管理制度不完备或执行不力,安全管理机构不健全或工作执行不力,人员安全管理的培训和管理不到位致使缺乏安全意识,安全建设管理措施不力致使信息系统存在严重的安全隐患,安全运维管理的机构、制度、机制和资金不落实致使信息系统承载业务信息或信息系统运行服务存在严重的安全隐患,导致信息系统安全管理对于保障系统承载业务安全健康运行的绩效低下等问题。

②安全技术体系的绩效审计内容。

重点关注安全物理环境、安全通信网络、安全区域边界、安全计算环境、安全管理中心的通用技术要求,云计算扩展、移动互联扩展、物联网扩展、工业控制扩展、大数据的安全技术保障的有效性。通过系统调查、实地考察、风险评估,以及利用安全监测工具、系统监控测评等方法,检查各类安全技术的完备性和有效性,揭示在通用技术要求、专项扩展要求方面的安全技术设计不合理、安全技术路线不优化、安全技术手段不成熟、安全防护措施不完整,致使信息系统安全技术保障存在严重隐患,导致信息系统安全技术防护对于保障系统承载业务安全健康运行的绩效低下等问题。

③安全可控信息化装备的绩效审计。

重点关注信息系统建设项目的系统软件、网络设备、存储处理设备、机房设备、安全设备等软硬件配置的国产安全可控信息化装备的有效性。通过资料审查、实地考察、专家评估等方法,检查信息系统技术设计和实际建设中的国内和国外软硬件的装备配置情况,揭示采用非国产安全可控信息化装备的需求分析、技术设计和实际建设配置的不合理,尤其要结合查出的安全隐患和安全事件分析对采用国产安全可控信息化装备的思想不重视、需求分析不到位、技术设计不合理、技术性价比低下,导致信息系统承载业务存在严重安全隐患的绩效低下等问题。

(2)建设项目可靠性的绩效审计内容。

根据信息系统可靠性审计目标的要求,信息化项目可靠性绩效的审计重点是:信息系统的组织管理和建设运行的管理可靠性、信息系统保障承载业务及其信息的业务可靠性、信息系统各组成部分的技术可靠性方面的绩效情况。

①组织管理和建设运行的管理可靠性绩效审计。

重点关注组织机构和工作机制、制度标准和执行机制、队伍建设和作用机制的组织管理,信息化发展规划和实现机制、信息化需求分析和问题导向机制、建设项目立项设计和信息化推进机制等的规划管理,建设项目招标采购管理、项目实施管理、项目投资管理、项目验收管理等的项目建设管理,项目运行服务管理、项目应用服务管理、项目系统监控管理、项目运维资金管理等的项目运维管理等方面的组织管理和建设运行的控制可靠性。通过系统调查、资料审查、实地考察等方法,检查组织管理、建设管理、运行管理的控制可靠性,揭示信息系统的组织机构不完整和工作机制不到位、制度标准不完整和执行不力、信息化队伍建设的重视程度不够和队伍信息化素质不适应、信息化发展规划目标不清任务不明和措施不力、问题导向的需求分析不到位、信息系统项目立项程序不合规和技术设计不合理、项目招标采购不合规、项目实施管理不力、项目投资管理不合规甚至存在违法违纪问题、项目验收不合规或质量控制失效、项目运维不到位影响系统安全健康运行、项目运行服务不到位影响系统发挥作用等,导致信息系统在组织管理、建设管理、运行管理方面的控制可靠性程度低下,影响信息系统建设和运行的可靠性绩效等问题。

②保障承载业务及其信息的业务可靠性绩效审计。

重点关注应用系统、网络系统和安全系统对于保障承载业务及其信息的安全健康运行的控制可靠性。通过系统调查、资料审查、实地考察、专家评估、系统技术测评和数据技术测评等方法,检查应用系统、网络系统和安全系统保障承载业务及其信息的安全健康运行的控制可靠性,揭示应用系统功能和性能不满足业务需求、信息资源规划和建设整合不到位、共享协同制度和机制不健全、网络结构设计不合理、多网络间交换通信设计不合规、网络通信保障程度低、存储处理设备的设计和配置不合理、机房布局不合理、机房供电消防等设施保障程度不到位等,导致信息系统承载业务和信息的安全健康运行的控制可靠性绩效低下等问题。

③信息系统各组成部分的技术可靠性绩效审计。

重点关注信息系统的应用系统、信息资源系统、存储处理系统、网络系统、机房设施系统、安全系统等技术组成部分,对承载业务的功能和性能的技术满足度,对国家和行业相关信息技术标准和规范的符合性等方面的技术可靠性。通过系统调查、资料审查、实地考察、专家评价、风险评估、技术测试和数据测试等方法,检查应用系统、信息资源系统、存储处理系统、网络系统、机房设施系统、安全系统等的技术控制可靠性,揭示应用系统的业务流程和技术路线不合理、应用系统技术架构不优化、应用系统的输入处理和输出的技术设计不合理、信息资源规划的元数据和数据表技术规划不合理、数据技术治理不到位、局域网城域网广域网的网络结构技术设计不合理、局域网内和三网间通信的技术设计不合理、存储处理系统的数据需求量存储量配置量和实际利用率的设计与建设不合理、存储处理的技术响应速度不满足业务需求、机房布局和保障设施的技术规划和技术保障不到位、业务运行和运行环境的安全技术设计和技术防控不到位等,导致信息系统组成部分的技术保障不足以支撑承载业务和信息的安全健康运行的控制可靠性绩效低下等问题。

(3)建设项目经济性的绩效审计内容。

根据信息系统经济性审计目标的要求,信息化项目经济性绩效的审计重点是:信息系统建设投资的技术性价比,即投资形成的信息系统技术装备同满足信息系统承载业务的功能和性能的价值比;信息系统投入产出的效益性价比,即信息系统建设投资与信息系统运用产出的价值比。

①信息系统建设投资的技术性价比绩效审计内容。

重点关注应用系统、信息资源系统、存储处理系统、网络系统、机房设施系统、安全系统的建设投入及其形成的技术功能和性能,对于保障承载业务和信息的技术性价比的经济性绩效。通过系统调查、资料审查、实地考察、专家评价、技术测试和数据测试等方法,检查信息系统各组成部分建设投入及其形成的技术功能和性能,揭示应用系统集约化程度和功能复用程度低致使重复投资建设、信息资源整合度和利用度低致使投资浪费、信息共享和业务协同程度低致使投资有效性降低、多网结构设计不合理影响业务运行致使投资不能有效利用、网络通信结构不合理或通信带宽过度冗余致使投资有效性降低、存储处理系统的存储量和处理性能过度冗余致使投资不能有效利用、机房布局不合理或机房设施保障程度低致使投资有效性降低等,导致信息系统建设投资的技术性价比绩效低下等问题。

②信息系统投入产出比的效益性绩效审计内容。

重点关注信息系统项目的建设和运维的投入与项目运行产出的社会效益和经济效益的投入产出比的效益性绩效。通过用户调查、资料审查、实地考察、专家评价等方法,检查信息系统的建设和运行投入,重点检查信息系统运行后提升组织职责履行能力产生的社会和经济效益,揭示信息系统需求分析问题导向不准影响系统目标设计致使系统运行后的社会问题解决不力、系统承载的核心业务设计不合理致使系统运行后的组织履职能力提升不足、系统集约化程度不高致使系统运行后共享协同程度低下、信息系统"孤岛"严重或系统功能复用率不高致使系统建设投入产出经济效益低下、信息系统的平台上移服务下移的设计不足形成多级平台建设致使系统建设投入产出经济效益不高、系统设计的经济性履职功能不明或系统运行的经济性履职能力不足致使本应取得投入产出的经济效益不高、信息系统建设政府引导多元参与的多元化投融资机制不足致使难以形成投入产出的市场化长效机制等,导致信息系统投入产出比的效益性绩效低下等问题。

(三)信息惠民项目绩效评价控制的审计

信息惠民项目绩效评价审计的目标是,通过对被审计单位项目绩效评价活动的真实性和效益性的审计监督,提高财政资金使用效益,促进信息化对保障和改善民生的支撑性和带动性作用,使信息惠民应用取得显著成效。

信息惠民项目绩效评价审计一般采用信息化项目绩效评价规范要求的审计方法,重点是依据国家发展改革委等部门发布的《关于开展国家电子政务工程项目绩效评价工作的意见》等绩效评价的规范性文件要求,检查建设单位的绩效评价的真实性、有效性、合规性。

(四)智慧城市项目绩效评价控制的审计

智慧城市项目绩效评价审计的目标是,通过对被审计单位项目绩效评价活动的真实性、合规性和效益性的审计监督,提高财政资金使用效益,及时发现不同地区、不同层级、不同规模城市推动智慧城市建设的优秀案例、实践经验和共性问题,务实推动新型智慧城市健康有序发展。

智慧城市项目绩效评价审计一般采用信息化项目绩效评价规范要求的审计方法,重点是依据国家发展改革委等部门发布的《新型智慧城市评价指标(2016年)》等绩效评价的规范性文件要求,检查项目单位的绩效评价的真实性、有效性、合规性。

本节思考题

1. 简述信息化项目绩效评价的意义。
2. 什么是项目后评价?
3. 政务信息化项目绩效评价的方法和范围是什么?
4. 依据信息化项目绩效评价规范要求评价的重点是什么?
5. 依据信息化项目确定绩效评价内容的重点是什么?
6. 国家电子政务工程项目绩效评价指标构成有哪些?
7. 信息惠民国家试点城市评价的重点是什么?
8. 新型智慧城市评价指标(2016年)由哪几类,多少项指标组成?
9. 信息化项目绩效审计的目标是什么?
10. 信息化项目绩效审计的方法是什么?

第三章　应用控制审计

应用控制审计包括应用规划控制审计、应用能力控制审计、数据资源控制审计、分析模型控制审计、新技术运用控制审计五节。

第一节　应用规划控制审计

应用系统规划控制是信息系统项目依据国家信息化规划的发展要求,对政府治理、公共服务、企业信息化的总体规划的过程。

应用系统规划控制审计是信息系统审计服务单位按照国家和行业的规章制度和标准规范,对项目的建设目标、职能应用、数据资源、共享开放、服务体系规划控制的符合性和有效性进行检查监督,提出审计意见和建议,保障项目应用规划控制具有符合性和有效性。

一、政府治理信息化规划控制

政府治理信息化的基本职能由《国务院工作规则》(国发〔2013〕16号)规定,即经济调节、市场监管、社会管理和公共服务。

《中共中央关于制定国民经济和社会发展第十四个五年规划和二〇三五年远景目标的建议》提出:"十四五"时期是我国全面建成小康社会、实现第一个百年奋斗目标之后,乘势而上开启全面建设社会主义现代化国家新征程、向第二个百年奋斗目标进军的第一个五年。中国共产党第十九届中央委员会第五次全体会议深入分析国际国内形势,就制定国民经济和社会发展"十四五"规划和二〇三五年远景目标提出建议。

《中华人民共和国国民经济和社会发展第十四个五年规划和2035年远景目标纲要》提出:加大政务信息化建设统筹力度,健全政务信息化项目清单,持续深化政务信息系统整合,布局建设执政能力、依法治国、经济治理、市场监管、公共安全、生态环境等重大信息系统,提升跨部门协同治理能力。

(一)政府治理信息化历史发展

政府治理信息化经历了起步发展、推广发展和创新发展的历史发展阶段。

1. 政府治理信息化的起步发展阶段

1992年5月,国务院办公厅下发《国务院办公厅关于建设全国政府行政首脑机关办公决策服务系统的通知》,要求在政府机关普及推广计算机的使用,推进政府机关自动化程度。

1993年12月,国家经济信息化联席会议正式启动了"金卡""金桥""金关"重大工程。"金桥工程"是建立一个覆盖全国并与国务院各部委专用网连接的国家共用经济信息网。"金关工程"是对国家外贸企业的信息系统实联网,推广电子数据交换技术(EDI),实行无纸贸易的外贸信息管理工程。"金卡工程"则是以推广使用"信息卡"和"现金卡"为目标的货币电子化工程。

中华人民共和国成立之后,尤其是20世纪70年代到20世纪末,组织保障、法律法规保障、办公自动化、"三金"工程启动等工作,使我国政务信息化进入了起步发展的阶段。

2. 政府治理信息化的推广发展阶段

2002年8月,中办转发《国家信息化领导小组关于我国电子政务建设指导意见》(中办发〔2002〕17号)是我国政务信息化从起步阶段进入全面推广阶段的标志性文件。该文件指出,重点建设"两网、四库、十二金"。

2008年2月,《"十一五"国家信息化发展规划》启动了推进国民经济信息化、推行电子政务、建设先进网络文化、推进社会信息化、完善综合信息基础设施、加强信息资源的开发利用、提高信息产业竞争力、建设国家信息安全保障体系、提高国民信息技术应用能力造就信息化人才队伍等信息化发展战略重点,推进我国政务信息化的全面发展。

3. 政府治理信息化的创新发展阶段

2012年党的十八大、2017年党的十九大,提出了全面建成小康、"两个一百年"的奋斗目标和实现中华民族伟大复兴的中国梦;为此,必须推进"以人民为中心"的发展思想,必须推进以政务信息化和公共服务信息化驱动治国理政现代化,必须推进数字化、网络化、智能化服务,必须推进移动互联网、物联网、云计算、大数据、人工智能等新技术的广泛应用,实现政务信息化的跨越式发展。

(二)政府治理信息化的总体规划

《"十三五"国家政务信息化工程建设规划》(国函〔2017〕93号)提出的工程建设规划是到"十三五"末期,政务信息化工程建设总体实现以下目标:基本形成满足国家治理体系与治理能力现代化要求的政务信息化体系,构建形成大平台共享、大数据慧治、大系统共治的顶层架构,建设"一个中心、两套网络、三大平台、六类系统",从而提出构建"大平台、大系统、大数据、大网络"的总体框架,"数、云、网、端"的融合创新,"网络通、数据通、业务通"的顶层设计(图3-1)。

图3-1 国家政务信息化"十三五"工程规划

(三)政务信息系统整合规划控制

2017年5月,《政务信息系统整合共享实施方案》(国办发〔2017〕39号)提出:"十二五"以来,通过统筹国家政务信息化工程建设,实施信息惠民工程等一系列举措,政务信息系统整合共享在局部取得了积极成效,但未能从全局上和根本上解决长期以来困扰我国政务信息化建设的"各自为政、条块分割、烟囱林立、信息孤岛"问题。为此,各部门要通过"摸清家底、清除僵尸、系统整合、资源共享",原则上将分散的、独立的信息系统整合为一个互联互通、业务协同、信息共享的"大系统"。整合共享专家意见,政务部门信息系统经过整合应当形成门户系统、业务系统、管理系统、共享平台、数据中心、运维系统、安全系统等不超过10个信息系统的"大系统"。政务系统整合、信息资源共享如图3-2所示。

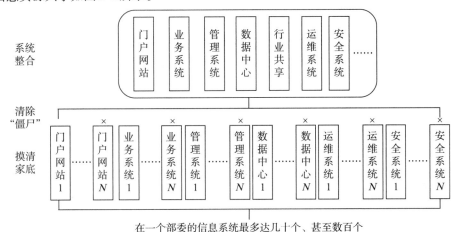

图3-2 政务系统整合、信息资源共享

(四)政务信息资源共享开放目录控制

2016年9月,《政务信息资源共享管理暂行办法》(国发〔2016〕51号)提出:政务信息资源分为包括人口、法人、空间地理、社会信用信息的基础类,公共服务事项、行政权力事项的主题类,党中央、全国人民代表大会、国务院、全国政协、最高人民法院、最高人民检察院的部门类。政务信息资源按共享类型分为无条件共享、有条件共享、不予共享。

2017年6月,《政务信息资源目录编制指南(试行)》(发改高技〔2017〕1272号)提出,按照"类、项、目、细目,数据清单"和元数据的要求,编制政务信息资源共享目录,推进政务信息资源的共享开放。

《中华人民共和国政府信息公开条例》(2007年国务院令第492号,已于2007年1月17日国务院第165次常务会议通过,现予公布,自2008年5月1日起施行)规定,政府信息是指行政机关在履行职责过程中制作或者获取的,以一定形式记录、保存的信息。各级人民政府应当加强对政府信息公开工作的组织领导。国务院办公厅是全国政府信息公开工作的主管部门,负责推进、指导、协调、监督全国的政府信息公开工作。

《国有资产监督管理信息公开实施办法》(国资委2009年11月)规定:国资监管信息是指国资委代表国务院对其授权的国家出资企业(以下简称所出资企业)在依法履行出资人职责的过程中制作或者获取的,以一定形式记录、保存的信息。

二、公共服务信息化规划控制

(一)公共服务规划的发展控制

公共服务信息化即"互联网+政务服务",是在党的十八大开始兴起的,经历了智慧城市、信息惠民、互联网+政务服务的发展过程。

2012年12月,《关于开展国家智慧城市试点工作的通知》(建办科〔2012〕42号)提出,智慧城市是通过综合运用现代科学技术、整合信息资源、统筹业务应用系统,加强城市规划、建设和管理的新模式。为探索智慧城市建设、运行、管理、服务和发展的科学方式,决定开展国家智慧城市试点工作。

2014年,《关于加快实施信息惠民工程有关工作的通知》(发改高技〔2014〕46号)提出,信息惠民工程实施的重点是解决社保、医疗、教育、养老、就业、公共安全、食品药品安全、社区服务、家庭服务等九大领域突出问题,各行业主管部门要发挥业务指导作用,要围绕解决各领域民生服务存在的突出矛盾和制约因素,注重体制机制和政策制度创新,要以推动跨层级、跨部门信息共享和业务协同为抓手,促进公共服务的多方协同合作、资源共享、制度对接。

2016年,《推进"互联网+政务服务" 开展信息惠民试点实施方案的通知》(国办发〔2016〕23号)提出,推进"互联网+政务服务",促进部门间信息共享,是深化简政放权、放管结合、优化服务改革的重要内容。为进一步推动部门间政务服务相互衔接,协同联动,打破信息孤岛,变"群众跑腿"为"信息跑路",变"群众来回跑"为"部门协同办",变被动服务为主动服务。

2018年,《加快推进全国一体化在线政务服务平台建设的指导意见》(国发〔2018〕27号)提出,2022年底前,以国家政务服务平台为总枢纽的全国一体化在线政务服务平台更加完善,全国范围内政务服务事项基本做到标准统一、整体联动、业务协同,除法律法规另有规定或涉及国家秘密等外,政务服务事项全部纳入平台办理,全面实现"一网通办"。

(二)公共服务制度改革规划控制

党的十八大以来开展的"互联网+政务服务",首先就是改革公共服务制度的简政放权、优化服务。

国务院成为公共服务事项简政放权的先锋。2014年,《国务院关于取消和下放一批行政审批项目的决定》(国发〔2014〕5号提出):经研究论证,国务院决定,再取消和下放64项行政审批项目和18个子项。《国务院关于第一批清理规范89项国务院部门行政审批中介服务事项的决定》(国发〔2015〕58号)提出:根据推进政府职能转变和深化行政审批制度改革的部署和要求,国务院决定第一批清理规范89项国务院部门行政审批中介服务事项,不再作为行政审批的受理条件。《国务院关于第二批清理规范192项国务院部门行政审批中介服务事项的决定》(国发〔2016〕11号)提出:经研究论证,国务院决定第二批清理规范192项国务院部门行政审批中介服务事项,不再作为行政审批的受理条件。国务院每年发布公共服务实现简政放权的文件。中央部委和地方政府也积极开展了公共服务事项改革。《工业和信息化部关于做好取消计算机信息系统集成企业资质认定等行政审批事项相关工作的通知》(工信部软〔2014〕79号)、《关于深化行政审批制度改革加快简政放权激发市场活力的意见》(苏发〔2016〕42号)等。

在公共服务事项简政放权的同时,优化服务成为公共服务改革的重要任务。2015年,《关于简化优化公共服务流程方便基层群众办事创业的通知》(国办发〔2015〕86号)提出,全面梳理和公开公共服务事项目录、坚决砍掉各类无谓的证明和繁琐的手续、大力推进办事流程简化优化和服务方式创新、加快推进部门间信息共享和业务协同、扎实推进网上办理和网上咨询、加强服务能力建设和作风建设。中央部委和地方政府也积极开展了公共服务事项的优化服务,发布了《国家税务总局关于进一步简化企业开办涉税事项办理程序压缩办理时间的通知》(税总发〔2019〕126号)等。

(三)公共服务的信息化功能控制

公共服务的"一号申请、一窗受理、一网通办"功能。《推进"互联网+政务服务"开展信息惠民试点实施方案的通知》(国办发〔2016〕23号)提出的工作目标是,通过两年左右时间,在试点地区实现"一号一窗一网"目标,服务流程显著优化,服务模式更加多元,服务渠道更为畅通,群众办事满意度显著提升。

公共服务的"一网通办、只进一扇门、最多跑一次"功能。《进一步深化"互联网+政务服务"推进政务服务"一网、一门、一次"改革实施方案的通知》(国办发〔2018〕45号)提出,到2018年底,"一网通办"(一网),线下"只进一扇门"(一门),现场办理"最多跑一次"(一次)改革初见成效,先进地区成功经验在全国范围内得到有效推广。

(四)公共服务的信息资源控制

《"互联网+政务服务"技术体系建设指南》(国办函〔2016〕108号)提出了公共服务的数据资源分类建设的控制要求。

公共服务事项的数据分类:可分为行政权力事项和公共服务事项。行政权力事项包括:行政许可、行政征收、行政给付、行政确认、其他事项,以及政府内部审批事项;公共服务事项包括:基本公共教育、劳动就业服务、社会保险、基本社会服务、基本医疗卫生、人口和计划生育、基本住房保障、公共文化体育、残疾人基本公共服务等。

公共服务按服务对象分类,可分为面向自然人和法人的政务服务事项。

公共服务按实施主体可以按照事项的管理归属部门进行分类。

公共服务按服务主题分类,可分为自然人和法人的不同主题。

(1)面向自然人的主要有:生育收养、户籍办理、民族宗教、教育科研、入伍服役、就业创业、设立变更、准营准办、抵押质押、职业资格、行政缴费、婚姻登记、优待抚恤、规划建设、住房保障、社会保障(社会保险、社会救助)、证件办理、交通出行、旅游观光、出境入境、消费维权、公共安全、司法公证、知识产权、环保绿化、文化体育、公用事业、医疗卫生、离职退休、死亡殡葬、其他(含个体工商户,按照人类生命周期排序)等。

(2)面向法人的主要有:设立变更、准营准办、资质认证、年检年审、税收财务、人力资源、社会保障、投资审批、融资信贷、抵押质押、商务贸易、招标拍卖、海关口岸、涉外服务、农林牧渔、国土和规划建设、交通运输、环保绿化、应对气候变化、水务气象、医疗卫生、科技创新、文体教育、知识产权、民族宗教、质量技术、检验检疫、安全生产、公安消防、司法公证、公用事业、法人注销、档案文物、其他(按照法人生命周期排序)等。

公共服务按服务层级分类,可分为国家级、省级、市级、县级、乡级、村级(代办)政务服务事项。

公共服务按服务形式分类,可分为线上办理、线下办理、线上线下一体化办理的政务服务事项。

公共服务按行政管辖分类,可分为定点办理、跨地区通办的政务服务事项。

(五)公共服务平台控制

《推进"互联网+政务服务"开展信息惠民试点实施方案的通知》(国办发〔2016〕23号)提出,城市公共服务依托城市服务平台、共享调度平台、数据中心开展,同时利用开放平台进行市场化服务、政府监管、政府数据开放等(图3-3)。

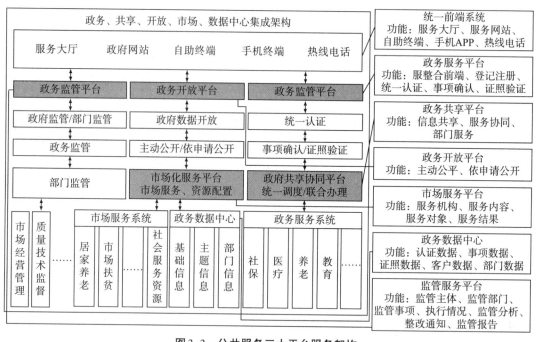

图3-3　公共服务三大平台服务架构

分析图3-3,具有如下功能:

(1)政务服务平台功能:通过前端的政府网站、服务大厅、手机APP等向社会公众提供服务;完成对社会公众的身份认证、事项确认、证照验证,表明申请者具有办理资格。

(2)信息共享平台功能:政务服务平台将通过验证的办理事项移交信息共享平台,读取该事项的办理规则、调度相关政务部门进行办理,并将办理结果移送共享平台和服务平台。

(3)数据中心功能:具有身份认证的人口、法人信息,公共服务事项、行政权力事项的服务信息,电子证照各类信息等的数据中心,为身份认证、事项确认、证照验证等提供数据支持。同时,数据中心还为市场化服务、政府监管、政府数据开放等提供数据支持。

(4)市场化服务功能:在政府提供基本公共服务的同时,市场服务企业也在为社会公众提供准公共服务、非基本公共服务。例如,养老保险、医疗服务等。

(5)政府监管功能:国家在启动"互联网+政务服务"的同时,又启动了"互联网+监管",实行政府对监管部门的再监管,保障"互联网+政务服务"的有序、有效开展。

(6)政府数据开放功能:利用政府门户网站,实行政府部门基础类、主题类、部门类等各类信息向社会公众开放。

《"互联网+政务服务"技术体系建设指南》(国办函〔2016〕108号)提出,"互联网+政务服务"

平台总体层级架构包括国家级政务服务平台、省级政务服务平台、地市级政务服务平台,并实现各级服务平台之间的对接共享和业务协同。

《国务院关于加快推进全国一体化在线政务服务平台建设的指导意见》(国发〔2018〕27号)提出:2018年底前,国家政务服务平台主体功能建设基本完成,通过试点示范实现部分省(自治区、直辖市)和国务院部门政务服务平台与国家政务服务平台对接。制定国家政务服务平台政务服务事项编码、统一身份认证、统一电子印章、统一电子证照等标准规范,各省(自治区、直辖市)和国务院有关部门按照全国一体化在线政务服务平台要求对本地区、本部门政务服务平台进行优化完善,为全面构建全国一体化在线政务服务平台奠定基础。2019年底前,国家政务服务平台上线运行,各省(自治区、直辖市)和国务院有关部门政务服务平台与国家政务服务平台对接,全国一体化在线政务服务平台标准规范体系、安全保障体系和运营管理体系基本建立,国务院部门垂直业务办理系统为地方政务服务需求提供数据共享服务的水平显著提升,全国一体化在线政务服务平台框架初步形成。2020年底前,国家政务服务平台功能进一步强化,各省(自治区、直辖市)和国务院部门政务服务平台与国家政务服务平台应接尽接、政务服务事项应上尽上,全国一体化在线政务服务平台标准规范体系、安全保障体系和运营管理体系不断完善,国务院部门数据实现共享,满足地方普遍性政务需求,"一网通办"能力显著增强,全国一体化在线政务服务平台基本建成。2022年底前,以国家政务服务平台为总枢纽的全国一体化在线政务服务平台更加完善,全国范围内政务服务事项基本做到标准统一、整体联动、业务协同,除法律法规另有规定或涉及国家秘密等外,政务服务事项全部纳入平台办理,全面实现"一网通办"。

三、企业信息化规划控制

企业信息化的基本职能是生产经营和运营管理,即:销售、供应、生产、财力、人力、物力,由此形成的企业资源计划系统(Enterprise Resource Planning,以下简称ERP)是企业信息化的核心。

(一)企业信息化架构规划控制

《企业资源规划系统(ERP)规范》提出了企业销售、供应、生产、财力、人力、物力的基本功能,以及统筹管理的ERP功能(图3-4)。

(1)销售管理。市场观念是企业的全部生产经营活动立足于满足用户需要的经营指导思想。用户是企业活动的中心,企业根据用户需要确定自己的生产经营方向;企业的营销活动要形成整体,协调一致,围绕满足用户需要进行活动;在满足用户需要的同时,实现本企业的利润。在取得利润的策略上,并不着眼于每次交易利润的大小,而是考虑企业的长远发展,把争取顾客、树立良好的企业形象、开拓市场、提高市场占有率作为企业的目标,从而取得利润。

(2)供应管理。是对企业供应链的管理,即对市场、需求、定单、原材料采购、生产、库存、供应、分销发货等的管理,包括了从生产到发货、从供应商到顾客的每一个环节。供应链是企业赖以生存的商业循环系统,是企业电子商务管理中最重要的课题。

(3)生产管理。是企业生产经营的核心部分。以销定产确定生产的发展方向,物料供应保障生产的有效进行,市场生产经营的技术发展决定生产和产品的高质量和市场符合性。在企业生产管理中,目前大量引进移动互联、物联网、区块链、人工智能等新一代信息技术。

（4）财务管理。是企业生产经营重要的财务成果，体现从销售、供应、生产的全部财务收入、成本、效益。财务通过记录、核算、反映和资金分析，以总账、应收账、应付帐、现金、固定资产、多币制等反映，形成资产、负债、权益的财务会计报表，综合反映企业生产经营的活动成果。

（5）人力管理。是企业生产经营中最活跃的部分，包括企业经营决策、生产经营管理、生产实践活动等方面的人力管理。

（6）物力管理。是企业从事生产经营活动所需的一切生产资料。

企业ERP就是将销售、供应、生产、财力、人力、物力的功能系统进行综合统筹、集约化管理，促进企业增值保值，为国民经济发展提供保障。

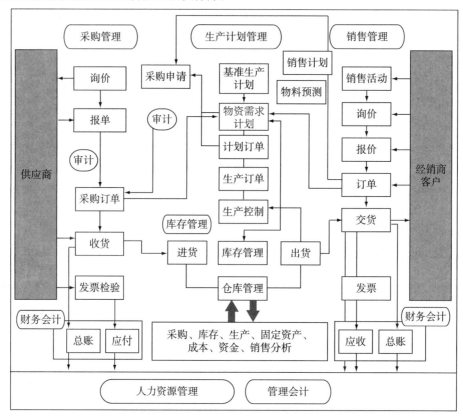

图3-4　ERP系统功能框架

（二）企业数字化转型升级控制

2018年5月，为进一步贯彻落实《促进中小企业发展规划（2016—2020年）》《工业和信息化部关于进一步推进中小企业信息化的指导意见》部署，工业和信息化部（以下简称"工信部"）在北京召开企业信息化发布会，要求企业信息化的实质性进展：一是信息化提速降费工作明显。二是搭建双创服务平台，促进中小企业创业创新。三是服务中小企业智能制造和经营管理。四是融合大数据技术为小微企业提供融资服务。五是推动电子商务和实体产业融合，促进区域经济发展。六是信息化培训和推广活动普及深入。

2020年8月，国资委发布《关于加快推进国有企业数字化转型工作的通知》，要求企业加快数字化转型升级：一是打造制造类企业数字化转型示范。二是打造能源类企业数字化转型示范。

三是打造建筑类企业数字化转型示范。四是打造服务类企业数字化转型示范。

四、商务信息化规划控制

(一)商务信息化的发展控制

2018年,《中华人民共和国电子商务法》提出,国家建立符合电子商务特点的协同管理体系,推动形成有关部门、电子商务行业组织、电子商务经营者、消费者等共同参与的电子商务市场治理体系。

《国务院关于大力发展电子商务　加快培育经济新动力的意见》(国发〔2015〕24号)提出电子商务加快发展的主要目标是:到2020年,统一开放、竞争有序、诚信守法、安全可靠的电子商务大市场基本建成。电子商务与其他产业深度融合,成为促进创业、稳定就业、改善民生服务的重要平台,对工业化、信息化、城镇化、农业现代化同步发展起到关键性作用。

《商务部关于进一步推进国家电商示范基地建设工作的指导意见》(商电发〔2017〕26号)提出的国家电商示范基地建设任务是:(1)强化承载能力,服务电子商务新经济;(2)提升孵化能力,支撑大众创业万众创新;(3)增强辐射能力,推动传统产业转型升级。

(二)商务信息化体系架构控制

电子商务划分为广义和狭义的电子商务。狭义上讲,电子商务(Electronic Commerce,以下简称EC)是指:通过使用互联网等电子工具(这些工具包括电报、电话、广播、电视、传真、计算机、计算机网络、移动通信等)在全球范围内进行的商务贸易活动。是以计算机网络为基础所进行的各种商务活动,包括商品和服务的提供者、广告商、消费者、中介商等有关各方行为的总和。广义上讲,电子商务一词源自Electronic Business,就是通过电子手段进行的商业事务活动。通过使用互联网等电子工具,使公司内部、供应商、客户和合作伙伴之间,利用电子业务共享信息,实现企业间业务流程的电子化,配合企业内部的电子化生产管理系统,提高企业的生产、库存、流通和资金等各个环节的效率。

电子商务涉及四要素:商城、消费者、产品、物流。同样,电子商务也涉及三个方面:(1)买卖:各大网络平台为消费者提供质优价廉的商品,吸引消费者购买的同时促使更多商家的入驻;(2)合作:与物流公司建立合作关系,为消费者的购买行为提供最终保障,这是电商运营的硬性条件之一;(3)服务:电商三要素之一的物流主要是为消费者提供购买服务,从而实现再一次的交易。

(三)商务信息化服务架构控制

电子商务系统的基础是互联网信息系统,它是进行交易的平台,交易中所涉及的信息流、物流和货币流都与信息系统紧密相关。互联网信息系统是指企业、组织和电子商务服务商在互联网的基础上开发设计的信息系统,它可以成为企业、组织和个人消费者之间跨越时空进行信息交换的平台,在信息系统的安全和控制措施保证下,通过基于互联网的支付系统进行网上支付,通过基于互联网物流信息系统控制物流的顺利进行,最终保证企业、组织和个人消费者之间网上交易的实现。因此,互联网信息系统的主要作用是提供一个开放的、安全的和可控制的信息交换平台,它是电子商务系统的核心和基石。

(四)商务信息化技术架构控制

电子商务技术架构包括电子商务网络架构、电子商务管理系统架构、电子商务站点、实物配送、支付结算5个方面。

(五)商务信息化服务成效控制

电子商务系统具有广告宣传、咨询洽谈、网上订购、网上支付、电子账户、服务传递、意见征询、业务管理等各项功能。

五、应用规划控制的审计

应用规划控制的审计包括政府治理、公共服务、企业和商务信息化。

(一)政务治理信息化规划控制的审计

政务信息化规划控制的审计就是要针对宏观调控、市场监管、社会管理、公共服务的政府基本职能的信息化规划,采用信息化的审计程序和审计方法,突出信息化的顶层设计、集约化管控、信息化的突出问题,进行审计检查。

(1)是否贯彻落实了党和国家关于政务信息化方面的规划、文件、政策和指示。做好审计取证、审计底稿和审计报告。

(2)是否贯彻落实了党和国家关于政务信息化建设、政务信息系统整合方面的文件、政策和指示。做好审计取证、审计底稿和审计报告。

(3)是否贯彻落实了党和国家关于政务信息系统"摸清家底"、清除"僵尸"、系统整合方面的文件、政策和指示。做好审计取证、审计底稿和审计报告。

(4)是否贯彻落实了党和国家关于政务信息资源整合、构建部门数据中心,为政务信息资源共享和开放提供有效支撑方面的文件、政策和指示。做好审计取证、审计底稿和审计报告。

(5)是否加强了政务信息系统建设?是否加强了国务院关于政府工作规则的控制要求,是否以信息化推进政务履职的要求?做好审计取证、审计底稿和审计报告。

(二)公共服务信息化规划控制的审计

公共服务信息化规划的审计就是要围绕公共服务的组织领导、简政放权、优化服务、系统功能、三大平台、一体化服务等的公共服务职能和信息系统功能,采用信息化的审计程序和审计方法,突出信息化的顶层设计、集约化管控、信息化的突出问题,进行审计检查。

(1)公共服务信息化组织领导和工作机制的审计,是否符合国家要求,是否能够统筹领导一个地方的公共服务信息化工作,能够满足百姓企业的共同要求。做好审计取证、审计底稿和审计报告。

(2)公共服务信息化制度改革成效的审计,是否符合国家要求,是否满足百姓企业的要求。做好审计取证、审计底稿和审计报告。

(3)公共服务信息化的"服务平台、共享平台、数据中心"的服务架构,"一号一窗一网""一网一门一次"的工作要求,"地市平台、省级平台、国家平台"的服务体系,是否能够满足公共服务的需要,是否能够满足百姓企业的需要。做好审计取证、审计底稿和审计报告。

(4)公共服务信息化绩效评价工作的审计,是否按照国家要求开展了绩效评价,是否如实反映了绩效的实际情况和存在问题,是否反映了百姓企业对公共服务的满意度和意见要求。做好审计取证、审计底稿和审计报告。

(三)企业信息化规划控制的审计

企业信息化规划控制的审计就是要围绕企业销售、供应、生产、财力、人力、物力等ERP的企业资源计划,采用信息化的审计程序和审计方法,突出信息化的顶层设计、集约化管控、信息化的突出问题,进行审计检查。

(1)企业信息化是否贯彻落实了党的十九大关于"改革国有资本授权经营体制,加快国有经济布局优化、结构调整、战略性重组,促进国有资产保值增值,推动国有资本做强做优做大"的重要指示? 做好审计取证、审计底稿和审计报告。

(2)企业信息化是否在销售、供应、工业控制方面的信息化、网络化、智能化? 是否符合国家的相关要求? 是否促进了企业的销售增长、供应保障、工业控制? 做好审计取证、审计底稿和审计报告。

(3)企业信息化是否在财务会计、物料供应和管理、人员保障面的信息化? 是否符合国家的相关要求? 是否促进了企业的财务合理化增长、物料合理化保障、优质人才的合理化发展? 做好审计取证、审计底稿和审计报告。

(4)企业在信息化方面是否实行了ERP系统? 是否增强了企业各类资源的合理化调整、发展和增长? 做好审计取证、审计底稿和审计报告。

(四)商务信息化规划控制的审计

商务信息化规划控制的审计就是要围绕商务的用户、订单、交易、支付、履约、供应链、商品、促销等基本职能和信息化功能,采用信息化的审计程序和审计方法,突出信息化的顶层设计、集约化管控、信息化的突出问题,进行审计检查。

(1)是否贯彻落实了党和国家关于商务信息化的文件、政策和指示方面的情况?

(2)是否加强了市场需求的调研? 是否对商务的用户、订单、交易、支付、履约、供应链、商品、促销等方面实施了信息化?

(3)是否加强了商务的用户、订单、交易、支付、履约、供应链、商品、促销等信息化的控制?

(4)商业信息化的体系架构、服务架构、技术架构等是否推进了实体对商业信息化的目的和要求?

本节思考题

1. 国家政务信息化规划对政务信息系统的指导、控制作用是什么?
2. 政府治理信息化的发展过程经历了哪些发展阶段?
3. 政务信息系统整合应当做好哪些方面的控制?
4. 政务信息资源共享开放要做好哪些方面的控制?

5. 为什么说公共服务信息化是党的十八大以来的重大转向？公共服务信息化需要做好哪些方面的控制？

6. 为什么说企业信息化是当今时代变化的重大需要？企业信息化需要做好哪些方面的控制？

7. 为什么说商业信息化是当今时代变化的重大需要？商业信息化需要做好哪些方面的控制？

8. 政府治理信息化、公共服务信息化、商业信息化的关键控制是什么？为什么说这些控制和信息系统的审计关系到信息系统的可靠性、安全性和经济性？

9. 应用规划控制审计的目标、范围、手段等是什么？

第二节 应用能力控制审计

信息系统应用能力控制是信息系统建设运维单位为保障项目应用能力的符合性和有效性，按照国家和行业的规章制度和标准规范，加强项目的应用架构能力、集约化能力、业务连续性能力、组件复用能力、数据输入处理输出能力、业务共享开放目录能力、数据接口能力等的建设控制，使信息系统项目具有更好的应用能力控制和经济社会效益。

应用规划控制审计是信息系统审计服务单位按照国家和行业的规章制度和标准规范，对项目的应用能力控制的符合性和有效性进行检查监督，提出审计意见和建议，保障项目应用规划控制具有符合性和有效性，保障信息系统项目具有更好的应用价值和经济社会效益。

一、信息系统应用架构能力控制

信息系统应用架构主要包括政府治理、公共服务、企业和电子商务等的应用架构能力。

（一）政府治理应用架构能力

1. 经济调节应用架构能力

经济调节就是调节经济运行、推进经济发展。主要是运用经济手段、法律手段，并辅之以必要的行政手段调节经济活动。

在经济调节中，财政部门信息化项目的应用框架能力是重要的内容，应当加强。财政部门信息化应用架构能力如图3-5所示。

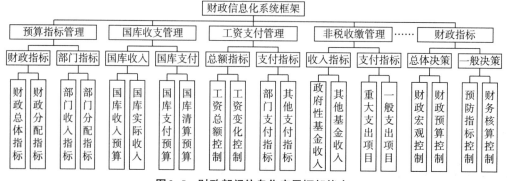

图3-5 财政部门信息化应用框架能力

2. 市场监管应用架构能力

根据《国务院工作规则》的规定,市场监管要重点做好依法严格市场监管,推进公平准入,完善监管体系,规范市场执法,维护全国市场的统一开放、公平诚信、竞争有序。市场监管信息化项目的应用架构能力如图3-6所示。

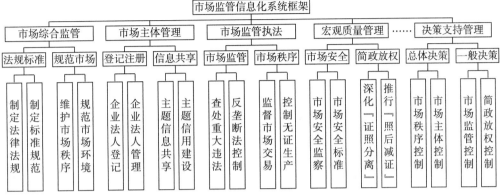

图3-6　市场监管信息化项目的应用架构能力

3. 社会管理应用架构能力

根据《国务院工作规则》的规定,加强社会管理制度和能力建设,完善基层社会管理服务,形成源头治理、动态管理、应急处置相结合的社会管理机制,维护社会公平正义与和谐稳定。社会管理信息化项目应用架构能力如图3-7所示。

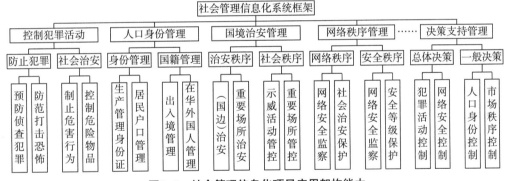

图3-7　社会管理信息化项目应用架构能力

（二）公共服务应用架构能力控制

《国务院工作规则》(国发〔2013〕16号)指出:更加注重公共服务,完善公共政策,健全政府主导、社会参与、覆盖城乡、可持续的基本公共服务体系,增强基本公共服务能力,促进基本公共服务均等化。

（三）企业应用架构能力控制

企业信息化在国家政策指导下,进一步加强销供产、人财物和市场的管理,提高企业竞争能力。企业信息化项目应用架构能力如图3-8所示。

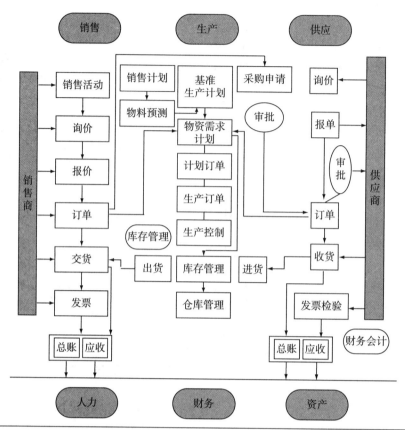

市场管理业务能力
①国内市场管理。包括客户管理、供应商管理、经销商管理，以及同类产品、同类设计、市场技术管理，市场材料供应、材料价格、产品价格变化等的管理；
②国外市场管理。包括国外客户、供应商、经销商等管理，国外同类产品、同类设计、同类技术、新技术产生管理，国外市场材料供应、材料价格、产品价格变化等管理。

人财物管理业务能力
①人才管理。对企业内部经济、工程、财务等的高级人才、中级人才和技术员工管理，研究人才计划、年薪计划、培训计划等，调动人员积极性；同时研究人才交流；
②财务管理。对企业内部的财务人员进行管理，包括会计核算、财务管理、企业融资、国家税收、国家经济政策等；
③物料管理。企业内部固定资产和物料管理，包括市场物料供应、价格和传输等。

销产供业务能力
①销售。负责销售活动的市场开拓，包括产品计划、技术计划、市场计划的宣传组织；销售活动的询价、报价、订单、合同等，以及销售结账、销售退货、销售统计和查询；销售成果的交货、售后服务、绩效评价；以及相应的广告宣传等；
②生产。以销定产，根据销售下达生产计划，包括计划订单、生产订单、生产控制等；根据市场技术和产品变化，组织新产品、新技术研制，生产工艺设计、流水线管控；强化生产质量管控、风险管控、内部控制管控等；
③供应。为生产提供基础原料、半成品、产成品，以及入库管理、出库管理、库存统计查询；关注市场供应的新材料、新技术、新产品，寻找适合企业的物料和技术供应；关注本企业研制的新材料、新技术、新产品，为市场扩展提供支持。

图3-8　企业信息化项目应用能力架构

（四）电子商务应用架构能力控制

商业信息化在国家政策指导下,进一步加强了商业的网站、用户、订单、交易、支付、履约、供应链、商品、促销等一系列工作。电子商务应用架构能力如图3-9所示。

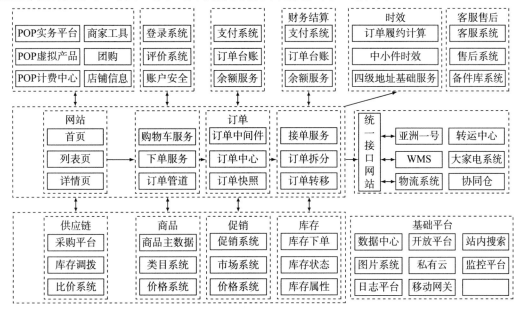

图3-9　电子商务应用能力框架

二、信息系统技术架构能力控制

信息系统技术架构包括J2EE技术架构、.NET技术架构、SOA技术架构、云计算技术架构。

（一）J2EE技术架构能力控制

应用系统技术架构是指根据识别的应用业务架构和技术实现需求,进行相适应的技术架构选择,并配置相应的关键技术和专用技术的技术体系。常见的应用系统技术架构有J2EE架构、.NET架构、SOA架构、云平台架构等,以及B/S、C/S结构。J2EE核心是一组技术规范与指南,其中所包含的各类组件、服务架构及技术层次,均有共同的标准及规格,让各种依循J2EE架构的不同平台之间,存在良好的兼容性,解决过去企业后端使用的信息产品彼此之间无法兼容,企业内部或外部难以互通的窘境。

Java2平台有3个版本,它们是适用于小型设备和智能卡的J2ME(Java2 Platform Micro Edition,Java2平台Micro版)、适用于桌面系统的J2SE(Java2 Platform Standard Edition,Java2平台标准版)、适用于创建服务器应用程序和服务的J2EE(Java2 Platform Enterprise Edition,Java2平台企业版)。J2EE典型的四层架构如图3-10所示。

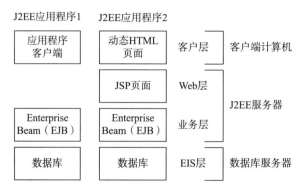

图3-10　J2EE典型的四层结构

分析图3-10,J2EE可以灵活地组织应用程序,常见的组合方式有如下四种组合方式:

一是四层:客户层——Web层——EJB层——EIS层,理想的分层结构;

二是三层:客户层——Web层——EIS层,无EJB层,JSP或Servlet直接访问数据;

三是三层:客户层——EJB层——EIS层,客户层为Java的GUI,由EJB担当业务层;

四是两层:客户层——EIS层,属于传统C—S结构。

J2EE平台由一整套服务[(Services)、应用程序接口(APIs)和协议构成,它对开发基于Web的多层应用提供了功能支持。J2EE中的13种技术规范为:一是数据库连接(Java Database Connectivity,JDBC)];二是命名与目录服务(Java Name and Directory Interface,JNDI);三是企业JavaBean(Enterprise JavaBean,EJB);四是远程方法调用(Remote Method Invoke,RMI)/(Remote Method Invocation over theInternet Inter-ORB Protocol,RMI-IIOP);五是支持CORBA的开发语言Java IDL/CORBA;六是Java服务小程序Java Servlet;七是动态网页JSP(Java Server Pages);八是可扩展标记语言(Extensible Markup Language,XML);九是消息服务(Java Message Service,JMS);十是Java事务架构(Java Transaction Architecture,JTA);十一是邮件服务与JAF(JavaMail and JavaBeans Activation Framework);十二是认证与授权服务(Java Authentication and Authorization Service,JAAS)/Java容器授权合同(Java Authorization Service Provider Contract for Containers,JACC);十三是连接器体系结构(J2EE Connection Architecture,JCA)。

(二).NET技术架构能力控制

应用系统的技术架构。应用系统技术架构是指根据识别的应用业务架构和技术实现需求,进行相适应的技术架构选择,并配置相应的关键技术和专用技术的技术体系。常见的应用系统技术架构有J2EE架构、.NET架构、SOA架构、云平台架构等,以及B/S、C/S结构。.NET技术架构是微软提供的企业级开发平台,是一个多语言组件开发和执行环境,它提供了一个跨语言的统一编程环境。从层次结构来看,.NET框架包括三个主要组成部分:公共语言运行时(CLR:Common Language Runtime)、服务框架(Services Framework)和上层的两类应用模板——传统的Windows应用程序模板(Win Forms)和基于ASP.NET的面向Web的网络应用程序模板(Web Forms和Web Services)。

.NET体系架构如图3-11所示。

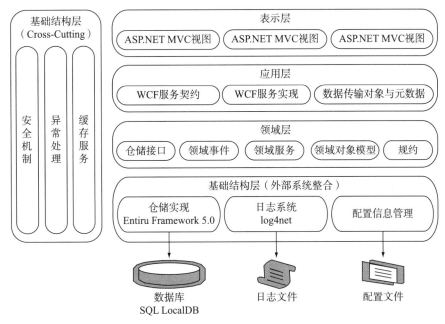

图3-11 .NET体系架构

分析图3-11,在主体层有四层,在基础结构层由三层。主体层的四层是:

(1)表示层。在表示层new bll,new model,然后把model实例传递给bll的某个方法。例如添加:

var model= new UserModel( );

model.Name="aa";

model.Age=18;

var bll = new Bll.UserBll( );

bll.Add(model);

更新:

bll.Update(model);

删除:

bll.Delete(model.ID);

查询:

var model2 = bll.GetModel("123");//按ID或编号获取某一位用户

..略

(2)应用层。实现WCF服务契约、WCF服务实现、数据传输对象与元数据。

(3)领域层。对仓储接口、领域事件、领域服务、领域对象模型等进行统一管理。

(4)外部系统的基础结构层。对仓储实现、日志系统、配置信息管理的统一管理。

基础结构层的三层是:实现安全机制、异常处理、缓存服务的统一管理。

(三)SOA技术架构能力控制

《电子政务标准化指南·第5部分:支撑技术》(GB/T 30850.5—2014)提出:

6.电子政务支撑技术体系

6.2基础技术结构。

6.2.3.SOA

6.2.3.1.SOA概述。

SOA是基于开放的互联网标准和协议,支持应用程序或应用程序组件的描述、发布、发现和使用的一种应用结构,包括Web服务体系等。SOA是一种信息系统结构方式,它通过松耦合、互操作的连接服务创建应用系统。因此,以SOA为基础的系统可以独立于开发技术和平台(例如JavaEE,.NET等),并且在复杂的业务系统和应用中起到支持整合和巩固的作用。

SOA系统的特点主要有:

a)跨平台;

b)松耦合;

c)模块化;

d)以业务流程为核心。

6.2.3.2 SOA原则

SOA应该遵循以下原则:

①SOA设计应基于对现有业务策略和IT系统的深入了解;

②SOA应建立在现有的应用系统和信息系统上;

③SOA应建立在现有的常用数据存储库内,以便随时随地改进共有和私有信息的核查和验证;

④SOA应基于松耦合的服务组件,以最低成本提供最大的灵活性;

⑤SOA应建设一致的IT基础设施,其应用要做到信息资产共享和重组。

SOA技术架构的含义是:面向服务架构(Service-Oriented Architecture,SOA)是指为了解决在互联网环境下业务集成的需要,通过连接能完成特定任务的独立功能实体实现的一种软件系统架构。

SOA是一个组件模型,它将应用程序的不同功能单元(称为服务)通过这些服务之间定义良好的接口和契约联系起来。接口是采用中立的方式进行定义的,它应该独立于实现服务的硬件平台、操作系统和编程语言。这使得构建在各种这样的系统中的服务可以以一种统一和通用的方式进行交互。

利用SOA可以组建适应各种需要的体系架构。基于SOA的云计算架构模型如图3-12所示。

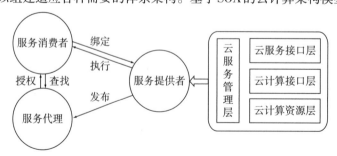

图3-12　基于SOA的云计算架构模型

分析图3-12,利用SOA的互联网标准和协议,在服务消费、服务代理、服务提供者三者之间形成有机的整体,并提供基于云服务接口层、云计算服务层、云计算资源层的云服务管理层。

（四）云计算技术架构能力控制

《国务院关于促进云计算创新发展培育信息产业新业态的意见》（国发〔2015〕5号）提出：

（一）增强云计算服务能力。大力发展公共云计算服务，实施云计算工程，支持信息技术企业加快向云计算产品和服务提供商转型。大力发展计算、存储资源租用和应用软件开发部署平台服务，以及企业经营管理、研发设计等在线应用服务，降低企业信息化门槛和创新成本，支持中小微企业发展和创业活动。积极发展基于云计算的个人信息存储、在线工具、学习娱乐等服务，培育信息消费。发展安全可信的云计算外包服务，推动政府业务外包。支持云计算与物联网、移动互联网、互联网金融、电子商务等技术和服务的融合发展与创新应用，积极培育新业态、新模式。鼓励大企业开放平台资源，打造协作共赢的云计算服务生态环境。引导专有云有序发展，鼓励企业创新信息化建设思路，在充分利用公共云计算服务资源的基础上，立足自身需求，利用安全可靠的专有云解决方案，整合信息资源，优化业务流程，提升经营管理水平。大力发展面向云计算的信息系统规划咨询、方案设计、系统集成和测试评估等服务。

（二）提升云计算自主创新能力。加强云计算相关基础研究、应用研究、技术研发、市场培育和产业政策的紧密衔接与统筹协调。发挥企业创新主体作用，以服务创新带动技术创新，增强原始创新能力，着力突破云计算平台大规模资源管理与调度、运行监控与安全保障、艾字节级数据存储与处理、大数据挖掘分析等关键技术，提高相关软硬件产品研发及产业化水平。加强核心电子器件、高端通用芯片及基础软件产品等科技专项成果与云计算产业需求对接，积极推动安全可靠的云计算产品和解决方案在各领域的应用。充分整合利用国内外创新资源，加强云计算相关技术研发实验室、工程中心和企业技术中心建设。建立产业创新联盟，发挥骨干企业的引领作用，培育一批特色鲜明的创新型中小企业，健全产业生态系统。完善云计算公共支撑体系，加强知识产权保护利用、标准制定和相关评估测评等工作，促进协同创新。

《云计算发展三年行动计划（2017—2019年）》（工信部信软〔2017〕49号）提出：

（二）基本原则。打牢基础，优化环境。从技术研发、标准体系、产业组织等基础环节入手，根据产业、市场在不同阶段的特点和需求适时调整完善政策，引导产业健康快速发展。引导地方根据资源禀赋、产业基础，合理确定发展定位，避免盲目投资和重复建设。应用引导，统筹推进。坚持市场需求导向，以工业云、政务云等重点行业领域应用为切入点，带动产业快速发展。推动云计算的普及推广与深入应用。支持以云计算平台为基础，灵活运用云模式，开展创业创新，积极培育新业态、新模式。协同突破，完善生态。推动云计算企业整合资源，建立制造业创新中心，持续提升云计算服务能力。鼓励骨干企业构建开发测试平台，带动产业链上核心芯片、基础软件、应用软件、关键设备、大数据平台等关键环节的发展，打造协作共赢的产业生态，实现产业整体突破。提升能力，保障安全。高度重视云计算应用和服务发展带来的网络安全问题与挑战，结合云计算发展特点，进一步提升网络安全技术保障能力，制定完善安全管理制度标准，形成健全的安全防护体系，落实企业安全责任。开放包容，国际发展。支持云计算企业"走出去"拓展国际市场。鼓励企业充分吸收利用包括开源技术在内的国际化资源，支持企业加大在国际云计算产业、标准、开源组织中的参与力度。

由于云计算平台技术的强大，已经在政府治理、公共服务、企业信息化、电子商务等各领域得到广泛应用。其中用于移动云平台技术架构如图3-13所示。

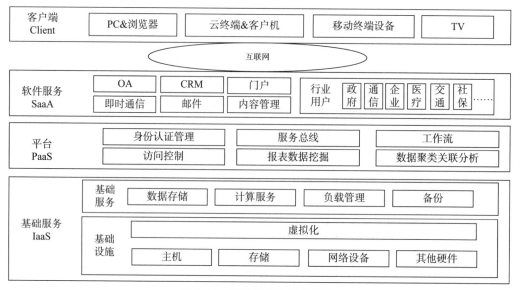

图3-13　移动云平台技术架构

分析图3-13,除移动终端以外,主要是SaaS、PaaS、IaaS三大平台。

(1)SaaS。SaaS是Software as a Service(软件即服务)的简称,随着互联网技术的发展和应用软件的成熟,在21世纪开始兴起的一种完全创新的软件应用模式。SaaS起源于20世纪60年代的Mainframe、80年代的C/S、从ASP模式演变而来的SaaS。

SaaS软件运营商为中小企业搭建信息化所需要的所有网络基础设施及软件、硬件运作平台,并负责所有前期的实施、后期的维护等一系列服务,企业无需购买软硬件、建设机房、招聘IT人员,只需前期支付一次性的项目实施费和定期的软件租赁服务费,即可通过互联网享用信息系统。服务提供商通过有效的技术措施,可以保证每家企业数据的安全性和保密性。企业采用SaaS服务模式在效果上与企业自建信息系统基本没有区别,但节省了大量用于购买IT产品、技术和维护运行的资金,且像打开自来水龙头就能用水一样,方便地利用信息化系统,从而大幅度地降低了中小企业信息化的门槛与风险。

具体来说SaaS可以为客户带来如下的价值:①服务的收费方式风险小,灵活选择模块,备份,维护,安全,升级;②让客户更专注核心业务;③灵活启用和暂停,随时随地都可使用;④按需定购,选择更加自由;⑤产品更新速度加快;⑥市场空间增大;⑦实现年息式的循环收入模式;⑧有效降低营销成本;⑨准面对面使用指导;⑩在全球各地,7×24全天候网络服务;⑪不需要额外增加专业的IT人员;⑫大大降低客户的总体拥有成本。

(2)PaaS。PaaS平台即Platform as a Service(平台即服务)的简称,把应用服务的运行和开发环境作为一种服务提供的商业模式。PaaS平台通过网络进行程序提供的服务称之为SaaS,而云计算时代相应的服务器平台或者开发环境作为服务进行提供就成了PaaS。

PaaS主要具备以下三个特点:

①平台即服务:PaaS所提供的服务与其他的服务最根本的区别是PaaS提供的是一个基础平台,而不是某种应用。在传统的观念中,平台是向外提供服务的基础。一般来说,平台作为应用系统部署的基础,是由应用服务提供商搭建和维护的,而PaaS颠覆了这种概念,由专门的平台服务提供商搭建和运营该基础平台,并将该平台以服务的方式提供给应用系统运营商;

②平台及服务：PaaS运营商所需提供的服务，不仅仅是单纯的基础平台，而且包括针对该平台的技术支持服务，甚至针对该平台而进行的应用系统开发、优化等服务。PaaS的运营商最了解他们所运营的基础平台，所以由PaaS运营商所提出的对应用系统优化和改进的建议也非常重要。而在新应用系统的开发过程中，PaaS运营商的技术咨询和支持团队的介入，也是保证应用系统在以后的运营中得以长期、稳定运行的重要因素；

③平台级服务：PaaS运营商对外提供的服务不同于其他的服务，这种服务的背后是强大而稳定的基础运营平台，以及专业的技术支持队伍。这种"平台级"服务能够保证支撑SaaS或其他软件服务提供商各种应用系统长时间、稳定的运行。PaaS的实质是将互联网的资源服务化为可编程接口，为第三方开发者提供有商业价值的资源和服务平台。

（3）IaaS。IaaS（Infrastructure as a Service），即基础设施即服务的简称。消费者通过互联网可以从完善的计算机基础设施获得服务。这类服务称为基础设施即服务。基于互联网的服务（如存储和数据库）是IaaS的一部分。互联网上其他类型的服务包括平台即服务PaaS和软件即服务SaaS。PaaS提供了用户可以访问的完整或部分的应用程序开发，SaaS则提供了完整的可直接使用的应用程序，比如通过互联网管理企业资源。

IaaS通常分为三种用法：公有云、私有云的和混合云。AmazonEC2在基础设施云中使用公共服务器池（公有云）。更加私有化的服务会使用企业内部数据中心的一组公用或私有服务器池（私有云）。如果在企业数据中心环境中开发软件，那么公有云、私有云、混合云都能使用，而且使用EC2临时扩展资源的成本也很低。结合使用可以更快地开发应用程序和服务，缩短开发和测试周期。

三、信息系统的集约化能力控制

（一）政府治理集约化能力控制

政务信息化建设项目的集约化表现在组织领导保障的集约化、政务信息化规划的集约化、政务业务系统建设的集约化、政务管理系统建设的集约化、政务业务流程模型的集约化、政务信息资源建设的集约化、政务信息资源共享的集约化、政务信息资源共享的集约化、政务信息系统安全防护的集约化等多个方面。

国务院决定的政务信息系统整合共享就是对存在的"各自为政、条块分割、烟囱林立、信息孤岛"的局面进行一次集约化的重要举动。

（二）公共服务集约化能力控制

"互联网+政务服务"的体系架构，按照《国务院关于加快推进"互联网+政务服务"工作的指导意见》（国发〔2016〕55号）、《推进"互联网+政务服务"开展信息惠民试点实施方案》（国办发〔2016〕23号）等文件要求，应当按照集约化思路，对先期建设的分散系统进行集约化处理，形成以"服务平台、共享平台、数据中心"服务架构为核心体系的转移。

（三）企业信息化项目集约化能力控制

企业ERP系统的集约化重在对销售系统、生产系统、供应系统、财务系统、人力系统、物力系统的统筹管理、集约发力。

四、信息化业务连续性能力控制

业务连续性是指部门、企业重要业务功能运行状况的百分之百可用。信息化就是要通过计算、存储、备份等技术手段保障重要业务的业务流程、业务数据的连续性和可用性。

（一）政府治理的业务连续性能力控制

政府治理中的税收征管属于业务连续性的重要业务。信息系统中采用A、B两生产系统和高指标的RPO、RTO进行系统和数据备份、系统定期切换的方式，保障税收征管的信息系统和征管数据的连续性。税收征管业务连续性信息系统如图3-14所示。

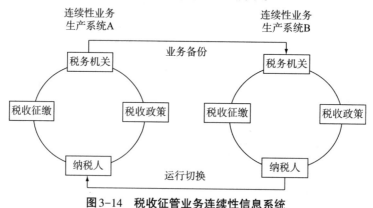

图3-14　税收征管业务连续性信息系统

（二）金融业务连续性能力控制

金融业务包括银行、证券、保险等业务连续性的重要业务。同样，信息系统中采用A、B两生产系统和高指标的RPO、RTO进行系统和数据备份、系统定期切换的方式，保障金融信息系统和征管数据的连续性。金融业务连续性信息系统如图3-15所示。

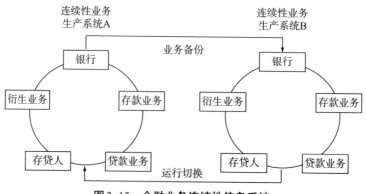

图3-15　金融业务连续性信息系统

五、业务组件复用技术能力控制

组件是对数据和方法的简单封装。一个组件就是一个派生出来的特定对象。组件可以有自己的属性和方法,属性是组件数据的简单访问者,方法则是组件的一些简单而可见的功能。

组件包括通用组件、业务组件。通用组件一般指应用支撑中的OPLA、ETL、API等,是各种软件重用方法中最重要的一种方法,也是分布式计算和Web服务的基础。业务组件由开发形成,包括复合组件、扩展组件、自定义组件。复合组件是将现有的各种组件组合起来,形成一个新的组件,将集中组件的性能集中起来。扩展组件是在现有组件的组件的入门上派生出一个新的组件,为原有组件增加新的性能或者更改原有组件的控能。自定义组件是直接从System.作Windows.Forms. Control类派生出来。

在信息化项目的建议书、可研报告、初步设计中经常见到分别列示的查询、统计、报表等模块。如果采用业务组件并将组件要素向甲方开放,可以极大地提升软件的集约化和可持续性。例如:将分别类似多类的查询语句改造成集中的查询组件,并将查询函数表、查询命令语句向甲方开放,就能取得组件复用的效果。业务组件复用如图3-16所示。

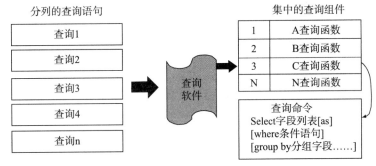

图3-16　查询业务组件复用

六、数据输入处理输出能力控制

数据的输入、处理、输出有不同的控制要求。数据输入控制要进行人工输入、系统输入等的身份验证,输入数据的真实性、完整性、有效性的验证。数据处理控制要进行业务处理模型、流程处理模型、数据处理模型的合法性、合规性的验证。数据输出控制要进行身份验证,数据屏幕输出、交换输出、打印输出等的身份验证,输出数据的完整性、符合性验证。数据输入处理输出技术控制如图3-17所示。

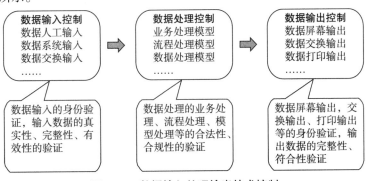

图3-17　数据输入处理输出技术控制

七、数据业务共享开放目录控制

《国家政务信息化项目建设管理办法》(国办发〔2019〕57号)提出"项目建设单位应当编制信息资源目录"的规定。信息资源目录包括信息资源的业务目录、共享目录、开放目录。

(1)信息资源业务目录。这是信息系统建设单位为各类应用系统提供数据资源支持的业务目录。应当按照建设单位的职责履行和单位管理的需要,以及建立的门户系统、业务系统、管理系统、共享平台、运维系统、安全系统等信息系统的需要,提出业务目录、管理目录的信息资源业务目录。

(2)信息资源共享目录。《政务信息资源共享管理暂行办法》(国发〔2016〕51号)提出,为实现政务部门之间的信息共享和业务协同,应当建立基础类(人口、法人、空间地理、社会信用)、主题类(公共服务事项、行政权力事项)、部门类(党中央、全国人民代表大会、国务院、全国政协、最高人民法院、最高检察院的部门)共享目录。《政务信息资源目录编制指南(试行)》(发改高技〔2017〕1272号)提出了目录编制的"类、项、目、细目,数据清单"的目录编制要求。应当按照文件要求,结合本部门和单位可提供的共享信息,编制信息资源共享目录,并通过与国家共享平台的对接,实现政务信息资源的共享。

(3)信息资源开放目录。《中华人民共和国政府信息公开条例》(2007年国务院令第492号)提出了各级人民政府应当加强对政府信息公开工作的组织领导的总体要求。应当按照文件要求,结合本部门单位的公开信息,编制信息资源开放目录,并通过门户网站等渠道实现信息资源的开放。

八、信息系统数据接口能力控制

数据接口是计算机软件系统之间传送数据、交换信息的接口,以电子文件的形式实现。通常使用的数据接口包括政务信息共享平台、企业ERP系统等的数据接口。

(一)政务共享平台数据接口

国家统一开发的政务信息共享平台需要与各中央部委、各省级政务信息共享平台链接,才能实现政务信息资源的资源共享和业务协同。为此,国家信息中心研究的《政务数据共享平台服务接口规范》团体标准,提出的服务接口要素包括:服务接口名称、来源系统、资源目录、所属部门、共享类型、共享条件、开放类型、开放条件、数据更新周期、授权方式、授权范围、服务摘要、接口特殊要求、责任清单等,同时提出服务接口的通讯协议要求、接口技术类型、性能要求等,其目的就是为了更好地实现国家政务信息共享平台与中央部委、省级政务信息共享平台链接,实现政务信息资源的资源共享和业务协同。

(二)企业ERP数据接口

①《财经信息技术ERP数据接口国家标准—公共基础数据部分》(GB/T 32180.1—2015)、②《财经信息技术ERP数据接口国家标准—采购部分》(GB/T 32180.2—2015)、③《财经信息技术ERP数据接口国家标准—库存部分》(GB/T 32180.3—2015)、④《财经信息技术ERP数据接口国家标准—销售》(GB/T 32180.4—2015)、⑤《财经信息技术ERP数据接口国家标准—预算》(GB/T 32180.5—2015)、⑥《财经信息技术ERP数据接口国家标准——资金》(GB/T 32180.6—2015)等企

业ERP系统的国家标准,提出了采购、库存、销售、预算、资金等方面的数据接口。其中,采购数据结构按照以下表格中的规定输出(表3-1)

表3-1 采购申请信息数据结构

编号	数据表名	数据元素标识符	数据元素名
01	采购申请单	3001	申请单ID
		3002	申请单号
		1018	业务日期
		1019	制单日期
		1020	状态
		1021	备注
02	采购申请单明细	3001	申请单ID
		3003	申请单行ID
		1022	行号
		1001	物料ID
		1007	采购计量单位ID
		3004	需求日期
		3005	申请数量
		3006	批准数量
		1016	项目ID
		1009	供应商ID
		1004	采购组织编码
		3007	申请组织编码
		1023	行状态

(三)ERP库存数据接口控制

《财经信息技术 企业资源计划软件数据接口 第3部分:库存》(GB/T 32180.3—2015)提出:

5.2输出文件的数据结构

本部分要求输出文件的数据结构按照以下各表格中的规定输出,其中"数据元素标识符"栏中的编号对应部分及公共基础数据部分4.2中所描述的数据元素标识符。

5.2.1库存业务信息数据结构。

库存业务信息数据结构见表3-2。

表3-2 库存业务信息数据结构

编号	数据表名	数据元素标识符	数据元素名
01	库存单据	4001	库存单据ID
		4002	库存单据号
		4003	库存单据类型

编号	数据表名	数据元素标识符	数据元素名
01	库存单据	1018	业务日期
		1019	制单日期
		1002	库存组织编码
		4004	出入库标识
		1009	供应商ID
		1008	客户ID
		1020	状态
		1021	备注
02	库存单据明细	4001	库存单据ID
		4005	库存单据行ID
		1022	行号
		1001	物料ID
		1005	成本组织编码
		4006	出入库数量
		4007	单位成本
		4008	总成本
		1011	仓库ID
		4009	批次号
		4010	来源单据类型
		4011	来源单据ID
		4012	来源单据行ID
		4013	领料对象
		1016	项目ID

(四)ERP销售数据接口控制

《财经信息技术企业资源计划软件数据接口 第4部分:销售》(GB/T 32180.4—2015)提出:

5.1输出文件的格式。输出的接口文件应采用XML格式,具体格式参见附录A,实例参见附录B。

5.2输出文件的数据结构。

本部分要求输出文件的数据结构按照以下各表格中的规定输出,其中"数据元素标识符"栏中的编号对应本部分及公共基础数据部分4.2中所描述的数据元素标识符。5.2.1销售合同/框架合同信息数据结构。

销售合同/框架合同信息数据结构见表3-3。

表3-3 销售合同/框架合同信息数据结构

编号	数据表名	数据元素标识符	数据元素名
01	销售合同	1039	合同类型

编号	数据表名	数据元素标识符	数据元素名
01	销售合同	5001	销售合同ID
		5002	销售合同号
		1019	制单日期
		1024	合同开始日期
		1025	合同结束日期
		1003	销售组织编码
		1010	业务员
		1012	结算方式编码
		1008	客户ID
		1015	币种编码
		1020	状态
		1017	付款条件编码
		1021	备注
02	销售合同明细	5001	销售合同ID
		5003	销售合同行ID
		1022	行号
		5007	收货客户ID
		1001	物料ID
		2011	物料类别ID
		1006	销售计量单位ID
		1026	合同数量
		1027	不含税单价
		1028	含税单价
		1029	税率
		1030	不含税金额
		1031	含税金额
		1023	行状态

(五)行政会计数据接口控制

《财经信息技术 会计核算软件数据接口 第2部分:行政事业单位》(GB/T 24589.2—2010)提出:

《财经信息技术 会计核算软件数据接口》标准规定了会计核算软件接口的数据格式要求,包括会计核算数据元素、数据接口输出文件的内容和格式的要求。本部分适用于行政事业单位所使用的会计核算软件的设计、研制、管理、购销和应用。

行政事业单位会计也成为预算会计制度,与企业会计一起构成了我国会计体系中的两大类制度。它适用于各级政府财政部门及其所属行政单位和各级事业单位,是以货币为主要计量单位,对财政资金运动及其结果进行核算、反映和监督,促进国家财政收支任务圆满实现的财政管理活动。与企业会计制度相比,行政事业单位会计制度在会计核算的基础、会计要素的构成、会计等式、会计核算内容及方法等方面均存在区别。《财经信息技术　会计核算软件数据接口　第2部分:行政事业单位》(GB/T 24589.2—2010)是专门适用于行政事业单位使用的会计核算软件标准,标准的具体内容主要包括:标准的规范、规范性引用文件、术语和定义、数据元素、接口文件的输出、符合性评价等六部分。

本部分由中华人民共和国审计署计算机技术中心牵头,组织相关软件企业、高等院校、科研院所和地方审计机关起草完成。

(六)企业会计数据接口控制

《财经信息技术　会计核算软件数据接口　第1部分:企业》(GB/T 24589.1—2010)提出:

《财经信息技术　会计核算软件数据接口》标准规定了会计核算软件接口的数据格式要求,包括会计核算数据元素、数据接口输出文件的内容和格式的要求。本部分适用于企业单位所使用的会计核算软件的设计、研制、管理、购销和应用。

企业会计是以核算企业资本金的循环为主要内容的会计制度。原标准《信息技术　会计核算软件数据接口》(GB/T 19581—2004)针对的是"十五"期间中国会计电算化、审计信息化及电子政务信息化的需要制定的标准,该标准的实施致力于解决国内种类繁多的财务软件之间互不兼容、缺乏通用性、数据难以交换和共享的问题。2007年1月1日我国开始实施《新企业会计准则》,该准则在"会计要素的计量、存货管理办法、企业合并会计处理方法、合并报表基本理论"等方面有了新变化,原标准GB/T 19581—2004需要更新以适应新准则的要求,为此,需要对原标准进行修订。

《财经信息技术　会计核算软件数据接口》适用于企业单位使用的会计核算软件的设计、研制、管理、购销和应用。将原来标准内容中的数据文件和格式说明文件细分为公共档案类、总账类、应收应付类、固定资产类、员工薪酬类等数据元素类型,输出文件也相应地给出了这些数据元素的数据结构,全面覆盖了企业财务数据信息。标准的具体内容主要包括:标准的范围、规范性引用文件、术语和定义、数据元素、接口文件的输出、符合型评价等六部分。

本部分由中华人民共和国审计署计算机技术中心牵头,组织相关软件企业、高等院校、科研院所和地方审计机关起草完成。

(七)总预算会计数据接口控制

《财经信息技术　会计核算软件数据接口　第3部分:总预算会计》(GB/T 24589.3—2011)提出:

《财经信息技术　会计核算软件数据接口》标准规定了会计核算软件接口的数据格式要求,包括会计核算数据元素、数据接口输出文件的内容和格式的要求。本部分适用于政府财政总预算会计、基金所使用的会计核算软件的设计、研制、管理、购销和应用。

本部分由中华人民共和国审计署计算机技术中心牵头,组织相关软件企业、高等院校、科研院所和地方审计机关起草完成。

（八）商业银行会计数据接口控制

《财经信息技术　会计核算软件数据接口　第4部分：商业银行》（GB/T 24589.4—2011）提出：

《财经信息技术　会计核算软件数据接口》标准规定了会计核算软件接口的数据格式要求，包括会计核算数据元素、数据接口输出文件的内容和格式的要求。本部分适用于商业银行所使用的会计核算软件的设计、研制、管理、购销和应用。

本部分由中华人民共和国审计署计算机技术中心牵头，组织相关软件企业、高等院校、科研院所和地方审计机关起草完成。

九、应用能力控制的审计

应用能力控制的审计包括信息系统的应用架构能力、技术架构能力、集约化能力、业务连续性能力、组件复用技术能力、数据输入处理输出能力、数据业务共享开放目录、数据接口能力等。

（一）应用架构能力的审计

信息系统应用架构是通过信息系统的顶层设计、集约化管控、云平台运行以及信息化的突出问题，更好地发挥信息系统应用架构的能力。信息系统应用架构包括政府治理应用架构、公共服务应用架构、企业信息化应用架构、电子商务应用架构。要采用信息化的审计程序和审计方法，突出信息化的顶层设计、集约化管控、云平台运行和信息化的突出问题，进行审计检查。

（1）政府治理应用架构的审计。政府治理承担经济调节、市场监管、社会管理等基本职能。政府治理应用架构就是要体现政府履职基本职能的顶层设计、集约化架构。例如财政的财政预算指标管理、政府采购管理、国库集中收付管理等重要职能的应用架构，发现并纠正各自管理、分封割据、信息孤岛等问题。做好审计取证、审计底稿和审计报告。

（2）公共服务应用架构的审计。公共服务承担公共服务事项、行政权力事项的基本职能。公共服务应用架构就是要体现公共服务的简政放权、优化服务、服务方式、服务成效的顶层设计、集约化架构。例如公共服务的城市服务平台、共享平台、数据中心的应用架构，国家服务平台、省级服务平台、城市服务平台互联互通、信息共享、业务协同的应用架构，为百姓和企业有更多的获得感、幸福感和安全感。做好审计取证、审计底稿和审计报告。

（3）企业信息化应用架构的审计。企业信息化承担企业的销售、供应、生产、财力、人力、物力等的企业资源计划（ERP）的基本职能。企业信息化应用架构就是要体现ERP系统中销售、供应、生产、财力、人力、物力等的各自管理、相互配合、信息共享和业务协同等。要发现并纠正各自管理、分封割据、信息孤岛等问题，做好审计取证、审计底稿和审计报告。

（4）电子商务应用架构的审计。电子商务承担消费者的网上购物、商户之间的网上交易和在线电子支付，以及各种商务活动、交易活动、金融活动和相关的综合服务活动的的基本职能。电子商务应用架构就是要体现电子货币交换、供应链管理、电子交易市场、网络营销、在线事务处理、电子数据交换（EDI）、存货管理和自动数据收集，体现ABC、B2B、B2C、C2C、B2M、M2C、B2A（即B2G）、C2A（即C2G）、O2O等电子商务模式。要发现并纠正基本职能的不足、数据收集的不完整、商务模式的不适应、服务成效的不满足等问题，做好审计取证、审计底稿和审计报告。

(二)技术架构能力的审计

信息系统技术架构包括J2EE技术架构、.NET技术架构、SOA技术架构、云计算技术架构,为应用系统提供不同架构的技术支持。要采用信息化的审计程序和审计方法,突出技术架构特性与业务系统的结合度,以及其他各类系统的支撑度,进行审计检查。

(1)J2EE技术架构的审计。J2EE核心是一组技术规范与指南,其中所包含的各类组件、服务架构及技术层次,均有共同的标准及规格,让各种依循J2EE架构的不同平台之间存在良好的兼容性。审计的重点在于一是J2EE技术架构与业务系统的结合度。二是其他各类组件、服务架构和技术层次对J2EE技术架构的支撑度。做好审计取证、审计底稿和审计报告。

(2).NET技术架构的审计。.NET技术架构是一个多语言组件开发和执行环境,包括三个主要组成部分:公共语言运行时(Common Language Runtime,CLR)、服务框架(Services Framework)和上层的两类应用模板——传统的Windows应用程序模板(Win Forms)和基于ASP.NET的面向Web的网络应用程序模板(Web Forms和Web Services)。审计的重点在于一是.NET技术架构与业务系统的结合度。二是.NET三个主要组成部分之间以及其他各类组件、服务架构和技术层次对.NET技术架构的支撑度。做好审计取证、审计底稿和审计报告。

(3)SOA技术架构的审计。SOA是一种信息系统结构方式,通过松耦合、互操作的连接服务创建应用系统,以SOA为基础的系统可以独立于开发技术和平台(例如JavaEE、.NET等),并且在复杂的业务系统和应用中起到支持整合和巩固的作用。审计的重点在于一是SOA技术架构与业务系统的结合度。二是SOA组件之间以及其他各类组件、服务架构和技术层次对.NET技术架构的支撑度。做好审计取证、审计底稿和审计报告。

(4)云计算技术架构的审计。云计算技术架构是近年来政府治理、公共服务、企业和商务常用的技术架构,其核心体系为SaaS、PaaS、IaS三大平台。审计的重点在于一是云计算技术架构与业务系统的结合度。二是云计算技术架构的SaaS、PaaS、IaaS之间的技术支撑度。做好审计取证、审计底稿和审计报告。

(三)集约化能力的审计

集约化是"集合要素优势、节约生产成本",提高单位效益的方式。本意是指在最充分利用一切资源的基础上,更集中合理地运用现代管理与技术,充分发挥人力资源的积极效应,以提高工作效益和效率的一种形式。集约化包括政府治理集约化能力、公共服务集约化能力、企业信息化项目集约化能力。要采用信息化的审计程序和审计方法,突出技术架构特性与业务系统的结合度,以及其他各类系统的支撑度,进行审计检查。

(1)政府治理集约化能力的审计。政府治理集约化表现在组织领导保障的集约化、政务信息化规划的集约化、政务业务系统建设的集约化、政务管理系统建设的集约化、政务业务流程模型的集约化、政务信息资源建设的集约化、政务信息资源共享的集约化、政务信息系统安全防护的集约化等多个方面。审计中要重点关注各类集约化是否实现了建设目标、建设思路、建设模式的集约化,做好审计取证、审计底稿和审计报告。

(2)公共服务集约化能力的审计。公共服务集约化表现在公共服务的服务平台集约化、共享平台集约化、数据中心集约化、国家级省级地市级三级平台协同的集约化、全国一体化政务服务的集约化等。审计中要重点关注各类集约化是否实现了建设目标、建设思路、建设模式的集约化，做好审计取证、审计底稿和审计报告。

（3）企业信息化集约化能力的审计。企业信息化集约化表现在销售系统、生产系统、供应系统、财务系统、人力系统、物力系统的高度集合形成ERP系统的集约化。审计中要重点关注各类集约化是否实现了建设目标、建设思路、建设模式的集约化，做好审计取证、审计底稿和审计报告。

（四）业务连续性能力的审计

业务连续性能力是政府治理、金融业务连续性等的集中表现。例如：政府治理中的税收征管业务连续性的重要业务，金融业务中银行、证券、保险等业务连续性的重要业务，从信息化的角度看，需要采用A、B两生产系统和高指标的RPO、RTO进行系统和数据备份、系统定期切换的方式，保障业务连续性重要业务的可持续进行。要采用信息化的审计程序和审计方法，突出业务连续性的特点，是否采用了有效的信息化手段和措施予以保障，进行审计检查。

（1）政府治理税收征管业务连续性的审计。税收征管的税收机关、纳税人、税收征缴和上缴等存在高度的业务连续性，采用了A、B两生产系统和高指标的RPO、RTO进行系统和数据备份、系统定期切换的方式。审计中要重点关注业务连续性的特点，是否采用了有效的信息化手段和措施予以保障。做好审计取证、审计底稿和审计报告。

（2）金融银行证券保险业务连续性的审计。银行证券保险以银行存款贷款、证券业务办理、保险业务承办表现为高度的业务连续性，采用了A、B两生产系统和高指标的RPO、RTO进行系统和数据备份、系统定期切换的方式。审计中要重点关注业务连续性的特点，是否采用了有效的信息化手段和措施予以保障。做好审计取证、审计底稿和审计报告。

（五）业务组件复用技术能力的审计

组件包括支撑OPLA、ETL、API等的技术组件，以及复合组件、扩展组件、自定义组件等的业务组件。要采用信息化的审计程序和审计方法，突出技术组件对OPLA、ETL、API等的技术支撑，复合组件、扩展组件、自定义组件等业务组件对业务应用系统的支撑，进行审计检查。

（1）技术组件的审计。技术组件包括OPLA、ETL、API等，是各种软件重用方法中最重要的一种方法，也是分布式计算和Web服务的基础。审计中要重点关注技术组件的重用和复用，是否采用了有效的信息化手段和措施予以保障。做好审计取证、审计底稿和审计报告。

（2）业务组件的审计。业务组件包括查询、统计、报表等各类复合组件、扩展组件、自定义组件等，是应用软件集约化的重要标志。审计中要重点关注业务组件对各种应用软件的重用和复用，是否采用了有效的信息化手段和措施予以保障。做好审计取证、审计底稿和审计报告。

（六）数据输入、处理、输出能力的审计

数据输入、处理、输出能力是信息化系统模型的有效性、数据准确无误的重要标志。审计中要采用信息化的审计程序和审计方法，突出数据输入的真实性、完整性、有效性，数据处理的合法性、合规性，数据输出的完整性、符合性，是否采用了有效的信息化手段和措施予以保障，进行审计检查。

(1)数据输入的审计。数据输入控制包括人工输入、系统输入等,要进行数据输入的身份验证,数据输入的真实性、完整性、有效性的验证。做好审计取证、审计底稿和审计报告。

(2)数据处理的审计。数据处理控制包括业务处理模型、流程处理模型、数据处理模型等,要进行人工输入、系统输入等的身份验证,数据处理模型的合法性、合规性验证。做好审计取证、审计底稿和审计报告。

(3)数据输出的审计。数据输出控制包括屏幕输出、交换输出、打印输出等,要进行数据输出的身份验证,验证输出数据的完整性、符合性。做好审计取证、审计底稿和审计报告。

(七)信息资源目录的审计

信息资源目录包括业务目录、共享目录、开放目录,包括目录的政策规则、元数据等。业务目录是部门和单位对保障履职各类应用软件提供数据支撑的基础;共享目录是保障部门和单位之间信息共享和业务协同的保障;开放目录是部门和单位向社会公众公开相关信息的保障。审计中要关注业务目录、共享目录、开放目录的政策符合性,数据资源应用、共享、开放等机制的有效性等,进行审计检查。

(1)业务目录的审计。业务目录是部门和单位为保障履职各类应用软件的有效运行,建立的与履职和管理要求相对应的、与各类应用软件相适配的数据资源目录。做好审计取证、审计底稿和审计报告。

(2)共享目录的审计。共享目录是保障部门和单位之间信息共享和业务协同,要符合国家关于共享信息的履职管理信息共享的要求,符合相关元数据管理的要求,符合目录和数据清单一致性的要求。做好审计取证、审计底稿和审计报告。

(3)开放目录的审计。开放目录是部门和单位向社会公众公开相关信息的保障,要符合国家关于开放信息的履职管理信息公开的要求,符合相关元数据管理的要求,符合目录和数据清单一致性的要求。做好审计取证、审计底稿和审计报告。

(八)信息资源数据接口的审计

信息资源数据接口是计算机软件系统之间传送数据、交换信息的接口,以电子文件的形式实现。通常使用的数据接口包括政务信息共享平台、企业ERP系统等的数据接口。审计中要关注政务信息共享平台数据接口的政策、机制、规则的符合性,企业ERP系统数据接口在实现采购、库存、销售、预算、资金等方面的完整性、有效性等,进行审计检查。

(1)政务信息共享平台数据接口的审计。国家发布的政务信息共享平台数据接口标准提出了数据交换、数据汇聚、数据推送等的数据接口,保障数据需求的申请、数据单独或批量获取、已获取数据的镜像更新等,保障国家共享平台、省级共享平台、城市共享平台之间的数据接口畅通。做好审计取证、审计底稿和审计报告。

(2)企业ERP系统数据接口的审计。企业ERP系统通过数据接口,实现采购、库存、销售、预算、资金等数据共享、信息畅通,保障企业ERP各类数据与国家主管部门之间的共享和畅通。做好审计取证、审计底稿和审计报告。

本节思考题

1. 政务信息化的应用架构能力是什么?怎样有重点地解决政府治理、公共服务、企业管理、商务管理的信息化应用架构能力？

2. 政务信息化的集约化建设思路是什么？怎样有重点地解决政府治理、公共服务、企业管理、商务管理的集约化建设？

3. 业务连续性能力是什么？怎样有重点地保障政府治理、金融业务的业务连续性？

4. 什么是通用组件、业务组件？业务组件复用是什么？在查询、统计、报表等模块方面何如做到了业务组件的复用？

5. 数据输入、数据处理、数据输出分别是什么？如何保障人工输入、系统输入等数据输入的真实性、完整性、有效性？如何保障业务处理模型、流程处理模型、数据处理模型等数据处理的合法性、合规性？如何保障屏幕输出、交换输出、打印输出等数据输出的完整性、符合性？

6. 政务信息资源的业务目录、共享目录、开放目录分别是什么？如何保障业务目录的完整性并为各类应用提供所需的数据资源？如何保障共享目录的符合性和完整性并为其他政务部门提供了共享信息？如何保障开放目录的符合性和完整性并为社会公众提供了开放信息？

7. 数据接口是什么？如何通过数据接口实现数据传送、信息交换？在国家政务信息共享平台与中央部委、省级政务信息之间如何通过数据接口实现链接？在企业ERP与采购、库存、销售、预算、资金等方面如何通过数据接口实现互联互通？

8. 应用能力控制审计的目标、范围分别是什么？

第三节　数据资源控制审计

数据资源控制包括政府治理的数据资源、主题数据、共享开放，公共服务、企业和商务的数据资源，以及数据库设计等方面的法规类、标准类、规则类的控制。

数据资源控制审计是信息系统审计服务单位按照国家和行业的规章制度和标准规范，对数据资源的各类控制等的符合性和有效性进行检查监督，提出审计意见和建议，保障项目数据资源控制具有符合性和有效性，保障信息系统项目具有更好的数据资源控制。

一、政府治理数据资源控制

政府治理数据资源是指数据资源的业务目录、主题数据、元数据、数据元素、数据表等。

（一）政府治理业务目录控制

政府治理的信息资源业务目录是向门户系统、业务系统、管理系统、共享平台、运维系统、安全系统等各类应用系统提供数据资源的保障。《国家审计数据中心基本规划——计算机审计实务公告第5号》（审计发〔2007〕44号）提出：审计信息资源分类按审计专业进行分类，审计专业分类根据审计信息资源内容的属性或特征，分为2个一级类，23个二级类（图3-18）。

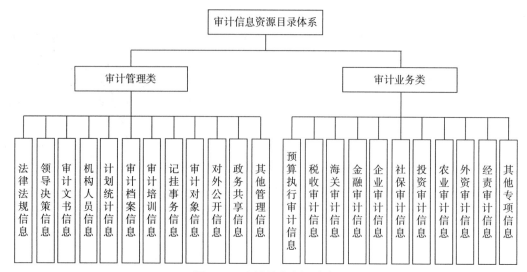

图3-18 审计信息资源分类

业务目录的分类资源由政府治理职能决定。以《中央部门预算执行审计数据规划——计算机审计实务公告第7号》(审计发〔2007〕64号)为例:中央部门预算执行审计的职能业务包括:预算编制与批复审计、预算资金拨付审计、基本支出审计、项目支出审计、非税收入收缴审计、国有资产管理审计、政府采购审计、决算审计等8类。各类职能业务对应的审计数据为:基础资料、测评数据、预算数据、会计数据、决算数据、业务数据、审计数据。根据审计业务和审计数据的对应关系,构建专业审计数据规划(图3-19)。

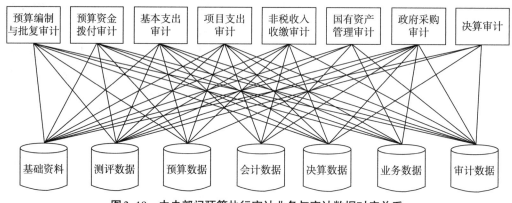

图3-19 中央部门预算执行审计业务与审计数据对应关系

(二)政府治理数据资源元数据控制

元数据是描述数据的数据。主要是描述数据属性的信息,用来支持如指示存储位置、历史数据、资源查找、文件记录等功能。

政府治理业务目录下的元数据,以《审计署计算机审计实务公告第7号——中央部门预算执行审计数据规划》(审计发〔2007〕64号)为例:采用7个元数据描述其信息。格式举例如下:

(1)资源名称:本规划数据表目录中的数据表名称。例如:预算项目基本信息表。

(2)资源摘要:本规划数据表的主要用途以及所包含的数据元素。例如:预算项目基本信息表包含预算项目的预算年度、预算单位、项目类型、项目类别、项目属性及起止时间等基础信息。

数据元素包括：预算年份、预算项目代码、预算项目名称、预算科目、预算单位、项目主管单位、项目负责人、项目类型、项目类别、项目属性、项目起始年份、项目结束年份、项目采购方式、项目评审方式、项目是否考评、项目批复日期。

（3）资源负责方：该规划数据表负责单位的名称，如××预算单位。

（4）时间范围：该规划数据表内容跨越的时间段。

（5）起始时间：资源内容跨越的时间段的起始时间，如2006年1月1日。

（6）结束时间：资源内容跨越的时间段的终止时间，如2006年12月31日。

（7）资源分类：数据表在规划分类目录中的具体分类以及数据表的标识符，例如：类目名称：审计业务类\预算执行审计\预算数据\预算编报数据；类目编码：AB31；分类标准：审计业务分类；资源标识符：规划中数据表的标识符，例如：AB31/0001；数据项说明：规划中数据表所包含数据元素的标识符。数据元素标识符示例：0000，0037，0038，0054，0010，0042，0043，0044，0039，0045，0046，0047，0048，0049，0050，0051。

（三）政府治理数据资源数据元素控制

数据元素即结点或记录，是数据的基本单位，数据库中成为数据字段。

政府治理业务目录下的数据元素，以《审计署计算机审计实务公告第5号——国家审计数据中心基本规划》（审计发〔2007〕44号）为例：数据元素是用一组属性描述定义、标识、表示和允许值的数据单元，是审计信息资源的不可分割的基本单位。因为在一个专业审计数据规划中具有数百个数据元素，于是就产生了数据元素的分组即信息实体，由一组说明数据相关特性的数据元素。

中央部门预算执行审计的信息实体共36类，包括：预算电子数据信息、预算期信息、预算单位信息、预算项目信息、预算科目信息、预算资金信息、预算内行政事业收费信息、预算外收入信息、政府性基金信息、预算报表信息、预算编制信息、预算用款申请与批复信息、预算调整信息、预算追加信息、决算报表信息、会计电子账簿信息、会计期信息、会计科目信息、会计辅助核算信息、银行账户信息、汇率信息、计量单位信息、会计报表信息、记账信息、结账信息、非税收入信息、行政机关办公用房信息、人员住宅信息、行政审批信息、内部控制信息、信息系统信息、审计期信息、审计项目信息、审计统计信息、审计程序信息、决算调整信息。36类实体代表的数据元素共计621个。

数据元素的描述格式如下。

（1）数据元素的标识符：在本标准中，它是数据元素的唯一标识，采用4位流水码来标记。

（2）数据元素的名称：数据元素的中文名称。

（3）数据元素的说明：数据元素的含义描述。

（4）数据元素的表示：数据元素值的类型及长度的表示形式，按照GB/ T18142的要求，具体表示如下。

c表示数字、字母、汉字及其他字符等；

cn表示n位字符的固定长度；

c..n表示最多为n位字符的可变长度；

DI..n表示最多为n位的十进制整数可计算形式；

Dm.n表示十进制小数可计算形式，m表示包含小数点前后字符位在内的最多字符位数，n表示小数点后的最多字符位数。

(5)数据元素的英文名称:一般用英文全称。以一个大写字母开头。多个单词连写,其中每一个新的单词开头为大写字母。

(6)数据元素的短名:参见《审计署计算机审计实务公告第5号——国家审计数据中心基本规划》(审计发〔2007〕44号)9.3.2节。

(7)数据元素的注释:与该数据元素相关的其他说明,对含义的进一步解释,包括约束/条件(必选、可选或条件必选)和最大出现次数。当该为条件必选时,应注明其约束条件。

二、政府治理主题数据控制

政府治理数据模型是对应分析模型的数据资源。包括业务处理数据模型、数据分析数据模型、大数据分析数据模型。

(一)业务处理主题数据

数据表是一个保存数据的网格虚拟表,表示内存中数据的一个表。数据表分为基础表、分析表。基础表是业务目录下的数据基本单位。

《审计署计算机审计实务公告第5号——国家审计数据中心基本规划》(审计发〔2007〕44号)提出:数据表(集)是按照特定审计目标组织的相关数据元素的集合,包括结构化数据和非结构化数据。

(1)数据表的分类。数据表分为基础表和分析表(表3-4)。基础表是根据审计管理或专业审计目标组织的所需数据元素的集合,是反映审计管理或专业审计所需基础信息的数据表。分析表是为满足特定审计目标的多维分析、决策分析对基础表进行重组形成的数据表。

表3-4 数据表分类

分类1	分类2	表标识符	数据表	备注
会计数据类(4)	财务收支审计(1)	0053	电子账簿信息表	基础表
		0054	会计科目表	基础表
		0055	科目余额及发生额表	基础表
		0056	记账凭证表	基础表
		0057	银行账户开设一览表	基础表
		0058	资产负债表(行政)	基础表
		0059	收入支出总表(行政)	基础表
		0060	经费支出明细表(行政)	基础表
		0061	资产负债表(事业)	基础表
		0062	收入支出表(事业)	基础表
		0063	事业支出明细表(事业)	基础表

(2)数据表的编码规则。数据表编码按照代码结构中的流水码,用四位流水码表示。

按照业务界定范围和数据元素规则,《中央部门预算执行审计数据规划》确定了107张基础表,分析表以示例形式列示。所有数据表依据目录体系规划的规则,规划分类标识符,引导码采

用《基本规划》规定的ZHFOO。《中央部门预算执行审计数据规划》基础数据表目录(引导码从略)
见表3-5,基础表目录中的AB31/0001预算项目基本信息表的数据结构,见表3-6。

表3-5　《中央部门预算执行审计数据规划》基础数据表目录

表标识符	数据表名称	备注
AB11/0001	预算单位基本信息表	基础表
AB11/0002	预算单位机构职责情况表	基础表
AB11/0003	预算单位人员编制情况表	基础表
AB21/××××	内部控制调查表(相同结构的数据表见8.2.2)	基础表
AB21/××××	内部控制测试程序表(相同结构的数据表见8.2.2)	基础表
AB22/0001	被审单位信息系统状况统计表	基础表
AB31/0001	预算项目基本信息表	基础表
AB31/0002	预算项目总体投资情况表	基础表
AB31/0003	预算项目其他信息	基础表
AB31/0004	预算项目支出明细表	基础表
AB31/0005	预算项目采购方式表	基础表
……	……	……

表3-6　AB31/0001预算项目基本信息表的数据结构

标识符	数据元素	表示	数据元素说明
0000	预算年份	C4	预算资金收入或拨款的年度
0037	预算项目代码	C..16	财政部制定的预算项目的唯一代码
0038	预算项目名称	C..50	预算项目的全称
0054	预算科目代码	C..12	财政部制定的预算科目的唯一代码
0010	预算单位代码	C..20	财政部制定的预算单位的唯一代码
0010	主管单位代码	C..20	项目主管单位在单位信息表中的代码
0042	预算项目负责人	C..50	预算项目负责人姓名
0043	预算项目负责人职务	C..10	预算项目负责人的职务
0044	预算项目类型	C..12	预算项目类型,参见代码表
0039	预算项目类别	C..12	预算项目类别,参见代码表
0045	预算项目属性	C..12	预算项目属性,参见代码表
0046	预算项目起始年份	C4	预算项目财政部门批复开始的年份
0047	预算项目结束年份	C4	预算项目财政部门批复结束的年份
0048	预算项目采购方式	C..12	预算项目采购方式,参见项目采购方式表
0049	预算项目评审方式	C..12	预算项目评审方式,参见代码表
0050	预算项目是否考评	DI..1	预算项目是否考评的标志,参见代码表
0051	预算项目批复日期	C8	预算项目的财政部门批复日期

该规划基础表按资源分类分为基础资料、测评数据、预算数据、会计数据、决算数据、业务数

据、审计数据7类。

(3)数据表描述。数据表中包含6个必选的实体和元素,分别是资源名称、资源摘要、资源负责方、资源分类、资源标识符和数据项说明;此外,数据表还包括12个可选的实体和元素。描述:资源名称如下。

说明:所描述的资源的一种大概的或描述性的题目。

表示:字符串。

英文名称:resource title。

短名:resTitle。

注释:必选项;最大出现次数为1。

……

数据表XML Schema:

```xml
<?xml version="1.0" encoding="UTF-8"?>
<xs:schema xmlns:xs="http://www.w3.org/2001/XMLSchema"
xmlns="http://www.cnao.gov.cn/audittabledata"targetNamespace="http://www.cnao.gov.cn/audit-tabledata"elementFormDefault="qualified"attributeFormDefault="unqualified">
    <xs:element name="Tabledata">
        <xs:annotation>
            <xs:documentation>数据表</xs:documentation>
        </xs:annotation>
        <xs:complexType>
            <xs:sequence>
                <xs:element name="resTitle"type="xs:string">
                    <xs:annotation>
                        <xs:documentation>资源名称</xs:documentation>
                    </xs:annotation>
                </xs:element>
                <xs:element name="pubDate"type="xs:date"minOccurs="0">
                    <xs:annotation>
                        <xs:documentation>资源出版日期</xs:documentation>
```

(略)

(二)数据分析主题数据

政务部门和单位为提升履职能力建立数据分析主题模型,数据分析主题数据是对应数据分析主题模型的数据支持。数据分析主题数据将相关业务基础表按一定主数据、数据元素的重组,形成分析表(图3-20)。

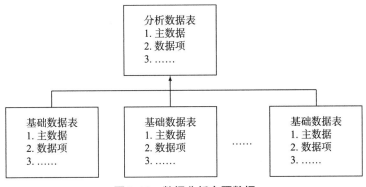

图3-20　数据分析主题数据

（三）大数据分析主题数据

《国务院关于印发促进大数据发展行动纲要的通知》（国发〔2015〕50号）开宗明义提出，大数据是以容量大、类型多、存取速度快、应用价值高为主要特征的数据集合，从中发现新知识、创造新价值、提升新能力的新一代信息技术和服务业态。因此，大数据应用的核心主题就是要解决大数据的数据应用，提升治理体系和治理能力现代化水平。

政务部门和单位为解决履职面临重大社会问题建立的大数据分析主题模型，大数据分析主题数据就是为主题模型提供数据支持。

社会保障大数据分析的主题模型数据要素包括：征缴数据分析、发放数据分析，通过迭代分析得到结果从而调整相关政策制度，保持社会保障基金容量的稳定性，保障社会百姓的安居乐业。因此，社会保障大数据分析的主题数据包括两大类：

（1）影响社会保障征缴的数据。以其中的养老保险基金为例，包括人口结构变化、征缴群体变化、经济发展变化、区域发展差异、收入水平变化、物价水平变化、征缴承受变化、网络舆情等数据（表3-7）。依此建立社会保障征缴的主题数据（表3-7）。

表3-7　社会保障征缴的主题数据

总人群	征缴人群风险			征缴水平风险					征缴可耐度风险				经济风险			征缴风险			
	征缴人群	老龄化因素	……	经济地域	收入水平	物价水平	生活水平	……	国际可耐度	国内期望值	社会安定可耐度	……	国家财力	养老基金财力		足缴	欠缴	漏缴	……

（2）影响社会保障发放的数据。包括人口结构变化、老龄结构变化、经济发展变化、平均工资变化、物价水平变化、发放承受变化、网络舆情等数据。依此建立社会保障发放的主题数据（表3-8）。

表3-8　社会保障发放的主题数据

总人群	发放人群风险			发放水平风险					养老替代率					……	
	发放人群	老龄化因素	……	全国统筹	省级统筹	经济地域	物价水平	……	离退前收入	离退后收入	期望替代率	实际替代率	替代率可耐度	……	

三、政府治理共享开放控制

政府治理共享开放控制为共享数据分类、数据资源目录、元数据、主数据、开放数据资源。

(一)政府治理共享数据分类控制

《政务信息资源共享管理暂行办法》(国发〔2016〕51号)提出:

(1)共享原则。以共享为原则,不共享为例外。各政务部门形成的政务信息资源原则上应予共享,涉及国家秘密和安全的,按相关法律法规执行。

(2)共享数据分类。政务信息资源按共享类型分为无条件共享、有条件共享、不予共享等三种类型。可提供给所有政务部门共享使用的政务信息资源属于无条件共享类。可提供给相关政务部门共享使用,或仅能够部分提供给所有政务部门共享使用的政务信息资源属于有条件共享类。不宜提供给其他政务部门共享使用的政务信息资源属于不予共享类。

(3)政务信息资源的细化分类

《政务信息资源目录编制指南(试行)》(发改高技〔2017〕1272号)提出:

政务信息资源目录按资源属性分为基础信息资源目录、主题信息资源目录、部门信息资源目录等三种类型。

基础信息资源目录是对国家基础信息资源的编目。国家基础信息资源包括国家人口基础信息资源、法人单位基础信息资源、自然资源和空间地理基础信息资源、社会信用基础信息资源、电子证照基础信息资源等。

主题信息资源目录是围绕经济社会发展的同一主题领域,由多部门共建项目形成的政务信息资源目录。主题领域包括但不限于公共服务、健康保障、社会保障、食品药品安全、安全生产、价格监管、能源安全、信用体系、城乡建设、社区治理、生态环保、应急维稳等。

部门信息资源目录是对政务部门信息资源的编目。部门信息资源包括:党中央、全国人民代表大会常务委员会、国务院、全国政协、最高人民法院、最高人民检察院的政务部门信息资源,省(自治区、直辖市)、计划单列市以及其下各级政务部门信息资源。

(二)政府治理数据资源目录

《政务信息资源共享管理暂行办法》(国发〔2016〕51号)提出,政务信息资源分为基础类、主题类、部门类,应当依此建立政务信息资源的共享目录、开放目录。《政务信息资源目录编制指南(试行)》(发改高技〔2017〕1272号)提出了"类、项、目、细目,数据清单"的"4+1"体系。由此,应当建立政务信息资源的共享目录、开放目录。

(1)基础类目录。政务信息资源基础类包括人口、法人、空间地理、社会信用的基础信息。按照"类、项、目、细目,数据清单"的"4+1"体系,建立基础类信息资源目录。

(2)主题类目录。政务信息资源主题类包括公共服务事项、行政权力事项。按照"类、项、目、细目,数据清单"的"4+1"体系,建立主题类信息资源目录。

(3)部门类目录。政务信息资源部门类包括党中央、全国人民代表大会、国务院、全国政协、最高人民法院、最高人民检察院的中央和地方政务部门。按照"类、项、目、细目,数据清单"的"4+1"体系,建立部门类信息资源目录(图3-21)。

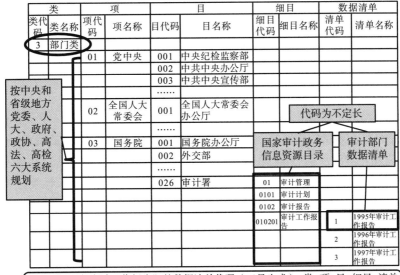

图3-21 部门类信息资源目录

(4)地方政务部门共享目录代码。地方政务部门共享目录编码利用"细目"代码前端增加7位代码,第1位编地方的党委、全国人民代表大会、政府、政协、法院、检察院,第2位至第3位编省级政务部门,第4位至第5位编地市级政务部门,第6位至第7位编区县级政务部门,由此得到了省、市、县三级部门的代码,由此在细目级代码的"I"后,编制各级部门的信息资源部门类目录。地方政务信息资源代码结构如图3-22所示。

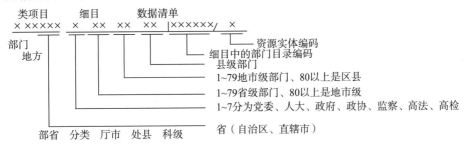

图3-22 地方政务信息资源代码结构

(三)政府治理共享元数据控制

《政务信息资源目录编制指南(试行)》(发改高技〔2017〕1272号)提出,政务信息资源元数据包括核心元数据和扩展元数据。其中,13类核心元数据包括:

(1)信息资源分类。参照相关国家标准规定的基本原则和方法,对政务信息资源进行类、项、目、细目的四级分类。

(2)信息资源名称。描述政务信息资源内容的标题。

(3)信息资源代码。政务信息资源唯一不变的标识代码。

(4)信息资源提供方。提供政务信息资源的政务部门。原则上,中央政务部门细化到内设司局或所属行政事业单位,地方政务部门细化到内设机构和所辖政务部门。

(5)信息资源提供方代码。提供政务信息资源的政务部门代码。信息资源提供方细化到内设司局或机构的,其代码仍使用政务部门代码。代码采用《国务院关于批转发展和改革委员会等部门法人和其他组织统一社会信用代码制度建设总体方案的通知》中规定的法人和其他组织统一社会信用代码。

(6)信息资源摘要。对政务信息资源内容(或关键字段)的概要描述。

(7)信息资源格式。对政务信息资源存在方式的描述。

(8)信息项信息。对结构化信息资源的细化描述,包括信息项名称、数据类型。

(9)共享属性。对政务信息资源共享类型和条件的描述,包括共享类型、共享条件、共享方式。共享类型,包括:无条件共享、有条件共享、不予共享三类。共享条件,无条件共享类和有条件共享类的政务信息资源,应标明使用要求,包括作为行政依据、工作参考,用于数据校核、业务协同等;有条件共享类的政务信息资源,还应注明共享条件和共享范围;对于不予共享类的政务信息资源,应注明相关的法律、行政法规或党中央、国务院政策依据。共享方式,获取信息资源的方式。原则上应通过共享平台方式获取;确因条件所限可采用其他方式,如邮件、拷盘、介质交换(纸质报表、电子文档等)等方式。

(10)开放属性。对政务信息资源向社会开放,以及开放条件的描述,包括是否向社会开放、开放条件。

(11)更新周期。信息资源更新的频度。分为实时、每日、每周、每月、每季度、每年等。

(12)发布日期。政务信息资源提供方发布共享、开放政务信息资源的日期。

(13)关联资源代码。提供的任一政务信息资源确需在目录中重复出现时的关联性标注,在本元数据中标注重复出现的关联信息资源代码。

(四)政府治理共享主数据控制

在政务信息资源的使用、共享和开放目录中,主数据至少为法人、自然人。利用法人代码、自然人身份证代码,可以作为主数据。

《国务院关于批转发展改革委等部门法人和其他组织统一社会信用代码制度建设总体方案的通知》(国发〔2015〕33号)提出:现有主要机构代码构成。

第一部分(第1位):登记管理部门代码,使用阿拉伯数字或英文字母表示。例如,机构编制、民政、工商三个登记管理部门分别使用1、2、3表示,其他登记管理部门可使用相应阿拉伯数字或英文字母表示。

第二部分(第2位):机构类别代码,使用阿拉伯数字或英文字母表示。登记管理部门根据管理职能,确定在本部门登记的机构类别编码。例如,机构编制部门可用1表示机关单位,2表示事业单位,3表示由中央编办直接管理机构编制的群众团体;民政部门可用1表示社会团体,2表示民办非企业单位,3表示基金会;工商部门可用1表示企业,2表示个体工商户,3表示农民专业合作社。

第三部分(第3—8位):登记管理机关行政区划码,使用阿拉伯数字表示。例如,国家用100000,北京用110000,注册登记时由系统自动生成,体现法人和其他组织注册登记及其登记管理机关所在地,既满足登记管理部门按地区管理需求,也便于社会对注册登记主体所在区域进行识别[参照《中华人民共和国行政区划代码》(GB/T 2260—2007)]。

第四部分(第9—17位):主体标识码(组织机构代码),使用阿拉伯数字或英文字母表示[参照《全国组织机构代码编制规则》(GB 11714—1997)]。

第五部分(第18位):校验码,使用阿拉伯数字或英文字母表示。(三)统一代码的主要特性。

部门法人和其他组织统一社会信用代码见表3-9。

表3-9 部门法人和其他组织统一社会信用代码

代码序号	1	2	3	4	5	6	7	8	9	10	11	12	13	14	15	16	17	18
代码	×	×	×	×	×	×	×	×	×	×	×	×	×	×	×	×	×	×
说明	登记管理部门代码1位	机构类别代码1位	登记管理机关行政区划码6位						主体标识码(组织机构代码)9位									校验码1位

《公民身份号码》(GB 11643—1999)提出:公民身份号码的编码对象是具有中华人民共和国国籍的公民。

公民身份号码的结构和表示形式。

(1)号码的结构。公民身份号码是特征组合码,由十七位数字本体码和一位校验码组成。排列顺序从左至右依次为:六位数字地址码,八位数字出生日期码,三位数字顺序码和一位数字校验码。

(2)地址码。表示编码对象常住户口所在县(市、旗、区)的行政区划代码,按GB/T 2260的规定执行。

(3)出生日期码。表示编码对象出生的年、月、日,按GB/T 7408的规定执行,年、月、日代码之间不用分隔符。

(4)顺序码。表示在同一地址码所标识的区域范围内,对同年、同月、同日出生的人编定的顺序号,顺序码的奇数分配给男性,偶数分配给女性。

(5)校验码。

(五)政府治理开放数据资源控制

《中华人民共和国政府信息公开条例》(国务院令第492号,已于2007年1月17日国务院第165次常务会议通过,现予公布,自2008年5月1日起施行)、《关于全面推进政务公开工作的意见》(中办国办2016年2月)等文件提出:

1. 政府信息的定义

政府信息是指行政机关在履行职责过程中制作或者获取的,以一定形式记录、保存的信息。

2. 政府信息公开的分类

主动公开、依申请公开、不公开。

3. 政府信息公开的原则

以公开为常态、不公开为例外。

4. 政府公开信息的范围

(1)行政机关对符合下列基本要求之一的政府信息应当主动公开：

①涉及公民、法人或者其他组织切身利益的；

②需要社会公众广泛知晓或者参与的；

③反映本行政机关机构设置、职能、办事程序等情况的；

④其他依照法律、法规和国家有关规定应当主动公开的。

(2)县级以上人民政府的公开信息：

①行政法规、规章和规范性文件；

②国民经济和社会发展规划、专项规划、区域规划及相关政策；

③国民经济和社会发展统计信息；

④财政预算、决算报告；

⑤行政事业性收费的项目、依据、标准；

⑥政府集中采购项目的目录、标准及实施情况；

⑦行政许可的事项、依据、条件、数量、程序、期限以及申请行政许可需要提交的全部材料目录及办理情况；

⑧重大建设项目的批准和实施情况；

⑨扶贫、教育、医疗、社会保障、促进就业等方面的政策、措施及其实施情况；

⑩突发公共事件的应急预案、预警信息及应对情况；

⑪环境保护、公共卫生、安全生产、食品药品、产品质量的监督检查情况。

(3)设区的市级人民政府、县级人民政府及其部门重点公开的政府信息还应当包括下列内容：

①城乡建设和管理的重大事项；

②社会公益事业建设情况；

③征收或者征用土地、房屋拆迁及其补偿、补助费用的发放、使用情况；

④抢险救灾、优抚、救济、社会捐助等款物的管理、使用和分配情况。

(4)乡(镇)人民政府应当依照本条例第九条的规定，在其职责范围内确定主动公开的政府信息的具体内容，并重点公开下列政府信息：

①贯彻落实国家关于农村工作政策的情况；

②财政收支、各类专项资金的管理和使用情况；

③乡(镇)土地利用总体规划、宅基地使用的审核情况；

④征收或者征用土地、房屋拆迁及其补偿、补助费用的发放、使用情况；

⑤乡(镇)的债权债务、筹资筹劳情况；

⑥抢险救灾、优抚、救济、社会捐助等款物的发放情况；

⑦乡镇集体企业及其他乡镇经济实体承包、租赁、拍卖等情况；

⑧执行计划生育政策的情况。

四、公共服务数据资源控制

公共服务数据包括数据资源业务分类、业务目录、元数据、数据表等。

（一）公共服务数据资源业务分类控制

《政务信息资源目录编制指南（试行）》（发改高技〔2017〕1272号）提出：从政务信息资源共享的角度，政务信息资源目录的资源属性分类为基础信息资源目录、主题信息资源目录、部门信息资源目录等三种类型。

《"互联网+政务服务"技术体系建设指南》（国办函〔2016〕108号）提出如下意见。

（1）"互联网+政务服务"的信息资源分类。

①按事项性质分类。可分为行政权力事项和公共服务事项。

行政权力事项包括：行政许可、行政征收、行政给付、行政确认、其他事项，以及政府内部审批事项。

公共服务事项包括：基本公共教育、劳动就业服务、社会保险、基本社会服务、基本医疗卫生、人口和计划生育、基本住房保障、公共文化体育、残疾人基本公共服务等。

②按服务对象分类。可分为面向自然人和法人的政务服务事项。

③按实施主体分类。按照事项的管理归属部门进行分类。

④按服务主题分类。可按面向自然人和法人的不同主题进行分类。

⑤按服务层级分类。可分为国家级、省级、市级、县级、乡级、村级（代办）政务服务事项。

⑥按服务形式分类。可分为线上办理、线下办理、线上线下一体化办理的政务服务事项。

⑦按行政管辖分类。可分为定点办理、跨地区通办的政务服务事项。

（2）自然人的信息资源分类。

面向自然人的信息资源主要包括：生育收养、户籍办理、民族宗教、教育科研、入伍服役、就业创业、设立变更、准营准办、抵押质押、职业资格、行政缴费、婚姻登记、优待抚恤、规划建设、住房保障、社会保障（社会保险、社会救助）、证件办理、交通出行、旅游观光、出境入境、消费维权、公共安全、司法公证、知识产权、环保绿化、文化体育、公用事业、医疗卫生、离职退休、死亡殡葬、其他（含个体工商户，按照人类生命周期排序）等。

自然人基本信息见表3-10。

表3-10 自然人基本信息

序号	字段名	数据类型	描述
1	姓名	字符	
2	公民身份证号码	字符	
3	性别	字符	
4	民族	字符	
5	出生日期	日期	
6	住址	字符	
7	照片	二进制	

续表

序号	字段名	数据类型	描述
8	自然人状态	字符	

（3）法人的信息资源分类。

面向法人的信息资源分类：设立变更、准营准办、资质认证、年检年审、税收财务、人力资源、社会保障、投资审批、融资信贷、抵押质押、商务贸易、招标拍卖、海关口岸、涉外服务、农林牧渔、国土和规划建设、交通运输、环保绿化、应对气候变化、水务气象、医疗卫生、科技创新、文体教育、知识产权、民族宗教、质量技术、检验检疫、安全生产、公安消防、司法公证、公用事业、法人注销、档案文物、其他（按照法人生命周期排序）等。

法人基本信息见表3-11。

表3-11　法人基本信息

序号	字段名	数据类型	描述
1	统一社会信用代码	字符	18位统一社会信用代码
2	组织机构代码	字符	针对存量数据，在一定过渡期内保留
3	机构名称	字符	
4	机构类型	字符	企业法人、社团法人
5	法定代表人/负责人	字符	
6	法定代表人/负责人公民身份证号码	字符	
7	注册地址	字符	
8	注册日期	日期	
9	机构状态	字符	

（二）公共服务数据资源业务目录控制

公共服务数据资源业务目录包括公共服务事项目录、行政权力事项目录。

1. 公共服务事项目录

公共服务是21世纪公共行政和政府改革的核心理念，包括加强城乡公共设施建设，发展教育、科技、文化、卫生、体育等公共事业，为社会公众参与社会经济、政治、文化活动等提供保障。公共服务事项包括备案、审核转报、登记、注册、变更、认定、认证、考核、评定、年检等事项。公共服务事项目录见表3-12。

表3-12　公共服务事项目录

序号	部门名称	基本编码	主项事项名称	子项事项名称	事项类型	办件类型	是否跑一次
1	××市自然资源局	222015002000	信息公开	信息公开	公共服务	承诺件	是
2	××市自然资源局	222015003000	集体土地所有权首次登记（档案查询）	集体土地所有权首次登记（档案查询）	公共服务	即办件	是

序号	部门名称	基本编码	主项事项名称	子项事项名称	事项类型	办件类型	是否跑一次
3	××市自然资源局	222015004000	国有建设地使用权首次登记(档案查询)	国有建设用地使用权首次登记(档案查询)	公共服务	即办件	是
4	××市农业农村局	222020001000	对农机购置补贴审核上报	对农机购置补贴审核上报	公共服务	承诺件	是
5	××市应急管理局	222025005000	外省地质勘、采掘探单位入吉从事作业的书面报告	外省地质勘探单位入吉从事作业的书面报告	公共服务	即办件	是
6	××市应急管理局	222025006000		外省采掘施工单位入吉从事作业的书面报告	公共服务	即办件	是
7	××市残疾人联合会	涉密事项	扶残助学金发放	扶残助学金发放	公共服务	即办件	是
n	……	……	……	……	……	……	……

2. 行政权力事项目录

行政权力是国家行政机关依靠特定的强制手段,为有效执行国家意志而依据宪法原则对全社会进行管理的一种能力。依申请行政权力事项是需要由公民、法人或者其他组织申请办理以及直接面向社会公众提供的行政权力事项,即行政许可、行政征收、行政给付、行政确认、行政奖励、行政裁决及其他行政权力事项。行政权力事项目录见表3-13。

表3-13　行政权力事项目录

序号	行政权力事项	种类	依据	收费标准	备注
1	发票使用和管理初审	行政许可	《中华人民共和国发票管理办法》等	无	
2	建立收支凭证粘贴簿	行政许可	《中华人民共和国税收征管法实施细则》等	无	
3	发票领购资格	行政许可	《中华人民共和国发票管理办法》等	无	
4	开业税务登记核准	非行政许可审批	《中华人民共和国税收征管法实施细则》等	标准:每证40元	
……	……	……	……	……	……

(三)公共服务数据资源元数据控制

《政务信息资源目录编制指南(试行)》(发改高技〔2017〕1272号)提出:包括公共服务的政务信息资源的13类元数据:

(1)信息资源分类。参照相关国家标准规定的基本原则和方法,对政务信息资源进行类、项、目、细目的四级分类。

(2)信息资源名称。描述政务信息资源内容的标题。

(3)信息资源代码。政务信息资源唯一不变的标识代码。

(4)信息资源提供方。提供政务信息资源的政务部门。原则上,中央政务部门细化到内设司局或所属行政事业单位,地方政务部门细化到内设机构和所辖政务部门。

(5)信息资源提供方代码。

(6)信息资源摘要。对政务信息资源内容(或关键字段)的概要描述。

(7)信息资源格式。对政务信息资源存在方式的描述。

(8)信息项信息。对结构化信息资源的细化描述,包括信息项名称、数据类型。

(9)共享属性。对政务信息资源共享类型和条件的描述,包括共享类型、共享条件、共享方式。

(10)开放属性。对政务信息资源向社会开放,以及开放条件的描述,包括是否向社会开放、开放条件。

(11)更新周期。信息资源更新的频度。分为实时、每日、每周、每月、每季度、每年等。

(12)发布日期。政务信息资源提供方发布共享、开放政务信息资源的日期。

(13)关联资源代码。提供的任一政务信息资源确需在目录中重复出现时的关联性标注,在本元数据中标注重复出现的关联信息资源代码。

《"互联网+政务服务"技术体系建设指南》(国办函〔2016〕108号)提出:对公共服务基础信息库共享共用的元数据管理:对政务信息资源的标识、内容、分发、数据质量、数据表现、数据模式、图示表达、限制和维护等信息进行统一管理,以利于发现与定位信息资源、管理与整合信息资源,改进系统有效存储、检索和移动数据的能力。

元数据管理包括以下功能。

(1)元数据定义:包括基础分类信息制定、元模型制定、数据分层定义、数据主题管理、模型规范制定。

(2)元数据存储:元数据存储的信息管理范围:数据源接口、ETL和前端展现等全部数据处理环节,并提供对技术元数据及业务元数据存储。

(3)元数据查询:元数据查询须支持对元数据库中的元数据基本信息进行查询与检索的功能,可查询数据库表、指标、过程及参与的输入输出对象信息,以及其他纳入管理的对象基本信息,并将所查的元数据及其所属的相关信息按处理的层次及业务主题进行组织。

(4)元数据维护:平台的元数据是动态更新的,因此元数据的维护需提供对元数据的增加、删除和修改等基本操作。

(四)公共服务数据资源数据表控制

《"互联网+政务服务"技术体系建设指南》(国办函〔2016〕108号)提出以下意见。

1. 政务服务事项实施清单

政务服务事项实施清单要素包括:基本编码、实施编码、事项名称、事项类型、设定依据、行使层级、权限划分、行使内容、实施机构、实施主体性质、法定办结时限等。政务服务事项实施清单见表3-14。

表3-14　政务服务事项实施清单

序号	要素名称	内容说明	维护权限	备注
1	基本编码	全省(自治区、直辖市)每项政务服务事项的唯一标识代码。政务服务事项的基本编码共10位,由2位事项类型代码、5位主项代码、3位子项代码三部分组成,如果没有子项,子项代码为000	省级编制、法制等职能部门	省级统一管理
2	实施编码	实施编码共24位,用于区分和识别该政务服务事项的实施地区、机构及办理项。包括县级及县级以上行政区划代码(6位)、乡镇街道级代码(3位)、村居社区级代码(3位)、组织机构代码或社会信用代码中组织机构信息(9位)、实施机构类别代码(1位)及办理项代码(2位),如果没有办理项,办理项代码为00	省、市级编制、法制等职能部门	在地市级以上统一管理维护,以便实现通办
3	事项名称	政务服务事项的具体名称	省级编制、法制等职能部门	省级统一管理
4	事项类型	1. 行政许可、行政征收、行政给付、行政确认、其他事项 2. 基本公共教育、劳动就业服务、社会保险、基本社会服务、基本医疗卫生、人口和计划生育、基本住房保障、公共文化体育、残疾人基本公共服务等	省级编制、法制等职能部门	
5	设定依据	政务服务事项的来源	省级编制、法制等职能部门	
6	行使层级	国家级、省级、市级、县级、乡级、村级	省、市级编制、法制等职能部门	

　　政务服务公共信息资源目录信息包含6类信息,自然人信息、法人信息、证照信息、投资项目信息、政务服务事项信息、办件信息。

　　2.　自然人基本信息

　　自然人基本信息见表3-15。

表3-15　自然人基本信息

序号	字段名	数据类型	描　　述
1	姓名	字符	
2	公民身份证号码	字符	
3	性别	字符	
4	民族	字符	

序号	字段名	数据类型	描　述
5	出生日期	日期	
6	住址	字符	
7	照片	二进制	
8	自然人状态	字符	

3. 法人基本信息

法人基本信息见表3-16。

表3-16　法人基本信息

序号	字段名	数据类型	描　述
1	统一社会信用代码	字符	18位统一社会信用代码
2	组织机构代码	字符	针对存量数据,在一定过渡期内保留
3	机构名称	字符	
4	机构类型	字符	企业法人、社团法人
5	法定代表人/负责人	字符	
6	法定代表人/负责人公民身份证号码	字符	
7	注册地址	字符	
8	注册日期	日期	
9	机构状态	字符	

4. 企业登记信息

企业登记信息见表3-17。

表3-17　企业登记信息

序号	字段名	数据类型	描　述
1	统一社会信用代码	字符	
2	企业住所/经营地址	字符	
3	经营范围	字符	
4	许可经营项目	字符	
5	注册资本	数字	
6	实收资本	数字	
7	企业类型代码	字符	
8	行业类型	字符	
9	行业小类	字符	
10	成立日期(注册日期)	日期	
11	营业期限起	日期	
12	营业期限止	日期	
13	核准日期	日期	

续表

序号	字段名	数据类型	描　述
14	登记机关	字符	
15	联系电话	字符	

5. 法定代表人信息

法定代表人信息见表 3-18。

表 3-18　法定代表人信息

序号	字段名	数据类型	描述
1	统一社会信用代码	字符	
2	法定代表人姓名	字符	
3	法定代表人证件类型	字符	
4	法定代表人证件号码	字符	

6. 法人变更信息

法人变更信息见表 3-19。

表 3-19　法人变更信息

序号	字段名	数据类型	描述
1	统一社会信用代码	字符	
2	组织机构代码	字符	针对存量数据,在一定过渡期内保留
3	变更事项	字符	
4	变更前	字符	
5	变更后	字符	
……	……	……	
n	变更日期	字符	

7. 法人注销信息

法人注销信息见表 3-20。

表 3-20　法人注销信息

序号	字段名	数据类型	描　述
1	统一社会信用代码	字符	
2	组织机构代码	字符	针对存量数据,在一定过渡期内保留
3	注销原因	字符	
4	注销日期	字符	
5	注销机关	字符	

8. 电子证照目录信息

电子证照目录信息见表 3-21。

表3-21　电子证照目录信息

序号	字段含义	数据类型	描述
1	证照名称	字符	证照名称
2	证照类别	字符	如：个人基本信息、法人基本信息、企业资格信息、投资项目审批环节结果信息
3	证照目录编码	字符	唯一标识某种证照的编码
4	证照授予对象	字符	自然人、法人、投资项目

9. 电子证照基本信息

电子证照基本信息见表3-22。

表3-22　电子证照基本信息

序号	字段名	数据类型	描述
1	电子证照标识	字符	每个证照的唯一标识
2	证照目录编码	字符	
3	证照编号	字符	证照照面上可见的唯一编号
4	颁证时间	日期	
5	有效期(起始)	日期	
6	有效期(截止)	日期	
7	颁证单位	字符	
8	持证者	字符	
9	证照变更记录	字符	
10	证照图像	二进制	
11	证照电子文书	二进制	证照电子文书包含了完整的结构化信息和可视的证照图像

10. 电子证照详细信息

电子证照详细信息见表3-23。

表3-23　电子证照详细信息

序号	字段名	数据类型	描述
1	电子证照标识	字符	每个证照的唯一标识
2	照面字段1	依据字段含义确定数据类型	照片字段是证照记录的个性化信息字段
3	……		
4	照面字段n	依据字段含义确定数据类型	

11. 政府内部审批项目基本信息

政府内部审批项目基本信息见表3-24。

表3-24 政府内部审批项目基本信息

序号	字段名	数据类型	描述
1	项目代码	字符	全国投资项目统一编码代码,采用数字和连接符组合编码的方式生成的24位代码
2	项目名称	字符	项目单位申请项目时填写的项目名称
3	项目类型	字符	字典选项:A00001审批/A00002核准/A00003备案
4	建设性质	字符	字典选项:0新建/1扩建/2迁建/3改建/其他
5	项目(法人)单位	字符	
6	项目(法人)单位统一社会信用代码	字符	

12. 审批事项办理结果信息

审批事项办理结果信息见表3-25。

表3-25 审批事项办理结果信息

序号	字段名	数据类型	描述
1	项目代码	字符	全国投资项目统一编码代码,采用数字和连接符组合编码的方式生成的24位代码
2	权力代码	字符	各部门(省、市、县级)审批系统中的权力代码
3	办理部门	字符	审批单位内部办理部门完整名称
4	办结状态	字符	字典选项:1不予受理;2许可/同意;3不许可/不同意;4其他办结状态(退件、项目单位撤销等)
5	办结意见	字符	办结意见
6	办结时间	日期	格式为:YYYY—MM—DD24HH:mm:ss

13. 项目建设信息

项目建设信息见表3-26。

表3-26 项目建设信息

序号	字段名	数据类型	描述
1	建设信息ID	字符	平台中项目建设情况的唯一标识

序号	字段名	数据类型	描述
2	平台项目代码	字符	全国投资项目统一编码代码,采用数字和连接符组合编码的方式生成的24位代码
3	开工、年报、竣工年份	字符	格式如:2015
……	……	……	……
n	报告类型	字符	数据字典：A08100 开工/A08200 年报/A08300竣工

14. 项目异常名录信息

项目异常名录信息见表3-27。

表3-27　项目异常名录信息

序号	字段名	数据类型	描述
1	异常信息ID	字符	平台中异常名录的唯一标识
2	平台项目代码	字符	全国投资项目统一编码代码,采用数字和连接符组合编码的方式生成的24位代码
3	监管部门	字符	
4	监管部门区划	字符	监管部门所在地行政区划编码。对于国家统计局代码中没有的开发区,此字段编码允许为空
5	异常情形	字符	数据字典：A06100 违反法律法规擅自竣工建设/A06200 不按照经批准的内容组织实施/A06300 未经过竣工验收擅自投入生产运营/A06900 其他违法违规行为
6	异常级别	字符	数据字典：A07100 一般/A07200 重大
……	……	……	……
n	异常行为内容	字符	

15. 政务服务事项信息

政务服务事项信息见表3-28。

表3-28　政务服务事项信息

序号	字段名	数据类型	描述
1	基本编码	字符	详见附录一清单要素表内容说明
2	实施编码	字符	详见附录一清单要素表内容说明
3	事项名称	字符	政务服务事项的具体名称

序号	字段名	数据类型	描述
4	事项类型	字符	详见附录一清单要素表内容说明
5	设定依据	字符	详见附录一清单要素表内容说明
6	行使层级	字符	国家级、省级、市级、县级、乡级、村级

16. 服务事项申请信息

服务事项申请信息见表3-29。

表3-29 服务事项申请信息

序号	字段名	数据类型	描述
1	办件编号	字符	全省统一,作为办件的唯一标识,由业务系统按规则自动生成
2	事项编码	字符	
3	事项名称	字符	根据选中的事项自动填写。例:交通建设工程施工许可
4	办件类型	字符	即办件/承诺件
……	……	……	……
n	申请人名称	字符	填写申请人的名称,如为个人,则填写姓名;如为法人,则填写单位名称

17. 申请材料信息定义

申请材料信息定义见表3-30。

表3-30 申请材料信息定义

序号	字段名	数据类型	描述
1	办件编号	字符	基本信息的办件编号
2	材料名称	字符	事项所对应的申请材料
3	是否已收取	字符	标识申请材料收取的情况,1=是,0=否
4	收取方式	字符	纸质收取、附件上传、证照库
5	收取数量	数字	记录所收取申请材料的数量
6	收取时间	日期	时间格式:yyyy-mm-dd hh24:mi:ss
……	……	……	……
n	附件实体	二进制	如果有上传附件,则该信息保存的是具体的附件信息

18. 受理信息标准

受理信息标准见表3-31。

表3-31 受理信息标准

序号	字段名	数据类型	描述
1	办件编号	字符	基本信息的办件编号

续表

序号	字段名	数据类型	描述
2	政务服务人员所在部门	字　符	进行受理操作的用户所在部门
3	政务服务人员	字符	登录业务系统进行受理操作的当前用户姓名
4	受理时间	日期	时间格式:yyyy-mm-dd　hh24:mi:ss
5	受理文书编号	字符	

19.　办理环节信息标准

办理环节信息标准见表3-32。

表3-32　办理环节信息标准

序号	字段名	数据类型	描述
1	办件编号	字符	基本信息的办件编号
2	业务动作	字符	通过、退回、其他
3	办理环节名称	字符	
4	下一环节名称	字符	
5	审批人姓名	字符	
6	审批意见	字符	
7	环节开始时间	日期	
8	环节结束时间	日期	
9	备注	字符	

20.　办结信息标准

办结信息标准见表3-33。

表3-33　办结信息标准

序号	字段名	数据类型	描述
1	办件编号	字符	基本信息的办件编号
2	办理人员姓名	字符	
3	办结日期	日期	
4	办理结果	字符	准予许可、不予许可、转报
5	结果证照编号	字符	
6	办件结果电子文书	二进制	证照批文信息
7	办件结果描述	字符	证照照面信息描述
8	结果时效	字符	办件结果的时效
9	备注	字符	

五、企业信息系统资源控制

(一)企业数据资源业务分类控制

《关于加强中央企业信息化工作的指导意见》(国资发〔2007〕8号)提出：充分运用集团企业综合管理信息系统,加强对所属企业的战略管理、资产管理、财务管理、人力资源管理、风险管理、党建和纪检监察工作的管理,规范管理流程,提高决策与执行效率,支撑集团企业持续健康发展。

企业资源属于多元化。从企业资源分类角度看,可以分为内部资源、外部资源、有形资源、财务资源、实物资源、无形资源、时空资源、技术资源、信息资源、品牌资源、文化资源、管理资源、人力资源、市场资源、关系资源、杠杆资源、社会资源、其他市场资源等。

(1)内部资源。可分为销售供应生产资源、人力资源、财物资源、信息资源、技术资源、管理资源、可控市场资源、内部环境资源。

(2)外部资源。可分为行业资源、产业资源、市场资源、外部环境资源。

(3)有形资源。主要是指财务资源和实物资源,它们是企业经营管理活动的基础,一般都可以通过目前的会计方式来计算其价值。

(4)财务资源。是企业物质要素和非物质要素的货币体现,具体表现为已经发生的能用会计方式记录在账的、能以货币计量的各种经济资源,包括资金、债权和其他权利。既包括静态规模的大小,也包括动态周转状况,在一定程度上还包括企业获取和驾驭这些资源要素的能力和水平。在企业财务资源系统中,最主要的资源是资金。财力资源是企业应用能力的经济基础,也是其他资源形成和发展的基础条件。

(5)实物资源。主要是指在使用过程中具有物质形态的固定资产,包括工厂车间、机器设备、工具器具、生产资料、土地、房屋等各种企业财产。由于大多数固定资产的单位价值较大,使用年限较长、物质形态较强、流动能力较差,其价值大多显示出边际收益递减规律的一般特性。在传统工业中,固定资产是企业资源系统的重要组成部分,它是衡量一个企业实力大小的重要标志。

(6)无形资源。主要包括时空资源、信息资源、技术资源、品牌资源、文化资源和管理资源等。相对于有形资源来说,无形资源似乎没有明显的物质载体而看似无形,但它们却成为支撑企业发展的基础,能够为企业带来无可比拟的优势。

(7)时空资源。是指企业在市场上可以利用的,作为公共资源的经济时间和经济空间。时间资源(经济时间)是指人类劳动直接或间接开发和利用的自然时间或日历时间。空间资源(经济空间)是指人类劳动直接改造和利用的、承接现实经济要素运行的自然空间。"时间就是金钱""天时不如地利"等格言,分别说明了时间资源和空间资源的重要性。

(8)技术资源。广义的技术资源包括形成产品的直接技术和间接技术以及生产工艺技术、设备维修技术、财务管理技术、生产经营的管理技能。此外,技术资源还应包括市场活动的技能、信息收集和分析技术、市场营销方法、策划技能以及谈判推销技能等市场发展的技术。技术资源是决定企业业务成果的重要因素,其效力发挥依托于一定水平的财力和物力资源。

(9)信息资源。信息资源是指客观世界和主观世界的一切事物的运动状态和变化方式及其内在含义和效用价值。企业的信息资源由企业内部和外部各种与企业经营有关的情报资料构成。信息资源在企业的资源结构中起着支持和参照作用,具有普遍性、共享性、增值性、可处理性和多效用性等特征,"知己知彼,百战不殆"就是运用信息资源使整体资源增值的最好诠释。

(10)品牌资源。就是由一系列表明企业或企业产品身份的无形因素所组成的资源。品牌资源又可细分为产品品牌、服务品牌和企业品牌三类。品牌资源尤其是成为驰名商标的品牌(又称名牌)对企业经营成败至关重要,名牌对企业维系顾客忠诚、开拓新市场、推广新的产品等方面具有无可比拟的优势。

(11)文化资源。是由企业形象、企业声誉、企业凝聚力、组织士气、管理风格等一系列具有文化特征的无形因素构成的一项重要资源。与有形资源比较,其缺乏直接的数量化特征,没有一个客观数据基础,是由一系列社会形象或文化形象的形式存在于评价者心中,与其载体密不可分,文化资源的形成与发展是其他资源效力发挥的累积结果,可以迁移到被兼并或被控股的公司和新成立的企业中,企业形象、品牌信誉等还可以从原来产品转移到新产品中。

(12)管理资源。管理是对企业资源进行有效整合以达到企业既定目标与责任的动态创造性活动,它是企业众多资源效力发挥的整合剂,其本身也是企业一项非常重要的资源要素。直接影响乃至决定着企业资源整体效力发挥的水平。管理资源应包括企业管理制度、组织机构、企业管理策略。

(13)人力资源。是指存在于企业组织系统内部和可利用的外部人员的总和,包括这些人的体力、智力、人际关系、心理特征以及其知识经验的总汇。一方面,人力资源表现为一定的物质存在——人员的数量,同时更重要的是表现为这些员工内在的体力、智力、人际关系、知识经验和心理特征等无形物质。所以,人力资源是有形与无形的统一资源。它是企业资源结构中最重要的关键资源,是企业技术资源和信息资源的载体,是其他资源的操作者,决定着所有资源效力的发挥水平。

(14)市场资源。是指那些不为企业拥有或控制的,但是在市场中存在,而且因为是企业强大的竞争实力、独特的经营策略技巧和广泛的关系网络而可以为自己所用的资源。

(15)关系资源。是指企业因为与顾客、政府、社区、金融机构等个人或组织之间良好的关系而获得了可以利用的存在于企业外部的资源,这其中特别应该受到重视的是客户关系资源。企业与客户长期良好的合作而建立起顾客忠诚,这样客户就成为企业经营中获取强大竞争优势的一项重要资源。

(16)杠杆资源。指虽然不属于企业所有,但是企业可以通过OEM生产、特许经营、加盟连锁、虚拟经营等方式为我所用的资源。OEM生产、特许经营、加盟连锁等方式往往可以以较少的投入撬动较多资源为自己的经营服务,这种资源的利用方式与物理学上的杠杆原理非常相似。

(17)社会资源。主要指社会中可供自己利用的,能为企业自身带来优势或经营帮助的事件或人物,特别是现实社会中的名人、名物和各种有影响的事件。现实经营中,许多企业不惜重金聘请各种名人为自己题字或者做宣传活动,就是利用社会资源的典型例子。

(18)其他市场资源。是除了以上所涉及的可以为企业利用,并形成一定竞争优势或者为企业带来支持、帮助和利益的各种物质或精神形态的东西。所谓机会无所不在,关键是要看经营者眼界的宽广和策略的高低了。

(二)企业业务目录控制

企业业务数据以企业ERP为主,包括销售、供应、生产、财力、人力、物力,以及相应的经营决策管理等数据资源,依此构建企业业务目录。企业业务目录框架如图3-23所示。

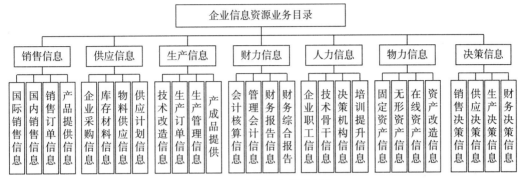

图3-23　企业业务目录框架

依据企业业务目录构建各类信息资源。

(1)销售信息。包括:国际国内销售产品的技术、价格等信息,企业销售订单信息,企业客户信息,企业销售产品提供信息,售后服务和反馈信息等。

(2)供应信息。包括:企业材料、半成品等的库存信息,销售订单所需的采购计划、采购组织、采购成交信息,企业内部对各类生产的供应信息,下达供应计划信息等。

(3)生产信息。包括:企业生产吸纳移动互联、物联网、区块链、AR/VR、人工智能等新一代技术进行技术改造的信息,因销售订单下达的生产计划信息,因各类生产进行的生产组织管理信息,生产产成品提交信息等。

(4)财力信息。企业财务凭证、记账、登记等的会计核算信息,企业管理会计信息,企业资产、负债、损益的资产负债表财务报告信息,企业生产经营财务改进综合报告信息等。

(5)人力信息。企业全员职工的基本信息,企业生产技术、管理骨干的人员信息,企业决策机构和车间管理人才信息,企业人员培训和综合素质提升信息等。

(6)物力信息。企业固定资产管理信息,企业无形资产管理信息,企业在线资产包括厂房、设备等信息,企业资产升级改造信息等。

(7)决策信息。企业销售、供应、生产、财力、人力、物力的经营决策信息,经营决策的重要文件、报送文件、上级下达文件等。

(三)企业数据资源元数据控制

《电子商务企业核心元数据》(GB/T 24663—2009)提出:企业信息化的核心元数据包括:基本信息、联系信息、账户信息、税务信息、信用信息、品牌信息等。企业核心元数据的UML如图3-24所示。

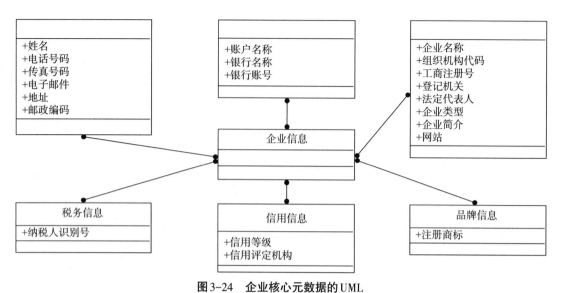

图3-24 企业核心元数据的UML

(四)企业数据资源数据元控制

《建筑施工企业管理基础数据标准》(JGJ/T 204—2010)提出：企业基本信息应包括建筑施工企业管理过程中需要在施工企业之间或与行业主管部门之间交换和共享的基本信息数据元。企业基本信息数据元见表3-34。

表3-34 企业基本信息数据元

内部标识符	数据元名称	中文全拼	定义	数据类型	表示格式	值域	计量单位
010001	组织机构代码	zu-zhi-ji-gou-dai-ma	由组织机构代码等级主管部门给每个企业、事业单位、机关、社会团体和民办非企业单位颁发的在全国范围内唯一的、始终不变的法定代码	字符型	an9	按现行国家标准《全国组织机构代码编制规则》GB／T 11714 的规定执行	
010002	单位名称	dan-wei-ming-cheng	经有关部门批准正式使用的单位全称	字符型	an.. 255		
010003	法定代表人姓名	fa-ding-dai-biao-ren-xing-ming	依照法律或者法人组织章程规定,代表法人行使职权的负责人姓名	字符型	an.. 255		
010004	单位所在地	dan-wei-suo-zai-di	企业法人营业执照中注册的营业地点	字符型	an.. 255		

续表

内部 标识符	数据元 名称	中文全拼	定义	数据类型	表示格式	值域	计量 单位
010005	单位联系 电话号码	dan-wei-li- an-xi-dian- hua-hao-ma	单位对外公布的用于联系 的电话号码	字符型	an.. 255		
010006	行业类别	hang-ye-lei- bie	根据从事的社会经济活动 性质对各类单位进行的分类	字符型	an10	按现行国家 标准《国家 经济行业分 类》GB／T 4754 的 规 定执行	
010007	登记注册 机关名称	deng-ji-zhu- ce-ji-guan- ming-cheng	企业办理登记注册手续的 机关名称	字符型	an.. 255		
010008	登记注 册号	deng-ji-zhu- ce-hao	工商、编制和民政部门办理 审批、登记注册的号码	字符型	an15		
010009	企业登记 注册类型 代码	qi-ye-deng- ji-zhu-ce- lei-xing-dai- ma	企业在工商行政管理机关 登记注册类型对应的代码	字符型	an3	按文件《关 于划分企业 登记注册类 型的规定》 （国 统 字 〔1998〕200 号）的规定 确定	
010010	企业经济 组织类型 代码	qi-ye-jing- ji-zu-zhi- lei-xing-dai- ma	企业的经济所有制构成类 型对应的代码	数字型	n2	按文件《关 于统计上划 分经济成分 的规定》（国 统字〔1998〕 204 号 ）的 规定确定	
010011	隶属关系 代码	li-shu-guan- xi-dai-ma	单位隶属于哪一级行政单 位的管理关系对应的代码	数字型	n2	按现行国家 标准《单位 隶属关系代 码》GB／T 12404 的 规 定执行	

内部 标识符	数据元 名称	中文全拼	定义	数据类型	表示格式	值域	计量 单位
010012	开业时间	kai-ye-shi- jian	领取营业执照或批准成立 的日期	日期型	YYYY MMDD		
010013	营业状态 代码	ying-ye- zhuang-tai- dai-ma	单位的生产经营状态对应 的代码	数字型	n1	按本标准第 A.0.1 条的 规定采用	

《数据库设计》(互联网资料)提出:常见的四种数据库表设计模式。

(1)主扩展模式:一般应用于提取不同类型的对象的共同特征。使之称为1对1的关系。这种模式就是主扩展模式。扩展表的主键既是扩展表的主键也是主表的外键。

(2)主从模式:主从模式的应用场景最多,是典型的一对多的关系。比如贴吧的实现,整个就是一个主表。而贴吧有许多的从表就是不同楼主发的帖子,而每个帖子有用很多从表,那就是每个楼所对应的信息。

(3)名值关系:主要处理系统设计阶段还不能完全确定的属性的对象。这些对象的属性在系统运行时会有很大的变更,或者是多个对象之间的属性存在很大的差异。例如,一个学生的表记录了他必须有的属性,包括年龄、身高、体重、姓名,等等,但是突然有一天有为专业运动员,就需要专业运动能力的数据。通常需要额外两个表来存储这种不确定是否会用会有的属性。

ID1属性代码1001属性名称剑术值。但是具体剑术值是多少,这个表不去讨论。存储数据的表称为额外属性表,这个表存储的字段分别标识:

①这条数据属于哪个人、物(角色id);

②这条数据是什么属性(属性模板ID);

③属性的具体值是多少(data)。

(4)多对多关系:多对多模式,也是比较常见的一种数据库设计模式,它所描述的两个对象不分主次、地位对等、互为一对多的关系。对于A表来说,一条记录对应着B表的多条记录,反过来对于B表来说,一条记录也对应着A表的多条记录,这种情况就是"多对多模式"。这个主要可以细分成两种情况。取决于关联表有没有业务需求。

六、商务信息系统资源控制

(一)商业数据资源业务分类控制

《关于加强中央企业信息化工作的指导意见》(国资发〔2007〕8号)提出:大力推进电子商务应用,增强市场竞争能力。要进一步发挥集团企业带动作用,以供应链管理为重点,整合上下游关联企业相关资源,建设以产业链为基础的电子商务平台,推进企业间电子商务,带动中小企业的应用。加大大宗原材料和重要物资的网上集中招标采购力度,降低采购成本。搭建面向全球的电子商务平台,充分利用国际国内两种资源、两个市场,提高参与国际分工合作和市场竞争的能力。

《电子商务企业资质认证标准》提出：电子商务系指交易当事人或参与人利用现代信息技术和计算机网络（包括互联网、移动网络或其他信息网络）所进行的各类商业活动，包括商品交易、服务交易和知识产权交易，也包括为上述交易所提供的信息、金融、物流及信用评价、司法争议解决等公共服务。

（二）商业数据资源元数据控制

《电子商务药品核心元数据》（GB/T 26840—2011）对电子商务药品元数据指出：药品核心元数据属性、药品核心元数据描述方法、药品核心元数据 UML 图描述、药品核心元数据字典描述、元数据的扩展原则与方法，以及药品核心元数据 XML Schema、药品核心元数据示例，并采用三种方式定义和描述元数据：UML 图描述、字典描述和 XML Schema。

1. UML 图描述

采用 UML 图来描述元数据实体和元数据元素之间的关系。在 UML 图中，用类的概念表示元数据实体，用类的属性的概念表示元数据元素，用类的属性的多重性以及类间关系的基数来表示元数据元素和元数据实体约束／条件属性和最大出现次数属性。使用的符号及有关内容应遵守 ISO／IEC19501：2005、ISO／TR24156：2008 的相关规定。标准使用的 UML 符号如图 3-25 所示。

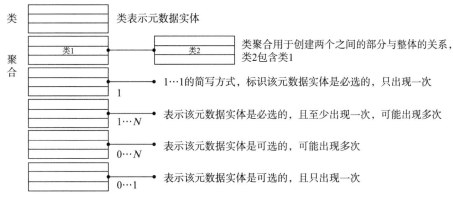

图 3-25　标准使用的 UML 符号

2. 药品核心元数据 UML 图描述

药品核心元数据 UML 图描述如图 3-26 所示。

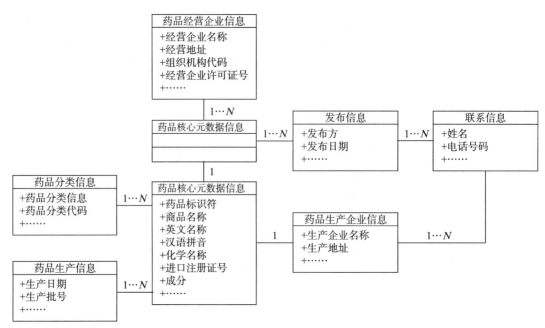

图3-26 核心元数据UML图描述

(三)商业数据资源数据元素控制

《电子商务数据库数据元素设计》(互联网资料)提出:电商常用数据库的数据元素设计。

1. 用户表涉及的数据元素

经过3个表的处理,得到数据库表的数据元素(图3-27~图3-29)。

用户表（customer）																					
用户名	登录名	密码	证件类型	证件号码	手机号	邮箱	性别	邮编	省	市	区	地址	积分	注册时间	生日	用户状态	会员级别	级别积分下限	级别积分上限	用户余额

图3-27 用户表涉及的数据元素

用户表（customer）																	
用户名	登录名	密码	证件类型	证件号码	手机号	邮箱	性别	邮编	省	市	区	地址	积分	注册时间	生日	用户状态	用户余额

用户级别信息（customer-level-inf）		
会员级别	会员积分上限	会员积分下限

图3-28 用户表涉及的数据元素

用户表（customer）																		
用户名	登录名	密码	证件类型	证件号码	手机号	邮箱	性别	邮编	省	市	区	地址	积分	注册时间	生日	用户状态	用户余额

用户登录表：{登录名、密码、用户状态}

用户地址表：{省、市、区、邮编、地址}

用户信息表：{用户姓名、证件类型、证件号码、手机号、邮箱、性别、积分、注册时间、生日、会员级别、用户余额}

图3-29 用户表涉及的数据元素

2. 商品实体的数据元素设计

(1)结合业务场景选择分区键,避免跨分区查询;

(2)对分区表进行查询最好在WHERE从句中包含分区键;

(3)具有主键或唯一索引的表,主键或唯一索引必须是分区键的一部分(图3-30)。

图3-30 主键或唯一索引的表

数据库表的数据元素的唯一性设计,为以后数据库迁移提供方便,避免跨库操作,把经常一起关联查询的表放到一个DB中,为方便识别表所在的DB,在表名前增加库名前缀。

3. 订单实体的数据元素设计

订单实体的数据元素设计如图3-31所示。

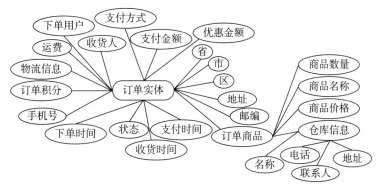

图3-31 订单实体的数据元素设计

（四）商务数据资源数据表控制

《电子商务数据库表设计》（互联网资料）提出：设计数据表E-R图。

1. 根据数据项分析，使用Visio设计E-R关系图

分析图3-32，其中的用户实体通过用户名与其他的各个实体关联。

通讯录管理：用户名。

短消息管理：接收者、发送者。

日程安排：用户名。

工作日志：用户名。

公司公告：用户名。

工作会议：用户名。

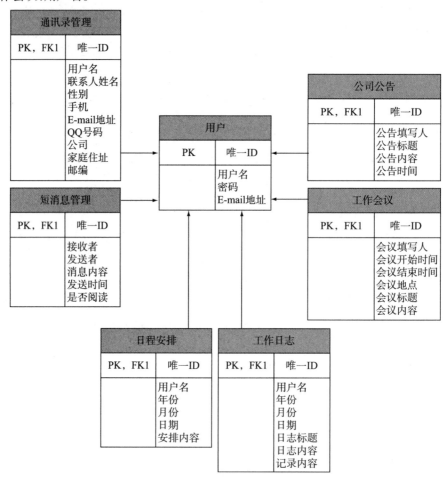

图 3-32　Visio设计 E-R关系

2. 设计数据表结构

根据以上的实体分析和E-R图，现在设计数据表的结构：

设计用户表user，包含4个字段（表3-35）。

表3-35 **用户表**

字段名称	字段类型	字段说明	是否主键	备注
ID	int(10)	唯一ID	是	自增字段类型
username	varchar(50)	用户名	否	
password	varchar(50)	密码	否	
email	varchar(50)	E-mail地址	否	

3. 通讯录管理表

在通讯录中需要保存的信息有：姓名、性别、手机、邮箱地址、QQ号码、公司、家庭住址、邮编。设计通讯录表，包含10个字段（表3-36）。

表3-36 **通讯录管理表**

字段名称	字段类型	字段说明	是否主键	备注
ID	int(10)	唯一ID	是	自增字段类型
username	varchar(50)	用户名	否	
name	varchar(50)	联系人姓名	否	
sex	varchar(10)	性别	否	
mobile	varchar(20)	手机	否	
email	varchar(50)	E-mail地址	否	
qq	varchar(20)	QQ号码	否	
company	varchar(100)	公司	否	
address	varchar(100)	家庭住址	否	
postcode	varchar(10)	邮编	否	

4. 短消息管理表

在短消息管理表中需要保存的信息有：接收者、发送者、消息内容、发送时间、是否阅读。设计短消息管理表，包含6个字段（表3-37）。

表3-37 **短消息管理表**

字段名称	字段类型	字段说明	是否主键	备注
ID	int(10)	唯一ID	是	自增字段类型
username	varchar(50)	接收者	否	
sender	varchar(50)	发送者	否	
message	text	消息内容	否	
sendtime	varchar(20)	发送时间	否	
isRead	varchar(1)	是否阅读	否	默认值'0'

5. 日程安排表

日程安排表中需要保存的信息有：用户名、年份、月份、日期、安排内容。设计日程安排表，包含6个字段（表3-38）。

表3-38　日程安排表

字 段 名 称	字 段 类 型	字 段 说 明	是否主键	备 注
ID	int(10)	唯一ID	是	自增字段类型
username	varchar(50)	用户名	否	
year	int(4)	年份	否	
month	int(2)	月份	否	
day	int(2)	日期	否	
plan	text	安排内容	否	

6. 工作日志表

工作日志表中需要保存的信息有：用户名、年份、月份、日期、日志标题、日志内容、记录时间。设计工作日志表,包含8个字段(表3-39)。

表3-39　工作日志表

字段名称	字段类型	字段说明	是否主键	备注
ID	int(10)	唯一ID	是	自增字段类型
username	varchar(50)	用户名	否	
year	int(4)	年份	否	
month	int(2)	月份	否	
day	int(2)	日期	否	
title	varchar(100)	日志标题	否	
description	text	日志内容	否	
logtime	varchar(20)	记录时间	否	

7. 公司公告管理表

公司公告管理表中需要保存的信息有：公告填写人、公告标题、公告内容、公告时间。设计公告管理表,包含5个字段(见表3-40)。

表3-40　公司公告表

字段名称	字段类型	字段说明	是否主键	备注
ID	int(10)	唯一ID	是	自增字段类型
sender	varchar(50)	公告填写人	否	
title	varchar(100)	公告标题	否	
content	text	公告内容	否	
sendtime	varchar(20)	公告时间	否	

8. 工作会议表

工作会议管理表中需要保存的信息有会议填写人、会议开始时间、会议结束时间、会议地点、会议标题、会议内容。设计会议管理表meeting,包含7个字段(表3-41)。

表 3-41　工作会议表

字段名称	字段类型	字段说明	是否主键	备注
ID	int(10)	唯一 ID	是	自增字段类型
sender	varchar(50)	会议填写人	否	
starttime	varchar(20)	会议开始时间	否	
endtime	varchar(20)	会议结束时间	否	
address	varchar(100)	会议地点	否	
title	varchar(100)	会议标题	否	
content	text	会议内容	否	

七、数据库技术设计的控制

(一)数据库总体设计的控制

《数据库设计》(互联网资料)提出:数据库设计(Database Design)是指对于一个给定的应用环境,构造最优的数据库模式,建立数据库及其应用系统,使之能够有效地存储数据,满足各种用户的应用需求(信息要求和处理要求)。在数据库领域内,常常把使用数据库的各类系统统称为数据库应用系统。

数据库设计的设计内容包括:需求分析、概念结构设计、逻辑结构设计、物理结构设计、数据库的实施和数据库的运行和维护。

数据库设计形成过程:

(1)需求分析阶段:综合各个用户的应用需求(数据流程图 DFD);

(2)概念设计阶段:形成独立于机器特点,独立于各个 DBMS 产品的概念模式(E-R 图);

(3)逻辑设计阶段:首先将 E-R 图转换成具体的数据库产品支持的数据模型,如关系模型,形成数据库逻辑模式;然后根据用户处理的要求、安全性的考虑,在基本表的基础上再建立必要的视图(View),形成数据的外模式;

(4)物理设计阶段:根据 DBMS 特点和处理的需要,进行物理存储安排,建立索引,形成数据库内模式。

(二)数据库需求分析的控制

《数据库设计》(互联网资料)提出:数据库设计的需求分析。调查和分析用户的业务活动和数据的使用情况,弄清所用数据的种类、范围、数量以及它们在业务活动中交流的情况,确定用户对数据库系统的使用要求和各种约束条件等,形成用户需求规约。

需求分析是在用户调查的基础上,通过分析,逐步明确用户对系统的需求,包括数据需求和围绕这些数据的业务处理需求。在需求分析中,通过自顶向下,逐步分解的方法分析系统,分析的结果采用数据流程图(DFD)进行图形化的描述。

数据库设计的需求分析:

（1）理解客户需求，询问用户如何看待未来需求变化。让客户解释其需求，而且随着开发的继续，还要经常询问客户，保证其需求仍然在开发的目的之中。

（2）了解企业业务可以在以后的开发阶段节约大量的时间。

（3）重视输入输出。在定义数据库表和字段需求（输入）时，首先应检查现有的或者已经设计出的报表、查询和视图（输出）以决定为了支持这些输出哪些是必要的表和字段。举例：假如客户需要一个报表按照邮政编码排序、分段和求和，你要保证其中包括了单独的邮政编码字段而不要把邮政编码糅进地址字段里。

（4）创建数据字典和ER图表。ER图表和数据字典可以让任何了解数据库的人都明确如何从数据库中获得数据。ER图对表明表之间关系很有用，而数据字典则说明了每个字段的用途以及任何可能存在的别名。对SQL表达式的文档化来说这是完全必要的。

（5）定义标准的对象命名规范。数据库各种对象的命名必须规范。

（三）数据库概念设计的控制

《数据库设计》（互联网资料）提出：数据库概念结构设计。

对用户要求描述的现实世界（可能是一个工厂、一个商场或者一个学校等），通过对其中诸处的分类、聚集和概括，建立抽象的概念数据模型。这个概念模型应反映现实世界各部门的信息结构、信息流动情况、信息间的互相制约关系以及各部门对信息储存、查询和加工的要求等。

所建立的模型应避开数据库在计算机上的具体实现细节，用一种抽象的形式表示出来。以扩充的实体-（E-R模型）联系模型方法为例：

第一步先明确现实世界各部门所含的各种实体及其属性、实体间的联系以及对信息的制约条件等，从而给出各部门内所用信息的局部描述（在数据库中称为用户的局部视图）。

第二步再将前面得到的多个用户的局部视图集成为一个全局视图，即用户要描述的现实世界的概念数据模型。

（四）数据库逻辑设计的控制

《数据库设计》（互联网资料）提出：数据库逻辑结构设计。

主要工作是将现实世界的概念数据模型设计成数据库的一种逻辑模式，即适应于某种特定数据库管理系统所支持的逻辑数据模式。与此同时，可能还需为各种数据处理应用领域产生相应的逻辑子模式。这一步设计的结果就是所谓"逻辑数据库"。

1. 完整性实现机制

实体完整性：主键。

参照完整性。

父表中删除数据：级联删除；受限删除；置空值。

父表中插入数据：受限插入；递归插入。

父表中更新数据：级联更新；受限更新；置空值。

DBMS对参照完整性可以有两种方法实现：外键实现机制（约束规则）和触发器实现机制。

用户定义完整性。

NOT NULL；CHECK；触发器。

2. 用约束而非商务规则强制数据完整性

采用数据库系统实现数据的完整性。这不但包括通过标准化实现的完整性而且还包括数据的功能性。在写数据的时候还可以增加触发器来保证数据的正确性。不要依赖于商务层保证数据完整性,它不能保证表之间(外键)的完整性所以不能强加于其他完整性规则之上。

3. 强制指示完整性

在有害数据进入数据库之前将其剔除。激活数据库系统的指示完整性特性。这样可以保持数据的清洁并且能使开发人员投入更多的时间处理错误条件。

4. 使用查找控制数据完整性

控制数据完整性的最佳方式就是限制用户的选择。只要有可能都应该提供给用户一个清晰的价值列表供其选择。这样将减少键入代码的错误和误解同时提供数据的一致性。某些公共数据特别适合查找:国家代码、状态代码等。

5. 采用视图

为了在数据库和应用程序代码之间提供另一层抽象,可以为应用程序建立专门的视图而不必非要应用程序直接访问数据表。这样做还等于在处理数据库变更时给你提供了更多的自由。

(五)数据库物理设计的控制

《数据库设计》(互联网资料)提出:数据库物理结构设计。

根据特定数据库管理系统所提供的多种存储结构和存取方法等依赖于具体计算机结构的各项物理设计措施,对具体的应用任务选定最合适的物理存储结构(包括文件类型、索引结构和数据的存放次序与位逻辑等)、存取方法和存取路径等。这一步设计的结果就是所谓"物理数据库"。

(六)数据库验证设计的控制

《数据库设计》(互联网资料)提出:数据库验证设计。

在上述设计的基础上,收集数据并具体建立一个数据库,运行一些典型的应用任务来验证数据库设计的正确性和合理性。一般,一个大型数据库的设计过程往往需要经过多次循环反复。当设计的某步发现问题时,可能就需要返回到前面去进行修改。因此,在做上述数据库设计时就应考虑到今后修改设计的可能性和方便性。

八、数据资源控制的审计

数据资源控制的审计内容包括政府治理数据资源、政府治理主题数据、政府治理共享开放数据、公共服务数据资源、企业信息系统资源、商务信息系统资源、数据库技术设计资源。

(一)政府治理数据资源的审计

政府治理数据资源包括政府治理业务目录、数据资源元数据、数据资源数据元素,更好地发挥政府治理数据资源的能力。要采用信息化的审计程序和审计方法,突出政府治理数据资源的业务目录、元数据、数据元素等突出问题,进行审计检查。

（1）政府治理业务目录是否按照既定的职责履行要求建立？是否为各类应用系统提供有效的数据支持？做好审计取证、审计底稿和审计报告。

（2）数据资源元数据是否按照既定的标准和规则要求建立？是否为各类数据提供有效的元数据支持？做好审计取证、审计底稿和审计报告。

（3）数据资源数据元素是否按照不同专业的数据需求依据标准和规则要求建立，是否为各类专业数据提供了唯一有效的数据元素支持？做好审计取证、审计底稿和审计报告。

（二）政府治理主题数据的审计

政府治理主题数据包括履职业务的基础表数据、提升履职能力的数据分析表数据、为解决履职面临重大社会问题建立的主题模型的主题数据。要采用信息化的审计程序和审计方法，突出履职业务基础表数据对各类基本履职业务的支持、数据分析表数据对提升履职能力的支持、大数据主题数据对解决重大社会问题主题模型的有效支持，进行审计检查。

（1）履职业务处理的基础表数据，是否反映了部门单位的职责？是否支持了履职业务模型的数据需求？做好审计取证、审计底稿和审计报告。

（2）履职数据分析的分析表主题数据，是否反映了部门单位提升履职能力的需要？是否支持了数据分析模型的数据需求？做好审计取证、审计底稿和审计报告。

（3）解决履职面临重大社会问题的大数据分析主题数据，是否反映了部门单位的履职需要？主题数据是否结合主题模型的数据要素进行了采集、转换、标识、重组形成符合要求且支持主题模型的数据？做好审计取证、审计底稿和审计报告。

（三）政府治理共享开放数据的审计

共享目录是满足政府部门之间的信息共享和业务协同，开放目录是满足社会公众对政府部门数据开放的需求。要采用信息化的审计程序和审计方法，突出信息共享的分类、目录标准、数据清单的提供、共享方式的便捷等，突出数据开放的分类、目录标准、数据清单的提供、开放方式的便捷等，进行审计检查。

（1）共享目录的分类是否符合基础类、主题类、部门类的要求？目录编制是否符合要求？目录后的数据清单是否符合要求？信息共享是否实现了部门前置系统与政府共享平台的对接？共享方式是否满足政务部门共享信息的实际需要？做好审计取证、审计底稿和审计报告。

（2）开放目录的分类是否符合要求？目录编制是否符合要求？目录后的数据清单是否符合要求？开放方式是否满足社会公众的实际需要？做好审计取证、审计底稿和审计报告。

（四）公共服务数据资源的审计

公共服务数据资源包括数据资源业务分类、业务目录、元数据、数据表。要采用信息化的审计程序和审计方法，突出业务分类、目录标准、元数据、数据表的合理性等，突出公共服务数据资源为公共服务提供有效的数据支持，进行审计检查。

（1）公共服务数据业务分类是否依据国家文件要求？是否合理区分了不同类型的服务数据并有效支持了公共服务？做好审计取证、审计底稿和审计报告。

（2）公共服务数据业务目录是否依据国家文件要求编制？是否结合当地实际编制了业务目录并有效支持了公共服务事项、行政权力事项的服务？做好审计取证、审计底稿和审计报告。

（3）公共服务数据元数据是否依据国家文件要求编制？是否结合当地实际编制了元数据并有效支持了公共服务事项、行政权力事项的信息系统服务？做好审计取证、审计底稿和审计报告。

（4）公共服务数据表是否依据国家文件要求编制？是否结合当地编制了各类数据表并有效支持了公共服务事项、行政权力事项的服务？做好审计取证、审计底稿和审计报告。

（五）企业信息资源的审计

企业信息资源包括业务分类、业务目录、元数据、数据元素、数据表。要采用信息化的审计程序和审计方法，突出业务分类的合理性，元数据、数据元素的符合性，数据表的可支持性等，进行审计检查。

（1）企业数据业务分类是否依据国家文件要求编制？是否合理区分了不同类型的分类数据并有效支持了企业生产经营？做好审计取证、审计底稿和审计报告。

（2）企业业务目录是否依据国家文件要求编制？是否编制了销售、供应、生产、财力、人力、物力、生产经营决策等信息，有效支持了企业的生产经营活动？做好审计取证、审计底稿和审计报告。

（3）企业信息资源元数据是否依据国家文件、相关标准和规则要求编制？是否结合企业实际编制了元数据并有效支持了企业生产经营活动信息系统？做好审计取证、审计底稿和审计报告。

（4）企业信息资源数据元素是否依据国家文件、相关标准和规则要求编制？是否为各类企业数据提供了唯一有效的数据元素支持？做好审计取证、审计底稿和审计报告。

（5）企业信息资源数据表是否依据国家文件、相关标准和规则要求编制？是否结合企业实际编制了各类数据表并有效支持了ERP的销售、供应、生产、财力、人力、物力、生产经营决策等信息？做好审计取证、审计底稿和审计报告。

（六）商务信息资源的审计

商务信息资源包括业务分类、元数据、数据元素、数据表。要采用信息化的审计程序和审计方法，突出业务分类的合理性，元数据、数据元素的符合性，数据表的可支持性等，进行审计检查。

（1）商务信息资源业务分类是否依据国家文件、相关标准和规则要求编制？是否合理区分了不同类型的分类数据并有效支持了商务的市场化经营？做好审计取证、审计底稿和审计报告。

（2）商务信息资源元数据是否依据国家文件要求编制？是否编制了商务市场化活动等信息，有效支持了商务的市场化经营活动？做好审计取证、审计底稿和审计报告。

（3）商务信息资源数据元素是否依据国家文件、相关标准和规则要求编制？是否为商务的市场化经营活动提供了唯一有效的数据元素支持？做好审计取证、审计底稿和审计报告。

（4）商务信息资源数据表是否依据国家文件、相关标准和规则要求编制？是否依据商务的市场化经营活动编制了相应的数据表,并有效支持了商务的市场化经营活动等信息? 做好审计取证、审计底稿和审计报告。

(七)数据库技术设计的审计

数据库技术设计数据包括数据库总体设计的数据、数据库需求分析的数据、数据库的不同设计阶段数据等。要采用信息化的审计程序和审计方法,突出数据库总体设计的合理性,突出数据库概念设计、逻辑设计、物理设计、设计验证等数据,进行审计检查。

(1)数据库总体设计是否依据国家文件、相关标准和规则要求编制? 是否体现了政府治理、公共服务、企业和商务信息系统的实际需求? 是否为政府治理、公共服务、企业和商务信息系统提供了良好的数据库总体设计方案? 做好审计取证、审计底稿和审计报告。

(2)数据库需求分析是否依据国家文件、相关标准和规则要求编制? 在理解客户需求、了解以后开发阶段的时间节约、重视输入输出、创建数据字典和ER图表、定义标准的对象命名规范等方面,是否做到了以客户需求为重点? 做好审计取证、审计底稿和审计报告。

(3)数据库概念设计是否依据国家文件、相关标准和规则要求编制? 在用户要求描述的现实世界的分类、聚集和概括、建立抽象的概念数据模型等方面,是否做到了既考虑长远性又考虑当前实际需要的场景? 做好审计取证、审计底稿和审计报告。

(4)数据库逻辑设计是否依据国家文件、相关标准和规则要求编制? 在完整性实现机制、约束而非商务规则强制数据完整性、强制指示完整性、使用查找控制数据完整性、采用视图等方面,是否做到了既考虑长远性又考虑当前实际需要的场景? 做好审计取证、审计底稿和审计报告。

(5)数据库物理设计是否依据国家文件、相关标准和规则要求编制? 在对具体的应用任务选定最合适的物理存储结构、存取方法和存取路径等方面,是否做到了既考虑客观需要又考虑实际需要的场景? 做好审计取证、审计底稿和审计报告。

(6)数据库设计验证是否依据国家文件、相关标准和规则要求编制? 在收集数据并具体建立一个数据库,运行典型应用任务来验证数据库设计的正确性和合理性等方面,是否做到了实实在在的验证,是否有效地支持了各类数据库的设计、建设和运行? 做好审计取证、审计底稿和审计报告。

本节思考题

1. 为什么说数据资源建设控制是政务信息化总体控制的重要组成部分?

2. 政务部门信息资源建设的业务分类、资源目录、元数据、数据元素、数据表分别是什么? 怎样加强政务部门信息资源建设的具体控制?

3. 公共服务信息资源的业务分类、资源目录、元数据、数据元素、数据表分别是什么? 怎样加强公共服务信息资源建设的具体控制?

4. 企业信息资源的业务分类、资源目录、元数据、数据元素、数据表分别是什么? 怎样加强企业信息资源建设的具体控制?

5. 商务信息资源的业务分类、资源目录、元数据、数据元素、数据表分别是什么? 怎样加强商务信息资源建设的具体控制?

6. 数据库设计的总体控制是什么? 怎样加强数据库设计的总体控制?

7. 怎样加强数据库的需求分析、概念设计、逻辑设计、物理设计、验证设计的控制?

8. 为什么说数据库设计控制关系到信息系统的可靠性、安全性和经济性?

9. 数据资源控制审计的目标、范围是什么?

第四节 分析模型控制审计

分析模型控制包括对信息系统的业务处理模型、数据分析模型、大数据分析模型的法规类、标准类、规则类的控制。

分析模型控制审计是信息系统审计服务单位按照国家和行业的规章制度和标准规范,对分析模型各类控制的符合性和有效性进行检查监督,提出审计意见和建议,保障项目分析模型控制具有符合性和有效性。

一、分析模型的分类控制

分析模型是政务部门、企业单位履行职能的业务处理和数据分析模式。从业务处理和数据分析模型角度可分为:业务处理模型、数据分析模型、大数据分析模型。

(一)业务处理模型

业务处理模型是政务部门、企业单位履行职能的数据处理模式。一般包括:业务逻辑处理模型、业务流程处理模型、业务数据处理模型、业务部署模型等。

1. 业务逻辑处理模型

业务逻辑处理模型是政务部门、企业单位履行职能的基本业务处理模型。包括财政部门的财政预算分配和拨付、税务部门的税收征管与发放、预算部门的预算指标和支付、企业的经营收入和成本核算支付等。

2. 业务流程处理模型

业务流程模型是政务部门、企业单位履行职能的基本业务流程模型。包括政务部门的公文处理和流转、行政权力审批的受理审核和批准等。

3. 业务数据处理模型

业务数据处理分析模型是政务部门、企业单位履行职能的基本数据分析模型。包括审计部门的实体关系数据分析模型、市场监督部门的企业数据分析模型等。

4. 业务部署模型

业务部署模型是政务部门、企业单位构建的信息系统在互联网、政务外网、政务内网中的部署格局模型。

(二)数据分析模型

数据分析模型是政务部门、事业企业单位为了提升职责履行的质量和水平,将相关业务进行综合分析处理的模型。数据分析模型包括:多维数据分析模型、聚类关联分析模型等。

1. 多维数据分析模型

多维数据分析模型是政务部门、企业单位为了提升履职水平,将相关业务数据进行多维数据分析。

2. 聚类关联分析模型

聚类关联分析模型是政务部门、企业单位为了提升履职水平,将相关业务数据进行聚类分类,在进行关联分析的过程。

(三)大数据分析模型

大数据分析模型是政府或重要行业为了解决履职中面临的重大社会问题,采取大数据分析模型进行的数据处理。大数据分析模型包括:仿真模拟分析模型、知识图谱分析模型等。

1. 仿真模拟分析模型

模拟仿真即是外形仿真、操作仿真、视觉感受仿真,使用真实的社会保障模型或其他等比例的模型作为参与者的操控平台,通过实际操作,使参与者有身临其境的切身体会的一项技术。对一个工程技术系统进行模拟仿真,包括了建立模型、实验求解和结果分析三个主要步骤。

2. 知识图谱分析模型

知识图谱(Knowledge Graph)又称为科学知识图谱,在图书情报界称为知识域可视化或知识领域映射地图,是显示知识发展进程与结构关系的一系列各种不同的图形,用可视化技术描述知识资源及其载体,挖掘、分析、构建、绘制和显示知识及它们之间的相互联系。

二、业务处理模型控制

业务处理模型包括:业务逻辑处理模型、业务流程处理模型、业务数据处理模型等。

(一)业务逻辑处理模型控制

政府治理业务模型主要包括经济调节、市场监管、社会管理的业务模型,公共服务业务模型纳入下一部分。国务院部门为履行其政务职能,需要进行相应的政务职能业务处理,产生政府治理的业务模型。

税务征收处理模型:2018年,《国务院机构改革方案》明确"将省级和省级以下国税地税机构合并,具体承担所辖区域内的各项税收、非税收入征管等职责;将基本养老保险费、基本医疗保险费、失业保险费等各项社会保险费交由税务部门统一征收;国税地税机构合并后,实行以国家税务总局为主与省(自治区、直辖市)人民政府双重领导管理体制"。以"服务业企业所得税纳税评估模型"为例,分析纳税评估方法模型。

(1)信息来源如下。

①综合征管软件。增值税纳税申报表,企业所得税纳税申报表及附表等。

②取数口径:行业代码为"6300"批发业;剔除重复申报数据(多次申报,只取最后一次申报数);评估模型适用于企业所得税查账征收户。

(2)风险点识别:根据批发行业的特点,所有风险指标预警值根据企业年销售收入规模分两档设定,具体划分为1000万元以上(含1000万元)和1000万元以下。评估样本企业必须持续经营满两年(评估年度加评估上年度)以上企业。

(3)企业所得税应税收入与增值税销售收入异常:

①原理。通过全年企业所得税总额和增值税销售收入总额进行对比,发现年度所得税应税

收入额小于增值税收入总额,展开进一步分析,已发现税收的一种方法。

②数据模型。两税收入差异额=全年所得税应税收入－全年增值税销售收入。

③数据采集(略)。

④预警值设置。两税收入差异额预警值为0。差异额大于等于0为正常;差异额小于0为异常。

⑤评分标准。对被评估企业的两税收入差异额为负数,该项指标为满分;差异额大于或等于零,该项指标为0分。

⑥应用要点。一般来说,企业所得税的全年应税收入应大于或等于增值税销售收入,如两税收入差异额为负数,说明企业可能隐瞒所得税应税收入。

(二)业务流程处理模型控制

1. 公共服务和行政许可审批模型

政府主导的公共服务为基本公共服务,主要包括公共服务事项(包括基本公共教育、劳动就业服务、社会保险、基本社会服务、基本医疗卫生、人口和计划生育、基本住房保障、公共文化体育、残疾人基本公共服务等)、行政权力事项(包括行政许可、行政征收、行政给付、行政确认、其他事项,以及政府内部审批事项)。

"多证合一"业务模型:深圳市市场和质量监管委联合市国税局、市地税局、市公安局依据《深圳经济特区商事登记若干规定》,将原由四个部门分别为商事主体提供的四项基本公共服务产品有效融合,共同打造成为一项公共服务精品,推行了营业执照、组织机构代码证、税务登记证和刻章许可证"一表申请、一门受理、一次审核、信息互认、四证同发、档案共享"的"四证合一"登记制度。这次是在原"四证合一"登记模式的基础上,将社保登记纳入商事登记流程,实现"多证合一",因此又可称为原业务流程的再改造、服务内容的再升级。

(1)"多证合一"的特点:

①立法支持,《深圳市经济特区商事登记若干规定》为其提供了有效的法律依据;

②系统对接,五部门联合开发了统一的"多证合一"登记系统;

③审核结果互认,商事登记部门一家审批,视同五部门同时审批,既无需材料流转,也无需信息反馈;

④全流程网上办理,申请人足不出户就可办理五证申请;

⑤证照同步发放,五证统一在市场和质量监管委发放;

⑥档案共享,档案原件在市场和质量监管委保存,档案影像五部门共享。

(2)"多证合一"办理流程。

第1步:申请。商事主体申请人填写"五证"联合申请书,并准备齐相关材料提交商事登记部门,由商事登记部门统一受理。实现"一表申请""一门受理"。

第2步:审核。商事登记部门审核"五证"联合申请材料。"五证"申请经商事登记部门审核后,视为同时经机构代码部门、税务部门、公安部门及社保部门审核。因审核结果产生异议或有其他问题的,由申请人到所申请证照的对应主管部门办理相关业务后再到网上提交申请。审核通过后,商事登记部门将相关登记信息和办理结果共享至代码登记部门、税务登记部门、公安部门和社保部门。实现"一次审核"和"信息互认"。

第3步：领证。经商事登记部门审核通过后，商事主体申请人即可到原组织机构代码登记窗口一次领取"五证"，即：营业执照、组织机构代码证、税务登记证、刻章许可证和社保登记证。实现"五证同发"。

第4步：归档。档案原件由商事登记部门保存，档案影像共享给代码登记部门、税务登记部门、公安部门和社保部门。实现"档案共享"。

2. 企业业务流程处理模型控制

企业信息化实质上是将企业的生产过程、物料移动、事务处理、现金流动、客户交互等业务过程数字化，通过各种信息系统网络加工生成新的信息资源，提供给各层次的人们洞悉、观察各类动态业务中的一切信息，以作出有利于生产要素组合优化的决策，使企业资源合理配置，以使企业能适应瞬息万变的市场经济竞争环境，求得最大的经济效益。

企业信息化以业务流程的优化和重构为基础，在一定的深度和广度上利用计算机技术、网络技术和数据库技术，控制和集成化管理企业生产经营活动中的各种信息，实现企业内外部信息的共享和有效利用，以提高企业的经济效益和市场竞争力，这将涉及到对企业管理理念的创新，管理流程的优化，管理团队的重组和管理手段的创新。

企业成本核算业务模型包括从建账、记账、对账、登记、账簿到报表的全过程。

(1)基础理论知识。

①建账。包括建账准备、建账操作；

②原始凭证。包括原始凭证的概括和审核；

③记账凭证。包括记账凭证的概念、种类、内容、编制要求、审核、会计凭证传递；

④会计账簿。包括会计账簿的概念、内容、种类、编制要求，登记会计账簿和相关要求；

⑤对账和结账。包括对账、财产清查、错误更正、结账、会计账簿更换和保存；

⑥财务报表。包括资产负债表、利润表、现金流量表。

企业成本核算基础理论如图3-33所示。

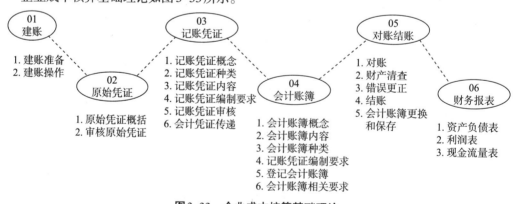

图3-33　企业成本核算基础理论

(2)手工帐实操学习。

手工记账操作包括6个步骤：①建账；②审核原始凭证；③填写记账凭证；④登记账簿；⑤对账与结账；⑥编制财务报表。

手工记账操作如图3-34所示。

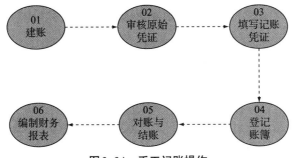

图3-34 手工记账操作

(三)业务数据处理模型控制

《审计署计算机审计实务公告第14号——计算机审计方法体系基本规划》(审计发〔2008〕38号)提出:

计算机审计方法是审计人员为履行审计职责、实现审计目标,利用信息技术对特定审计事项进行检查和评价的思路和实现步骤。

根据《计算机审计方法体系基本规划》的要求,需要建立审计方法目录体系的资源分类和代码结构。

1. 计算机审计方法资源分类

计算机审计方法资源分类按专业计算机审计的分类分级体系,确定统一的一、二级分类规则,便于各专业计算机审计方法体系的编制和应用。

计算机审计方法资源分类按专业计算机审计分类规划,包括12类一级分类体系,并在此基础上进行一、二级分类。三级及其后的分类由各专业计算机审计方法体系按本规划的规则自行编制。

(1)一级分类体系。

计算机审计方法一级分类体系包括12类:综合审计方法、政府预算执行审计方法、税收征管审计方法、海关征管审计方法、金融业务审计方法、企业审计方法、社会保险基金审计方法、固定资产投资审计方法、农业与资源环保审计方法、外资运用审计方法、党政领导干部经济责任审计方法、其他审计方法。

计算机审计方法体系一级分类如图3-35所示。

(2)二级分类体系。

在计算机审计方法体系一级分类基础上,根据审计业务需要,编制二级分类。计算机审计方法体系二级分类见表3-42。

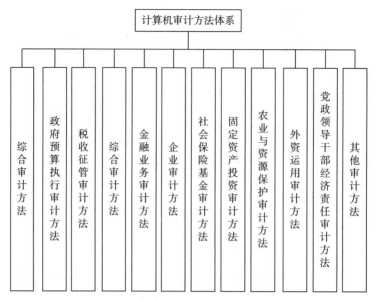

图3-35　计算机审计方法体系一级分类

表3-42　部门预算执行计算机审计方法体系

代码	分类	方法名称
BBA	部门预算执行综合审计方法	
BBA/0001		部门预算执行内部控制审计方法
BBA/0002		……
⋮		
BBB	部门预算编制与批复审计方法	
BBB/0001		部门预算编制与批复内部控制审计方法
BBB/0002		部门项目库完整性审计方法
⋮		
BBC	部门预算资金拨付审计方法	……
BBC/0001		预算资金拨付合规性审计方法
BBC/0002		将零余额账户资金转拨基本存款账户审计方法
BBB/0008		项目支出预算编制与批复审计方法
⋮		

计算机审计方法体系规定一、二级分类。

(3)专业计算机审计方法体系分类。

在本规划确定的计算机审计方法体系二级分类基础上,按专业计算机审计方法体系的业务需求进行第三级或之后若干级的分类编制,形成专业计算机审计方法体系。

2. 计算机审计方法分类代码

计算机审计方法分类代码按专业计算机审计的分类分级体系,确定统一的代码规则,便于各专业计算机审计方法体系的代码编制。

(1)代码规则。

计算机审计方法代码是审计方法体系分类的重要标志。审计方法代码分为分类码和流水码,中间用"/"作分隔符。分类码的前两位由本规划的二级分类规定,用大写罗马字母表示;后若干位为分类扩展,其长度和编制规则本规划不作规定,由各专业计算机审计方法体系编制确定,代码用大写罗马字母或阿拉伯数字表示;流水码为本规划确定的具体审计方法代码,用4位阿拉伯数字表示。为避免大写罗马字母和阿拉伯数字的混淆,在大写罗马字母中不使用I、O字母。

计算机审计方法体系代码结构如图3-36所示。

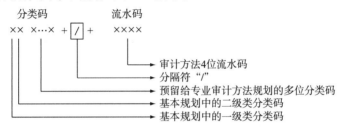

图3-36 计算机审计方法体系代码结构

(2)二级分类代码。

本规划规定了计算机审计方法体系的二级分类及代码(表3-43)。

表3-43中的二级分类为样例,由各专业计算机审计方法体系编制时具体确定。

表3-43 计算机审计方法体系二级分类及代码表

分类码	一级分类	分类码	二级分类
A	综合审计方法		
B	预算执行审计方法	BA	财政部门组织预算执行审计方法
		BB	部门预算执行审计方法
C	税收审计方法	CA	国税审计方法
		CB	地税审计方法
D	海关审计方法		
E	金融审计方法	EA	银行审计方法
		EB	证券审计方法
		EC	保险审计方法
F	企业审计方法	FA	大型企业集团审计方法
		FB	一般企业审计方法
G	社保审计方法	GA	社会保险审计方法
		GB	社会福利审计方法

分类码	一级分类	分类码	二级分类
G	社保审计方法	GC	社会救助审计方法
		GD	住房公积金审计方法
		GE	其他社保审计方法
H	投资审计方法		
J	农业审计方法		
K	外资审计方法		
L	经责审计方法		
M	其他审计方法		

（3）三级分类代码。

以部门预算执行计算机审计方法体系为例，进行三级分类及代码的规划。部门预算执行计算机审计方法体系三级分类及代码见表3-44。

表3-44　部门预算执行计算机审计方法体系三级分类及代码表

分类码	三级分类	说明
BBA	部门预算执行综合审计方法	
BBB	部门预算编制与批复审计方法	
BBC	部门预算资金拨付审计方法	
BBD	部门预算基本支出审计方法	
BBE	部门预算项目支出审计方法	
BBF	部门非税收入收缴审计方法	
BBG	部门国有资产管理审计方法	
BBH	部门政府采购审计方法	
BBJ	部门决算审计方法	
BBK	部门其他审计方法	

3. 计算机审计方法构建环境控制

《审计署计算机审计实务公告第14号——计算机审计方法体系基本规划》（审计发〔2008〕38号）提出：

模型构建法是指通过构建审计业务模型来构建计算机审计方法的方法。

（1）审计业务模型概念。

审计业务模型是描述特定审计目标的审计事项所涉及的被审计单位的业务关系和数据关系。

审计业务模型包括如下涵义：

①审计事项是反映特定审计目标的审计内容，这个内容中包含被审计单位经济活动的相关要素；

②通过对其相关要素的描述，揭示其业务关系和数据关系；

③分析其业务关系和数据关系中的审计关注。

（2）审计业务模型构建。

通过对审计事项所涉及的被审计单位业务关系中的实体及其相互关系的描述，构建实体关系模型（entity-relation，以下简称 ER 模型）。通过对其数据关系的描述，构建数据模型。

①审计方法 ER 模型构建。

审计事项中具有实际意义的承载体构成实体。例如，预算执行审计中的财政部门、预算部门、预算项目等。实体之间的业务关系构成关系。例如，预算部门编制预算项目的计划，报送财政部门审核批准。

审计方法 ER 模型的构建，是对实体和关系的描述。

【实例】项目支出预算编制及批复审计的 ER 模型构建

根据审计署行政事业审计司编制的《部门预算执行审计指南》第七章关于部门预算项目支出业务概述的描述，项目支出预算编制及批复审计涉及财政部门、预算部门、所属预算单位、项目支出预算、部门项目库等。这些部门（项目）之间因项目支出预算编制及批复的实施而发生一定的业务关系。

在审计业务模型中，把上述部门（项目）称为实体，把它们之间的业务关系称为关系。分析部门项目支出预算编制及批复所涉及的实体和关系，建立部门项目支出预算编制及批复业务审计的实体关系图。

项目支出预算编制及批复业务 ER 模型。其中财政部门、预算部门、所属单位为实体，它们之间发生的"一上""一下""二上""二下"的关系为预算编制与批复。

②审计方法数据模型构建。

对构建的 ER 模型中的实体及其关系的属性，以数据方式进行描述，形成审计方法数据模型。

【实例】项目支出预算编制及批复审计的数据模型构建。

项目支出预算编制及批复数据模型如图3-37所示。

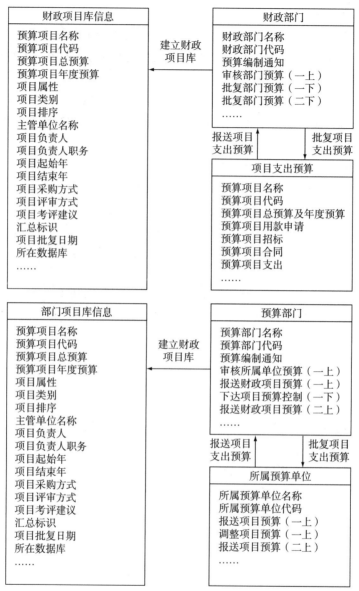

图3-37 项目支出预算编制及批复数据模型

分析图3-37,项目支出预算编制及批复数据模型的实体涉及财政部门、预算部门、所属预算单位、部门项目库等,以及与实体相关的数据元素。

部门预算项目支出实体及数据元素见表3-45。

表3-45 项目支出预算编制及批复业务的实体及关系数据元素

实体	关系数据元素
财政部门	财政部门名称、财政部门代码、预算编制通知、审核部门预算(一上)、批复部门预算(一下)、报送政府及人民代表大会审批、批复部门预算(二下)等
预算部门	预算部门名称、预算部门代码、预算部门年度预算、预算编制通知、审核所属单位预算(一上)、报送财政项目预算(一上)、调整财政批复的项目预算(一上)、报送财政项目预算(二上)、批复所属预算单位的项目预算等

实体	关系数据元素
所属预算单位	所属预算单位名称、所属预算单位代码、报送项目预算(一上)、按批复的项目控制预算调整项目预算(一上)、报送项目预算(二上)等
部门项目库	预算年份、预算单位代码、预算项目代码、预算项目名称、预算项目负责人、预算项目类型、预算项目类别、预算项目属性、预算项目立项报告、预算项目可行性研究报告、预算项目起始年份、预算项目结束年份、预算项目批复日期、预算项目总投资、预算项目投资结构、预算项目总投资财政拨款、预算项目总投资预算外资金、预算项目总投资其他资金、预算项目总投资专项建设资金、预算项目总投资银行贷款、预算项目申请理由及主要内容、预算项目总体目标、预算项目组织实施条件、预算项目绩效评价结论、预算项目可行性报告内容等
项目支出预算	预算项目名称、预算项目代码、预算项目总预算及年度预算、预算项目用款申请、预算项目招标、预算项目合同、预算项目支出……

（3）审计方法构建。

计算机审计方法是审计人员为履行审计职责、实现审计目标,利用信息技术对特定审计事项进行检查和评价的思路和实现步骤。

在建立审计业务模型基础上,对审计方法的审计目标与功能、所需数据和相关资料、审计分析步骤、流程图示、计算机执行语言、方法执行后的审计建议等,逐一研究建立,从而完成计算机审计方法的构建。

对于审计业务较为简单的审计方法,可以不建立审计业务模型,直接按照审计方法要素的要求编制。

（4）审计方法要素。

计算机审计方法要素包括12项:方法代码、方法名称、目标功能、所需数据、分析步骤、流程图、方法语言、适用法规、审计建议、作者单位、时间、标志。

①方法代码:计算机审计方法代码是审计方法分类、管理和应用定位的重要标志。审计方法代码按照7.2代码结构的要求编制。

②方法名称:计算机审计方法名称是具体审计事项的方法表述。方法名称要简明扼要,一般不超过50个字符,能够直接反映其具体审计事项的审计目标,并且尽可能进行正面表述。

③目标功能:计算机审计方法的目标功能是对具体审计事项的审计目标、审计功能及其实现的表述。

④所需数据:根据审计方法的目标与功能定位,确定所需数据和相关资料。审计所需数据和相关资料的介质载体包括电子数据和纸质资料。电子数据包括结构化数据、非结构化数据、半结构化数据。审计方法引用的经审计数据规划的电子数据,应当遵循《国家审计数据中心基本规划》的数据规划规范,以及审计方法所对应的专业审计数据规划的基础表或分析表及其数据元素的规范。

计算机审计方法所需的基础表或分析表及其数据元素,应标明其专业审计数据规划的版本号。

根据《中央部门预算执行计算机审计方法体系——计算机审计实务公告第22号》（审计发〔2010〕113号）中关于部门预算执行情况分析方法的所需数据见表3-46。

表3-46　部门预算执行情况分析方法的所需数据

序号	数据资料名称	结构化	非结构化	半结构化
1	预算单位基本信息表	√		
2	有关部门预算支出的国家方针政策和财政政策、项目文本等		√	√
3	支出预算表（含二上二下）	√		
4	预算调整明细表			
5	预算追加明细表			
6	用款申请明细表			
7	用款批复明细表			
8	相关代码表	√		
9	预算执行情况多维数据集	√		

⑤分析步骤。

《中央部门预算执行计算机审计方法体系——计算机审计实务公告第22号》（审计发〔2010〕113号）中关于部门预算执行情况分析方法的分析步骤为：

第一步，按顺序选取预算年份、预算单位维度（包含各级预算单位粒度）、预算科目维度，将支出类型维度作为筛选条件，选取部门预算支出指标度量值；

第二步，选取某预算年份、某预算单位，展开下级预算单位，展开预算科目中的类、款、项，将支出类型维度设置为筛选"基本支出"与"项目支出"；

第三步，分析各业务环节中部门预算支出指标的执行情况，对比项目文本，检查部门预算批复、用款计划、资金拨付是否严格执行预算和财政制度。

⑥流程图：结合审计分析步骤的表述，采用《计算机审计方法流程图编制规范》的规定，编制流程图。

项目支出预算编制与批复内容合规性、及时性审计流程如图3-38所示。

⑦方法语言：结合审计分析步骤的表述，将列入计算机审计方法语言执行的内容，采用《计算机审计方法语言编制规范》的规定，编制方法语言。

//定义变量

var CurQuery,IsEmpty,CurNum,SqlStr;

begin

//显示查询SQL

SqlStr:='SELECT〔预算项目（一上）信息表〕.〔预算年份〕,〔预算项目（一上）信息表〕.〔预算单位代码〕,〔预算项目（一上）信息表〕.〔预算项目代码〕,〔预算项目（一上）信息表〕.〔预算项目名称〕,〔批复（一下）预算项目信息表〕.〔预算项目名称〕as〔批复（一下）预算项目名称〕FROM〔预算项目基本信息表〕as〔预算项目（一上）信息表〕left join〔预算项目基本信息表〕as〔批复（一下）预算项目信息表〕on〔预算项目（一上）信息表〕.〔预算年份〕=〔批复（一下）预算项目信息表〕.〔预算年份〕and〔预算项目（一上）信息表〕.〔预算单位代码〕=〔批复（一下）预算项目信息表〕.〔预算单位代码〕and〔预算项目(一上)信息表〕.〔预算项目代码〕=〔批复(一下)预算项目信息表〕.〔预算项目代码〕and〔预算项目(一上)信息表〕.〔预算科目代码〕=〔批复(一下)预算项目信息表〕.〔预算科目代码〕and〔批复(一下)预算项目信息表〕.〔预算阶段〕='2'where〔预算项目(一上)信息表〕.〔预算年份〕=''2007''and〔预算项目(一上)信息表〕.〔预算阶段〕=''1''';

```
ShowMsg('生成的SQl语句为:'+SqlStr);
//执行查询SQL
CurQuery:=createq(SqlStr,-1);
//查询结果集是否为空
IsEmpty:=qeof(CurQuery);
if IsEmpty#1 then
begin
//循环将查询结果放入业务疑点临时库
  Repeat
  CurNum:=qvalue(CurQuery,'〔批复(一下)预算项目名称〕');
  If CurNum=null then
    Begin
    AddTransRslt(CurQuery,'批复的预算项目是否来自部门项目库疑点');
    End;
  IsEmpty:=qmov(CurQuery,1);
  IsEmpty:=qeof(CurQuery);
  until IsEmpty=1;
```

…(略)

⑧适用法规如下。

定性依据:根据《中央预算执行审计监督暂行办法》的相关规定,部门预算执行审计的主要内容是"中央各部门执行年度支出预算和财政财务制度,以及相关的经济建设和事业发展情况;有预算收入上缴任务的部门和单位预算收入上缴情况"。

处理处罚依据:参考审计法以及《中央预算执行情况审计监督暂行办法》中的相关规定。

⑨审计建议:检查预算文件,核对部门经费总账、明细账、财政部预算批复文件、用款拨付及追加调整公文,调查核实预算资金执行的进度情况,落实分析结果。

⑩作者单位:审计署×××业务司。

⑪时间:具体的编制时间。

⑫标志:无。

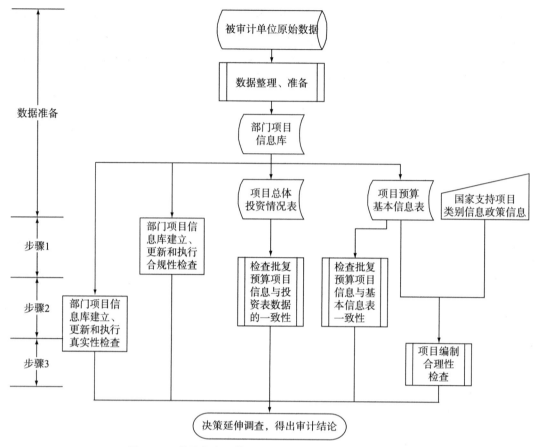

图 3-38　项目支出预算编制与批复程序审计方法流程图

（三）一般数据模型迭代测试控制

《分析模型迭代测试》（互联网资料）反映：早在 20 世纪 50 年代末期，软件领域中就出现了迭代模型。最早的迭代过程可能被描述为"分段模型"（stagewise model）。迭代模型是 RUP 推荐的周期模型，被定义为：迭代包括产生产品发布（稳定、可执行的产品版本）的全部开发活动和要使用该发布必需的所有其他外围元素。在某种程度上，开发迭代是一次完整地经过所有工作流程的过程：需求分析、设计、实施和测试工作流程。实质上，它类似小型的瀑布式项目。RUP 认为，所有的阶段都可以细分为迭代。每一次的迭代都会产生一个可以发布的产品，这个产品是最终产品的一个子集。

1. 迭代测试的优点

与传统的瀑布模型相比较，迭代过程具有以下优点：

（1）降低了在一个增量上的开支风险。如果开发人员重复某个迭代，那么损失只是这一个开发有误的迭代的花费。

（2）降低了产品无法按照既定进度进入市场的风险。通过在开发早期就确定风险，可以尽早来解决而不至于在开发后期匆匆忙忙。

（3）加快了整个开发工作的进度。因为开发人员清楚问题的焦点所在，他们的工作会更有效率。

(4)由于用户的需求并不能在一开始就做出完全的界定,它们通常是在后续阶段中不断细化的,所以,迭代过程这种模式使适应需求的变化会更容易些。

2. 迭代测试条件

(1)在项目开发早期需求可能有所变化。

(2)分析设计人员对应用领域很熟悉。

(3)高风险项目。

(4)用户可不同程度地参与整个项目的开发过程。

(5)使用面向对象的语言或统一建模语言(Unified Modeling Language,UML)。

(6)使用计算机辅助软件工程(Computer Aided Software Engineering,CASE)工具,如Rose(非常受欢迎的软件开发工具)。

(7)具有高素质的项目管理者和软件研发团队。

三、数据分析模型控制

数据分析模型是政务部门、企业单位为了提升职责履行的质量和水平,将相关业务进行综合分析处理的模型。数据分析模型包括多维数据分析模型、聚类关联分析模型等。

(一)多维数据分析模型控制

1. 多维数据分析的概念

《信息系统审计研究报告》(中国审计学会计算机审计分会,2014)提出:

四、数据处理模型控制

(二)数据分析模型控制

3. 多维分析

多维分析是对多维数据集中的数据进行上卷、下钻、切片、切块、旋转等各种分析操作,以便剖析数据,使分析者、决策者能从多个角度、多个侧面、多个层次来观察数据库中的数据,从而找出数据反映的各类信息。

多维分析系统是以数据仓库为基础,以多维数据集为核心的分析系统。进行多维分析时,首先需要构建多维数据集,然后在多维数据集上进行分析操作。

多维数据集是一个数据集合,通常从数据仓库的子集构造,并组织和汇总成一个由一组维度和度量值定义的多维结构。其中,度量值是决策者所关心的具有实际意义的数值,它所在的数据表称为事实表;维度是指人们观察数据的角度,包含维度信息的表是维度表,维度表包含描述事实表中的事实记录的特性。人们观察数据的某个特定角度(即某个维)还可以存在不同的细节程度,这些维度的不同的细节程度称为维的层次。维的一个取值称为该维的一个维度成员。

在中央部门预算执行审计中,涉及的多维数据分析模型的主题业务分类包括:

(1)多部门多年度项目支出变动情况

(2)×××部门2010至2015年基本支出变动情况

……

2. 多维分析模型构建环境控制

《信息系统审计研究报告》(中国审计学会计算机审计分会,2014)提出:

四、数据处理模型控制

(二)数据分析模型控制

3. 多维分析

在多维数据集上进行的分析操作有上卷、下钻、切片、切块、旋转等。上卷是在多维数据集中执行聚集操作,通过在维级别中上升或通过消除某个或某些维来观察更概括的数据;下钻是通过在维级别中下降或通过引入某个或某些维来更细致地观察数据;切片是在给定的多维数据集的一个维上进行选择操作,切片的结果是得到了一个二维的平面数据;切块是在给定的多维数据集的两个或多个维上进行选择操作,切块的结果是得到了一个子多维数据集;旋转就是改变维的方向。

在设计多维数据分析模型时,常常根据事实表和维度表之间的关系,将模型设计成星形模型和雪花模型。星形模型是指每个维度表中的主码都只能是单列的,同时该主码被放置在事实数据表中,作为事实数据表与维表连接的外码。星形模型是以事实表为核心,其他的维度表围绕这个核心表呈星形状分布;雪花模型是指每个维度可由多个维度表进行描述,与事实表相连的维度表可以向外连接到其他详细维度表,呈雪花状。

中央部门预算执行审计多维数据分析模型如图3-39所示。

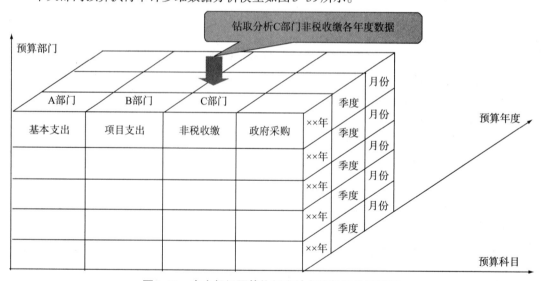

图3-39 中央部门预算执行审计多维数据分析模型

图3-39是对预算部门、预算年度、预算科目的多维数据分析。其中,本模型为对B部门项目支出的多年度、多季度、多月份的多维数据分析。

(二)聚类关联分析模型控制

1. 聚类关联模型概念

《信息系统审计研究报告》(中国审计学会计算机审计分会,2014)提出:

四、数据处理模型控制

(二)数据分析模型控制

4. 挖掘分析

挖掘分析就是从大量的、不完全的、有噪声的、模糊的、随机的实际应用数据中,提取隐含在其中的、人们事先不知道的,但又是潜在有用的信息和知识的过程。

挖掘分析是一个完整的过程,该过程从大型数据库中挖掘先前未知的、有效的、可用的信息,并使用这些信息做出决策。一般的,挖掘分析经过确定业务对象、数据准备、建立模型、数据挖掘和结果分析与应用五个阶段。其中,建立模型和数据挖掘是非常重要的阶段,需要使用适当的数据挖掘算法对前面准备的数据进行分析,进而得到可能的模式或模型。

2. 聚类关联模型构建环境控制

《信息系统审计研究报告》(中国审计学会计算机审计分会,2014)提出:

四、数据处理模型控制

(二)数据分析模型控制

4.挖掘分析

聚类模式用于发现在数据库中未知的数据类,考察个体或对象间的相似性,满足相似性条件的个体或数据对象划分在一组内,不满足相似性条件的个体或数据对象划分在不同的组。由于在数据挖掘之前,数据类划分的数量与类型均是未知的,所以在数据挖掘后需要对数据挖掘结果进行合理的分析与解释。

关联分析用于发现关联规则,这些规则展示属性值频繁地在给定数据集中一起出现的条件。例如,两个或多个数据项的取值重复出现且概率很高时,它们之间就存在某种关联,可以建立起这些数据项的关联规则。挖掘关联规则就是发现存在于大数据集中的关联性或相关性,即发现某些经常在一起出现的属性,并以规则的形式把它们之间的关系符号化。

《聚类关联规则模型》(互联网资料)提出如下意见。

1. 聚类分析模型与聚类分析

模型简介:是指将物理的或抽象的对象的集合分成相似的对象集的过程,最终的结果是同一个簇中的对象具有较高的相似性,而不同簇中的对象则具有较大的差异性。聚类分析的三要素为相似度测度、聚类准则和聚类算法。相似度测度主要用于衡量同簇对象的类似性和不同簇对象的差异性,而聚类准则则是用于评价聚类结果的好坏,聚类算法用于找出使准则函数取极值的最好聚类结果。目前大数据聚类分析中比较常用的算法主要有划分式聚类算法、基于密度的聚类算法、层次聚类算法以及基于网格的聚类算法。其中比较典型的是划分式聚类算法。

划分式聚类算法的挖掘思想:划分式聚类算法的代表是K均值算法、K中心点算法以及它们的一些变种。K均值聚类算法假定所有的数据对象可分为K个簇,每个簇的中心用均值表示,对象间的相似性用距离度量,聚类的准则使用误差平方和准则。它的核心在于首先选定K个初始聚类中心,根据最小距离原则将每个数据对象分类到每一簇中。聚类分析模型是一个比较简单的大数据分析模型,但是它可以对大型数据集进行高效地划分,它也是数据挖掘的重要模型之一,在实际工作中已经取得广泛的应用,是众多企业处理大数据的不二选择。

2. 关联规则分析(Apriori)

Apriori算法简介:Apriori算法是一种挖掘关联规则的频繁项集算法,其核心思想是通过候选集生成和情节的向下封闭检测两个阶段来挖掘频繁项集。Apriori(先验的,推测的)算法应用广泛,可用于消费市场价格分析,猜测顾客的消费习惯;可用于网络安全领域中的入侵检测技术;也可用在移动通信领域中,指导运营商的业务运营和辅助业务提供商的决策制定。

Apriori算法的挖掘思想:Apriori算法采用的是逐层搜索的策略,同时依据其性质压缩搜索空间。而它的性质是说,如果一个项集具有频繁性,则它的所有非空子集也一定是频繁项集。它的基本思想在于,首先,扫描一次事物集合,找出频繁1-项集集合L1,然后基于L1,产生所有可能的频繁2-项集即候选集C2,接着基于L1对C2进行必要的剪枝操作。对C2的优化完成后,再扫描一次事务集合,找出下一个频繁候选集,如此迭代,直至再也找不出频繁集时退出。

在实际的应用中,关联规则主要应用于商品购买的关联行为,比如针对一个卖场,可以通过对大数据分析的关联分析发现面包与牛奶之间的购买行为,从而可以针对性进行促销或是适当调整商场的物品摆放。所以关联分析是大数据分析特别有效的模型,针对性比较强。

中央部门预算执行审计的聚类关联分析算法模型如图3-40所示。

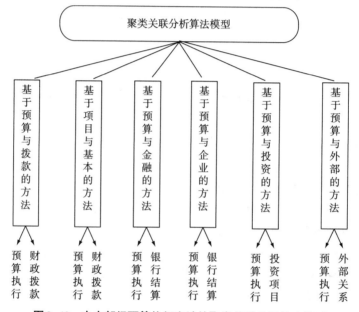

图3-40　中央部门预算执行审计的聚类关联分析算法模型

分析图3-40,中央部门预算执行审计中存在多类聚类关联算法模型,需要按照实际需要选择执行。

四、大数据分析模型控制

大数据分析模型是从数据量大、格式多样、数据处理度快的数据中,快速获得有价值信息的数据分析模型,包括模拟仿真分析模型、知识图谱分析模型、领导决策分析模型等。

《促进大数据发展行动纲要》(国发〔2015〕50号)提出:

三、主要任务

(一)加快政府数据开放共享,推动资源整合,提升治理能力。

1. 大力推动政府部门数据共享。

2. 稳步推动公共数据资源开放(专栏1　政府数据资源共享开放工程)。

3. 统筹规划大数据基础设施建设(专栏2　国家大数据资源统筹发展工程)。

4. 支持宏观调控科学化。

5. 推动政府治理精准化。

6. 推进商事服务便捷化。

7. 促进安全保障高效化(专栏3 政府治理大数据工程)。

8. 加快民生服务普惠化(专栏4 公共服务大数据工程)。

(二)推动产业创新发展,培育新兴业态,助力经济转型

1. 发展工业大数据。

2. 发展新兴产业大数据(专栏5 工业和新兴产业大数据工程)。

3. 发展农业农村大数据(专栏6 现代农业大数据工程)。

4. 发展万众创新大数据(专栏7 万众创新大数据工程)。

5. 推进基础研究和核心技术攻关。

6. 形成大数据产品体系(专栏8 大数据关键技术及产品研发与产业化工程)。

7. 完善大数据产业链(专栏9 大数据产业支撑能力提升工程)。

(三)强化安全保障,提高管理水平,促进健康发展

1. 健全大数据安全保障体系。

2. 强化安全支撑(专栏10 网络和大数据安全保障工程)。

《国家发展改革委办公厅关于请组织申报大数据领域创新能力建设专项的通知》(发改办高技〔2016〕1918号)提出:

二、专项目标

未来2~3年,建成一批大数据领域创新平台,为大数据领域相关技术创新提供支撑和服务。以推进经济发展方式转变为着力点,通过建立和完善大数据领域的技术创新平台,聚集整合创新资源,加强产学研用结合,突破一批关键共性技术并实现产业化,促进大数据产业的快速发展,为培育和发展战略性新兴产业提供动力支持。

(一)提升大数据基础技术支撑能力方面

1. 大数据系统计算技术国家工程实验室

2. 大数据系统软件国家工程实验室

3. 大数据分析技术国家工程实验室

4. 大数据流通与交流技术国家工程实验室

5. 大数据协同安全技术国家工程实验室

(二)提高大数据应用技术水平方面

1. 智慧城市设计仿真与可视化技术国家工程实验室

2. 城市精细化管理技术国家工程实验室

3. 医疗大数据应用技术国家工程实验室

4. 教育大数据应用技术国家工程实验室

5. 综合交通大数据应用技术国家工程实验室

6. 社会安全风险感知与防控大数据应用国家工程实验室

7. 工业大数据应用技术国家工程实验室

8. 空天地海一体化大数据应用国家工程实验室

(二)大数据分析模型构建环境控制

《国家发展改革委办公厅关于请组织申报大数据领域创新能力建设专项的通知》(发改办高技〔2016〕1918号)提出:

二、专项目标

(二)提高大数据应用技术水平方面

5. 综合交通大数据应用技术国家工程实验室

针对我国综合交通跨行业、跨地域管理服务能力不足等问题,建设综合交通大数据应用技术创新平台,支撑开展交通运输大数据采集处理、分析挖掘、管理决策、融合应用等技术的研发和工程化。申报单位须具有交通运输领域多类型大规模数据资源及综合分析应用经验。

《大数据分析模型构建环境》(互联网资料)提出:

数据建模指的是对现实世界各类数据的抽象组织,确定数据库需管辖的范围、数据的组织形式等直至转化成现实的数据库。将经过系统分析后抽象出来的概念模型转化为物理模型后,利用visio或erwin等工具建立数据库实体以及各实体之间关系的过程

一、数据建模分类

1. 使用计算机描述一个系统的行为。例如,电子表格程序可以用来处理财务数据,代表公司的行为;开发商业计划;评估公司经营改变可能造成的影响。

2. 使用计算机以数学方法描述物体和它们之间的空间关系。例如,计算机辅助设计(CAD)程序可在屏幕上生成物体,使用方程式产生直线和形状,依据它们相互之间及与所在的二维或三维空间的关系精确放置。

3. 应用程序和数据建模是为应用程序确定、记录和实现数据和进程要求的过程。这包括查看现有的数据模型和进程,以确定它们是否可被重复使用,并创建新数据模型和进程,以满足应用程序的独特要求。

二、数据建模活动

建模过程中的主要活动包括:

1. 确定数据及其相关过程(如实地销售人员需要查看在线产品目录并提交新客户订单)。

2. 定义数据(如数据类型、大小和默认值)。

3. 确保数据的完整性(使用业务规则和验证检查)。

4. 定义操作过程(如安全检查和备份)。

5. 选择数据存储技术(如关系、分层或索引存储技术)。

一定要知道建模通常会以意想不到的方式涉及公司的管理。例如,当对哪些数据元素应由哪些组织来维护有新的见解时,数据所有权(以及数据维护、准确性和及时性的隐含责任)通常会遭到质疑。数据设计常常促使公司认识到企业数据系统是如何相互依存的,并且鼓励公司抓住协调后的数据规划所带来的效率提高、成本节约和战略性机遇。

在结束建模时,已经完全定义了应用程序的要求,确定了可能被其他企业级应用程序重复使用的数据和服务,并为将来扩展奠定了强有力的基础。

三、数据建模过程

(一)概念建模

数据建模大致分为三个阶段,即概念建模阶段、逻辑建模阶段和物理建模阶段。其中,概念建模和逻辑建模阶段与数据库厂商毫无关系,换言之,与MySQL,SQLServer,Oracle没有关系。物

理建模阶段和数据库厂商存在很大的联系,因为不同厂商对同一功能的支持方式不同,如高可用性、读写分离,甚至是索引、分区等。

实际工作中,在概念建模阶段,主要做三件事:

1. 客户交流
2. 理解需求
3. 形成实体

这也是一个迭代,如果先有需求,尽量去理解需求,明白当前项目或者软件需要完成什么,不明白或者不确定的地方和客户及时交流,和客户再次确认过的需求,落实到实体(Package);但是很多时候需要先和客户交流,进而将交流结果落实到需求,之后进一步具体到实体;本书可能会涉及一些来自EA(Enterprise Architect 7.1)的建模术语(EA中将每个实体视为一个Package)。这里并不对各种建模工具进行比较,如Visio、EA、PowerDesigner、ERWin。

举例说明:在一个B2C电子商务网站中,这样的需求再普通不过了:客户可以在该网站上自由进行购物。就以这个简单例子,对其进行细分,来讲解整个数据建模的过程。通过上面这句话,可以得出三个实体:客户、网站和商品;就像Scrum(敏捷开发框架的一种)中倡导的一样,每个Sprint都要产出确确实实的东西,概念建模阶段,就要产出实体。

在创建这两个实体(Package)的时候,将对需求的理解及业务规则,作为Notes添加到Package中,这些信息将来会成为数据字典中非常重要的一部分,也就是所谓的元数据。BTW,EA或者其他建模工具应该都可以自动生成数据字典,只不过最终生成的格式可能不太一样。如在Customer这个Package的Notes上,可以这样写,用户都要通过填写个人基本信息以及一个邮箱来注册账户,之后使用这个邮箱作为登录账号登录系统进行交易。

在概念建模阶段,只需要关注实体即可,不用关注任何实现细节。很多人都希望在这个阶段把具体表结构、索引、约束,甚至是存储过程都想好,其实是没必要! 在物理建模阶段需要考虑的东西,这个时候考虑还为时尚早。可能在这个阶段担心会不会丢掉或者漏掉一些实体?也不用担心,2013年很多公司都在采用Scrum的开发模式,只要当前抽象出来的实体满足当前的User Story,或者当前的User Story里面的实体,都抽象出来了,就可以了。

(二)逻辑建模

逻辑建模阶段。对实体进行细化,细化成具体的表,同时丰富表结构。这个阶段的产物是,可以在数据库中生成的具体表及其他数据库对象(包括主键、外键、属性列、索引、约束甚至是视图以及存储过程)。在实际项目中,除了主外键之外,其他的数据库对象都在物理建模阶段建立,因为其他数据库对象更贴近于开发,需要结合开发一起进行。如约束,可以在Web page上做JavaScript约束,也可以在业务逻辑层做,还可以在数据库中做,在哪里做,要结合实际需求、性能以及安全性而定。

针对Customer这个实体以及对需求的理解,可以得出以下几个表的结构:用户基本信息表(User)、登录账户表(Account)、评论表(Comments,用户可能会对产品进行评价)。当然这个案例中还会有更多的表,如用户需要自己上传头像(图片),要有Picture表。

针对产品实体,需要构建产品基本信息表(Product)。通常情况下,产品会有自己的产品大类(Product Category)甚至产品小类(Product Sub Category),某些产品会因为节假日等原因进行打折,因为为了得到更好的Performance,会创建相应Product Discount表。一个产品会有多张图片,因此会有产品图片表(Product Picture)以及产品图片关系表(Product Picture Relationship)(当然也可以只设计一张Picture表,用来存放所有图片、用户、产品以及其他)。有人说产品和图片是一对多的关系,不需要创建一个关系表。是的,只要不是一对一的关系,都希望创建一个关系表来关联两个实体。这样带来的好处,一是可读性更好,实现了实体和表一一对应的关系;二是易于维护,只需要维护一个关系表即可,只有两列(Product ID和Picture ID),而不是去维护一个Picture表。

客户进行交易,即要和商品发生关系,需要Transaction表,一个客户会买一个或者多个商品,因为一笔Transaction会涉及一个或多个Products,因此一个Transaction和Product Discount之间的关系(Product Discount和Product是一一对应的关系)需要创建,称其为Item表,里面保存Transaction ID以及这笔交易涉及的Product Discount ID(s)。

根据需求确定下来具体需要哪些表,进一步丰富每一个表属性(Column)。当然这里面会涉及主键的选取,或者是使用代理键(Surrogate Key)、外键的关联、约束的设置等细节,只要能把每个实体属性(Column)落实下来就是很不错了,因为随着项目的开展,很多表的Column都会有相应的改动。至于其他细节,不同数据库厂商,具体实现细节不尽相同。关于主键的选取,所有的表都用自增长ID作为主键,找到唯一能标识当前记录的一个属性或者多个属性作为主键;自增长ID作为代理主键,对于将来以多个类似当前Transaction System作为数据源,构建数据仓库的时候,这些自增长ID主键会是一个麻烦(多个系统中,相同表存在大量主键重复);使用一个属性或多个属性作为主键,不管主键是可编辑的。所以并没有一个放之四海而皆准的原则。

(三)物理建模

物理建模阶段。EA可以将在逻辑建模阶段创建的各种数据库对象生成为相应的SQL代码,运行来创建相应具体数据库对象(大多数建模工具都可以自动生成DDL SQL代码)。但是这个阶段不仅仅创建数据库对象,针对业务需求,也可能做如数据拆分(水平或垂直拆分),如B2B网站,可以将商家和一般用户放在同一张表中,但是针对PERFORMANCE考虑,可以将其分为两张表;随业务量的上升,Transaction表越来越大,整个系统越来越慢,这个时候可以考虑数据拆分,甚至是读写分离(即实现MASTER-SLAVE模式,MYSQL/SQLSERVER可以使用Replication,当然不同存储引擎采用不同的方案),这个阶段也会涉及集群的事情。

以社保资金政策可持续发展为例,研究大数据分析模型(图3-41)。

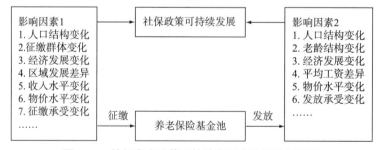

图3-41　社保资金政策可持续发展大数据分析模型

分析图3-41,为了保障社保资金水平面在征缴、发放两种因素影响下,能够在征缴、发放之间的某个区域内可持续发展,防止出现社保资金水平面低于发放即发放资金不足的问题,需要利用以往5~10年的数据,对未来10~20年的变化情况进行大数据分析,提出社保资金征缴和发放政策的意见和建议,确保社保资金政策的可持续发展。

(1)社保持续分析目标:为制定未来10~20年合理养老金征缴与发放政策提供支持,保障社保持续发展。

(2)两大社保政策分析:一是养老金征缴水平政策(经济性);二是养老金发放水平政策(替代率)。

(3)数据分析模型准备:

一是社保征缴水平分析模型。包括:以往5~10年、未来10~20年人口总量变化模型、征缴人群率变化模型、经济发展及区域发展变化模型、收入水平变化模型、个人和单位征缴水平承受度等。

二是社保发放水平分析模型。包括:以往5~10年、未来10~20年人口总量变化模型、发放人群率变化模型、老龄化人群变化、经济发展及区域发展变化模型、收入水平变化模型、个人发放水平承受度等。

$$社保资金总风险=养老基金风险+医疗基金风险+工伤基金风险+失业基金风险+生育基金风险+\cdots\cdots \tag{3-1}$$

其中:

养老基金征缴风险=征缴人群风险(总人群、征缴人群、老龄化因素……)×征缴水平风险(经济地域、收入水平、物价水平、生活水平……)×征缴可耐度风险(国际可耐度、社会安定可耐度、国内期望值、……)×经济风险(国家财力、养老基金财力……)×实际征缴风险(足缴、欠缴、漏缴……)×……

养老基金发放风险=发放人群风险(总人群、发放人群、老龄化因素……)×发放水平风险(全国统筹、省级统筹、经济地域、物价水平、生活水平……)×养老替代率(离退前收入、离退后收入、期望替代率、实际替代率、替代率可耐度……)×……

《大数据分析模型迭代测试》(互联网资料)提出:

在最初的版本发布的同时,产品团队要观察用户的实际使用反应,实际上就是通过用户的参与训练应用,发现应用功能与用户想要的不一致,就要对下一个版本的改进进行智能迭代测试,确定应用的关键功能点在哪里以及用户的反应。

人工智能迭代测试(Iteration Test of Artificial Intelligence),通过海量应用和用户数据在版本持续迭代过程中的反馈,结合同类型其他应用的特征数据对比分析,将一系列功能点变化在一定基准(控制组)内进行比较,根据这些数据,产品经理可以对后续的应用版本做相应修改,刻意训练、驱动应用不断进化。越多样本参与测试,样本量越大,智能迭代测试的结果就会越精确。

如果应用在发展过程中,尝试增加功能或做一些大的改变,并查应用的运营数据反应。例如某个应用在迭代版本中改变了一个非常小的要素,将"联系我们"的图标从左边移到了右边,结果可能带来了点击量和最终销售额的显著增长。不要低估用户的自然力量,一个小小的改变也可能带来很大的不同。

关于Testin云测是目前全球最大的移动应用、游戏云测试服务平台,为移动应用、游戏开发者提供必需的移动应用质量保证,目前已经持续服务超过80万开发者,为超过200万个移动应用进行了超过1.5亿次的测试,与ARM、Intel、Imagination、MediaTAC、Google、IBM、微软、阿里、百度、腾讯、360、小米以及全球众多的移动互联网生态企业建立了良好的合作与沟通关系,累计获得IDG、IDG-Accel、高榕、海银、CEL总共超过8000万美元的投资,先后获得清科2014年及2015年中国最具投资价值企业50强,德勤2015年及2016年中国高科技高成长50强,Red Herring红鲱鱼2014年亚洲100强和2015年全球100强。

数据分析模型的建模和迭代测试。数据分析模型的建模包括2个步骤：一是利用模型构建技术和环境建立数据分析模型。二是进行逻辑验证和非冲突验证的模型验证。

数据分析模型的迭代测试包括5个步骤：

(1)试运行。将模型带入云运行环境。

(2)结果展示。获得初次的模型结果展现。

(3)符合验证。对结果的符合性进行验证。

(4)策略调整。对结果有差异的，进行指标、参数等策略调整。

(5)迭代验证。经过多次迭代验证，得到需要的分析模型和指标、参数等策略。

五、分析模型关键技术控制

信息系统中的关键技术涉及多个方面，其中技术类的关键技术涉及主题模型和主题数据同步控制、结果数据和源数据追溯控制等，业务类的关键技术涉及信息系统多类关键技术研究控制等。

（一）主题模型和主题数据同步控制

《审计主题模型和审计主题数据同步构建的方法及系统》（国家专利局的公示报告、审计署向国家专利局的申请报告）提出：

审计主题模型和审计主题数据同步构建的方法及系统解决现有技术中存在的进行审计主题模型和审计主题数据同步构建时的复杂问题。

审计主题模型的构建是依托系统提供的四维元数据进行选择确定，同时依据确定的主题模型由人工在系统后台利用相关技术依托基本数据表构建主题分析数据，实现主题模型和主题数据的多维分析。

但是，由人工在系统后台利用相关技术依托基本数据表构建主题分析数据表，是一件较难的事情。如果在联网数据分析、多维数据分析的信息系统推广应用时，将会出现难以完成主题数据的构建而影响多维数据分析信息系统的推广。

为此，审计署提出了审计主题模型和审计主题数据同步构建的方法。

主题模型和主题数据同步构建的方法包括三步：

(1)构建主题模型。利用信息系统提供的多维元素构建环境，选择并确定所选的多元数据，构建形成多元的主题模型。

(2)人工构建主题数据。根据构建的主题模型，通过人工利用相关技术对相关基础表进行选择确定，构建主题数据。

(3)系统构建主题数据。依据人工构建主题数据的程序、选择基础标的类型，通过相关技术由系统自动选择相关基础表，形成主题数据表。

（二）证据数据与源数据关系控制

《审计证据数据与被审计数据源间数据路径跟踪方法》（国家专利局的公示报告、审计署向国家专利局的申请报告）提出：一种审计证据数据与被审计数据源间数据路径跟踪方法。其特征在于,包括:在数据从被审计单位数据源到审计证据数据库的抽取、加工和转换过程中获取数据路径的元数据,并存入元数据库,数据路径为审计证据数据从被审计单位数据源到审计证据数据库的抽取、加工和转换过程中经过的数据库对象,以及相邻数据库对象中的数据相互之间的映射转换关系,数据路径的元数据为用于描述数据路径结构的数据;通过存储于元数据库中的数据路径的元数据,得到跟踪数据的数据路径。

《审计证据数据与被审计数据源间数据路径跟踪方法》(国家专利局的公示报告、审计署向国家专利局的申请报告)提出:审计证据数据与被审计数据源间数据路径跟踪的记录和追溯过程:

(1)原始记录1。从被审计单位的数据库表采集到审计的数据库表,记录了数据库、数据表、数据表结构、数据字段和记录。

(2)原始记录2。从审计数据库表按转换标准转换形成标准的审计数据,记录了标准数据与原始数据之间的数据库、数据表、数据表结构、数据字段和记录的过程。

(3)原始记录3。根据审计模型对各类基础表转换成分析表的采用,记录了各类分析表、分析表结构、分析表字段和记录与原始数据库表的关系。

(4)原始记录4。获取的多类审计分析证据数据,每类证据数据、数据表、数据表结构、数据表字段和记录,记录了各类分析表、分析表结构、分析表字段和记录的特征。

于是,从被审计单位的原始数据到审计标准数据、审计分析数据、审计证据数据,都有数据库、数据表、数据表结构、数据表字段和记录的特征和过程,可以实现逆向追溯,实现审计证据数据与被审计数据源间数据的路径跟踪。

(三)信息系统多类关键技术研究的控制

中国计算机用户协会《关于政务信息化分会开展信息系统审计关键技术研究计划的通知》(中计用协分〔2020〕002号)提出,信息系统审计关键技术研究内容重在政务信息化的政府治理、公共服务、企业和社会信息系统的管理控制审计、应用控制审计、网络控制审计、安全控制审计4个方面的20类主题,对表中任意一项关键技术以论文方式提出独特的理论性和实践性的突破性意见。信息系统审计关键技术见表3-47。

表3-47　信息系统审计关键技术一览表

类型	主题	关键技术研究
一、信息系统管理控制审计	(一)项目管理控制审计	1. 信息系统管理机构控制审计。领导机构、业务机构、实施机构等的组织管理、工作机制、工作成效等管理控制审计的关键技术研究 2. 信息系统全生命周期管理控制审计。立项报告、建设实施、项目验收、运行维护、绩效评价等管理控制审计的关键技术研究 3. 信息系统人才培训控制审计。业务人员、管理人员、技术人员的知识技能培训、工作水平发挥、工作绩效评价等管理控制审计的关键技术研究

类型	主题	关键技术研究
一、信息系统管理控制审计	(二)项目立项控制审计	4. 信息系统需求分析控制审计。履职面临社会问题、确立政务目标和信息化业务、业务流程和逻辑模型构建、业务功能和性能、数据存储量与处理量和传输量,需求分析与技术设计、投资概算一致性等立项控制审计的关键技术研究 5. 信息系统立项报告控制审计。项目建议书必要性、可研报告的核心业务技术方案比对、初步设计和投资概算细化等立项控制审计的关键技术研究
	(三)项目实施控制审计	6. 信息系统实施控制审计。项目的招标采购、集成和监理作用、施工和研发水平、工程实施成效控制审计的关键技术研究 7. 信息系统第三方控制审计。项目的工程测试、软件测试、安全测试、风险评估等控制审计的关键技术研究 8. 信息系统运维控制审计。项目的集中监控、知识管理、风险评估、应急预案等运行维护控制审计的关键技术研究
	(四)项目投资控制审计	9. 信息系统投资控制审计。项目的投资概算、预算执行、合同管理、资产管理、概算调整等控制审计的关键技术研究 10. 信息系统投资全生命周期控制审计。项目立项阶段的批复投资控制管理、实施阶段的超概算报告管理、终结阶段的结余资金管理、基建项目决算阶段的资产总额管理等控制审计的关键技术研究 11. 信息系统决算报告控制审计。基建项目的决算报告、资金分摊、交付资产、资产国产化水平、决算审计等控制审计的关键技术研究
	(五)项目验收控制审计	12. 信息系统单项验收控制审计。货物类、工程类、服务类的不同单项验收方式等控制审计的关键技术研究 13. 信息系统工程验收控制审计。工程的验收时间、验收条件,以及验收内容的工程类、技术类、财务类、档案类、成效类等控制审计的关键技术研究
	(六)绩效评价控制审计	14. 政府治理信息系统绩效评价控制审计。政府治理信息化的评价指标、评价方法、评价结果利用等绩效评价控制审计的关键技术研究 15. 公共服务信息系统绩效评价控制审计。公共服务信息化的评价指标、评价方法、评价结果利用等绩效评价控制审计的关键技术研究 16. 企业信息化绩效评价控制审计。企业信息化的评价指标、评价方法、评价结果利用等绩效评价控制审计的关键技术研究

续表

类型	主题	关键技术研究
二、信息系统应用控制审计	(七)应用规划控制审计	17. 国家政务信息化规划落实控制审计。政策制度的发展方向、总体目标、重大任务、保障措施规划等控制审计的关键技术研究 18. 部门(单位)信息化规划制定控制审计。部门的政府治理、公共服务、企业和社会信息化规划的发展方向、总体目标和具体指标、建设任务、保障措施规划等控制审计的关键技术研究 19. 信息系统共享开放控制审计。信息系统共享目录、开放目录、共享平台、开放平台、共享开放成效规划等控制审计的关键技术研究 20. 信息系统数据中心规划控制审计。数据中心的信息资源、目录体系、元数据、数据元素、数据表、数据库设计等标准规范,业务处理模型、数据分析模型、大数据分析模型和主题数据等规划控制审计的关键技术研究 21. 信息系统运行维护控制审计。运行维护的集中监控、知识体系、应急预案规划等控制审计的关键技术研究
	(八)业务能力控制审计	22. 政务信息化业务能力控制审计。政府治理、公共服务、企业和社会信息系统保障职责履行能力、突出"三个转变"、构建集约化系统、发挥履职成效能力控制审计的关键技术研究 23. 信息系统数据输入、处理和输出能力控制审计。信息系统的数据输入能力(外部数据采集、内部数据汇聚等)、数据处理能力(流程事项、逻辑事项等的业务处理)、数据输出能力(外部设备输出、系统间共享输出)控制审计的关键技术研究 24. 信息系统数据风险能力控制审计。利用数据符合性测试、数据实质性测试、数据计算模型测试、数据采集验证、数据转换验证和数据处理验证等方法进行数据风险检查能力控制审计的关键技术研究 25. 信息系统整合共享能力控制审计。系统整合、资源共享集约化能力控制审计的关键技术研究 26. 信息系统业务连续性能力控制审计。业务状态数据的备份和复制、业务处理能力的冗余和切换、外部接口冗余和切换控制审计的关键技术研究 27. 信息系统持续性能力控制审计。数据资源利用、系统组件和商品化组件利用、信息系统整合和可持续利用、信息系统全生命周期管理、避免重复投资和重复建设控制审计的关键技术研究
	(九)信息资源控制审计	28. 信息资源目录控制审计。业务目录、共享目录、开放目录的标准化建设控制审计的关键技术研究 29. 信息资源标准化控制审计。元数据、主数据、数据元素、数据表等数据库设计控制审计的关键技术研究 30. 信息资源大数据标准化控制审计。业务数据、管理数据、共享开放数据、宏观调控数据、网络舆情数据的采集、语义和标识的标准化处理、大数据主题数据构建控制审计的关键技术研究

类型	主题	关键技术研究
二、信息系统应用控制审计	（十）分析模型控制审计	31. 信息系统业务处理模型控制审计。实体关系模型、业务流程模型、纵向关系和横向关系模型等控制审计的关键技术研究
		32. 信息系统数据分析模型控制审计。多维分析模型、聚类关联模型等控制审计的关键技术研究
		33. 信息系统大数据分析模型控制审计。知识图谱模型、模拟仿真模型、决策支持模型等控制审计的关键技术研究
	（十一）新技术运用控制审计	34. 移动互联新技术控制审计。便捷性、便携性、即时性、定向性、精准性、感触性等控制审计的关键技术研究
		35. 物联网新技术控制审计。感知技术应用、基于互联网的泛在网络、传感器连接和智能处理能力等控制审计的关键技术研究
		36. 云平台新技术控制审计。PaaS、SaaS、IaaS架构，以及与传统平台差异性控制审计的关键技术研究
		37. 大数据新技术控制审计。应对重大社会问题的主题模型、主题数据构建，大数据基础数据采集、语义和标识处理、生成主题数据，大数据分析模型构建、计算、结果展示，大数据分析平台控制审计的关键技术研究
		38. 人工智能新技术控制审计。深度学习、知识推理、归纳模拟、智能自主等控制审计的关键技术研究
三、信息系统网络控制审计	（十二）网络系统控制审计	39. 三网布局控制审计。互联网、政务外网、政务内网三网，局域网、城域网、广域网互联互通在政府治理、公共服务、企业和社会信息化中布局控制审计的关键技术研究
		40. 三网互联和安全保障控制审计。互联网、政务外网、政务内网三网既隔离又双向交换或单向导入控制审计的关键技术研究
		41. 局域网分域管理控制审计。接入区、交换区、应用区、数据区、用户区、安全区控制审计的关键技术研究
	（十三）计算系统控制审计	42. 通用计算系统组成控制审计。硬件、系统软件、应用软件等组成控制审计的关键技术研究
		43. 计算系统指标控制审计。CPU、GPU、吞吐率、数据速率、频带利用率等控制审计的关键技术研究
		44. 云计算组成控制审计。分布式计算、效用计算、负载均衡、并行计算、网络存储、热备份冗杂和虚拟化等计算机技术混合演进控制审计的关键技术研究
	（十四）存储系统控制审计	45. 通用存储系统组成控制审计。硬件、系统软件、数据调用等组成控制审计的关键技术研究
		46. "两地三中心"存储系统控制审计。两套实时切换运行的生产系统、一套系统和数据的灾备系统控制审计的关键技术研究

类型	主题	关键技术研究
三、信息系统网络控制审计	（十四）存储系统控制审计	47.　存储系统技术指标控制审计。数据存储需求量、存储设备配置量、数据实际存储比指标，解释计算机指令和处理数据的中央处理器（CPU）指标，存储器的RAM、RAM指标，存储周期的MDR、TMC指标等控制审计的关键技术研究 48.　云存储系统组成控制审计。集群应用、网格技术、分布式文件系统控制审计的关键技术研究
	（十五）备份系统控制审计	49.　业务特征决定备份策略控制审计。信息系统业务特征决定备份策略控制审计的关键技术研究 50.　备份系统分类控制审计。备份系统的数据备份与系统备份、在线备份与离线备份、同城备份与异地备份不同类别控制审计的关键技术研究 51.　备份系统主要指标控制审计。RPO、RTO技术指标控制审计的关键技术研究
	（十六）机房系统控制审计	52.　计算机机房主要指标控制审计。物理选择、环境控制、功能布局控制审计的关键技术研究 53.　计算机机房辅助指标控制审计。供电、空调、监视、门禁、温湿度、接地地线等辅助系统控制审计的关键技术研究 54.　政务云机房控制审计。物理环境服务、硬件设备服务、系统软件服务、定制软件服务等控制审计的关键技术研究
四、信息系统安全控制审计	（十七）网络安全控制审计	55.　网络安全控制审计。网络安全就是国家安全控制审计的关键技术研究 56.　网络引导社会舆论控制审计。政府或部门网站的网络引导社会舆论、国家安全专项引导社会舆论控制审计的关键技术研究 57.　安全可替代控制审计。网络安全的国产化采用、安全可靠产品的全面替代等控制审计的关键技术研究 58.　网络强国关键技术控制审计。基础技术和通用技术、非对称技术和"杀手锏"技术、前沿技术和颠覆性技术等控制审计的关键技术研究
	（十八）等级保护控制审计	59.　网络安全等级保护制度落实控制审计。基本要求、技术设计要求、测评要求制度体系落实控制审计的关键技术研究 60.　网络安全等级保护指标控制审计。安全物理环境、安全通行环境、安全区域边界、安全计算环境、安全管理中心、安全管理制度、安全管理机构、安全管理人员、安全建设管理、安全运维管理等安全测评通用要求控制审计的关键技术研究

续表

类型	主题	关键技术研究
四、信息系统安全控制审计	(十八)等级保护控制审计	61. 网络安全等级保护扩展指标控制审计。云计算、移动互联、物联网、工业控制等安全测评扩展要求控制审计的关键技术研究 62. 常规安全与网络安全等级保护比较控制审计。通用技术、通用管理、专项扩展要求的差异性控制审计的关键技术研究
	(十九)风险评估控制审计	63. 安全风险评估制度落实控制审计。评估对象、资产类型与分析、威胁识别与分析、脆弱性识别与分析、风险评估控制审计的关键技术研究 64. 安全风险评估指标控制审计。风险因素分析、模糊综合评价、内部控制评价、分析性复核、定性风险评价、风险率风险评价等控制审计的关键技术研究 65. 安全风险评估的风险评估等级控制审计。重大风险、中等风险、一般风险、低风险的风险评估标准控制审计的关键技术研究
	(二十)应急预案控制审计	66. 应急事件分类控制审计。特别重大网络安全事件、重大网络安全事件、较大网络安全事件、一般网络安全事件控制审计的关键技术研究 67. 应急预案控制审计。监测与预警、应急处置、调查与评估、预防工作、保障措施控制审计的关键技术研究

六、数据分析模型控制的审计

数据分析模型审计的内容包括业务处理模型、数据分析模型、大数据分析模型。

(一)业务处理模型的审计

业务处理模型是为履行政务职能,需要进行相应的政务职能业务处理,产生政府治理的业务模型。业务处理模型包括业务逻辑处理模型、业务流程处理模型、业务数据处理模型等。要采用信息化的审计程序和审计方法,突出业务逻辑处理模型的实体间逻辑关系、业务流程处理模型的业务流程节点关系、业务数据处理模型的实体关系转换成数据关系的重点,进行审计检查。

(1)业务逻辑处理模型是否按照相关标准和工作规则进行编辑?是否突出了相关实体间的逻辑关系进行处理?做好审计取证、审计底稿和审计报告。

(2)业务流程处理模型是否按照相关标准和工作规则进行编辑?是否突出了业务流程节点关系合理性、合规性?做好审计取证、审计底稿和审计报告。

(3)业务数据处理模型是否按照相关标准和工作规则进行编辑?是否突出了实体间相互关系的描述,并把实体关系转换成数据关系,利用计算机语言进行处理?做好审计取证、审计底稿和审计报告。

（二）数据分析模型的审计

数据分析模型是为了提升职责履行的质量和水平,将相关业务进行综合分析处理的模型。数据分析模型包括多维数据分析模型、聚类关联分析模型、模拟仿真分析模型、决策树分析模型等。要采用信息化的审计程序和审计方法,突出多维数据分析模型、聚类关联分析模型、模拟仿真分析模型、决策树分析模型的重点,进行审计检查。

(1)多维数据分析模型是否突出了单位维度、项目维度、时间维度等的综合分析? 是否突出了多维关系中的关注点? 做好审计取证、审计底稿和审计报告。

(2)聚类关联分析模型是否突出了多类数据聚类中的相似数据、多类数据取值之间重复出现且概率很高时的关联性? 做好审计取证、审计底稿和审计报告。

(3)模拟仿真分析模型是否突出了模拟对象的能力、特性等,通过仿真实现建立模型、实验求解和结果分析? 做好审计取证、审计底稿和审计报告。

(4)决策树分析模型是否突出了利用概率和多选项的赋值来推导决策价值? 做好审计取证、审计底稿和审计报告。

（三）大数据分析模型的审计

大数据分析是为了解决履职面临重大社会问题而建立的大数据主题模型,并依据主题模型的数据要素构建主题数据,通过主题模型、主题数据的迭代分析得到结果,改善政策制度和机制,提升政府治理体系和治理能力的现代化。大数据分析模型从技术的角度有特征选择的降维和基于维度变换的降维、单回归模型和多元回归模型、"类似"条件的聚类和多类条件的挖掘、基于时间序列和项目序列等的关联等。为了便于审计,这里提出大数据分析的业务模型包括城市雾霾大数据治理、城市交通大数据治理、城市社保大数据治理、公共服务大数据治理等。要采用信息化的审计程序和审计方法,突出大数据分析各类模型的重点,进行审计检查。

(1)城市雾霾大数据治理。审计重点在于是否突出了研究城市雾霾的多方原因、组织多方力量提出雾霾治理的主题模型、采用主题数据支持、取得主题模型和主题数据的迭代分析结果并调整相关政策制度机制,提升城市治理体系和治理能力现代化水平。做好审计取证、审计底稿和审计报告。

(2)城市交通大数据治理。审计重点在于是否突出了研究影响城市交通的多方原因、组织多方力量提出交通治理的主题模型、采用主题数据支持、取得主题模型和主题数据的迭代分析结果并调整相关政策制度机制,提升城市治理体系和治理能力现代化水平。做好审计取证、审计底稿和审计报告。

(3)城市社保大数据治理。审计重点在于是否突出了研究影响城市社保的征缴、发放政策等多方原因、组织多方力量提出城市社保的主题模型、采用主题数据支持、取得主题模型和主题数据的迭代分析结果并调整相关政策制度机制,提升城市社保治理体系和治理能力现代化水平。做好审计取证、审计底稿和审计报告。

(4)公共服务大数据治理。审计重点在于是否突出了研究影响城市公共服务的事件、事发地点、事发时间、事发服务等多方原因,组织多方力量提出城市公共服务的主题模型、采用主题数据支持、取得主题模型和主题数据的迭代分析结果并调整相关政策制度机制,提升"变被动服务为主动服务"的治理水平。做好审计取证、审计底稿和审计报告。

(四)数据分析模型关键技术的审计

信息系统中的关键技术涉及技术类的主题模型和主题数据同步控制、结果数据和源数据追溯控制,也涉及业务类的信息系统多类关键技术研究的控制等。要采用信息化的审计程序和审计方法,突出主题模型和主题数据同步控制、结果数据和源数据追溯控制、信息系统多类关键技术研究控制的重点,进行审计检查。

(1)主题数据与主题模型同步构建控制。《审计主题模型和审计主题数据同步构建的方法及系统》提出的数据分析模型主题数据需求控制,涉及在政府治理、公共服务、企业管理、商务管理方面的作用。审计重点在于是否突出了政务治理信息化的主题数据与主题模型同步构建控制,是否较好地反映了宏观调节、市场监管、社会管理等方面的应用能力需要和实际成效? 是否突出了公共服务信息化的主题数据与主题模型同步构建控制,是否较好地反映了为百姓和企业提供公共服务事项、行政权力事项方面的应用能力需要和实际成效? 是否突出了企业信息化的主题数据与主题模型同步构建控制,是否较好地反映了产供销、人财物等方面的应用能力需要和实际成效? 是否突出了电子商务信息化的主题数据与主题模型同步构建控制,是否较好地反映了网站、用户、订单、交易、支付、履约、供应链、商品、促销和成效评价方面的应用能力需要和实际成效? 存在哪些方面的核心问题? 做好审计取证、审计底稿和审计报告。

(2)结果数据和源数据追溯控制的审计。《审计证据数据与被审计数据源间数据路径跟踪方法》提出的通过对被审计方数据资源的采集、审计数据标准的转换、审计数据分析的资源选择、审计证据数据的追溯控制,形成了审计证据数据与被审计数据源间数据路径的跟踪方法。审计重点在于是否突出了政务治理信息化的证据数据与对方数据源路径追溯的控制,是否较好地反映了宏观调节、市场监管、社会管理等方面的应用能力需要和实际成效? 是否突出了公共服务信息化的证据数据与对方数据源路径追溯控制,是否较好地反映了为百姓和企业提供公共服务事项、行政权力事项方面的应用能力需要和实际成效? 是否突出了企业信息化的证据数据与对方数据源路径追溯控制,是否较好地反映了产供销、人财物等方面的应用能力需要和实际成效? 是否突出了电子商务信息化的证据数据与对方数据源路径追溯控制,是否较好地反映了网站、用户、订单、交易、支付、履约、供应链、商品、促销和成效评价方面的应用能力需要和实际成效? 存在哪些方面的核心问题? 做好审计取证、审计底稿和审计报告。

(3)《关于政务信息化分会开展信息系统审计关键技术研究计划的通知》提出了涉及管理控制、应用控制、网络控制、安全控制4个方面20类主题的信息系统审计关键技术研究计划。审查重点在于是否突出了管理控制、应用控制、网络控制、安全控制的关键技术,提交的审计论文是否做到了论点、论据、论证的充分,主题是否突出、叙述是否精炼,提出的结论能否为当前的信息系统审计提供较好的依据,还存在哪些方面的核心问题。

本节思考题

1. 为什么说数据分析模型是政务信息化的重要组成部分?

2. 业务处理模型的主题业务是什么? 它包括哪些具体的业务处理模型? 怎样才能结合不同的政务业务主题构建较好的业务处理模型?

3. 数据分析模型的主题业务是什么? 它包括哪些具体的数据分析模型? 怎样才能构建较

好的模型构建环境和模型迭代测试？

4. 大数据分析模型的主题业务是什么？它包括哪些具体的大数据分析模型？怎样才能构建较好的模型构建环境和模型迭代测试？

5. 数据分析模型的关键技术是什么？这些关键技术是什么？

6. 为什么说政务信息系统的数据分析模型控制关系到信息系统的可靠性、安全性和经济性？

7. 分析模型控制审计的目标、范围分别是什么？

第五节　新技术运用控制审计

新技术运用是信息系统项目对于近些年涌现出来的移动互联、物联网、云计算、大数据、人工智能以及5G、IPv6等新一代技术运用的总称。

新技术运用控制是信息系统建设运维单位为保障项目新技术运用的符合性和有效性，按照国家和行业的规章制度和标准规范，加强项目的移动互联、物联网、云计算、大数据、人工智能以及5G、IPv6等新一代技术的运用控制，使信息系统项目具有更好的新技术运用控制。

新技术运用控制审计是信息系统审计服务单位按照国家和行业的规章制度和标准规范，对项目的移动互联、物联网、云计算、大数据、人工智能以及5G、IPv6等新一代技术运用控制的符合性和有效性进行检查监督，提出审计意见和建议，保障项目新技术运用控制具有符合性和有效性，保障信息系统项目新技术运用控制得到更好的发展。

一、移动互联新技术运用控制

(一)移动互联新技术概念

《移动互联网应用程序信息服务管理规定》(国家互联网信息办公室2016年6月28日发布)提出：移动互联网应用程序，是指通过预装、下载等方式获取并运行在移动智能终端上、向用户提供信息服务的应用软件。移动互联网应用程序提供者，是指提供信息服务的移动互联网应用程序所有者或运营者。互联网应用商店，是指通过互联网提供应用软件浏览、搜索、下载或开发工具和产品发布服务的平台。

《国务院关于积极推进"互联网+"行动的指导意见》(国发〔2015〕40号)提出："互联网+"是把互联网的创新成果与经济社会各领域深度融合，推动技术进步、效率提升和组织变革，提升实体经济创新力和生产力，形成更广泛的以互联网为基础设施和创新要素的经济社会发展新形态。

《工业和信息化部关于加强移动智能终端进网管理的通知》(工信部电管〔2013〕120号)提出：移动智能终端是指接入公众移动通信网络、具有操作系统、可由用户自行安装应用软件的移动通信终端产品。申请进网许可的移动智能终端应当符合通信行业标准有关移动智能终端安全的基本要求，检测机构在进网检测时应当依据相关标准进行检测。生产企业申请移动智能终端进网许可时，应当在申请材料中提供操作系统版本、预置应用软件基本配置信息。

生产企业不得在移动智能终端中预置具有以下性质的应用软件：(一)未向用户明示并经用户同意，擅自收集、修改用户个人信息的；(二)未向用户明示并经用户同意，擅自调用终端通信功能,造成流量消耗、费用损失、信息泄露等不良后果的;(三)影响移动智能终端正常功能或通信网络安全运行的;(四)含有《中华人民共和国电信条例》禁止发布、传播的信息内容的;(五)其他侵害用户个人信息安全和合法权益以及危害网络与信息安全的。

(二)移动互联发展目标控制

《国务院关于积极推进"互联网+"行动的指导意见》(国发〔2015〕40号)提出的"互联网+"行动的发展目标是:到2018年,互联网与经济社会各领域的融合发展进一步深化,基于互联网的新业态成为新的经济增长动力,互联网支撑大众创业、万众创新的作用进一步增强,互联网成为提供公共服务的重要手段,网络经济与实体经济协同互动的发展格局基本形成。到2025年,网络化、智能化、服务化、协同化的"互联网+"产业生态体系基本完善,"互联网+"新经济形态初步形成,"互联网+"成为经济社会创新发展的重要驱动力量。

(三)移动互联发展任务控制

《国务院关于积极推进"互联网+"行动的指导意见》(国发〔2015〕40号)提出的"互联网+"的重要任务如下:

(1)"互联网+"创业创新。①强化创业创新支撑;②积极发展众创空间;③发展开放式创新。

(2)"互联网+"协同制造。①大力发展智能制造;②发展大规模个性化定制;③提升网络化协同制造水平;④加速制造业服务化转型。

(3)"互联网+"现代农业。①构建新型农业生产经营体系;②发展精准化生产方式;③提升网络化服务水平;④完善农副产品质量安全追溯体系。

(4)"互联网+"智慧能源。①推进能源生产智能化;②建设分布式能源网络;③探索能源消费新模式;④发展基于电网的通信设施和新型业务。

(5)"互联网+"普惠金融。①探索推进互联网金融云服务平台建设;②鼓励金融机构利用互联网拓宽服务覆盖面;③积极拓展互联网金融服务创新的深度和广度。

(6)"互联网+"益民服务。①创新政府网络化管理和服务;②发展便民服务新业态;③推广在线医疗卫生新模式;④促进智慧健康养老产业发展;⑤探索新型教育服务供给方式。

(7)"互联网+"高效物流。①构建物流信息共享互通体系;②建设深度感知智能仓储系统;③完善智能物流配送调配体系。

(8)"互联网+"电子商务。①积极发展农村电子商务;②大力发展行业电子商务;③推动电子商务应用创新;④加强电子商务国际合作。

(9)"互联网+"便捷交通。①提升交通运输服务品质;②推进交通运输资源在线集成;③增强交通运输科学治理能力。

(10)"互联网+"绿色生态。①加强资源环境动态监测;②大力发展智慧环保;③完善废旧资源回收利用体系;④建立废弃物在线交易系统。

(11)"互联网+"人工智能。①培育发展人工智能新兴产业;②推进重点领域智能产品创新;③提升终端产品智能化水平。

移动互联新技术当今在"互联网+政务服务"中得到广泛应用。

二、物联网新技术运用控制

（一）物联网新技术概念

《国务院关于推进物联网有序健康发展的指导意见》（国发〔2013〕7号）提出：物联网是新一代信息技术的高度集成和综合运用，具有渗透性强、带动作用大、综合效益好的特点，推进物联网的应用和发展，有利于促进生产生活和社会管理方式向智能化、精细化、网络化方向转变，对于提高国民经济和社会生活信息化水平，提升社会管理和公共服务水平，带动相关学科发展和技术创新能力增强，推动产业结构调整和发展方式转变具有重要意义，我国已将物联网作为战略性新兴产业的一项重要组成内容。

1. 物联网技术概念的发展过程

1998年由MIT的凯文·阿斯顿（Kevin Ashton）最早提出的物联网概念是把射频识别标签与其他传感器应用于日常物品，形成一个物联网，用于跟踪采集物品信息。。

国际电信联盟（1TU）在2005年发布了针对物联网的年度报告 *Internet of Things*，指出物联网时代即将来临，信息与通信技术的发展已经从任何时间、任何地点连接任何人，发展到连接任何物体的阶段，而万物的连接就形成了物联网。

美国IBM公司在2008年年底提出了"智慧地球"的概念，其核心是将新一代信息技术融合到基础设施建设当中，把传感器嵌入和装备到全球每一个角落的电网、铁路、桥梁、隧道、公路等各种基础设施中，普遍连接形成物联网，其目的是利用新一代信息网络技术来改变政府、公司和人们相互交互的方式，以便政府、企业和市民可以做出更明智的决策。物联网概念从最初的产生到现在已经逐渐发展和演变。

在欧盟委员会的资助下，欧洲物联网研究项目组2009年制定了物联网战略研究路线图，指出物联网是基于标准的、可互操作的通信协议，将物理或虚拟实体以传感技术通过接口无缝接入到信息网络，使系统能够对感知物理世界的事件做出反应，触发动作和生成服务，从而通过与其他物品或环境互动来参与商业、信息和社会活动，通过互联网在确保隐私和安全的前提下，提供查询和改变物品状态的服务。

2. 物联网的基本技术特征

物联网的基本技术特征是以信息感知获取为基础，以信息传输交换为纽带，以信息行业应用为平台，以信息增值业务为媒介，最终实现面向各个用户的信息服务产业链条。

物联网的关键技术：一是物联网基础资源管理与服务。主要提供管理纳入物联网管理对象的名称和地址的服务。其中，名称指物的名字与标识，地址指物的网络地址与资源地址。这些资源支撑着各类物联网应用的开展和网间互联互通。二是物联网信息获取与识别技术。核心技术包括新型标签技术、微纳传感器及其加工与封装、低功耗多处理器片内系统与片内网、识别定位芯片、低功耗射频电路芯片、片内天线技术。支撑技术包括敏感材料、微能源与储能技术、能量采集技术等。三是物联网组网与传输技术。主要研究不同应用场景下节点通信与组网技术。核心技术包括大规模自组网与可靠信息交互，多感知信息的分布式融合技术，面向国家安全与特定行业应用的网络隔离技术，保密、抗干扰、分级信息传输技术等，实现节点之间有效、安全的信息交互与协同处理。四是物联网信息处理技术研究物联网海量信息的情报提炼与信息研判、动态数据管理与检索。重点研究以信息感知和融合为基础,以情报生成为中心的物联网多来源数据的协同交互和数据融合,形成信息感知、模式识别、情报处理和决策与处置的安全感知体系架构、标准和技术解决方案,建立物联网流数据的存储与查询的数据库系统,挖掘海量物体信息关系链。五是物联网安全技术。核心技术包括物联网安全架构,跨网络架构的实体认证技术,对物联网中实体的远程控制和操作,海量感知终端的身份安全管理和识别,资源受限环境的信息保密与认证技术,信息安全基础支撑平台的建设,云计算与云存储安全的关键技术,物联网安全技术的系统集成等。六是物联网系统集成技术。主要研制集感知、传输、预处理等功能于一体的物联网节点设备,构建面向不同行业和公众应用的物联网集成应用系统,加快物联网系统集成软件开发,重点发展信息处理、智能控制、能控制、数据库软件、中间件等基础性软件。七是共性支撑技术,重点研究可编程、测试、环境建模等共性技术,研发物联网节点专用操作系统和综合软件开发环境,建立标准测试验证平台、物联网应用技术规范和系统测试平台。

3. 物联网的基本架构和组成要素

物联网的组成要素包括完整构成感知层、传输层和处理应用层的设备、网络、应用系统和其他资源。感知层指具备特定识别功能的传感器,包括射频传感器、联机传感器、GPS以及其他智能设备。传输层指能够完成相关信息传输与控制的网络系统,包括无(有)线局域网、互联网和无线广域网。处理应用层指完成对数据存储和处理的资源和应用系统,通常包括相关的数据中心、安全管理系统、搜索引擎、智能决策系统、数据挖掘系统,以及在此基础上构建的具体应用,如智能物流域、智能电网、智能交通、环境监测等。

4. 物联网的适用条件和典型案例

物联网适用条件主要有:具备对特定的大量事物进行感知、管理和构建服务需求的条件,具备物联网基础条件,并且实现该需求能够完成特定管理目标或形成增值收益。

物联网适用的典型案例有以下几个方面:

(1)智能物流。智能物流就是对物流的各个环节进行有效的管理。智能物流系统使用电子标签RFID对物品进行标识,使用数据库对物品的特征和相关信息(如生产时间、产地、交易时间、流通路线和时间、销售部门等)进行记录,有时使用多个来源的数据库,如物品生产厂商与超市可能使用不同数据库;使用RFID读卡机与数据库相连,根据RFID标签返回的身份信息,可以到后台数据库中查询到所需要的信息。为了追踪物品流通路线,有时候还使用GPS设备形成定位信息。

(2)智能交通。智能交通就是对交通系统进行有效的管理。智能交通系统使用基于RFID的门禁系统,用于对车辆进出的自动管理,使用基于传感器的车位空闲或占据识别系统进行停车场智能管理:使用车辆定位设备(RFID设备或GPS设备)定位车辆、形成轨迹记录并进行追踪等;使用车牌自动识别系统,用于对违章车辆的违规行为自动记录。智能交通系统涉及的方面很多,可以进一步细分为智能公交管理系统、智能出租车管理调度系统、智能城市交通管理系统、智能车辆管理系统等。

(3)智能家居。智能家居就是对家居和室内环境进行远程监管。智能家居系统主要使用传感器和监控视频系统,这些终端信息将汇聚到家庭综合网关,然后通过移动网络(3G或LTE)或互联网传到数据处理中心,或直接传到用户的移动终端。注意智能家居系统不仅仅服务于居民家庭内部,更多地可能服务于商场、超市等综合建筑,结合家庭基站设备,更具有应用前景。

(4)智能医疗。智能医疗就是通过现代电子技术手段使一些特殊情况的医疗服务从医院重负荷中解脱出来,包括智能家庭护理和监管系统、远程医疗系统等。智能家庭护理和监管系统需要医疗用传感器采集病人健康状况的一些参数(如血压、血糖、心率等),需要振动传感器采集病人可能摔倒或受撞击情况,通过预置的视频监控将这些信息及时传到护理中心,使需要的病人得到救助;远程医疗系统则是将医疗设备采集的数据(如心电图、CD扫描图、验血报告)远程传输给有经验的医生(或专家组),远程医生根据数据对病情进行初步诊断后,由当地医生给予治疗。因此,智能医疗系统除需要医疗所需器械或设备外,还需要医疗专用传感器。数据传输和数据库管理也是智能医疗系统中的关键。

(二)物联网新技术发展目标控制

《物联网"十二五"发展规划》提出了物联网新技术发展目标:到2015年,我国要在核心技术研发与产业化、关键标准研究与制定、产业链条建立与完善、重大应用示范与推广等方面取得显著成效,初步形成创新驱动、应用牵引、协同发展、安全可控的物联网发展格局。

《国务院关于推进物联网有序健康发展的指导意见》(国发〔2013〕7号)提出的发展目标:总体目标。实现物联网在经济社会各领域的广泛应用,掌握物联网关键核心技术,基本形成安全可控、具有国际竞争力的物联网产业体系,成为推动经济社会智能化和可持续发展的重要力量。近期目标。到2015年,实现物联网在经济社会重要领域的规模示范应用,突破一批核心技术,初步形成物联网产业体系,安全保障能力明显提高。

(1)协同创新。物联网技术研发水平和创新能力显著提高,感知领域突破核心技术瓶颈,明显缩小与发达国家的差距,网络通信领域与国际先进水平保持同步,信息处理领域的关键技术初步达到国际先进水平。实现技术创新、管理创新和商业模式创新的协同发展。创新资源和要素得到有效汇聚和深度合作。

(2)示范应用。在工业、农业、节能环保、商贸流通、交通能源、公共安全、社会事业、城市管理、安全生产、国防建设等领域实现物联网试点示范应用,部分领域的规模化应用水平显著提升,培育一批物联网应用服务优势企业。

(3)产业体系。发展壮大一批骨干企业,培育一批"专、精、特、新"的创新型中小企业,形成一批各具特色的产业集群,打造较完善的物联网产业链,物联网产业体系初步形成。

(4)标准体系。制定一批物联网发展所急需的基础共性标准、关键技术标准和重点应用标准,初步形成满足物联网规模应用和产业化需求的标准体系。

(5)安全保障。完善安全等级保护制度,建立健全物联网安全测评、风险评估、安全防范、应急处置等机制,增强物联网基础设施、重大系统、重要信息等的安全保障能力,形成系统安全可用、数据安全可信的物联网应用系统。

《广东省物联网发展规划(2013—2020年)》(粤府办〔2013〕51号)提出的发展目标:力争在3~7年内,将广东省建成国内领先的物联网产业集聚区、全国物联网集成创新高地、全国智慧应用先行示范区、国际物联网区域连接中心,打造世界级的珠三角智慧城市群,基本建成"智慧广东"。

(三)物联网新技术发展任务控制

《物联网"十二五"发展规划》提出当今物联网的主要任务是:

(1)大力攻克核心技术。①提升感知技术水平;②推进传输技术突破;③加强处理技术研究;④巩固共性技术基础。

(2)加快构建标准体系。①加速完成标准体系框架的建设;②积极推进共性和关键技术标准的研制;③大力开展重点行业应用标准的研制。

(3)协调推进产业发展。①重点发展物联网感知制造业;②积极支持物联网通信业;③着力培育物联网服务业。

(4)着力培育骨干企业。

(5)积极开展应用示范。①开展经济运行中重点行业应用示范;②开展面向基础设施和安全保障领域的应用示范;③开展面向社会管理和民生服务领域的应用示范。

(6)合理规划区域布局。

(7)加强信息安全保障。①加强物联网安全技术研发;②建立并完善物联网安全保障体系;③加强网络基础设施安全防护建设。

(8)提升公共服务能力。①加强专业化公共服务平台建设;②加快公共支撑机构建设;③整合公共服务资源。

当今物联网的重点工程:

(1)关键技术创新工程(专栏1　关键技术创新工程)。

(2)标准化推进工程(专栏2　标准化推进工程)。

(3)"十区百企"产业发展工程(专栏3　"十区百企"产业发展工程)。

(4)重点领域应用示范工程(专栏4　重点领域应用示范工程)。

(5)公共服务平台建设工程(专栏5　公共服务平台建设工程)。

《国务院关于推进物联网有序健康发展的指导意见》(国发〔2013〕7号)提出的主要任务:

(一)加快技术研发,突破产业瓶颈。以掌握原理实现突破性技术创新为目标,把握技术发展方向,围绕应用和产业急需,明确发展重点,加强低成本、低功耗、高精度、高可靠、智能化传感器的研发与产业化,着力突破物联网核心芯片、软件、仪器仪表等基础共性技术,加快传感器网络、智能终端、大数据处理、智能分析、服务集成等关键技术研发创新,推进物联网与新一代移动通信、云计算、下一代互联网、卫星通信等技术的融合发展。充分利用和整合现有创新资源,形成一批物联网技术研发实验室、工程中心、企业技术中心,促进应用单位与相关技术、产品和服务提供商的合作,加强协同攻关,突破产业发展瓶颈。

(二)推动应用示范,促进经济发展。对工业、农业、商贸流通、节能环保、安全生产等重要领域和交通、能源、水利等重要基础设施,围绕生产制造、商贸流通、物流配送和经营管理流程,推动物联网技术的集成应用,抓好一批效果突出、带动性强、关联度高的典型应用示范工程。积极利用物联网技术改造传统产业,推进精细化管理和科学决策,提升生产和运行效率,推进节能减排,保障安全生产,创新发展模式,促进产业升级。

(三)改善社会管理,提升公共服务。在公共安全、社会保障、医疗卫生、城市管理、民生服务等领域,围绕管理模式和服务模式创新,实施物联网典型应用示范工程,构建更加便捷高效和安全可靠的智能化社会管理和公共服务体系。发挥物联网技术优势,促进社会管理和公共服务信息化,扩展和延伸服务范围,提升管理和服务水平,提高人民生活质量。

(四)突出区域特色,科学有序发展。引导和督促地方根据自身条件合理确定物联网发展定位,结合科研能力、应用基础、产业园区等特点和优势,科学谋划,因地制宜,有序推进物联网发展,信息化和信息产业基础较好的地区要强化物联网技术研发、产业化及示范应用,信息化和信息产业基础较弱的地区侧重推广成熟的物联网应用。加快推进无锡国家传感网创新示范区建设。应用物联网等新一代信息技术建设智慧城市,要加强统筹、注重效果、突出特色。

(五)加强总体设计,完善标准体系。强化统筹协作,依托跨部门、跨行业的标准化协作机制,协调推进物联网标准体系建设。按照急用先立、共性先立原则,加快编码标识、接口、数据、信息安全等基础共性标准、关键技术标准和重点应用标准的研究制定。推动军民融合标准化工作,开展军民通用标准研制。鼓励和支持国内机构积极参与国际标准化工作,提升自主技术标准的国际话语权。

(六)壮大核心产业,提高支撑能力。加快物联网关键核心产业发展,提升感知识别制造产业发展水平,构建完善的物联网通信网络制造及服务产业链,发展物联网应用及软件等相关产业。大力培育具有国际竞争力的物联网骨干企业,积极发展创新型中小企业,建设特色产业基地和产业园区,不断完善产业公共服务体系,形成具有较强竞争力的物联网产业集群。强化产业培育与应用示范的结合,鼓励和支持设备制造、软件开发、服务集成等企业及科研单位参与应用示范工程建设。

(七)创新商业模式,培育新兴业态。积极探索物联网产业链上下游协作共赢的新型商业模式。大力支持企业发展有利于扩大市场需求的物联网专业服务和增值服务,推进应用服务的市场化,带动服务外包产业发展,培育新兴服务产业。鼓励和支持电信运营、信息服务、系统集成等企业参与物联网应用示范工程的运营和推广。

(八)加强防护管理,保障信息安全。提高物联网信息安全管理与数据保护水平,加强信息安全技术的研发,推进信息安全保障体系建设,建立健全监督、检查和安全评估机制,有效保障物联网信息采集、传输、处理、应用等各环节的安全可控。涉及国家公共安全和基础设施的重要物联网应用,其系统解决方案、核心设备以及运营服务必须立足于安全可控。

(九)强化资源整合,促进协同共享。充分利用现有公共通信和网络基础设施开展物联网应用。促进信息系统间的互联互通、资源共享和业务协同,避免形成新的信息孤岛。重视信息资源的智能分析和综合利用,避免重数据采集、轻数据处理和综合应用。加强对物联网建设项目的投资效益分析和风险评估,避免重复建设和不合理投资。

物联网应用涉及智能交通、车辆管理、远程测量、电子医疗、智能家居、环境监控、销售支付、维护服务等各方面。物联网的监测分析管理如图3-42所示。

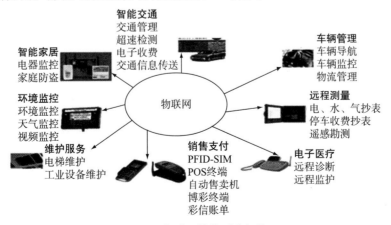

图3-42　物联网的监测分析管理

（四）物联网新技术保障措施控制

《物联网"十二五"发展规划》提出保障物联网发展的措施如下。

（一）建立统筹协调机制。建立和完善协同工作机制，加强部门合作，协调物联网在重点领域应用示范工作，解决物联网发展面临的关键技术研发、标准制定、产业发展、安全保障等问题。建立健全行业统计和运行监测分析工作体系，加强对重大项目建设的监督、检查和处理，推动物联网产业发展。

（二）营造政策法规环境。加强对国内外物联网发展形势研究，做好政策预研工作，针对发展中出现的热点、难点问题，及时制定出台相关管理办法。总结推广各地区、各部门的先进经验，加强政策协调，制定促进物联网健康有序发展的政策法规。

（三）加大财税支持力度。增加物联网发展专项资金规模，加大产业化专项等对物联网的投入比重，鼓励民资、外资投入物联网领域。积极发挥中央国有资本经营预算的作用，支持中央企业在安全生产、交通运输、农林业等领域开展物联网应用示范。落实国家支持高新技术产业和战略性新兴产业发展的税收政策，支持物联网产业发展。

（四）注重国际技术合作。发挥各种合作机制的作用，多层次、多渠道、多方式推进国际科技合作与交流。鼓励境外企业和科研机构在我国设立研发机构；鼓励我国企业和研发机构积极开展全球物联网产业研究，在境外开展联合研发和设立研发机构，大力支持我国物联网企业参与全球市场竞争，持续拓展技术与市场合作领域。

（五）加强人才队伍建设。制定和落实相关人才引进和配套服务政策。以良好的服务稳定人才，努力做好引进人才的户口管理以及子女入学、基本养老、基本医保等配套的公共服务，有计划地改进生活配套设施建设，创造适合人才事业发展和健康生活的生存环境。加大力度培养各类物联网人才，建立健全激励机制，造就一批领军人才和技术带头人。

三、大数据新技术运用控制

（一）大数据新技术目标控制

《促进大数据发展行动纲要》（国发〔2015〕50号）提出：

大数据是以容量大、类型多、存取速度快、应用价值高为主要特征的数据集合，正快速发展为对数量巨大、来源分散、格式多样的数据进行采集、存储和关联分析，从中发现新知识、创造新价值、提升新能力的新一代信息技术和服务业态。

…………

（一）大数据成为推动经济转型发展的新动力。以数据流引领技术流、物质流、资金流、人才流，将深刻影响社会分工协作的组织模式，促进生产组织方式的集约和创新。大数据推动社会生产要素的网络化共享、集约化整合、协作化开发和高效化利用，改变了传统的生产方式和经济运行机制，可显著提升经济运行水平和效率。大数据持续激发商业模式创新，不断催生新业态，已成为互联网等新兴领域促进业务创新增值、提升企业核心价值的重要驱动力。大数据产业正在成为新的经济增长点，将对未来信息产业格局产生重要影响。

（二）大数据成为重塑国家竞争优势的新机遇。在全球信息化快速发展的大背景下，大数据已成为国家重要的基础性战略资源,正引领新一轮科技创新。充分利用我国的数据规模优势,实现数据规模、质量和应用水平同步提升,发掘和释放数据资源的潜在价值,有利于更好发挥数据资源的战略作用,增强网络空间数据主权保护能力,维护国家安全,有效提升国家竞争力。

(三)大数据成为提升政府治理能力的新途径。大数据应用能够揭示传统技术方式难以展现的关联关系,推动政府数据开放共享,促进社会事业数据融合和资源整合,将极大提升政府整体数据分析能力,为有效处理复杂社会问题提供新的手段。建立"用数据说话、用数据决策、用数据管理、用数据创新"的管理机制,实现基于数据的科学决策,将推动政府管理理念和社会治理模式进步,加快建设与社会主义市场经济体制和中国特色社会主义事业发展相适应的法治政府、创新政府、廉洁政府和服务型政府,逐步实现政府治理能力现代化。

…………

大数据的总体目标:立足我国国情和现实需要,推动大数据发展和应用在未来5~10年逐步实现以下目标:

打造精准治理、多方协作的社会治理新模式。将大数据作为提升政府治理能力的重要手段,通过高效采集、有效整合、深化应用政府数据和社会数据,提升政府决策和风险防范水平,提高社会治理的精准性和有效性,增强乡村社会治理能力;助力简政放权,支持从事前审批向事中事后监管转变,推动商事制度改革;促进政府监管和社会监督有机结合,有效调动社会力量参与社会治理的积极性。2017年年底前形成跨部门数据资源共享共用格局。

建立运行平稳、安全高效的经济运行新机制。充分运用大数据,不断提升信用、财政、金融、税收、农业、统计、进出口、资源环境、产品质量、企业登记监管等领域数据资源的获取和利用能力,丰富经济统计数据来源,实现对经济运行更为准确的监测、分析、预测、预警,提高决策的针对性、科学性和时效性,提升宏观调控以及产业发展、信用体系、市场监管等方面管理效能,保障供需平衡,促进经济平稳运行。

构建以人为本、惠及全民的民生服务新体系。围绕服务型政府建设,在公用事业、市政管理、城乡环境、农村生活、健康医疗、减灾救灾、社会救助、养老服务、劳动就业、社会保障、文化教育、交通旅游、质量安全、消费维权、社区服务等领域全面推广大数据应用,利用大数据洞察民生需求,优化资源配置,丰富服务内容,拓展服务渠道,扩大服务范围,提高服务质量,提升城市辐射能力,推动公共服务向基层延伸,缩小城乡、区域差距,促进形成公平普惠、便捷高效的民生服务体系,不断满足人民群众日益增长的个性化、多样化需求。

开启大众创业、万众创新的创新驱动新格局。形成公共数据资源合理适度开放共享的法规制度和政策体系。2018年底前建成国家政府数据统一开放平台,率先在信用、交通、医疗、卫生、就业、社保、地理、文化、教育、科技、资源、农业、环境、安监、金融、质量、统计、气象、海洋、企业登记监管等重要领域实现公共数据资源合理适度向社会开放,带动社会公众开展大数据增值性、公益性开发和创新应用,充分释放数据红利,激发大众创业、万众创新活力。

培育高端智能、新兴繁荣的产业发展新生态。推动大数据与云计算、物联网、移动互联网等新一代信息技术融合发展,探索大数据与传统产业协同发展的新业态、新模式,促进传统产业转型升级和新兴产业发展,培育新的经济增长点。形成一批满足大数据重大应用需求的产品、系统和解决方案,建立安全可信的大数据技术体系,大数据产品和服务达到国际先进水平,国内市场占有率显著提高。培育一批面向全球的骨干企业和特色鲜明的创新型中小企业。构建形成政产学研用多方联动、协调发展的大数据产业生态体系。

《贵州省大数据发展应用促进条例》(2016年1月15日贵州省第十二届人民代表大会常务委员会第二十次会议通过)提出:

本省行政区域内大数据发展应用及其相关活动,应当遵守本条例。本条例所称大数据,是指以容量大、类型多、存取速度快、应用价值高为主要特征的数据集合,是对数量巨大、来源分散、格式多样的数据进行采集、存储和关联分析,发现新知识、创造新价值、提升新能力的新一代信息技术和服务业态。

(二)大数据新技术任务控制

《促进大数据发展行动纲要》(国发〔2015〕50号)提出了当前大数据发展的主要任务。

(一)加快政府数据开放共享,推动资源整合,提升治理能力。

1. 大力推动政府部门数据共享。

2. 稳步推动公共数据资源开放。

3. 统筹规划大数据基础设施建设。

4. 支持宏观调控科学化。

5. 推动政府治理精准化。

6. 推进商事服务便捷化。

7. 促进安全保障高效化。

8. 加快民生服务普惠化。

(二)推动产业创新发展,培育新兴业态,助力经济转型。

1. 发展工业大数据。

2. 发展新兴产业大数据。

3. 发展农业农村大数据。

4. 发展万众创新大数据。

5. 推进基础研究和核心技术攻关。

6. 形成大数据产品体系。

7. 完善大数据产业链。

(三)强化安全保障,提高管理水平,促进健康发展。

1. 健全大数据安全保障体系。

2. 强化安全支撑。

《广东省促进大数据发展行动计划(2016—2020年)的通知》(2016年4月)提出了当前大数据发展的重点行动。

(一)加快大数据基础设施建设,推动资源整合和政府数据开放共享。

1. 统筹规划大数据基础设施建设。

——建设政务大数据基础平台。

——建设社会大数据公共服务平台。

——建设高水平的大数据研究创新平台。

2. 推动政府数据资源整合、共享和开放。

——完善大数据采集机制。

——整合公共数据资源。

——推动政府数据共享。

——推动公共数据资源开放。

(二)深化大数据在社会治理领域的创新应用,提升政务服务水平。

1. 运用大数据提升政府治理能力。

——推动政务服务便利化。

——推动社会治理精准化。

——推动商事服务便捷化。

——推动宏观调控科学化。

——推动安全保障高效化。

2. 运用大数据推动民生服务普惠化。

——加快交通运输大数据应用。

——加快社会保障大数据应用。

——加快环境保护大数据应用。

——加快医疗健康大数据应用。

——加快教育大数据应用。

——加快文化大数据应用。

——加快旅游大数据应用。

——加快住房城乡建设大数据应用。

——加快食品药品大数据应用。

——加快气象大数据应用。

(三)推动产业转型升级和创新发展,打造新经济增长点。

1. 运用大数据促进产业转型升级。

——推进工业大数据应用。

——推进服务业大数据应用。

——推进农业大数据应用。

2. 运用大数据促进创业创新。

——推动大数据服务大众创业。

——推动大数据服务万众创新。

——推动数据应用新业态发展。

——推动大数据与移动互联网、云计算、物联网、智慧城市融合发展。

3. 完善大数据产业链。

——健全大数据产品体系。

——优化大数据产业布局。

——引进建设大数据重大项目。

4. 强化大数据产业支撑能力建设。

——推动大数据核心技术攻关和产业化应用。

——促进数据资源流通交易。

——培育大数据骨干企业和创新型中小微企业。

——建设大数据产业园区。

(四)强化安全保障,促进大数据健康发展。

1. 健全大数据安全保障体系。

——加强大数据环境下的网络安全防护。

——加强关键信息基础设施安全防护。

2. 完善大数据安全支撑体系。

——提升重大网络安全和风险识别的大数据支撑能力。

——推动大数据相关安全技术研发和产品推广。

(三)大数据云计算架构控制

《云计算综合标准化体系建设指南》(工信厅信软〔2015〕132号)提出云计算综合标准化体系框架:依据我国云计算生态系统中技术和产品、服务和应用等关键环节,以及贯穿于整个生态系统的云安全,结合国内外云计算发展趋势,构建云计算综合标准化体系框架,包括"云基础""云资源""云服务"和"云安全"4个部分(图3-43)。

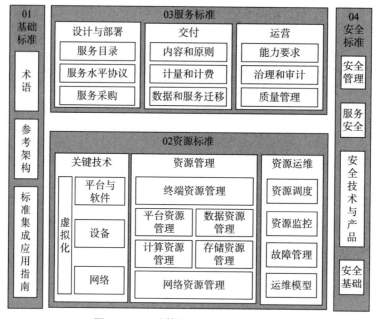

图3-43　云计算综合标准化体系框架

分析图3-43,各部分的概况如下:

(1)云基础标准。用于统一云计算及相关概念,为其他各部分标准的制定提供支撑。主要包括云计算术语、参考架构、指南等方面的标准。

(2)云资源标准。用于规范和引导建设云计算系统的关键软硬件产品研发,以及计算、存储等云计算资源的管理和使用,实现云计算的快速弹性和可扩展性。主要包括关键技术、资源管理和资源运维等方面的标准。

(3)云服务标准。用于规范云服务设计、部署、交付、运营和采购,以及云平台间的数据迁移。

主要包括服务采购、服务质量、服务计量和计费、服务能力评价等方面的标准。

(4)云安全标准。用于指导实现云计算环境下的网络安全、系统安全、服务安全和信息安全，主要包括云计算环境下的安全管理、服务安全、安全技术与产品、安全基础等方面的标准。

四、人工智能新技术运用控制

(一)人工智能发展目标控制

《新一代人工智能发展规划》(国发〔2017〕35号)提出新一代人工智能发展的战略目标分三步走：

第一步,到2020年,人工智能总体技术和应用与世界先进水平同步,人工智能产业成为新的重要经济增长点,人工智能技术应用成为改善民生的新途径,有力支撑进入创新型国家行列和实现全面建成小康社会的奋斗目标。

第二步,到2025年,人工智能基础理论实现重大突破,部分技术与应用达到世界领先水平,人工智能成为带动我国产业升级和经济转型的主要动力,智能社会建设取得积极进展。

第三步,到2030年,人工智能理论、技术与应用总体达到世界领先水平,成为世界主要人工智能创新中心,智能经济、智能社会取得明显成效,为跻身创新型国家前列和经济强国奠定重要基础。

新一代人工智能发展的总体部署：

发展人工智能是一项事关全局的复杂系统工程,要按照"构建一个体系、把握双重属性、坚持三位一体、强化四大支撑"进行布局,形成人工智能健康持续发展的战略路径。

构建开放协同的人工智能科技创新体系。针对原创性理论基础薄弱、重大产品和系统缺失等重点难点问题,建立新一代人工智能基础理论和关键共性技术体系,布局建设重大科技创新基地,壮大人工智能高端人才队伍,促进创新主体协同互动,形成人工智能持续创新能力。

把握人工智能技术属性和社会属性高度融合的特征。既要加大人工智能研发和应用力度,最大程度发挥人工智能潜力;又要预判人工智能的挑战,协调产业政策、创新政策与社会政策,实现激励发展与合理规制的协调,最大限度防范风险。

坚持人工智能研发攻关、产品应用和产业培育"三位一体"推进。适应人工智能发展特点和趋势,强化创新链和产业链深度融合、技术供给和市场需求互动演进,以技术突破推动领域应用和产业升级,以应用示范推动技术和系统优化。在当前大规模推动技术应用和产业发展的同时,加强面向中长期的研发布局和攻关,实现滚动发展和持续提升,确保理论上走在前面、技术上占领制高点、应用上安全可控。

全面支撑科技、经济、社会发展和国家安全。以人工智能技术突破带动国家创新能力全面提升,引领建设世界科技强国进程;通过壮大智能产业、培育智能经济,为我国未来十几年乃至几十年经济繁荣创造一个新的增长周期;以建设智能社会促进民生福祉改善,落实以人民为中心的发展思想;以人工智能提升国防实力,保障和维护国家安全。

《国家智能制造标准体系建设指南(2018年版)》提出国家智能制造的建设目标:按照"共性先立、急用先行"的原则,制定安全、可靠性、检测、评价等基础共性标准,识别与传感、控制系统、工业机器人等智能装备标准,智能工厂设计、智能工厂交付、智能生产等智能工厂标准,大规模个性化定制、运维服务、网络协同制造等智能服务标准,人工智能应用、边缘计算等智能赋能技术标准,工业无线通信、工业有线通信等工业网络标准,机床制造、航天复杂装备云端协同制造、大型船舶设计工艺仿真与信息集成、轨道交通网络控制系统、新能源汽车智能工厂运行系统等行业应用标准,带动行业应用标准的研制工作。推动智能制造国家和行业标准上升成为国际标准。到2018年,累计制定、修订150项以上智能制造标准,基本覆盖基础共性标准和关键技术标准。到2019年,累计制定、修订300项以上智能制造标准,全面覆盖基础共性标准和关键技术标准,逐步建立起较为完善的智能制造标准体系。建设智能制造标准试验验证平台,提升公共服务能力,提高标准应用水平和国际化水平。

(二)人工智能新技术任务控制

《新一代人工智能发展规划》(国发〔2017〕35号)提出新一代人工智能发展的重点任务。

(一)构建开放协同的人工智能科技创新体系。

1. 建立新一代人工智能基础理论体系。

2. 建立新一代人工智能关键共性技术体系。

3. 统筹布局人工智能创新平台。

4. 加快培养聚集人工智能高端人才。

(二)培育高端高效的智能经济。

1. 大力发展人工智能新兴产业。

2. 加快推进产业智能化升级。

3. 大力发展智能企业。

4. 打造人工智能创新高地。

(三)建设安全便捷的智能社会。

1. 发展便捷高效的智能服务。

2. 推进社会治理智能化。

3. 利用人工智能提升公共安全保障能力。

4. 促进社会交往共享互信。

(四)加强人工智能领域军民融合。

(五)构建泛在安全高效的智能化基础设施体系。

(六)前瞻布局新一代人工智能重大科技项目。

《科技部关于发布科技创新2030——"新一代人工智能"重大项目2018年度项目申报指南的通知》(国科发资〔2018〕208号)附件《科技创新2030——"新一代人工智能"重大项目2018年度项目申报指南》提出新一代人工智能的研究方向:

(1)新一代人工智能的基础理论。新一代神经网络模型;面向开放环境的自适应感知;跨媒体因果推断;非完全信息条件下的博弈决策;群智涌现机理与计算方法;人在回路的混合增强机制;复杂制造环境下的协同控制与决策理论方法。

(2)面向重大需求的关键共享技术。可泛化的领域知识学习与计算引擎;跨媒体分析推理技术系统;认知条件下的场景主动感知技术;面向群体行为的群智激发汇聚研究;人机协同研究软硬件技术;无人技术自主智能精确感知与操作;自主智能体的灵巧精准操作学习。

（3）新型感知与智能芯片。新型感知器件与芯片；神经网络处理器关键标准与验证芯片。

（三）人工智能关键技术控制

《促进新一代人工智能产业发展三年行动计划（2018—2020年）》（工信部科〔2017〕315号）提出当前促进新一代人工智能产业发展的突破核心基础：

加快研发并应用高精度、低成本的智能传感器，突破面向云端训练、终端应用的神经网络芯片及配套工具，支持人工智能开发框架、算法库、工具集等的研发，支持开源开放平台建设，积极布局面向人工智能应用设计的智能软件，夯实人工智能产业发展的软硬件基础。着重在以下领域率先取得突破：（1）智能传感器；（2）神经网络芯片；（3）开源开放平台。

五、新技术运用控制的审计

新技术运用审计的内容包括移动互联运用控制、物联网新技术运用控制、大数据新技术运用控制、人工智能新技术运用控制。

（一）移动互联运用控制的审计

移动互联应用技术就是借助移动互联网终端（如手机、平板电脑等）实现传统的互联网应用或服务。移动互联应用涉及三个方面：一是利用搜索引擎平台进行网络推广；二是利用高流量平台；三是高权重精准问答类及高知识分享平台。要采用信息化的审计程序和审计方法，突出利用搜索引擎平台进行网络推广、利用高流量平台、高权重精准问答类及高知识分享平台的重点，进行审计检查。

（1）移动互联技术利用搜索引擎平台进行网络推广应用的审计。审计重点在于是否突出了利用搜索引擎平台进行了宏观调节、市场监管、社会管理等方面的应用，进行了为百姓和企业提供公共服务事项、行政权力事项方面的应用，进行了产供销、人财物等方面的应用，进行了电子商务网站、用户、订单、交易、支付、履约、供应链、商品、促销和成效评价方面的应用。做好审计取证、审计底稿和审计报告。

（2）移动互联技术利用高流量平台的审计。审计重点在于是否突出了利用高流量平台进行了宏观调节、市场监管、社会管理等方面的应用，进行了为百姓和企业提供公共服务事项、行政权力事项方面的应用，进行了产供销、人财物等方面的应用，进行了电子商务网站、用户、订单、交易、支付、履约、供应链、商品、促销和成效评价方面的应用。做好审计取证、审计底稿和审计报告。

（3）移动互联技术高权重精准问答类及高知识分享平台的审计。审计重点在于是否突出了利用高权重精准问答类及高知识分享平进行了宏观调节、市场监管、社会管理等方面的应用，进行了为百姓和企业提供公共服务事项、行政权力事项方面的应用，进行了产供销、人财物等方面的应用，进行了电子商务网站、用户、订单、交易、支付、履约、供应链、商品、促销和成效评价方面的应用。做好审计取证、审计底稿和审计报告。

（二）物联网新技术运用控制的审计

物联网新技术是利用感知层、传输层和处理应用层，通过设备、网络、应用系统和其他资源，获取原始数据,将这些原始数据传输到远程的处理平台进行处理,对来自不同感知节点的信息进行处理和应用。物联网新技术运用包括智能物流、智能交通、智能家居、智能医疗等方面的应用。要采用信息化的审计程序和审计方法,突出感知层、传输层和处理应用层的三个层面,设备、网络、应用系统和其他资源的四类资源,智能物流、智能交通、智能家居、智能医疗等方面的应用,进行审计检查。

(1)物联网新技术的智能物流审计。审计重点在于是否突出了使用电子标签RFID对物品的标识,对物品的特征和相关信息包括生产时间、产地、交易时间、流通路线和时间、销售部门等进行记录,保障追踪物品流通畅通。做好审计取证、审计底稿和审计报告。

(2)物联网新技术的智能交通审计。审计重点在于是否突出了使用基于RFID的门禁系统,用于对车辆进出的自动管理,使用基于传感器的车位空闲或占据识别系统进行停车场智能管理:使用车辆定位设备(RFID设备或GPS设备)定位车辆、形成轨迹记录并进行追踪等。做好审计取证、审计底稿和审计报告。

(3)物联网新技术的智能家居审计。审计重点在于是否突出了使用传感器和监控视频系统,这些终端信息将汇聚到家庭综合网关,然后通过移动网络(3G或LTE)或互联网传到数据处理中心,或直接传到用户的移动终端,保障医疗的先进性、便捷性、智慧性。做好审计取证、审计底稿和审计报告。

(4)物联网新技术的智能医疗审计。审计重点在于是否突出了通过现代电子技术手段使一些特殊情况的医疗服务从医院重负荷中解脱出来,包括智能家庭护理和监管系统,远程医疗系统等。做好审计取证、审计底稿和审计报告。

(三)大数据新技术运用控制的审计

大数据应用是通过以容量大、类型多、存取速度快、应用价值高为主要特征的数据集合,从中发现新知识、创造新价值、提升新能力的新一代信息技术和服务业态。大数据应用包括政府治理、民生服务、共享开放等方面。要采用信息化的审计程序和审计方法,突出大数据应用的主体模型和主题数据,突出政府治理、民生服务、共享开放等方面的应用,进行审计检查。

(1)大数据政府治理应用控制的审计。审计重点在于是否突出了政府治理中财政保障、税收征管、社会保障等方面的重大社会问题,组织有关方面确定大数据治理的主题模型,依据主题模型的数据要素采集、转化、标识形成主题数据,开展主题模型和主题数据的迭代分析,利用计算结果调整相关政策制度机制,提升政府治理体系和治理能力现代化。做好审计取证、审计底稿和审计报告。

(2)大数据民生服务应用控制的审计。审计重点在于是否突出了公共服务中城市雾霾治理、城市交通治理、公共服务治理等方面的重大社会问题,组织有关方面确定大数据治理的主题模型,依据主题模型的数据要素采集、转化、标识形成主题数据,开展主题模型和主题数据的迭代分析,利用计算结果调整相关政策制度机制,提升政府治理体系和治理能力现代化。做好审计取证、审计底稿和审计报告。

(3)大数据共享开放应用控制的审计。审计重点在于是否突出了政务信息资源共享开放中重大问题、重大难点等方面的重大社会问题,组织有关方面确定大数据治理的主题模型,依据主题模型的数据要素采集、转化、标识形成主题数据,开展主题模型和主题数据的迭代分析,利用计算结果调整相关政策制度机制,提升政府治理体系和治理能力现代化。做好审计取证、审计底稿和审计报告。

(四)人工智能新技术运用控制的审计

人工智能技术包括模式识别与智能系统、虚拟现实技术与应用、系统仿真技术与应用、工业过程建模与智能控制、智能计算与机器博弈、语音识别与合成、机器翻译、图像处理与计算机视觉、计算机感知等新一代技术。人工智能的应用领域包括数字社会、数字工业、数字农业、数字文化等方面。要采用信息化的审计程序和审计方法,突出人工智能的新技术,突出在数字社会、数字工业、数字农业、数字文化等方面的应用,进行审计检查。

(1)人工智能新技术数字社会应用的审计。审计重点在于是否突出了人工智能的人脸识别新技术对"特征脸"诸要素的识别与控制、物联网识别技术中的对诸对象特征的识别与控制等,提升人工智能新技术在数字社会应用中的成效。做好审计取证、审计底稿和审计报告。

(2)人工智能新技术数字工业应用的审计。审计重点在于是否突出了人工智能对无人车、无人机、无人船等的物体识别系统与周边遥感技术、网络传输系统等的实时联动,提升人工智能在数字工业应用中的成效。做好审计取证、审计底稿和审计报告。

(3)人工智能新技术数字农业应用的审计。审计重点在于是否突出了人工智能对无人耕地、无人播种、无人收割等联动系统的控制,提升人工智能在数字农业应用中的成效。做好审计取证、审计底稿和审计报告。

本节思考题

1. 为什么说新一代信息技术的应用控制是政务信息化的重要内容?

2. 移动互联新技术的核心是什么? 怎样才能运用好移动互联新技术? 怎样加强移动互联新技术应用的控制?

3. 物联网新技术的核心是什么? 怎样才能运用好物联网新技术? 怎样加强物联网新技术应用的控制?

4. 大数据新技术的核心是什么? 怎样才能运用好大数据新技术? 怎样加强大数据新技术应用的控制?

5. 人工智能新技术的核心是什么? 怎样才能运用好人工智能新技术? 怎样加强人工智能新技术应用的控制?

6. 为什么说新技术应用控制关系到信息系统的可靠性、安全性和经济性?

7. 新技术运用控制审计的目标、范围分别是什么?

第四章　网络控制审计

网络控制审计包括网络系统控制审计、计算系统控制审计、存储系统控制审计、备份系统控制审计、机房系统控制审计五节。

第一节　网络系统控制审计

网络系统是政务内网、政务外网、互联网网络结构、网络通信的总称,包括各类网络的局域网、城域网、广域网利用,有线网和无线网、固定网和移动网的组合利用,网络布线和带宽、网络产品和利用、不同网络之间的互联互通和安全防护。

网络系统控制是信息系统建设运维单位为保障网络系统的符合性和有效性,按照国家和行业的规章制度和标准规范,加强网络系统的网络结构、网络通信控制,使网络系统具有可靠性、安全性和经济性。

网络系统控制审计是信息系统审计服务单位按照国家和行业的规章制度和标准规范,对网络系统的网络结构、网络通信控制的符合性和有效性进行检查监督,提出审计意见和建议,保障网络系统具有可靠性、安全性和经济性。

一、政务内网控制

《国家信息化领导小组关于我国电子政务建设指导意见》(中办发〔2002〕17号)提出,电子政务网络由政务内网和政务外网构成,两网之间物理隔离,政务外网与互联网之间逻辑隔离。政务内网主要是副省级以上政务部门的办公网,与副省级以下政务部门的办公网物理隔离。

国家电子政务内网是国家政务部门开展内部工作的主要网络,满足各政务部门内部办公、管理、协调、监督和决策需要,同时满足副省级以上政务部门特殊办公需要。国家电子政务内网依据涉及国家秘密的信息系统分级保护要求进行建设、使用和管理,承载机密级以下业务应用系统,存储处理机密级、秘密级国家秘密信息以及工作秘密、内部敏感信息等,与国家电子政务外网和互联网及其他公共信息网络严格物理隔离。国家电子政务内网为各政务部门高效办公、信息安全交换、资源授权共享、业务按需协同提供可靠的支撑和保障(图4-1)。

对于电子政务内网,政务专网、专线、VPN是构建电子政务网络的基础设施。安全政务网络平台是依托专网、专线、VPN设备将各接入单位安全互联起来的电子政务内网;安全支撑平台为电子政务内网信息系统提供安全互联、接入控制、统一身份认证、授权管理、恶意代码防范、入侵检测、安全审计、桌面安全防护等安全支撑;电子政务专网应用既是安全保障平台的保护对象,又是电子政务内网实施电子政务的主体,它主要提供内部共享信息、内部受控信息等,这两类信息运行于电子政务办公平台和电子政务信息共享平台之上;电子政务管理制度体系是电子政务长期有效运行的保证(图4-1)。

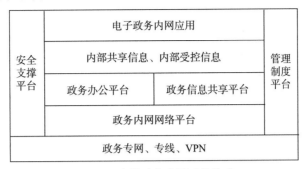

图4-1 电子政务内网系统构成

(1)政务内网平台:电子政务内网建设,是依托电子政务专网、专线、VPN构造的电子政务内网网络。

(2)政务内网应用:在安全支撑平台的作用下,基于安全电子政务内网网络平台,可以打造安全电子政务办公平台、安全政务信息共享平台。

(3)安全支撑平台:安全支撑平台由安全系统组成,是电子政务内网信息系统运行的安全保障。

二、政务外网控制

《国家信息化领导小组关于我国电子政务建设指导意见》提出,政务外网是政府的业务专网,主要运行政务部门面向社会的专业性服务业务和需在内网上运行的业务。

我国政务外网重要公共基础设施是服务于各级党委、人民代表大会、政府、政协、法院和检察院等政务部门,满足其经济调节、市场监管、社会管理和公共服务等方面需要的政务公用网络。政务外网支持跨地区、跨部门的业务应用、信息共享和业务协同,以及不需在政务内网上运行的业务。政务外网由中央政务外网和地方政务外网组成,与互联网逻辑隔离。

政务外网按照统一规划、分级负责的原则进行建设。2010年10月,中央机构编制委员会办公室批复同意国家信息中心加挂国家电子政务外网管理中心牌子,承担政务外网的运行维护及相关管理工作,负责政务外网的统一规划,制定相关技术标准、服务规范、安全策略和管理办法,规划和管理政务外网IP地址和域名,承担中央政务外网建设、运行维护和服务等工作,对地方政务外网建设和运行进行业务指导。地方政务外网的建设与管理由地方政务外网建设、运维单位负责。

政务外网由广域骨干网和城域网组成,纵向分为中央、省、市、县四级。各级政务部门根据业务需要分别接入相应层级的政务外网。

中央政务外网广域骨干网为双星结构,采用双路由、双链路;中央城域网为2.5G光纤环网,中央政务部门接入采用裸光纤或MSTP专线,网络带宽可以根据业务需求的变化进行调整。

1. 政务外网技术特点

(1)基于基础传输网的各级政务部门公用的高速可靠的IP网络;

(2)采取防火墙、MPLS VPN、IP Sec VPN等技术与互联网进行逻辑隔离;

(3)全网统一规划IP地址和域名;

(4)支持网络统一调度和分级管理;

(5)全网支持MPLS VPN技术,支持与多种VPN对接;

(6)支持中央政务部门移动用户通过数字证书、IP Sec VPN等方式接入政务外网。

2. 政务外网网络承载和服务

政务外网致力于打造政务信息高速公路,为跨部门、跨地区的网络互联互通、信息共享和业务协同提供网络支撑服务,满足各级政务部门部署面向社会管理和公共服务的各类业务应用的需要,满足各级政务部门开展跨部门、跨地区的业务应用的需要,满足各级政务部门联动解决重大社会问题和突发事件的需要,助力于服务型政府建设,充分发挥国家政务公用网络行政基础设施的作用和效能。

截至2013年年末,政务外网骨干网已经覆盖100%的省(自治区、直辖市)和新疆生产建设兵团,93.7%的地(市),80.6%的县以及33.2%的乡镇;横向连接了85个中央政务部门和相关单位,全国范围接入的政务部门及相关单位约9.8万多个,接入终端已达147万多台。政务外网已成为我国覆盖面最广、连接政务部门最多、承载业务类型最丰富的政务公用网络平台。

政务外网提供的网络信任服务具有国家密码管理局颁发的电子政务电子认证服务资质,以国家公务人员和接受政府实施社会管理、提供公共服务的机构与被授权的人员为主要服务对象,为各级政务部门社会管理、公共服务等面向社会服务的政务活动提供服务。政务外网的网络信任服务体系由中央、省、地市为主的三级服务架构组成。

已有29个中央政务部门及相关单位依托政务外网开展了业务应用。业务应用类型包括公众服务类应用(如行政审批、价格管理、信息公开等)、政府内部业务类应用(如协同办公、电子监察、应急指挥、信息报送等)和基础服务类应用(如视频会议、数据备份、电子邮件等)。国务院应急办在公用网络区建设了国家应急系统外网平台,连接28个中央单位和37个地方单位,进行视频、语音、数据的传输和移动应急通信;国家安监总局和国家审计署等单位利用专用网络区构建了本部门的虚拟专用网;国家发展改革委等二十余家中央政务部门将门户网站、邮件系统等应用部署在互联网接入区,使用政务外网的统一互联网出口服务。全国已有200多项业务系统使用了政务外网的网络信任服务,发放证书累计超过18万张。

3. 网络系统结构

主要是局域网、城域网、广域网的拓扑结构。

(1)局域网。单位内部实行局域网管理。局域网管理的重点在于分域管理,包括接入域、交换域、应用域、数据域、用户域、安全域(图4-2)。

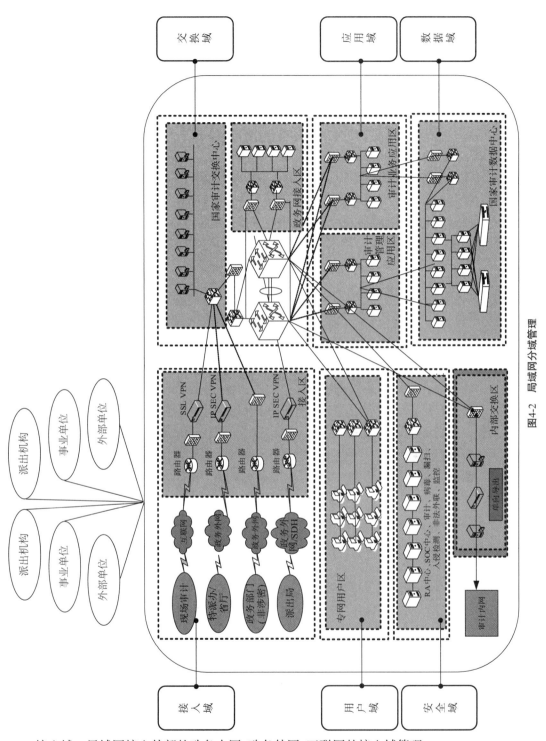

图4-2　局域网分域管理

接入域。局域网接入外部的政务内网、政务外网、互联网的接入域管理。

交换域。局域网实现与外部的信息交换。在此设置基于互联网的门户网站、基于政务外网的共享平台及与政务内网的共享平台等。

应用域。局域网设置的业务系统、管理系统等，实现局域网的单独管理。

数据域。局域网设置的基于门户数据、业务数据、管理数据、共享数据、运维数据、安全数据等各类数据,基于各类应用的业务目录、共享目录、开放目录等,基于业务处理、数据分析、大数据分析的各类模型和主题数据,统一部署在数据中心实行统一管理。

用户域。局域网设置的各类用户终端集中部署在此。

安全域。局域网设置的安全防护措施、网络安全等级保护、网络安全集中监控等的系统集中部署在此。

(2)城域网。在一个城市内,单位和所属的派出机构、事业单位和相关外部单位实现互联互通、信息共享、业务协同的网络拓扑(图4-2)。

互联互通。局域网本部与所属的内设机构、本市派出机构、事业单位等,实现基于城域网的互联互通。

信息共享。局域网本部前置系统与国家信息共享平台的对接,可以实现基于城域网与其他政务部门之间的信息共享。

业务协同。通过互联互通、信息共享,实现基于城域网的本部与所属的内设机构、本市派出机构、事业单位等,以及与其他政务部门之间的业务协同。

(3)广域网。在我国国内,单位与本城市外的所属派出机构、事业单位间实现互联互通、信息共享、业务协同的网络拓扑(图4-3)。

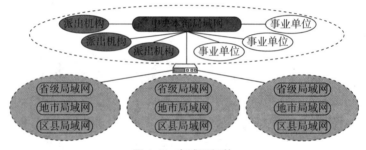

图4-3　广域网拓扑

在局域网、城域网基础上,建立广域网,实现中央部门与本市外部所有机构网络互联互通、信息资源共享、业务协同发展。

(一)政务内网和政务外网控制

电子政务内网按照等级保护标准要求,进行安全域的划分。根据不同的划分原则,大致可以分为网络基础架构区、安全管理区、数据处理区、边界防御区、办公区、会议区等安全子区域。在实际的网络设计中,可以根据相关标准,按照实际需要进一步细分。

划分安全域的目标是针对不同的安全域采用不同的安全防护策略,既保证信息的安全访问,又兼顾信息的开放性。按照应用系统等级、数据流相似程度、硬件和软件环境的可共用程度、安全需求相似程度,并且从方便实施的角度,将整个电子政务业务系统分为不同的安全子域区,便于由小到大、由简到繁进行网络设计。安全域的划分有利于对电子政务系统实施分区安全防护,即分域防控。

电子政务安全支撑平台是电子政务系统运行的安全保障,由网络设备、安全设备、安全技术构成。电子政务安全支撑平台依托电子政务配套的安全设备,通过分级安全服务和分域安全管理,实现等级保护中要求的物理安全、网络安全、主机安全、应用安全、数据安全及备份恢复,从而保证整个电子政务信息系统安全,最终形成安全开放统一、分级分域防护的安全体系。电子政务安全支撑平台的系统结构如图4-4所示。

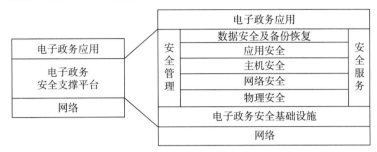

图4-4　电子政务安全支撑平台系统结构

安全支撑平台的系统配置如下。

1. 核心交换机双归属

两台核心交换机通过VRRP协议连接,互为冗余,保证主要网络设备的业务处理能力具备冗余空间,满足业务高峰期需要。

2. 认证及地址管理系统－DCBI

DCBI可以完成基于主机的统一身份认证和全局地址管理功能。

(1)基于主机的统一身份认证。终端系统通过安装802.1X认证客户端,在连接到内网之前,首先需要通过DCBI的身份认证,方能打开交换机端口,使用网络资源。

(2)全局地址管理:①根据政务网地址规模灵活划分地址池;②固定用户地址下发与永久绑定;③漫游用户地址下发与临时绑定、自动回收;④接入交换机端口安全策略自动绑定;⑤客户端地址获取方式无关性。

3. 全局安全管理系统

DCSM是政务网络所有端系统的管理与控制中心,兼具用户管理、安全认证、安全状态评估、安全联动控制及安全事件审计等功能。

(1)安全认证。安全认证系统定义了对用户终端进行准入控制的一系列策略,包括用户终端安全状态认证、补丁检查项配置、安全策略配置、终端修复配置及对终端用户的隔离方式配置等。

(2)用户管理。不同的用户、不同类型的接入终端可能要求不同级别的安全检查和控制。安全策略服务器可以为不同用户提供基于身份的个性化安全配置和网络服务等级,方便管理员对网络用户制定差异化的安全策略。

(3)安全联动控制。安全策略服务器负责评估安全客户端上报的安全状态,控制安全联动设备对用户的隔离与开放,下发用户终端的修复方式与安全策略。通过安全策略服务器的控制,安全客户端、安全联动设备与防病毒服务器才可以协同工作,配合完成端到端的安全准入控制。

(4)日志审计。安全策略服务器收集由安全客户端上报的安全事件,并形成安全日志,可以为管理员追踪和监控整个网络的安全状态提供依据。

其中,安全管理系统代理,可以对用户终端进行身份认证、安全状态评估及安全策略实施,其主要功能如下所述。

（1）提供802.1X、portal等多种认证方式，可以与交换机、路由器配合实现接入层、汇聚层及VPN的端点准入控制。

（2）主机桌面安全防护，检查用户终端的安全状态，包括操作系统版本、系统补丁等信息；同时提供与防病毒客户端联动的接口，实现与第三方防病毒客户端的联动，检查用户终端的防病毒软件版本、病毒库版本及病毒查杀信息。这些信息将被传递到认证服务器，执行端点准入的判断与控制。

（3）安全策略实施，接收认证服务器下发的安全策略并强制用户终端执行，包括设置安全策略（是否监控邮件、注册表）、系统修复通知与实施（自动或手工升级补丁和病毒库）等功能。不按要求实施安全策略的用户终端将被限制在隔离区。

（4）实时监控系统安全状态，包括是否更改安全设置、是否发现新病毒等，并将安全事件定时上报到安全策略服务器，用于事后进行安全审计。

（5）实时监控终端用户的行为，实现用户上网行为可审计。

4. 边界防火墙

能够对网络区域进行分割，对不同区域之间的流量进行控制，通过对数据包的源地址、目的地址、源端口、目的端口、网络协议等参数进行检查，把可能的安全风险控制在相对独立的区域内，避免安全风险的大规模扩散。

对于广域网接入用户，能够对他们的网络应用行为进行管理，包括进行身份认证、对访问资源的限制、对网络访问行为进行控制等。

5. 统一威胁管理

UTM集合了防火墙、防病毒网关、IPS/IDS入侵防御、防垃圾邮件网关、VPN（IPSEC、PPTP、L2TP）网关、流量整形网关、Anti–Dos网关、用户身份认证网关、审计网关、BT控制网关+IM控制网关+应用提升网关（网游 VOIP 流媒体支持）等十二大功能于一体。其采用专门设计的硬件平台、专用的安全操作系统、硬件独立总线架构及病毒检测专用模块，在提升产品功能的同时完成等级保护标准中要求的防病毒、恶意代码过滤等边界防护功能，保证了产品在各种环境下的高性能。

6. 入侵检测系统

入侵检测系统能够及时识别并阻止外部入侵者或内部用户对网络系统的非授权使用、误用和滥用，对网络入侵事件实施主动防御。

通过在电子政务网络平台上部署入侵检测系统，可提供对常见入侵事件、黑客程序、网络病毒的在线实时检测和告警功能，能够防止恶意入侵事件的发生。

7. 漏洞扫描系统

漏洞扫描系统提供网络系统进行风险预测、风险量化、风险趋势分析等风险管理的有效工具，使用户了解网络的安全配置和运行的应用服务，及时发现安全漏洞，并客观评估网络风险等级。

漏洞扫描系统能够发现所维护的服务器的各种端口的分配、提供的服务、服务软件版本和系统存在的安全漏洞，并为用户提供网络系统弱点/漏洞/隐患情况报告和解决方案，帮助用户实施网络系统统一的安全策略，确保网络系统安全有效地运行。

8. 流量整形设备

控制各种应用的带宽，保证关键应用，抑制不希望有的应用；可针不同的源IP（组）和时间段，在所分配的带宽管道内,对其应用实现不同的流量带宽限制或禁止使用。

统计、监控和分析,了解网络上各种应用所占的带宽比例,为网络的用途和规划提供科学依据:可通过设备对网络上的流量数据进行监控和分析,量化地了解当前网络中各种应用流量所占比例以及各应用的实际流量,从而得知用户使用网络最主要的用途等。

9. 其他网络设备

其他网络设备,可以参照国标对应的《设备安全技术要求》进行选型。

(二)政务网络应用接入控制

政务信息系统因政务部门法定职责的不同呈现承载的业务类型。政务部门业务一般包括:事务处理、为民服务、监测监管、社会管理、应急处置、行政执法等。从应用系统逻辑架构的角度看,不同类型的政务业务呈现不同的业务特征。

1. 事务处理业务特征

事务处理类业务包括:机关事务、统计事务、公文事务、档案事务、后勤事务等。以公文事务为例,其业务逻辑是指组织内部公文的起草者、审核者、批准者之间的公文办理关系;其业务流程是起草者的公文起草、审核者的公文审核、批准者的公文审批。不同组织之间的公文会签可以视为一个大组织之间的公文办理关系和公文流程。事务处理类业务影响应用系统逻辑架构的特征是,构建基于组织内部实体之间的相关事务办理关系和业务流程控制的信息系统架构。

2. 为民服务业务特征

为民服务类业务包括:公民健康、社会保障、文化教育等。以社会保险为民服务业务为例,其业务逻辑是社保机构、受保人之间的社会保险业务关系;其业务流程是社保机构提供征缴服务,受保人履行缴纳义务并按规定享受社保权利,社保机构管理社保基金的发放和结存资金的管理。为民服务类业务影响应用系统逻辑架构的特征是,构建社保机构和受保人之间的社保业务办理关系和业务流程控制的信息系统架构。

3. 监测监管业务特征

监测监管类业务包括:安全生产监管、食品药品安全监管、市场价格监管、金融监管等。以安全生产监管为例,其业务逻辑是安全生产监管机构、与安全生产和销售相关的企业之间的安全生产监管关系;其业务流程是,安全生产监管机构采集相关企业的安全生产信息,经过检测和分析,向相关企业提出强化安全生产要求的信息。安全生产监测监管类业务影响应用系统逻辑架构的特征是,构建基于安全生产监管机构和安全生产企业之间的安全生产监管办理关系和业务流程控制的信息系统架构。

4. 社会管理业务特征

社会管理类业务包括:工商、公安、环境保护等。以工商管理"先证后照"改为"先照后证"为例,其业务逻辑是申请注册法人单位、行政许可证主管部门、法人执照工商部门之间的行政许可证和法人执照的办理关系;"先证后照"业务流程是申请注册的法人单位需要先到主要部门取得行政许可证,才能到工商部门申办营业执照;"先照后证"业务流程是申请注册法人单位只要到工商部门领取一个营业执照,就可以从事一般性的生产经营活动,如果从事需要许可的生产经营活动,再向主管部门申请。工商管理类业务影响应用系统逻辑架构的特征是,构建基于申请注册法人单位、法人执照工商部门和行政许可证主管部门之间的法人营业执照和行政许可的办理关系和业务流程控制的信息系统架构。

5. 应急处置业务特征

应急处置类业务包括:社会维稳处置、重大灾害处置、灾后救助处置等。以灾后救助处置为例,其业务逻辑是,以灾后救助主管部门为主构建的包括相关部门和社会资源的灾后救助体系,与被救助方之间的救助关系;其业务流程是,灾后救助体系快速调查被救助方受灾情况、快速实施救助措施、确保被救助方的生命和财产损失控制到最低程度及实施灾后重建。灾后救助类业务影响应用系统逻辑架构的特征是,构建以救助主管部门为主的相关部门和社会资源的灾后救助体系、被救助方之间的灾后救助关系、救助措施快速实施业务流程控制的信息系统架构。

6. 行政执法业务特征

行政执法类业务包括:行政监察、审计等。以国家审计为例,国家审计是国家治理的决策、执行、监督体系的重要组成部分,对执行系统的经济活动和权力运行进行审计监督,并向决策系统报告,保障国家经济健康安全运行。其业务逻辑是监督系统、执行系统、决策系统三者之间的检查和报告关系;其业务流程是,监督系统检查执行系统的履职情况和效果,向决策系统报告检查情况。审计监督类业务影响应用系统逻辑架构的特征是,构建基于监督系统、执行系统、决策系统三者之间的检查和报告关系、业务流程控制的信息系统架构。

(三)政务信息资源共享接入控制

1. 信息资源目录体系与交换体系

信息资源目录体系与交换体系是被审计单位信息化总体框架中的重要组成部分,是统一部署信息系统的基础设施之一。信息资源目录体系与交换体系在支持信息化应用时是一个有机整体,都是以信息资源为基础,依托统一的网络,采用不同的技术架构分别实现不同的服务功能,提供目录服务和信息交换服务,实现部门间信息共享和业务协同的支撑,其作为基础设施与具体业务应用相对独立。

信息资源目录体系以被审计单位统一的电子网络为基础,通过构建覆盖多级信息资源目录体系技术总体架构,采用元数据对共享信息资源特征进行描述来形成统一规范的目录内容,通过对目录内容的有效组织和管理,形成信息资源物理分散、逻辑集中的信息共享模式,提供信息资源的发现定位服务,支持大范围内跨部门、跨地区的普遍信息共享。

信息资源目录体系与交换体系更多地使用在政府电子政务中,目录体系是利用目录技术和元数据技术,以及其他网络技术,在网上构造一个统一的政务信息资源目录管理系统,使资源的利用者能够在任何时间、任何地点,通过特定的服务接口查询资源目录,使其能快速发现、定位和获取所需信息,支持政府的经济调节、市场监管、社会管理和公共服务。

信息资源交换体系是按照统一的标准和规范,为支持跨部门、地域间、层级间信息共享以及协同而建设的信息服务体系。围绕各类应用主题,满足部门内信息的纵向汇聚和传递、部门间在线实时信息的横向交换、部门间业务协同等需求,为各级部门的业务协同和辅助决策等提供信息交换和共享服务。

2. 数据元素控制

数据元素和数据库表是实现信息交换和共享的基本要素,换而言之,数据元素和数据库表是否按照目录体系和交换体系的要求进行规划、实施,是保证信息实现交换和共享的基本条件。数据元素是数据的基本单位,在计算机程序中通常作为一个整体进行考虑和处理;数据库表是数据元素的集合,包括结构化数据和非结构化数据。在被审计单位的信息系统中,只有数据元素和数据库表遵循统一的规划进行规划、设计、运行,如数据元素的编码规则一致,数据库表可实现关联,才能实现信息的交换和共享。

信息系统运行,会产生包括预算管理、会计核算和相关业务的数据,主要反映单位运行和管理情况,是内部数据;同时为履行职能或者实现经济业务活动需要,也要从其他单位获取外部数据。信息共享和业务协同的一个重要方面就是内、外部数据真实、完整和正确,能够彼此印证、互为引用,较好地满足经济业务活动的需要。

3. 政务网络共享数据平台控制

政务网络履行职能或者实现经济业务活动,按照国家或者行业确定的信息共享平台建设任务。被审计单位按照国家或者行业关于共享平台建设的标准规范组织建设和运维,建立信息共享和信息安全的技术控制和管理机制,具有较为完备的信息系统实现功能,支持相关部门的信息共享和业务协同。

被审计单位履行职能或者实现经济业务活动,需要利用人口、法人、空间地理等公共基础信息。被审计单位需要按照国家或者行业确定的满足公共需要的公共基础信息的建设任务,需要按照国家或者行业关于公共基础信息的标准规范组织建设,建立公共基础信息共享的管理制度和机制,同时具有较为完备的信息系统实现功能,支持公共基础信息的信息共享与业务协同。

被审计单位履行职能或者实现经济业务活动,按照国家或者行业确定或者与其他部门协定需要向其他部门提供其所需的共享信息。被审计单位需要按照国家、行业或者协定的共享信息标准规范组织建设,建立共享信息的管理制度和机制,具有较为完备的信息系统实现功能,支持其他部门的信息共享与业务协同。

4. 共享数据控制

为社会经济活动和管理活动的个体单元,被审计单位也需向外部提供公共基础信息和其他共享信息,以支持政府的经济调节、市场监管、社会管理和公共服务职能的实现,本指标即评价被审计单位向外部提供数据的情况。

三、互联网控制

(一)互联网概念

1. 互联网概念

互联网是网络与网络之间所串连成的庞大网络,这些网络以一组通用的协议相连,形成逻辑上的单一巨大国际网络。这种将计算机网络互相联接在一起的方法可称作"网络互联",在这一基础上发展出覆盖全世界的全球性互联网络——互联网,即互相连接一起的网络结构。

计算机网络是由许多计算机组成的,要实现计算机之间的数据传输,必须要做两件事,即数据传输目的地址准确和保证数据迅速可靠传输的措施。这是因为数据在传输过程中很容易丢失或传错。互联网使用一种专门的计算机语言(协议),以保证数据安全、可靠地到达指定的目的地,这种语言分为TCP(Transmission Control Protocol 传输控制协议)和IP(Internet Protocol 网间协议)。TCP/IP协议采用的通信方式是分组交换。所谓分组交换,简单说就是数据在传输时分成若干段,每个数据段称为一个数据包,TCP/IP协议的基本传输单位是数据包。TCP/IP协议包括两个主要的协议,即TCP协议和IP协议,这两个协议可以联合使用,也可以与其他协议联合使用,它们在数据传输过程中主要完成以下功能:

(1)首先由TCP协议把数据分成若干数据包,给每个数据包写上序号,以便接收端把数据还原成原来的格式。

(2)IP协议给每个数据包写上发送主机和接收主机的地址,一旦写上源地址和目的地址,数据包就可以在物理网上传送数据了。IP协议还具有利用路由算法进行路由选择的功能。

(3)这些数据包可以通过不同的传输途径(路由)进行传输,由于路径不同,加上其他原因,可能出现顺序颠倒、数据丢失、数据失真甚至重复的现象。这些问题都由TCP协议来处理,它具有检查和处理错误的功能,必要时还可以请求发送端重发。

简言之,IP协议负责数据的传输,而TCP协议负责数据的可靠传输。

中国互联网已经形成规模,互联网应用走向多元化。互联网越来越深刻地改变着人们的学习、工作以及生活方式,甚至影响着整个社会进程。截至2018年6月,中国网民规模达8.02亿,网络普及率为57.7%;2018年上半年新增网民2968万人,较2017年年末增长3.8%;中国手机网民规模达7.88亿,网民通过手机接入互联网的比例高达98.3%。截至2018年6月,中国农村网民占比为26.3%,规模为2.11亿,较2017年年末增加1.0%;城镇网民占比73.7%,规模为5.91亿,较2017年年末增加4.9%。截至2018年6月,使用台式电脑、笔记本电脑上网的比例分别为48.9%、34.5%,较2017年分别下降4.1、1.3个百分点;网民使用电视上网的比例达29.7%,较2017年年末提升了1.5个百分点。

网络经济得到快速增长。截至2018年1月,网络经济指数高达362.1,对经济发展新动能指数的贡献为34.5%,发展最快,贡献最大。数据显示,2017年,移动互联网接入流量高达245.9亿GB,是2014年的12倍。移动互联网用户数达到12.7亿户,比上年增长16.2%。而随着移动智能设备的普及以及零售企业网络化智慧化运营的推进,线上消费对线下消费的替代作用不断增强。2017年,我国电子商务平台交易额达到29.2万亿元,增长11.7%。网络消费持续保持较快增长,2017年全国网上零售额增长32.2%,比全社会消费品零售总额增速高22个百分点。

在互联网产业及中国经济发展向好的预期下,互联网企业再现上市潮。2010年以来,中国互联网公司频频赴海外上市,其中以美国IPO居多,这批上市公司占到了美国IPO公司总数的1/4强,形成继2000年北京新浪互联信息服务有限公司、北京搜狐互联网信息服务有限公司、广州网易计算机系统有限公司等网络公司上市后的第二波集体上市浪潮。与上一波相同的是,这批上市网络企业市盈率普遍偏高。2011年5月,4只中国网络股先后上市,但后市表现让人失望。人人网虽首日大涨30%,但第二天就走跌,第5个交易日跌破每股14美元的发行价。而网秦天下首日即破发,最终以近20%的跌幅结束当天交易。

2. 互联网运营

随着互联网在全球范围内的扩展,中国互联网快速发展,中国互联网业务提供商(ISP)的数量不断增加,提供的业务也不断丰富。然而要实现中国互联网服务的繁荣,不仅需要越来越多的互联网服务提供商提供丰富的业务,还需要互联网服务提供商ISP不断开拓服务市场,采取灵活的运营模式,找到自身盈利的途径,不断提升自身的自主创新能力,增强核心竞争力。本书就中国ISP的运营模式进行了研究,分析了不同的业务类型对ISP运营模式的不同需求。

互联网业务提供商(ISP)是互联网服务提供商,是向广大用户综合提供互联网接入业务、信息业务和增值业务的电信运营商。ISP是经国家主管部门批准的正式运营企业,受国家法律保护。互联网内容提供商(Internet Content Provider,ICP)是互联网内容提供商,即向广大用户综合提供互联网信息业务和增值业务的电信运营商。ICP同样是经国家主管部门批准的正式运营企业,受国家法律保护。国内知名ICP有新浪、搜狐、163、21CN等。

在互联网应用服务产业链"设备供应商—基础网络运营商—内容收集者和生产者—业务提供者—用户"中,ISP/ICP处于内容收集者、生产者以及业务提供者的位置。由于信息服务是中国信息产业中最活跃的部分,ISP/ICP也是中国信息产业中最富创新精神、最活跃的部分。到2006年年底中国注册增值业务提供商约有2.1万多家,其中大部分为基于互联网开展业务的ISP/ICP。随着以内容为王的互联网发展特征逐步明晰,大部分ICP也同时扮演着ISP的角色。本书按照互联网业务的分类,对提供不同业务的ISP运营模式进行了分析。

3. 互联网接入

从信息资源的角度看,互联网是一个集各部门、各领域的信息资源为一体的,供网络用户共享的信息资源网。家庭用户或单位用户要接入互联网,可通过某种通信线路连接到ISP,由ISP提供互联网的入网连接和信息服务。互联网接入是通过特定的信息采集与共享的传输通道,利用以下传输技术完成用户与IP广域网的高带宽、高速度的物理连接。互联网接入方式有如下几种:

(1)早期接入方式。PSTN电话线接入即通过电话线,利用当地运营商提供的接入号码,拨号接入互联网,速率不超过56Kbps。其特点是使用方便,只需有效的电话线及自带调制解调器(MODEM)的PC就可完成接入。其主要运用在一些低速率的网络应用(如网页浏览查询、聊天、E-mail等),适合于临时性接入或无其他宽带接入场所的使用。缺点是速率低,无法实现一些高速率要求的网络服务,其次是费用较高(接入费用由电话通信费和网络使用费组成)。

在通过本地环路提供数字服务的技术中,有效的类型之一是数字用户线(Digital Subscriber Line,DSL)技术,是运用最广泛的铜线接入方式。ADSL可直接利用现有的电话线路,通过ADSL-MODEM后进行数字信息传输。理论速率可达到8Mbps的下行和1Mbps的上行,传输距离可达4~5千米。ADSL2+速率可达24Mbps下行和1Mbps上行。另外,最新的VDSL2技术可以达到上下行各100Mbps的速率。其特点是速率稳定、带宽独享、语音数据不干扰等。适用于家庭、个人等用户的大多数网络应用需求,满足一些宽带业务需求,包括IPTV、视频点播(VOD)、远程教学、可视电话、多媒体检索、LAN互联、互联网接入等。ADSL技术具有以下一些主要特点:可以充分利用现有的电话线网络,通过在线路两端加装ADSL设备便可为用户提供宽带服务;它可以与普通电话线共存于一条电话线上,接听、拨打电话的同时能进行ADSL传输,而又互不影响;进行数据传输时不通过电话交换机,这样上网时就不需要缴付额外的电话费,可节省费用;ADSL的数据传输速率可根据线路的情况进行自动调整,它以"尽力而为"的方式进行数据传输。

基于有线电视网络铜线资源的接入方式Coble Modem具有专线上网的连接特点,允许用户通过有线电视网实现高速接入互联网。它适用于拥有有线电视网的家庭、个人或中小团体。其特点是速率较高,接入方便(通过有线电缆传输数据,不需要布线),可实现各类视频服务、高速下载等。其缺点在于基于有线电视网络的架构是属于网络资源分享型的,当用户激增时,速率就会下降且不稳定,扩展性不够。

(2)光纤宽带接入。通过光纤接入小区节点或楼道,再由网线连接到各个共享点上。提供一定区域的高速互联接入。其特点是速率高、抗干扰能力强,适用于家庭、个人或各类企事业团体,可以实现各类高速率的互联网应用(视频服务、高速数据传输、远程交互等),缺点是一次性布线成本较高。

(3)无源光网络(PON)。无源光网络技术是一种点对多点的光纤传输和接入技术,局端到用户端最大距离为20千米,接入系统总的传输容量为上行和下行各155Mbps/622M/1Gbps,由各用户共享,每个用户使用的带宽可以以64kbps进一步划分。特点是接入速率高,可以实现各类高速率的互联网应用(视频服务、高速数据传输、远程交互等),缺点是一次性投入较大。

(4)无线网络。无线网络是一种有线接入的延伸技术,使用无线射频(RF)技术越空收发数据,减少使用电线连接,因此无线网络系统既可达到建设计算机网络系统的目的,又可让设备自由安排和搬动。在公共开放的场所或者企业内部,无线网络一般会作为已存在有线网络的一个补充方式,装有无线网卡的计算机通过无线手段方便接入互联网。

目前第4代移动通信技术(4G)正在广泛应用,第五代移动通信技术(5G)逐步开展商业应用。

4. 互联网安全

互联网是一个基于TCP/IP协议的全球网络,它可以使公共的或私有的各种异构网络互联在一起。互联网今天已被广泛地应用于商业用途。大量的基于互联网的业务处理要求组织的业务系统适应互联网的发展。然而互联网由于其开放互联的特征,使得组织必须面对严重的安全问题。因此,如果组织的信息系统要接入互联网,或组织要启动基于互联网的业务系统,对信息系统控制与审计来说,了解必要的风险及安全因素,并进行适当的控制就变得尤为重要。

目前,来自互联网上的安全威胁主要分成主动攻击和被动攻击两大类。

主动攻击是指攻击者对互联网内数据与信息通过有选择的修改、删除、延迟、乱序、复制、插入数据等以达到其非法目的。主动攻击会影响到信息的真实性、身份的验证及网络安全参数的设定。主动攻击方法可以归纳为中断、篡改、伪造三种方法,常见的主动攻击手段有暴力破解、包重演、电子邮件炸弹/垃圾邮件、拒绝服务攻击等。

被动攻击主要是指攻击者监听网络上传递的信息流,从而获取信息的内容,或仅希望得到信息流的长度、传输频率等数据。常见的被动攻击手段有网络分析、窃听及网络流量分析等。

这两种攻击方法各有所长,主动攻击很难预防但却很容易检测出来,而被动攻击很难检测出来但很容易预防,所以,恶意攻击者一般会同时采取两种方式,通过被动攻击获取攻击对象网络的相关信息,为主动攻击准备好相应的攻击手段。

当前通过互联网或基于Web服务的非授权访问是互联网攻击的主要表现形式,也是众多通过互联网传播的木马和计算机病毒的主要破坏手段。这一类攻击利用互联网软件的漏洞或系统配置不当,利用相应的攻击手段进行未授权的访问。它们的主要行为表现在电子邮件伪造、窃取以明文传输的Telnet的密码等,还可以利用DNS系统的漏洞,改变IP地址与DNS的绑定,从而使伪装服务器冒用合法的域名。攻击甚至以共享软件的方式发布CGI脚本。CGI脚本需要一定的权限才能运行,入侵者如果控制了CGI脚本,就能获得主机的控制权;对于互联网的大部分用户来说,攻击客户端的可执行脚本(如Java、JavaScript、Active),嵌入恶意代码,在客户的电脑上执行并会造成相当的危害。

（二）互联网出口控制

1. 网络出口控制

互联网出口控制通过旁路侦听的方式对内部网络连接到互联网的数据流进行采集、分析和识别，实时监视用户使用互联网的状态，记录各种上网行为，发现互联网滥用情形，过滤不良信息，并对用户上网过程中发送和接收的相关内容进行控制、存储、查询和分析。

互联网出口控制可以进行网络数据包检查，识别应用层信息，并根据应用的特征码等信息来判断应用类别，根据实际需要来设置对这些网络应用的审计或记录，以避免因不当网络应用所引起的法律风险。结合我国网络特点及用户需求，互联网出口控制明确了以下三个目标：一是防御来自外部的威胁，阻止蠕虫、网络病毒、间谍软件和黑客攻击对内部网络造成的安全损失，提高内部网络的整体抗攻击能力；二是防御来自内部的威胁，阻止蠕虫、网络病毒爆发对内部网络的破坏，保障内部网络的正常运行，同时有效防范政务网络、企业网络机密信息外泄等安全事故的发生；三是有效控制网络资源滥用，通过净化流量，为网络加速。

2. 防火墙

防火墙是指设置在不同网络（如可信任的企业内部网和不可信的公共网）或网络安全域之间的一系列部件的组合。它是不同网络或网络安全域之间信息的唯一出入口，能根据企业的安全策略控制（允许、拒绝、监测）出入网络的信息流，且本身具有较强的抗攻击能力。它能提供信息安全服务，是实现网络和信息安全的基础设施。

防火墙可通过监测、限制、更改跨越防火墙的数据流，尽可能地对外部屏蔽网络内部的信息、结构和运行状况，以此来实现网络的安全保护。防火墙包含着一对矛盾（或机制）：一方面它限制数据流通，另一方面它又允许数据流通。由于网络的管理机制及安全策略不同，因此这对矛盾呈现不同的表现形式。其存在极端的情形：第一种是除了非允许不可的都被禁止，第二种是除了非禁止不可都被允许。第一种的特点是安全但不易使用，第二种是易使用但不安全，故多数防火墙都在两者之间折衷处理。

防火墙技术可根据防范方式和侧重点的不同而分为很多种类，但总体来讲可分为三类：包过滤防火墙、应用级防火墙及状态检测防火墙。

（三）互联网国内控制

我国的互联网，在国家大力倡导和积极推动下，在经济建设和各项事业中得到日益广泛的应用，使人们的生产、工作、学习和生活方式已经开始并将继续发生深刻的变化，对于加快我国国民经济、科学技术的发展和社会服务信息化进程具有重要作用。同时，如何保障互联网的运行安全和信息安全问题已经引起全社会的普遍关注。为了兴利除弊，促进我国互联网的健康发展，维护国家安全和社会公共利益，保护个人、法人和其他组织的合法权益，全国人民代表大会常务委员会《关于维护互联网安全的决定》相关内容如下。

1. 为了保障互联网的运行安全，对有下列行为之一，构成犯罪的，依照刑法有关规定追究刑事责任：

（1）侵入国家事务、国防建设、尖端科学技术领域的计算机信息系统；

（2）故意制作、传播计算机病毒等破坏性程序，攻击计算机系统及通信网络，致使计算机系统及通信网络遭受损害；

（3）违反国家规定，擅自中断计算机网络或者通信服务，造成计算机网络或者通信系统不能正常运行。

2. 为了维护国家安全和社会稳定，对有下列行为之一，构成犯罪的，依照刑法有关规定追究刑事责任：

（1）利用互联网造谣、诽谤或者发表、传播其他有害信息，煽动颠覆国家政权、推翻社会主义制度，或者煽动分裂国家、破坏国家统一；

（2）通过互联网窃取、泄露国家秘密、情报或者军事秘密；

（3）利用互联网煽动民族仇恨、民族歧视，破坏民族团结；

（4）利用互联网组织邪教组织、联络邪教组织成员，破坏国家法律、行政法规实施。

3. 为了维护社会主义市场经济秩序和社会管理秩序，对有下列行为之一，构成犯罪的，依照刑法有关规定追究刑事责任：

（1）利用互联网销售伪劣产品或者对商品、服务作虚假宣传；

（2）利用互联网损坏他人商业信誉和商品声誉；

（3）利用互联网侵犯他人知识产权；

（4）利用互联网编造并传播影响证券、期货交易或者其他扰乱金融秩序的虚假信息；

（5）在互联网上建立淫秽网站、网页，提供淫秽站点链接服务；或者传播淫秽书刊、影片、音像、图片。

4. 为了保护个人、法人和其他组织的人身、财产等合法权利，对有下列行为之一，构成犯罪的，依照刑法有关规定追究刑事责任：

（1）利用互联网侮辱他人或者捏造事实诽谤他人；

（2）非法截获、篡改、删除他人电子邮件或者其他数据资料，侵犯公民通信自由和通信秘密；

（3）利用互联网进行盗窃、诈骗、敲诈勒索。

5. 利用互联网实施本决定第一条、第二条、第三条、第四条所列行为以外的其他行为，构成犯罪的，依照刑法有关规定追究刑事责任。

6. 利用互联网实施违法行为，违反社会治安管理，尚不构成犯罪的，由公安机关依照《治安管理处罚法》予以处罚；违反其他法律、行政法规，尚不构成犯罪的，由有关行政管理部门依法给予行政处罚；对直接负责的主管人员和其他直接责任人员，依法给予行政处分或者纪律处分。

利用互联网侵犯他人合法权益，构成民事侵权的，依法承担民事责任。

7. 各级人民政府及有关部门要采取积极措施，在促进互联网的应用和网络技术的普及过程中，重视和支持对网络安全技术的研究和开发，增强网络的安全防护能力。有关主管部门要加强对互联网的运行安全和信息安全的宣传教育，依法实施有效的监督管理，防范和制止利用互联网进行的各种违法活动，为互联网的健康发展创造良好的社会环境。从事互联网业务的单位要依法开展活动，发现互联网上出现违法犯罪行为和有害信息时，要采取措施，停止传输有害信息，并及时向有关机关报告。任何单位和个人在利用互联网时，都要遵纪守法，抵制各种违法犯罪行为和有害信息。人民法院、人民检察院、公安机关、国家安全机关要各司其职，密切配合，依法严厉打击利用互联网实施的各种犯罪活动。要动员全社会的力量，依靠全社会的共同努力，保障互联网的运行安全与信息安全，促进社会主义精神文明和物质文明建设。

（四）无线网的控制

伴随着移动互联网业务全面深入的开展,移动智能终端在社会上开始大量普及,并且接入方式也开始多样化,目前移动互联网所面对的安全问题非常严峻,不仅要面对传统互联网所要遭遇的全部问题,更要面对移动互联网背景下新的安全威胁。

1. 新形势下的移动互联网面临的安全威胁

伴随我国移动互联网的迅猛发展,业务量也越来越多,所要面对的安全问题也在快速增长。移动互联网不仅需要面对传统互联网安全问题,如病毒、木马、盗号程序、拒绝服务攻击等,还要面对移动互联网新型安区问题,如信息泄露,个人隐私泄密,账号盗窃,恶意应用,流氓软件等。下面从网络安全威胁、业务平台安全威胁、终端安全威胁三方面来进行论述,分析新形势下移动互联网所面对的安全威胁。

（1）网络安全威胁。移动智能终端具备数量多、移动性强、功能丰富、形式多样的特性,而依靠移动智能终端存在的应用程序更是有种类复杂、数量繁多、实现机制不公开、安全因素低的特点,这些问题叠加到一块,让移动互联网所面对的安全威胁尤为严重。因为移动互联网进行信息传输和汇总发布的方式更加迅捷隐蔽,造成移动互联网病毒和木马的扩散更加迅速,也让传统互联网安全问题在新形势移动互联网环境下变得更加严峻,威胁级别也在快速提升。网络面临的的安全问题主要包含以下几点。第一,滥用空中接口。如果恶意软件在移动智能终端开始运行后,会强迫移动终端向通信网络一直大量发送垃圾信息,造成移动互联网的信息拥堵,使得网速变慢。第二,空中接口遭到监听。某些恶意监听软件依附在智能终端中,就可以在任意时间段对不同区域的空中接口信息进行监听。第三,非法接入。移动网络实行IP化,让许多非法终端可以便捷地接入到互联网。第四,拒绝服务攻击。第五,应用智能终端系统漏洞或者是协议对移动互联网进行攻击。移动互联网大部分应用了传统的IP网络协议和操作系统,他们存在大量的漏洞和缺陷,并且大量的木马工具在网络上随处可见,让移动互联网更容易遭受攻击。第六,攻击难以找到攻击源。因为没有有效的身份管理,且存在大量应用私网地址,导致移动互联网在遭遇攻击之后,追踪攻击源变得十分困难,进而监管方面的挑战更加严峻。

（2）业务平台安全威胁。在移动互联网中,终端既有可能通过3G/4G网络接入业务服务器,也可能经过Wi-Fi等方式接入,为了使业务可以适应不同的接入方式,移动互联网应用的信息处理流程比传统互联网更为复杂,也导致其所遭受的威胁更大。另外,大量的移动终端,也使移动互联网平台更易遭受拒绝服务攻击。除此以外,移动互联网平台还可能遭受信息窃取、非法使用业务、业务滥用、病毒感染等安全风险。

（3）终端安全威胁。终端的智能化及存储容量的扩大,使得用户不仅可以安装各种应用,也可以存储更多个人信息。但是这也带来了潜在的安全威胁。第一,开放的移动操作系统带来的安全威胁。操作系统的开放性一方面使开发者、用户可以更了解系统的运行规则,另一方面也有可能暴露了系统的漏洞。第二,非法访问用户个人信息。智能终端存储的用户信息越来越多,甚至包括用户的银行账号等重要信息,因而针对智能终端的信息窃取行为逐渐增多。第三,泄露个人行踪。智能手机提供的定位功能,会被恶意者利用,从而掌握用户的日常行动轨迹。第四,恶意收费。自动订购业务、发送短信、拨打声讯电话等。

2. 新形势下的移动互联网安全防护对策

(1)应用软件保护技术。软件保护技术的核心思想是以加密为主的技术手段保证软件不被破解,防止软件被盗版带来的经济损失和安全问题。目前常用的软件保护技术分为两类。一类是基于硬件方式的软件保护技术,这种软件保护方式可以包含多种功能,如数据加密、访问控制、密钥生成、可靠数据传输、硬件识别等,主要的产品包括加密狗、加密锁等方式。另一类是基于软件方式的软件保护技术,主要包括注册码、电子许可证等方式,它的特点是价格相对低廉,但在安全性上与硬件方式的软件保护技术有着较大的差距。

(2)位置服务隐私保护。目前主流的智能终端都具有定位功能,而位置服务(LBS)与SNS等移动互联网应用相结合,也已形成了一种普遍认同的新发展模式:O2O(online to offline)。这种新兴模式的应用广泛、功能灵活,因而位置服务将会成为新互联网时代的标准配置。LBS隐私保护方法主要有以下3种。第一,假位置。通过制造假位置,使入侵者无法获得真实位置,并且数据库中的查询处理器也无需作任何修改,方式简单。第二,时空匿名。将用户的位置通过扩展变成时空区域,使查询结果是一个超集,从而达到保护隐私的目的。第三,空间加密。对位置进行加密,使入侵者难以获得数据。

四、互联网、政务外网、政务内网互联互通控制

电子政务网络由政务内网和政务外网构成,两网之间物理隔离,政务外网与互联网之间逻辑隔离。政务内网主要是副省级以上政务部门的办公网与副省级以下政务部门的办公网物理隔离。政务外网是政府的业务专网,主要运行政务部门面向社会的专业性服务业务和不需在内网上运行的业务(图4-5)。

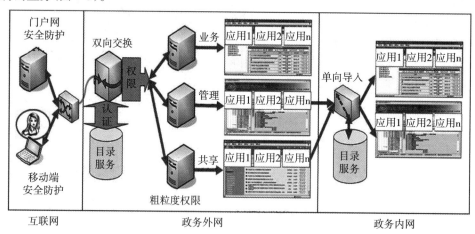

图4-5 三网互联拓扑

(一)三网互联安全

1. 三网互联安全目标

为维护政府的形象和权威,实现最佳的信息服务效果,电子政务系统必须使信息的拥有者用最小的风险获得最大的安全利益,并对网络实行全面访问控制。通过对网络流量、重要服务器进行全面监控,将安全策略、软硬件结合起来,形成统一的防御系统,减少安全风险。为此,网络安

全建设需以实现系统的可用性、完整性、保密性、可记账性和保障性为目标。

2. 三网互联方案

通过双向交换设备实现互联网与政务外网的互联互通;通过单向导入设备实现政务外网向政务内网的互联互通。

3. 三网互联效能

(1)可用性:保证电子政务系统正常有效地运行,使用户得到准确的信息和安全的服务。

(2)完整性:保证数据和系统的完整性,杜绝未授权修改的发生。

(3)保密性:保证信息不暴露给未授权实体或进程,不向非授权个人或部门泄露信息。

(4)可记账性:电子政务系统保证能够对实体的全部行为作出记录,对出现的安全问题提供依据与手段,为拒绝否认、威慑违规、检测和防止入侵及法律诉讼等提供证据。

(5)保障性:在用户、软件出现无意差错或出现恶意入侵或破坏的时候,能够提供充分的保护。

4. 三网互联要求

在电子政务网络系统的设计与建设中还需保证:

第一,实现电子政务内网与外网的安全隔离与访问控制,保证网络的边界安全。

第二,定期进行网络系统漏洞分析、减少恶意入侵的机会。

第三,利用入侵检测系统阻止来自外部的攻击行为,并阻止内部的违规操作行为。

第四,控制敏感信息的无序传播及对不合法站点资源的访问。

第五,利用认证和加密强化网络的安全性。

5. 三网互联特性

电子政务网络系统安全体系建设要在平衡整体与局部利益,避免重复建设,遵循当前目标和长远目标相结合的基础上,采用"统一规划、统筹安排、统一标准、相互配套"的原则进行。同时,安全方案要服务于业务需求,保证系统具有以下特性:

(1)实用性:在充分完成行政机关办公工作的业务需求的前提下,避免盲目建设、盲目追求新技术。

(2)先进性:保证采用成熟、先进的技术,使得系统能够持续发展,系统之间能够互联方便。

(3)可靠性:从系统结构、技术措施、设备选型、技术服务及维修响应能力等方面考虑,保证系统的可靠性。

(4)扩展性:要着眼于当前现有的技术,用最小的代价适应网络技术的不断发展,使系统规模扩大时无须重新进行规划与设计。

(5)易用性:保证系统要易于理解、界面简单实用、功能强大、管理方便简洁、维护自动容易。

(6)规范性:系统的各种软、硬件应符合国际、国内标准,各子系统要保持业务、功能、标准的统一。

(二)三网互联网络安全技术措施

为实现网络安全,可以根据ISO七层分层网络协议对网络系统进行安全分层,并采取相应的安全措施,具体如下:

1. 物理层安全

该层的安全主要包括环境安全、设备安全和线路安全。特别指出的是,由于电子政务网络系统各层之间存在着信息资源、服务对象、数据通信等方面的差异,需要把不同保密级别的网络隔离开。物理隔离就是让存有用户重要数据的内网和互联网从物理上断开,防止因网络互联而被攻击及泄密事件的发生。同时,为了保证用户和互联网之间能够完成信息交换,避免信息联系被屏蔽,需要保证两个网络在逻辑上是连通的。

2. 数据链路层安全

为了防止入侵者在数据的传输过程中窃听、非法读取、恶意修改数据,保证数据的真实性、机密性、可靠性和完整性,必须使用数字签名及认证技术、加密技术对网络上的数据进行加密处理。另外,可以采用虚拟专用网技术在公网中建立专用网络,保证数据在安全的"加密通道"中传播,以有效解决外部用户安全访问网络内部资源的问题。

3. 网络层安全

防火墙技术:该技术通过建立网络通信监控系统,根据防火墙的访问控制策略对进出被保护网络的数据流进行监控、分析,进而达到保障网络安全的目的。防火墙系统能够拦截从被保护网络向外传送的信息,并保护网络资源不受外部的攻击,管理员根据安全控制策略建立包过滤的准则,并对该准则进行修改、增加或删除。利用防火墙可以实现以下功能:①使用IP与MAC地址绑定功能,保证控制用户访问权限到最低限度,但又不影响用户的正常访问。②通过防火墙实现对服务器的全面监控,发现并阻止非法操作。③利用防火墙采集网络使用率统计数字和试探的证据。

入侵检测技术:从电子政务网络系统中若干关键节点收集信息并对其进行分析,监控是否有违反安全策略的行为或是否有入侵行为。该技术能够在不影响网络性能的情况下提供安全审计、监视、攻击识别和反攻击,并采取断开网络连接、记录攻击过程、跟踪攻击源、紧急告警等措施对系统进行实时保护。入侵检测系统通过滥用检测、异常检测或同时使用这两种技术来实现入侵检测,该技术安装在有敏感数据的网络上,通过监听数据流发现违规行为或未授权的访问时,网络监控系统能够根据系统安全策略做出反应。该技术包括管理器和探测引擎,可以把一个探测引擎单独部署在每个需要保护的地方,在全网使用一个管理器,并通过系统控制台实现事件库升级、安全防护策略、上报日志生成报表等统一的管理。也可以把探测引擎部署在内部应用网络的重要网段来监视、记录网段上的所有操作,保护网络中的服务器和主机免遭恶意攻击。另外,在一些重点区域,可以单独部署一套网络监控系统。

4. 系统层安全

该层次的安全问题包括操作系统安全、数据库安全及相关应用系统的安全。当前的网络操作系统存在着"后门"和安全漏洞,为此,应采用拥有自主知识产权且源代码对政府公开的系统进行合理的配置,同时要利用漏洞扫描工具定期扫描漏洞及配置更改情况,并进行漏洞的修补和配置的重新优化。而数据库则必须进行有效的加固以保证重要信息的安全,进而从根本上保证整个信息系统的安全。

5. 应用层安全

身份认证技术:在电子政务系统中,计算机只能识别数字身份,而用户只有物理身份,为了实现操作者数字身份与物理身份的对应,必须使用身份认证系统。该系统通过绑定证据和实体来标识和鉴别用户身份,进而实现用户身份的判别和确认。

防病毒技术:病毒是一种功能程序,它侵害计算机系统并具有传染性。如何有效防范病毒以保证系统的安全性和保密性日益迫切。可以从网关、服务器端、客户端三个层次对病毒进行防范:

(1)使用防毒网关扫描过滤进出网络的封包,阻断病毒入侵的通道,保证内部网络的安全。

(2)对易受攻击的服务器进行防毒保护,通过对访问服务器的数据包的扫描和过滤对病毒进行监控、检测、清除,保证服务器的安全。

(3)对客户端进行病毒防护,实时监控、检测客户端的运行状况,扫描并过滤进出客户端的数据包,避免其受到病毒的感染。

6. 安全管理

安全有效的管理是实现电子政务网络安全的重要保障,为此,可以从以下三方面着手:一是建立完善的网络安全法律法规体系,做到有法可依;形成合理有效的网络管理制度,保证网络运行的规范有序;二是加强教育培养,造就高素质的技术管理人才队伍,保证法规、制度的落实;三是制定安全事故应急预案,及时消除网络事件造成的危害和影响。

五、网络布线控制

综合布线是一种模块化的、灵活性极高的建筑物内或建筑群之间的信息传输通道。它既能使语音、数据、图像设备和交换设备与其他信息管理系统彼此相连,也能使这些设备与外部相连接。它还包括建筑物外部网络或电信线路的连接点与应用系统设备之间的所有线缆及相关的连接部件。综合布线由不同系列和规格的部件组成,其中包括:传输介质、相关连接硬件(如配线架、连接器、插座、插头、适配器)及电气保护设备等。这些部件可用来构建各种子系统,它们都有各自的具体用途,不仅易于实施,而且能随需求的变化平稳升级。

(一)局域网布线控制

综合布线系统是开放式结构,能支持电话及多种计算机数据系统,还能支持会议电视、监视电视等系统的需要。综合布线系统可划分成六个子系统:工作区子系统、配线(水平)子系统、干线(垂直)子系统、设备间子系统、管理子系统、建筑群子系统。

(1)工作区子系统。一个独立的需要设置终端的区域,即一个工作区,工作区子系统应由配线(水平)布线系统的信息插座,延伸到工作站终端设备处的连接电缆及适配器组成(图4-7)。一个工作区的服务面积可按5~10m²估算,每个工作区设置一个电话机或计算机终端设备或按用户要求设置(图4-6)。

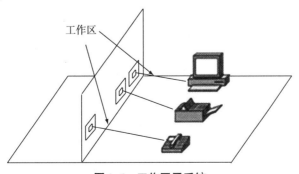

工作区

图4-6 工作区子系统

　　(2)配线子系统。配线子系统由工作区用的信息插座,每层配线设备至信息插座的配线电缆、楼层配线设备和跳线等组成(图4-7)。

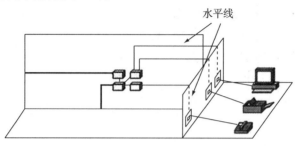

图4-7　配线子系统

　　(3)干线子系统。干线子系统应由设备间的配线设备和跳线及设备间至各楼层配线间的连接电缆组成(图4-8)。在确定干线子系统所需要的电缆总对数之前,必须确定电缆话音和数据信号的共享原则。对于基本型每个工作区可选定1对,对于增强型每个工作区可选定2对双绞线,对于综合型每个工作区可在基本型和增强型的基础上增设光缆系统。

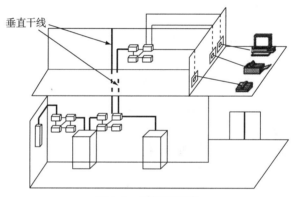

图4-8　干线子系统

　　选择干线电缆最短、最安全和最经济的路由,选择带门的封闭型通道敷设干线电缆。干线电缆可采用点对点端接,也可采用分支递减端接以及电缆直接连接的方法。如果设备间与计算机机房处于不同的地点,而且需要把话音电缆连至设备间,把数据电缆连至计算机机房,则宜在设计中选取不同的干线电缆或干线电缆的不同部分来分别满足不同路由干线(垂直)子系统话音和数据的需要。当需要时,也可采用光缆系统予以满足。

　　(4)设备间子系统(图4-9)。设备间是在每一幢大楼的适当地点设置进线设备、进行网络管理及管理人员值班的场所。设备间子系统由综合布线系统的建筑物进线设备、电话、数据、计算机等各种主机设备及其保安配线设备等组成。设备间内的所有进线终端应采用色标区别各类用途的配线区,设备间位置及大小根据设备的数量、规模、最佳网络中心等内容综合考虑确定。

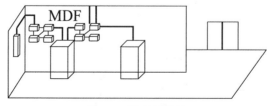

图4-9　设备子系统

（5）管理子系统（图4-10）。管理子系统设置在每层配线设备的房间内。管理子系统应由交接间的配线设备、输入/输出设备等组成，管理子系统也可应用于设备间子系统。管理子系统应采用单点管理双交接。交接场的结构取决于工作区、综合布线系统规模和选用的硬件。在管理规模大、复杂、有二级交接间时，才设置双点管理双交接。在管理点，根据应用环境用标记插入条来标出各个端接场。

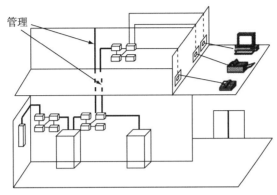

图4-10　管理子系统

交接区应有良好的标记系统，如建筑物名称、建筑物位置、区号、起始点和功能等标志。交接间及二级交接间的配线设备宜采用色标来区别各类用途的配线区。

（6）建筑群子系统（图4-11）。建筑群子系统由两个及以上建筑物的电话、数据、电视系统组成一个建筑群综合布线系统，包括连接各建筑物之间的缆线和配线设备（CD），组成建筑群子系统。建筑群子系统宜采用地下管道敷设方式，管道内敷设的铜缆或光缆应遵循电话管道和人孔的各项设计规定。此外安装时至少应预留1~2个备用管孔，以供扩充之用。建筑群子系统采用直埋沟内敷设时，如果在同一沟内埋入了其他的图像、监控电缆，应设立明显的共用标志。电话局引入的电缆应进入一个阻燃接头箱，再接至保护装置。

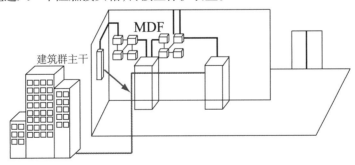

图4-11　建筑群干线子系统

（二）网络接入控制

局域网的接入域、交换域、应用域、数据域、安全域、用户域的网络结构拓扑，局域网软硬件部署结构，承载业务所需的网络结构的需求符合性。国家电子政务部门典型的局域网分域结构如图4-12所示。

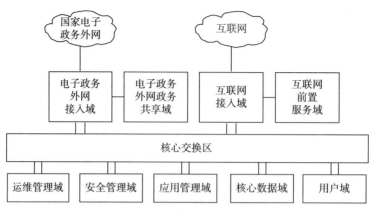

图4-12 局域网分域结构

（1）核心交换域。核心交换是整个网络的交换中心，同时也是整网（LAN）的路由中心，全网绝大部分第三层操作都通过核心交换机集中进行，其有效性通过两台核心交换机全线速的多层处理性能以及骨干网的高带宽来保证。

（2）互联网接入域。互联网接入域提供互联网接入服务，该区域与核心交换域之间一般采用千兆双绞线/光纤互联。

（3）互联网前置服务域。互联网前置服务域部署交换机与各业务系统Web服务器，为来自互联网的用户提供各种信息查询服务，同时为政务部门内部用户提供访问互联网功能。

（4）电子政务外网接入域。电子政务外网接入域提供电子政务外网接入服务。

（5）电子政务外网政务共享域。电子政务外网政务共享域的服务器上主要部署和相关政务部门共享交换的信息。

（6）应用服务域。本区域主要由各种应用服务器组成，应用服务器需要实时传输大量数据，本区域一般使用高性能接入交换机连接至核心交换机，保证高带宽的同时更提供双链路的冗余，确保服务器与网络的可靠连接。

（7）数据服务域。数据服务域为整个系统核心数据存放区域，主要设备为数据库服务器、存储系统和备份系统。

（8）用户域。用户域由办公用户终端组成。办公终端由于设备数量繁多，需要使用高密度接口接入交换机连接到核心。

（9）安全管理域。安全管理域包括网管软件以及各安全系统的管理平台，该区与核心交换区之间一般采用千兆双绞线互联。

（10）运维管理域。运维管理域包括运维管理平台，提供全网设备统一运维管理服务。

（三）网络带宽控制

网络带宽控制内容包括局域网网络带宽、局域网与城域网和广域网间的网络带宽、满足传输高峰值的网络带宽等控制。

1. 局域网络带宽控制

目前局域网带宽一般都是千兆乃至万兆，一般应用的带宽都能够满足。对局域网络带宽控制的审计，主要关注大数据处理的应用是否涉及在相关应用域和数据域之间直连访问，避免通过核心交换路由造成核心交换拥堵。

2．广域网络带宽控制

对于多级互联、多接入点共享的广域网络,需要在广域网络拓扑架构、大数据流量骨干带宽等方面进行合理的设计建设。广域网络带宽控制的审计,主要关注广域拓扑架构是否能够满足多级互联的应用需求,重点关注大数据流量的作业安排是否合理、该类骨干网带宽是否能够保障。

3．带宽测算

网络通信带宽能力应能满足最大业务峰值时的通信量,目前广域网通信量主要包括数据业务和语音、视频业务两类。

网络中的通信量包括有效数据和管理数据。其中,有效数据包括数据净值和数据包头两部分,管理数据包括路由协议的通信量、网管信息的通信量等。

一般而言,管理数据约占10%,数据包头指IP头、TCP头和数据链路层帧头等。数据包头约占有效数据的10%。由此可以得出,

$$实际通信量:B_r = C \times (1 + 10\%) \times (1 + 10\%) \tag{4-1}$$

$$峰值通信量:B = K \times CB_r \tag{4-2}$$

其中:B_r为实际通信量;C为有效通信数据;K为通信量的平均值与峰值之间的差异系数。

为保障网络的正常使用,网络通信带宽按峰值通信量进行测算,并给予25%的余量。

4．网络布线控制

(1)铜缆线布线。铜网布线是数据中心最基础的网络布线设施,产品包括各类网线、网线配件、理线产品及网络工具等提供的高性能同系统产品。综合布线系统铜缆双绞线由5类发展为目前的6类双绞线(表4-1)。铜缆线为非屏蔽线,对数据传输距离、传输量有一定要求。

表4-1　铜缆线布线材料

项目	不同铜缆线的传输束率								
网线类型	1类线	2类线	3类线	4类线	5类线	超5类线	6类线	超6类线	7类线
作用	适用于20世纪80年代初的电话线缆	适用于旧的令牌网	适用于支持10M网线	适用于令牌局域网和以太网络使用	适用于100BASE-T和10BASE-T网络	适用于千兆位以太网	适用于传输速率高于1Gps的网络	适用于千兆位网络中	适用于万兆位以太网技术的应用
传输频率	比较低	1MHz	16MHz	20MHz	100MHz	100MHz	1MHz~250MHz	200MHz~500MHz	至少可达500MHz
最高传输速率	比较低	4Mbps	10Mbps	16Mbps	100Mbps	1000Mbps	1GMbps	1000Mbps	10GMbps

(2)光纤布线。光纤布线系统是目前世界上应用范围最广泛的一种光纤布线类型,不管是校园网或建筑物的主干光纤到桌面的应用大中小型项目,还是室内/室外不同的应用环境等。光纤属于屏蔽线,可以保障传输数据安全,且对于传输距离没有要求(图4-13)。

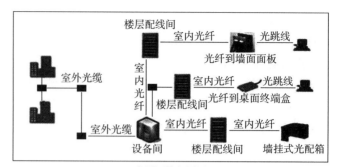

光纤线　　　　　　　　　　　　　　　　　光纤网络部署图

图4-13　光纤布线材料

六、网络设备控制

网络设备控制包括路由器、交换机、网关等。

1. 路由器

路由器(Router,又称路径器)是一种计算机网络设备,它能将数据包通过一个个网络传送至目的地(选择数据的传输路径),这个过程称为路由。路由器就是连接两个以上个别网络的设备,路由工作在OSI模型的第三层——即网络层,例如网际协议(Internet Protocol,IP)层。

路由器分为:宽带路由器、模块化路由器、非模块化路由器、虚拟路由器、核心路由器、无线路由器(图4-14)、智能流控路由器等。

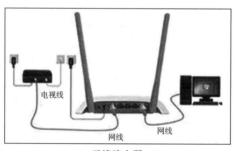

电视线

网线　　　网线

无线路由器

网4-14　无线路由器设备

2. 交换机

交换机(Switch)是一种在通信系统中完成信息交换功能的设备。包括接入交换机、核心交换机、汇聚交换机。它可以为接入交换机的任意两个网络节点提供独享的电信号通路。最常见的交换机是以太网交换机(图4-15)。

接入交换机　　　　　核心交换机　　　　汇聚交换机

图4-15　交换机设备

3. 网关

网关（Gateway）又称网间连接器、协议转换器。网关在网络层以上实现网络互连，且仅用于两个高层协议不同的网络互连。

国家关于利用网关设备实行不同网络之间互联互通的法规控制。

（1）双向交换网关。实现将 HART 从站设备接入到 EtherNet IP 网络，实现不同网络（互联网与政务外网）之间的数据双向交换。

（2）单向导入网关。保证高密级网络中的数据不能流向低密级网络，但低密级网络中的数据可以流向高密级网络（实现政务外网数据单项进入秘密级，再进入机密级政务内网）的单向传输技术（图4-16）。

双向交换网关

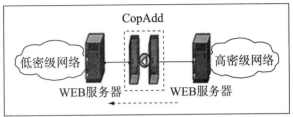

单向导入网关（工作原理）

图4-16 网关设备

七、网络系统控制的审计

网络结构控制审计重点关注网络结构对于业务需求的符合性，网络结构控制对于系统运行可靠性和安全性，网络结构及其控制对于网络建设投资的经济性。

（一）网络结构控制审计

1. 网络结构业务需求符合性和系统可靠性审计

网络结构包括局域网、城域网、广域网，也包括公开信息网（互联网）、非涉密工作信息网（电子政务外网）、涉密信息网（电子政务内网）的结构设计与控制。审计检查网络结构的重点是业务需求符合性、系统可靠性。

网络规划一般包括需求分析、逻辑设计和物理设计阶段，通过上述阶段使网络能够满足业务部署目标要求。审计中应关注网络规划各阶段及网络实施过程中，是否偏离业务部署目标要求。关注组织内不同分支结构是否未有效纳入组织内广域网、城域网、局域网的分段结构设计范围，揭示网络结构控制中未有效纳入广域网或城域网的联接范围的相关组织分支，在经济业务方面，相关信息资源的信息收集、处理、存储和输出行为是否存在因无法达到互联互通，或时间迟滞，导致影响组织目标的实现情况。

所需资料：组织结构图、网络拓扑图、其他经济规模相近的组织分支有关资料。

审计方法：通过系统调查方法、资料审查方法和专家评审方法，评价因未有效纳入组织内广域网、城域网、局域网的分段结构设计导致的影响。

2. 网络结构物理安全审计

审查涉密广域网、城域网、局域网是否在网络结构控制上进行物理隔离。

所需资料:组织分级保护、等级保护实施档案材料、网络系统需求文件、组织结构图、网络拓扑图。

审计方法:通过系统调查方法、资料审查方法,实地踏查法了解涉密广域网、城域网、局域网的所有边界,是否未与其他网络进行了物理隔离,违反了应符合相关法律法规的正确性要求。

3. 网络安全等级保护审计

关注广域网或城域网的承载信息资源和应用系统是否按照相关法规进行了分级、等级保护评价,以及相关线路建设是否符合对应的分级、等级保护要求。

所需资料:组织分级保护、等级保护实施档案材料、网络系统需求文件、组织结构图、网络拓扑图。

审计方法:通过系统调查方法、资料审查方法,了解分级保护、等级保护实施情况和敏感信息分布情况,查找未按照相关法规进行了分级、等级保护评价,对承载涉密信息的广域网或城域网外部联接方式未采取规定渠道,或对承载敏感信息未按等级保护要求,选择恰当的加密或自建线路等方式,违反了应符合相关法律法规的正确性要求。

4. 网络建设投资的经济性审计

审计网络建设投资的经济性,关注是否对位于相同地域的不同分支组织,以不同的广域网或城域网的联接方式接入网络。重点检查技术上是否存在将位于相同地域的组织不同分支划分为局域网内不同子网,这些分支子网共享物理广域网或城域网联接的替代方案,揭示网络结构设计缺陷,未有效共享广域网或城域网的联接方式导致的不经济性。

所需资料:网络系统需求文件、组织结构图、网络拓扑图、组织投资责任管理制度、组织地理位置信息、网络工程建设和运行涉及的财务资料、广域网或城域网资费信息。

审计方法:通过系统调查方法、资料审查方法和专家评审方法,比较有效共享广域网或城域网的联接方式和重复建设广域网或城域网的联接方式的建设与运行费用累积差异,评价是否因此产生了不经济的网络结构控制,并明确责任。

5. 网络结构控制方面的特殊性审计

审查组织内公开信息网络、非涉密信息网络和涉密信息网络对于具有发布信息源功能的应用系统在网络结构控制方面的特殊性。

关注公开信息网络、非涉密信息网络和涉密信息网络在网络结构控制方面的特殊性。公开信息网络对于具有发布信息源功能的应用系统在网络结构控制方面、非涉密信息网络对于具有发布信息源功能的应用系统在网络结构控制方面需在网络系统目标中合理估算用户访问量并确定是否为具有发布信息源功能的应用系统独立划分子网,并在最终用户到该子网间建立满足访问性能的带宽支持的访问路径,同时该路径能够支持匿名用户访问。而涉密信息网络虽然在必要时也可以采用同样的方式划分子网,但对访问路径上的网络控制必须支持更高的访问控制级别,不得支持匿名访问。

所需资料:组织结构图、网络拓扑图、访问控制设计资料和运行记录。

审计方法:通过系统调查方法、资料审查方法,评价对于具有发布信息源功能的应用系统用户访问的带宽支持和用户访问控制的可靠性。

（二）网络外部联接审计

1. 网络外部联接控制审计

审查组织内广域网、城域网、局域网的连接中，是否存在外部组织连接。关注是否有非组织内单位纳入了组织所属广域网、城域网、局域网的联接范围，重点检查这些非组织内单位接入组织所属广域网、城域网、局域网的必要性，检查对这些非组织内单位接入组织广域网、城域网、局域网的目的，是否对来源于非组织内单位的接入点，所产生的网络访问行为进行了有效标识，并对其访问行为进行有效控制。

所需资料：组织结构图、网络拓扑图、网络运行记录和资源访问记录。

审计方法：通过系统调查方法、资料审查方法，查找外部联接对组织信息资源的不当访问，评价外部联接影响组织内其他分支结构对网络通信资源和网络信息资源的使用的影响。

2. 网络外部联接非授权审计

审计网络外部联接非授权行为，关注是否非授权设备私自联到内部网络的行为。如存在拨号访问用户，应确定其数量并限制其在指定网段通过指定设备和指定路由进行网络访问。

所需资料：网络系统需求文件、组织结构图、网络拓扑图、边界设备配置文件、运行日志。

审计方法：通过系统调查方法、资料审查方法和现场查看访问日志，重点检查是否存在未纳入管理的外部MAC地址，检查非授权设备私自联到内部网络的行为。

3. 网络边界访问审计

审计网络边界访问控制，关注是否在网络边界部署访问控制设备，启用访问控制功能。

所需资料：网络系统需求文件、组织结构图、网络拓扑图、边界设备配置文件。

审计方法：通过系统调查方法、资料审查方法和现场查看边界设备配置文件，检查未在网络边界部署访问控制设备或未正确启用访问控制功能的现象。

4. 网络非法外联审计

审查广域网、城域网、局域网的网络边界是否设置监控防止内部用户非法外联。关注在网络边界处设立监控设备，监控内部用户非法外联，当内部用户处于敏感信息区域进行非法外联时能否及时阻断。

所需资料：网络系统需求文件、组织结构图、网络拓扑图、边界设备配置文件、访问日志。

审计方法：通过系统调查方法、资料审查方法、工具测试方法，重点监管内部用户非法外联的流量和包数据，或以工具生成内部用户外联包，以穿行测试的方式检查监控手段是否有效。

5. 网络边界入侵审计

审查广域网、城域网、局域网的网络边界入侵。关注网络边界处是否设立监控设备，监控以下攻击行为：端口扫描、强力攻击、木马后门攻击、拒绝服务攻击、缓冲区溢出攻击、IP碎片攻击和网络蠕虫攻击等。当检测到攻击行为时，记录攻击源IP、攻击类型、攻击目的、攻击时间，在发生严重入侵事件时应提供报警。

所需资料：网络系统需求文件、组织结构图、网络拓扑图、边界设备配置文件、访问日志。

审计方法：通过系统调查方法、资料审查方法和边界设备配置文件、访问日志。检查攻击行为是否失于监控及监控是否有效。

（三）网络运行状况审计

审查组织内广域网、城域网、局域网连接的运行瓶颈情况。

关注是否存在广域网、城域网、局域网的连接路径上的运行瓶颈，尤其是对于网络建设完成的前期、中期，因未有效了解组织应用复杂程度和增长率，选择了不能满足组织内应用系统需求的网络结构控制。

所需资料：组织结构图、网络拓扑图、网络运行记录和资源访问记录。

审计方法：通过系统调查方法、资料审查方法，查找广域网、城域网、局域网的联接路径上的运行瓶颈，评价选择了不能满足组织内应用系统需求的联接模式对网络通信资源和网络信息资源的使用的影响。

本节思考题

1. 我国电子政务信息化建设的网络结构有哪些典型的架构？

2. 国家电子政务内网、电子政务外网建设的目标是什么？

3. 从电子政务应用角度看，电子政务有哪些典型应用？它们在政务内网、政务外网上如何应用？

4. 国家电子政务网络如何接入互联网？从控制角度看，应当怎样控制政务网络与互联网的连接？

5. 国家电子政务网络建设中，对网络性能的控制目标有哪些？如何达到这些控制目标？

6. 对电子政务网络控制审计的程序与方法有哪些？开展网络控制审计的技术有哪些，应当如何运用？

7. 电子政务网络控制审计评价应当关注哪些方面？

第二节　计算系统控制审计

计算系统控制通过对计算系统的规划、建设、运行和维护等环节的控制，确保计算系统满足战略目标与业务要求，并确保计算系统的硬件、软件、支撑环境的可靠性、安全性与有效性。

计算系统控制是信息系统建设运维单位为保障计算系统的符合性和有效性，按照国家和行业的规章制度和标准规范，加强计算系统的计算方式、计算结构和计算措施控制，使计算系统具有可靠性、安全性和经济性。

计算系统控制审计是信息系统审计服务单位按照国家和行业的规章制度和标准规范，对计算系统的计算方式、计算结构和计算措施控制的符合性和有效性进行检查监督，提出审计意见和建议，保障计算系统具有可靠性、安全性和经济性。

一、计算机系统总体控制

（一）计算系统概念和控制

计算系统的发展经历了大型主机模式和分布式模式两个主要阶段，随着计算机技术和计算机网络的发展，以客户机/服务器（C/S）的计算模式逐渐取代了以大型主机为中心的计算机模式，成为企业网首选的计算模式,而云计算技术是网络计算系统的最新发展与应用。

网络计算系统以分布式处理为特征,经过并行处理、网格计算、集群计算和云计算的技术变迁,实现了在计算机网络上完成分布式的业务运营。云计算是分布式计算、并行计算、网络存储、虚拟化等传统计算机和网络技术发展融合的产物,是近年来最具有代表性的网络计算技术,也是目前应用的热点。

开放、复杂的分布式计算系统存储了海量的用户数据信息,随着分布式计算的广泛应用,其存在的安全性问题也备受关注。总结起来,其安全风险主要涉及三个方面:一是涉及合规性的风险。具体表现在分布式计算服务提供商是否能够自觉遵从所在国家的法律法规;分布式计算的设计、操作与维护管理等环节的分布式身份认证机制薄弱,用户及其权限分配与使用存在风险。二是涉及数据资产安全的风险。数据的安全是分布式计算安全的关键,而数据在分布式计算系统中具有数据存储位置分散、不可控性等诸多安全隐患。因此,一旦分布式架构在数据的隔离防护等方面措施不当,或者数据高度密集的分布式服务平台遭到恶意攻击,那么在数据传输、存储、处理等各个环节,均有可能发生数据的泄露、篡改、丢失。三是涉及技术可靠性的风险。资源共享是分布式计算的优势和特点,但是同时,共享程度越高,漏洞也就越多。另外,开放的分布式计算要求大量的网络接口和 API 来整合资源,也增加了安全风险与可靠性风险。

计算系统控制通过对网络计算系统的规划、建设、运行和维护等环节的控制,确保计算系统满足战略目标与业务要求,并确保计算系统的硬件、软件、支撑环境的可靠性、安全性与有效性。

(二)计算系统总体组成控制

1. 计算系统硬件

尽管所有的分布式计算系统都包含多个 CPU,但仍有一些不同的硬件组织方法,特别体现在这些 CPU 的互联方式及通信方式上。本节将简要介绍分布式系统的硬件,特别是要了解多台计算机是如何联结在一起的。下一节将探讨与分布式系统有关的软件问题。

过去几年中人们已经提出过许多 CPU 计算机系统的分类方案,但却没有一种方案真正流行或者被广泛采用。在这些方案中最经常被引用的是 Flynn 的分类方案,虽然它还相当不成熟。Flynn 提出两个他认为十分重要的特征:指令流的数量和数据流的数量。

第一类是具有单指令流、单数据流的计算机,它被称为 SISD(Single Instruction stream,Single Data stream)。所有传统的单处理机(即仅有一个 CPU 的)计算机,从个人计算机到大型主机,都属于这一类。

第二类是 SIMD(Single Instruction stream,Multiple Data stream),它有一个指令流和多个数据流。这种类型是指有一个能取一条指令的指令单元的处理机阵列结构。在这个结构中,指令单元取出一条指令后,操纵许多数据单元并行地执行这条指令,而且每个数据单元都有它自己的数据。这种类型的计算机在用多组数据重复进行同样的计算时是非常有用的。例如,把有 64 个独立向量的所有元素累加起来。一些超级计算机就属于 SIMD 型。

第三类是 MISD(Multiple Instruction stream,Single Data stream)。此类型计算机有多条指令流,一条数据流。我们已知的计算机中没有属于这一类的。

最后一类是MIMD(Multiple Instruction stream,Multiple Data stream),它在本质上是一组独立的计算机,每个计算机有自己的程序计数器、程序和数据。所以这种分类系统对于我们来说不是非常有用的。所有的分布式系统都是MIMD型。

虽然Flynn的分类到此为止,但我们还要更深入地进行分类。我们把所有的MIMD计算机群分成两类:那些具有共享存储器的通常称为多处理机(multiprocessor)或多处理器,而不具有共享存储器的则称为多计算机(multicomputer)。它们之间的本质区别在于:在多处理机中,所有的CPU共享统一的虚拟地址空间。例如,如果任何一个CPU将数值44写入地址1000中,随后任何其他的CPU将会从它的地址1000中读出数值44,所有的机器共享同一个存储器。

相反,在多计算机中,每个计算机有它自己私有的存储器。如果一个CPU将数值44写入它的地址1000中,而当另一个CPU读地址1000中的数据时,将会得到该地址中以前写入的值。写入数值44根本没有影响到它自己的存储器。由网络连接的个人计算机的集合就是一个多计算机系统的普通实例。

这两种类型又可以分别根据互连网络的体系结构进一步进行细分。把这两种分类描述为总线型(bus)和交换型(switched)。所谓总线型是指只通过单个网络、底板、总线、电缆或其他介质将所有计算机联结起来。有线电视采用的就是与此十分类似的方案,即电缆公司在街道下面布线,所有的用户都通过分接头将他们的电视与这条总线连结起来(图4-17)。

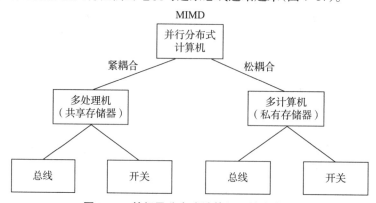

图4-17　并行及分布式计算机系统分类法

交换型系统并不像有线电视那样有一个网络主干,而是在机器和机器之间有独立的线路,在实际使用中还有许多不同的连线方式。信息沿着线路传送,在每一步都需要进行明确的路由选择以将信息通过某个输出线路发送出去。世界范围的公共电话系统就是采用这种方式组织的。

另一种分类方法是,在一些系统中的机器是紧耦合型(tightly coupled)的,而在另一些系统中它们是松耦合型(loosely coupled)的。在紧耦合的系统中,一台计算机向另一台计算机发送信息的时延短、数据传输速率高,也就是说它每秒中所能够传送的比特数大;而在松耦合的系统中则正好相反:机器间信息传送延迟大,数据传输速率也低。例如,同一个印刷电路板上由蚀刻在板上的电路连接的两个CPU芯片很可能是紧耦合的。然而,由2400比特/秒的调制解调器通过电话系统连接到一起的两台计算机必定是松耦合的。

紧耦合的系统多用于并行系统(共同处理一个问题),而松耦合系统多用于分布式系统(处理一些不相关的问题)。然而情况并不总是这样,如一个著名的反例就是:全世界的数百台计算机一起工作,试图对一个巨大的数字(大约100位)进行分解因子,每台计算机被安排只计算某个指定范围中的除数。他们都在空闲的时间做这件事,完成后用电子邮件报告结果。

总的来说,多处理机的耦合程度要比多计算机高,因为它们能以存储速率交换数据,但一些基于光纤的多计算机也能以存储速率交换数据。

2. 计算系统软件

分布式计算系统的操作系统不像硬件一样可以进行清晰,明确的归类。就其本质而言,软件是模糊的和无定型的。但是,在多CPU系统中区分两种不同的操作系统总还或多或少是可能的,它们就是松耦合系统和紧耦合系统。正如我们将要看到的,松耦合和紧耦合的软件与相应的松耦合和紧耦合硬件大致相似。

松耦合的软件允许分布式系统的机器和用户基本上各自独立,但是也在必要的情况下进行一定程度的相互作用。假设有这样一组个人计算机,每个机器都有它自己的CPU、存储器、硬盘和操作系统,但是它们通过LAN共享一些资源,如激光打印机、数据库等。因为每一台计算机都能够明显地同其他计算机区别开来,每一台也都有自己的任务,所以,这个系统是松耦合的。如果网络因某种原因而崩溃,各个单个的计算机虽然会失去一些功能(如打印文件的能力),但是它们在很大程度上仍能继续工作。

(三)计算系统总体指标控制

1. 计算系统性能

计算系统性能指标大致可分为可靠性指标和工作能力指标两大类。可靠性指标主要包括可靠性、可用性和可维护性,此外还包括安全性、完整性等。可靠性、可用性和可维护性三个指标统称为RAS性能。可靠性、可用性、可维护性、完整性和安全性又统称为RASIS性能。RAS性能和RASIS性能是在设计和生产计算机系统时必须考虑的。这些性能的好坏直接关系到计算机的使用价值,计算系统常用的工作能力指标有系统吞吐率、利用率和响应特性等。

(1)吞吐率。系统的生产率指在单位时间内系统处理的信息量。系统生产率与计算机的字长和运算速度、主存储器容量和存取周期、通道信息流量的速率、输入输出设备配置等有关。描述生产率的指标有指令执行速度、吞吐率等。

(2)利用率。系统或其某一部分的利用率,指在一个评价期间内它的实际使用时间所占的比率。

(3)响应特性。用系统从输入到产生响应之间的时间度量,通常包括响应时间、周转时间等。

2. 性能评价技术

性能评价技术主要有测量技术、模拟技术、分析技术等。测量技术使性能成为数量化的、能进行度量评比的客观指标;模拟技术和分析技术可从系统本身或从系统模型获取有关的性能信息。

(1)测量技术。测量是最基本、最重要的系统性能评价手段。测试设备向被测设备输入一组测试信息并收集被测设备的原始输出,然后进行选择、处理、记录、分析和综合,并且解释其结果。上述这些功能一般是由被测的计算机系统和测量工具共同完成的,其中测量工具完成测量和选择功能。

测量工具分硬件工具和软件工具两类。硬件测量工具附加到被测计算机系统内部去测量系统中出现的比较微观的事件(如信号、状态)。典型的硬件检测器有定时器、序列检测器、比较器等。例如,可用定时器测量某项活动的持续时间;用计数器记录某一事件出现的次数;用序列检测器检测系统中是否出现某一序列(事件)等。

数据的采集、状态的监视、寄存器内容的变化的检测,也可以通过执行某些检测程序来实现。这类检测程序即软件测量工具。例如,可按程序名或作业类收集主存储器、辅助存储器使用量、输入卡片数、打印纸页数、处理机使用时间等基本数据;从经济的角度收集管理者需要的信息;或者收集诸如传送某个文件的若干个记录的传送时间等特殊信息;针对某个程序或特定的设备收集程序运行过程中的一些统计量,以及发现需要优化的应用程序段等。

硬件监测工具的监测精度和分辨率高,对系统干扰少;软件监测工具则灵活性和兼容性好,适用范围广。

(2)模拟技术。在系统的设计、优化、验证和改进(如功能升级)过程中,不可能或不便于采用测量方法和分析方法时,可以构造模拟模型来近似目标系统,进而了解目标系统的特性。

模拟模型包括系统模型和工作负载(环境)模型。工作负载又可分为用户程序负载和系统程序负载,也可按时间划分时、日、周或月工作负载等。系统模型和工作负载模型是相互联系和相互影响的,它们采用程序语言描述。科学计算用程序语言(如 ALGOL,FORTRAN)没有面向模拟的语法结构,用它建立模拟不够方便。为系统模拟发展的通用模拟语言(如 GPSS,SIMULA)不仅能描述计算机系统,也能适用于一般系统模拟。为计算机系统模拟发展的专用模拟语言(如 EC-SS,CSS),使用更方便,但应用范围较窄。此外,还有计算机模拟程序包可供直接选用。

模拟模型建立后,需要检验它的合理性、准确度等,还要设计模拟试验,对感兴趣的输出值进行统计分析、误差分析等数据处理。

(3)分析技术。分析技术可为计算机系统建立一种用数学方程式表示的模型,进而在给定输入条件下通过计算获得目标系统的性能特性。

二、计算系统硬件组成控制

(一)计算系统硬件构成控制

计算机硬件(Computer hardware)是指计算机系统中由电子,机械和光电元件等组成的各种物理装置的总称。这些物理装置按系统结构的要求构成一个有机整体,为计算机软件运行提供物质基础。简言之,计算机硬件的功能是输入并存储程序和数据,以及执行程序把数据加工成可以利用的形式。在用户需要的情况下,以用户要求的方式进行数据的输出。

从外观上来看,计算机由主机箱和外部设备组成。主机箱内主要包括 CPU、内存、主板、硬盘驱动器、光盘驱动器、各种扩展卡、连接线、电源等;外部设备包括鼠标、键盘等。

计算机由运算器、控制器、存储器、输入设备和输出设备等五个逻辑部件组成。

1. 中央处理器

中央处理器(CPU),由运算器和控制器组成,是任何计算机系统中必备的核心部件。CPU 由运算器和控制器组成,分别由运算电路和控制电路实现。运算器是对数据进行加工处理的部件,它在控制器的作用下与内存交换数据,负责进行各类基本的算术运算、逻辑运算和其他操作。在运算器中含有暂时存放数据或结果的寄存器。

运算器由算术逻辑单元(ALU)、累加器、状态寄存器和通用寄存器等组成。ALU是用于完成加、减、乘、除等算术运算,与、或、非等逻辑运算及移位、求补等操作的部件。

控制器是整个计算机系统的指挥中心,负责对指令进行分析,并根据指令的要求,有序地、有目的地向各个部件发出控制信号,使计算机的各部件协调一致地工作。控制器由指令指针寄存器、指令寄存器、控制逻辑电路和时钟控制电路等组成。

寄存器也是CPU的一个重要组成部分,是CPU内部的临时存储单元。寄存器既可以存放数据和地址,又可以存放控制信息或CPU工作的状态信息。

并行处理通常把具有多个CPU同时去执行程序的计算机系统称为多处理机系统。依靠多个CPU同时并行地运行程序是实现超高速计算的一个重要方向。

2. 存储器

存储器(Memory)是计算机系统中的记忆设备,用来存放程序和数据。计算机中全部信息,包括输入的原始数据、计算机程序、中间运行结果和最终运行结果都保存在存储器中。它根据控制器指定的位置存入和取出信息。有了存储器,计算机才有记忆功能,才能保证正常工作。按用途存储器可分为主存储器(内存)和辅助存储器(外存),也有分为外部存储器和内部存储器的分类方法。外存通常是磁性介质或光盘等,能长期保存信息。内存指主板上的存储部件,用来存放当前正在执行的数据和程序,但仅用于暂时存放程序和数据,关闭电源或断电,数据会丢失。

3. 输入设备

向计算机输入数据和信息的设备。是计算机与用户或其他设备通信的桥梁。输入设备是用户和计算机系统之间进行信息交换的主要装置之一。键盘、鼠标、摄像头、扫描仪、光笔、手写输入板、游戏杆、语音输入装置等都属于输入设备。输入设备是人或外部与计算机进行交互的一种装置,用于把原始数据和处理这些数的程序输入到计算机中。计算机能够接收各种各样的数据,既可以是数值型的数据,也可以是各种非数值型的数据,如图形、图像、声音等都可以通过不同类型的输入设备输入到计算机中,进行存储、处理和输出。

4. 输出设备

输出设备是计算机的终端设备,用于接收计算机数据的输出显示、打印、声音、控制外围设备操作等,同时,也可以把各种计算结果数据或信息以数字、字符、图像、声音等形式表现出来。

(二)计算系统处理及控制

1. 分布式计算技术

分布式数据处理,就是利用分布式计算技术对数据进行处理。随着数据量的急剧膨胀,互联网公司所面对的数据量已经达到了PB级别,传统集中式数据处理已经渐渐无法适应市场的需求,同时,个人计算机的性能得到了极大的提高,普及率也在飞速上升,这使得将处理能力分布到网络上的所有个人计算机上的设想成为可能,于是分布式计算的概念应运而生。

分布式计算是和集中式计算相对的概念,一个分布式网络由若干台可互相通信的计算机组成,每台计算机都拥有自己的处理器和存储设备,原先集中在单节点上的庞大计算任务被负载均衡地分派给分布式网络中的计算机上并行地进行处理。

分布式计算是指信息不只分布在一个软件或计算机上,而是分布于多个软件上,可以用多台或一台计算机同时运行若干个软件,通过网络实现信息的共享。与其他算法相比,分布式算法有明显的优势:第一,共享资源更加方便。第二,能够实现计算负载的平衡,用多台计算机同时处理任务。第三,可以根据实际需要合理选择适当的计算机运行该程序。计算机分布式计算的灵魂是平衡负载和共享资源。分布式计算具有高效、快捷、准确的优势。

分布式计算主流技术主要有以下三种:DCOM(分布式组件对象模型)、Java RMI(远程方法调用)和CORBA(公共对象请求代理结构)。它们都在逻辑总线上实现了组件对象逻辑分层和位置分布的透明性及相关服务,给系统开发人员提供了诸多方便。

分布式数据处理系统(Distributed Data Stream Management System,DDSMS)与传统DBMS是相似的,在功能上DDSMS允许所有的数据或部分数据通过连续数据流的方式传达。

如果把数据集看作一个特殊的数据流,那么可以把DDSMS定义为一个传统数据库系统的扩展。传统DBMS与DDSMS在功能和性能方面的差异如下。

(1)基本的计算模型不相符。传统的数据库管理系统假定DBMS被动地存储数据单元,而用户主动发起查询等操作,这是个用户主动,DBMS被动的模型。而DDSMS从外部数据源获取数据,当系统检测到符合查询条件的数据时将数据返回给用户,这是个DDSMS主动,用户被动的模型。

(2)DBMS的查询是精确的查询,目前还没有DBMS提供内建的功能支持近似查询。而DDSMS由于数据量巨大并且快速变化,在很多时候只能提供近似的查询结果。

(3)DBMS提供的是一次查询,一次查询获得查询结果,而DDSMS是连续查询,只要用户注册了一个查询,并且没有注销这个查询,那么这个查询将一直有效,DDSMS向用户不断地返回查询结果。

(4)DBMS通常不考虑与事务相关联的时间和空间的限制,其调度与处理决策不考虑数据的各种时间特性,其系统的设计指标并不强调实时性和查询服务质量的自适应性,而实时性和自适应性正好是数据流应用所必需的。

2. 分布式数据处理

分布式数据处理系统通过取样的方法控制数据输入的流量可以输入监听器。查询库可以处理共享,它存储系统的连续查询,连续查询已经在系统中注册。在当前数据流状态上,既可以一次查询也可以连续查询。输入的监控器和查询的处理器互相联系,其结果存储在临时缓存中或通过数据流输给用户,而且通过变化数据输入速率可以对查询计划进行优化。这个系统可以分为以下两部分。

(1)服务器方面:服务器访问接口可以处理客户和服务器相互的所有命令和数据,服务器访问的接口被称作是外界和服务器的纽带。服务器等待连接用户,控制器监听特定的端口访问接口,通过用户给的命令、处理结果或者数据流,最终返回查询结果。

(2)终端接口:终端的接口是为用户操作提供的接口,屏蔽了其中的作用过程,控制命令和查询接口构成了终端的接口,DLL在终端中是终端接口模块。

分布式数据处理的功能有如下模块:

(1)数据监控模块,数据监控器的功能主要有两点:

①根据数据的特征,构建概要数据。数据流是一个实时的、连续的、潜在无界的、有序的数据项的序列。由于数据流速率的变化是无法预测的,某一时刻到达的数据量可能会超过系统的计算能力(根据CPU周期和主存的大小),所以需要一个输入监视器在需要的时候销毁一些元组。一般采用抽样、直方图或者小波的方法构建概要数据。

②数据处理节点的负载均衡。降载的问题在传统数据库系统中是可以忽视的:第一,传统的数据库DBMS对数据进行的是静态存储方式;第二,对一般数据库的查询没有QOS方面的需求;第三,传统的数据库DBMS对数据的查询是一次性的。然而,当系统的处理能力无法负荷突发流量时,如果不进行及时处理,那么整个系统的吞吐量和响应时间就会逐步恶化,便会导致系统发生拥塞,要解决流数据流速不稳定的问题,DDSMS在数据查询问题上即将要接受巨大的考验。

(2)存储模块。对于DDSMS性能方面,DDSMS是具有现实意义的。在对查询进行处理时,待处理的数据是储存在内存的工作区中。在其操作过程中,系统为了存储流入的数据,必须产生查询窗口,即为查询分配相应的工作区。元数据与一般的关系在磁盘中保留。就像数据字典功能,元数据包含元数据。由于需要近似处理,用来存数据流的大概信息,还需要为其中的数据流设定存储区域。

(3)查询模块。在处理查询接口提交的数据时,查询模块起到关键性的作用。不仅有数据流上的连续查询,同时也涵盖了传统关系上的查询、插入、删除和修改等。

用户为获取一个查询可以通过向系统提交一个注册申请,以方便与DDSMS进行相互交流。之后用户会接收到一个系统发来的句柄,以便于用户在今后的任意时间使用这个句柄来查询结果,当然没有用处时用户也可随时注销以往相关查询,以保证信息的安全性。

(三)计算系统外部设备控制

1. 外部设备

计算系统外设是除主机外的大部分硬件设备,可称作外部设备或叫外围设备,以下简称外设。外设大致可分为三类:

①人机交互设备,如打印机,显示器,绘图仪,语言合成器。

②计算机信息的存储设备,如磁盘,光盘,磁带。

③通信设备,如两台计算机之间可利用电话线进行通信,它们可以通过调制解调器完成。

外设是计算机系统中输入、输出设备和外存储器的统称,对数据和信息起着传输、转送和存储的作用,是计算机系统中的重要组成部分。外设也可以简单地理解为输入设备和输出设备,如显示器只是用来显示电脑信息的输出设备,鼠标键盘是用来输入信息的输入设备,两者都属于外设。

外设涉及主机以外的任何设备,是附属或辅助地与计算机连接起来的设备,其能扩充计算机系统。

2. 设备安全控制

计算机及其外部设备工作时,伴随着信息的输入、传输、存储、处理、输出过程,有信息会通过寄生信号向外泄漏。其他外部设备如键盘、磁盘和打印机在工作中同样辐射带信号的电磁波,造成信息泄漏。泄漏信息的多少和强弱主要取决于泄漏源,其中量最大、最基本的泄漏源是载流导线。电磁泄漏的危害主要有以下三方面:一是危害计算机周围的人体健康;二是对周围的电子设备形成干扰;三是导致信息泄漏。信息泄漏可能造成重大政治、经济和军事损失,还可能会因电磁泄漏"通道"受到"炸弹"(包括核弹和非核弹)的袭击,而被软杀伤或硬杀伤。利用计算机设备的电磁泄漏窃取机密信息,是国内外情报机关获取信息的重要途经。因此,防电磁泄漏是计算机应用和信息系统安全的重要课题。

计算机的电磁泄漏方式。计算机设备,包括主机、CRT终端、磁盘机、磁带机、打印机和键盘等在工作时,都会产生不同程度的电磁泄漏.如主机PCB板中,各种数字电路的电磁泄漏,显示器视频信号的电磁泄漏,键盘按键开关引起的电磁泄漏,磁盘驱动器的电磁泄漏,打印机电缆的电磁泄漏,通信设备和电源线等都会产生电磁泄漏。

计算机及其外部设备内的信息可以以电磁波的形式辐射出去,称为辐射泄漏。计算机的辐射泄漏是计算机内部产生的电磁辐射,这种辐射是由计算机内部的各种传输线、信息处理电路、时序电路、显示器、磁盘驱动器、打印机电缆、键盘上的开关、接地系统等产生的,电磁波的发射必须借助于上述起天线作用的载流线路才能实现,防止辐射泄漏主要采用以下技术措施:

噪声干扰源:它利用两种方式降低电磁信息泄漏的可能性.一是将一台能产生噪声的干扰器放在计算机设备旁边,干扰器产生的噪音与计算机设备产生的信息辐射一起向外泄漏,使计算机设备产生的有用信息泄漏不易被接收复现;二是将处理重要信息的计算机设备放在中间,其四周放一些处理一般信息的设备让这些设备产生的信息泄漏一起向外辐射。

屏蔽技术:屏蔽是防泄漏技术中的一项基本措施。其目的一是限制内部辐射的电磁信息外泄;二是防止外来的射频干扰进入计算机系统。屏蔽一般要求从线路板做起.实施屏蔽的关键在于屏蔽材料的性能,特别是衬垫对屏蔽的效果影响很大。对电屏蔽,要采用导电材料做屏蔽罩;对高频磁场,要采用铝等低电阻率的导电材料屏蔽罩;对低频磁场,要采用铁等高导磁率材料做屏蔽罩。屏蔽机箱应是金属的,电缆的屏蔽层多以不导磁的金属丝编织而成。当电缆屏蔽层需要同时实现电磁屏蔽时,可采用高导电率和高导磁率的组合材料(如磁带)做电缆的屏蔽层。采用了屏蔽电缆以后,电缆的辐射幅度减小.为了进一步减少辐射,可在电缆的两端套上铁氧体磁环。

"红""黑"隔离:"红"是指有信息泄漏的危险,"黑"则表示安全。"红"指红区、红线。红区是指处理未经加密的信息区域,红线指未经加密的机密信息的传输线。而不含未加密的有用信息的区域和传输线路称为黑区和黑线,将"红"与"黑"隔离开,防止其耦合是防泄漏技术的重要内容。

滤波技术:滤波是防泄漏技术中的一项十分重要的内容。滤波器能非常有效地减少和抑制电磁泄漏。按需要传输和衰减的频段可分为低通、高通、带通、带阻4种类型;按用途可分为信号滤波器和电源滤波器。信号滤波器有板上滤波器和连接器内藏滤波器2种,板上滤波器用于线路板上,通常安装在信号输出端,连接器内藏滤波器用于设备之间的接口电缆上;电源滤波器用于设备的电源线上。使用合适的滤波器能减弱高次谐波,进而减少线路板上的走线和各种传输线的辐射,以及红/黑信号的耦合.使用时需仔细考虑插入损耗、阻抗、处理能力、信号失真、可调谐性、成本和抑制无用信号的能力等各种因素。

布线与元器件选择:印制板和整机的元器件布局和线路排列很重要,应采取必要的隔离措施,使载有不同源电流的导线远离,以减少各导线之间的有害耦合。为此,应尽量减少线路板上的走线和元器件引线的长度。通常采用多层布线和表面安装技术,并选用大规模集成电路,以减少线路的辐射。安排走线时,要避免走线发生急剧变化,尽可能采用平衡布线法,且每一层信号走线设置地线面,以减少高次谐波。

计算机及其外部设备中的信息都是"0"和"1",都是以电脉冲的形式表示的。根据傅立叶变换,脉冲中包含丰富的高次谐波。计算机速度越高,它辐射的电磁波频谱越宽。为了减少高次谐波,应尽量选用低速和低功耗的逻辑器件和波形较迟钝的时钟发生器。例如,CMOS电路的辐射比TTL电路小得多,瓷介振荡器的辐射比晶体振荡器小得多。

选用合适的电缆:在设备的I/O接口上,除了用信号滤波器外,还要使用屏蔽电缆,并且最好是每根屏蔽线上加上全屏蔽的双层屏蔽电缆,并应尽量减少电缆的阻抗失配。若有可能,可以采用光纤电缆传输。

距离防护:由于计算机设备的电磁波辐射在空间传播时会随距离的增加而衰减,在距辐射源一定距离时,信息辐射强度会变得微弱。这时就无法接收到泄漏的信息,采用距离防护可以将电磁泄漏降低到一定程度。这种方法,仅适用于有较大防护距离的单位。

计算机外部设备比其主机有更大的脆弱性,因此,防电磁泄漏的重点应放在外设上。与主机相比,外设具有元器件多、设备开口、有观察窗等特点。因此,设计时必须最大限度地从线路内部进行隔离,抑制辐射源。键盘、显示器等外部设备都应当参考上述防泄漏技术进行安全防护。

三、计算系统系统软件控制

(一)计算系统系统软件构成控制

计算系统具有层次型的体系结构,其最底层是计算机硬件和固件,硬件与固件的上一层是操作系统,操作系统是系统软件中最重要的部件,它包含用户、处理器和应用程序间的接口,也是计算机中各种用户共享资源的管理者和控制者。

对于一个完整的信息系统而言,系统软件还包括数据库管理系统、通信软件、数据管理软件、作业调度软件、程序库管理系统、磁带/磁盘管理系统和系统工具软件。这些系统软件为业务系统的正确运行提供系统级的保障,当然也是信息系统控制与审计需要关注的关键区域。

(二)计算系统操作系统控制

许多系统软件产品,尤其是操作系统提供参数和选项,用于系统剪裁和特征激活。参数的重要性在于它决定了系统的设置与行为特征,从而可以使一个标准的系统软件适合各种不同的环境。参数选择应适应组织的工作负载和控制环境结构,判断一个系统软件控制运行状况的最有效的手段是检查其软件控制特征和/或参数。对操作系统不适当的实施和参数设置会导致隐藏的错误和数据毁坏,以及非授权的访问和不准确的日志等。

操作系统利用特殊的硬件或软件设置保护自身避免遭受破坏和修改,保护系统关键进程的安全,保证系统软件的完整性。操作系统完整性依赖于管理层对授权技术的使用,管理层应防止非授权用户获取执行特权指令的能力并进而控制整个系统。在评估操作系统完整性时,应检查系统控制选项及保存在系统目录中的参数。例如Windows操作系统的注册表、组策略等组件,可以针对不同控制需求进行参数设置(图4-18)。

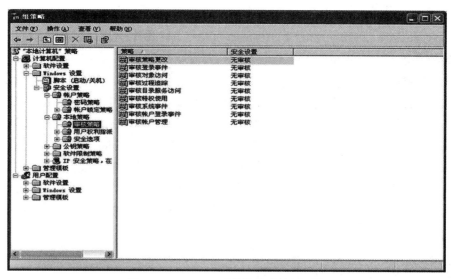

图4-18　Windows系统组策略控制设置

系统软件一般提供日志文件,记录计算机处理过程并用于分析系统的行为,通常需要关注的活动日志项目有:

(1)生产处理所用数据文件的版本;

(2)对敏感数据的程序访问;

(3)调度并运行的程序;

(4)操作系统的操作。以保证系统未因对系统参数和库程序的不适当变更而危机系统的完整性;

(5)数据库。评价数据库结构的有效性及数据库安全,验证DBA文档,确定组织的标准是否得到遵循;

(6)访问控制。评价对关键数据文件/数据库及程序的访问控制,评价在通信系统、DBMS和应用系统中包含的活动的安全设施。

系统软件的访问许可与控制可使用安全的访问控制软件,访问控制软件用于对系统访问的授权与控制,防止对数据的非授权访问、对系统功能和程序的非授权使用,以及对数据的非授权修改/变动,并预防对计算机资源的非授权的访问企图。

(三)计算系统数据库控制

数据库安全就是保证数据库信息的保密性、完整性、一致性和可用性。保密性指保护数据库中的数据不被泄露和未授权的获取;完整性指保护数据库中的数据不被破坏和删除;一致性指确保数据库中的数据满足实体完整性、参照完整性和用户定义完整性要求;可用性指确保数据库中的数据不因人为和自然的原因对授权用户不可用。

数据库安全通常通过存取管理、安全管理和数据库加密来实现。存取管理就是一套防止未授权用户使用和访问数据库的方法、机制和过程,通过正在运行的程序来控制数据的存取和防止非授权用户对共享数据库的访问。安全管理指采取何种安全管理机制实现数据库管理权限分配,一般分集中控制和分散控制两种方式。数据库加密主要包括:库内加密(以一条记录或记录的一个属性值作为文件进行加密)、库外加密(整个数据库包括数据库结构和内容作为文件进行加密)、硬件加密等三大方面。

1. 存取管理技术

存取管理技术包括用户身份认证技术和存取控制技术两方面。用户身份认证技术包括用户身份验证和用户身份识别技术(这一部分内容可参阅3.4.1)。数据库中用户身份验证可以由操作系统与DBMS来进行,而用户身份识别以数据库授权为基础,只有经过数据库授权和验证的用户才是合法的用户。

存取控制包括数据的浏览控制和修改控制。浏览控制是为了保护数据的保密性,而修改控制是为了保护数据的正确性和提高数据的可信性。在一个数据资源共享的环境中,存取控制就显得非常重要。存取控制的模型有自主存取控制(Discretionary Access Control,DAC)、强制存取控制(Mandatory Access Control,MAC)和基于角色存取控制(Role-Based Access Control,RBAC)。

2. 安全管理技术

安全管理指采取何种安全管理机制实现数据库管理权限分配,安全管理分集中控制和分散控制两种方式。集中控制由单个授权者来控制系统的整个安全维护,分散控制则采用可用的管理程序控制数据库的不同部分来实现系统的安全维护。集中控制的安全管理可以更有效、更方便地实现安全管理。

安全管理机制可采用数据库管理员、数据库安全员、数据库审计员各负其责、相互制约的方式,通过自主存取控制、强制存取控制实现数据库的安全管理。数据管理员必须专门负责每个特定数据的存取,DBMS必须强制执行这条原则,应避免多人或多个程序来建立新用户,应确保每个用户或程序有唯一的注册账户来使用数据库。安全管理员能从单一地点部署强大的控制、符合特定标准的评估,以及大量的用户账号、口令安全管理任务。数据库审计员根据日志审计跟踪用户的行为和数据的变化。监视数据访问和用户行为是最基本的管理手段,这样如果数据库服务出现问题,可以进行审计追查。

3. 数据库加密

一般而言,数据库系统提供的安全控制措施能满足一般的数据库应用,但对于一些重要部门或敏感领域的应用,仅有这些是难以完全保证数据安全性的。因此有必要在存取管理、安全管理之上对数据库中存储的重要数据进行加密处理,以强化数据存储的安全保护。

数据库由于其共享的特性,一般采用公开密钥加密方法。在目前条件下,只有以记录的字段数据为单位进行加/解密,才能适应数据库操作,同时进行有效的密钥管理并完成"一次一密"的密码操作。

数据库加密可以在三个层次实现,即操作系统层、DBMS内核层和DBMS外层。在OS层对数据库文件进行加密,对于大型数据库来说,目前还难以实现;在DBMS内核层实现加密,是指数据在物理存取之前完成加/解密工作,这种方式在服务器端进行加/解密运算,加重了数据库服务器的负载;比较实际的做法是将数据库加密系统做成DBMS的一个外层工具,采用这种加密方式时,加/解密运算可以放在客户端进行,其优点是不会加重数据库服务器的负载并可实现网上传输加密,缺点是加密功能会受一些限制。

(四)计算系统使用程序控制

计算系统的使用程序控制通过对计算系统的访问控制实现对计算系统资源的应用安全、可靠性的控制目标。对计算机化的信息资源的访问可以基于逻辑方式,也可以基于物理方式。逻辑访问控制是通过一定的技术方法去控制用户可以利用什么样的信息,可以运行什么样的程序与事务,可以修改什么样的信息与数据。这些控制可以内置在操作系统中,可以通过单独的访问控制软件进行调用;访问控制也可以内置在应用系统、数据库系统和网络控制设施(实时性能监测)中。

物理访问控制可以限制人员进出敏感区域,如机房设备区、存储介质区、数据中心、办公区等。有许多类型的物理访问控制措施,如胸牌、内存卡、门锁、从地板到天花板的防护墙、生物测定设备等。

对计算机信息的物理访问与逻辑访问应当建立在"知所必需"(need-to-know)的基础上,按照最小授权原则(least-Privilege)和职责分离原则(segregation of duty)来分配系统访问权限,并把这些访问规则与访问授权通过正式书面文件记录下来,作为信息安全的重要文件加以妥善管理。

用户访问能力一般是由安全管理员按照一系列既定规则来实施的,这些规则定义了用户(或用户组)以什么样的级别(如读、更新、仅执行等)访问资源。安全管理员一旦收到信息所有者或管理人员递交上来的授权请求表后,通过调用适当的系统访问控制机制,授权特定用户可以访问和使用受保护的资源。

应当对访问授权进行阶段性的审核,以保证授权规则在组织中一直是有效的。员工和部门的变更,恶意代码的攻击或者无意造成的"授权延伸"(Authorization Creep)都可能影响访问控制的有效性。

1. 物理访问控制

系统用户或者相关人员出入系统的关键区域,需要采用适当的物理访问控制,物理访问的风险可能引起组织的财务损失、法律诉讼、信誉受损或丧失竞争优势;来自自然环境和人为的灾害可能使企业的业务资源面临非授权访问和丧失可用性的风险。

物理访问风险原因可能来自对安全规定有意或无意的违反,这些风险包括未经授权进入信息处理场所,毁损、破坏或窃取设备、财产或文件,拷贝或偷看敏感的或有著作权的信息,对敏感性设备及信息的变更,敏感信息的泄露,滥用数据处理资源,勒索及盗用等。

可能的犯罪者包括来自内部员工授权或非授权的访问,如对组织、社会不满的员工;其他可能的犯罪人员有离职员工、有利害关系的外来者(如竞争者、小偷、犯罪集团),也有可能由于偶然疏忽造成损失或某些人可能在无意间犯下罪行(可能是员工或外来者),值得注意的是,虽然具有恶意破坏企图的人会对组织造成最大影响,但风险最可能来自未知的、意外的或不了解人员的某些行为。

物理访问控制是用来保护组织使其免受非授权访问的一种措施,在物理访问控制的限制下,只有经过管理层授权的人员才能进行访问。通用的物理访问控制包括门锁(更高的安全控制力可以采用组合门锁或电子门锁、生物特征锁等)、摄像监控、出入陪同、访问日志登记、自动报警系统等。

组织需要针对不同的物理访问控制区域,选择合适的安保措施,利用有效的物理访问控制技术,保障物理访问的安全。

2. 逻辑访问控制

逻辑访问控制是组织要采取的主要控制措施之一,通过逻辑访问控制把安全风险降到组织可接受的范围内。信息系统审计师应当理解逻辑访问措施在保护信息安全方面的作用,并分析与评价逻辑访问控制在实施组织信息安全目标过程中的有效性。

不充分的逻辑访问控制增加了暴露风险带来的潜在损失,这些暴露风险包括技术性暴露风险和计算机犯罪,它们都可以有意或无意地利用逻辑访问控制的漏洞,对信息系统造成损害。

技术性暴露风险是指对网络、操作系统、数据库及应用系统四个层面的数据、软件进行非授权操作(如创建、阅读、修改、运行、删除)。技术性暴露风险包括木马、逻辑炸弹、后门、病毒与蠕虫、异步攻击、数据泄露及拒绝服务攻击等。

(1)逻辑访问路径。进入系统的逻辑访问可以通过不同路径,每种路径均应有适当的访问安全级别。进入组织前端或后端系统的常规进入点与组织的网络与通信基础设施相关,通过对系统进入点的管理可以控制对信息资源(应用系统、数据库、通用设施和网络)的访问。常用的系统访问模式有网络连接和远程访问两种。

网络连接是指终端设备或个人计算机通过通信网络与主计算机物理相连而获得访问能力。这些访问在最低限度下也要求通过域控制服务器进行用户身份的识别与验证;对一些特殊的应用系统或数据的访问可能需要在一个特定的服务器上进行用户身份的识别与验证。另外进入网络基础设施的访问一般要通过网络管理设备,如路由器、防火墙等,对这些设备需要进行相关控制参数配置。

远程访问是指利用电话线拨号、远程终端设备或计算机进入信息系统。电话线与远程设备通过调制解调器实现连接,这种访问路径的安全控制一般通过确认远程用户的个人账号和密码来实现。

尽管当前网络环境下广泛采用分布式处理,但连接到特定计算机的传统方式仍然在某些组织和领域继续存在,访问大型主机一般通过操作控制台或使用在线工作站实现。在当今流行的客户机/服务器环境下,通过专用终端直接连接到大型主机的情况已经越来越少了。在组织的内部网架构中,大型主机和其他中小型服务器一样,都可以成为网络中的一个节点。普遍用户通过联网PC可以访问这些节点上的资源。

(2)身份识别与验证。逻辑访问控制中的身份识别与验证是一种提供用户身份证明的过程,在这个过程中,用户向系统提交有效的身份证明,系统验证这个身份证明后向用户授予访问系统的权限。

身份识别与验证是实现计算机安全的重要基础,它是绝大多数类型的访问控制为建立用户责任的可确认性而采用的方法。身份识别与验证是多数系统的第一道防线,是防止非授权用户(或进程)进入系统的技术措施。

身份识别与验证技术可以分为三类:"只有你知道的事情",如密码;"只有你拥有的东西",如身份证、令牌卡;"只有你具有的特征",如指纹、声音、虹膜。这三种技术可以单独使用,也可以结合起来使用。

①账号与口令。采用登陆账号与口令的控制是逻辑访问控制的最基本手段,登录账号用于识别用户,每位用户拥有唯一的登录账号,登录账号的命名格式应当标准化。口令也叫密码,用于用户身份的鉴定。在识别和鉴定的确认过程中,先证实是合法的用户名,然后强制使用人工键入个人密码以确认身份。

对于账号的使用,应有一定的控制要求,若登录账号有一段时间不用,系统应自动锁定其账号或由系统管理员锁定,以防止被人盗用;在计算机使用中应设定自动系统锁定功能,如屏幕保护程序。这种功能可防止计算机用户因短暂离开计算机忘记退出而被人盗用。

口令是身份识别的关键控制,口令应当符合一定的特性,如第一次密码设立应该由安全管理员授予,而当用户第一次登录计算机时,系统全提示用户改变第一次的密码而用自己设定的密码,以加强系统的机密性。若计算机连续几次接受错误密码,则系统就会自动中断一段时间无法启动。另外口令应当以加密形式存放,在登陆时密码不能以任何形式展现,在使用时应当定期更换。

口令还应该符合一定的规则,一般要求采用字母与数字混合,长度不低于8位,不使用常见的单词等。

②令牌设备。采用令牌或一次性口令的设备是一种双因素的身份验证技术,例如采用智能卡为用户登录产生一次性口令,用户在向系统输入记忆的口令后,同时把这个一次性口令附加在记忆口令后面,一起递交给系统,由系统进行验证,目前网上银行和一些组织的办公系统广泛采用的USB接口的电子令牌设备。

这种一次性口令通过在登录过程中加入不确定因素,使每次登录过程中传送的信息都不相同,以提高登录过程安全性。

③生物测定技术与行为测定技术。生物测定技术是目前最有效的用户身份识别方法,这类控制将人体的物理或行为特征作为访问限制基准,例如指纹、虹膜、语音等。识别系统通过比对人体特征,若相符时才准予通行,与前面几种访问控制方式相比,这是一种更加安全可靠的控制方式。但由于技术与成本的原因,生物测定技术在传统的访问控制方面的应用并不普遍,随着计算机技术的发展,生物测定技术将越来越多地用于各种各样的访问控制中。

要把生物测定技术用于访问控制,首先通过注册程序采集生物特征样本,然后把样本特征转换为一组唯一的数学编码,作为初始模板储存在数据库中,并与后续的多个采样进行对比,形成一个用于验证用户的最终标准模板。在对用户进行访问控制时,通过设备获得用户生物特征的一系列的采样。与标准模板进行比对,通过统计数字进行判断是否匹配,并决定是否授予访问权限。

另外还可以采用签名识别和声音识别等行为测定技术实施身份验证。

应当为生物测定技术生命周期中的活动建立控制措施,保证用户登记、模板生成与存储、验证与识别过程得到有效控制。对用户登记和模板产生过程中的验证、识别过程应当在BIMS策略中加以定义。管理层需要建立控制措施,以保证这些过程都按照BIMS策略的要求得到了有效执行。如果生物测定设备发生故障或无法运行时,应当制定和启动备份的安全认证方法加以替代。组织还要建立控制措施,以保护样本数据和模板在传输过程中免受非法修改。

(3)逻辑访问授权。逻辑访问控制在正确识别用户身份后,要通过授权过程赋予用户对系统逻辑访问的能力,决定什么人能访问什么资源,并把授权内容正式记录在案,以便于在系统中执行及日后的检查审核。一般情况下逻辑访问控制基于最小授权原则,只对因工作需要访问信息系统的人员进行必要的授权。

计算机访问有多种级别控制,在逻辑访问授权时,应清楚用户在某一级别的访问能做什么,不能做什么。例如,文件级的访问限制有读、查询或拷贝/写入、创建、修正或删除/可执行/所有功能等,只要信息不是敏感或机密信息,那么读、查询或拷贝是危险程度最小的访问方式,因为用户除了阅读、打印外,无法进行其他操作,所以不会对数据造成破坏,其他操作对数据有潜在的破坏作用,授权时要注意,如图4-19所示,Windows操作系统在文件级对用户的访问授权。

图4-19 Window系统文件访问授权

需要采取逻辑访问控制措施进行保护的计算机资源包括数据、应用系统(测试阶段软件、生产现场软件)、Web应用(基于互联网或内联网)、域名服务器、网络路由器与交换机中的操作系统、系统公用工具设施、通信线路、资源库/目录、口令、临时磁盘文件、磁带文件、系统软件、访问控制软件、系统程序库、日志文件、绕过标签处理特征、操作者使用的系统后门、拨号线路、数据字典/目录、打印队列等。

为了给以上文件与设施提供安全授权,逻辑访问机制需要利用访问授权表,也称为访问控制列表。访问控制列表一般包括以下内容:

①定义对特定的系统资源具有访问许可的用户(包括组、计算机、过程)。

②访问许可的类型。当用户在组织变换工作角色时,在赋予他们新访问权限时,一般没有及时取消老的访问权限,这会产生访问控制上的风险。所以当员工职位有变动时,信息系统审计师要及时审核访问控制列表是否做了有效变更。

(4)远程访问控制。由于互联网的飞速发展,当今组织需要为不同类型的用户建立远程访问连接,以便于他们访问组织的信息资源,一般远程用户采用与组织IT环境中相同的技术与协议来实现远程连接。

目前,大量使用的是基于TCP/IP的互联网访问,远程通信设施由ISP负责提供与维护,这种方式成本低、使用方便,但要考虑数据在公共网上传输时的安全问题。一般通过VPN的方式来保护数据传输,个人数字助理(PDA)由于功能越来越强、尺寸小方便易携带等特点,已被广泛地使用,甚至在某些方面有取代台式机及笔记本电脑的趋势。随着PDA在业务中应用的深入,用户需要使用PDA访问组织的各种资源,包括敏感或机密的信息。因为PDA在安全方面的天然缺陷(如:尺寸小容易被盗或丢失;由于处理能力有限,无线通信时加密强度受限制),使用PDA访问组织的敏感信息就存在安全隐患。如果对PDA控制不当,容易给非法人员侵入组织的信息资源带来机会。

对PDA的保护措施应当与其中存储的信息的安全级别一致,组织应当建立必要的安全政策与程序,并教育用户了解并承担因业务目的而使用PDA的责任。

(五)计算系统编译程序控制。

在实现计算系统的编译阶段,也较容易因缺乏严谨思考或不好的编程习惯而引入安全问题,而且这些安全问题产生的危害作用非常大,因其产生的漏洞常常会造成应用程序中其他部分构筑的安全控制措施完全失效.目前存在的相当数量系统漏洞都是由编码问题造成的.因此要想保证应用软件的安全性,必须在编译阶段继续高度贯彻安全性原则。

在编译阶段,避免安全问题的基本原则如下:

(1)程序只实现指定的功能;

(2)对用户输入数据做有效性检查;

(3)必须考虑意外情况并进行处理;

(4)不要试图在发现错误之后继续执行;

(5)尽可能使用安全函数进行编程;

(6)小心、认真、细致地编程。

目前在各种应用软件中常见的安全漏洞如下所示,应对这些常见问题进行有针对性的防范。

(1)缓冲区溢出。如果对输入参数(字符串、整数等)处理时长度检查不严格,或对指针和数组越界访问不进行保护,就容易产生缓冲区溢出(Buffer Overflow)问题,这种问题主要出现在C/C++语言编写的系统中,它造成的漏洞是当今绝大多数安全漏洞的主要根源。在Java/.NET等利用虚拟机的(托管)平台上不会产生此问题。

要避免此问题,必须对系统输入数据进行严格的长度检查,废弃或截断超长的越界数据,同时利用基础库函数中的一些更为安全的字符串处理函数来处理数据,也可以利用编译器或代码复查工具提供的检查功能来尽早发现可能会产生问题的程序。

(2)输入非法数据。恶意的攻击者会尝试在用户界面或接口中向系统输入恶意数据,以便期望绕过系统的安全限制,致使系统出错甚至崩溃或达到其他非法目的,因此在编码时,须要对所有输入数据(包括用户在界面中输入的数据和其他应用系统通过接口传递的数据)进行严格的合法性检查。

(3)SQL注入式攻击。SQL注入式(SQL Injection)攻击是一种典型的因对输入数据不当处理而产生的非常严重的安全漏洞。其原因是基于数据库的应用程序中经常会使用动态SQL语句,而且程序又没有对输入数据严格检查,致使攻击者能在界面层或接口层注入非法的SQL语句,从而非法访问和破坏数据、反向工程、甚至对服务器本身造成威胁。对于攻击者来说,SQL注入式攻击是一种简单有效的攻击方式,也是首选方式,尤其是在基于Web的应用程序中,因此开发人员必须重点关注此问题。

预防SQL注入式攻击的手段就是严格检查用户输入的数据,要使用基础系统提供的参数化查询接口,避免使用字符串来构造动态SQL查询。同时对于数据库对象的访问权限进行严格限制,避免恶意SQL语句破坏数据或系统。

(4)拒绝服务攻击。拒绝服务攻击(Denial of Services-DoS)是指通过大量并发访问,使得服务器的有限特定资源(如网络、处理器、内存等)接近枯竭,使得服务器或操作系统失效的攻击行为。

　　DoS攻击的一般方式有发送大量数据包造成网络阻塞、执行内存泄漏代码使得系统可用内存越来越少、执行大量消耗CPU处理能力的代码、通过客户端发送大量的http请求造成巨量Web点击以及SYN Flood等。DoS攻击虽然不会直接对服务器本身带来损坏，但它使得真正的合法用户无法访问系统，从而可能带来业务上的损失。除了DoS之外，攻击者还可能利用数量庞大的攻击源发起DDoS(Distributed DoS，分布式拒绝服务)攻击，其破坏和危害强度更大。

　　在编码时要注意防范可能的DoS攻击，具体措施包括提高软件行为的可管理性、主动拒绝异常连接、自动锁定攻击源、提供实时监控界面，能够有效甄别攻击源、具有(异常)事件报警机制、具有审核日志等。通过这些主动或被动的防御手段，能够将DoS/DDoS攻击行为带来的破坏和危害降到较低水平。

　　(5)敏感信息泄露。攻击者可能会通过暴力攻击、侦听、截取中间数据、反向工程、社会工程学(Social Engineering)等手段，获取访问凭证或机密信息，危及数据的私有性/安全性或者暴露敏感的商业数据，如用户名/口令、加密密钥、数据库连接串、商业敏感信息等。

　　因此在处理这些数据时，必须利用以密码技术为主的安全技术来进行强有力的机密性保护。在使用密码技术时，一般要利用公开的、经过广泛验证的可靠加密算法，同时加强密钥的管理和保护。

四、计算系统支撑软件控制

(一)计算系统支撑软件构成控制

　　计算系统的支撑软件包括数据通信软件、数据管理软件、程序库管理软件、磁带与磁盘管理软件、程序调度软件等。

1. 数据通信软件

　　数据通信软件用于将消息或数据从某点传送到另一点。数据通信软件的一个主要特点是使用智能设备将字符或符号转换成某种编码格式。常见的传输代码有：

　　(1)扩充的二进制编码的十进制交换码(EBCDIC：the Extended Binary—Coded for Decimal Interchange)——由IBM开发，利用8个数据位来表示256种符号；

　　(2)美国信息交换标准码(ASCII：the American Standard for Information Interchange)——通常用7位数字表示128个字符，也有一些ASCII码的变种采用8位数字，这样就可以表示256个字符；

　　(3)统一的字符编码标准(Unicode)——一种用16位数据来表示一个字符的编码标准，最多可以表示65 000个字符，这对某些语言，如希腊语、汉语和日语等非常必要。

　　一个典型的数据交换系统具有三个部件：

　　(1)发送者(信源)；

　　(2)传输路径(通道或线路)；

　　(3)接收者(信宿)。

　　当通信数据流仅朝一个方向流动时称为单工(One-way)通信，而双工通信则是在同一个通道的两个方向上均有信息流动，此时两个通信端点都同时作为信源和信宿。数据通信系统仅关心两个节点之间数据的正确传输，而与传输信息的内容无关。

数据通信系统可分为多个功能层次,在每一层,软件通过硬件交互以提供一组特定的功能集合。所有的数据通信系统至少有一个物理层和一个数据链层。

基于通信的应用可以同时在本地和广域网环境下运行,数据通信系统与操作系统、应用程序、数据库系统、远程通信寻址系统、网络控制系统、作业调度系统及操作员控制台进行交互。

2. 数据管理管理软件

数据管理包括控制缓冲区、执行I／O和文件管理等操作,它是一类系统管理软件,通常也是操作系统的重要部件。

(1)文件组织方式。数据管理文件的组织方式包括:

①顺序——从文件开头开始,记录顺序排列直至文件结尾;

②索引顺序——根据记录中的某个数据相关的关键字进行逻辑上的顺序排列,基于该关键字可存取相关记录;

③直接随机存取——可根据非数据相关的关键字(如记录编号)对记录进行单独的寻址。

有大量私有的文件组织和存取方法被特定的供应商所采用。如IBM用于大型机系统的分区文件组织,它将文件分为多个子文件并建立专门的目录来存放。分区数据集被用来支持IBM的私有文件存取方法,如索引顺序存取方法(ISAM)和虚拟存储存取方法(VSAM)。

商用系统和开放系统则为数据存储和管理开发了结构化软件接口,其他系统软件和数据库管理系统则被链接到这些接口并用于高级用户应用编程。

(2)程序库管理系统。程序库管理系统可增强数据中心软件库管理的效率,包括应用软件代码、系统软件代码、作业控制语句和处理参数等的管理。以下是程序库管理系统的部分能力:

①完整性——每个源程序被赋予一个修改编号和版本编号,每个源语句均附有创建日期。通过口令、加密、数据压缩及自动备份等手段,以保证程序库、作业控制语句集和参数文件的安全;

②变更——对库内容的追加、修改、删除、重新排序和编辑进行管理。例如,在对程序库进行修改前自动进行备份并对所有的库操作进行日志记录;

③报告——为管理层和审计检查提供关于库内容、类别、追加和修改的列表;

④接口——提供与操作系统、作业调度系统、访问控制系统和联机程序管理系统的接口。

(3)磁带与磁盘管理系统。自动化磁带管理系统(TMS)或磁盘管理系统(DMS)是一种特殊的系统软件,用来追踪和列表显示数据中心所需的磁带/盘资源。系统中包含了数据集的名称、磁带卷或磁盘驱动器的位置、建立日期、有效日期、保存周期、失效日期及内容信息。通过TMS/DMS操作员可节省时间,减少错误,合并碎片以提高空间利用率。此外,大多数TMS系统具有磁带库存控制、安全访问控制等功能;许多TMS系统还可以和机械部件协作,在计算机系统需要时自动检索和装载磁带卷。

(4)作业调度软件。作业调度软件是一种处理大批量作业的系统软件,利用它可建立日常工作安排并自动决定将哪一项作业提交给系统处理。作业调度软件的某些优势包括:

①作业信息仅需建立一次,减少了发生错误的概率;

②可定义作业间的依赖关系,使得当某一项作业失败时,依赖于该作业的后续作业就不会被执行;

③所有成功或失败的作业均被记录;

④对操作员的依赖程度降低。

(二)计算系统接口软件控制

接口是实现应用程序与其他输入输出系统间信息交互的纽带和桥梁,接口控制是对系统间数据传递和转换的真实性、完整性、一致性和安全性的控制,是整合业务的关键要素。接口控制可以手工执行也可以自动执行。

接口控制通过系统间接口数据提取、转换和加载的控制活动和措施,实施有效的接口规则与设计以及有效的接口处理程序。接口软件控制目标一是接口规划与设计的有效性,二是接口处理程序的有效性。

(1)接口规划与设计的有效性。接口规划对接口设计起着宏观指导作用,它具有全局性和战略性的特点,是在较高的层次上描述接口,包括接口说明、接口类型、数据交换字段、控制需求等内容。接口设计在接口规划的框架中进行,规划中的相关要求通过接口设计这一环节予以实现。被审计单位应当采取必要的控制措施,确保接口规划与设计的有效实施,顺利实现控制目标。

接口规划与设计的有效性审计主要包括两个方面的内容:检查信息系统接口规划是否符合业务需要并且包含充足的信息;检查信息系统接口设计是否符合规划要求并且包含适当的设计文档。

(2)接口处理程序有效性。在接口处理过程中,由于异常数据、系统错误、通信故障以及人为操作等原因,可能会有未能完整、准确处理数据的情况。有效的接口处理程序可以协调源系统和目标系统之间的控制信息,充分保证接口数据的及时、完整、准确和安全,防止数据处理过程中发生增加、丢失和改变。被审计单位应当采取必要的控制措施,确保接口处理程序的有效实施,顺利实现控制目标。

接口处理的有效性审计主要包括六个方面的内容:一是检查接口处理程序的数据转换机制是否完善,能否有效实现数据提取、转换和加载;二是检查接口处理程序的数据传输机制是否完善,能否有效实现数据及时安全传输;三是检查接口处理程序的错误处理机制是否完善,能否有效保证数据正确性;四是检查接口处理程序的权限控制策略是否完善,能否有效保证数据安全性;五是检查接口处理程序的数据处理措施是否完善,能否有效保证接口重启和恢复;六是检查接口处理程序的变更流程是否完善,能否防止未经批准或潜在风险的变更。

(三)计算系统工具软件控制

系统工具软件(实用程序)指在正常运行期间常用的维护性和常规性系统软件。实用程序根据其用途可大致分为五个功能类别:

(1)理解应用系统(流程图、交易概要分析器、执行路径分析器和数据字典);

(2)评估和测试数据质量(数据操纵实用程序、数据比较实用程序和查询工具);

(3)测试程序正确性和维护数据的完整性(测试数据生成器、联机调试工具、输出分析器和网络仿真器);

(4)加快程序开发(可视显示实用程序、库拷贝、文本编辑器、联机编码工具、报告生成器和代码生成器);

(5)改善运行效率(CPU和内存利用监视器、通信线路分析器)。

较小型的计算系统(PC和服务器操作系统)通常带有特殊的实用程序(系统工具),用于:

(1)操作确认,清除、整理硬盘和可移动存储单元;

(2)定义每个单元所用的文件系统标准(如NT文件系统〔NTFS〕或文件分配表〔FAT〕);

(3)初始化可移动数据卷(软盘)和可移动硬盘/存储器;

(4)保存/恢复文件映像;

(5)重构并恢复(逻辑上)已删除的文件;

(6)测试系统单元和外部设备。

许多实用程序可旁路安全控制系统,或不产生任何审计记录,因此对这些功能强大而敏感的实用程序的使用应进行严格的控制和限制。

(四)计算系统环境数据库控制

环境数据库(environmental database)是指利用计算机信息处理技术,有组织地动态存储大量环境数据的集合系统。

计算机数据库为人们从大量的信息数据中快速检索提取信息提供了极为便利的条件。经过十多年计算机技术的发展,人们发现数据库的功能还不能完全满足实际的需要。因为事物是相互作用的,不考虑事物的相互作用与相互影响,仅仅是静止地检索出某一条孤立的信息,往往会使这一信息的价值受到一定的限制。

可根据不同用户的需要和环境信息的特点,建立不同类型和不同规模的环境数据库,它一般具有数据录入、修改、查询与检索、统计、输出等数据库管理功能。环境数据库是现代环境信息系统的重要组成部分。

管理信息系统是信息系统中的一个主要领域。管理对于生产力的组织、协调起着至关重要的作用。近些年来,人们意识到要快速健康地发展国民经济与维持社会稳定而有秩序的生活,管理是极其重要的一个环节。管理是一门科学,随着生产集约化、社会化的发展进程,管理问题愈发显得重要。

现代环境信息系统的特征以计算机为核心,因此,硬、软件和网络设备是建立环境信息系统的物质基础,在系统建设初期,它们所占的投资比重较大,故必须周密考虑和慎重采购。

环境信息系统(EIS)是基于环境的一系列空间或描述性属性信息,通过空间数据库、图形数据库或属性数据库等组织方式,引入数据库管理技术所形成的具备录入与修改、查询与输出功能的一类管理信息系统。

环境数据库控制的目标是保证计算系统环境的可靠、安全,能为计算系统提供可控的计算环境。

五、计算系统应用软件控制

(一)计算系统应用软件构成控制

应用软件(application software)是和系统软件相对应的,是用户可以使用的各种程序设计语言,以及用各种程序设计语言编制的应用程序的集合,分为应用软件包和用户程序。应用软件包是利用计算机解决某类问题而设计的程序的集合,供多用户使用。

应用软件是为满足用户不同领域、不同问题的应用需求而提供的软件。它可以拓宽计算机系统的应用领域,放大硬件的功能。

1. 应用软件生命周期

应用软件生命周期由软件定义、软件开发和运行维护三个时期组成,每个时期又进一步可以分成若干阶段。

软件定义时期的任务是:确定软件开发工程必须完成的总目标;确定工程的可行性;导出实现工程目标应该采用的策略及系统必须完成的功能;估计完成该项工程需要的资源和成本,并且制定工程进度表。这个时期的工作通常又称为系统分析,由系统分析员负责完成。软件定义时期通常可划分成3个阶段,即问题定义、可行性研究和需求分析。

开发时期具体设计和实现在前一个时期定义的软件,它通常由下述4个阶段组成:总体设计,详细设计,编码和单元侧试,综合测试。其中前两个阶段称为系统设计,后两个阶段称为系统实现。

维护时期的主要任务是使软件持久地满足用户的需要。具体地说,当软件在使用过程中发现错误时应该加以改正;当环境改变时应该修改软件以适应新的环境;当用户有新要求时应该及时改进软件以满足用户的新需要。通常对维护时期不再进一步划分阶段,但是每一次维护活动本质上都是一次压缩和简化了的定义和开发过程。

2. 应用软件开发方法

应用软件开发方法是为了获得高质量软件所需要完成的一系列任务的框架,它规定了完成各项任务的工作步骤,也称为软件过程。概括地说,软件过程描述为了开发出客户需要的软件,什么人(who)、在什么时候(when)、做什么事(what)以及怎样做(how)这些事以实现某一个特定的具体目标。

常见的开发方法有:(1)结构化生命周期方法;(2)原型法;(3)面向对象开发方法;(4)敏捷开发方法。

开发方法的优缺点及控制要求,可以参见"应用控制"章节。

3. 软件维护

随着时间的失衡,原有软件正在慢慢老化。软件需要进行适应性的调整,以满足新的计算环境和技术。软件必须升级实现新的功能,必须扩展使之能满足新系统的互操作能力,软件架构必须改进适应新的网络环境等。程序员试图给软件打上补丁,试图扩展和改善软件的功能,但软件的维护变得越来越困难。软件需要不断地进化,以适应未来的多样性环境。新的软件从旧系统中建立起来,并且新、旧系统都必须具有互操作性。

虽然现在快速增长变化的需求使得大多数软件变得很难维护,然而抛弃现在的系统重新开始设计完成系统在经济和时间上是不可行的。

在软件生命周期的各个阶段,软件需求都可能发生改变。随着新需求和新技术的不断涌现,几乎所有的系统都要不断地进行升级和更新,这种变化的起因更多地归结为软件需求的演化。软件演化是不断调节应用繁育满足用户需求的过程,是对已有系统不断地进行修改、补充和完善,以适应外界环境变化的过程。软件需求演化是软件需求从不明确到明确的过程,多数软件需求演化都要经历相当长的时间。有的软件项目的绝大部分需求在演化的早期就已经明确了,有的要到后期才能明确。

（二）计算系统专用程序控制

应用软件控制是保障信息系统产生的数据的真实性、完整性、可靠性等方面的控制。如前所述，电子政务应用控制审计关系到财政、财务收支及相关经济业务活动的真实性和合规性，应用控制审计是体现国家审计特色的重要内容之一。

应用控制的目标为：一是确保计算机系统中仅有完整、准确和有效的数据被输入和更新；二是确保处理过程完成了正确的事务；三是确保处理结果与预期目标相符合；四是确保可以记录并能追踪数据从输入到存储到最终输出的整个处理过程。

（1）业务流程控制。业务流程设计应该满足经济业务活动的需求，实施了业务流程整合、还原或者再造，避免重复操作，是对关键环节、关键节点和关键岗位具备不相容职责分离等必要的控制。

（2）数据输入处理与输出控制。数据输入控制是为了确保输入应用系统数据的真实性、完整性和准确性而实施的控制活动，它必须保证每一项被处理的事务能够被正确完整地录入与编辑，确保只有合法且经授权的信息才能被输入，而且只被输入一次。

数据输入控制环节包括：

一是审计数据输入政策健全性及执行情况；

二是审计数据输入规则设计的合理性，包括数据格式、内容等方面设计；

三是审计应用程序的数据输入检验机制是否健全有效，包括数据唯一性控制、必填字段控制、数据格式和范围控制、数据精度控制、勾稽关系控制等方面审查；

四是审计应用程序数据输入错误处理功能是否健全有效，包括错误提示、跟踪、报告和处理等方面。

数据处理控制是为了确保应用系统数据处理的准确性和可靠性而实施的控制活动，以确保应用系统按规定对数据进行处理，比如对业务按照预定的规则进行正常处理，业务数据在处理过程中没有丢失、增加、重复或不恰当的更改，处理中的错误能够被发现并及时得到更正。

数据输出控制是为了确保应用系统输出信息的准确性，以及输出数据以一致和安全的方式传递给经过合理授权的用户而实施的控制活动。

六、计算系统指标控制

（一）计算系统指标构成控制

计算系统性能指标中主要包括响应时间、并发用户数，吞吐量及利用率等如下主要指标。

（1）运转时间（Turnaround）——发生故障时，帮助台或厂商从登录系统到解决问题所需的时间。

（2）响应时间——系统响应一个特定的用户查询所需的时间。

（3）吞吐量——单位时间内系统的有效工作量，吞吐量的衡量指标可以是每秒执行的指令数或其他性能单位，对于数据传输，吞吐量为有效的传输速率，通常用Kbps、Mbps或Gbps表示。

（4）负载——执行必要工作的能力，或系统在给定时间区间内能完成的工作量。

（5）兼容性——供应商提供的新系统对现有应用的运行支持能力。

(6)容量——新系统处理并发网络应用请求的数目,以及系统能够为每位用户处理的数据量。

(7)利用率——新系统可用时间与故障时间之比。

响应时间指的是"系统响应时间",定义为应用系统从发出请求开始到客户端接收到响应所消耗的时间,通常将它作为用户视角的软件性能的主要体现。它包括网络的传输时间、Web服务器上处理时间、APP服务器上处理时间、DB服务器上处理时间,但不包括浏览器上的内容显示时间,即"呈现时间",这是因为呈现时间在很大程度上取决于客户端的表现。例如,一台内存不足的客户端机器在处理复杂页面的时候,其呈现时间可能就很长,而这并不能说明整个系统的性能。

吞吐量是指"单位时间内系统处理的客户请求的数量",直接体现软件系统的性能承载能力。一般来说,吞吐量用请求数/秒或页面数/秒来衡量,从业务的角度,吞吐量也可以用访问人数/天或是处理的业务数/小时等单位来衡量。从网络的角度来说,也可以用字节数/天来考察网络流量。

资源利用率反映的是在一段时间内资源平均被占用的情况。对于数量为1的资源,资源利用率可以表示为被占用的时间与整段时间的比值;对于数量不为1的资源,资源利用率可以表示为在该段时间内平均被占用的资源数与总资源数的比值。

(二)计算系统资源利用率控制

资源利用率反映的是在一段时间内资源平均被占用的情况。对于数量为1的资源,资源利用率可以表示为被占用的时间与整段时间的比值;对于数量不为1的资源,资源利用率可以表示为在该段时间内平均被占用的资源数与总资源数的比值。

计算系统对单位经济业务活动和国家经济社会健康发展存在着广泛的影响,包括提高单位经济效益、改善组织的决策、提高组织的管理效率、改善业务流程、改善生产计划、影响产品和服务、提高社会影响力等。此项指标侧重于统计信息系统应用之后所取得的经济效益和应用效果,从而评价信息系统对经济业务发展和行业、地区信息化发展的贡献度。

计算系统运行监控管理系统是指利用信息化手段,对与电子政务相关的应用系统、信息资源、网络系统、安全系统、机房系统及其信息资产的运行状况进行实时监控、预警报告的监控管理系统。电子政务运行监控管理系统的主要功能是:

(1)设置各类信息系统和信息资产的运行状况及技术性能的指标阀值。如应用系统响应速度不超过3秒;存储设备的实际存储量不超过80%;CPU利用率控制在90%;网络带宽利用率控制在80%;城域、广域的路由互联等。

(2)采集各类信息系统和信息资产的运行状况。在各类信息系统和信息资产上设置数据采集模块,采集上述各类运行状况和性能指标的实时运行值。

(3)预警信息系统和信息资源运行异常。通过对信息系统运行状况和信息资产性能指标信息的分析和诊断,对异常情况进行实时报警。如,各类系统和信息资产的运行状况和技术性能指标在控制值范围内,以绿灯表示;接近阀值10%时以黄灯表示;超过阀值时以红灯表示,并发出警报声响。

(4)构建信息系统运维知识库,提供故障排除的参考方案。利用信息系统设计技术路线和软硬件技术故障排除知识、积累的系统运维知识和经验,构建信息系统运行维护知识库,对各类异常情况的排除提供可参考的解决方案。

（5）分析信息资产的健康状况。利用运行监控系统与信息资产管理系统的信息共享，分析信息资产的使用年度、异常情况的发生频度、主体或部件的运维记录等信息，诊断信息资产的健康状况，为信息资产的维修或更换提供有效依据。

（三）计算系统吞吐量控制

吞吐量是指系统在单位时间内处理请求的数量。对于无并发的应用系统而言，吞吐量与响应时间成的反比关系，实际上此时吞吐量就是响应时间的倒数。前面已经说过，对于单用户的系统，响应时间（或者系统响应时间和应用延迟时间）可以很好地度量系统的性能，但对于并发系统，通常需要用吞吐量作为性能指标。

对于一个多用户的系统，如果只有一个用户使用时系统的平均响应时间是 t，当有你 n 个用户使用时，每个用户看到的响应时间通常并不是 $n \times t$，而往往比 $n \times t$ 小很多（当然，在某些特殊情况下也可能比 $n \times t$ 大，甚至大很多）。这是因为处理每个请求需要用到很多资源，由于每个请求的处理过程中有许多步骤难以并发执行，这导致在具体的一个时间点，所占资源往往并不多。也就是说在处理单个请求时，在每个时间点都可能有许多资源被闲置，当处理多个请求时，如果资源配置合理，每个用户看到的平均响应时间并不随用户数的增加而线性增加。实际上，不同系统的平均响应时间随用户数增加而增长的速度也不大相同，这也是采用吞吐量来度量并发系统性能的主要原因。一般而言，吞吐量是一个比较通用的指标，两个具有不同用户数和用户使用模式的系统，如果其最大吞吐量基本一致，则可以判断两个系统的处理能力基本一致。

（四）计算系统响应时间控制

响应时间是指系统对请求作出响应的时间。直观上看，这个指标与人对软件性能的主观感受是非常一致的，因为它完整地记录了整个计算机系统处理请求的时间。由于一个系统通常会提供许多功能，而不同功能的处理逻辑也千差万别，因而不同功能的响应时间也不尽相同，甚至同一功能在不同输入数据的情况下响应时间也不相同。所以，在讨论一个系统的响应时间时，人们通常是指该系统所有功能的平均时间或者所有功能的最大响应时间。当然，往往也需要针对每个或每组功能讨论其平均响应时间和最大响应时间。

对于单机的没有并发操作的应用系统而言，人们普遍认为响应时间是一个合理且准确的性能指标。需要指出的是，响应时间的绝对值并不能直接反映软件性能的高低，软件性能的高低实际上取决于用户对该响应时间的接受程度。对于一个游戏软件来说，响应时间小于100毫秒应该是不错的，响应时间在1秒左右可能属于勉强可以接受，如果响应时间达到3秒就完全难以接受了。而对于编译系统来说，完整编译一个较大规模软件的源代码可能需要几十分钟甚至更长时间，但这些响应时间对于用户来说都是可以接受的。

（五）计算系统其他指标控制

1. 并发用户数

并发用户数是指系统可以同时承载的正常使用系统功能的用户的数量。与吞吐量相比，并发用户数是一个更直观但也更笼统的性能指标。实际上,并发用户数是一个非常不准确的指标,因为用户不同的使用模式会导致不同用户在单位时间发出不同数量的请求。以网站系统为例,假设用户只有注册后才能使用,但注册用户并不是每时每刻都在使用该网站,因此具体某一时刻只有部分注册用户同时在线,在线用户在浏览网站时会花很多时间阅读网站上的信息,因而具体某一时刻只有部分在线用户同时向系统发出请求。这样,对于网站系统我们会有三个关于用户数的统计数字:注册用户数、在线用户数和同时发请求用户数。由于注册用户可能长时间不登陆网站,使用注册用户数作为性能指标会造成很大的误差。而在线用户数和同时发请求用户数都可以作为性能指标。相比而言,以在线用户数作为性能指标更直观些,而以同时发请求用户数作为性能指标更准确些。

2. 软件兼容性

软件的兼容性是衡量软件好坏的一个重要指标,兼容性指与软件可从某一环境转移到另一环境的能力有关的一组属性,它包括以下属性:

(1)与软件无须采用有别于为该软件准备的活动或手段就可能适应不同的规定环境有关的软件属性;

(2)使软件遵循与可移植性有关的标准或约定的软件属性;

(3)与软件在该软件环境中用来替代制定的其他软件的机会和努力有关的软件属性。

具体的兼容性指标包括:

(1)操作系统兼容性。软件可以运行在哪些操作系统平台上,理想的软件应该具有与平台无关性。有些软件需要在不同的操作系统平台上重新编译即可运行,有些软件需要重新开发或是改动较大,才能在不同的操作系统平台上运行,对于两层体系和多层体系结构的软件,还要考虑前端和后端操作系统的可选择性。

(2)异构数据库兼容性。现在很多软件尤其是 MIS、ERP、CRM 等软件都需要数据库系统的支持,对这类软件要考虑其对不同数据库平台的支持能力,如从 ORACLE 平台替换到 SYBASE 平台,软件是否可直接挂接,或者提供相关的转换工具。

(3)新旧数据转换。软件是否提供新旧数据转换的功能。当软件升级后可能定义了新的数据格式或文件格式,涉及对原先格式的支持及更新,原来用户的记录要能保留,同时在新的格式下要依然可用,这里还要考虑转换过程中数据的完整性与正确性。

(4)异种数据兼容性。软件是否提供对其他常用数据格式的支持。如办公软件是否支持常用的 DOC、WPS 等文件格式,支持的程度如何,即可否完全正确地读出这些格式的文件。

(5)应用软件兼容性。主要考察两项内容:一是软件运行需要哪些其他应用软件的支持,二是判断与其他常用软件如 MS Office、反病毒软件等一起使用,是否造成其他软件运行错误或软件本身不能正常实现其功能。

(6)硬件兼容性。考察软件对运行的硬件环境有无特殊说明,如对计算机的型号、网卡的型号、声卡的型号、显卡的型号等有无特别的声明,有些软件可能在不同的硬件环境中,出现不同的运行结果或是根本就无法执行。

七、计算系统设备控制

（1）服务器设备。服务器是提供计算服务的设备。由于服务器需要响应服务请求，并进行处理，因此一般来说，服务器应具备承担服务并且保障服务的能力。

服务器的构成包括处理器、硬盘、内存、系统总线等，和通用的计算机架构类似，但是由于需要提供高可靠的服务，因此在处理能力、稳定性、可靠性、安全性、可扩展性、可管理性等方面要求较高（图4-20）。

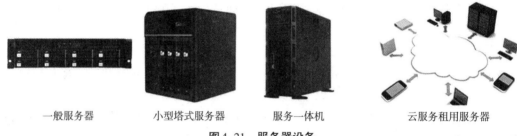

一般服务器　　　　小型塔式服务器　　　服务一体机　　　　云服务租用服务器

图4-21　服务器设备

服务器分为文件服务器、数据库服务器、应用程序服务器、Web服务器。

（2）存储服务器。存储服务器是指为特定目标而设计，因此配置方式也有所不同。它是拥有额外的存储，也拥有很大的存储空间的服务器。存储服务器会携带特殊服务，包括存储管理软件、保证高灵活性的额外硬件、RAID配置类型（图4-21）。

刀片云存储服务器　　　　塔式存储服务器　　　网络存储服务器　　　大容量存储服务器

图4-21　存储服务器

八、计算系统控制的审计

计算系统控制审计重点关注计算系统对于业务需求的符合性，计算系统控制对于系统运行的可靠性、安全性、经济性。

（一）计算系统功能审计

计算系统功能控制审计直接关系到电子政务系统业务的合规性、业务数据的可靠性，甚至直接影响被审单位的财政财务收支的真实性。我国审计环境决定了目前我国电子政务审计需要坚持查处重大违法违规问题和发现大案要案线索。因此，应用功能控制审计是我国电子政务审计的重要内容之一。应用控制审计主要包括三个方面：输入、处理和输出控制审计。

数据输入控制审计主要检查业务流程设计是否遵循国家法律法规政策规定，业务流程执行的关键节点是否考虑潜在舞弊和误操作等风险，系统操作人员是否根据岗位职责授权访问相应功能模块和数据；数据输入政策制度的健全性及执行情况；数据输入规则的合理性，包括数据格式、内容等；数据输入检验机制是否健全有效，包括数据唯一性控制、必填字段控制、数据格式、精度和范围控制、逻辑关系控制等方面审查；数据输入错误处理功能是否健全有效，包括错误提示、跟踪、报告和处理等方面。

数据处理控制审计主要检查数据处理的合规性，关注是否建立规范的业务处理程序，系统业务和数据处理过程是否符合国家政策和行业规定；关注数据处理逻辑的正确性，在数据处理过程中，由于数据错误、数据不一致、系统错误、系统中断、通信故障等原因，交易可能未被完整、准确的处理，从而产生不正确的处理结果；关注系统处理错误的识别、记录与解决机制。分析系统处理日志记录，审查处理中遇到的错误或问题是否被及时准确的记录，是否及时调查并纠正处理中产生的错误信息，是否存在异常或未经授权的处理活动等。

数据输出控制审计主要检查数据输出政策制度的健全性及执行情况；输出权限控制，关注用户对输出信息的查看、更新和输出等操作是否与其权限相匹配；数据输出报告生成机制，关注输出的计算机处理结果是否准确无误，包括内容格式、输出总数、数据勾稽关系和输出合理性等；输出信息分发和保存控制，关注输出信息是否被分发给有权使用的人员、输出信息保存与使用是否符合制度规定等。

(二)计算系统软件环境审计

为了审计信息系统的系统软件的开发、获取或维护，审计可通过会见系统技术人员和相关负责人，通过会谈等过程获得系统软件选项设置的审查和批准流程、软件实施的测试程序、测试结果的审查和批准程序、系统软件实施程序以及文档需求等系统软件相关文档。

信息系统审计要检查系统软件选择程序以确定系统软件的选择是针对信息系统计划和业务计划开展的，包含了对信息系统的处理和控制要求，并满足信息系统和业务需求。

要审查系统软件获取可行性研究和选择流程，确定建议的系统目标和目的与招标书/请求建议书一致，并对所有应标或建议使用了相同的选择标准。

在审计系统软件采购、实施中，还要特别注意审计成本—效益分析，确认系统软件采购充分考虑了成本控制；审计系统软件的安装控制，确保实施新系统的变更有相应控制；审计系统软件维护与变更控制，确保其有效性；审计系统软件安全控制，检查其安装、参数设置以及相关的逻辑设置是否遵循相应的控制制度。

信息系统审计要特别检查系统文档，关注文档中有关安装控制语句、系统参数表、系统退出的触发事件以及系统日志。

对系统软件的审计要认真检查系统的授权文档，检查对系统访问授权的增加、删除或修改是否进行了记录，确认对企图侵害的报告进行了审查以及后续工作进行了记录。

在审计过程中，要测试系统软件实施中的控制及其充分性，主要测试的区域包括变更程序、授权程序、访问安全控制、文档规范化控制、系统测试控制、对生产环境的访问控制及相应的审计轨迹。

对于有数据库支持的信息系统来说，审计要检查相应的数据库控制，检查系统对共享数据的访问是否适当，检查系统数据组织是否适当，确认利用了充分的变更程序来保证数据库管理软件的完整性,确认数据库管理系统的数据字典的完整性得到维护,另外还需要检查数据库管理系统的数据冗余度,确认凡存在数据冗余的地方均已在数据字典或其他文档中进行了适当的交叉引用。

在检查系统数据库时,应审核其设计、访问、管理、接口和可移植性。

在检查数据库设计时应确认存在数据库模型,模型中的所有实体应拥有有意义的名称、主键和外键;关系应有明确的基数(Cardinality)及一致的和有意义的名称;业务规则应以图表表示;确认实体—关系模型应和数据库的物理模式一致。应审核逻辑模式以保证实体—关系图中的所有实体均以表或视图的形式存在。所有的关系应通过主键和外键来表示。所有的属性应拥有逻辑名称,并用指示符指出其是主键或外键。同时用指示符指出是否允许空值。主键不允许有空值,而外键只要与实体—关系模型中表达的基数一致,则可以有空值。

应审核物理模式中为表、日志、索引及临时空间分配的初始空间和扩展空间。应为主键及频繁访问的属性建立索引。对于非正则化的数据库,应审核其原因。

对数据库及存储过程、触发器的重要访问应进行分析。索引的使用应最大限度地减少访问时间,对于不是基于索引的开放式访问应给出理由。如果DBMS允许选择索引的方法和类型,应验证索引的正确性。

审计数据库的管理应检查所有用户的安全级别和角色应在数据库中的标识,确认所有用户或用户组的访问权限应有正当理由。确认数据库具有备份和恢复程序以确保数据库的可靠性和可用性。具备并发访问时保证数据一致性和完整性的机制和程序。

最后,为保证数据的完整性和私密性,应验证数据库与应用系统接口及审查数据导入导出程序。

(三)计算系统访问审计

逻辑访问控制审计的第一步是要对信息系统处理设施的技术、管理、安全环境有一个清晰的了解。在此基础上记录逻辑访问路径,此路径会涉及到许多软、硬件设施,因此信息系统审计师应当对实施这些设施的合理性、物理和逻辑访问的安全性进行评估。

会谈与观察是逻辑访问控制审计的重要手段,通过与信息部门经理、安全管理员、网络控制员工以及一般用户会谈可以了解逻辑访问控制的实际运行状况,掌握控制实践不完备或与其书面工作职责描述不一致的地方,并评价员工对组织安全政策与程序的了解程度。

信息系统审计师还应该检查已实施的逻辑访问控制软件,通过检查软件的记录与报告可以评估是否存在足够的数据,以支持对安全事件的调查,以及评估安全管理员日常是否对这些记录及报告进行了检查。

目前大部分访问控制软件都具有内置安全功能,可以自动记录和报告所有级别的计算机访问及试图入侵计算机的行为,系统有时还需要对具有敏感数据访问权限的用户所有击键行为都记录在日志中。组织要根据实际需求来决定在日志中记录什么样的计算机操作行为、谁有权访问系统日志及日志要保留多长时间。

要对安全管理员访问系统日志的权限加以严格控制。一般情况下,可以由计算机安全主管、系统主管或系统管理员对日记实施检查,其他维护逻辑访问控制的安全与系统管理人员都不应当有访问系统日志的能力。

为了保护审计踪迹数据的完整性,使其不被非授权修改,可以采用数字签名的方式进行控制;也可以使用一次性写设备(如CD刻录机)保存;还可以每天用打印机打印输出,负责人签字后妥善保存。

审计日志数据量大,内容复杂,人工分析往往很困难,需要有专用的软件工具进行处理,从中提取有用的信息。审计日志工具有日志精简、趋势分析和特征检测等不同类型。

(四)计算系统性能审计

对计算系统性能的审计主要关注计算系统的性能符合被审计单位信息业务的要求,应当检查下列审计事项:

(1)计算系统的采购是否基于业务与安全需求,并经过严格的采购控制。

(2)计算系统的性能指标是否满足业务要求以及可靠性、安全性的要求。

(3)计算系统性能计划是否反映了业务和技术的发展,适应组织的战略与政策。

本节思考题

1. 信息系统计算模式的发展经历了哪些阶段? 每个阶段的主要特征是什么?

2. 分布式计算系统的主要构成有哪些?

3. 我国电子政务云建设中采用的硬件、系统软件、支撑软件有哪些? 它们如何服务于典型政务云应用?

4. 国家电子政务信息化建设中,计算系统的硬件有哪些控制要求?

5. 国家电子政务信息化建设中,计算系统的系统软件和支撑软件有哪些控制要求?

6. 国家电子政务信息化建设中,计算系统的应用软件有哪些控制要求?

7. 国家电子政务网络建设中,计算系统的性能有哪些指标要求? 如何达到这些要求?

8. 对电子政务计算系统控制审计的程序与方法有哪些? 开展计算系统控制审计的技术有哪些,应当如何运用?

9. 电子政务计算系统控制审计评价应当关注哪些方面?

第三节　存储系统控制审计

存储系统是指计算机中由存放程序和数据的各种存储设备、控制部件及管理信息调度的设备(硬件)和算法(软件)所组成的系统。计算机的主存储器不能同时满足存取速度快、存储容量大和成本低的要求,在计算机中必须有速度由慢到快、容量由大到小的多级层次存储器,以最优的控制调度算法和合理的成本,构成具有性能可接受的存储系统。

存储系统控制是信息系统建设运维单位为保障存储系统的符合性和有效性,按照国家和行业的规章制度和标准规范,加强存储系统的存储方式、存储结构和存储措施控制,使存储系统具有可靠性、安全性和经济性。

存储系统控制审计是信息系统审计服务单位按照国家和行业的规章制度和标准规范,对存储系统的存储方式、存储结构和存储措施控制的符合性和有效性进行检查监督,提出审计意见和建议,保障存储系统具有可靠性、安全性和经济性。

一、存储系统总体控制

（一）存储系统概念

网络存储系统是指在分布式环境中存放程序和数据的各种存储设备、控制部件及管理信息调度的设备（硬件）和算法（软件）所组成的系统。

（二）存储系统控制

存储系统控制的主要目标是网络存储的可靠性、安全性和经济性。

1. 存储系统可靠性控制

（1）存储处理系统设计目标中可靠性指标应当达到网络应用系统信息资源的存储处理需要，包括数据存储能力、交易处理能力、计算处理能力，计算处理能力、会话处理能力、请求响应能力、平均无故障时间等；

（2）存储处理系统建设时应对上述指标进行调整，调整是否由于设计不合理或人为加大投资等因素；

（3）建立完善的存储处理系统运行维护管理制度，通过制度保障存储处理系统能力指标处于相对优良状态；

（4）存储系统运行管理中应当执行存储处理系统运行管理制度，使用异常维护记录反映存储设备质量缺陷；

（5）存储处理域网络状况是应当最小化对存储处理系统可靠性的影响，例如在建设存储区域网络时，如将存储区域网络中服务器间构成集群的网络联接与通信网络交换能力共用，会导致存储处理系统可靠性下降，在该环节应当有相应的控制；

（6）冗余磁盘阵列（RAID）设置正确也是重要的存储系统可靠性控制。

对于使用了存储处理网络的环境，因为其存储处理系统涉及应用系统的配置、设计、管理等内容，其应用控制，特别是网络分布式操作系统的应用控制是满足业务部署的可靠性要求的重要控制手段。

2. 存储系统安全性控制

（1）存储处理系统网络安全控制技术；

（2）存储处理系统网络物理环境控制；

（3）存储处理系统软件，包括单机的操作系统软件、集群化的系统软件、构造分布式存储的相关软件、数据库软件等，具备系统漏洞、后门程序、未授权的外部访问等安全控制，封闭除对授予权应用域连接开放的端口与其他形式的联接；

（4）建立存储处理系统安全管理制度并切实执行；

（5）针对利用接入外部网络的云存储存储信息资源的情况，要对必要的信息资源的敏感性进行检查与安全控制；

（6）冗余磁盘阵列（RAID）设置正确也是重要的存储系统可靠性控制。

3. 存储系统经济性控制

（1）存储处理系统设计目标符合网络信息资源的存储需要，包括以总存储量和速度为代表及相关技术指标是否满足信息资源的存储需要、存储处理系统扩展能力是否满足信息资源的增长率需要；

（2）存储处理系统建设时应当基于应用系统速度和安全保障需求，保障成本效益。

二、存储系统分类控制

（一）存储系统分类

通常情况下按存储的接入方式可将存储处理系统分为三类：直接附加存储（Direct Attached Storage，DAS）、网络附加存储（Network Attached Storage，NAS）、存储区域网络（Storage Area Network，SAN）、云存储方式。各类复杂存储处理系统（如海量数据存储处理系统、云存储处理系统等）都是基于上述三类存储处理技术搭建而成，如图4-22所示。

图4-22　存储处理技术构成

1. 直接附加存储（DAS）

DAS这种存储方式与普通PC存储架构一样，外部存储设备都是直接挂接在服务器内部总线上，数据存储设备是整个服务器结构的一部分。包括：

（1）小型网络。因为网络规模较小，数据存储量小，且也不是很复杂，采用这种存储方式对服务器的影响不会很大。并且这种存储方式也十分经济，适合拥有小型网络的企业用户。

（2）地理位置分散的网络。总体规模较大，但地理分布分散，通过SAN或NAS在其间互联非常困难，此时各分支机构服务器也可采用DAS存储方式，这样可以降低成本。

（3）特殊应用服务器。在特殊应用服务器上，如微软的集群服务器或某些数据库使用的原始分区，均要求存储设备直接连接到应用服务器。

在服务器与存储的各种连接方式中，DAS曾被认为是一种低效率的结构，而且也不方便进行数据保护。直连存储无法共享，因此经常出现的情况是某台服务器的存储空间不足，而其他一些服务器却因大量的存储空间处于闲置状态而无法利用。如果存储不能共享，也就谈不上容量分配与使用需求之间的平衡。

DAS结构下的数据保护流程相对复杂，如果做网络备份，那么每台服务器都必须单独进行备份，而且所有的数据流都要通过网络传输。如果不做网络备份，那么就要为每台服务器都配一套备份软件和磁带设备,所以说备份流程的复杂度会大大增加。

2. 网络附加存储(NAS)

NAS(网络附加存储)方式全面改进了以前低效的DAS存储方式。采用独立于服务器,单独为网络数据存储而开发的一种文件服务器来连接所存储设备,自形成一个网络。这样数据存储就不再是服务器的附属,而是作为独立网络节点而存在于网络之中,可由所有的网络用户共享。

NAS的优点在于:

(1)真正的即插即用。NAS作为独立的存储节点存在于网络之中,与用户的操作系统平台无关,属于真正的即插即用。

(2)存储部署简单。NAS不依赖通用操作系统,而采用面向用户设计的专门用于数据存储的简化操作系统,内置与网络连接所需协议,使系统管理和设置较为简单。

(3)存储设备位置非常灵活。

(4)管理容易且成本低。NAS存储方式基于现有企业Ethernet设计,按照TCP/IP协议进行通信,以文件I/O方式进行数据传输。

但同时,NAS的缺点也较为显著,主要是存储的性能较低,可靠度也不不高,很难用作数据库系统的存储。

3. 存储区域网络(SAN)

SAN存储方式创造了存储的网络化。存储网络化顺应计算机服务器体系网络化趋势。SAN支撑技术是光纤通道技术,是ANSI为网络和通道I/O接口建立的标准集成。FC技术支持HIPPI、IPI、SCSI、IP、ATM等多种高级协议,最大特性是将网络和设备的通信协议与传输物理介质隔离开。

这样多种协议可在同一个物理连接上同时传送。

(1)存储和备份设备,如磁带、磁盘和光盘库等。

(2)光纤通道网络连接部件,包括主机总线适配卡、驱动程序、光缆、集线器、交换机、光纤通道和SCSI间的桥接器。

(3)应用和管理软件,如备份软件、存储资源和存储设备管理软件等。

SAN的优势:

①网络部署容易;

②高速存储性能。因为SAN采用了光纤通道技术,所以它具有更高的存储带宽,存储性能明显提高。SAN的光纤通道使用全双工串行通信原理传输数据,传输速率高达1062.5Mb/s。

③良好的扩展能力。由于SAN采用了网络结构,扩展能力更强。光纤接口提供了10千米的连接距离,这使得实现物理上分离,不在本地机房的存储变得非常容易。

4. 云存储网络

云存储是在云计算(cloud computing)概念上延伸和衍生发展出来的一个新的概念。云计算是分布式处理(distributed computing)、并行处理(parallel computing)和网格计算(grid computing)的发展,是透过网络将庞大的计算处理程序自动分拆成无数个较小的子程序,再交由多部服务器所组成的庞大系统经计算分析之后将处理结果回传给用户。通过云计算技术,网络服务提供者可以在数秒之内,处理数以千万计甚至亿计的信息,达到和"超级计算机"同样强大的网络服务功能。

云存储网络结构模型：

(1)存储层。存储层是云存储最基础的部分。存储设备可以是FC光纤通道存储设备，可以是NAS和iSCSI等IP存储设备，也可以是SCSI或SAS等DAS存储设备。云存储中的存储设备往往数量庞大且分布于不同地域。彼此之间通过广域网、互联网或者FC光纤通道网络连接在一起。存储设备之上是一个统一存储设备管理系统，可以实现存储设备的逻辑虚拟化管理、多链路冗余管理，以及硬件设备的状态监控和故障维护。

(2)基础管理层。基础管理层是云存储最核心的部分，也是云存储中最难以实现的部分。基础管理层通过集群、分布式文件系统和网格计算等技术，实现云存储中多个存储设备之间的协同工作，使多个的存储设备可以对外提供同一种服务，并提供更大更强更好的数据访问性能。CDN内容分发系统、数据加密技术保证云存储中的数据不会被未授权的用户所访问，同时，通过各种数据备份和容灾技术和措施可以保证云存储中的数据不会丢失，保证云存储自身的安全和稳定。

5. 独立磁盘冗余阵列

独立磁盘冗余阵列(Redundant Array of Independent Disks, RAID)是把相同的数据存储在多个硬盘的不同的地方(冗余地)的方法。通过把数据放在多个硬盘上，输入输出操作能以平衡的方式交叠，改良性能。因为多个硬盘增加了平均故障间隔时间(MTBF)，储存冗余数据也增加了容错能力。

RAID的优势在于两个方面：首先是提高了吞吐量。RAID通过在多个磁盘上同时存储和读取数据来大幅提高存储系统的数据吞吐量(Throughput)。在RAID中，可以让很多磁盘驱动器同时传输数据，而这些磁盘驱动器在逻辑上又是一个磁盘驱动器，所以使用RAID可以达到单个磁盘驱动器几倍、几十倍甚至上百倍的速率。其次，通过数据校验，提供了容错功能。普通磁盘驱动器如果不包括写在磁盘上的CRC(循环冗余校验)码的话无法提供容错功能。RAID容错是建立在每个磁盘驱动器的硬件容错功能之上的，所以它提供更高的安全性。在很多RAID模式中都有较为完备的相互校验/恢复的措施，甚至是直接相互的镜像备份，从而大大提高了RAID系统的容错度，提高了系统的稳定冗余性。

(1)RAID0。RAID0是最早出现的RAID模式，只需要2块以上的硬盘即可，成本低，可以提高整个磁盘的性能和吞吐量。RAID0没有提供冗余或错误修复能力，几乎没有在实际系统中使用。

(2)RAID1。RAID1称为磁盘镜像，原理是把一个磁盘的数据镜像到另一个磁盘上，也就是说数据在写入一块磁盘的同时，会在另一块闲置的磁盘上生成镜像文件，在不影响性能情况下最大限度地保证系统的可靠性和可修复性。也就是说，只要系统中任何一对镜像盘中至少有一块磁盘可以使用，甚至可以在一半数量的硬盘出现问题时系统都可以正常运行，当一块硬盘失效时，系统会忽略该硬盘，转而使用剩余的镜像盘读写数据，具备很好的磁盘冗余能力。

(3)RAID2。RAID2是为大型机和超级计算机开发的带海明码校验磁盘阵列。磁盘驱动器组中的第1个、第2个、第4个……第2^n个磁盘驱动器是专门的校验盘，用于校验和纠错。由该原则可知，少量磁盘在使用RAID2时非常浪费存储空间(4块磁盘时，仅有1块是用于存储数据的)，仅在大量磁盘进行海量数据存取时具有相当的优势。

(4)RAID3。同RAID2非常类似，都是将独立的比特分布于不同的硬盘上，区别在于RAID3使用简单的奇偶校验，并用单块磁盘存放奇偶校验信息。如果一块磁盘失效，奇偶盘及其他数据盘可以重新产生数据；如果奇偶盘失效则不影响数据使用。RAID3对于大量的连续数据可提供很好的传输率，但对于随机数据来说，奇偶盘会成为写操作的瓶颈。

（5）RAID4。RAID4使用一块磁盘作为奇偶校验盘，将数据条块化并分布于不同的磁盘上，但条块单位为块或记录。每次写操作都需要访问奇偶盘，这时奇偶校验盘会成为写操作的瓶颈，因此RAID4在商业环境中很少使用。

（6）RAID5。RAID5不单独指定奇偶盘，而是在所有磁盘上交叉地存取数据及奇偶校验信息。在RAID5上，读/写指针可同时对阵列设备进行操作，提供了更高的数据流量。RAID5更适合于小数据块和随机读写的数据。RAID3与RAID5相比，最主要的区别在于RAID3每进行一次数据传输就需涉及到所有的阵列盘；而对于RAID5来说，大部分数据传输只对一块磁盘操作，并可进行并行操作。在RAID5中有"写损失"，即每一次写操作将产生四个实际的读/写操作，其中两次读旧的数据及奇偶信息，两次写新的数据及奇偶信息。

（7）RAID6。与RAID5相比，RAID6增加了第二个独立的奇偶校验信息块。两个独立的奇偶系统使用不同的算法，数据的可靠性非常高，即使两块磁盘同时失效也不会影响数据的使用。但RAID6需要分配给奇偶校验信息更大的磁盘空间，相对于RAID5有更大的"写损失"，因此"写性能"非常差。较差的性能和复杂的实施方式使得RAID6很少得到实际应用。

当然，实际应用中并不局限于以上RAID的配置方法，但基本都是以上方法的一些组合（不排除由于技术的发展，产生新的RAID算法），这些不在本书的讨论范围。

（二）存储系统方式

目前业界常见的存储处理系统有集中式存储处理系统和分布式存储处理系统。集中式存储处理系统是比较经典的存储处理架构，在政府部门及传统企业应用非常广泛。分布式存储处理系统是近年来随着大数据及云计算技术的推广而发展起来的一种新的数据存储处理技术，在互联网企业应用较为普遍。

1. 集中式存储处理系统

在政府部门及企业中，通常采用SAN及NAS搭建自己的集中式存储处理系统。其中SAN架构部分主要用作结构化数据的存储与管理，NAS架构部分用于文件及流媒体的存储与管理（图4-23）。

图中是一个利用SAN及NAS搭建存储处理系统的示例。其中，对于结构化数据的存储采用SAN磁盘整列，并使用数据库管理软件作为其主要处理系统，对于摄像头采集的流媒体数据由NAS负责存储。在实际应用中，可根据数据实际使用的频度，将数据分为冷数据（不经常使用的数据）和热数据（经常使用的数据）分别使用SATA阵列、SAS阵列和SSD阵列进行存储，在不影响使用感受的情况下尽可能降低投资成本。

对于采用上述存储架构的数据处理方式通常采用SMP（Symmetric Multi-Processing）方式。SMP也称为对称多处理结构，是在一个计算机上汇集了一组处理器，他们之间对称工作，无主次或从属关系，共享相同的物理内存及总线。SMP架构的主要特征是共享，系统中所有资源（CPU、内存、I/O等）都是共享的，由于多CPU对前端总线的竞争，SMP的扩展能力非常有限。为了提高可扩展性，目前出现了一种新的主机架构NUMA（Non-Uniform Memory Access，非一致存储访问）。它具有多个NUMA节点，每个NUMA节点是一个SMP结构，一般由多个CPU组成，具备独立的内存和IO槽,可更好地发挥系统性能。但对于这样主机架构处理应用时,需要注意尽量减少NUMA节点之间的信息交互。

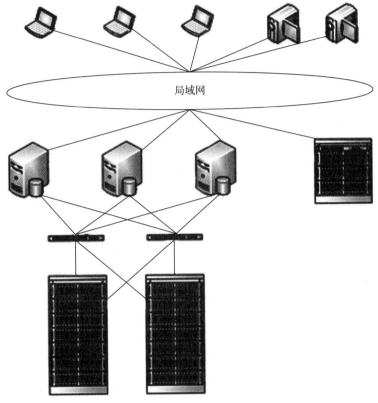

图4-23 利用SAN及NAS搭建的存储处理系统

存储处理系统的核心是存储处理引擎,它将直接决定存储处理系统能够提供的性能和功能。在上述架构下,其存储处理引擎基本就是哈希表和B树。哈希存储引擎是哈希表的持久化实现,支持增、删、改和随机读,但不支持顺序扫描,对应的存储处理系统为键值存储处理系统;B树存储处理引擎是B树的持久化实现,支持对数据的增、删、改、读操作,还支持顺序扫描,对应的存储处理系统就是目前主流的关系型数据库。因此,在充分了解自身需求的基础上,选择适合的存储处理引擎也是存储处理系统能够高效运行的关键。

2. 分布式存储处理系统

分布式存储处理系统是大量普通PC服务器通过互联网互联,对外作为一个整体提供存储处理服务。云存储、大数据存储处理系统都是在其基础上发展演变而来。

相较集中式存储处理系统,分布式存储处理系统的优势显而易见,就是高可扩展、低成本及高性能。然而这些优势的背后是分布式存储处理系统设计实现的复杂性。分布式存储处理系统的主要挑战在于在数据的自动迁移、自动容错、并发读写的过程中,保持数据的一致性。

分布式存储处理系统面对的数据需求比较复杂,但大致可归结为结构化、非结构化和半结构化三类,针对这三类数据的存储与处理,应选择不同的存储处理系统。

(1)结构化数据的分布式存储与处理。结构化数据一般指存储在关系数据库中,可以用二维关系表结构表示的数据。

对于结构化数据的存储处理通常采用分布式数据库实现。分布式数据库一般是从单机关系数据库扩展而来,采用二维表格组织数据,提供SQL关系查询语言,支持多表关联、嵌套子查询等复杂操作,并提供数据库事务及并发控制。

通常情况下,这类关系数据库采用MPP(Massively Parallel Processing)技术,利用一组计算机,以并行计算的方式服务用户的查询请求。这组计算机中的每台计算机称为一个节点,节点分为主控节点和非主控节点。一个查询请求接收后,由主控节点将其分解为若干个查询计划,分发给非主控节点。非主控节点将各自的查询结果提交给主控节点进行汇总,并最后提交给用户(图4-24)。

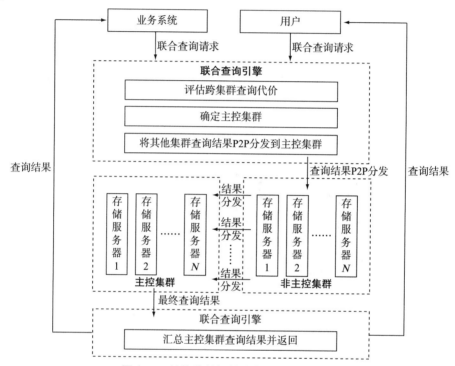

图4-24　结构化数据的分布式存储与处理

与SMP架构不同的是,在SMP架构下,系统检索数据应尽量依赖索引,而MPP架构下的数据检索则更多地依赖全表数据扫描。由于分布在每个节点上的数据规模有限,因此,每个节点完成全表扫描的时间并不长,通过扩展节点,可以很好地提升整体的查询效率。

(2)非结构化数据的分布式存储与处理。非结构数据包括所有格式的办公文档、文本、图片、图像、音频、视频等信息。这类数据以对象的形式组织,对象与对象之间没有关联,这样的数据一般称为Blob(Binary Large Object,二进制大对象)数据。

在分布式系统对于Blob数据的存储一般采用分布式文件系统(Distributed File System,DFS),目前分布式文件系统的产品比较多,但主流产品,包括一些分布式表格系统和分布式数据库的底层存储,多是以HDFS(Hadoop Distributed File System)为基础设计开发的。

HDFS是一个集群,采用主从结构,由若干节点构成,每个节点都是一台独立的计算机。在这些节点中,有一个名字节点(Name Node),它是一个管理文件命名空间和调节客户端访问文件的主服务器。同时还有一些数据节点(Data Node),它来管理对应节点的存储。HDFS对外开放文件命名空间并允许用户数据以文件形式存储。从内部看,一个文件其实被分成一个或多个数据块,这些数据块存储在一组数据节点上。名字节点执行文件系统的命名空间操作,比如打开、关闭、重命名文件或目录。它也负责确定数据块到具体数据节点的映射。数据节点负责处理文件系统客户端的读写请求，以及在名字节点的统一调度下进行数据块的创建、删除和复制。其基本架构如图4-25所示。

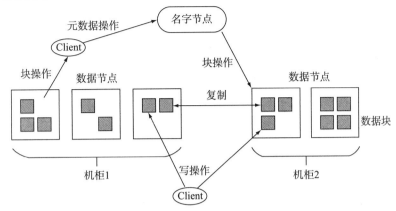

图4-25　HDFS基本架构

集群中只有一个名字节点极大地简单化了系统的体系结构。名字节点是仲裁者和所有HDFS元数据的仓库，用户的实际数据不经过名字节点。

(3)半结构化数据的分布式存储与处理。半结构化数据介于结构化数据和非结构化数据之间，它一般是自描述的(如Html文档)，与结构化数据最大的区别在于半结构化数据的模式与内容是混在一起的，没有明显的区分。

对于半结构化数据的分布式存储一般采用分布式键值系统或分布式表格系统。

分布式键值系统用于存储关系简单的半结构化数据。它只提供基于主键的CRUD(Create、Read、Update、Delete)操作。分布式键值系统类似于传统的哈希表，区别在于分布式键值系统支持将数据分布到集群中的多个存储节点。

分布式表格系统用于存储关系较为复杂的半结构化数据。它与分布式键值系统相比，不仅支持简单的CRUD操作，还支持对主键的范围扫描。分布式表格系统借鉴了很多关系数据库的技术，支持一定程度的事务。与分布式数据库最大的区别在于它仅支持单张表格的操作，无法实现多表的关联、嵌套等操作。另外，在分布式表格系统中，同一个表格的多行数据也不要求包含相同类型的列，非常适合半结构化数据的存储。

3. 虚拟化存储及云存储

虚拟化存储和云存储的控制点类似，由于虚拟化存储和云存储形式中，数据存储的物理位置由虚拟化和云管理平台掌握，当使用私有虚拟化和云管理平台，所有存储设备处于专网内部时，其安全管理相对可控，可以按专网级别控制点进行管理。当使用商业或公用虚拟化和云管理平台时，由于业务应用部署组织机构与存储处理提供方分离，业务应用部署机构难于掌握具体存信息存储的物理设备，这对于信息安全提出了更高的控制要求：原则上对于信息安全有着特定要求的组织机构，应采用私有平台严格控制信息安全管理；当采用商业或公用虚拟化和云管理平台时，应对商业或公用虚拟化和云管理平台的存储组建机制进行跟踪管理，并在相关服务协议中明确信息分类保护的要求和具体处理方式；由于虚拟化存储和云存储涉及数据量巨大，其业务可持续机制成本较高，备份恢复机制受限于成本约束，应就业务可持续机制做出明确约定，且约定明确的备份恢复演练频次，并加以落实。虚拟化和云存储构建于网络环境，无论是专网还是公众网,其网络相关控制点也自然被继承为虚拟化存储和云存储系统的控制点。

(三)存储系统性能

在进行系统规划设计过程中,存储处理子系统尤为重要,往往决定着整个系统能够获得什么样的性能。在进行存储处理子系统设计时,首先需要考虑的就是信息量测算。

1. 信息量测算

在政务部门活动中,信息表现为政务部门业务所使用、加工处理和产生的实体对象。其信息量测算可参考以下公式:

$$信息总量 = 信息存量 + 信息增量 \tag{4-3}$$
$$信息增量 = 业务1信息增量 + 业务2信息增量 + \cdots + 业务n信息增量 \tag{4-4}$$
$$业务n信息增量 = 规划存储时间 \times 单位时间业务产生信息量 + 外部交换信息量 +$$
$$外部共享信息量 + 业务信息处理缓存信息量峰值 \tag{4-5}$$

下面以铁路售票系统为例说明如何进行信息量的测算(仅作示例,并非实际系统)。涉及数据表格见表4-2~表4-5。

表4-2　价目信息表

序号	名称	类型	存储容量(B)
1	ID	整形	8
2	车次	字符	8
3	起始站	字符	64
4	终点站	字符	64
5	价格	浮点	32
合计			176

表4-3　已售车票信息表

序号	名称	类型	存储容量(B)
1	ID	整形	8
2	车次	字符	8
3	起始站	字符	64
4	终点站	字符	64
5	价格	浮点	32
6	购票人姓名	字符	64
7	购票人证件类型	整形	2
8	购票人证件编号	字符	32
9	车厢号	字符	6
10	座位号	整形	8
11	乘车日期	日期	8
合计			296

表4-4 身份证验证信息

序号	名称	类型	存储容量（B）
1	ID	整形	8
2	姓名	字符	64
3	证件类型	整形	2
4	证件编号	字符	32
5	是否有效	布尔	1
合计			107

表4-5 余票信息表

序号	名称	类型	存储容量（B）
1	ID	整形	8
2	车次	字符	8
3	起始站	字符	64
4	终点站	字符	64
5	剩余票数	数字	8
6	日期	日期	8
合计			160

基本业务逻辑描述如下：旅客持身份证在网络上购买车票，预购期60天。系统根据表4-4验证旅客的身份信息，若表4-4中不存在，则到公安部系统验证，并将验证信息存储于表4-4；根据旅客提交的起始站、终点站信息查询表4-5，若有余票，显示可购车次、车票信息；旅客确认购买后，在表4-3中插入购票信息，并更新表4-5。

假设：共有1000次列车，每天运送旅客100万人次，票务信息存储3年，测算该系统信息量。

（1）业务产生信息量测算：按上述业务逻辑，表4-3为业务产生的信息量，其每日增量为 $296 \times 10^6 B = 282MB$。

（2）交换信息量测算：按上述业务逻辑，表4-4为交换信息量。在此例中，交换信息量可以通过另外方式测算，即最大值估算。表4-4所存储的最大记录条数基本相当于我国人口总数，按15亿计算，则交换信息总量 $= 107 \times 15 \times 10^8 B = 150GB$。

（3）共享信息量测算：本例中无共享信息量。

（4）业务处理缓存信息量峰值：按上述业务逻辑，表4-5为业务处理缓存信息。按预售60天，每天100万人次计算，该表容量峰值为60天×100万人次/天=6000万人次，业务处理缓存信息量峰值 $= 160 \times 6000$ 万 $B = 9GB$。

（5）信息增量：信息增量 $= 282MB \times 365 \times 3 + 150GB + 9GB = 460GB$。

（6）信息总量：计算信息总量时，需要考虑信息存量。在上述例子中，表4-2为存量信息，可直接读取其具体存储容量。这里假设其大小为10GB，因此，信息总量 $= 10GB + 460GB = 470GB$。

2. 存储量测算

这里的存储量是指将信息以二进制的方式存储于介质中所占用的存储空间。

数据存放在磁盘中时，所占用的介质空间并不完全等于数据的真实大小。这主要是两个方面的原因造成的。

首先，数据在存放于介质控制后，为了获得更好的检索性能，通常需要对数据构建索引。索引可以简单理解为一组排序后的符号，每个符号指向一组数据。这样可以方便计算机快速定位所需要的数据。然而，索引也需要在介质中存储，在之前的计算中，并未考虑索引所带来的存储容量的增加。这是导致存储容量大于信息量测算的一个原因。

其次，大多数的数据存储依赖操作系统，而操作系统对硬盘的操作及硬盘的物理结构也导致这两个数值之间的差异。硬盘是一种采用磁介质的数据存储设备，数据存储在密封于洁净的硬盘驱动器内腔的若干个磁盘片上。这些盘片一般是在片基表面涂上磁性介质所形成，在磁盘片的每一面上，以转动轴为轴心、以一定的磁密度为间隔的若干个同心圆就被划分成磁道（Track），每个磁道又被划分为若干个扇区（Sector），数据就按扇区存放在硬盘上。在每一面上都相应地有一个读写磁头（Head），所以不同磁头的所有相同位置的磁道就构成了所谓的柱面（Cylinder）。传统的硬盘读写都是以柱面、磁头、扇区为寻址方式的（CHS寻址）。以 Windows 操作系统为例，操作系统无法对数目众多的扇区进行寻址，所以操作系统就将相邻的扇区组合在一起，形成一个"簇"，然后再对"簇"进行管理。每个"簇"可以包括2、4、8、16、32或64个扇区。"簇"是操作系统所使用的逻辑概念，而非磁盘的物理特性。为了更好地管理磁盘空间和更高效地从硬盘读取数据，操作系统规定一个"簇"中只能放置一个文件的内容，因此文件所占用的空间，只能是"簇"的整数倍；而如果文件实际大小小于一个"簇"，它也要占一个"簇"的空间。所以，一般情况下文件所占空间要略大于文件的实际大小，只有在少数情况下，即文件的实际大小恰好是簇的整数倍时，文件的实际大小才会与所占空间完全一致。

通过上面的说明可以知道，需求分析阶段测算的信息总量和存储容量之间存在一定的差值，而这个差值很难根据具体的计算公式得出。目前，业界比较普遍采用的是基于经验值的固定系数法测算，即

$$存储容量 = 信息总量 \times C \tag{4-6}$$

对于OLTP（On-Line Transaction Processing，联机事务处理）型系统，建议系数"C"的取值在1.2~1.4之间。

对于OLAP（On-Line Analytical Processing，联机分析处理）系统，建议将系数"C"的取值在1.3~1.5之间。

3. 设备存储量测算

设备存储量是指所购买的硬件设备能提供存储容量的总和。通过前面的讲述，我们知道，在硬盘插入磁盘阵列后，为了提高系统的性能和可靠性，还需要RAID处理，这种处理也会导致相应的存储空间浪费。对于集中部署的DAS、SAN以及NAS，空间损耗主要来自于RAID，可参考表4-6进行测算（假设有N块磁盘，每块磁盘的存储容量为M）。

表4-6　RAID类型及其有效的设备储存容量

RAID类型	有效的设备存储容量
RAID 0	$N \cdot M$
RAID 1	$N \cdot M / 2$
RAID 2	$(N-K) \cdot M$，其中$2^K < M < 2^{K+1}$
RAID 3	$(N-1) \cdot M$

续表

RAID 类型	有效的设备存储容量
RAID 4	$(N-1)\cdot M$
RAID 5	$(N-1)\cdot M$
RAID 6	$(N-2)\cdot M$

由于 RAID 算法不断推陈出新,且部分算法之间可以相互组合,所以本书只列出其基本部分,读者可根据实际算法情况自行计算。

除此之外,为了保证必要的运算处理性能,在测算后的设备存储量基础仍需乘以一个系数,这个系数通常情况取 1.3 ± 0.1。

三、通用存储系统组成控制

(一)通用存储系统组成总体控制

1. 直连式存储(DAS)

这是一种直接与主机系统相连接的存储设备,如作为服务器的计算机内部硬件驱动。到目前为止,DAS 仍是计算机系统中最常用的数据存储方法。在这种方式中,存储设备是通过电缆(通常是 SCSI 接口电缆)直接到服务器的。I/O(输入/输出)请求直接发送到存储设备。DAS,也可称为 SAS(Server-Attached Storage,服务器附加存储)。它依赖于服务器,其本身是硬件的堆叠,不带有任何存储操作系统。

2. 网络存储设备(NAS)

NAS 是一种采用直接与网络介质相连的特殊设备实现数据存储的机制。由于这些设备都分配有 IP 地址,所以客户机通过充当数据网关的服务器可以对其进行存取访问,甚至在某些情况下,不需要任何中间介质客户机也可以直接访问这些设备。

从结构上讲,NAS 是一种专业的网络文件存储及文件备份设备,它是基于 LAN(局域网)的,按照 TCP/IP 协议进行通信,以文件的 I/O(输入/输出)方式进行数据传输。在 LAN 环境下,NAS 已经完全可以实现异构平台之间的数据级共享,比如 NT、UNIX 等平台的共享。

一个 NAS 系统包括处理器,文件服务管理模块和多个硬盘驱动器(用于数据的存储)。NAS 可以应用在任何的网络环境当中。主服务器和客户端可以非常方便地在 NAS 上存取任意格式的文件,包括 SMB 格式(Windows)、NFS 格式(UNIX,Linux)和 CIFS(Common Internet File System)格式等。NAS 构成主要有:处理系统、内存、接口。

处理系统:NAS 产品具有自己的处理器系统来协调控制整个系统的正常运行。其采用的处理器也常常与台式机或服务器的 CPU 大体相同。

内存:NAS 从结构上讲就是一台精简型的电脑,每台 NAS 设备都配备了一定数量的内存,而且大多用户以后可以扩充。在 NAS 设备中,常见的内存类型由 SDRAM(同步内存)、FLASH(闪存)等。不同的 NAS 产品出厂时配备的内存容量不同,这取决于 NAS 产品的应用范围,一般来讲,应用在小规模的局域网当中的 NAS,如果只是应付几台设备的访问,内存容量无需太大。如果是上百个节点以上的访问,就得需要较大容量的内存。当然,这不是绝对的因素,NAS 产品的综合性能发挥还取决于它的处理器能力、硬盘速度及其网络实际环境等因素的制约。总之，选购NAS产品时，应该综合考虑各个方面的性能参数。

接口：NAS产品的外部接口比较简单，由于只是通过内置网卡与外界通信，所以一般只具有以太网络接口，通常是RJ45规格，而这种接口网卡一般都是100M网卡或1000M网卡。另外，也有部分NAS产品需要与SAN（存储区域网络）产品连接提供更为强大的功能，所以也可能会有FC（Fiber Channel光纤通道）接口。

预制操作系统是指NAS产品出厂时随机带的操作系统或管理软件。目前NAS产品一般带有以下三种系统软件。

精简的Windows系统：这类系统只是保留了Windows系统核心网络中最重要的部分，能够驱动NAS产品正常工作。我们可以把它理解为Windows的"精简版"。

FreeBSD嵌入式系统：这是类UNIX系统，在网络应用方面具备极其优异的性能。

Linux嵌入式系统：类似于UNIX操作系统，但相比之下具有界面友好、内核升级迅速等特点。

3. 存储区域网络（SAN）

SAN是指存储设备相互连接且与一台服务器或一个服务器群相连的网络。其中的服务器用作SAN的接入点。在有些配置中，SAN也与网络相连。SAN中将特殊交换机当作连接设备。它们看起来很像常规的以太网络交换机，是SAN中的连通点。SAN使得在各自网络上实现相互通信成为可能，同时带来了很多有利条件。

SAN是一种通过光纤集线器、光纤路由器、光纤交换机等连接设备将磁盘阵列、磁带等存储设备与相关服务器连接起来的高速专用子网。

SAN由三个基本的组件构成：接口（如SCSI、光纤通道、ESCON等）、连接设备（交换设备、网关、路由器、集线器等）和通信控制协议（如IP和SCSI等）。这三个组件再加上附加的存储设备和独立的SAN服务器，就构成一个SAN系统。SAN提供一个专用的、高可靠性的基于光通道的存储网络，SAN允许独立地增加它们的存储容量，也使得管理及集中控制（特别是对于全部存储设备都集群在一起的时候）更加简化。而且，光纤接口提供了10km的连接长度，这使得物理上分离的远距离存储变得更容易。

在SAN存储网络里所指的主要设备包括光纤通道交换机和光纤通道卡。

（1）光纤通道交换机。（FC SWITCH）。光纤通道交换机在逻辑上是SAN的核心，它连接着主机和存储设备。光纤通道交换机有着许多不同的功能，包括支持GBIC、冗余风扇、电源、分区、环操作和多管理接口等。每一项功能都可以增加整个交换网络的可操作性，理解这些特点可以帮助用户设计一个功能强大的大规模的SAN。光纤交换机的主要功能如下：自配置端口、环路设备支持、交换机级联、自适应速度检测、可配置的帧缓冲、分区（基于物理端口和基于WWN的分区）、IP over Fiber Channel（IPFC）广播、远程登录、Web管理、简单网络管理协议（SNMP）以及SCSI接口独立设备服务（SES）等。

光纤交换机往往根据其功能和特点被分为不同的类别。通常硬件可能都是基于相同的基本架构或者相同的ASIC芯片，只是软件的功能不同，光纤交换机的价格是根据它所能满足的需求来制定的。高冗余的核心级交换机是个例外，它往往是根据自己的硬件容错平台开发设计的。以下是各种主要类别的交换机的不同特点。

入门级交换机的应用主要集中于8~16个端口的小型工作组，它适合低价格、很少需要扩展和管理的场合。它们往往被用来代替集线器,可以提供比集线器更高的带宽和提供更可靠的连接。人们一般不会单独购买入门级交换机,而是经常和其他级别交换机一起购买,以组成一个完整的存储解决方案。入门级交换机提供有限级别的端口级联能力。如果用户单独使用这类低端设备时,可能会遇到一些可管理性问题。

工作组级光纤交换机提供将许多交换机级联成一个大规模的 Fabric(光纤通道)的能力。通过连接两台交换机的一个或多个端口,连接到交换机上的所有端口都可以看到网络的唯一的映像,在这个 Fabric(光纤通道)上的任何节点都可以和其他节点进行通信。从本质上讲,通过级联交换机,能够建立一个大型的、虚拟的、具有分布式优点的交换机,并且它可以跨越的距离非常远。工作组光纤通道交换机数量众多并且更加通用,用户可以将工作组交换机用于多种途径,但应用的最多的领域是小型 SAN。这类交换机可以通过交换机间的互联线路连接在一起提供更多的端口数量。交换机间的互联线路可以在光纤通道交换机上的任意端口上创建。不过,如果计划使用多家厂商的产品的话,一定要确保设备可互操作。

核心级光纤交换机(又叫导向器)一般位于大型 SAN 的中心,使若干边缘交换机相互连接,形成一个具有上百个端口的 SAN 网络。核心交换机也可以用作单独的交换机或者边缘交换机,但是它增强的功能和内部结构使它在核心存储环境下工作主导更好。核心交换机的其他功能还包括:支持光纤以外的协议(如 InfiniBand)、支持 2Gbps 光纤通道、高级光纤服务(如安全性、中继线和帧过滤等)。核心级光纤交换机通常提供很多端口,从64口到128口或更多。它使用非常宽的内部连接,以最大的带宽路由数据帧。使用这些交换机的目的是为了建立覆盖范围更大的网络和提供更大的带宽,它们被设计成为在多端口间以尽可能快的速度用最短的延迟路由帧信号。另外,核心光纤交换机往往采用基于"刀片式"的热插拔电路板:只要在机柜内插入交换机插板就可以添加需要的新功能,也可以做在线检修,还可以做到在线的分阶段按需扩展。许多核心级交换机不支持仲裁环或者其他的直连环路设备,它们只关心核心交换的能力。

(2)光纤通道卡。光纤通道是高性能的连接标准,用于服务器、海量存储子网络、外设间通过集线器、交换机和点对点连接进行双向、串行数据通信。

对于需要有效地在服务器和存储介质之间传输大量资料而言,光纤信道卡提供远程连接和高速带宽。它是适于存储局域网、集群计算机和其他资料密集计算设施的理想传输介质。

(二)存储设备控制

(1)基本存储介质。基本存储介质包括光盘、磁带、机械磁盘、SSD 盘和内存(内存虚拟硬盘及内存数据库)等产品,其中,光盘和磁带多应用于数据备份系统。

(2)存储设备。这里的存储设备主要指磁盘阵列。磁盘阵列是由很多价格较便宜的磁盘组合成一个容量巨大的磁盘组,利用个别磁盘提供数据所产生加成效果来提升整个磁盘系统效能。衡量盘阵性能的主要参数有:高速缓存、支持的操作系统、外接主机通道、RAID 支持、内置硬盘接口、单机磁盘数量和可插入的最大磁盘数量等。

(3)主机。主机按 CPU 指令集可分为 X86 服务器和非 X86 服务器。X86 服务器又称复杂指令集(CISC)架构服务器,也就是通常所说的 PC 服务器。非 X86 服务器包括大型机、小型机和部分 UNIX 服务器,通常使用精简指令集(RISC)或并行指令代码(安腾系列)处理器,使用专用的操作系统。在同等主频情况下,RISC 的性能要比 CISC 的性能高得多。非 X86 系列服务器在政府部门应用比较少,主要在电信、金融等领域使用。主机性能的衡量主要参考CPU和内存。

四、云计算平台组成控制

(一)云计算与云存储

云计算实质上是一种分布式计算,云计算的核心思想是将大量用网络连接的计算资源统一管理和调度,构成一个计算资源池向用户按需服务,提供资源的网络被称为"云"。当云计算系统需要运算和处理大量数据的存储和管理时,云计算系统中就需要配置大量的存储设备,高性能的云存储也就成了实现云计算服务的基本条件。云存储是指通过集群应用、网格技术或分布式系统等功能,将网络中大量不同类型的存储设备通过应用软件集合起来协同工作,共同对外提供数据存储和业务访问功能。事实上,几乎在所有的基于云计算服务的应用中都需要高性能的云存储来满足数据处理的需求。

从云计算和云存储的概念中可以看出,云存储实质上是一种分布式存储,因此对于云计算存储技术研究的核心在于对分布式存储技术的研究。由于云存储底层设备的软硬件环境各不相同,且所处的网络也是一个多变的环境,因此云计算的存储技术除了需要解决基本的海量数据的存储与获取之外,还需要解决负载均衡、提高容错性、动态扩展等许多传统存储系统没有遇到过的挑战。

1. 提高容错性

分布式存储系统(如Amazon Dynamo和GFS)都是应用在实际服务器上的系统,每一次出错都会带来巨大的损失,然而由于分布式系统的运行环境决定了其需要面对巨大的压力。因此容错性是分布式存储系统在设计时就必须优先考虑的问题。为了提供较高的容错性,常用的方法主要是冗余存放。具体的做法就是将同一份数据复制为多份(具体的数量是根据不同的应用场景决定),同时存储在多个节点上,这样就可以在某一节点出现故障(临时故障或永久性故障)时,存储在其他节点上的数据备份可以继续提供服务。由之前所述平均每1000台服务器每天会有一台故障,那么其实只需要将同一份数据保存在三台服务器上,那样在同一天三台机器同时出错的概率就降低为10~9,几乎可以视作完全安全了。所以Amazon Dynamo和Google File System都采用了这种策略。在提供了较高的数据可用性的同时,冗余存放还能带来分流数据请求,降低服务器平均负载压力的好处。同一份数据存储在多处地理位置不同、网络情况不同的服务器中,对于处于正常服务状态的数据节点来说,用户在对数据进行读取操作时,距离用户较近并且网络状况较好的服务器节点可以提供更多的服务,同时其他节点可以同时提供数据传输,降低了各自的负载压力,提高了用户获取数据的速度。

2. 动态扩展

分布式存储系统的另外一项重要特性就是动态扩展,所谓动态扩展就是在不改变当前分布式存储系统的运行状态下实现系统的升级和维护,主要是针对节点的增加和删除。

3. 负载均衡

随着现有网络各种业务量的不断增多,访问量和数据流量的快速增长,其处理能力和计算强度也相应地增大,使得单一的服务器设备根本无法承担。负载均衡(Load Balance)就是通过在分布式的系统上,将负载分配到多个操作节点上运行,并在每个节点的负载处理完成之后,将结果汇总并返回给用户。通过负载均衡,分布式系统的负载承受能力得到了大幅度提升。这样做的另外一个好处是,大量并发访问被分摊到多个节点处理,这样可以大大降低用户等待的时间。分布式存储系统在负载均衡方面都有着自己的核心技术,本节主要介绍 Hadoop 和 GFS 的负载均衡机制。

(二)分布式存储

分布式存储系统,是将数据分散存储在多台独立的设备上。传统的网络存储系统采用集中的存储服务器存放所有数据,存储服务器成为系统性能的瓶颈,也是可靠性和安全性的焦点,不能满足大规模存储应用的需要。分布式网络存储系统采用可扩展的系统结构,利用多台存储服务器分担存储负荷,利用位置服务器定位存储信息,它不但提高了系统的可靠性、可用性和存取效率,还易于扩展。

元数据管理:在大数据环境下,元数据的体量也非常大,元数据的存取性能是整个分布式文件系统性能的关键。常见的元数据管理可以分为集中式和分布式元数据管理架构。集中式元数据管理架构采用单一的元数据服务器,实现简单,但是存在单点故障等问题。分布式元数据管理架构则将元数据分散在多个结点上,进而解决了元数据服务器的性能瓶颈等问题,提高了元数据管理架构的可扩展性,但实现较为复杂,并引入了元数据一致性的问题。另外,还有一种无元数据服务器的分布式架构,通过在线算法组织数据,不需要专用的元数据服务器。但是该架构对数据一致性的保障很困难,实现较为复杂。文件目录遍历操作效率低下,并且缺乏文件系统全局监控管理功能。

系统弹性扩展技术:在大数据环境下,数据规模和复杂度的增加往往非常迅速,对系统的扩展性能要求较高。实现存储系统的高可扩展性首先要解决两个方面的重要问题,包含元数据的分配和数据的透明迁移。元数据的分配主要通过静态子树划分技术实现,后者则侧重数据迁移算法的优化。此外,大数据存储体系规模庞大,结点失效率高,因此还需要完成一定的自适应管理功能。系统必须能够根据数据量和计算的工作量估算所需要的结点个数,并动态地将数据在结点间迁移。以实现负载均衡;同时,结点失效时,数据必须可以通过副本等机制进行恢复,不能对上层应用产生影响。

存储层级内的优化技术:构建存储系统时,需要基于成本和性能来考虑,因此存储系统通常采用多层不同性价比的存储器件组成存储层次结构。大数据的规模大,因此构建高效合理的存储层次结构,可以在保证系统性能的前提下,降低系统能耗和构建成本,利用数据访问局部性原理,可以从两个方面对存储层次结构进行优化。从提高性能的角度,可以通过分析应用特征,识别热点数据并对其进行缓存或预取,通过高效的缓存预取算法和合理的缓存容量配比,以提高访问性能。从降低成本的角度,采用信息生命周期管理方法,将访问频率低的冷数据迁移到低速廉价存储设备上,可以在小幅牺牲系统整体性能的基础上,大幅降低系统的构建成本和能耗。

针对应用和负载的存储优化技术:传统数据存储模型需要支持尽可能多的应用,因此需要具备较好的通用性。大数据具有大规模、高动态及快速处理等特性,通用的数据存储模型通常并不是最能提高应用性能的模型,而大数据存储系统对上层应用性能的关注远远超过对通用性的追求。针对应用和负载来优化存储,就是将数据存储与应用耦合。简化或扩展分布式文件系统的功能,根据特定应用、特定负载、特定的计算模型对文件系统进行定制和深度优化,使应用达到最佳性能。这类优化技术在谷歌、Facebook等互联网公司的内部存储系统上,管理超过千万亿字节级别的大数据,能够达到非常高的性能。

(三)虚拟式存储

所谓虚拟存储,就是把多个存储介质模块(如磁盘、磁盘阵列)通过一定的手段集中管理起来,所有的存储模块在"存储池(Storage Pool)"中得到统一管理。在虚拟存储环境下,无论后台物理存储是什么设备,服务器及工作站看到的都是其熟悉的存储设备的逻辑镜像。即使物理存储发生了变化,这种逻辑镜像也不会改变,系统管理员不必关心后台存储,只需专注于管理存储空间,所有的存储管理操作,如系统升级、建立和分配虚拟磁盘、改变RAID级别、扩充存储空间等都比以前容易得多,存储管理变得轻松简单。

从用户的角度来看,可以用一句更简单的话来概括虚拟存储——使用存储空间而不是使用物理存储硬件(磁盘、磁带),管理存储空间而不是管理物理存储硬件。

虚拟存储技术具有以下几个特点:

(1)虚拟存储可以大大提高存储系统的整体访问带宽,这也是其对于视频网络系统来说最有价值的一个特点。我们知道,视频网络的存储系统一般是由多个存储模块组成,而虚拟存储系统可以很好地进行负载平衡,把每一次数据访问所需要的带宽合理地分配到各个存储模块上,这样系统的整体访问带宽就增大了。例如,一个存储系统中有4个存储模块,每一个存储模块的访问带宽为50MB/s,则这个存储系统的总访问带宽就可以接近各存储模块带宽之和,即200MB/s。

(2)虚拟存储技术提供了一个大容量存储系统的集中管理手段,由网络中的一个环节(如服务器)进行统一管理,避免了由于存储设备扩充而带来的管理方面的麻烦。例如,使用一般的存储系统,当在增加新的存储设备时,整个系统(包括网络中的诸多用户设备)都需要重新进行繁琐的配置工作,这样才可以使这个"新成员"加入到存储系统中。而使用虚拟存储技术,在增加新的存储设备时,只需要网络管理员对存储系统进行较为简单的系统配置更改,客户端无需任何操作,只是感到存储系统的容量增大了。

(3)虚拟存储技术为存储资源管理提供了更好的灵活性。它可以将不同类型的存储设备集中管理使用,保障了用户以往购买存储设备的投资。

目前实现虚拟存储主要分为如下几种:

(1)在服务器端的虚拟存储。服务器厂商会在服务器端实施虚拟存储。同样,软件厂商也会在服务器平台上实施虚拟存储。这些虚拟存储的实施都是通过服务器端将镜像映射到外围存储设备上,除了分配数据外,对外围存储设备没有任何控制。服务器端一般是通过逻辑卷管理来实现虚拟存储技术。逻辑卷管理为从物理存储映射到逻辑上的卷提供了一个虚拟层。服务器只需要处理逻辑卷,而不用管理存储设备的物理参数。

用这种方式构建虚拟存储系统,服务器端是一性能瓶颈,因此在多媒体处理领域几乎很少采用。

(2)存储子系统端的虚拟存储。另一种实施虚拟的地方是存储设备本身。这种虚拟存储一般是存储厂商实施的,但是很可能使用厂商独家的存储产品。为避免这种不兼容性,厂商也许会和服务器、软件或网络厂商进行合作。当虚拟存储实施在设备端时,逻辑(虚拟)环境和物理设备同在一个控制范围中,这样做的益处在于:虚拟磁盘高度有效地使用磁盘容量,虚拟磁带高度有效地使用磁带介质。

在存储子系统端的虚拟存储设备主要通过大规模的RAID子系统和多个I/O通道连接到服务器上,智能控制器提供LUN访问控制、缓存和其他如数据复制等的管理功能。这种方式的优点在于存储设备管理员对设备有完全的控制权,而且通过与服务器系统分开,可以将存储的管理与多种服务器操作系统隔离,并且可以很容易地调整硬件参数。

(3)网络设备端实施虚拟存储。网络厂商会在网络设备端实施虚拟存储,通过网络将逻辑镜像映射到外围存储设备,除了分配数据外,对外围存储设备没有任何控制。在网络端实施虚拟存储具有其合理性,因为它的实施既不是在服务器端,也不是在存储设备端,而是介于两个环境之间,可能是最"开放"的虚拟实施环境,最有可能支持任何的服务器、操作系统、应用和存储设备。从技术上讲,在网络端实施虚拟存储的结构形式有两种:即对称式与非对称式虚拟存储。

从目前的虚拟存储技术和产品的实际情况来看,基于主机和基于存储的方法对于初期的采用者来说魅力最大,因为他们不需要任何附加硬件,但对于异构存储系统和操作系统而言,系统的运行效果并不是很好。基于互联设备的方法处于两者之间,它回避了一些安全性问题,存储虚拟化的功能较强,能减轻单一主机的负载,同时可获得很好的可扩充性。

不管采用何种虚拟存储技术,其目的都是为了提供一个高性能、安全、稳定、可靠、可扩展的存储网络平台,满足节目制作网络系统的苛刻要求。根据综合的性能价格比来说,一般情况下,在基于主机和基于存储设备的虚拟存储技术能够保证系统的数据处理能力要求时,优先考虑,因为这两种虚拟存储技术构架方便、管理简单、维护容易、产品相对成熟、性能价格比高。在单纯的基于存储设备的虚拟存储技术无法保证存储系统性能要求的情况下,我们可以考虑采用基于互连设备的虚拟存储技术。

五、政务云存储系统组成控制

(一)政务云的存储系统控制

政务云(Government Cloud)是指运用云计算技术,统筹利用已有的机房、计算、存储、网络、安全、应用支撑、信息资源等,发挥云计算虚拟化、高可靠性、高通用性、高可扩展性及快速、按需、弹性服务等特征,为政府行业提供基础设施、支撑软件、应用系统、信息资源、运行保障和信息安全等综合服务平台。

政务云属于行业云的一种,是面向政府行业,由政府主导、企业建设运营的综合服务平台,一方面可以避免重复建设,节约建设资金,另一方面通过统一标准有效促进政府各部门之间的互连互通、业务协同,避免产生"信息孤岛",同时有利于推动政府大数据开发与利用,是大众创业、万众创新的基础支撑。

现阶段政务云建设,主要是借助IaaS,实现基础设施资源整合与共享,业务系统基于IaaS进行开发和部署,并没有改变传统应用系统的架构,这个阶段称为政务云1.0阶段。

《国务院关于促进云计算创新发展培育信息产业新业态的意见》(国发〔2015〕5号)指出,充分发挥云计算对数据资源的集聚作用,实现数据资源的融合共享,推动大数据挖掘、分析、应用和服务。政务云建设进入一个新的阶段,称之为政务云2.0阶段。政务云2.0阶段,在IaaS基础设施资源整合与共享的基础上,将会实现IaaS/PaaS深度融合,借助云计算技术推动政府大数据的开发与利用,实现跨系统的信息共享与业务协同,推进应用创新。政务云2.0特征是以数据为核心、以IaaS/PaaS深度融合为支撑,以新架构的云应用创新为代表。在2.0阶段,应用对业务连续性和数据安全可靠性保障提出了更高要求。

通过建设云数据中心,满足各单位当前政务信息化应用和未来平滑扩展的需求,实现政务信息化资源统一建设、统一使用、统一管理的目标。

依据国家电子政务外网平台建设相关的技术性指导文件,电子政务内外网全局型、行业型和资源型三大类型应用对于支撑平台的实际需求分析,包括应用支撑平台计算资源、存储资源以及云平台管理的需求分析。

在数据中心部署二层扁平环境,在二层环境下虚拟机迁移不改变IP地址。二层扁平化方式降低了网络复杂度,简化了网络拓扑,提高了转发效率。二层网络架构中,采用网络虚拟化技术,解决链路环路问题,提高了网络可靠性。在接入交换机中对不同的业务或对不同的虚拟机加入不同的VLAN做二层转发。服务器区采用物理服务器做数据库服务,虚拟化服务和云平台提供其他平台应用类服务,存储区采用存储虚拟化网关实现高端存储的存储虚拟化,配合云平台软件实现备份容灾功能。

根据云数据中心的实际需求分析,提出以下网络平台架构的控制目标。

(1)高效性:为了满足云数据中心承载的政务信息化应用系统的高并发访问、快速的虚拟机迁移和大文件的上传下载等要求。因此设计一个高带宽、低延时、快速收敛并避免环路出现的网络平台是一个基本的设计目标。

(2)高可靠性:基础平台的网络稳定性直接关系到全市(区、县)政务信息化服务的可用性。因此高可用性是数据中心网络平台的设计目标之一,关键和核心部分不能出现单点故障。

(3)可扩展性:随着后续越来越多的业务应用系统迁入云数据中心,云数据中心的规模需要根据业务应用需求逐步扩大。因此具备良好的扩展能力也是云数据中心网络平台的设计目标之一,在核心、骨干网络设备上要留有余量,充分考虑今后业务应用增加的网络需求。

(4)灵活性、易维护性:考虑到云数据中心今后所承载的各个行业电子政务业务系统的不确定性,需要网络平台能够灵活简便地对网络资源进行调配。因此,网络管理的灵活性和易维护性也是网络平台的设计目标之一。通过减少网络配置节点、简化网络配置,降低网络管理的人力开销,从而易于网络资源的调整和分配。

(5)先进性:云数据中心承载各委办局不同种类的电子政务应用系统,整体架构应当保持稳定而不应当频繁调整。作为基础平台的重要组成部分,网络平台的架构调整会影响基础平台的整体架构。因此在设计网络平台的架构的时候,设计目标之一应该是保证网络架构和采用技术的先进性,3~5年内只做规模扩充,而不做架构调整。

(6)安全性:网络安全是基础平台安全架构的一个重要组成部分,因此安全性也是网络平台需要考虑的设计目标之一。由于网络安全域的划分与隔离很大程度上依赖网络结构的合理性,因此在设计网络架构的时候需要考虑整体网络安全性,便于安全方案进行安全域的划分和安全域间访问控制。

云数据中心网络平台划分为外联区、网络核心区和计算存储区。不同的区域通过防火墙进行逻辑隔离。

网络架构采用扁平化二层网络架构(核心层、接入层),使用网络虚拟化技术,核心层交换机承担着核心层和汇聚层的双重任务。核心层采用网络虚拟化技术,将两台核心交换机虚拟为一台设备,设备背板共享,交换能力提高。接入层采用网络虚拟化技术,将两台或多台接入交换机虚拟为一台设备,设备背板共享,交换能力提高。核心交换机与接入交换机的骨干链路采用万兆互联,服务器采用千兆链路接入。

服务器区采用的是高性能物理服务器加虚拟化服务器的方式来解决计算资源的分配问题,由于数据库的低延时和高性能的要求,所以数据库服务器采用单独的物理机来承载。其他业务系统由物理服务器进行虚拟化部署。通过虚拟化整合物理服务器,将业务迁移到云平台上,可通过资源共享实现最大的利用率,节约硬件投资和维护成本。

云数据中心有多个应用数据库和基础库支撑平台数据库,由于数据库的低延时和高性能的要求,本次数据库服务器采用单独的物理服务器来承载,不仅需要能够满足当前类型应用的实际需求,同时还需要满足未来3~5年内应用平滑扩展的需求。

数据库服务器主要为上层应用软件服务,为了方案设计便于计算,并留有一定余量为全局型应用和资源型应用以及后续准备上线的业务应用系统来使用。由于数据库业务对整个服务器的CPU处理性能和内存要求较高,需要保证整个系统的高吞吐和高可靠性,一般建议采用4台高四路服务器来承载应用数据库,采用4台高四路服务器来承载基础库支撑平台数据库。一共8台高四路服务器,单台采用E7-48008核2.0GCPU、128GB内存、2×300GB15KSAS硬盘、配置8GBFCH-BA卡、1GBCacheRaid卡。

传统物理服务器系统建设方式粗放、建设模式单一显然不能满足数据中心建设的需求。虚拟化技术很好地解决了传统服务器系统建设的问题,通过提高虚拟化服务器利用率大幅度消减物理服务器购置需求、数量和运营成本;通过利用服务器虚拟化中CPU、内存、IO资源的动态调整能力实现对业务应用资源需求的动态响应,提升业务应用的服务质量;通过在线虚拟机迁移实现更高的可用性和可靠性以及各种基于资源优化或节能减排策略的跨物理服务器的调度等。因此,服务器虚拟化技术是云数据中心应用和平台建设的核心解决方案。

根据一般政府已建成的政务应用系统和将要建设的智慧城市各应用的特点,存储系统在建设过程中应当遵循如下原则进行。

(1)安全可靠性原则:

系统支持双活动控制器,满足高可靠性需求;

系统器件选择要考虑能支持7×24小时连续长时间大压力下工作;

系统具有充分的冗余能力、容错能力;

系统具有专业的技术保障体系以及数据可靠性保证机制;

对工作环境要求较低,环境适应能力强;

确保系统具有高度的安全性,提供安全的登录和访问措施,防止系统被攻击;

异常掉电后不丢失数据,供电恢复后自动重新启动并自动恢复正常连接;

(2)先进性原则:

系统必须严格遵循国际标准、国家标准和国内通信行业的规范要求;

需符合存储技术以及IT行业的发展趋势,所选用的产品型号已规模上量;

所有的系统处于先进的技术水平,确保较长时间内技术上不落伍;

系统的处理能力要达到业内领先,对于本次业务的使用要留有一定的余量,以满足后续升级的需求。

(3)开放性原则:

系统必须支持国际上通用的标准网络存储协议、国际标准的应用开放协议;

与主流服务器之间保持良好的兼容性;

兼容各主流操作系统、管理软件及应用程序;

可以与第三方管理平台集成,提供给客户定制化的管理维护手段;

满足今后的发展,留有充分的扩充余地;

各主流厂家的硬盘均可接入。

(4)易维护性原则:

系统支持简体中文,通俗易懂,操作方便、简单;

系统具有充分的权限管理、日志管理、故障管理,并能够实现故障自动报警;

系统设备安装使用简单,无需专业人员维护;

系统容量可按需要在线扩展,无需停止业务;

系统功能扩充需要升级时,支持不中断业务升级;

支持Web管理方式或集中管理方式。

(5)扩展性原则:

系统易于扩充;

系统选择标准化的部件,利于灵活替换和容量扩展;

系统设计遵守各种标准规定、规范。

(6)经济性原则:

综合考虑集中存储系统的性能和价格,最经济最有效地进行建设,性能价格比在同类系统和条件下达到最优。

(二)政务信息系统利用政务云控制

参考国家电子政务和智慧城市等系列标准规范和成功经验,对政务云进行分类定性分析。

1. 全局型应用

全局型应用是指为政府及其部门以及面向社会公众提供服务的电子政务应用系统。常见的全局型应用系统举例如下。

(1)综合办公系统。电子政务办公管理系统是为满足政务系统需要的共性办公电子政务运转系统,处理所有的内部电子制文、联合征信、节能减排等各共性应用功能,外部来文与办文管理的各环节工作,同时也是信息采集、调研和研究需要的工作平台。

(2)行政审批服务系统。行政审批综合管理信息平台,实现信息共享、网上流转、协同审批、实时监察、信息分析、绩效评估等功能;形成一体化的交互式、可跟踪、可查询、可监督、可评价、可视化的网上审批系统和电子监察系统,进一步规范行政审批行为,提高行政审批效率,不断降低行政管理成本,推动行政管理体制的改革,促进政府职能转变。

(3)信息发布系统。信息发布系统是以实现信息采集、编辑、发布和后台管理为主要功能的信息管理平台。主要是对站点、栏目和文档操作进行管理,对站点、栏目和文档的显示模板进行管理,对部门、用户组和用户权限的操作进行管理,对文档评论的审批进行管理,定制个人页面的显示风格和系统的默认显示风格,配置系统需要的资源信息,提供查看系统日志的功能。

除了以上三种全局型应用系统,还有一些公共的IT政务云,比如:邮件系统、门户网站系统、地理信息系统等。这些系统要求政务云能够为大量的用户提供稳定的高并发的Web访问,而且大部分的访问类型都是上载、下载文件、图片甚至包括音视频文件等。因此,这类全局型的公共应用需要大并发、高带宽、高可靠性以及高存储等特点的云平台。

2. 行业型应用

行业型应用是指政府各个部门的各自业务范畴内所需要的非通用业务软件。需要电子政务支撑云平台、数据集成共享与交换平台以及通用数据库中间件平台来支撑。与全局型应用类似,这些行业型应用及其支撑平台对政务云同样有高效性、高可靠性等需求,另外还有如下需求:

(1)标准遵循。电子政务支撑云平台既要对上层各个政府部门的行业应用提供支撑,又要对下层通用平台和政务云进行调研和接口,因此要求政务云的各个组成部分必须兼容业界通用的相关标准,避免由于标准兼容性问题造成无法连接或者不稳定与低效的情况发生。

(2)可扩展性。电子政务支撑云平台后续要逐步支撑全省的电子政务业务系统,因此自身一定具备良好的扩展性。这就要求通用平台和政务云都必须具备良好的可扩展性,包括:不停机在线扩展、高指标上限等。

(3)灵活性。电子政务支撑云平台作为底层资源为上层电子政务业务系统调用,因此自身必须具备资源灵活调度与自动化管理的能力,这就要求其下层的通用平台和政务云也同样具备这种灵活性,并且能够屏蔽大多数的技术细节,只需调用即可。

3. 资源型应用

资源型应用需求是指各个政府部门特定的业务应用需求,不需要政务云提供任何的PaaS层的相关服务与框架支撑,其上层的所有组件与服务模块都由该政府部门的业务应用独立完成。因此资源型应用仅需要政务云提供最基本的计算、存储、网络和安全方面的资源。这些资源需求包括:虚拟机、物理机、SAN存储空间、网络负载均衡、防火墙、公网IP地址、VLAN、安全组、虚拟私有云等。

4. 政务云管理

为了维护政务云的各种系统和应用的平稳、高效运行,根据前文所述业务应用针对政务云的管理需求,政务云的管理系统应当具如下管理需求。

(1)能够对虚拟化环境、政务云和物理环境的性能、事件和配置参数进行集中监控和管理;

(2)能够根据租户自助的或者管理员手动的指令,自动分配相应的计算、存储、网络和安全资源给相应的使用者;

(3)能够对提供给租户的资源提供QOS和SLA的保障;

(4)能够对政务云自身以及底层的机房基础设施和上层的应用系统进行监控、报警和事故处理,具有一定的自动化能力;

(5)具有统一的门户,管理员登录后又可以分为运维侧和运营侧两套不同的功能集合,并能够分权分域;

(6)具有良好的扩展性,至少包括今后会用到的IT服务流程管理体系(ITIL标准)、运营出租计费系统(或者与运营商计费系统对接)和多个计算中心的统一管理与协调调度能力；

(7)具有各种专家知识库和人工智能的日志、事件分析能力，能够根据不同的客户需求产生不同种类的报表和视图；

(8)具有良好的开放性，能够为政务云的上层PaaS和业务应用提供API(或其他)调用接口，以便上层平台能够自动化的调用底层基础资源。

5. 政务云安全

电子政务的业务应用需要部署政务协同办公系统、政府门户网站群、行政审批系统，以及社会服务与管理信息化平台等，项目建设过程中的安全需求重点包括：在全面的安全保障体系框架基础上，在保证今后安全平台可扩展性的条件下，重点关注对云计算基础设施和各业务应用系统的安全防护。安全需求包括：

(1)安全域的划分与隔离。根据国家信息安全针对电子政务的等级保护相关政策，政务云应当进行安全域的划分，并针对不同等级的安全域进行逻辑隔离，做严格的访问控制策略。

(2)抵御来自互联网的攻击与威胁。由于部分业务系统需要对互联网的公众提供各种业务服务和公共信息展现，因此政务云与互联网的边界必须能够抵御来自互联网的攻击与各种威胁。这些攻击和威胁包括但不限于：DDOS攻击、针对网站的入侵攻击、病毒蠕虫等恶意软件的传播等。政务云的安全保障体系必须能够抵御这些来自互联网的攻击与威胁。

(3)保障云平台的安全性。对于政务云，由于采用了虚拟化和多用户访问等一系列先进的技术手段，因此必须保障虚拟机隔离和多租户等一系列政务云特有的安全问题。

(4)安全管理需求。为了保障政务云的安全性，必须建立起包含安全事件分析、安全审计、日志分析等独立的可追溯的安全管理体系，并配合一系列安全策略方针和管理制度。

(5)保障数据安全性。政务云中数据的重要性远远大于其他的软、硬件产品。因为任何产品的失效都可以通过维护和替换来解决，损失的只是时间和金钱。一旦政务云数据安全性受到破坏(包括：丢失、泄密、被篡改等)，其损失是无法弥补的。因此，保障数据的完整性、保密性和可用性都是政务云的重要安全需求。

(6)系统和数据的容灾备份。考虑政务云需要支持关键电子政务应用，应用可用性和数据的安全性非常重要，因此需要建立政务云的本地容灾体系。一般建设首先保证本地高可靠容灾，一台存储故障不影响云平台上层业务体验，达到存储自动切换的功能。

六、存储系统控制的审计

存储系统控制审计重点关注存储系统对于业务需求的符合性，存储系统控制对于系统运行的可靠性、安全性、经济性。

(一)存储系统控制的可靠性审计要点

一是存储处理系统设计目标中可靠性指标是否达到网络应用系统信息资源的存储处理需要，包括数据存储能力、交易处理能力、计算处理能力，会话处理能力、请求响应能力、平均无故障时间。

二是审查存储处理系统建设时是否对上述指标进行调整，是否调整由于设计不合理或人为加大投资等因素。

三是关注是否建立完善的存储处理系统运行维护管理制度,通过制度保障存储处理系统能力指标处于相对优良状态。

四是关注运行管理中是否切实执行了存储处理系统运行管理制度,关注异常维护记录反映存储设备质量缺陷。

五是关注存储处理域网络状况对存储处理系统可靠性的影响,在建设存储区域网络时,是否将存储区域网络中服务器间构成集群的网络联接与通信网络交换能力共用,导致存储处理系统可靠性下降。

六是关注相关RAID设置是否满足可靠性需要。

对于使用了存储处理网络的环境,因为其存储处理系统涉及应用系统的配置、设计、管理等内容,应从应用控制尤其是网络分布式操作系统的应用控制角度进一步进行检查,以确认是否满足业务部署的可靠性要求。

所需资料:网络系统需求与设计实施文件、存储处理域网络运行记录、存储处理系统采购文件、存储处理系统配置文件、使用维护记录等。

审计方法:通过系统调查方法、资料审查方法、专家评估方法和系统资源使用情况盘查,审查重点关注的经济性事项。

(二)存储系统控制的经济性审计要点

一是存储处理系统设计目标是否符合网络信息资源的存储需要,包括以总存储量和速度为代表及相关技术指标是否满足信息资源的存储需要、存储处理系统扩展能力是否满足信息资源的增长率需要;重点审查是否存在超出必要合理性的资源闲置。

二是关注存储处理系统建设时是否存在超出应用系统对于速度和安全保障需求,为低实时性、低并发的应用购置明显超出需要的集群或存储区域网络,造成投资浪费;

三是关注运行管理中是否存在将应设置低价脱机备份的大量备份存储空间部署于联机存储造成资源浪费。其他经济性的内容请参考信息系统项目建设管理审计内容。

所需资料:网络系统需求与设计实施文件、存储处理系统采购文件、存储处理系统配置文件等。

审计方法:通过系统调查方法、资料审查方法和系统资源使用情况盘查,审查重点关注的经济性事项。

(三)存储系统控制的安全性审计要点

一是关注存储处理域网络安全情况对存储处理系统安全性的影响;

二是关注存储处理域网络物理环境对存储处理系统安全影响;

三是关注存储处理系统软件,包括单机的操作系统软件、集群化的系统软件、构造分布式存储的相关软件、数据库软件等,是否存在系统漏洞、后门程序、未授权的外部访问可能,是否封闭了除对授予权应用域连接开放的端口与其他形式的连接;

四是关注是否建立存储处理系统安全管理制度并切实执行;

五是关注是否存在利用接入外部网络的云存储存储信息资源的情况,对这类信息资源的敏感性应予确认;

六是关注相关RAID设置是否满足安全性需要。

所需资料:存储处理系统设计文件、存储处理系统配置文件、网络系统需求与设计实施文件、存储处理域网络运行记录、数据库配置文件、存储处理系统管理制度、使用维护记录等。

审计方法:通过系统调查方法、资料审查方法、专家评估法和系统资源使用情况盘查,审查重点关注的安全性事项。

本节思考题

1. 存储系统模式的发展经历了哪些阶段? 每个阶段的主要特征是什么?

2. 国家电子政务信息化建设中,采用云存储和虚拟存储的方案有哪些? 它们分别有哪些技术特征?

3. 我国电子政务云建设中有哪些设备采用通用存储系统? 它们有哪些控制要求?

4. 我国电子政务云建设中采用云存储的控制要求有哪些?

5. 国家电子政务信息化建设中,如何利用政务云开展政务信息系统应用控制?

6. 国家电子政务网络建设中,存储系统的性能有哪些指标要求? 如何达到这些要求?

7. 对电子政务存储系统控制审计的程序与方法有哪些? 开展存储系统控制审计的技术有哪些,应当如何运用?

8. 电子政务存储系统控制审计评价应当关注哪些方面?

第四节　备份系统控制审计

备份系统是为防止信息系统和数据遭到人为或非人为因素的破坏,而将系统或数据进行本地、同城、异地的数据系统备份,需要时进行系统和数据的及时恢复的保障措施。

备份系统控制是信息系统建设运维单位为保障备份系统的符合性和有效性,按照国家和行业的规章制度和标准规范,加强备份系统的备份方式、备份措施控制,使备份系统具有可靠性、安全性和经济性。

备份系统控制审计是信息系统审计服务单位按照国家和行业的规章制度和标准规范,对备份系统的的备份方式、备份措施控制的符合性和有效性进行检查监督,提出审计意见和建议,保障机房系统具有可靠性、安全性和经济性。

一、备份系统总体控制

(一)备份系统概念

备份系统是指为了防止由于操作失误、系统故障等人为因素或意外原因导致数据丢失或系统损坏,而将整个系统或者系统的数据通过一定的方法从主计算机系统的设备与设施中复制到其他设备与设施的机制与流程。

备份系统是一种重要的纠正性控制,在系统或数据受到损坏时,可以通过备份系统恢复系统的运行和数据,以保障业务的连续性。

数据备份通常是指数据从在线状态剥离到离线状态的过程。数据备份技术就是将系统的数据或状态,按照一定的周期,存储在磁带(或者磁盘)上,并将磁带离线存放。在系统需要恢复时,备份的数据可以从磁带恢复到生产系统。

容灾是备份系统的重要特征,容灾备份系统是指在相隔较远的异地,建立两套或多套功能相同的IT系统,互相之间可以进行健康状态监视和功能切换,当一处系统因意外(如火灾、地震等)停止工作时,整个应用系统可以切换到另一处,使得该系统功能可以继续正常工作。容灾技术是系统的高可用性技术的一个组成部分,容灾系统更加强调处理外界环境对系统的影响,特别是灾难性事件对整个IT节点的影响,提供节点级别的系统恢复功能。

容灾(Disaster Tolerance)系统,就是在灾难发生时,在保证应用系统的数据尽量少丢失的情况下,维持系统业务的连续运行。

从其对系统的保护程度来分,可以将容灾系统分为:数据容灾和应用容灾。

数据容灾主要针对系统数据和交易数据的保护,即建立一个异地的数据系统,该系统是本地关键应用数据的一个实时或非实时复制。在本地数据及整个应用系统出现灾难时,系统至少在异地保存有一份可用的关键业务的数据。

应用容灾是在数据容灾的基础上,再把执行应用处理能力复制一份,对最重要的数据进行保护,即在异地建立一套完整的与本地生产系统相当的备份应用系统(可以是互为备份)。建立这样一个系统是相对比较复杂的,不仅需要一份可用的数据复制,还要有包括网络、主机、应用、甚至IP等资源,以及各资源之间的良好协调。

(二)备份方式

备份按照备份方式可以分为在线备份和离线备份:在线备份也称数据复制,即同步数据备份,恢复时间非常短。在备份过程中,存档的过程是通过互联网连接在远程服务器上进行的;成功将文件备份后,通过互联网访问、还原文件等操作。

离线备份,就是在所有用户断开链接的情况下,对数据进行的备份。即把数据备份到磁带上去,目前的新技术有LAN-free、Server-free等,这种方式恢复时间比较长,但投资较少。

两种备份方式适用于一般企业的应用,对于一些关键行业,如电信、金融服务等,就需要采用远程备份,把它的数据和应用存到异地,如遇突发事件,就可以依靠异地系统马上恢复数据并启动应用。

二、备份系统分类控制

(一)数据备份和系统备份控制

备份系统按照对系统保护的对象和保护程度上的不同,可以分为数据备份和系统备份。

(1)数据备份。所谓数据备份,就是指建立一个异地的数据系统,该系统是本地关键应用数据的一个可用复制。在本地数据及整个应用系统出现灾难时,系统至少在异地保存有一份可用的关键业务的数据。该数据可以是与本地生产数据的完全实时复制,也可以比本地数据略微落后,但一定是可用的。采用的主要技术是数据备份和数据复制技术。

数据备份技术,又称为异地数据复制技术,按照其实现的技术方式来说,主要可以分为同步传输方式和异步传输方式(各厂商在技术用语上可能有所不同),另外,也有如"半同步"这样的方式。半同步传输方式基本与同步传输方式相同,只是在Read占I/O比重比较大时,相对同步传输方式,可以略微提高I/O的速度。而根据备份的距离,数据备份又可以分成远程数据备份和近程数据备份方式。下面,我们将主要按同步传输方式和异步传输方式对数据备份展开讨论,其中也会涉及远程备份和近程备份的概念,并作相应的分析。

(2)系统备份。所谓系统备份,是在数据备份的基础上,在异地建立一套完整的与本地生产系统相当的备份应用系统(可以是互为备份)。建立这样一个系统是相对比较复杂的,不仅需要一份可用的数据复制,还要有包括网络、主机、应用,甚至IP等资源,以及各资源之间的良好协调。主要的技术包括负载均衡、集群技术。数据备份是应用备份的基础,应用备份是数据备份的目标。

(二)本地备份和异地备份控制

备份按照备份地点不同可以分为本地备份和异地备份。

(1)本地备份。本地备份系统与主系统处于同一城市的备份方式。运行同城备份系统的场所为同城灾备中心,同城灾备中心原则上与主中心直线距离在3千米以上,不共用同一建筑、水电、空调等基础设施,输入供电须来自不同的变电站,通信线路不在同一汇接局内。主中心发生设备故障、网络中断、电力故障、场地火灾等灾难事件,可切换到同城备份系统。

(2)异地备份。异地备份系统与主系统处于不同城市的备份方式。运行异地备份系统的场所为异地灾备中心,异地灾备中心原则上与主中心直线距离在600千米以上,并且不应建设在同一地震带区域、同一电网内,历史上曾发生台风、洪灾、冰灾等重大自然灾害的区域,周围有易燃易爆工厂的区域,以及具有其他不利因素影响而不适合于建立灾备中心的区域。主中心所在城市发生因地震、洪水、台风、恐怖袭击,较大范围的通信网、电网故障等重大灾难事件,可切换到异地备份系统。

在政府或企业的信息数据中心遭遇自然灾难或人为侵害时,启用同城或异地建立的备份数据中心提供不间断的数据信息服务,从而保证政府或企业的业务连续性。在政府、金融、电信、交通、能源、公共服务业及大型制造/零售业等信息化依存程度高的行业,灾难备援应用极其广泛。

(三)物理备份和虚拟备份控制

传统的物理备份使用完整的设备、设施将主系统或数据完整地复制到备份环境中,这种方式以磁盘为单位,成本较高,操作也不够灵活,而虚拟化技术的应用带来了虚拟存储和虚拟备份的应用。

虚拟化备份技术最早是由VMware提供和发起的,随着虚拟化应用在企业和各个行业的普及,主流的备份软件都支持虚拟化软件备份,目前还有很多专为虚拟化(虚拟应用或虚拟化桌面VMware View、MicroSoft VDI、XenDesktop)设计的备份软件,如Veeam、eBackup、Avamar和Net-vault vRanger等。

关于虚拟机备份功能,就如同虚拟机快照一样,备份是虚拟化的一个数据保护基本功能。但是虚拟化的备份功能在执行备份时,会对业务性能产生影响,备份策略和组网不灵活,所以,针对虚拟化备份,常见的方式还是采用专业的备份软件。VMware在Infrastructure3时推出了VMware

Consolidation Backup备份工具,为虚拟机提供了一套易用的驱动和备份脚本接口工具供备份软件调用,需要安装在备份代理服务器(VCB代理服务器,安装在Windows操作系统),对支持的虚拟机或虚拟桌面进行备份。虚拟机备份与恢复虽然难度不小,但是国内容灾备份行业的发展迅速,许多虚拟机备份软件都能够实现对虚拟机的全量、增量或差异备份,例如:数易云备系统。数易云备系统能够支持对Hyper-V、VMware和Citrix XenServer等虚拟机的备份与恢复。

虚拟机备份(数易云备系统)支持对虚拟机的管理,可以查看已扫描的虚拟机信息,并可进行电源控制。能够对虚拟机的宿主机进行集中作业管理,支持不同宿主机上的虚拟机同时备份、恢复作业。在备份模式上,除了完全备份、差异备份和增量备份外,数易云备系统还支持虚拟机的合成备份。

三、备份系统组成控制

(一)系统备份组成控制

在系统备份与容错中,双机容错与服务器集群技术是最常见的备份系统实施方案。

1. 双击容错

双击容错从硬件架构上有两台服务器,并在两台服务器之间设一组磁盘阵列子系统实现数据的冗余和容错;集控软件Dual Cluster在服务器的多处理器之间分配资源和应用,将其进行整合,使之成为一个整体,服务于系统。根据负载的分配和容错技术,有两种基本应用模式:

(1)双机互备(Dual Active)。双机互备就是两台主机均为工作机,在正常情况下,两台工作机均为系统提供支持,并互相监视对方的运行情况。当一台主机出现异常,不能支持系统正常运行时,另一台主机则主动接管异常机的工作,继续支持系统的运行。这样保证了系统不间断运行,达到永不停机的目的。异常机经过维修恢复正常后再切换回来。

(2)双机热备(Hot Standby)。双机热备就是一台主机为工作机,另一台主机为备份机。系统在正常情况下,工作机为系统提供支持,备份机监视对方的运行情况;当一台主机出现异常,不能支持系统正常运行时,另一台主机则主动接管异常机的工作,继续支持系统的运行,从而保证系统不间断运行,实现永不停机的功能。当异常机修复后再进行切换。

硬件系统基本配置包括:两台相对应的服务器;每台服务器内一块以太网卡;服务器内装一组SCSI接口或光纤通道Host卡;一台磁盘阵列子系统。软件系统基本需求为网络操作系统(UNIX/Windows NT)、双机控制软件(Dcluster)、应用系统(DataBase)等。

双机双工模式:是cluster(群集)的一种形式,两台服务器均为活动,同时运行相同的应用,保证整体的性能,也实现了负载均衡和互为备份,需要利用磁盘柜存储技术(最好采用SAN方式)。Web服务器或FTP服务器等用此种方式比较多。

2. 服务器集群技术

服务器集群就是指将很多服务器集中起来一起进行同一种服务,在客户端看来就像是只有一个服务器。集群可以利用多个计算机进行并行计算从而获得很高的计算速度,也可以用多个计算机做备份,从而使得即使任何一台机器坏了整个系统还是能正常运行。

集群系统可解决所有的服务器硬件故障,当某一台服务器出现任何故障,如:硬盘、内存、

CPU、主板、I/O板及电源故障,运行在这台服务器上的应用就会切换到其他的服务器上。

集群系统可解决软件系统问题,我们知道,在计算机系统中,用户所使用的是应用程序和数据,而应用系统运行在操作系统之上,操作系统又运行在服务器上。这样,只要应用系统、操作系统、服务器三者中的任何一个出现故障,系统实际上就停止了向客户端提供服务,比如我们常见的软件死机,就是这种情况之一,尽管服务器硬件完好,但服务器仍旧不能向客户端提供服务。而集群的最大优势在于对故障服务器的监控是基于应用的,也就是说,只要服务器的应用停止运行,其他的相关服务器就会接管该应用,而不必理会应用停止运行的原因是什么。

集群系统可以解决人为失误造成的应用系统停止工作的情况,例如,当管理员对某台服务器操作不当导致该服务器停机,因此运行在这台服务器上的应用系统也就停止了运行。由于集群是对应用进行监控,因此其他的相关服务器就会接管该应用。

(二)数据备份组成控制

目前最常见的网络数据备份系统按其架构不同可以分为四种:基于网络附加存储(DAS-Base)结构,基于局域网(LAN-Base)结构,基于SAN结构的LAN-Free和Server-Free结构。下面对这几种结构作具体介绍:

1. DAS-Base 结构

基于网络附加存储系统的备份系统是最简单的一种数据保护方案,在大多数情况下,这种备份大多是采用服务器上自带的磁带机或备份硬盘,而备份操作往往也是通过手工操作的方式进行的。它适合下面的应用环境:

无需支持关键性的在线业务操作;维护少量网络服务器(小于5个);支持单一操作系统;需要简单和有效的管理;适用于每周或每天一次的备份频率。

基于DAS的备份系统是最简单的数据备份方案,适用于小型企业用户进行简单的文档备份。它的优点是维护简单,数据传输速度快;缺点是可管理的存储设备少,不利于备份系统的共享,不大适合于现在大型的数据备份要求,而且不能提供实时的备份需求。

2. LAN-Base 结构

LAN-Based备份结构,这是小型办公环境最常使用的备份结构。在该系统中数据的传输是以局域网络为基础的,首先预先配置一台服务器作为备份管理服务器,它负责整个系统的备份操作。磁带库则接在某台服务器上,当需要备份数据时备份对象把数据通过网络传输到磁带库中实现备份。

备份服务器可以直接接入主局域网内或放在专用的备份局域网内。我们推荐使用后者方案。因为采用前者方案的话,当备份数据量很大的时候,备份数据会占用很大的网络带宽,主局域网的性能会下降很厉害,而后者就可以使得备份进程与普通工作进程相互的干扰减少,保证主局域网的正常工作性能。

LAN-Based备份结构的优点是投资经济、磁带库共享、集中备份管理;它的缺点是对网络传输压力大,当备份数据量大或备份频率高时,局域网的性能下降快,不适合重载荷的网络应用环境。

3. LAN-Free 备份方式

为彻底解决传统备份方式需要占用LAN带宽问题,基于SAN的备份是一种很好的技术方案。LAN-Free 和 Server-Free 的备份系统是建立在 SAN(存储区域网)的基础上的两种具有代表性的解决方案。它们采用一种全新的体系结构,将磁带库和磁盘阵列各自作为独立的光纤结点,多台主机共享磁带库备份时,数据流不再经过网络而直接从磁盘阵列传到磁带库内,是一种无需占用网络带宽的解决方案。

LAN-free 备份方式,是指数据无需通过局域网而直接进行备份,即用户只需将磁带机或磁带库等备份设备连接到 SAN 中,各服务器就可把需要备份的数据直接发送到共享的备份设备上,不必再经过局域网链路。由于服务器到共享存储设备的大量数据传输是通过 SAN 网络进行的,局域网只承担各服务器之间的通信任务,而无须承担数据传输的任务,实现了控制流和数据流分离的目的。

目前,LAN-free 有多种实施方式。通常用户都需要为每台服务器配备光纤通道适配器,适配器负责把这些服务器连接到与一台或多台磁带机(或磁带库)相连的 SAN 上。同时,还需要为服务器配备特定的管理软件,通过它,系统能够把块格式的数据从服务器内存、经 SAN 传输到磁带机或磁带库中。还有一种常用的 LAN-free 实施办法,在这种结构中,主备份服务器上的管理软件可以启动其他服务器的数据备份操作。块格式的数据从磁盘阵列通过 SAN 传输到临时存储数据的备份服务器的内存中,之后再经 SAN 传输到磁带机或磁带库中。

尽管 LAN-free 技术与 LAN-Base 技术相比有很多有点,但 LAN-free 技术也存在明显不足。首先,它仍然让服务器参与了将备份数据从一个存储设备转移到另一个存储设备的过程,在一定程度上占用了服务器宝贵的 CPU 处理时间和服务器内存。另外,LAN-free 技术的恢复能力很一般,它非常依赖用户的应用。

许多产品并不支持文件级或目录级恢复,整体的映像级恢复就变得较为常见。映像级恢复就是把整个映像从磁带拷回到磁盘上,如果我们需要快速恢复系统中某些少量文件,整个操作将变得非常麻烦。此外,不同厂商实施的 LAN-free 机制各不相同,这还会导致备份过程所需的系统之间出现兼容性问题。LAN-free 的实施比较复杂,而且往往需要大笔软、硬件采购费。

因此,LAN-Free 优点是数据备份统一管理、备份速度快、网络传输压力小、磁带库资源共享;缺点是少量文件恢复操作繁琐,并且技术实施复杂,投资较高。

4. Server-Free 备份方式

另外一种减少对系统资源消耗的办法是采用无服务器(Serverless)备份技术。它是 LAN-free 的一种延伸,可使数据能够在 SAN 结构中的两个存储设备之间直接传输,通常是在磁盘阵列和磁带库之间。这种方案的主要优点之一是不需要在服务器中缓存数据,显著减少对主机 CPU 的占用,提高操作系统工作效率,帮助企业完成更多的工作。

与 LAN-free 一样,无服务器备份也有几种实施方式。通常情况下,备份数据通过名为数据移动器的设备从磁盘阵列传输到磁带库上。该设备可能是光纤通道交换机、存储路由器、智能磁带或磁盘设备或服务器。数据移动器执行的命令其实是把数据从一台存储设备传输到另一台设备。实施这个过程的一种方法是借助于 SCSI-3 的扩展拷贝命令,它使服务器能够发送命令给存储设备,指示后者把数据直接传输到另一台设备,不必通过服务器内存。数据移动器收到扩展拷贝命令后,执行相应功能。

另一种实施方法就是利用网络数据管理协议(NDMP)。这种协议实际上为服务器、备份和恢复应用及备份设备等部件之间的通信充当一种接口。在实施过程中,NDMP 把命令从服务器传输到备份应用中,而与 NDMP 兼容的备份软件会开始实际的数据传输工作,且数据的传输并不通过服务器内存。NDMP 的目的在于方便异构环境下的备份和恢复过程,并增强不同厂商的备份和恢复管理软件以及存储硬件之间的兼容性。

无服务器备份与 LAN-free 备份有着诸多相似的优点。如果是无服务器备份,源设备、目的设备以及 SAN 设备是数据通道的主要部件。虽然服务器仍然需要参与备份过程,但负担已大大减轻,因为它的作用基本上类似交通警察,只用于指挥,不用于装载和运输,不是主要的备份数据通道。

无服务器备份技术具有缩短备份及恢复所用时间的优点。因为备份过程在专用高速存储网络上进行,而且决定吞吐量的是存储设备的速度,而不是服务器的处理能力,所以系统性能将大为提升。此外,如果采用无服务器备份技术,数据可以以数据流的形式传输给多个磁带库或磁盘阵列。

至于缺点,虽然服务器的负担大为减轻,但仍需要备份应用软件(以及其主机服务器)来控制备份过程。元数据必须记录在备份软件的数据库上,这仍需要占用 CPU 资源。与 LAN-free 一样,无服务器备份可能会导致上面提到的同样类型的兼容性问题。而且,无服务器备份可能难度大、成本高。最后,如果无服务器备份的应用要更广泛,恢复功能方面还有待更大改进。

因此,Server-Free 优点是数据备份和恢复时间短,网络传输压力小,便于统一管理和备份资源共享;其缺点是需要特定的备份应用软件进行管理,厂商的类型兼容性问题需要统一,并且实施起来与 LAN-Free 一样比较复杂,成本也较高,适用于大中型企业进行海量数据备份管理。

前面提到的四种主流网络数据安全备份系统结构,各自有自己的优点和缺点,用户需要根据自己的实际需求和投资预算仔细斟酌,从而选择合适自己的备份方案。

四、备份系统指标控制

从技术上看,衡量备份系统有三个主要指标:数据恢复点目标、恢复时间目标和备份窗口。

(一)数据恢复点目标

数据恢复点目标(recovery point objective,RPO)主要指的是业务系统所能容忍的数据丢失量,在同步数据复制方式下,RPO 等于数据传输时延的时间;在异步数据复制方式下,RPO 基本为异步传输数据排队的时间。

(二)恢复时间目标

恢复时间目标(recovery time objective,RTO)主要指的是所能容忍的业务停止服务的最长时间,也就是从灾难发生到业务系统恢复服务功能所需要的最短时间周期。RTO 描述了恢复过程需要花费的时间。例如:假设在时间点 t1 启动恢复过程并且在时间点 t2 完成恢复,那么 RTO 就等于 t2-t1。RTO 值越小,代表容灾系统的数据恢复能力越强。

(三)备份窗口

备份窗口(backup window)。一个备份窗口指的是在不严重影响使用待备份数据的应用程序的情况下,完成一次给定备份的时间间隔,由需要备份数据的总量和处理数据的服务架构的速度来决定。为了保证备份数据的一致性,在备份过程中数据不能被更改,所以在某些情况下,备份窗口是数据和应用不可用的间隔时间。

容灾可以区分为离线式容灾(冷容灾)和在线式容灾(热容灾)两种类型。

离线式容灾主要依靠备份技术来实现。首先通过备份软件将数据备份到磁带上,然后将磁带异地保存、管理。数据的备份过程可以实现自动化管理,整个方案的部署和管理比较简单,投资较少。缺点在于:系统的数据恢复较慢,备份窗口内的数据丢失严重,实时性差。对RTO(Recovery Time Objective)和RPO(Recovery Point Objective)要求较低的用户可以选择这种方式。

在线式容灾中,源数据中心和灾备中心同时工作。数据在写入源数据中心的同时,实时地被复制传送到灾备中心。在此基础上,可以在应用层进行集群管理,当生产中心遭受灾难、出现故障时,可由灾备中心自动接管并继续提供服务。应用层的管理一般由专门的软件来实现,可以代替管理员实现自动管理。在线容灾可以实现数据的实时复制,因此,数据恢复的RTO和RPO都可以满足用户的高要求。因此,数据重要性很高的用户都应选择这种方式,如金融行业的用户等。当然实现这种方式的容灾需要很高的投入。

容灾备份系统按照灾难防御程度的不同,可分为数据容灾和应用容灾。数据容灾是对应用系统数据按照一定的策略进行异地容灾备份,当灾难发生时,应用系统暂时无法正常运行,必须花费一定时间从灾备中心恢复应用关键数据至本地系统以保证业务的连续性和数据的完整性,因为异地容灾备份系统只保存了灾难发生前应用系统的备份数据,因此数据容灾可能会导致部分数据丢失。应用容灾是在异地建立一个与本地应用系统相同的备份应用系统,两个系统同步运行,当灾难发生时,异地系统会迅速接管本地系统继续业务的运行,不需要中断业务,这样使得应用系统使用者察觉不到灾难的发生。应用容灾比数据容灾防御灾难破坏能力要强,它能够更好地保持业务的连续性和数据的完整性,而数据容灾会出现业务的暂时中断,需要花费一定的时间后才能重新维持业务的连续性,并且可能导致部分数据的丢失。

五、备份的政务云利用控制

政务云备份系统就是为政务云提供的一个能应付各种灾难的环境。当系统在遭受如火灾、水灾、地震、战争等不可抗拒的自然灾难以及计算机犯罪、计算机病毒、掉电、网络/通信失败、硬件/软件错误和人为操作错误等人为灾难时,容灾系统将保证用户数据的安全性,甚至提供不间断的应用服务。

(一)基于数据库复制技术的容灾

基于数据库复制的系统容灾技术是指利用数据库复制技术,在异地建立一套完整的与本地生产系统相当的备份应用系统。当主数据库发生灾难时(如坏数据块、坏数据文件等),整个应用系统可以切换到备份的数据库系统并接管业务,达到容灾的目的。数据库复制技术一般是由数据库厂商或者第三方开发,基于数据库日志或者数据流实现复制的技术。数据库复制技术通过解析源数据库在线log或归档log获得数据的增、删、改变化,再将这些变化应用到目标数据库,使源数据库与目标数据库同步,以达到多站点间数据库双活甚至多活,实现业务连续可用和容灾的目的。

采用数据库复制技术进行容灾建设具有投资少、无需增加额外硬件设备、可完全支持异构环境的复制等优点,在细粒度数据容灾和政务云数据中心容灾领域仍然具有广阔的应用前景。

(二)基于高可用集群的容灾

基于高可用集群的容灾是指通过部署高可用集群(High Availability Cluster,HAC)技术,保护用户的业务程序对外不间断地提供服务,把因软件、硬件、人为造成的故障对业务的影响降低到最小程度。只有两个节点的高可用集群又称为双机热备,即使用两台服务器互相备份。当一台服务器出现故障时,可由另一台服务器承担服务,从而在不需要人工干预的情况下,自动保证系统能持续对外提供服务。

政务云数据中心的高可用集群包含多台物理服务器,并采用HAC软件检测各个服务器的工作状态和资源使用情况,当其中一台服务器发生故障时,集群中的其他服务器可以自动接管服务,从而保障系统的连续性。VMware vSphere服务器虚拟化软件构建了基于虚拟化平台的政务云数据中心,并部署了VMware vMotion(动态迁移技术)和VMware High Availablity(高可用性)。

vMotion可以使正在运行的虚拟机能够瞬间从1台服务器迁移到另1台服务器上,同时保持连续服务的可用性。HAC不间断地监测服务器的运行状态和集群中资源使用情况,并在集群中的服务器发生故障时及时地将其应用迁移到集群中的其他服务器,从而消除了单点故障,保障了业务的连续性,提高了数据中心的容灾能力。

(三)基于存储复制技术的容灾

基于存储服务技术的容灾,是指通过存储系统内建的固件或操作系统、IP网络或光纤通道等传输介质连结,将数据以同步或异步的方式复制到远端,从而实现生产数据的灾难保护。采用基于存储的数据复制技术建设灾备系统是目前金融、电信企业、政府采用较多的灾备方案,有非常多的应用案例,是目前应用最广泛的容灾复制技术之一。

然而,这种基于存储复制技术的容灾方案,必须在同等存储品牌并且同等型号的存储系统控制器之间才能实现。随着闪存存储、开放式存储、云存储、面向对象存储等混合存储技术的普及和迭代,目前数据中心的存储设备的品牌型号不一、采用的技术也不尽相同,基于存储复制技术的容灾方案已经越来越难以适应新环境下容灾复制的需求。

(四)基于存储网关的容灾

存储网关位于服务器与存储之间,是构架在SAN网络上的专用存储服务技术,这项技术基于存储虚拟化技术。存储虚拟化是服务器与存储间的一个抽象层,它是物理存储的逻辑表示方法,其主要目的就是要把物理存储介质抽象为逻辑存储空间,将分散繁杂的异构存储管理整合为统一简单的集中存储管理。存储网关既可以利用其虚拟化技术整合不同品牌的存储设备,又可以利用其镜像卷复制技术保证不同存储阵列之间数据的实时同步,实现存储"双活"或者"多活"。当其中一份存储发生故障时,镜像阵列可以无缝接管业务,从而保障了数据的零丢失和业务的零中断。

存储网关大幅提升了在服务器或者存储层面难以达到的灵活性、多样性、异构化等多种存储服务能力。利用存储网关,对于后端的存储数据可以提供远程数据复制、异构化存储融合、存储设备高可用镜像、快照服务、数据迁移服务,甚至持续数据保护服务。近年来,随着SAN应用的不断普及,SAN网络中由异构存储设备和爆炸式增长的数据量所带来的管理复杂性、资源利用率低、投资浪费、存储设备自身数据服务能力较低等问题促进了存储网关的发展和应用。

六、备份系统控制的审计

备份系统控制审计重点关注备份系统对于业务需求的符合性,备份系统控制对于系统运行的可靠性、安全性、经济性。

(一)应急备份控制可靠性审计要点

应急备份控制主要包括应急备份的及时性与完备性、应急备份的真实性与有效性、应急备份恢复的及时性与完备性、应急备份恢复的真实性与有效性。对于应急备份控制的审计,重点关注以下环节。

(1)关注应急应用系统可接受的备份间隔。一般而言,对于不同应用系统可以接受的备份间隔时间不同,按重要程度分为有备份间隔和无备份间隔,前者允许按照一定时间间隔备份业务处理系统数据,往往用于OA系统、数据分析系统等实时性影响不会导致严重系统问题且在备份时间间隔内有其他手段补充数据的情况,可以采用脱机备份的形式;后者要求实时备份业务系统发生的数据更新,一般用于大型不间断的联机服务,如实时的联机售票系统、证券交易系统等,通常采用数据旁路、交易旁路等形式。后者一般采用联机热备和脱机备份两种形式。

(2)关注应急应用系统可接受的备份追溯期:应急备份根据应用系统需求不同,会采取备份历史数据、备份应用场景、备份不同时间应用场景等与备份追溯期有关的形式。

(3)关注备份与恢复使用的数据传输通信渠道是否能够支持备份与恢复的及时性要求。由于备份与恢复涉及大量数据的传输处理,对网络通信性能提出特殊的要求,系统设计的网络通信控制应满足在正常业务处理之外支撑备份与恢复的需要,尤其是备份的需要。这是保证备份与恢复的及时性要求的基础。其中重点关注应急备份系统中异地备份与恢复的情况。

(4)关注备份真实有效性的覆盖范围,备份应覆盖重建系统应用所有必要的信息,按重要性程度依次涉及应用系统的信息资源、配置信息、程序和程序变更(包括操作系统和应用系统)、网络管理系统的基础配置数据、更新等。这是保证备份与恢复的真实有效性要求的基础。

(二)应急备份控制有效性审计要点

应急备份控制有效性表现为:是否建立健全了应急备份控制制度,并切实执行,应急备份控制制度的建设与执行管理,是否覆盖保障应急备份真实有效的各个方面;是否执行应急备份测试演练,应急备份测试演练是否覆盖保障应急备份真实有效的各个方面,测试频率与结果是否达到预期效果。

（三）应急备份控制安全性审计要点

应急备份系统由于保存了组织中与存储处理系统同样的信息资源，因此应急备份系统控制包括与存储处理系统同样的安全性审计要点，此外，针对应急备份控制的特点，应重点关注两点。

（1）关注应急备份系统设计目标与建设成果中对安全性需求的符合程度。

（2）关注应急备份系统数据资源传递、保管和使用的特殊保护措施，因为备份介质可以脱机存放，或异地存储，引入了在其他环节产生数据暴露的机会，因此应注意在数据传递、保管和使用方面加强制度建设和执行管理，特别是对恢复使用或进行数据测试的环境，应纳入存储处理同样或更高的安全级别予以控制。

本节思考题

1. 电子政务建设中，备份系统主要组成部分有哪些？

2. 国家电子政务信息化建设中，采用不同方式备份的主要原因是什么？采用的备份方式有哪些？它们分别有哪些技术特征？

3. 什么是数据备份和系统备份？它们各有哪些技术方案？

4. 什么是物理备份和虚拟备份？我国电子政务信息化建设中，采用虚拟备份的优势和缺点分别有哪些？

5. 我国电子政务信息化建设中，对异地备份有哪些相关规定？这些规定对信息系统审计有什么影响？

6. 国家电子政务网络建设中，备份系统的性能有哪些指标要求？如何达到这些要求？

7. 对电子政务备份系统控制审计的程序与方法分别有哪些？开展备份系统控制审计的技术有哪些，应当如何运用？

8. 电子政务备份系统控制审计评价应当关注哪些方面？

第五节　机房系统控制审计

计算机机房系统是机房物理位置选择、机房功能布局，以及供电系统、消防系统、空调系统、监视系统、门禁系统、防雷接地系统等辅助系统的总称。

计算机机房系统控制是信息系统建设运维单位为保障机房系统的符合性和有效性，按照国家和行业的规章制度和标准规范，加强机房系统的主系统和辅助系统的设计、建设和运行控制，使机房系统具有可靠性、安全性和经济性。

计算机机房系统控制审计是信息系统审计服务单位按照国家和行业的规章制度、标准规范和工作规则，对机房系统的主系统和辅助系统控制的符合性和有效性进行检查监督，提出审计意见和建议，保障机房系统具有可靠性、安全性和经济性。

一、计算机机房总体控制

计算机机房主要为电子信息设备、系统软件、应用软件提供运行环境的场所。主要包括计算机机房的选择、机房功能布局、机房辅助系统。

计算机机房的选择。为保障各类信息系统的可靠性、安全性、经济性，应当进行机房大楼的选择、大楼内机房位置的选择。

机房功能布局。包括网络接入域、网络交换域、应用功能域、数据存储域、数据备份域、系统用户域、安全保障域,保障网络系统交互功能、数据采集共享功能、数据处理功能、数据存储功能、数据备份功能、信息系统运行监测功能的正常安全有效运行。

机房辅助系统。包括计算机机房的土建装修工程、承重加固工程、供配电系统、空调新风系统、消防报警灭火系统、电磁屏蔽、安全防范系统、综合布线系统、运行环境集中监控系统等。

二、计算机机房选择控制

计算机机房的选择包括机房大楼的选择、大楼内机房位置的选择。

(一)机房大楼的位置选择

《数据中心设计规范》(GB50174-2017)国家标准对数据中心机房选址作出了如下规定:

1. 电力供给应充足可靠,通信应快速畅通,交通应便捷;
2. 采用水蒸发冷却方式制冷的数据中心,水源应充足;
3. 自然环境应清洁,环境温度应有利于节约能源;
4. 应远离产生粉尘、油烟、有害气体以及生产或储存具有腐蚀性、易燃、易爆物品的场所;
5. 应远离水灾、地震等自然灾害隐患区域;
6. 应远离强振源和强噪声源;应避开强电磁场干扰;
7. A级数据中心不宜建在公共停车库的正上方;
8. 大中型数据中心不宜建在住宅小区和商业区内。

(二)大楼内机房位置的选择

大楼机房位置的选择要注意如下要求:

1. 机房选择避开容易引起水渗漏的区域,不宜在用水设备的下层,注意周围没有水管,以防水管破裂;
2. 应避免选择建筑物顶楼、地下室、四面角落等易漏雨、渗水和易遭雷击的单元;
3. 变形缝和伸缩缝不应穿过主机房;
4. 主体结构宜为大跨度大开间的柱网;
5. 机房净高应按面积大小、机柜高度(一般为1.8~2.2m)和通风要求(气流组织所需机柜定顶面至吊顶的距离一般为0.4~0.8m)确定。净高一般为2.4~3.0m,因此梁底距地应考虑活动地板距地高度、机房净高、顶部气体灭火及送排风管线高度及管线交叠的高度;
6. 机房专用空调的主机与室外机在高差和距离上均有使用要求,因此在确定主机房位置时,应考虑机房专用空调室外机的安装位置;
7. 机房去承重应满足计算机和电子机房涉及规范要求,主机房活荷载8~10kN/m²,UPS活荷载8~10kN/m²,电池室活荷载16kN/m²。从经济角度考虑,主机房宜选择在建筑物的低层部位;
8. 为减少雷击造成的电磁感应侵害,主机房宜选择在建筑物低层中心部位,并尽量远离建筑物防雷引下线或外墙结构柱子(其柱内钢筋作为防雷引下线),避免引下线因大电流通过产生

的前磁场对电子信息设备的损害;

9. 方便为机房服务的冷冻、空调、UPS、大型信息系统设备等大型设备的运输。运输线路应尽量短,设备搬运通道要足够宽。

10. 综合考虑结构荷载、雷电感应、安装空调室外机、设备搬运等因素,机房宜设置在大楼的第二、三层或裙楼的中间层。

(三)计算机机房的分级

《数据中心设计规范》(GB50174-2017)国家标准对计算机机房的分级提出了如下要求:

数据中心的计算机机房分为A、B、C三级。设计时应根据计算机机房的使用性质、数据丢失或网络中断在经济或社会上造成的损失或影响程度确定所属级别。

A级计算机机房的要求:电子信息系统运行中断将造成重大的经济损失;电子信息系统运行中断将造成公共场所秩序严重混乱。

B级计算机机房的要求:电子信息系统运行中断将造成较大的经济损失;电子信息系统运行中断将造成公共场所秩序混乱。

C级计算机机房的要求:不属于A级或B级的则应列入C级。

三、计算机机房功能布局控制

计算机机房的功能布局应包括网络系统交互功能、数据采集共享功能、数据处理功能、数据存储功能、数据备份功能、信息系统运行监测功能。从计算机机房对应功能的区域设置看,包括网络接入域、网络交换域、应用功能域、数据存储域、数据备份域、系统用户域、安全保障域。

(一)网络系统交互功能域

网络系统交互功能域包括局域网与外部网络的交互域、局域网内部的交互域。

局域网与外部网络的交互域。在局域网中设置网络接入域,通过不同的网络IP实现互联网、政务外网、政务内网的内外部互联互通、信息交互。外部交换可实现局域网与本城所辖单位的城域网交换、与其他各省所辖或相关单位的广域网交换,实现以中央部门为统领、全国一体化的行业信息化体系。

局域网内部的交互域。在局域网中设置网络核心交换域,通过不同的网络私有IP实现网络接入域、网络交换域、应用功能域、数据存储域、数据备份域、系统用户域、安全保障域之间的互联互通、信息交互。

(二)数据采集共享功能域

数据采集共享功能域包括数据内外采集功能域、数据共享开放功能域。

数据内外采集功能域。一是实现局域网与外部网络的数据采集功能域。在网络交换域设置部门局域网门户,通过数据采集功能实现中央部门向所辖单位或相关单位的数据采集。政务数据的采集应执行《政务信息资源共享管理暂行办法》(国发〔2016〕51号)等相关文件的规定。二是通过局域网内部信息采集域实现信息资源类内部的数据采集和信息共享。

数据共享开放功能域。一是在网络交换域设置部门信息共享平台、与国家共享平台的前置系统,实现部门与所辖单位或相关单位的行业数据共享;实现部门的人口信息、法人信息、空间地理信息、社会信用信息的基础类信息共享,公共服务主题、行政权力事项的主题类信息共享,实现国家政务信息资源的部门类共享。二是在网络交换域设置门户网站的信息公开主题,依据《中华人民共和国政府信息公开条例》(2007年国务院令第492号)等文件的要求,实现部门信息资源向社会公众的开放。

(三)数据处理功能域

数据处理系统域(Data processing system domain)是指在计算机机房设置数据处理系统域并运用计算机处理信息而构成的系统。通过数据处理系统对数据信息进行加工、整理,计算得到各种分析指标,转变为易于被人们所接受的信息形式,并可以将处理后的信息进行贮存。

根据数据处理的业务需求,一般包括三类:一是业务处理域。业务处理是指政务部门、事业单位和各类企业为履职职责,部署业务处理信息系统,开展各类具体业务的逻辑处理、流程处理、计算处理等。二是数据分析域。数据分析是指政务部门、事业单位和各类企业为提升履职能力,部署相关业务分析系统,开展相关业务的多维分析、聚类关联分析、模拟仿真分析等。三是大数据分析域。大数据分析是指政务部门、事业单位和各类企业为解决履职面临的重大社会问题,建立相关问题的主题模型和主题数据,开展各类主题应用,并利用主题结果调整相关政策制度和机制,解决履职面临的社会问题,提升治理体系和治理能力现代化。

(四)数据存储功能域

数据存储功能域是计算机机房的重要功能设置域。根据《中华人民共和国网络安全法》(2017年6月1日起施行)、《中华人民共和国数据安全法》(2021年6月10日第十三届全国人民代表大会常务委员会第二十九次会议通过)、《信息安全技术网络安全等级保护基本要求》(GBT22239-2019)等法律法规和国家标准的规定,为保障各类数据资源的安全可靠,需要在计算机机房中单独设置数据存储功能域。

机房常见的存储处理系统有集中式存储处理系统和分布式存储处理系统。集中式存储处理系统是比较经典的存储处理架构,在政府部门及传统企业应用非常广泛。分布式存储处理系统是近年来对着大数据及云计算技术的推广而发展起来的一种新的数据存储处理技术,在互联网企业应用较为普遍。分布式存储系统是将数据分散存储在多台独立的设备上,采用可扩展的系统结构,利用多台存储服务器分担存储负荷,利用位置服务器定位存储信息,它不但提高了系统的可靠性、可用性和存取效率,还易于扩展。

(五)数据备份功能域

数据备份功能域是指为保障信息系统和信息资源的可连续性,在计算机机房中设置备份恢复系统。

备份恢复系统包括备份恢复的结构、功能、指标等。

备份恢复的结构。根据信息系统承载业务的连续性高低特点,设置本地备份、同城备份、异地备份,数据备份、系统备份,"两地三中心"的系统实时备份恢复等。

备份恢复的功能。为了防止由于操作失误、系统故障等人为因素或意外原因导致数据丢失或系统损坏,而将整个系统或者系统的数据通过一定的方法从主计算机系统的设备与设施中复制到其它设备与设施的机制与流程。

备份恢复的指标。主要指标包括RPO、RTO。RPO(Recovery Point Objective)即数据恢复点目标。主要指的是业务系统所能容忍的数据丢失量,在同步数据复制方式下,RPO等于数据传输时延的时间;在异步数据复制方式下,RPO基本为异步传输数据排队的时间。RTO(Recovery Time Objective)即恢复时间目标。主要指的是所能容忍的业务停止服务的最长时间,也就是从灾难发生到业务系统恢复服务功能所需要的最短时间周期。RTO描述了恢复过程需要花费的时间。

(六)信息系统监测功能域

计算机机房应当设置信息系统监测功能域,部署信息系统的监测系统、信息处理系统、信息展示系统、应急响应系统等。

信息系统的监测系统。通过对功能布局、辅助系统的各类运行设备设施和运行系统配置监测数据采集器,获取信息系统功能布局、辅助系统的运行状态,为信息处理系统提供各类监测数据。

信息系统的处理系统。通过监测系统获取的各类实时信息,对网络系统交互功能、数据采集共享功能、数据处理功能、数据存储功能、数据备份功能等功能布局,以及土建装修工程、承重加固工程、供配电系统、空调通风排烟系统、电磁屏蔽、安全防范系统、综合布线系统、运行环境集中监控系统、消防报警灭火系统等辅助系统的运行状态进行分析,及时发现问题和风险,为信息展示和应急响应提供有效的信息。

信息系统的监测展示系统。部署综合的信息系统监测展示,依据信息系统运维部门的设置,分别进行信息系统的网络、计算、存储、备份等各类硬件,业务系统和管理系统等各类应用软件,信息系统的安全保障和辅助系统等分项监测信息展示。通过信息系统的监测展示和信息系统操作员、管理员、审计员的互动,可以及时地发现运行状态的重大问题和风险。

信息系统的应急响应系统。依据国家《关于加强国家电子政务工程建设项目信息安全风险评估工作的通知》(发改高技[2008]2071号)、《国家网络安全事件应急预案》(中网办〔2017〕4号)、《突发公共卫生事件应急条例》(2020年1月修订)等文件规定,在对信息系统定期进行风险评估基础上,对发现的重大问题和风险依据应急响应要求,进行及时治理,保障信息系统的安全性、可靠性、经济性。

四、计算机机房辅助系统控制

计算机机房辅助系统是保障各类硬件、系统软件、应用软件、数据资源正常健康安全运行的重要系统。《数据中心设计规范》(GB50174-2017)国家标准对机房辅助系统提出了具体要求,主要包含:土建装修工程、承重加固工程、供配电系统、空调通风排烟系统、消防报警灭火系统、电磁屏蔽、安全防范系统、运行环境监控系统、综合布线系统等。

（一）土建装修工程

机房土建装修包括机房基础结构的建设改造和机房内顶、墙、地的装修，主要有安装各种隔断、铺设抗静电活动地板、安装金属吊顶、墙面装饰、门窗安装等，为放置设备预留了足够的空间。

（二）承重加固工程

依据计算机机房承重的工作规则，主机房区域活荷载标准值8~10 Kn/m2，电池室活荷载标准值16 Kn/m2。低于该标准的应根据国家相关标准进行建筑抗震鉴定和承重加固。

依据《数据中心设计规范》（GB50174-2017）规定，改建的数据中心应根据荷载要求，按照《建筑抗震鉴定标准》（GB50023）的规定进行抗震鉴定。经抗震鉴定后需要进行抗震加固的建筑应根据现行国家标准《混凝土加固结构规范》（GB50367）、《建筑抗震加固技术规程》（JGJ116）和《混凝土结构后锚固技术规程》（JGJ145）的规定进行加固。当抗震设防类别为丙类的建筑改建为A级数据中心时，在使用荷载满足要求的条件下，建筑可不做加固处理。

（三）电磁屏蔽

屏蔽机房是以系统安全保密为目标的机房。屏蔽机房由屏蔽壳体、屏蔽门、电源滤波器、电话滤波器、信号滤波器、通风波导和截止波导管等组成，起到了物理防范和防止信息泄漏作用。同时通过门禁系统进行身份识别，防止非法进入，起到安全防范作用，确保信息系统安全。

（四）供配电系统

一个完善的计算机供配电系统是保证计算机设备、场地设备和辅助用电设备可靠运行的基本条件。依据《计算站场地通用规范》（GB/T2887-2011）和《数据中心设计规范》（GB50174-2017）中对机房建设要求，计算机房的配电负荷等级为一级。计算机机房的电力应分多级电力保证：双路市电互投 + 柴油发电机系统+智能UPS系统。数据中心应由专用配电变压器或专用回路供电；数据中心低压配电系统的接地型式宜采用TN系统；电子信息设备宜由不间断电源系统供电。

（五）空调通风排烟系统

计算机房内放置的都是重要的计算机设备，对环境要求很高，空调是解决计算机房环境的关键，计算机房要设立独立的空调系统，包括机房内的精密空调系统、商用空调系统、新风及消防排烟系统等。《计算站场地通用规范》（GB/T2887-2011）和《数据中心设计规范》（GB50174-2017）中对计算机机房室内设计参数提出了一系列标准。《数据中心设计规范》（GB50174-2017）提出，数据中心的空气调节系统设计应根据数据中心的等级，按本规范附录A的要求执行。除符合本规范的规定外，尚应符合现行国家标准《民用建筑供暖通风与空气调节设计规范》（GB50736）的有关规定；与其他功能用房共建于同一建筑内的数据中心，宜设置独立的空调系统，主机房与其他房间宜分别设置空调系统。

(六)消防报警灭火系统

消防系统由消防报警、消防灭火和消防联动控制组成。消防系统的设计安装应符合现行国家有关消防标准规范,根据平面规划设置符合要求的消防系统,最终设计及施工需符合当地有关消防部门的认可及验收,并提供有关文件。

机房无人区域(网络区、应用区、存储区、空调机房、UPS室、电池室等)采用气体自动灭火系统。辅助区域如监控操作中心、值班室等采用水喷淋自动灭火系统。

计算机房要设置自动火灾消防报警装置和自动火灾消防灭火装置,并配有消防联动控制系统,在发生火警时,火灾报警控制器自动切断火警区的非消防电源及空调新风系统的电源。自动火灾消防报警装置主要是感烟、感温探测器和控制装置,在火灾初发阶段及时发现并发出报警信号,提醒有关人员及时采取应急措施;自动火灾消防灭火装置采用气体灭火,有自动和手动两种控制方式,可在确认火灾报警后实行灭火。

(七)安全防范系统

计算机房作为大楼的核心区域,需要重点防护,在机房内和机房重要区域入口设置门禁、视频监控、防侵入报警、广播系统,并与集中监控系统实现联网。系统的目的是在机房区域结合视频监控和探测技术进行全方位防范,做到重点部位无死角,系统具备可靠、先进、迅速、隐蔽、周全的特点。计算机房的安全防范系统包括门禁控制系统、视频监控系统、防入侵报警系统等。

(八)运行环境监控系统

运行环境监控系统把机房所使用UPS、电池、专用空调、配电柜、漏水报警、新风机、防雷器运行状态和机房安全防范系统、公共广播、消防报警灭火纳入到一个管理平台,不间断工作,为机房的安全、可靠运行提供有力的保障。

(九)综合布线系统

机房的布线系统与办公的综合布线系统一致,按照审计内网、审计专网、互联网三网统一设计,在机房内建立一个方便、通畅的信息传输系统,保证信息系统的运行,保证机房与外界的联通。

五、政务云计算机机房控制

在政务云数据中心机房建设中,首先考虑的就是机房整体设备运行的可靠性原则以及稳定性原则。数据中心机房在使用中,如果发生系统瘫痪现象,会对地方政府各职能机构正常办公造成直接影响,所以在可靠性与稳定性上要求很高。政府数据中心机房在建设中要格外注重其安全性与保密性原则,政府各职能机构中的数据都是我国各地区政务活动的主要依据,所以在储存与交流过程中,对数据中心的安全性与保密性要求上特别严格。

数据中心机房在建设中,应注重有效结合当前先进的电子信息技术成果,使数据中心设备以及系统在先进性上得到保障,数据中心机房建设不是面子工程,在实用性上的要求也是对内部系统与设备先进性上的考验。数据中心机房建设中对可扩展性也要有效保证,地方政府各职能机构工作量大,所以产生的各部门数据信息量也很大,所以在建设中应考虑到这一点,在数据中心机房自身储存容量与运算容量达到饱和之前,可以根据实际状况进行有效扩展。地方政府数据中心机房建设中,最为重要的就是要保证政务系统一体化原则,只有做好这一点才能使各职能机构在数据信息处理上达到统一性,同时对不同职能机构在数据信息处理上有准确原则限制。

在政府数据中心机房建设中,首先应将数据中心整体结构进行有效设计,可以分管理系统、交换系统、安全系统和应用系统四大部分,在这四个系统结构基础上建立共享数据库、数据交流数据库与地方资源数据库,使地方政府在数据信息储存上达到统一储存。交换系统主要负责地方政府各职能机构之间的数据交换与共享,加强各职能机构间的数据流通便捷性。安全系统主要控制数据信息储存安全以及信息流通安全,确保政府数据在使用上有选择性地进行流通。管理系统主要是负责数据中心控制台工作,使数据信息在使用以及存储上受到有效监管。应用系统主要负责连接公共服务系统,使政府在进行公共信息采集上有专用渠道,同时也负责政府部分可共享信息的发布工作,同时也负责公共服务综合应用系统。

在地方政府数据中心机房建设中,应将机房总体划分成四个区域,电源设备与备用电源设备;储存设备与扩展设备;核心交换机与边缘交换机;监控设备与操作中心。机房四个区域之间隔断应选用防火材料,或者是用防火玻璃材质制作,在其中一个区域出现火险时保持其他区域的有效隔离。在机房总体供电系统选择上应选用 UPS 电池柜,确保机房在供电性能上保持优越性,在电源设备摆放位置上应选取建筑物承重墙位置,保证电源设备总体安全性。在储存设备与核心交换机主要机器设备区域要安装空调冷凝系统,确保核心设备在使用过程中减少因运行时间过长,设备自身与周边环境散热性差造成的设备事故以及安全事故。同时也要专注机房内部地板、天花板、日光灯、消防设备的安装,使地板与天花板承重力足够强,日光灯与消防设备安装位置不能对设备产生阻碍。在安装中要注意机房设备线路总体布局,减少线路繁杂现象发生,可以对地板进行架空处理,使线路在地板下有足够空间进行架设,同时也要注意地板架空后的承重性能。在机房安全系统建设上也应十分注重,在加强保安人员监管力度的同时,也应做好先进安保系统的建设,可以应用红外线设备进行安保系统构建。

地方政府数据中心机房在建设过程中,对机房建筑选择上要考虑其特殊性质,从安全、规模、位置三方面进行考虑,同时也要主动了解所处建筑物承重力如何,经过改建是否符合我国对数据中心机房的建设要求。在部分机房建筑选择上应尽量避免对民用住房的选择,政府内的原办公室位置也应避免选择,因为民用住房与办公室这两个位置应配有暖气设施以及供水设施,所以在改建过程中对这两方面处理不当会造成安全隐患发生。同时二者经过改造,无法将暖气设施与供水设施完全隔离出去,所以这为机房在使用时增加了很多安全隐患。在机房建筑装修选择上,首先应避免大肆铺张浪费行为发生,使其在具有高科技环境氛围的同时,内部空间构局合理以及装修简约大方是最好的选择,同时也尽量融入绿色环保因素。

在对房顶、地板、墙面、隔断、窗帘等装修物品选择上,应该考虑数据中心机房特殊性,在材质选择上应侧重选择防火、防静电、吸音、无眩光等方面,在达到我国对数据中心机房装修规定的同时,使其安全事故发生率降到最低,同时也要考虑其清洁是否方便。在地方政务数据中心机房建设过程中,在门窗选择上也要特别注意,房门在选择上应该选择防火门,在安全性上也要达到最高标准。窗户在选择上应注重隔音与保温性,同时在玻璃材质选择上采用真空玻璃,使其在整体性能得到保持基础上,不会对照明系统的光线造成影响。机房配电设备选择上主要选用 UPS 设备,由 UPS 设备对核心设备进行供电工作,同时在 UPS 设备选择上也要注重其可扩展性,因为随着政府部门不断发展,机房内的设备也会随之不断增加,所以应做好为新的核心设备供电的准备。当前政府部门在建设中应选用最新的 UPS 设备,使供电设备可以与最先进的核心设备有效地结合到一起。

在政府数据中心机房建设中,精密空调冷凝系统的建设是十分重要的,同时也是机房内核心设备可持续运行的基础。由于数据中心机房内设备是在半封闭环境下运行,所以在运行中会产生大量的热量,精密空调冷凝系统不仅可以将热量有效散发出去,还可对机房内定时输出经过处理的新风。所以在精密空调冷凝系统布局上要根据设备的位置进行设计,有效利用室内结构进行合理布局,使设备在运行中得到有效保障。机房内接地系统对所有设备的影响是最大的,它可以有效预防静电与冲击电流对设备产生的影响,使机房内设备与供电设备在运行中得到有效保障。消防系统在建设中应运用温度探测系统、烟雾探测系统,使机房在消防预警设备使用中选用最先进设备,同时也要讲这两个设备与监控室连接,可以使火险信息以最快速度传递出去。机柜在摆放过程中应考虑线路架设、通风散热以及温度调节等因素,根据这几项的影响与周边环境进行安装。

六、机房系统控制审计

机房系统控制审计重点关注机房系统对于业务需求的符合性,机房系统控制对于系统运行的可靠性、安全性、经济性。

(一)机房设施控制审计

1. 机房设施控制可靠性审计要点

机房设施控制可靠性审计的重点关注:一是检查机房功能布局是否满足系统设计目标和应用系统需求,检查机房功能布局是否满足一定时期应用系统增长性的需要;二是检查承重布局是否符合机房场站有关标准和实际需要,对摆放基础和重点设备的区域(电池间、资料室、存储处理设备摆放区域)的承重指标是否符合标准和实际承重的要求,是否在密集摆放设备区域,采取措施对机房楼面均布活荷载值进行协调统一,以提高机房的承重应变能力;三是检查机房功能布局冗余空间是否能够满足维修维护和应急处理事项需要,是否满足信息资源保护需要,特别是是否为涉密系统资源划分了特殊的保护区域,设置屏蔽机房或屏蔽机柜,以满足物理隔离管理的需要;四是检查综合布线通路的空间,包括地板下、天花板上桥架和隐藏管线的空间容量是否满足综合布线性能要求;五是检查水平布线与垂直布线是否设置分离于主机房的设备间或通信室,这些设备间或通信室是否满足可靠性性能要求;六是检查上述各项审计要求,在系统设计与建设期间与系统实际投入运行后是否发生变化,并评估这些变化对机房设施可靠性的影响;七是检查机房地板是否是防静电产品或进行防静电处理,各设备是否有效接地,是否存在对地绝缘的孤立导体;八是检查机房照明照度是否满足不同区域照明规范的要求,是否存在人员工作面上的反射眩光和作业面上的光幕反射。

所需资料:计算机机房系统设计文件、计算机机房系统及综合布线配置文件、建筑物承重分布图纸、施工监理材料、变更记录、机房设施使用记录等。

审计方法:通过系统调查方法、资料审查方法、专家评估法和现场盘查法,审查重点关注的可靠性事项。对承重接近临界指标的正在使用的机房设施的承重情况,可以通过观察机房下一层天花板上楼面是否存在变形等情况进行初步判断。对于布线饱合度,可在关键路由垂直与水平布线汇聚处,现场盘查布线饱合情况。

2. 机房设施控制安全性审计要点

机房设施控制安全性审计的重点关注:一是检查机房选址是否符合物理安全需求,机房选址应按照机房建设等级及场地安全要求等标准规定,避开强电磁干扰、强振动源、强噪音源、火灾危险程度高、重盐害、有害气体来源,以及存放腐蚀、易燃、易爆品的地方,应避免设置于地下室或建筑物高层以及用水设备下层或隔层。存储信息较为敏感的情况,应置于安全区域。二是检查机房设施防物理入侵的情况,重点检查机房各出入口控制,检查分离于主机房的设备间或通信室是否存在缺乏安全控制的情况,检查是否存在将高密级存储处理区布设于低密级存储处理区必须经过的路径上且未进行物理访问控制。三是检查是否建立机房设施安全管理制度,并有效执行,安全管理制度中是否包括灾害应急处置预案,检查灾害应急处置预案的科学性与可行性。四是检查其他涉及安全的防火、防盗、防雷击、防电击、防人身伤害措施是否设计与实施到位,重点查检设置了屏蔽机房的房间新风系统是否有效工作,配备气体灭火设施区域是否有应急呼吸支持设备等,能否满足特定情况下的人身安全需要。

(二)机房辅助设施控制审计

1. 供电系统控制审计要点

供电系统控制审计的重点关注:一是检查是否采取了分类独立供电设计,将供给计算机和网络通信设备的电路,与供给防雷、空调新风、监控与门禁、消防系统等系统的供电分路供给,并在供给计算机和网络通信设备、应急照明等的电源提供不间断电源设备;二是供配电系统应设置滤波整形等必要的电源质量控制措施;三是供电容量应充分考虑辅助系统用电需求;四是检查在供配电系统中,是否考虑计算机系统有扩散、升级等可能性,并预留备用容量;五是检查防静电、接地系统的设计、实施的有效性。

供电管理控制审计的重点关注:一是检查供配电系统的维护空间是否满足人员防触电要求,以保证人身安全;二是检查供配电系统中是否设置防雷、防浪涌等措施,确保设备安全;三是检查供配电系统线路质量,尤其是线路密集区域散热情况,关注可能因线路热量集聚而产生的火灾风险;四是当不得不采用架空进线时,在低压架空电源进线处或专用电力变压器低压配电母线处,是否装设低压避雷器;五是检查系统是否满足业务部署电力需求量要求,是否存在需求瓶颈。

2. 空调新风审计要点

空调新风审计的重点关注:一是检查机房及各设备工作区域,根据设备对空调的要求、设备本身的冷却方式、设备布置密度、设备发热量以及房间温湿度、室内风速、防尘、消声等要求合理设置空气调节装置,其功率是否满足总体冷量需求;二是对人员活动区域,是否设置新风系统,其新风量是否满足人员活动需求;三是对特定等级标准的机房,应设置符合网络系统对温度、湿度以及对正压通风的要求的特殊控制;四是是否合理设置空气过滤器,满足机房防尘需求。

3. 消防系统审计要点

消防系统审计的重点关注:一是检查网络机房各区域是否合理设置火灾自动报警并符合相

关规范;二是检查网络主机房、基本工作间是否按规范设置气体灭火系统;三是关注气体灭火系统及火灾探测器的网络机房,其吊顶的上、下及活动地板下,是否均设置探测器和喷嘴;四是报警系统和自动灭火系统是否与空调、通风系统联锁;五是检查机房内的电源切断开关是否设置于工作人员的操作位置或主要出入口;六是检查主机房出口是否设置向疏散方向开启且能自动关闭的两个以上的疏散门,是否保证疏散门在任何情况下都能从机房内打开,走廊、楼梯间应畅通并有明显的疏散指示标志;七是检查非问题网络机房内存放记录介质是否采用金属柜或其他能防火的容器;八是检查是否设置应急照明系统,并在特殊情况下应急照明系统自动启动。

4. 安防系统审计要点

安防系统审计的重点关注:一是检查是否按规范设置入侵报警系统、视频安防监控系统、出入口控制系统;二是检查门禁系统是否能够按机房功能分区中对敏感信息保护的区别等级,分层次设置权限并独立授权;三是视频安防监控系统是否可以通过配置摄像机和控制台动态监控机房情况,并有效避免秘密信息通过视频安防监控泄露;四是入侵报警系统是否覆盖所有入口和敏感信息控制区域;五是关注入侵报警系统、视频安防监控系统、出入口控制系统等设备的线路是否存在无线发射功能,其无线发射功能是否引入新的信息泄露风险。

(三)机房设施控制常见问题

计算机机房及其辅助设施控制中常见问题,一是在各类系统设计、施工和运行管理中是否满足应用系统对于可靠性、安全性的需要,重点关注有关强制性规范标准设定时间迟于机房及辅助设施建设时间时,是否按强制标准要求及时跟踪改进;二是关注是否针对计算机机房及其辅助设施的使用与运行管理,建立了相关制度,以及相关制度是否得到有效执行,是否建立了确保制度执行的跟踪检查制度,并完善相关检查记录,并关注这些记录是否真实有效;三是关注计算机机房及其辅助设施控制是否履行相关信息系统分级保护、等级保护的特殊要求;四是关注各类辅助系统是否引入敏感信息泄露的新增风险。

本节思考题

1. 计算机机房系统有哪些组成部分? 计算机机房建设的重点是什么?

2. 从功能布局上看,计算机机房应当有哪些功能区域,它们的作用分别是什么?

3. 我国电子政务信息化建设中,对计算机机房建设有哪些规定和建设要求?

4. 我国电子政务云建设中,为适应云计算环境下的政务应用,机房系统功能控制有哪些具体要求?

5. 国家电子政务网络建设中,机房系统的性能有哪些指标要求? 如何达到这些要求?

6. 对电子政务机房系统控制审计的程序与方法有哪些? 开展机房系统控制审计的技术有哪些,应当如何运用?

7. 电子政务机房系统控制审计有哪些常见的问题? 对其进行审计评价应当关注哪些方面?

第五章 安全控制审计

安全控制审计包括网络安全控制审计、等级保护控制审计、风险评估控制审计、应急预案控制审计等四个部分。

第一节 网络安全控制审计

网络安全控制是信息系统建设、运维单位为保障项目网络安全的符合性和有效性,按照国家和行业的规章制度和标准规范,加强网络安全控制,使信息系统项目具有良好的安全性。

网络安全控制审计是信息系统审计服务单位按照国家和行业的规章制度和标准规范,对项目的广义和狭义网络安全控制的符合性和有效性进行检查监督,提出审计意见和建议,保障项目网络安全控制具有符合性和有效性,有效发挥信息系统项目网络安全控制作用。

一、网络安全就是国家安全控制

(一)网络安全就是国家安全控制

随着计算机和网络技术的快速发展,特别是互联网技术的迅猛发展,人类开始进入信息时代。与此同时,因其网络产生之初所固有的软硬件缺陷、开放体系结构及管理上的疏漏等因素,相伴而生的安全问题始终存在。但是,以往的网络安全多属技术层面,影响范围限于网络之内,属局部安全问题。如今,网络运用已深入人们社会生活和生产的各个领域,并对国家政治、经济、文化、社会、军事等领域产生广泛而深刻的影响。中国是网络大国,随着国家信息化进程的全面快速发展,网络安全问题愈加凸显,网络安全再也不是网络领域自身的事情,而是关乎到国家政治安全、主权安全、军事安全、信息安全、经济安全、金融安全、贸易安全、科技安全和社会安全等方方面面,已经上升为影响国家安全、制约诸领域发展的重大战略问题,成为国家安全的重要内容。

习近平总书记指出"没有网络安全就没有国家安全,就没有经济社会稳定运行,广大人民群众利益也难以得到保障",强调"网络安全和信息化是事关国家安全和国家发展、事关广大人民群众工作生活的重大战略问题,要从国际国内大势出发,总体布局,统筹各方,创新发展,努力把我国建设成为网络强国"。要求提高网络综合治理能力,形成党委领导、政府管理、企业履责、社会监督、网民自律等多主体参与,经济、法律、技术等多种手段相结合的综合治网格局。各单位、各部门都要按照习近平总书记的要求,落实网络安全责任,建立健全网络安全保障体系,加强信息基础设施网络安全防护,加强网络安全事件应急指挥能力建设,构筑网络安全长城。

(二)网络安全国家法律保障控制

《网络安全法》是我国全面规范网络空间安全管理方面的基础性法律,是落实国家总体安全观、维护国家网络主权、保障网络安全、依法治网、化解网络风险、护航"互联网+"的法律重器,是让互联网在法治轨道上健康运行的重要保障。

《网络安全法》共有7章79条,为网络参与者提供如下普遍法律准则和依据。

(1)明确网络空间主权的原则。该法的适应范围是在中华人民共和国境内建设、运营、维护和使用网络,以及网络安全的监督管理,这是我国网络空间主权对内最高管辖权的具体体现。

(2)明确网络产品和服务提供者的安全义务。包括:网络产品、服务应当符合相关国家标准的强制性要求;不得设置恶意程序;发现安全缺陷、漏洞等风险时,应立即采取补救措施,及时告知用户并向有关主管部门报告;持续提供安全维护服务;强化网络关键设备和网络安全专用产品的安全认证和安全检测制度等。

(3)明确网络运营者的安全义务。网络运营者必须遵守法律、行政法规,尊重社会公德,遵守商业道德,诚实信用,接受政府和社会的监督,承担社会责任。要求网络运营者按照网络安全等级保护制度的规定,采取相应的管理措施和技术防范措施,保障网络免受干扰、破坏或者未经授权的访问,防止网络数据泄露或被窃取、篡改。制定网络安全事件应急预案,及时处置各类安全风险。网络运营者应当为公安机关、国家安全机关依法维护国家安全和侦查犯罪的活动提供技术支持和协助,配合网信部门和有关部门依法实施的监督检查。

(4)强化个人信息保护。网上个人信息泄露问题十分突出,数据被第三方插件滥用的情况十分严重,侵犯公民个人信息的违法犯罪行为日益猖獗,给人们日常生活带来极大干扰,造成财产损失,甚至危及人身安全。为了保护公民个人信息安全,防止个人信息被窃取、泄露和非法使用,《网络安全法》做出专门规定,明确网络产品服务提供者、运营者的责任:一是网络运营者收集、使用个人信息必须符合合法、正当、必要原则,不得收集与其提供的服务无关的个人信息,不得违反法律法规规定和双方约定使用个人信息。二是网络运营者收集、使用公民个人信息的目的明确原则和知情同意原则,网络产品、服务具有收集用户信息功能的,其提供者应当向用户明示并取得同意。三是网络运营者不得泄露、篡改、毁损其收集的个人信息,应当对其收集的用户信息严格保密,并采取技术措施和其他必要措施,建立健全用户信息保护制度。当发生或者可能发生个人信息泄露、毁损、丢失的情况时,应当立即采取补救措施,按照规定及时告知用户并向有关主管部门报告。未经被收集者同意,不得向他人提供个人信息。任何个人和组织不得窃取或者以其他非法方式获取个人信息,不得非法出售或者非法向他人提供个人信息。严厉打击出售贩卖个人信息的行为。十三届全国人民代表大会常务委员会于2021年8月20日通过的《中华人民共和国个人信息保护法》,全文八章七十四条,使用了74个"应当"("应当"等同于"必须",是一种强制性、义务性规定)和15个"必须",进一步强调处理个人信息应遵循合法正当诚信、个人权益影响最小、公开透明和准确完整原则,对自动化决策(大数据杀熟)、图像采集(人脸识别)、敏感个人信息等个人信息处理规则也作出有针对性的规范,对个人信息跨境提供从严监管,规定个人信息处理者要承担个人信息分类管理、安全技术保护、专人负责、合规审计、风险评估、信息泄露及时补救等几十项义务,加大对侵犯个人信息行为的惩处力度。

(5)严格防范打击网络诈骗。网络诈骗多发,犯罪手法隐蔽难查,给人民群众造成巨大财产损失,已经成为社会公害,严重影响社会和谐稳定。在互联网、大数据时代,"网站和通信群组"以及"利用网络发布与实施诈骗"是实施网络诈骗的两个主要"终端",为此,《网络安全法》增加了惩治网络诈骗等新型网络违法犯罪活动的两项禁止性规定:一是任何个人和组织不得设立用于实施诈骗,传授犯罪方法,制作或者销售违禁物品、管制物品等违法犯罪活动的网站、通信群组。二是不得利用网络发布与实施诈骗,制作或者销售违禁物品、管制物品以及其他违法犯罪活动的信息。任何个人和组织发送的电子信息、提供的应用软件,不得设置恶意程序,不得含有法律、行政法规禁止发布或者传输的信息。电子信息发送服务提供者和应用软件下载服务提供者,应当履行安全管理义务,对违规用户应当停止提供服务,采取消除等处置措施,保存有关记录,并向有关主管部门报告。该法还从强化网络实名制的角度做出规范:网络运营者为用户办理网络接入、域名注册服务,办理固定电话、移动电话等入网手续,或者为用户提供信息发布、即时通信等服务,在与用户签订协议或者确认提供服务时,应当要求用户提供真实身份信息。用户不提供真实身份信息的,网络运营者不得为其提供相关服务。

(6)建立关键信息基础设施安全保护制度。关键信息基础设施是指那些一旦遭到破坏、丧失功能或者数据泄露,可能严重危害国家安全、国计民生、公共利益的系统和设施。金融、能源、电力、通信、交通等领域的关键信息基础设施,是经济社会运转的神经中枢,是网络安全的重中之重。保障关键信息基础设施的安全,不仅是保护经济安全、社会安全和公共安全,更是维护国家网络空间主权和国家安全。《网络安全法》第三章用了近三分之一的篇幅规范网络运行安全,特别强调在网络安全等级保护制度的基础上,国家对公共通信和信息服务、能源、交通、水利、金融、公共服务、电子政务等重要行业和领域的关键信息基础设施实行重点保护,明确关键信息基础设施的运营者负有更多的安全保护义务,并配以国家安全审查、重要数据强制本地存储等法律措施,确立关键信息基础设施重要数据跨境传输的规则,确保关键信息基础设施的运行安全。2021年7月发布的国务院第745号令《关键信息基础设施安全保护条例》,进一步明确了关键信息基础设施范围和保护工作的原则目标、监督管理体制、认定机制、运营者的责任义务、保障和促进措施和各方面的法律责任。要求运营者从五个方面全面落实安全保护的主体责任,即:建立健全网络安全保护制度和责任制,实行一把手负责制,保障人力、财力、物力的投入;设置专门的安全管理机构参与网络安全和信息化的决策,履行该条例规定的8项工作职责;开展网络安全检测和风险评估,及时整改;建立并落实网络安全事件和网络安全威胁的报告制度;优先采购安全可信的网络产品和服务,按照规定申报网络安全审查。落实好"谁主管、谁负责"的原则,压实各方面的责任。

(7)强化预警和应急措施。《网络安全法》第五章将监测预警与应急处置工作制度化、法制化,明确国家层面建立网络安全监测预警和信息通报制度。要求负责关键信息基础设施安全保护工作的部门,建立健全本行业、本领域的网络安全监测预警和信息通报制度,按照规定报送网络安全监测预警信息,在行业层面建立信息通报制度。在国家和行业层面建立网络安全风险评估和应急工作机制,制定网络安全事件应急预案并定期演练。规定了当网络安全风险增大时,省级以上政府和有关部门承担的义务和责任。明确了发生网络安全事件时,有关部门需要采取的措施。特别规定:因维护国家安全和社会公共秩序,处置重大突发社会安全事件的需要,经国务院决定或者批准,可以在特定区域对网络通信采取通信管制等临时措施。

(8)明确政府各部门的职责权限,完善了网络安全监管体制。将现行有效的网络安全监管体制法制化,明确了网信部门与其他相关网络监管部门的职责分工:国家网信部门负责统筹协调网络安全工作和相关监督管理工作,国务院电信主管部门、公安部门和其他有关机关依法在各自职责范围内负责网络安全保护和监督管理工作。

（三）数据安全保护法律保障控制

随着经济数字化、政府数字化、企业数字化的建设，数据已经成为我国政府和企业的核心资产，而"大物云智移"等新技术的全场景、大规模的数据应用，数据安全面临更加严峻的威胁。数据安全是国家安全的重要组成部分。

对于数据安全，《网络安全法》《数据安全法》均有相应的法律规定。

《网络安全法》对于数据的保护，包括个人信息保护、用户信息保护、商业秘密保护和网络安全等级保护制度、关键信息基础设施数据保护、数据本地化等法律规制。依照《网络安全法》中的定义，"个人信息"是指以电子或者其他方式记录的能够单独或者与其他信息结合识别自然人个人身份的各种信息，包括但不限于自然人的姓名、出生日期、身份证件号码、个人生物识别信息、住址、电话号码等。个人信息必须具备身份的识别性，即使某信息不能单独识别个人身份，但如果其与其他信息结合，具备识别个人身份的功能，仍然构成个人信息。"用户信息"是在用户使用产品或服务过程中被收集到的信息，包括IP地址、用户名和密码、用户身份、上网时间、Cookie信息等。如果用户信息具备身份识别的功能，则构成用户的个人信息。"数据"包括受知识产权保护的软件代码、加密算法、商业计划和商业秘密等。《网络安全法》除了要求对这些个人信息、用户信息和商业秘密保护外，还规定：

（1）网络运营者应当执行网络安全等级保护制度，制定内部安全管理制度和操作规程，确定网络安全负责人，落实网络安全保护责任，防止网络数据泄露或者被窃取、篡改；采取监测、记录网络运行状态、网络安全事件的技术措施，并按照规定留存相关的网络日志不少于六个月；采取数据分类、重要数据备份和加密等措施。

（2）关键信息基础设施的运营者应当履行对重要系统和数据库进行容灾备份的安全保护义务。

（3）数据本地化。关键信息基础设施的运营者在中国境内运营中收集和产生的个人信息和重要数据应当在境内存储。因业务需要，确需向境外提供的，应当按照国家网信部门会同国务院有关部门制定的办法进行安全评估。这是与数据主权有关的规定。数据主权是指主权国家通过制定法律或规则限制本国数据向境外流动。任何本国或外国公司在采集和存储与个人信息和关键领域相关数据时，必须使用主权国家境内的服务器。如果没有数据主权的保护和跨境流动的法律机制，不仅可能直接影响个人隐私和自由，亦可危及国家经济运行和国家安全。数据本地化包括个人信息和重要数据。

（4）任何个人和组织不得从事非法侵入他人网络、干扰他人网络正常功能、窃取网络数据等危害网络安全的活动；不得提供专门用于从事侵入网络、干扰网络正常功能及防护措施、窃取网络数据等危害网络安全活动的程序、工具。

为了规范数据处理活动，保障数据安全，促进数据开发利用，保护个人、组织的合法权益，维护国家主权、安全和发展利益，2021年6月10日，第十三届全国人民代表大会常务委员会第二十九次会议通过《数据安全法》。《数据安全法》共7章55条，其要点是以数据开发利用和产业发展促进数据安全，深化数据安全体制建设，强化数据安全监管制约，深度覆盖全场景数据安全评估与防护要求，加大政务数据开放共享中的安全机制，加大违法处罚力度。

《数据安全法》扩大了数据保护范围，该法律所称数据，是指任何以电子或者其他方式对信息的记录，包括电子数据和非电子形式的数据，这点比《网络安全法》中的数据范围有所扩大。该法定义的数据处理包括数据收集、存储、使用、加工、传输、提供、公开等。数据安全是指通过采取必要措施,确保数据处于有效保护和合法利用的状态,以及具备保障持续安全状态的能力。同时要求"维护数据安全,应当坚持总体国家安全观,建立健全数据安全治理体系,提高数据安全保障能力"。各地区、各部门对本地区、本部门工作中收集和产生的数据及数据安全负责。工业、电信、交通、金融、自然资源、卫生健康、教育、科技等主管部门承担本行业、本领域数据安全监管职责。

《数据安全法》在数据安全制度方面,指出"国家建立数据分类分级保护制度","关系国家安全、国民经济命脉、重要民生、重大公共利益等数据属于国家核心数据,实行更加严格的管理制度","各地区、各部门应当按照数据分类分级保护制度,确定本地区、本部门以及相关行业、领域的重要数据具体目录,对列入目录的数据进行重点保护","国家对与维护国家安全和利益、履行国际义务相关的属于管制物项的数据依法实施出口管制"。

《数据安全法》在数据安全义务方面,要求"开展数据处理活动应当依照法律、法规的规定,建立健全全流程数据安全管理制度,组织开展数据安全教育培训,采取相应的技术措施和其他必要措施,保障数据安全。利用互联网等信息网络开展数据处理活动,应当在网络安全等级保护制度的基础上,履行数据安全保护义务。重要数据的处理者应当明确数据安全负责人和管理机构,落实数据安全保护责任"。"重要数据的处理者应当按照规定对其数据处理活动定期开展风险评估,并向有关主管部门报送风险评估报告"。"任何组织、个人收集数据,应当采取合法、正当的方式,不得窃取或者以其他非法方式获取数据"。"国家机关为履行法定职责的需要收集、使用数据,应当在其履行法定职责的范围内依照法律、行政法规规定的条件和程序进行;对在履行职责中知悉的个人隐私、个人信息、商业秘密、保密商务信息等数据应当依法予以保密,不得泄露或者非法向他人提供。国家机关应当依照法律、行政法规的规定,建立健全数据安全管理制度,落实数据安全保护责任,保障政务数据安全。国家机关委托他人建设、维护电子政务系统,存储、加工政务数据,应当经过严格的批准程序,并应当监督受托方履行相应的数据安全保护义务。受托方应当依照法律、法规的规定和合同约定履行数据安全保护义务,不得擅自留存、使用、泄露或者向他人提供政务数据"。法律法规授权的具有管理公共事务职能的组织为履行法定职责开展数据处理活动,适用上述规定。

《数据安全法》第二十四条规定"国家建立数据安全审查制度,对影响或者可能影响国家安全的数据处理活动进行国家安全审查"。与之衔接,国家互联网信息办公室、国家发展改革委、工信部、公安部、国家安全部、财政部、商务部、中国人民银行、国家市场监督管理总局、国家广播电视总局、国家保密局、国家密码管理局联合制定并于2020年6月1日起实施《网络安全审查办法》,办法共22条,系统规定了网络安全审查的适用范围、审查原则、主管部门、申报审查材料、审查程序、审查内容、法律责任等。其中第五条规定:运营者采购网络产品和服务的,应当预判该产品和服务投入使用后可能带来的国家安全风险。影响或者可能影响国家安全的,应当向网络安全审查办公室申报网络安全审查。第六条规定:对于申报网络安全审查的采购活动,运营者应通过采购文件、协议等要求产品和服务提供者配合网络安全审查,包括承诺不利用提供产品和服务的便利条件非法获取用户数据、非法控制和操纵用户设备,无正当理由不中断产品供应或必要的技术支持服务等。办法所称网络产品和服务主要指核心网络设备、高性能计算机和服务器、大容量存储设备、大型数据库和应用软件、网络安全设备、云计算服务,以及其他对关键信息基础设施安全有重要影响的网络产品和服务。

为了保障网络信息安全,《网络安全法》规定了详尽的法律责任,第五十九条至第七十五条共16条,大致规定了14种惩罚手段,分别是约谈、断网、改正、警告、罚款、暂停相关业务、停业整顿、关闭网站、吊销相关业务许可证、吊销营业执照、拘留、职业禁入、民事责任、刑事责任。例如:

第五十九条   网络运营者不履行本法第二十一条(等级保护义务)和第二十五条(制定网络安全事件应急预案,及时处置安全风险)规定的网络安全保护义务的,由有关主管部门责令改正,给予警告;拒不改正或者导致危害网络安全等后果的,处一万元以上十万元以下罚款,对直接负责的主管人员处五千元以上五万元以下罚款。

…………

第六十二条   违反本法第二十六条规定,开展网络安全认证、检测、风险评估等活动,或者向社会发布系统漏洞、计算机病毒、网络攻击、网络侵入等网络安全信息不遵守国家有关规定的,由有关主管部门责令改正,给予警告;拒不改正或者情节严重的,处一万元以上十万元以下罚款,并可以由有关主管部门责令暂停相关业务、停业整顿、关闭网站、吊销相关业务许可证或者吊销营业执照,对直接负责的主管人员和其他直接责任人员处五千元以上五万元以下罚款。

…………

第七十四条   违反本法规定,给他人造成损害的,依法承担民事责任。违反本法规定,构成违反治安管理行为的,依法给予治安管理处罚;构成犯罪的,依法追究刑事责任。

…………

这些惩罚措施,对网络运营者,根据违法行为的情形,主要的法律责任承担形式包括:责令改正、警告、罚款,责令暂停相关业务、停业整顿、关闭网站、吊销相关业务许可证或者吊销营业执照,对直接负责的主管人员进行罚款等。如果被罚款对象是单位,范围为最低1万,最高100万。如果被罚款对象是个人,范围最低5000元,最高10万元。除了行政处罚外,网络运营者如因违反《网络安全法》的行为给他人造成损失的,该行为具有民事上的可诉性,网络运营者应当承担相应的民事责任。我国《刑法修正案(九)》中规定有"拒不履行信息网络安全管理义务罪",例如,如果由于不履行《网络安全法》规定的网络安全等级保护和关键信息基础设施保护等义务而导致严重后果的,可能会受到刑事的追诉,从而承担"拒不履行信息网络安全管理义务罪"的后果。

《数据安全法》对数据安全违法行为加大了违法处罚力度,例如,"不履行规定保护义务的,给予单位5万至50万元罚款,给予负责人1万至10万元罚款;拒不改正或造成大量数据泄漏等严重后果的,给予单位50万至200万元罚款,最高责令吊销相关业务许可证或者吊销营业执照,给予负责人5万至20万元罚款"。"危害国家安全和损害合法权益的,给予200万至1000万元罚款,责令停业整顿、吊销相关业务许可证或者吊销营业执照,构成犯罪的,追究刑事责任"。"未经审批向境外提供组织数据的,由有关主管部门给予警告,可以并处10万至100万元罚款,对直接负责的主管人员和其他直接责任人员可以处1万至10万元罚款。造成严重后果的,给予100万至500万元罚款,责令停业整顿、吊销相关业务许可证或者吊销营业执照,对负责人给予5万至500万元罚款"。"国家机关不履行安全保护义务的,对负责人和直接责任人员依法处分。"等等。

二、正确处理安全和发展的控制

虽然网络安全威胁和风险日趋突出,但网络在促进世界各国创新及快速变革的同时,也对人类社会的进步和发展产生越来越重要和深远的影响,信息化网络已经成为世界各国和地区经济和社会发展的重要推动力量,各国信息化网络建设水平的高低也就成为现今衡量国家综合实力的一个重要标准。习近平总书记指出"安全是发展的前提,发展是安全的保障,安全和发展要同步推进。网络安全和信息化是一体之两翼、驱动之双轮"。网络安全与信息化发展并重是《网络安全法》的原则之一,《网络安全法》第三条明确规定,国家坚持网络安全与信息化并重,遵循积极利用、科学发展、依法管理、确保安全的方针;既要推进网络基础设施建设,鼓励网络技术创新和应用,又要建立健全网络安全保障体系,提高网络安全保护能力,做到"双轮驱动、两翼齐飞"。《数据安全法》的发展原则是"国家统筹发展和安全,坚持保障数据安全与促进数据开发利用并重"。

落实《网络安全法》《数据安全法》精神,就要树立"网络安全的整体性,需要统筹规划、总体布局;网络安全的动态性,需要动态综合防护、主动持续保障,网络安全的开放性,需要开放合作、协同创新;网络安全是相对的,需要问题导向、风险管理、平衡驾驭"等正确的网络安全观,一方面要积极应对威胁,有效防范风险。另一方面要同步推进安全和发展。要实现高质量高速度的健康发展,安全是题中之义。如果盲目追求发展,对安全隐患心存侥幸,则可能欲速不达,因为安全危险而贻误发展机会。

正确处理安全和发展的控制,一是需在信息系统规划、设计、建设、运维中,坚持网络安全与信息化发展并重原则,既有建设发展、推广应用的设计,也有安全系统设计和安全保障措施。二是加强网络安全人才培养和宣传教育。网络空间竞争归根结底是人才的竞争。要加大网络安全人才培养工作力度,重点培养实战性网络安全人才,着力培养急需的网络安全人才,支持社会化网络安全人才培养模式,努力形成人才培养、技术创新、产业发展、应用开发、运行维护的良性生态链。同时,要大力开展网络安全宣传教育和意识培养,提升政府工作人员和广大群众的网络安全意识和防护技能,网络能不能安全,重点在物,关键在人,没有人的网络安全自觉,网络安全的屏障就不牢固。三是立足开放环境维护网络安全。我国网络安全技术能力仍然不足,核心技术受制于人,应对网络安全威胁的能力相对较弱。所以,维护网络安全要立足全球视野和开放的心态,正确处理开放和安全的关系,加强全方位的国际交流和合作,对世界先进技术和产品进行吸收、集成、创新,打造自主可控的核心技术生态,充分利用全球资源,共同构建和平、安全、开放、合作的网络空间,携手共建网络空间命运共同体。

三、网络引导社会舆论控制

舆论是集合性的公众意见。互联网为公众提供了便捷、高效的交流通道,成为各类思想、文化交锋与汇集的平台,扮演了汇聚民智、表达民意的作用角色,也为舆论的生成和发展提供了最大的可能。但是,由于网络的隐匿性,网友的情绪化,网络舆论在表达中存在着种种问题,有些问题被误读,有些意见被忽视,无论是误读还是忽视,都不利于对网络舆论的引导。面对庞大的网民数量、网络舆论发展的新态势,需科学认识和运用网络传播规律,做好网络舆论引导工作。

(一)网络引导社会舆论控制

做好网络舆论引导工作,必须坚持正确舆论导向,推进网络信息传播法治化进程,强化网络信息安全管理,提高信息公开水平,推进网上宣传理念、内容、形式、方法、手段等创新,压实互联网企业的主体责任,加强互联网行业自律。与此同时,还需调动网民积极性,唱响网络时代"好声音",动员各方面力量参与治理,全面做好网络舆论宣传教育工作,提高网络舆论引导水平。

1. 主流舆论占领网络阵地

坚持团结稳定、正面宣传为主,这是做好网络舆论管理工作的基本方针和科学方法。一是全面掌握主流媒体"影响力",充分发挥权威网站、官方发布等示范标杆作用,抓好重点网站的规划与建设,发挥其权威性效能,整合媒体资源力量,壮大主流舆论阵地。二是全面弘扬主旋律,传播社会发展正能量,做好正面宣传,提高主流舆论影响力。三是不断加强网络技术力量,全面推进大数据战略,管好各类论坛和微信、微博等网络平台,占领网络舆论制高点。

2. 依法管网用网

互联网不是法外之地,需以法律为准绳,加强对互联网内容信息管理。善用法律思维来规范网络,用《网络安全法》《网络信息内容生态治理规定》等法律法规来规范网络,治理网络空间,维护公民的合法权益,实现依法管网、用网,实现网络治理规范常态化。

3. 强化网络信息安全管理

做好网上舆论工作是一项长期任务,各单位要善于从互联网发展的规律与走向出发,加强网络治理的顶层设计,厘清工作机制,完善监管体制,创新治理模式。一是要成立网络管理工作领导机构,加强部门之间的协调统筹,提升管理工作效能。二是完善网络管理工作制度,夯实网络舆情保障机制,建立网络舆情事前预警机制,做好舆情信息监测、报告、应急和监管等机制;建立网络舆情事中处置流程,完善舆情应对处置、新闻发布机制,实时关注舆情信息,及时澄清虚假信息或不完整信息,消除社会疑虑,把握好网上舆论引导的时度效;建立事后应对保障机制,落实责任追究、教育培训等,实现网络舆论应对的规范化与制度化。

4. 全面提高信息公开水平

面对网络中出现的负面舆论,要坚持信息公开,及时化解舆论危机。一是全面推进政务公开。政务公开的目的是保障社会公众对政府工作享有的知情权与监督权。政府管理部门既要加强危机意识,对网络舆论保持警醒,也要全面推进政务信息公开,尤其是涉及广大人民群众利益的信息和突发事件,应及时予以披露,既是保障公众知情权,让人民群众参与到社会治理之中,也是主动接受人民群众的监督,实现权力的阳光运作。二是及时公布信息,回应合理诉求。处置网络舆论时,要通过多方渠道全面掌握舆论真相,以诚恳担当的态度,主动面对,正面回答,权威发布,及时公布事件真相和处置进展情况,做好有效沟通,不让矛盾激化,赢得信任,掌控舆论的主导权。

5. 充分落实网络平台主体责任

网络相关主体要自我约束,提高法治意识,接受社会监督。

6. 全民治网

全面做好网络舆论宣传教育工作。一是打造社会主义核心价值观引领的网络阵地,将其融入到网络舆情引导上,贯穿到舆情管控中,传播正能量,唱响主旋律,建立良性舆论发展态势。二是开展形式多样的网络文明活动。全面发挥道德教化效能,将德治与法治治理网络相结合,引导网民自觉遵守国家法律法规,自觉抵制监督网络失范行为,抵制虚假舆论信息,摒弃网络语言暴力,建立和谐舆论环境。三是注意善于正面发挥网络舆论意见领袖的作用,发挥意见领袖对舆论的正面宣传引导效能,扩大网络舆论受众规模,为做好网络舆论引导与管控工作提供支持。

(二)网络引导社会舆论法律控制

网络引导社会舆论,需加强互联网内容建设,建立网络综合治理体系,营造清朗的网络空间。

《网络安全法》第十二条规定:"任何个人和组织使用网络应当遵守宪法法律,遵守公共秩序,尊重社会公德,不得危害网络安全,不得利用网络从事危害国家安全、荣誉和利益,煽动颠覆国家政权、推翻社会主义制度,煽动分裂国家、破坏国家统一,宣扬恐怖主义、极端主义,宣扬民族仇恨、民族歧视,传播暴力、淫秽色情信息,编造、传播虚假信息扰乱经济秩序和社会秩序,以及侵害他人名誉、隐私、知识产权和其他合法权益等活动。"第四十七条规定:"网络运营者应当加强对其用户发布的信息的管理,发现法律、行政法规禁止发布或者传输的信息的,应当立即停止传输该信息,采取消除等处置措施,防止信息扩散,保存有关记录,并向有关主管部门报告。"

《网络信息内容生态治理规定》(国家互联网信息办公室令第5号)对网络信息内容有如下规定(共八章42条):

1. 适用范围

政府、企业、社会、网民等主体。

2. 网络信息内容生产者的责任

(1)应当遵守法律法规,遵循公序良俗,不得损害国家利益、公共利益和他人合法权益。

(2)鼓励网络信息内容生产者制作、复制、发布含有宣传习近平新时代中国特色社会主义思想、宣传党的理论路线方针政策和中央重大决策部署、展示经济社会发展亮点、弘扬社会主义核心价值观、有效回应社会关切、有助提高中华文化国际影响力、讴歌真善美、促进团结稳定和准确解读中国特色社会主义道路、理论、制度、文化等内容的信息。

(3)网络信息内容生产者不得制作、复制、发布含有下列内容的违法信息:反对宪法所确定的基本原则;危害国家安全、泄露国家秘密、颠覆国家政权、破坏国家统一、损害国家荣誉和利益;宣扬恐怖主义、极端主义或者煽动实施恐怖活动、极端主义活动;歪曲、丑化、亵渎、否定英雄烈士事迹和精神,以侮辱、诽谤或者其他方式侵害英雄烈士的姓名、肖像、名誉、荣誉;煽动民族仇恨、民族歧视,破坏民族团结;破坏国家宗教政策,宣扬邪教和封建迷信;散布谣言,扰乱经济秩序和社会秩序;散布淫秽、色情、赌博、暴力、凶杀、恐怖或者教唆犯罪;侮辱或者诽谤他人,侵害他人名誉、隐私和其他合法权益。

(4)网络信息内容生产者应当采取措施,防范和抵制制作、复制、发布含有下列内容的不良信息:使用夸张标题,内容与标题严重不符的;炒作绯闻、丑闻、劣迹等的;不当评述自然灾害、重大事故等灾难的;带有性暗示、性挑逗等易使人产生性联想的;展现血腥、惊悚、残忍等致人身心不适的;煽动人群歧视、地域歧视等的;宣扬低俗、庸俗、媚俗内容的;可能引发未成年人模仿不安全行为和违反社会公德行为、诱导未成年人不良嗜好等的;其他对网络生态造成不良影响的内容。

3. 网络信息内容服务平台的责任

(1)应当履行信息内容管理主体责任,加强平台网络信息内容生态治理,培育积极健康、向上向善的网络文化。

(2)应当建立网络信息内容生态治理机制,制定平台网络信息内容生态治理细则,健全用户注册、账号管理、信息发布审核、跟帖评论审核、版面页面生态管理、实时巡查、应急处置和网络谣言、黑色产业链信息处置等制度。应当设立网络信息内容生态治理负责人,配备与业务范围和服务规模相适应的专业人员。

(3)应当加强信息内容的管理,不得传播该规定规定的违法信息,防范和抵制传播该规定规定的不良信息。发现违法信息、不良信息的,应当依法立即采取处置措施,保存有关记录,并向有关主管部门报告。

(4)应当加强对本平台设置的广告位和在本平台展示的广告内容的审核巡查,对发布违法广告的,应当依法予以处理。

(5)网络信息内容服务平台采用个性化算法推荐技术推送信息的,应当设置坚持主流价值导向、不得传播违法信息、防范抵制不良信息的推荐模型,建立健全人工干预和用户自主选择机制。

(6)鼓励开发适合未成年人使用的模式,提供适合未成年人使用的网络产品和服务,便利未成年人获取有益身心健康的信息。

(7)应当在显著位置设置便捷的投诉举报入口,公布投诉举报方式,及时受理处置公众投诉举报并反馈处理结果。

(8)应当编制网络信息内容生态治理工作年度报告。年度报告应当包括网络信息内容生态治理工作情况、网络信息内容生态治理负责人履职情况、社会评价情况等内容。

4. 网络信息内容服务使用者的责任(其中含有网络信息内容生产者和网络信息内容服务平台的前述未尽责任)

(1)网络群组、论坛社区版块建立者和管理者应当履行群组、版块管理责任,依据法律法规、用户协议和平台公约等,规范群组、版块内信息发布等行为。

(2)网络信息内容服务使用者和生产者、服务平台不得利用网络和相关信息技术实施侮辱、诽谤、威胁、散布谣言以及侵犯他人隐私等违法行为,损害他人合法权益。

(3)网络信息内容服务使用者和生产者、服务平台不得通过发布、删除信息以及其他干预信息呈现的手段侵害他人合法权益或者谋取非法利益。

(4)网络信息内容服务使用者和生产者、服务平台不得利用深度学习、虚拟现实等新技术、新应用从事法律、行政法规禁止的活动。

(5)网络信息内容服务使用者和生产者、服务平台不得通过人工方式或者技术手段实施流量造假、流量劫持以及虚假注册账号、非法交易账号、操纵用户账号等行为,破坏网络生态秩序。

(6)网络信息内容服务使用者和生产者、服务平台不得利用党旗、党徽、国旗、国徽、国歌等代表党和国家形象的标识及内容,或者借国家重大活动、重大纪念日和国家机关及其工作人员名义等,违法违规开展网络商业营销活动。

5. 法律责任

《网络信息内容生态治理规定》对网络信息内容生产者、网络信息内容服务平台和网络内容服务使用者规定了7条法律责任和惩罚措施,包括警示整改、限制功能、暂停更新、关闭账号、限制从事网络信息服务、网上行为限制、行业禁入等处置。其中某些行为构成违反《网络安全法》《互联网信息服务管理办法》等法律、行政法规的,从其相应规定予以处理。构成犯罪的,依法追究刑事责任。

四、网络安全关键技术控制

互联网发展至今，众多关键技术、核心技术基本都掌握在西方国家特别是美国手中，中国关键设备缺乏自主可控和严重受人制约的被动局面长期未能根本解决，已经成为扼住我国网络安全和信息化发展的"命门"，成为国家安全的心腹大患。核心技术、关键设备、关键信息基础设施不能自主、做不到可控，安全问题就得不到根本解决，"落后就要挨打"的道理，在网络空间同样适用。习近平总书记指出"建设网络强国，要有自己的技术，有过硬的技术。"

常用的网络安全关键技术，有虚拟网、防火墙、病毒防护、安全漏洞扫描、访问控制、认证和数字签名、态势感知等。

（一）虚拟网技术

虚拟网有 VLAN 和 VPN 两类。VLAN 虚拟局域网是一组逻辑上的设备和用户，可以根据功能、部门及应用等要求将一些设备和用户组织起来，这些设备和用户不受物理位置的限制，它们相互之间的通信就好像它们在同一个网段中一样。在传统局域网络中，一个物理网段就是一个广播域。而在 VLAN 网络中，一个 VLAN 是一个广播域，一个广播域对应一个特定的用户组，默认情况下这些不同的广播域是相互隔离的，含有敏感数据的用户组可与网络的其余部分隔离。VLAN 技术网络可以强化网络管理和网络安全，可以控制不必要的数据广播，提高网络的安全性，减少设备移动、添加和修改的管理开支。VPN（虚拟专用网络）是在公用网络上建立专用网络，进行加密通信，实现在不信任通道上的数据安全传输。VPN 属于远程访问技术，其实质是利用加密技术在公网上封装出一个数据通信隧道。常用的 VPN 隧道协议有 SOCKSv5、PPTP/L2TP 和 IPSec。VPN 使用高级的加密和身份识别协议，能够阻止数据窃贼和其他非授权用户接触数据。VPN 既让用户可以利用互联网服务提供商（ISP）的设施和服务，同时又完全掌握着自己网络的控制权。但是，当使用无线设备时，VPN 有安全风险，当用户在接入点之间漫游的时候，任何使用高级加密技术的解决方案都可能被攻破。

（二）防火墙技术

防火墙技术是一种用来加强网络之间访问控制，防止外部网络用户以非法手段通过外部网络进入内部网络、访问内部网络资源，保护内部网络操作环境的网络互联设备。它对两个或多个网络之间传输的数据包（如链接方式）按照一定的安全策略来实施检查，以决定是否允许网络之间的通信，并监视网络运行状态。防火墙处于 5 层网络安全体系中的最底层，负责网络间的安全认证与传输。随着网络安全技术的整体发展和网络应用的不断变化，新一代防火墙技术已经逐步走向网络层之外的其他安全层次，不仅能完成传统防火墙的过滤任务，同时还能为各种网络应用提供相应的安全服务。另外还有多种防火墙产品正朝着数据安全与用户认证、防止病毒与黑客侵入等方向发展。采用防火墙，通过过滤不安全的服务，可以保护脆弱的服务，减少网中主机的风险；可以提供对系统的访问控制，提高网络安全性；可以阻止攻击者获取网络系统的有用信息，增强系统保密性；可以记录和统计通过防火墙的通信数据以及非法使用数据，分析判断可能的攻击和探测；可以实现企业内部网集中的安全管理和制定网络安全策略。

(三)病毒防护技术

病毒一直是信息系统安全的主要问题之一。网络病毒具有更大的破坏力,遭到病毒破坏的网络恢复非常烦琐,有时甚至无法恢复。病毒的传播途径大致如下:

(1)通过FTP,电子邮件传播。

(2)通过软盘、光盘、U盘磁带传播。

(3)通过Web浏览传播,主要是恶意的Java控件网站。

(4)通过群件系统传播。

病毒防护技术一般应包括:病毒预防技术、病毒检测技术及病毒清除技术。

(1)病毒预防技术是通过行为规则判定的技术手段防止计算机病毒对系统的传染和破坏。实际上这是一种动态判定技术,病毒的预防是采用对病毒的规则进行分类处理,而后在程序运作中凡有类似规则出现的则认定是计算机病毒,并阻止病毒进入系统内存或对磁盘操作。

(2)病毒检测技术是通过技术手段判定出特定病毒的一种技术。有两种检测方法:一种是根据病毒的关键字、特征程序段内容、病毒特征及传染方式、文件长度的变化,在特征分类的基础上建立病毒检测。另一种是不针对具体病毒程序的自身校验,即对某个文件或数据段进行检验和计算并保存其结果,以后定期或不定期地以保存的结果对该文件或数据段进行检验,若出现差异,即表示该文件或数据段完整性已遭到破坏,感染上了病毒,从而检测到病毒的存在。

(3)病毒清除技术是病毒传染程序的一种逆过程。目前,清除病毒大都是在某种病毒出现后,通过对其进行分析研究而研制出来的具有相应解毒功能的软件。

采用病毒防护技术的常用方法如下:

(1)阻止病毒的传播。在防火墙、代理服务器、SMTP服务器、网络服务器、群件服务器上安装病毒过滤软件;在桌面PC安装病毒监控软件。

(2)检查和清除病毒。使用防病毒软件检查和清除病毒。

(3)升级病毒数据库。病毒数据库应不断更新,并下发到桌面系统。

(4)在防火墙、代理服务器及PC上安装Java及ActiveX控制扫描软件,禁止未经许可的控件下载和安装。

(四)安全扫描技术

通过对网络进行扫描,系统管理员可以了解网络的安全配置和运行的应用服务,如所维护的Web服务器的各种TCP/IP端口的分配、开放的服务、Web服务软件版本和这些服务,及时发现呈现在网上的安全漏洞,客观评估网络风险等级。系统管理员可以根据扫描的结果更正网络安全漏洞和系统中的错误配置,在黑客攻击前进行防范。如果说防火墙是被动的防御手段,那么安全扫描就是一种主动的事前防范,着眼于防患于未然。安全扫描技术是一种基于互联网远程检测目标网络或本地主机安全性脆弱点的技术,是采用非破坏性的办法来检验系统是否有可能被攻击,其利用了一系列的脚本模拟对系统进行攻击的行为,并对结果进行分析,这种技术通常用于模拟攻击实验和安全审计。安全扫描技术与防火墙、安全监控系统互相配合能够提供较高安全性的网络。安全扫描工具通常分为基于服务器和基于网络的扫描器。

(1)基于服务器的扫描器主要扫描服务器相关的安全漏洞,如password文件,目录和文件权限,共享文件系统,敏感服务,软件,系统漏洞等,并给出相应的解决办法建议。通常与相应的服务器操作系统紧密相关。

（2）基于网络的安全扫描主要扫描设定网络内的服务器、路由器、网桥、变换机、访问服务器、防火墙等设备的安全漏洞,并可设定模拟攻击,以测试系统的防御能力。通常该类扫描器限制使用范围（IP地址或路由器跳数）。

安全扫描器虽然能够及时发现安全漏洞、测试和评价系统的安全性,但是不能实时监测网络上的入侵。

（五）态势感知技术

态势感知是一种基于环境的、动态的、整体的洞悉安全风险的能力,是以安全大数据为基础,从全局视角提升对安全威胁的发现识别、理解分析及响应处置能力的一种方式,目的在于在大规模网络环境中,对能够引起网络态势发生变化的安全要素进行获取、理解、显示以及最近发展趋势的顺延性预测,进而进行安全的相关决策与行动。

多年来,我们的网络安全建设一直偏重于架构安全（虚拟网、漏洞管理、安全域划分等）和被动防御（防火墙、防病毒等）,虽取得了一定的成果,却也遇到发展瓶颈。而攻击者所采用的攻击手段却更加先进,甚至利用当下热门的人工智能发动更具针对性的攻击。显然,面对越来越专业的恶意攻击,我们已无法再用传统的边界隔离理念、日渐臃肿的攻击特征库,与对方多变的渗透技术、隐蔽的信道相抗衡了,需要进一步提升安全运营水平的同时积极开展主动防御能力的建设。因此,态势感知成为未来网络安全的关键。一次成功的渗透和攻击,包含了信息搜集、攻击尝试、移动提权、信息回传等多个过程,因此没有万无一失的筹谋,再聪明的攻击者也会留下蛛丝马迹,而我们要做的就是在"事前"发现它。从本质上讲,网络安全就是发生在虚拟世界的攻防战,速度为"王",而态势感知系统的作用就是分析安全环境信息、快速判断当前及未来形势,以作出正确响应。态势感知的目标是"全天候、全方位感知网络安全态势",包括时间和检测内容两个维度。时间维度上,既需要利用已有实时或准实时的检测技术,同时还需要通过更长时间数据来分析发现异常行为,特别是失陷情况;而内容维度上,则需要覆盖网络流量、终端行为、内容载荷3个方面,并完整提供以下5类检测能力:基于流量特征的实时检测,基于流量日志的异常分析机制,针对内容的静态、动态分析机制（沙箱）,基于终端行为特征的实时检测,基于终端行为日志的异常分析机制。也就是说,建设态势感知需要具备流量数据采集、威胁情报和安全分析师三大核心要素。目前,以一些大数据安全平台为载体,实现态势感知技术在网络安全领域的应用。

（六）访问控制技术

用于防止非法用户访问网络、获取和使用网络资源。访问控制需要完成两个任务:识别和确认访问系统的用户、决定该用户可以对某一系统资源进行何种类型的访问。访问控制技术是系统保密性、完整性、可用性和合法使用性的重要基础,是网络安全防范和资源保护的关键策略之一,但这种技术具有一定的局限性,因为它无法阻止以合法用户身份去威胁网络安全的事。访问控制主要有自主访问控制、强制访问控制和基于角色访问控制三种类型。

（1）自主访问控制:赋予用户访问特定资源的权限,可以设置文件和共享资源,对自己创建的相关资源,可以授权给指定用户或撤销指定用户访问权限。

（2）强制访问控制：由系统已经部署的访问控制策略，对所有控制对象的进程、文件和设备等授权用户实施强制访问控制。

（3）基于角色的访问控制：权限集合称为角色，通过赋予用户角色而获得相应权限，方便权限的管理。

（七）认证和数字签名技术

认证技术主要解决网络通信过程中通信双方的身份认可，数字签名是身份认证技术中的一种具体技术，同时还可用于通信过程中的不可抵赖的证实。

认证技术可在网络中用于：路由器认证、路由器和交换机之间的认证、操作系统认证、操作系统对用户的认证；网管系统对网管设备之间的认证；VPN网关设备之间的认证；拨号访问服务器与客户间的认证；应用服务器（如Web Server）与客户的认证；电子邮件通信双方的认证。

数字签名技术主要用于基于PKI认证体系的认证过程、基于PKI的电子邮件及交易（通过Web进行的交易）的不可抵赖记录。

认证过程通常涉及加密和密钥交换。通常，加密可使用对称加密、不对称加密及两种加密方法的混合。

基于PKI（public key infrastructure）的认证：即PKI公开密钥基础架构，也称公钥基础设施，是一组由硬件、软件、参与者、管理政策与流程组成的基础架构。PKI使用公开密钥体系进行认证和加密，该种方法安全程度较高，综合采用了摘要算法、不对称加密、对称加密、数字签名等技术，很好地将安全性和高效率结合起来。PKI作为安全基础设施，能够提供身份认证、数据完整性、数据保密性、数据公正性、不可抵赖性和时间戳六种安全服务。PKI的应用非常广泛，包括应用在Web服务器和浏览器之间的通信、电子邮件、电子数据交换（EDI）、在互联网上的信用卡交易和虚拟私有网（VPN）等，能够为网上金融、网上银行、网上证券、电子商务、电子政务等网络中的数据交换提供完备的安全服务功能。典型的PKI系统包括PKI策略、软硬件系统、证书机构CA、注册机构RA、证书发布系统和PKI应用等。PKI认证方法安全程度很高，但是涉及比较繁重的证书管理任务。

五、网络安全控制审计

网络安全控制的审计目标如下。

（1）可靠性。检查网络安全政策、制度及网络安全技术是否既能够有效地对组织的资产和信息资源提供可靠的安全保障，实现信息安全控制目标，又能够促进网络健康持续长远发展的目标；是否对组织的资产、网络资源提供可靠有效的安全保障。

（2）经济性。检查组织的网络安全政策、制度的设计运行及网络安全技术、工具的运用是否基于成本效益的原则，相关控制方法与技术的选择是否考虑了实现的成本有较高的性价比。

（3）合法性。检查网络安全管理政策与制度，网络安全技术、工具是否符合国家相关法律、法规的规定，是否符合行业相关标准与规范的要求，是否符合组织安全管理的目标要求。

（一）贯彻网络安全就是国家安全控制审计

1. 审计内容重点

（1）检查《网络安全法》的管理措施、网络运营者的安全义务和等级保护制度的落实情况，各项管理制度和操作规程建立的完整性、执行的有效性。

（2）检查是否有个人信息保护的管理和技术措施。

（3）检查关键信息基础设施安全保护制度和技术措施。

（4）检查网络监测预警与应急处置工作制度。

（5）检查数据保护管理制度和操作规程，是否有数据备份。

（6）检查《网络安全法》所要求的技术防范措施情况，包括：

①检查网络结构、网络设备的可靠性和安全性。

②网络边界控制、信息控制、用户访问控制技术能否可靠、有效地实现组织信息安全目标。

③网络设备、网络用户、网络操作的日志记录能否完整有效地记录网络安全事件并追踪事件信息。

④网络设备管理与访问是否安全。

例如，对网络结构安全审计，是检查网络结构设计，检查是否在业务终端与服务器之间进行路由控制，建立安全的访问路径；检查是否根据各部门的工作职能、重要性和所涉及信息的重要程度等因素，划分不同的子网或网段；检查重要网段是否不恰当地部署在网络边界处，而且可以直接连接外部信息系统，重要网段与其他网段之间是否采取可靠的技术隔离手段。对网络访问控制审计，是检查是否在网络边界部署访问控制设备，启用访问控制功能；检查重要网段是否采取技术手段防止地址欺骗；检查是否按用户和系统之间的允许访问规则，决定允许或拒绝用户对受控系统进行资源访问，控制粒度是否能控制为单个用户；检查网络控制设备是否能根据会话状态信息为数据流提供明确的允许/拒绝访问的能力，控制粒度是否达到端口级等。对网络安全日志审计，是检查是否对网络系统中的网络设备运行状况、网络流量、用户行为等进行日志记录，检查日志记录是否完整地记录网络事件的日期、时间、用户、事件类型，以及其他与审计相关的信息，检查是否对审计记录进行保护，避免受到未经授权的删除、修改或覆盖等。对网络设备防护控制审计，是检查是否对登录网络设备的用户、地址、终端进行有效的身份鉴别，网络用户的标识是否唯一并与员工真实身份关联，检查用户口令是否规范，检查对网络设备进行远程管理时是否采取必要措施防止鉴别信息在网络传输过程中被窃听，检查对设备特权用户是否采取了有效的职责分离控制或其他补偿控制等。

2. 审计方法

（1）资料审阅、现场核查、系统抽查、人员访谈。

（2）采用网络审计、主机审计、数据库审计，漏洞扫描、入侵检测等检测工具。

3. 审计评价

依据审计取证，结合综合分析，评价网络结构设计、网络安全管理制度与操作规范是否符合国家相关法律、法规的规定，是否符合行业相关标准与规范的要求，是否满足组织安全管理的目标要求；评价这些管理制度与操作规范的运行是否有效可靠；评价网络结构安全、访问控制技术、安全日志技术控制是否完整可靠有效，是否能够实现网络安全控制的目标，可对组织的资产、网络资源提供可靠有效的安全保障。主要从信息系统网络安全控制的可靠性、经济性和合法性等方面得出审计结论。

(二)正确处理安全和发展控制审计

1. 审计内容重点

(1)检查安全管理制度体系是否包含总体方针、安全策略、管理制度、操作规程等文件,审查安全管理制度的制定、评审、发布、修订和实施过程是否完整、有效。

(2)检查信息化规划或方案是否坚持网络安全与信息化发展并重原则,是否既有建设发展、推广应用的设计,也有安全设计、安全保障措施。

(3)检查网络安全人才培养和宣传教育计划及落实情况。

2. 审计方法与审计评价

资料审阅、现场核查、系统抽查、人员访谈。

根据审计取证,结合综合分析,评价规划或方案是否统筹科学发展、确保安全。

(三)网络引导社会舆论控制审计

1. 审计内容重点

(1)检查是否有网络信息内容安全管理组织机构、工作制度及落实执行情况。

(2)检查网上信息内容制作、发布、审查、管理的操作规程。

(3)检查网上政务信息公开情况。

(4)检查是否实时关注舆情信息,具有处理舆情信息的能力。

(5)检查是否指定专门部门负责危机处理工作,加强舆情检测、信息沟通和发布。例如,取证获取负责危机处理工作的相关文件或记录,检查危机处理部门的职责是否实时关注舆情信息,及时澄清虚假信息或不完整信息。

(6)检查危机处理机制是否可以处理或降低危机所造成的负面影响。例如,取证获取应急管理文档中关于危机处理机制的规定,检查危机处理机制中是否包含了运用公共关系策略、方法,加强与客户、媒体的沟通,适时向公众发布信息,消除或降低危机所造成的负面影响等相关内容。

2. 审计方法

资料审阅、现场核查、系统抽查、人员访谈。

3. 审计评价

依据审计取证,结合综合分析,评价引导社会舆论的控制是否可靠有效,是否有效地实现社会舆论的目标,能否对组织的资产提供可靠有效的安全保障。主要从信息系统网络安全控制的可靠性、经济性和合法性等方面得出审计结论。

(四)网络安全关键技术控制审计

1. 审计内容重点

(1)检查网络入侵防范控制技术及其应用能否有效实现网络安全控制目标。

(2)检查恶意代码防范控制技术及其应用能否有效实现网络安全控制目标。例如,检查是否对非授权设备私自联接到内部网络的行为进行判断,是否能准确定位并对其进行有效阻断;检查是否对内部网络用户私自联接到外部网络的行为进行判断,是否能准确定位并对其进行有效阻断。检查是否在网络边界处监视端口扫描、强力攻击、木马后门攻击、拒绝服务攻击、缓冲区溢出攻击、IP碎片攻击和网络蠕虫攻击等攻击行为;检查能否在发生严重入侵事件时及时报警;检查是否在网络边界处对恶意代码进行检测和清除;检查是否及时进行恶意代码库的升级和检测系统的更新等。

(3)检查访问控制、认证控制技术能否有效实现网络安全控制目标。

(4)检查是否使用国产密码算法。

(5)检查自主可控、安全可信计划落实情况。

2. 审计方法

(1)资料审阅、现场核查、系统抽查、人员访谈。

(2)采用漏洞扫描、入侵检测、机房监控、服务器监控、软件运行监控、软件功能监控等检测工具。

3. 审计评价

依据审计取证,结合综合分析,评价防范入侵与恶意代码技术、网络设备防护控制以及网络访问控制是否可靠有效,是否有效地实现网络安全控制的目标,能否对组织的资产、网络资源提供可靠有效的安全保障。主要从信息系统网络安全控制的可靠性、经济性和合法性等方面得出审计结论。

本节思考题

1. 国家网络安全的概念是什么?

2. 网络安全的主要国家法律保障是什么?

3. 网络安全的主要关键技术包括哪些?

4. 网络安全控制的审计目标是什么?

5. 网络安全关键技术控制的审计方法有哪些?

第二节 等级保护控制审计

网络安全等级保护控制是信息系统建设、运维单位执行国家关于网络安全等级保护制度和标准,实行技术和管理的通用要求,以及相关扩展要求,保障信息系统符合国家网络安全等级保护的总体要求。

网络安全等级保护控制审计信息系统是审计服务单位按照国家关于网络安全等级保护制度和标准的总体要求,对信息系统的网络安全等级保护进行检查监督,提出审计意见和建议,保障信息系统具有良好的技术和管理的通用要求,是相关扩展要求的保障。

一、网络安全等级保护制度控制

随着云计算、大数据、物联网、移动互联、人工智能等新技术、新应用快速发展,网络安全威胁持续上升,网络安全形势日趋严峻。网络安全关系到国家安全、城市安全、基础设施安全和个人安全等各个领域的安全。《网络安全法》明确规定国家实行网络安全等级保护制度,这是国家信息安全保障工作的基本制度,是督促合规性要求,是开展网络安全工作的基本方法,也是促进信息化、维护网络安全的根本保障。

为了配合《网络安全法》的实施和落地,2019年5月13日,新修订的《信息安全技术 网络安全等级保护基本要求》(GB/T 22239-2019)(代替GB/T 22239-2008)标准正式发布,这标志着我国网络安全等级保护工作进入"2.0时代"。该基本要求的等级保护对象从狭义的信息系统,扩展到网络基础设施、云计算平台、大数据平台、物联网、工业控制系统、移动互联技术系统等,体现了综合防御、纵深防御、主动防御思想。

《基本要求》规定了第一级到第四级等级保护对象的安全保护的基本要求,每个级别的基本要求均由安全通用要求和安全扩展要求构成。网络安全等级保护框架的核心内容包括(图5-1):

(1)依据国家网络安全法律法规和等级保护政策标准开展等级保护工作。

(2)确定等级保护对象。

(3)采用"一个中心、三重防护"的理念建立网络等级保护技术体系。

(4)建立安全技术体系和安全管理体系,构建具备相应等级安全保护能力的网络安全综合防御体系。

(5)开展组织管理、机制建设、安全规划、通报预警、应急处置、态势感知、能力建设、监督检查、技术检测、队伍建设、教育培训和经费保障等工作。

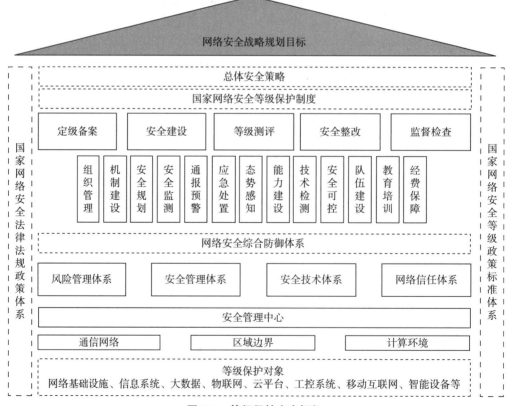

图5-1　等级保护安全框架

网络安全等级保护的基本要求,一要覆盖各地区、各单位、各部门、各行业、各机构,即覆盖全社会。二要覆盖所有保护对象,包括网络基础设施、信息系统、大数据、物联网,以及云平台、工业控制系统、移动互联网、智能设备等各类新技术应用。

实行网络安全等级保护制度,有利于保障网络安全、信息安全设施的合规性,有利于明确各部门的网络安全职责,有利于提高的网络安全保护水平,有利于保障信息系统安全运行。

(一)等级保护制度程序控制

网络安全等级保护工作包括定级备案、安全建设、等级测评、安全整改、监督检查5个程序,5个程序可通过如下措施进行控制。

1. 定级备案

定级工作包括5个环节:确定定级对象—初步定级—专家评审—主管部门审核—公安机关备案审查。

应基于信息系统的运行状况和规划开展内部系统全面梳理,识别并形成系统清单,根据等级保护相关要求,按业务重要程度、系统对外服务可用性、数据的类型和规模等要素梳理网络和系统及其边界,明确网络安全责任主体和定级对象;参照《信息安全技术 信息系统安全等级保护定级指南》(GB/T 22240—2008)的等级划分标准,对内部系统进行初步定级。按要求编制定级报告,说明定级对象的安全保护等级及确定等级的方法和理由;组织相关部门和有关安全技术专家对定级结果的合理性和正确性进行论证和审定;确保定级结果经主管部门审核批准(如有)。在申报系统新建、改建、扩建立项时,须同时向立项审批部门提交(预)定级报告;将备案材料报主管部门和相应公安机关备案。备案材料包括:信息系统安全等级保护备案表、定级报告、专家评审意见、应急联系人登记表、单位系统拓扑图及说明、安全产品清单及认证、销售许可证明、信息安全工作管理制度。

2. 安全建设

应根据确定的网络安全等级选择基本安全措施,对信息系统进行安全整体规划和安全方案设计,并进行论证和审定;应确保信息安全产品、密码产品的安全性、符合性;应依据网络安全等级保护合规性要求,开展等级保护建设工作,在软件开发、测试、交付时实施网络安全控制。

3. 等级测评

应定期和在发生重大变更或级别发生变化时进行等级测评。《信息安全等级保护管理办法》(公通字〔2007〕43号)文第十四条规定信息系统建设完成后,运营、使用单位或者其主管部门应当选择符合国家有关规定条件具备资质的测评机构,依据《测评要求》等技术标准,对信息系统安全等级状况开展等级测评。第三级以上系统需每年测评一次,二级系统一般每两年测评一次。

4. 安全整改

根据等级测评结论或对发现的不符合相应等级保护标准的及时开展安全整改工作,并验证整改结果。三级及以上等级通过复测方可获得备案证明。安全整改工作包括根据等级测评报告指出的问题,或根据确定的定级对象和对应级别,参照等级保护相关要求,进行差距分析,形成自查报告。针对不符合项,确定整改策略,开展建设整改工作,包括技术措施落实和管理制度完善等。按需开展网络安全法相关要求的合规性评估、风险评估和技术检测,将其作为等级保护合规的必要补充。

5. 监督检查

按照网络安全等级保护制度中对应等级的管理要求,定期进行监督检查。围绕信息安全治理目标,结合等级保护工作发现,制定安全规划,明确网络安全工作任务,以及各项任务的优先级和资源,参照等级保护要求和行业最佳实践,完善网络安全技术保障体系(识别保护、检测、应急响应恢复等),并按要求定期开展年度测评工作,持续关注网络安全法及相关法律、政策、标准的动态,及时对应新的监管要求。

网络安全等级保护工作全过程所依据的标准规范如图5-2所示。

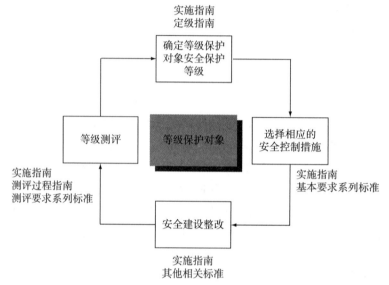

图5-2　等级保护工作过程指导

(二)等级保护制度指标控制

《基本要求》(表5-1)规定了第一级到第四级等级保护对象的安全保护的基本要求。为了确认等级保护对象是否按照上述国家标准中的不同等级的技术和管理要求实施,作为《基本要求》的姊妹标准《测评要求》,针对《基本要求》中各要求项,即以《基本要求》的要求项作为测评指标,规定了第一级到第四级等级保护对象的测评要求,每个级别均包括安全测评通用要求和云计算安全、移动互联安全、物联网安全、工业控制系统安全的扩展要求。针对每一个要求项制定了一个测评指标。测评指标分为定性指标和定量指标两种,定性指标内容为测评对象是否实施了相应的网络安全控制措施,定量指标内容为测评对象是否实现了对应数字的控制。

表5-1　《基本要求》等级保护要求项

安全要求	层面	一级	二级	三级	四级
技术要求	安全物理环境	7	15	22	24
	安全通信网络	2	5	8	11
	安全区域边界	5	11	20	21
	安全计算环境	11	23	34	36
	安全管路中心	0	4	12	13
管理要求	安全管理制度	1	6	7	7
	安全管理机构	3	9	14	15

续表

安全要求	层面	一级	二级	三级	四级
管理要求	安全管理人员	4	7	12	14
	安全建设管理	9	25	34	35
	安全运维管理	13	31	48	52
合计		55	135	211	228

(三)等级保护制度分类控制

等级保护的对象可能是基础信息网络、信息系统、云计算平台、大数据平台、物联网系统、工业控制系统等,形态不同的等级保护对象面临的威胁不同。为了便于实现对不同级别和不同形态的等级保护对象的分类保护,等级保护要求分为安全通用要求和安全扩展要求。

安全通用要求针对共性化保护,等级保护对象无论以何种形式出现,必须根据安全保护等级实现相应级别的安全通用要求;安全扩展要求针对个性化保护,需要根据安全保护等级和使用的特定技术或特定的应用场景选择性实现安全扩展要求。安全通用要求和安全扩展要求共同构成了对等级保护对象的安全要求。

安全通用要求分为安全技术要求和安全管理要求。其中,安全技术要求又分为安全物理环境、安全通信网络、安全区域边界、安全计算环境、安全管理中心。安全管理要求分为安全管理制度、安全管理机构、安全管理人员、安全建设管理、安全运维管理。两者合计共有10大类(图5-3)。

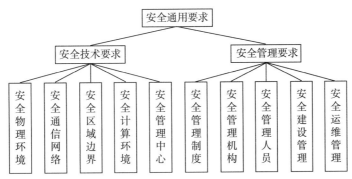

图5-3 安全通用要求构成图

安全技术要求分类体现的是"从外部到内部"的纵深防御思想,对保护对象的安全防护应考虑从通信网络、区域边界和计算环境的整体,即从外到内来防护,同时考虑其所处的物理环境的安全防护,对级别较高的还需要考虑对分布在整个系统中的安全功能或安全组件的集中技术管理手段。

安全管理要求分类体现的是"从要素到活动"的综合管理思想,安全管理需要的"机构""制度""人员"三要素缺一不可,同时应对系统的建设整改过程和运行维护过程中重要活动实施控制和管理,对级别较高的需要构建完备的安全管理体系。

网络安全等级保护制度针对云计算、移动互联、物联网、工业控制系统提出了安全扩展要求,各项安全扩展要求的应用场景有所不同。对于采用其他特殊技术或处于特殊应用场景的等级保护对象,应在安全风险评估的基础上,针对安全风险采取特殊的安全措施作为补充。

二、等级保护通用技术控制

在《基本要求》中明确了各类通用技术控制的要求。下面以第三级安全要求为例，列表示出每一类技术的具体要求，使读者了解网络安全等级保护通用技术的控制措施。

（一）安全物理环境控制

安全物理环境控制要求见表5-2。

表5-2　安全物理环境控制要求

控制措施	具体要求
1. 审慎选择机房的位置	（1）应选择在具有防震、防风、防雨等能力的建筑内 （2）机房应避免设在建筑物的顶层或地下室，否则应加强防水和防潮措施
2. 机房出入口控制	应配置电子门禁系统，控制、鉴别和记录进入的人员
3. 机房设备防盗取和防破坏	（1）应将设备或主要部件进行固定，并设置明显的不易除去的标识 （2）应将通信线缆铺设在隐蔽安全处 （3）设置机房防盗报警系统或设置有专人值守的视频监控系统
4. 机房防雷击	（1）应将各类机柜、设施和设备等通过接地系统安全接地 （2）应采取措施防止感应雷，如设置防雷保安器或过压保护装置等
5. 机房防火	（1）应设置火灾自动消防系统，能够自动检测火情、自动报警，并自动灭火 （2）机房及相关的工作房间和辅助房应采用具有耐火等级的建筑材料 （3）机房划分区域进行管理，区域和区域之间设置隔离防火措施
6. 机房防水和防潮	（1）采取措施防止雨水通过机房窗户、屋顶和墙壁渗透，防止机房内水蒸气结露和地下积水的转移与渗透 （2）安装对水敏感的检测仪表或元件，对机房进行防水检测和报警
7. 机房防静电	（1）采用防静电地板或地面并采用必要的接地防静电措施 （2）采取措施防止静电的产生，如采用静电消除器、佩戴防静电手环等
8. 机房温、湿度控制	在机房设置温度、湿度自动调节设施，使机房温度、湿度的变化在设备运行所允许的范围之内
9. 提供充足的电力供应	（1）在机房供电线路上配置稳压器和过电压防护设备 （2）提供短期的备用电力供应，至少满足设备在断电情况下的正常运行要求 （3）设置冗余或并行的电力电缆线路为计算机系统供电
10. 机房电磁防护管理	（1）电源线和通信线缆应隔离铺设，避免互相干扰 （2）对关键设备实施电磁屏蔽

（二）安全通信网络控制

安全通信网络控制要求见表5-3。

表5-3　安全通信网络控制要求

控制措施	具体要求
1. 系统网络架构控制	(1)保证网络设备的业务处理能力满足业务高峰期需要 (2)保证网络各个部分的带宽满足业务高峰期需要 (3)划分不同的网络区域,并按照方便管理和控制的原则为各网络区域分配地址 (4)避免将重要网络区域部署在边界处,重要网络区域与其他网络区域之间应采取可靠的技术隔离手段 (5)提供通信线路、关键网络设备和关键计算设备的硬件冗余,保证系统的可用性
2. 保障通信传输安全	(1)用校验技术或密码技术保证通信过程中数据的完整性 (2)采用密码技术保证通信过程中数据的保密性
3. 可信验证	可基于可信根对通信设备的系统引导程序、系统程序、重要配置参数和通信应用程序等进行可信验证,并在应用程序的关键执行环节进行动态可信验证,在检测到其可信性受到破坏后进行报警,并将验证结果形成审计记录送至安全管理中心

（三）安全区域边界控制

安全区域边界控制要求见表5-4。

表5-4　安全区域边界控制要求

控制措施	具体要求
1. 采用控制措施,保障区域和边界安全	(1)保证跨越边界的访问和数据流通过边界设备提供的受控接口进行通信 (2)对非授权设备私自联到内部网络的行为进行检查或限制 (3)对内部用户非授权联到外部网络的行为进行检查或限制 (4)限制无线网络的使用,保证无线网络通过受控的边界设备接入内部网络
2. 加强安全区域边界访问控制机制	(1)在网络边界或区域之间根据访问控制策略设置访问控制规则,默认情况下除允许通信外受控接口拒绝所有通信 (2)删除多余或无效的访问控制规则,优化访问控制列表,并保证访问控制规则数量最小化 (3)对源地址、目的地址、源端口、目的端口和协议等进行检查,以允许或拒绝数据包进出 (4)能根据会话状态信息为进出数据流提供明确的允许或拒绝访问的能力 (5)对进出网络的数据流实现基于应用协议和应用内容的访问控制

控制措施	具体要求
3. 入侵防范	(1)在关键网络节点处检测、防止或限制从外部或内部发起的网络攻击行为 (2)采取技术措施对网络行为进行分析,实现对网络攻击特别是新型网络攻击行为的分析 (3)检测到攻击行为时,记录攻击源IP、攻击类型、攻击目标、攻击时间,在发生严重入侵事件时应报警
4. 恶意代码和垃圾邮件防范	在关键网络节点处对恶意代码进行检测和清除,并维护恶意代码防护机制的升级和更新;对垃圾邮件进行检测和防护,并维护垃圾邮件防护机制的升级和更新
5. 安全审计	(1)在网络边界、重要网络节点进行安全审计,审计覆盖到每个用户,对重要的用户行为和重要安全事件进行审计 (2)审计记录应包括事件的日期和时间、用户、事件类型、事件是否成功及其他与审计相关的信息 (3)对审计记录进行保护,定期备份,避免受到未预期的删除、修改或覆盖等 (4)能对远程访问的用户行为、访问互联网的用户行为等单独进行行为审计和数据分析
6. 可信验证	可基于可信根对边界设备的系统引导程序、系统程序、重要配置参数和边界防护应用程序等进行可信验证,并在应用程序的关键执行环节进行动态可信验证,在检测到其可信性受到破坏后进行报警,并将验证结果形成审计记录送至安全管理中心

(四)安全计算环境控制

安全技术环境控制要求见表5-5。

表5-5 安全计算环境控制要求

控制措施	具体要求
1. 对计算设备进行身份鉴别	(1)对登录的用户进行身份标识和鉴别,身份标识具有唯一性,身份鉴别信息具有复杂度要求并定期更换 (2)具有登录失败处理功能,应配置并启用结束会话、限制非法登录次数和当登录连接超时自动退出等相关措施 (3)进行远程管理时采取必要措施防止鉴别信息在网络传输过程中被窃听 (4)采用口令、密码技术、生物技术等两种或两种以上组合的鉴别技术对用户进行身份鉴别,且其中一种鉴别技术至少应使用密码技术来实现

控制措施	具体要求
2. 对计算设备进行访问控制	(1)对登录的用户分配账户和权限 (2)重命名或删除默认账户,修改默认账户的默认口令 (3)及时删除或停用多余的、过期的账户,避免共享账户的存在 (4)授予管理用户所需的最小权限,实现管理用户的权限分离 (5)由授权主体配置访问控制策略,访问控制策略规定主体对客体的访问规则 (6)访问控制的粒度应达到主体为用户级或进程级,客体为文件、数据库表级 (7)对重要主体和客体设置安全标记,并控制主体对有安全标记信息资源的访问
3. 安全审计	(1)启用安全审计功能,审计覆盖到每个用户,对重要的用户行为和重要安全事件进行审计 (2)审计记录应包括事件的日期和时间、用户、事件类型、事件是否成功及其他与审计相关的信息 (3)对审计记录进行保护,定期备份,避免受到未预期的删除、修改或覆盖等 (4)对审计进程进行保护,防止未经授权的中断
4. 入侵防范	(1)遵循最小安装的原则,仅安装需要的组件和应用程序 (2)关闭不需要的系统服务、默认共享和高危端口 (3)通过设定终端接入方式或网络地址范围对通过网络进行管理的管理终端进行限制 (4)提供数据有效性检验功能,保证通过人机接口输入或通过通信接口输入的内容符合系统设定要求 (5)能发现可能存在的已知漏洞,并在经过充分测试评估后,及时修补漏洞 (6)能够检测到对重要节点进行入侵的行为,并在发生严重入侵事件时报警
5. 恶意代码防范	应采用免受恶意代码攻击的技术措施或主动免疫可信验证机制及时识别入侵和病毒行为,并将其有效阻断
6. 可信验证	可基于可信根对计算设备的系统引导程序、系统程序、重要配置参数和应用程序等进行可信验证,并在应用程序的关键执行环节进行动态可信验证,在检测到其可信性受到破坏后进行报警,并将验证结果形成审计记录送至安全管理中心

控制措施	具体要求
7. 采用控制措施,保证数据的完整性和保密性。	(1)应采用校验技术或密码技术保证重要数据在传输、存储过程中的完整性,包括但不限于鉴别数据、重要业务数据、重要审计数据、重要配置数据、重要视频数据和重要个人信息等 (2)应采用密码技术保证重要数据在传输、存储过程中的保密性,包括但不限于鉴别数据、重要业务数据和重要个人信息等
8. 数据备份恢复	(1)提供重要数据的本地数据备份与恢复功能 (2)提供异地实时备份功能,利用通信网络将重要数据实时备份至备份场地 (3)提供重要数据处理系统的热冗余,保证系统的高可用性
9. 保护剩余信息	(1)保证鉴别信息所在的存储空间被释放或重新分配前得到完全清除 (2)保证存有敏感数据的存储空间被释放或重新分配前得到完全清除
10. 保护个人信息	(1)仅采集和保存业务必需的用户个人信息 (2)禁止未授权访问和非法使用用户个人信息

(五)安全管理中心控制

安全管理中心控制要求见表5-6。

表5-6 安全管理中心控制要求

控制措施	具体要求
1. 对系统进行统一管理	(1)应对系统管理员进行身份鉴别,只允许其通过特定的命令或操作界面进行系统管理操作,并对这些操作进行审计 (2)应通过系统管理员对系统的资源和运行进行配置、控制和管理,包括用户身份、资源配置、系统加载和启动、系统运行的异常处理、数据和设备的备份与恢复等
2. 对审计进行统一管理	(1)应对审计管理员进行身份鉴别,只允许其通过特定的命令或操作界面进行安全审计操作,并对这些操作进行审计 (2)应通过审计管理员对审计记录进行分析,并根据分析结果进行处理,包括根据安全审计策略对审计记录进行存储、管理和查询等
3. 对安全进行统一管理	(1)应对安全管理员进行身份鉴别,只允许其通过特定的命令或操作界面进行安全管理操作,并对这些操作进行审计 (2)应通过安全管理员对系统中的安全策略进行配置,包括安全参数的设置,主体、客体进行统一安全标记,对主体进行授权,配置可信验证策略等

控制措施	具体要求
4. 集中管控	(1)应划分出特定的管理区域,对分布在网络中的安全设备或安全组件进行管控 (2)应通过校验码技术或密码技术保证重要数据在传输和存储过程中的完整性 (3)应对网络链路、安全设备、网络设备和服务器等的运行状况进行集中监测 (4)对分散在各个设备上的审计数据进行收集汇总和集中分析,并保证审计记录的留存时间符合法律法规要求 (5)应对安全策略、恶意代码、补丁升级等安全相关事项进行集中管理 (6)应能对网络中发生的各类安全事件进行识别、报警和分析

三、等级保护通用管理控制

在《基本要求》中明确了各类通用管理控制的要求,下面以第三级安全要求为例,列表示出每一类管理的具体要求,使读者了解网络安全等级保护通用管理的控制措施。

(一)安全管理制度控制

安全管理制度控制要求见表5-7。

表5-7 安全管理制度控制要求

控制措施	具体要求
1. 安全策略	应制定网络安全工作的总体方针和安全策略,阐明安全工作的总体目标、范围、原则和安全框架等
2. 管理制度	(1)应对安全管理活动中的各类管理内容建立安全管理制度 (2)应对要求管理人员或操作人员执行的日常管理操作建立操作规程 (3)应形成由安全策略、管理制度、操作规程、记录表单等构成的全面的信息安全管理制度体系
3. 制定和发布	(1)应指定或授权专门的部门或人员负责安全管理制度的制定 (2)安全管理制度应通过正式、有效的方式发布,并进行版本控制
4. 评审和修订	应定期对安全管理制度的合理性和适用性进行论证和审定,对存在不足或需要改进的安全管理制度进行修订

(二)安全管理机构控制

安全管理机构控制要求见表5-8。

表5-8 安全管理机构控制要求

控制措施	具体要求
1. 设置信息安全组织机构和岗位	(1)应成立指导和管理信息安全工作的委员会或领导小组,其最高领导由主管领导委任或授权 (2)设立信息安全管理工作的职能部门,设立安全主管、安全管理各个方面的负责人岗位,并定义各负责人的职责 (3)设立系统管理员、审计管理员和安全管理员等岗位,并定义部门及各个工作岗位的职责
2. 配备岗位人员	(1)配备一定数量的系统管理员、审计管理员和安全管理员等 (2)配备专职安全管理员,不可兼任
3. 对授权和审批的流程、权限等进行管理	(1)应根据各个部门和岗位的职责明确授权审批事项、审批部门和批准人等 (2)针对系统变更、重要操作、物理访问和系统接入等事项建立审批程序,按照审批程序执行审批过程,对重要活动建立逐级审批制度 (3)定期审查审批事项,及时更新需授权和审批的项目、审批部门和审批人等信息
4. 加强沟通与合作机制	(1)应加强各类管理人员、组织内部机构和网络安全管理部门之间的合作与沟通,定期召开协调会议,共同协作处理网络安全问题 (2)应加强与网络安全职能部门、各类供应商、业界专家及安全组织的合作与沟通 (3)应建立外联单位联系列表,包括外联单位名称、合作内容、联系人和联系方式等信息
5. 审核和检查	(1)应定期进行常规安全检查,检查内容包括系统日常运行、系统漏洞和数据备份等情况 (2)应定期进行全面安全检查,检查内容包括现有安全技术措施的有效性、安全配置与安全策略的一致性、安全管理制度的执行情况等 (3)应制定安全检查表格实施安全检查,汇总安全检查数据,形成安全检查报告,并对安全检查结果进行通报

(三)安全管理人员控制

安全管理人员控制要求见表5-9。

表5-9 安全管理人员控制要求

控制措施	具体要求
1. 人员录用和离岗管理	(1)应指定或授权专门的部门或人员负责人员录用 (2)应对被录用人员的身份、安全背景、专业资格或资质等进行审查,对其所具有的技术技能进行考核

控制措施	具体要求
1. 人员录用和离岗管理	(3)应与被录用人员签署保密协议,与关键岗位人员签署岗位责任协议 (4)应及时终止离岗人员的所有访问权限,取回各种身份证件、钥匙、徽章等及机构提供的软硬件设备 (5)应办理严格的调离手续,并承诺调离后的保密义务后方可离开
2. 安全意识教育和培训	(1)应对各类人员进行安全意识教育和岗位技能培训,并告知相关的安全责任和惩戒措施 (2)应针对不同岗位制订不同的培训计划,对安全基础知识、岗位操作规程等进行培训 (3)应定期对不同岗位的人员进行技能考核
3. 对外部人员的访问进行控制和管理	(1)确保在外部人员物理访问受控区域前先提出书面申请,批准后由专人全程陪同,并登记备案 (2)确保在外部人员接入受控网络访问系统前先提出书面申请,批准后由专人开设账户、分配权限,并登记备案 (3)外部人员离场后应及时清除其所有的访问权限 (4)获得系统访问授权的外部人员应签署保密协议,不得进行非授权操作,不得复制和泄露任何敏感信息

(四)安全建设管理控制

安全建设管理控制要求见表5-10。

表5-10　安全建设管理控制要求

控制措施	具体要求
1. 对保护对象进行定级和备案	(1)以书面的形式说明保护对象的安全保护等级及确定等级的方法和理由 (2)组织相关部门和有关安全技术专家对定级结果的合理性和正确性进行论证和审定 (3)确保定级结果经过相关部门的批准 (4)将备案材料报主管部门和相应公安机关备案
2. 安全方案设计	(1)应根据安全保护等级选择基本安全措施,依据风险分析的结果补充和调整安全措施 (2)应根据保护对象的安全保护等级及与其他级别保护对象的关系进行安全整体规划和安全方案设计,设计内容应包含密码相关内容,并形成配套文件 (3)组织相关部门和有关安全专家对安全整体规划及其配套文件的合理性和正确性进行论证和审定,经过批准才能正式实施

控制措施	具体要求
3. 控制安全产品的采购和使用	(1)确保安全产品采购和使用符合国家有关规定 (2)确保密码产品与服务的采购和使用符合国家密码管理主管部门的要求 (3)应预先对产品进行选型测试,确定产品的候选范围,并定期审定和更新候选产品名单
4. 管理自行软件开发过程	(1)确保开发环境与实际运行环境物理分开,测试数据和测试结果受到控制 (2)应制定软件开发管理制度,明确说明开发过程的控制方法和人员行为准则 (3)应制定代码编写安全规范,要求开发人员参照规范编写代码 (4)确保具备软件设计的相关文档和使用指南,并对文档使用进行控制 (5)确保在软件开发过程中对安全性进行测试,在软件安装前对可能存在的恶意代码进行检测 (6)确保对程序资源库的修改、更新、发布进行授权和批准,并严格进行版本控制 (7)确保开发人员为专职人员,开发人员的开发活动受到控制、监视和审查
5. 管理外包软件开发过程	(1)应在软件交付前检测其中可能存在的恶意代码 (2)应要求开发单位提供软件设计文档和使用指南 (3)应要求开发单位提供软件源代码,并审查软件中可能存在的后门和隐蔽信道
6. 管理工程实施过程	(1)应指定或授权专门的部门或人员负责工程实施过程的管理 (2)应制定工程实施方案控制安全工程实施过程 (3)应通过第三方工程监理控制项目的实施过程
7. 对测试验收和系统交付过程进行管理	(1)应制订测试验收方案,并依据测试验收方案实施测试验收,形成测试验收报告 (2)应进行上线前的安全性测试,并出具安全测试报告,安全测试报告应包含密码应用安全性测试的内容 (3)应制定交付清单,并根据交付清单对所交接的设备、软件和文档等进行清点 (4)对负责运行维护的技术人员进行相应技能培训 (5)应确保提供建设过程中的文档和指导用户进行运行维护的文档

控制措施	具体要求
8. 等级测评	(1)应定期进行等级测评,发现不符合相应等级保护标准要求的及时整改 (2)发生重大变更或级别发生变化时进行等级测评 (3)确保测评机构的选择符合国家的有关规定
9. 服务供应商选择	(1)应与选定的服务供应商签订相关协议,明确整个服务供应链各方需履行的信息安全相关义务 (2)应与选定的服务供应商签订相关协议,明确整个服务供应链各方需履行的网络安全相关义务 (3)应定期监视、评审和审核服务供应商提供的服务,并对其变更服务内容加以控制

(五)安全运维管理控制

安全运维管理控制要求见表5-11。

表5-11　安全运维管理控制要求

控制措施	具体要求
1. 环境管理	(1)应指定专门的部门或人员负责机房安全,对机房出入进行管理,定期对机房供配电、空调、温度、湿度控制、消防等设施进行维护管理 (2)应建立机房安全管理制度,对有关机房物理访问,物品带进、带出机房和机房环境安全等方面的管理作出规定 (3)不在重要区域接待来访人员和桌面上没有包含敏感信息的纸档文件、移动介质等
2. 资产管理	(1)应编制并保存与保护对象相关的资产清单,包括资产责任部门、重要程度和所处位置等内容 (2)应根据资产的重要程度对资产进行标识管理,根据资产的价值选择相应的管理措施 (3)应对信息分类与标识方法作出规定,并对信息的使用、传输和存储等进行规范化管理
3. 介质管理	(1)确保介质存放在安全的环境中,对各类介质进行控制和保护,实行存储环境专人管理,并根据存档介质的目录清单定期盘点 (2)应对介质在物理传输过程中的人员选择、打包、交付等情况进行控制,并对介质的归档和查询等进行登记记录
4. 设备维护管理	(1)应对各种设备(包括备份和冗余设备)、线路等指定专门的部门或人员定期进行维护管理

控制措施	具体要求
4. 设备维护管理	(2)应建立配套设施、软硬件维护方面的管理制度,对其维护进行有效的管理,包括明确维护人员的责任、维修和服务的审批、维修过程的监督控制等 (3)确保信息处理设备必须经过审批才能带离机房或办公地点,含有存储介质的设备带出工作环境时,其中重要数据必须加密 (4)含有存储介质的设备在报废或重用前,应进行完全清除或被安全覆盖,确保该设备上的敏感数据和授权软件无法被恢复重用
5. 安全漏洞和风险管理	(1)应采取必要的措施识别安全漏洞和隐患,对发现的安全漏洞和隐患及时进行修补或评估可能的影响后进行修补 (2)应定期开展安全测评,形成安全测评报告,采取措施应对发现的安全问题
6. 网络和系统的运维安全管理	(1)应划分不同的管理员角色进行网络和系统的运维管理,明确各个角色的责任和权限 (2)应指定专门的部门或人员进行账户管理,对申请账户、建立账户、删除账户等进行控制 (3)应建立网络和系统安全管理制度,对安全策略、账户管理、配置管理、日志管理、日常操作、升级与打补丁、口令更新周期等方面作出规定 (4)应制定重要设备的配置和操作手册,依据手册对设备进行安全配置和优化配置等 (5)应详细记录运维操作日志,包括日常巡检工作、运行维护记录、参数的设置和修改等内容 (6)应指定专门的部门或人员对日志、监测和报警数据等进行分析、统计,及时发现可疑行为 (7)严格控制变更性运维,经过审批后才可改变连接、安装系统组件或调整配置参数,操作过程中应保留不可更改的审计日志,操作结束后同步更新配置信息库 (8)严格控制运维工具的使用,经过审批后才可接入进行操作,操作过程中应保留不可更改的审计日志,操作结束后应删除工具中的敏感数据 (9)严格控制远程运维的开通,经过审批后才可开通远程运维接口或通道,操作过程中应保留不可更改的审计日志,操作结束后立即关闭接口或通道 (10)保证所有与外部的连接均得到授权和批准,应定期检查违反规定无线上网及其他违反网络安全策略的行为
7. 恶意代码防范管理	(1)提高所有用户的防恶意代码意识,对外来计算机或存储设备在接入系统前进行恶意代码检查等 (2)定期验证防范恶意代码攻击技术措施的有效性

控制措施	具体要求
8.　配置管理	(1)记录和保存基本配置信息,包括网络拓扑结构、各个设备安装的软件组件、软件组件的版本和补丁信息、各个设备或软件组件的配置参数等 (2)将基本配置信息改变纳入变更范畴,实施对配置信息改变的控制,并及时更新基本配置信息库
9.　密码管理	应遵循密码相关的国家标准和行业标准,使用国家密码管理主管部门认证核准的密码技术和产品
10.　变更管理	(1)应明确变更需求,变更前根据变更需求制定变更方案,变更方案经过评审、审批后方可实施 (2)应建立变更的申报和审批控制程序,依据程序控制所有的变更,记录变更实施过程 (3)应建立中止变更并从失败变更中恢复的程序,明确过程控制方法和人员职责,必要时对恢复过程进行演练
11.　备份和恢复管理	(1)应识别需要定期备份的重要业务信息、系统数据及软件系统等 (2)应规定备份信息的备份方式、备份频度、存储介质、保存期等 (3)应根据数据的重要性和数据对系统运行的影响,制定数据的备份策略和恢复策略、备份程序和恢复程序等
12.　安全事件处置	(1)应及时向安全管理部门报告所发现的安全弱点和可疑事件 (2)应制定安全事件报告和处置管理制度,明确不同安全事件的报告、处置和响应流程,规定安全事件的现场处理、事件报告和后期恢复的管理职责等 (3)应在安全事件报告和响应处理过程中,分析和鉴定事件产生的原因,收集证据,记录处理过程,总结经验教训 (4)应对造成系统中断和造成信息泄漏的重大安全事件应采用不同的处理程序和报告程序
13.　应急预案管理	(1)规定统一的应急预案框架,具体包括启动预案的条件、应急组织构成、应急资源保障、事后教育和培训等内容 (2)应制定重要事件的应急预案,包括应急处理流程、系统恢复流程等内容 (3)应定期对系统相关的人员进行应急预案培训,并进行应急预案的演练 (4)应定期对原有的应急预案重新评估,修订完善
14.　外包运维管理	(1)确保外包运维服务商的选择符合国家有关规定 (2)应与选定的外包运维服务商签订相关的协议,明确约定外包运维的范围、工作内容

续表

控制措施	具体要求
14. 外包运维管理	(3)确保选择的外包运维服务商在技术和管理方面均具有按照等级保护要求开展安全运维工作的能力,并将能力要求在签订的协议中明确 (4)在与外包运维服务商签订的协议中明确所有相关的安全要求。如可能涉及对敏感信息的访问、处理、存储要求,对IT基础设施中断服务的应急保障要求等

四、等级保护专项扩展控制

在《基本要求》中明确了各专项扩展控制的要求,下面以第三级安全要求为例,列表示出每一个专项扩展控制的具体要求,使读者了解各项扩展控制措施。

(一)云计算安全扩展控制

云计算平台(系统)由设施、硬件、资源抽象控制层、虚拟化计算资源、软件平台和应用软件等组成。软件即服务(SaaS)、平台即服务(PaaS)、基础设施即服务(IaaS)是三种基本的云计算服务模式。在不同的服务模式中,云服务商和云服务客户对计算资源拥有不同的控制范围,控制范围决定了安全责任的边界。云计算将责任主体一分为二:云服务方、云服务客户方(图5-4)。

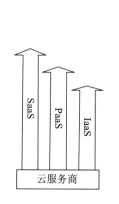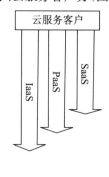

图5-4 云计算平台

云计算平台需要通过等级保护测评,单独定级备案。同一云计算平台可承载不同级别的信息系统,但不能承载高于平台级别的信息系统(表5-12)。

表5-12 云计算平台的安全扩展要求

控制措施	具体要求
1. 审慎选择机房位置	确保云计算基础设施位于中国境内
2. 网络架构控制	(1)确保云计算平台不承载高于其安全保护等级的业务应用系统 (2)实现不同云服务客户虚拟网络之间的隔离 (3)应具有根据云服务客户业务需求提供通信传输、边界防护、入侵防范等安全机制的能力

续表

控制措施	具体要求
2. 网络架构控制	(4)应具有根据云服务客户业务需求自主设置安全策略集的能力,包括定义访问路径、选择安全组件、配置安全策略 (5)应提供开放接口或开放性安全服务,允许云服务客户接入第三方安全产品或在云平台选择第三方安全服务
3. 安全区域边界的访问控制	(1)应在虚拟化网络边界部署访问控制机制,并设置访问控制规则 (2)应在不同等级的网络区域边界部署访问控制机制,设置访问控制规则
4. 入侵防范	(1)能检测云服务客户发起的网络攻击行为,并记录攻击类型、攻击时间、攻击流量等 (2)能检测对虚拟网络节点的网络攻击行为,并记录攻击类型、攻击时间、攻击流量等 (3)能检测虚拟机与宿主机、虚拟机与虚拟机之间的异常流量,并告警 (4)能当检测网络攻击行为、异常流量时告警 (5)能检测虚拟机之间的资源隔离失效,并告警 (6)能检测非授权新建虚拟机或者重新启用虚拟机,并告警 (7)能检测恶意代码感染及在虚拟机间蔓延的情况,并告警
5. 安全计算环境的身份鉴别和访问控制	(1)当进行远程管理时,在管理终端和云计算平台边界设备之间建立双向身份验证机制 (2)保证当虚拟机迁移时,访问控制策略随其迁移 (3)允许云服务客户设置不同虚拟机之间的访问控制策略
6. 镜像和快照保护	(1)应针对重要业务系统提供加固的操作系统镜像或操作系统安全加固服务 (2)应提供虚拟机镜像、快照完整性校验功能,防止虚拟机镜像被恶意篡改 (3)应采取密码技术或其他技术手段防止虚拟机镜像、快照中可能存在的敏感资源被非法访问
7. 保证数据的完整性和保密性	(1)确保云服务客户数据、用户个人信息等存储于中国境内,如需出境应遵循国家相关规定 (2)应只有在云服务客户授权下,云服务商或第三方才具有云服务客户数据的管理权限 (3)应使用校验技术或密码技术保证虚拟机迁移过程中重要数据的完整性,并在检测到完整性受到破坏时采取必要的恢复措施 (4)应支持云服务客户部署密钥管理解决方案,保证云服务客户自行实现数据的加解密过程

控制措施	具体要求
8. 数据备份恢复	(1)应提供查询云服务客户数据及备份存储位置的方式 (2)应在本地保存云服务客户业务数据的备份:为云服务客户将业务系统及数据迁移到其他云计算平台和本地系统提供技术手段,并协助完成迁移过程 (3)云服务商的云存储服务应确保云服务客户数据存在若干个可用的副本,各副本之间的内容保持一致 (4)应为云服务客户将业务系统及数据迁移到其他云计算平台和本地系统提供技术手段,并协助完成迁移过程
9. 保护剩余信息	(1)应保证虚拟机所使用的内存和存储空间回收时得到完全清除 (2)云服务客户删除业务应用数据时,云计算平台应确保云存储中所有副本被删除
10. 安全管理中心对云平台资源进行集中管控	(1)对物理资源和虚拟资源按照策略做统一管理调度与分配 (2)保证云计算平台管理流量与云服务客户业务流量分离 (3)根据云服务商和云服务客户的职责划分,收集各自控制部分的审计数据并实现各自的集中审计 (4)根据云服务商和云服务客户的职责划分,实现各自控制部分,包括虚拟化网络、虚拟机、虚拟化安全设备等的运行状况的集中监测
11. 安全建设时选择云服务商并进行管理	(1)选择安全合规的云服务商,其所提供的云平台应为其所承载的业务应用系统提供相应等级的安全保护能力 (2)应在服务水平协议中规定云服务的各项服务内容和具体技术指标 (3)应在服务水平协议中规定云服务商的权限与责任,包括管理范围、职责划分、访问授权、隐私保护、行为准则、违约责任等 (4)应在服务水平协议中规定服务合约到期时,提供云服务客户数据,并承诺相关数据在云计算平台上清除 (5)应与选定的云服务商签署保密协议,要求其不得泄露云服务客户数据
12. 安全建设时的供应链管理	(1)确保供应商的选择符合国家有关规定 (2)确保供应链安全事件信息或威胁信息能够及时传达到云服务客户 (3)应保证供应商的重要变更及时传达到云服务客户,并评估变更带来的安全风险,采取措施对风险进行控制
13. 云计算环境的安全运维管理	云计算平台的运维地点应位于中国境内,境外对境内云计算平台实施运维操作应遵循国家相关规定

(二)移动互联安全扩展控制

采用移动互联技术的等级保护对象其移动互联部分由移动终端、移动应用和无线网络三部分组成。移动互联安全扩展要求主要针对移动终端、移动应用和无线网络部分提出特殊安全要求，与安全通用要求一起构成对采用移动互联技术的等级保护对象的完整安全要求（表5-13）。

表5-13　移动互联安全扩展要求

控制措施	具体要求
1. 安全物理环境	应为无线接入设备的安装选择合理位置，避免过度覆盖和电磁干扰
2. 边界防护	应保证有线网络与无线网络边界之间的访问和数据流通过无线接入网关设备
3. 访问控制	应将无线接入设备开启接入认证功能，并支持采用认证服务器认证或国家密码管理机构批准的密码模块进行认证
4. 入侵防范	(1)能检测到非授权无线接入设备和非授权移动终端的接入行为；能检测到针对无线接入设备的网络扫描、DDoS攻击、密钥破解、中间人攻击和欺骗攻击等行为；能检测到无线接入设备的SSID广播、WPS等高风险功能的开启状态 (2)禁用无线接入设备和无线接入网关存在风险的功能，如：SSID广播、WEP认证等 (3)禁止多个AP使用同一个认证密钥 (4)能够阻断非授权无线接入设备或非授权移动终端
5. 管控移动终端	(1)保证移动终端安装、注册并运行终端管理客户端软件 (2)移动终端应接受移动终端管理服务端的设备生命周期管理、设备远程控制，如：远程锁定、远程擦除等
6. 管控移动应用	(1)应具有选择应用软件安装、运行的功能 (2)应具有软件白名单功能，应能根据白名单控制应用软件安装、运行 (3)只允许系统管理者指定证书签名的应用软件安装和运行
7. 安全建设时对移动应用软件的采购进行控制	(1)保证移动终端安装、运行的应用软件来自可靠分发渠道或使用可靠证书签名 (2)保证移动终端安装、运行的应用软件由指定的开发者开发
8.管控移动应用	(1)应指定或授权专门的部门或人员负责安全管理制度的制定 (2)安全管理制度应通过正式、有效的方式发布，并进行版本控制
9. 对移动应用软件开发进行控制	(1)应要求对移动业务应用软件开发者进行资格审查 (2)应要求开发移动业务应用软件的签名证书合法性
10. 安全运维管理	应建立合法无线接入设备和合法移动终端配置库，用于对非法无线接入设备和非法移动终端的识别

（三）物联网安全扩展控制

物联网通常从架构上可分为感知层、网络传输层和处理应用层三个逻辑层。其中感知层包括传感器节点和传感网网关节点，或RFID标签和RFID读写器。网络传输层是将这些感知数据远距离传输到处理中心的网络,包括互联网、移动网等,以及几种不同网络的融合;处理应用层包括对感知数据进行存储与智能处理的平台,并对业务应用终端提供服务。对物联网的安全防护应包括感知层、网络传输层和处理应用层。网络传输层和处理应用层通常是由计算机设备构成,因此这两部分按照安全通用要求提出的要求进行保护,《基本要求》中的物联网安全扩展要求针对感知层提出特殊安全要求,与安全通用要求一起构成对物联网的完整安全要求(表5-14)。

表5-14　物联网安全扩展要求

控制措施	具体要求
1. 对感知节点设备进行物理防护	(1)感知节点设备所处的物理环境应不对感知节点设备造成物理破坏,如挤压、强震动 (2)感知节点设备在工作状态所处物理环境应能正确反映环境状态(如温湿度传感器不能安装在阳光直射区域),应不对感知节点设备的正常工作造成影响,如强干扰、阻挡屏蔽等 (3)关键感知节点设备应具有可供长时间工作的电力供应(关键网关节点设备应具有持久的,稳定的电力供应能力)
2. 接入控制	应确保只有授权的感知节点可以接入
3. 入侵防范	限制与感知节点通信的目标地址,限制与网关节点通信的目标地址,以避免对陌生地址的攻击行为
4. 保证感知节点设备安全	(1)保证只有授权的用户可以对感知节点设备上的软件应用进行配置或变更 (2)应具有对其连接的网关节点设备(包括读卡器)设备进行身份标识和鉴别的能力 (3)应具有对其连接的其他感知节点设备(包括路由节点)进行身份标识和鉴别的能力
5. 保证网关节点设备安全	(1)设置最大并发连接数 (2)应具备对合法连接设备(包括终端节点、路由节点、数据处理中心)进行标识和鉴别的能力 (3)应具备过滤非法节点和伪造节点所发送的数据的能力 (4)授权用户应能够在设备使用过程中对关键密钥进行在线更新 (5)授权用户应能够在设备使用过程中对关键配置参数进行在线更新
6. 数据安全	(1)应能鉴别数据的新鲜性,避免历史数据的重放攻击 (2)应能鉴别历史数据的非法修改,避免数据的修改重放攻击 (3)应对来自传感网的数据进行数据融合处理,使不同种类的数据可以在同一个平台被使用
7. 感知节点设备运维	(1)指定人员定期巡视感知节点设备、网关节点设备的部署环境,对可能影响感知节点设备、网关节点设备正常工作的环境异常进行记录和维护

续表

控制措施	具体要求
7. 感知节点设备运维	(2)对感知节点设备、网关节点设备入库、存储、部署、携带、维修、丢失和报废等过程作出明确规定,并进行全程管理 (3)加强对感知节点设备、网关节点设备部署环境的保密性管理,包括负责检查和维护的人员调离工作岗位应立即交还相关检查工具和检查维护记录等

(四)工业控制系统安全扩展控制

工业控制系统包括数据采集与监视控制系统、集散控制系统和其他控制系统(表5-15)。

表5-15　工业控制系统安全扩展要求

控制措施	具体要求
1. 室外控制设备物理防护	室外控制设备应放置于采用铁板或其他防火材料制作的箱体或装置中并紧固,箱体或装置具有透风、散热、防盗、防雨和防火能力;应远离强电磁干扰、强热源等环境,如无法避免应及时做好应急处置及检修,保证设备正常运行
2. 工业控制系统的网络架构管理	(1)工业控制系统与其他系统之间应划分为两个区域,区域间应采用单向的技术隔离手段 (2)工业控制系统内部应根据业务特点划分为不同的安全域,安全域之间应采用技术隔离手段 (3)涉及实时控制和数据传输的工业控制系统,应使用独立的网络设备组网,在物理层面上实现与其他数据网及外部公共信息网的安全隔离
3. 通信传输	应在工业控制系统内使用广域网进行控制指令或相关数据交换的应采用加密认证技术手段实现身份认证、访问控制和数据加密传输
4. 对工业控制系统的访问进行控制	(1)工业控制系统与其他系统之间部署访问控制设备,配置访问控制策略,禁止任何穿越区域边界的E-mail、Web、Telnet、Rlogin、FTP等通用网络服务 (2)应在工业控制系统内安全域和安全域之间的边界防护机制失效时,及时报警
5. 对工业控制系统的拨号进行控制	(1)工业控制系统确需使用拨号访问服务的,应限制具有拨号访问权限的用户数量;并采取用户身份鉴别和访问控制等措施 (2)拨号服务器和客户端均应使用经安全加固的操作系统,并采取数字证书认证、传输加密和访问控制等措施
6. 对工业控制系统的无线通信进行安全管理	(1)应对所有参与无线通信的用户(人员、软件进程或者设备)提供唯一性标识和鉴别,进行授权及执行使用进行限制

控制措施	具体要求
6. 对工业控制系统的无线通信进行安全管理	(2)应对无线通信采取传输加密的安全措施,实现传输报文的保密性保护 (3)对采用无线通信技术进行控制的工业控制系统,应能识别其物理环境中发射的未经授权的无线设备,报告未经授权试图接入或干扰控制系统行为
7. 控制设备安全	(1)控制设备自身应实现相应级别安全通用要求提出的身份鉴别、访问控制和安全审计等设备和计算方面的安全要求,如受条件限制控制设备无法实现上述要求,应由其上位控制或管理设备实现同等功能或通过管理手段控制 (2)在经过充分测试评估后,在不影响系统安全稳定运行的情况下对控制设备进行补丁更新、固件更新等工作 (3)应关闭或拆除控制设备的软盘驱动、光盘驱动、USB接口、串行口等,确需保留的必须通过相关的技术措施实施严格的监控管理 (4)应使用专用设备和专用软件对控制设备进行更新 (5)保证控制设备在上线前经过安全性检测,确保控制设备固件中不存在恶意代码程序
8. 安全建设管理	(1)应保证工业控制系统重要设备通过专业机构的安全性检测后方可采购使用 (2)应在外包开发合同中规定针对开发单位、供应商的约束条款,包括设备及系统在生命周期内有关保密、禁止关键技术扩散和设备行业专用等方面的内容

(五)大数据安全扩展控制

大数据系统通常由大数据平台、大数据应用及处理的数据集合构成,大数据系统的特征是数据体量大、种类多、聚合快、价值高,受到破坏、泄露或篡改会对国家安全、社会秩序或公共利益造成严重影响,大数据安全涉及大数据平台的安全和大数据应用的安全。

大数据应用是基于大数据平台对数据的处理过程,通常包括数据采集、数据存储、数据应用、数据交换和数据销毁等环节,这些环节均需要对数据进行保护,通常需考虑的安全控制措施包括数据采集授权、数据真实可信、数据分类标识存储、数据交换完整性、敏感数据保密性、数据备份和恢复、数据输出脱敏处理、敏感数据输出控制及数据的分级分类销毁机制等。大数据平台是为大数据应用提供资源和服务的支撑集成环境,包括基础设施层、数据平台层和计算分析层。《基本要求》正文中没有提出大数据安全扩展的控制指标项,可参照其附录H"大数据应用场景说明"中的控制措施对大数据系统进行保护有关大数据系统安全扩展要求,见表5-16。

表 5-16　大数据系统安全扩展要求

控制措施	具体要求
1. 安全物理环境	应保证承载大数据存储、处理和分析的设备机房位于中国境内
2. 安全通信网络	(1)应保证大数据平台不承载高于其安全保护等级的大数据应用 (2)应保证大数据平台的管理流量与系统业务流量分离
3. 安全计算环境	(1)大数据平台： ①应对数据采集终端、数据导入服务组件、数据导出终端、数据导出服务组件的使用实施身份鉴别 ②应能对不同客户的大数据应用实施标识和鉴别 ③应为大数据应用提供集中管控其计算和存储资源使用状况的能力 ④应对其提供的辅助工具或服务组件,实施有效管理 ⑤应屏蔽计算、内存、存储资源故障,保障业务正常运行 ⑥应提供静态脱敏和去标识化的工具或服务组件技术 ⑦应提供数据分类分级安全管理功能,供大数据应用针对不同类别级别的数据采取不同的安全保护措施 ⑧应提供设置数据安全标记功能,基于安全标记的授权和访问控制措施,满足细粒度授权访问控制管理能力要求 ⑨应在数据采集、存储、处理、分析等各个环节,支持对数据进行分类分级处置,并保证安全保护策略保持一致 ⑩数据隔离存放,并提供不同客户审计数据收集汇总和集中分析的能力 ⑪应保证不同客户大数据应用的审计数 (2)对外提供服务的大数据平台,平台或第三方只有在大数据应用授权下才可以对大数据应用的数据资源进行访问、使用和管理 (3)涉及重要数据接口、重要服务接口的调用,应实施访问控制,包括但不限于数据处理、使用、分析、导出、共享、交换等相关操作 (4)应在数据清洗和转换过程中对重要数据进行保护,以保证重要数据清洗和转换后的一致性,避免数据失真,并在产生问题时能有效还原和恢复 (5)应跟踪和记录数据采集、处理、分析和挖掘等过程,保证溯源数据能重现相应过程,溯源数据满足合规审计要求
4. 安全建设管理	(1)应选择安全合规的大数据平台,其所提供的大数据平台服务应为其所承载的大数据应用提供相应等级的安全保护能力 (2)应以书面方式约定大数据平台提供者的权限与责任、各项服务内容和具体技术指标等,尤其是安全服务内容 (3)应明确约束数据交换、共享的接收方对数据的保护责任,并确保接收方有足够或相当的安全防护能力

控制措施	具体要求
5. 安全运维管理	(1)应建立数字资产安全管理策略,对数据全生命周期的操作规范、保护措施、管理人员职责等进行规定,包括并不限于数据采集、存储、处理、应用、流动、销毁等过程 (2)应制定并执行数据分类分级保护策略,针对不同类别、级别的数据制定不同的安全保护措施 (3)应在数据分类分级的基础上,划分重要数字资产范围,明确重要数据进行自动脱敏或去标识的使用场景和业务处理流程 (4)应定期评审数据的类别和级别,如需要变更数据的类别或级别,应依据变更审批流程执行变更

五、等级保护设计控制

《设计技术要求》规定了第一级到第四级等级保护对象的安全设计技术要求,每个级别的安全设计技术要求均由安全通用设计技术要求和安全扩展设计技术要求构成。

(一)安全通用技术设计控制

网络安全等级保护安全通用技术设计包括各级系统安全保护环境的设计及其安全互联的设计。各级系统安全保护环境由相应级别的安全计算环境、安全区域边界、安全通信网络和(或)安全管理中心组成。定级系统互联由安全互联部件和跨定级系统安全管理中心组成。

安全计算环境设计技术要求针对等级保护对象的信息存储、处理及实施安全策略的相关部件进行设计;安全区域边界设计技术要求针对安全计算环境边界及在安全计算环境与安全通信网络之间实现连接并实施安全策略的相关部件进行设计;安全通信网络设计技术要求针对安全计算环境之间进行信息传输及实施安全策略的相关部件进行设计;安全管理中心设计技术要求针对等级保护对象的安全策略及安全计算环境、安全区域边界和安全通信网络上的安全机制实施同一管理的平台进行设计。安全技术设计主要从用户身份鉴别、访问控制、安全审计、用户数据完整性和机密性保护、客体安全重用、可信验证、配置可信性检查、入侵检测和恶意代码防范等方面进行设计。第四级的安全设计技术要求增加了系统安全保护环境结构化设计技术要求。

第一级系统安全保护环境的设计目标是按照《计算机信息系统安全保护等级划分准则》(GB 17859—1999)对第一级系统的安全保护要求,以身份鉴别为基础,提供用户(组)对文件及数据库表的自主访问控制,实现用户与数据隔离,使用户具有自主保护的能力;以包过滤手段提供区域边界保护;以数据校验和恶意代码防范等手段提供系统和数据的完整性保护。

第二级系统安全保护环境的设计目标是按照《计算机信息系统安全保护等级划分准则》(GB 17859-1999)对第二级系统的安全保护要求,在第一级系统安全保护环境的基础上,增加系统安全审计、客体重用等安全功能,并实施以用户为基本粒度的自主访问控制,使系统具有更强的自主安全保护能力,并保障基础计算资源和应用程序可信。第二级及以上系统如使用密码技术,应支持国家密码管理主管部门批准使用的密码算法,使用国家密码管理主管部门认证核准的密码产品,遵循相关密码国家标准和行业标准。

　　第三级系统安全保护环境的设计目标是按照《计算机信息系统安全保护等级划分准则》(GB 17859—1999)对第三级系统的安全保护要求,在第二级系统安全保护环境的基础上,通过实现基于安全策略模型和标记的强制访问控制以及增强系统的安全审计,使系统具有在统一安全策略管控下,保护敏感资源的能力,并保障基础计算资源和应用程序可信,确保关键执行环节可信。第三级系统安全保护环境设计,根据“一个中心”管理下的“三重防护”体系框架,构建安全机制和策略,形成定级系统的安全保护环境。该环境分为安全计算环境、安全区域边界、安全通信网络和安全管理中心四个部分。每个部分由一个或若干个子系统(安全保护部件)组成,子系统具有安全保护功能独立完善、调用接口简洁、与安全产品相对应和易于管理等特征。

　　第四级系统安全保护环境的设计目标是按照《计算机信息系统安全保护等级划分准则》(GB 17859—1999)对第四级系统的安全保护要求,建立一个明确定义的形式化安全策略模型,将自主和强制访问控制扩展到所有主体和客体,相应增强其他安全功能强度;将系统安全保护环境结构化为关键保护元素和非关键保护元素,使系统具有抗渗透的能力;保障基础计算资源和应用程序可信,确保所有关键执行环节可信,对所有可信验证结果进行动态关联感知。

　　定级系统互联的设计目标是对相同或不同等级的定级系统之间的互联、互通、互操作进行安全等级保护,确保用户身份的真实性、操作的安全性以及抗抵赖性,并按安全策略对信息流向进行严格控制,确保进出安全计算环境、安全区域边界以及安全通信网络的数据安全。定级系统互联的设计策略是,在各定级系统的计算环境安全、区域边界安全和通信网络安全的基础上,通过安全管理中心增加相应的安全互联策略,保持用户身份、主/客体标记、访问控制策略等安全要素的一致性,保护互联系统之间的互操作和数据交换的安全。

　　在对定级系统进行等级保护安全保护环境设计时,可以结合系统自身业务需求,将定级系统进一步细化成不同的子系统,确定每个子系统的等级,对子系统进行安全保护环境的设计。

　　《设计技术要求》附录B给出了一个第三级系统安全保护环境设计的示例(表5-17、表5-18)。

表5-17　第三级系统安全保护环境设计控制

控制措施	具体要求
1. 区域边界	通过对进入和流出安全保护环境的信息流进行安全检查,确保不会有违反系统安全策略的信息流经过边界
2. 通信网络	通过对通信数据包的保密性和完整性的保护,确保其在传输过程中不会被非授权窃听和篡改,保障数据在传输过程中的安全
3. 通用安全计算环境	(1)用户身份鉴别。可采用受安全管理中控制的口令、令牌、生物特征、数字证书以及其他具有与相应安全强度的两种或两种以上的组合机制进行用户身份鉴别,并对鉴别数据进行保密性和完整性保护,确保在系统整个生存周期用户标识的唯一性 (2)自主访问控制。控制的主体的粒度为用户级,客体的粒度为文件或数据库表级和(或)记录或字段级。自主访问操作包括对客体的创建、读、写、修改和删除等

控制措施	具体要求
3. 通用安全计算环境	(3)标记和强制访问控制。在对安全管理员进行身份鉴别和权限控制的基础上,由安全管理员对主、客体进行安全标记;应按安全标记和强制访问规则,对确定主体访问客体的操作进行控制。强制访问控制的主体的粒度为用户级,客体的粒度为文件或数据库表级。确保安全计算环境内的所有主、客体具有一致的标记信息,实施相同的强制访问控制规则 (4)系统安全审计。审计记录应包括安全事件的主体、客体、时间、类型和结果等内容。确保能对特定安全事件报警。确保审计记录不被破坏或非授权访问 (5)用户数据完整性保护。应采用密码等技术支持的完整性校验机制,检验存储和处理用户数据的完整性,且在其受到破坏时能对重要数据进行恢复 (6)用户数据机密性保护。应采用密码等技术支持的机密性保护机制,对用户数据进行保密 (7)客体安全重用。应采用具有安全客体复用功能的系统软件或具有相同功能的产品,对用户使用的客体资源,在这些客体资源重新分配前,对其原使用的信息进行清除,以确保信息不被泄露 (8)可信验证。可基于可信根对计算节点的 BIOS、引导程序、操作系统内核、应用程序等进行可信验证,并在应用程序的关键执行环节对系统调用的主体、客体、操作进行可信验证 (9)配置可信检查。应将系统的安全配置信息形成基准库,实时监控或定期检查配置信息的修改行为,及时修复与基准库不符的配置信息 (10)入侵检测和恶意代码防范。应通过主动免疫可信计算检验机制及时识别并有效阻断入侵和病毒行为
4. 系统和安全管理	(1)系统管理负责对安全保护环境中的计算节点、安全区域边界、安全通信网络实施集中管理和维护,包括用户身份管理、资源配置和可信库管理、异常情况处理等 (2)安全管理主要实施标记管理、授权管理及可信管理
5. 子系统节点	(1)通过在操作系统核心层、系统层设置以强制访问控制为主体的系统安全机制,形成防护层 (2)通过对用户行为的控制,防止非授权用户访问和授权用户越权访问 (3)为典型应用支撑子系统的正常运行和免遭恶意破坏提供支撑和保障
6. 典型应用支撑子系统	是系统安全保护环境中为应用系统提供安全支撑服务的接口,通过接口平台使应用系统的主客体与保护环境的主客体向对应,达到访问控制策略实现的一致性

表5-18 安全管理中心设计控制

控制措施	具体要求
1. 系统管理	(1)系统管理员可对系统资源和运行进行配置、控制和可信及密码管理,包括用户身份、可信证书及密钥、可信基准库、系统资源配置、系统加载和启动、系统运行异常处理、数据和设备的备份与恢复等 (2)应对系统管理员进行身份鉴别,并对系统管理员的操作进行审计 (3)云计算平台的运维应在中国境内,境外对境内云计算平台实施运维操作应遵循国家相关规定,云计算的安全管理应提供查询云租户数据及备份存储位置的方式 (4)物联网系统管理员可对感知设备、感知网关等进行统一身份标识管理,可对感知设备状态(电力供应、是否在线、位置等)进行统一监测和处理
2. 安全管理	(1)安全管理员对系统中的主体、客体统一标记,对主体进行授权,配置可信验证策略,维护策略库 (2)应对安全管理员进行身份鉴别,并对安全管理员的操作进行审计 (3)云计算的安全管理应具有攻击行为回溯分析及网络安全事件预测和预警能力,具有网络安全态势感知和预测、预判能力 (4)物联网系统管理员可统一管理系统中使用的密码,包括密钥的生成、分发、更新、存储、备份、销毁等 (5)工业控制系统管理员可对工业控制系统中设备的可用性和安全性进行实时监控,可设置监控指标的告警阈值,触发告警并记录。应通过安全管理员在安全管理中心呈现设备间的访问关系,能够及时发现未定义的信息通信行为,以及识别重要业务操作指令级的异常
3. 审计管理	(1)通过安全审计员对系统中各部分的安全审计机制集中管理,包括根据安全审计策略对审计记录分类,可按时间段开启或关闭相应的安全审计机制,存储、管理、查询、分析各类审计记录,根据分析结果进行处理 (2)应对安全审计员进行身份鉴别,并对安全审计员的操作进行审计 (3)云计算平台应对云服务器、云数据库、云存储等云服务的创建、删除等操作行为进行审计,对管理员的运维行为安全审计。应通过租户隔离机制,确保审计数据隔离的有效性 (4)工业控制系统管理员可对工业控制系统的现场控制设备、网络安全设备、网络设备、服务器、操作站等设备中的主体和客体进行登记,并对各设备的网络安全监控和报警、网络安全日志信息集中管理,对各类网络安全报警和日志信息进行关联分析

　　第三级系统安全区域边界设计控制包括区域边界访问控制、区域边界包过滤、区域边界安全审计、区域边界完整性保护、可信验证等,详细内容可参见《设计技术要求》8.3.2.1节"通用安全区域边界设计技术要求"。

　　第三级系统安全通信网络设计控制包括通信网络数据传输完整性保护、通信网络数据传输保密性保护、可信连接验证、通信网络安全审计等,详细内容可参见《设计技术要求》8.3.3.1节"通用安全通信网络设计技术要求"。

安全扩展设计技术要求包括云计算、移动互联、物联网、工业控制系统,下面以第三级为例说明。

(二)云计算等级保护安全技术设计控制

按照云计算功能分层框架和云计算安全特点,构建云计算安全设计防护技术框架(表5-19),包括云用户层、访问层、资源层、服务层、资源层、硬件设施层和管理层(跨层功能),如图5-5所示。

表5-19　云安全计算环境设计控制

控制措施	具体要求
1. 用户身份鉴别	应支持注册到云计算服务的云租户建立主、子账户,并采用用户名和用户标识符标识主、子账号用户身份
2. 用户账号保护	应支持建立云租户账号体系,实现主体对虚拟机、云数据库、云网络、云存储等客体的访问授权
3. 安全审计	(1)应支持云服务商和云租户远程管理时执行的特权命令进行审计 (2)应支持租户收集和查看与本租户资源相关的审计信息,保证云服务商对云租户系统和数据的访问操作可被租户审计
4. 入侵防范	(1)应能检测到虚拟机对宿主机资源的异常访问 (2)应支持对云租户进行行为监控,应能对云租户发起的恶意攻击或恶意对外连接进行检测和告警
5. 虚拟化安全	(1)应实现虚拟机之间的CPU、内存和存储空间安全隔离,能检测到非授权管理虚拟机等情况并告警 (2)禁止虚拟机对宿主机物理资源的直接访问,应能对异常访问进行告警 (3)应支持不同租户虚拟化网络之间安全隔离 (4)监控物理机、宿主机、虚拟机的运行状态
6. 镜像和快照安全	(1)应支持镜像和快照提供对虚拟机镜像和快照文件的完整性保护 (2)防止虚拟机镜像、快照中可能存在的敏感资源被非授权访问 (3)针对重要业务系统提供安全加固的操作系统镜像或支持对操作系统镜像自加固
7. 数据保密性保护	(1)应提供重要业务数据加密服务,加密密钥由租户自行管理 (2)应提供加密服务,保证虚拟机在迁移过程中重要数据的保密性
8. 数据备份恢复	(1)应提采取冗余架构或分布式架构 (2)应支持数据多副本存储 (3)应支持通用接口确保云租户可以将业务系统及数据迁移到其他云计算平台和本地系统,保证可移植性
9. 恶意代码防范	(1)物理机、宿主机和虚拟机应安装安全加固操作系统或进行主机恶意代码防范 (2)应支持对Web应用恶意代码检测和防护的能力

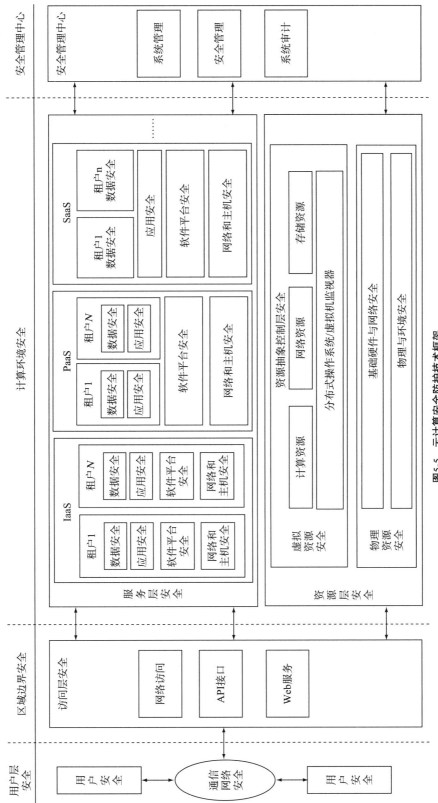

图5-5 云计算安全防护技术框架

云安全区域边界设计技术控制包括区域边界结构安全、区域边界访问控制、区域边界入侵防范、区域边界审计等，详细内容可参见《设计技术要求》8.3.2.2节"云安全区域边界设计技术要求"。

云安全通信网络设计控制包括通信网络数据传输保密性、通信网络可信接入保护、通信网络安全审计等，详细内容可参见《设计技术要求》8.3.3.2节"云安全通信网络设计技术要求"。

(三)移动互联等级保护安全技术设计控制

移动互联系统安全防护参考架构中，安全计算环境由核心业务域、DMZ域和远程接入域三个安全域组成，安全区域边界由移动互联系统区域边界、移动终端区域边界、传统计算终端区域边界、核心服务器区域边界、DMZ区域边界组成，安全通信网络由移动运营商或用户自己搭建的无线网络组成。

核心业务域是移动互联系统的核心区域，该区域由移动终端、传统计算终端和服务器构成，完成对移动互联业务的处理、维护等。核心业务域应重点保障该域内服务器、计算终端和移动终端的操作系统安全、应用安全、网络通信安全、设备接入安全。

DMZ域是移动互联系统的对外服务区域，部署对外服务的服务器及应用，如Web服务器、数据库服务器等，该区域和互联网相联，来自互联网的访问请求必须经过该区域中转才能访问核心业务域。DMZ域应重点保障服务器操作系统及应用安全。

远程接入域由移动互联系统运营使用单位可控的、通过VPN等技术手段远程接入移动互联系统运营使用单位网络的移动终端组成，完成远程办公、应用系统管控等业务。远程接入域应重点保障远程移动终端自身运行安全、接入移动互联应用系统安全和通信网络安全。

移动互联系统中的计算节点分为两类：移动计算节点和传统计算节点。移动计算节点主要包括远程接入域和核心业务域中的移动终端，传统计算节点主要包括核心业务域中的传统计算终端和服务器等。传统计算节点及其边界安全设计可参考通用安全设计要求，移动互联计算环境、区域边界、通信网络的安全设计是特指移动计算节点而言的。

表5-20　移动互联安全计算环境设计技术控制

控制措施	具体要求
1. 用户身份鉴别	应对移动终端用户实现基于口令或解锁图案、数字证书或动态口令、生物特征等方式的两种或两种以上的组合机制进行用户身份鉴别
2. 标记和强制访问控制	(1)应确保用户或进程对移动终端系统资源的最小使用权限 (2)应根据安全策略，控制移动终端接入访问外设，外设类型至少包括扩展存储卡、GPS定位设备、蓝牙、NFC等通信外设，并记录日志
3. 应用管控	(1)应具有软件白名单功能，能根据白名单控制应用软件安装、运行 (2)应提供应用程序签名认证机制，拒绝未经认证签名的应用软件安装和执行
4. 移动设备管控	应基于移动设备管理软件，实行对移动设备全生命周期管控，保证移动设备遗失后，通过网络定位搜寻设备的位置，远程锁定设备，远程擦除设备上的数据，使设备发出警报音，确保在能够定位和检索的同时最大限度地保护数据

续表

控制措施	具体要求
5. 安全域隔离	应能够为重要应用提供基于容器、虚拟化等系统级隔离的运行环境,保证应用的输入、输出、存储信息不被非法获取
6. 数据保密性保护	(1)应采取加密、混淆等措施,对移动应用程序进行机密性保护,防止被反编译 (2)应实现对扩展存储设备的加密功能,确保数据存储安全
7. 可信验证	应能对移动终端的引导程序、操作系统内核、应用程序等进行可信验证,确保每个部件在加载前的真实性和完整性

移动互联安全区域边界设计技术控制包括区域边界访问控制、区域完整性保护等,详细内容可参见《设计技术要求》8.3.2.3节"移动互联安全区域边界设计技术要求"。

移动互联安全通信网络设计控制主要是通信网络可信连接保护,详细内容可参见《设计技术要求》8.3.3.3节"移动互联安全通信网络设计技术要求"。

(四)物联网安全技术设计控制

按照物联网系统的特点,构建在安全管理中心支持下的安全计算环境、安全区域边界、安全通信网络三重防御体系。安全管理中心支持下的物联网系统安全保护设计框架中,物联网感知层和应用层都由完成计算任务的计算环境和连接网络通信域的区域边界组成。

安全计算环境:包括物联网系统感知层和应用层中对定级系统的信息进行存储、处理及实施安全策略的相关部件,如感知设备、感知层网关、主机及主机应用等。要求具有感知层设备身份鉴别和访问控制。感知层设备身份鉴别应采用密码技术支撑的鉴别机制实现感知层网关与感知设备之间的双向身份鉴别,确保数据来源于正确的设备。应对感知设备和感知层网关进行统一入网标识管理和维护,并确保在整个生存周期设备标识的唯一性。感知层访问控制应制定安全策略(如访问列表),实现对感知设备的访问控制,感知设备和其他设备(感知层网关、其他感知设备)通信时,根据安全策略对其他设备进行权限检查,感知设备进行更新配置时,根据安全策略对用户进行权限检查。

安全区域边界:包括物联网系统安全计算环境边界,以及安全计算环境与安全通信网络之间实现连接并实施安全策略的相关部件,如感知层和网络层之间的边界、网络层和应用层之间的边界等。物联网系统安全区域边界设计技术控制包括区域边界访问控制、区域边界准入控制、区域边界协议过滤与控制等,详细内容可参见《设计技术要求》8.3.2.4节"物联网系统安全区域边界设计技术要求"。

安全通信网络:包括物联网系统安全计算环境和安全区域之间进行信息传输及实施安全策略的相关部件,如网络层的通信网络以及感知层和应用层内部安全计算环境之间的通信网络等。物联网系统安全通信网络设计控制包括感知层网络数据新鲜性保护、异构网安全接入保护等,详细内容可参见《设计技术要求》8.3.3.4节"物联网系统安全通信网络设计技术要求"。

安全管理中心:包括对物联网系统的安全策略及安全计算环境、安全区域边界和安全通信网络上的安全机制实施统一管理的平台,包括系统管理、安全管理和审计管理三部分,只有第二级及以上的安全保护环境设计有安全管理中心。

(五)工业控制系统等级保护安全技术设计控制

对于工业控制系统,根据被保护对象业务性质分区,针对功能层次技术特点实施网络安全等级保护设计。工业控制系统推荐的等级保护安全技术设计构建在安全管理中心支持下的计算环境、区域边界、通信网络三重防御体系,采用分层、分区的架构,结合工业控制系统总线协议复杂多样、实时性要求强、节点计算资源有限、设备可靠性要求高、故障恢复时间短、安全机制不能影响实时性等特点进行设计,以实现可信、可控、可管的系统安全互联、区域边界安全防护和计算环境安全。

工业控制系统分为4层,即第0~3层为工业控制系统等级保护的范畴,即为设计框架覆盖的区域;横向上对工业控制系统进行安全区域的划分,根据工业控制系统中业务的重要性、实时性、业务的关联性、对现场受控设备的影响程度以及功能范围、资产属性等,形成不同的安全防护区域,所有系统都必须置于相应的安全区域内,具体分区以工业现场实际情况为准。

分区原则是根据业务系统或其功能模块的实时性、使用者、主要功能、设备使用场所、各业务系统间的相互关系、广域网通信方式以及对工业控制系统的影响程度等。对于额外的安全性和可靠性要求,在主要的安全区还可以根据操作功能进一步划分成子区,将设备划分成不同的区域可以帮助企业有效地建立“纵深防御”策略。将具备相同功能和安全要求的各系统的控制功能划分成不同的安全区域,并以方便管理和控制的原则为各安全功能区域分配网段地址。

安全保护设计的防护类别包括:安全计算环境,包括工业控制系统0~3层中的信息进行存储、处理及实施安全策略的相关部件;安全区域边界,包括安全计算环境边界,以及安全计算环境与安全通信网络之间实现连接并实施安全策略的相关部件;安全通信网络,包括安全计算环境和网络安全区域之间进行信息传输及实施安全策略的相关部件;安全管理中心,包括对定级系统的安全策略及安全计算环境、安全区域边界和安全通信网络上的安全机制实施统一管理的平台,包括系统管理、安全管理和审计管理三部分。

工业控制系统安全区域边界设计控制包括工业控制通信协议数据过滤、工业控制通信协议信息泄露防护、工业控制区域边界安全审计等,详细内容可参见《设计技术要求》8.3.2.5节“工业控制系统安全区域边界设计技术要求”。

工业控制系统安全通信网络设计控制包括现场总线网络数据传输完整性与机密性保护、无线网络数据传输完整性与机密性保护、工业控制网络实时响应、通信网络异常监测、无线网络攻击防护等,详细内容可参见《设计技术要求》8.3.3.5节“工业控制系统安全通信网络设计技术要求”。

(六)大数据系统等级保护安全技术设计控制

大数据等级保护安全技术体系设计,从大数据应用安全、大数据应用支撑环境安全、访问安全、数据传输安全及管理安全等角度出发,围绕“一个中心、三重防护”的原则进行控制。其中,一个中心指安全管理中心,三重防护包括安全计算环境、安全区域边界和安全通信网络。

大数据应用安全控制:对采集、预处理、存储、处理及应用等大数据业务采用适合的安全防护技术,保障大数据应用的安全。

大数据应用支撑环境安全控制:对大数据应用的计算基础设施、数据组织与分布应用软件、计算与分析应用软件等各层面,采用适合的安全防护技术及监管措施,保障大数据应用支撑环境的安全。

区域边界安全控制:采用区域边界访问控制等适合的网络安全防护技术,保障网络访问安全、接口安全等。

通信网络安全控制:对采集数据和用户数据的网络传输进行安全保护,保障数据传输的完整性和保密性不受破坏。

安全管理中心控制:对系统管理、安全管理和审计管理实行统一管理。

大数据安全计算环境设计控制:可信访问控制、数据保密性防护、剩余信息保护、数据溯源、个人信息保护。

大数据系统等级保护安全技术设计控制的详细内容可参见《设计技术要求》附录C"大数据设计技术要求"。

六、等级保护测评控制

《信息安全等级保护管理办法》(公通字〔2007〕43号)明确要求信息系统运营、使用单位应当接受公安机关、国家指定的专门部门的安全监督、检查、指导,等级测评的技术测评报告是其检查内容之一。为了确认等级保护对象是否按照《基本要求》中的不同等级的技术和管理要求实施的,2019年发布了修订的《测评要求》,针对《基本要求》中各要求项,即以《基本要求》的要求项作为测评指标,提供了具体测评方法、步骤和判断依据,而《信息安全技术网络安全等级保护测评过程指南》(GB/T 28449—2018)则规定了开展这些测评活动的基本过程,包括过程、任务及产品等,以指导用户正确使用《测评要求》。

《测评要求》适用于安全测评服务机构、等级保护对象的运营使用单位及主管部门对等级保护对象的安全测评。《测评要求》规定了第一级到第四级等级保护对象的测评要求。每个级别包括安全测评通用要求、云计算安全测评扩展要求、移动互联安全测评扩展要求、物联网安全测评扩展要求和工业控制系统安全测评扩展要求等五部分内容。其中技术方面包括安全物理环境、安全通信网络、安全区域边界、安全计算环境和安全管理中心等五个方面;管理方面包括安全管理制度、安全管理机构、安全管理人员、安全建设管理和安全系统运维管理等五个方面,与《基本要求》一致对应。针对每一个要求项的测评构成一个单项测评。在单项测评的基础上,从系统整体的角度对某个要求项的所有测评构成系统整体测评。

单项测评是针对每个安全要求项的测评,其测评结果可重复和可再现。标准中的单项测评由测评指标、测评对象、测评实施和单元判定结果构成。单项测评中的每一个具体测评实施要求项(以下简称"测评要求项")是与安全控制点下面所包括的要求项(测评指标)相对应的。在对每一个要求项进行测评时,可能用到访谈、核查和测试三种测评方法,也可能用到其中一种或两种。

整体测评是在单项测评基础上,对等级保护对象整体安全保护能力的判断,整体安全保护能力从纵深防护和措施互补两个角度评判。整体测评包括安全控制点测评、安全控制点间测评和区域间安全测评。安全控制点测评是指对单个控制点中所有要求项的符合程度进行分析和判定。安全控制点间测评是指对同一区域同一类内的两个以上不同安全控制点间的关联进行测评分析,其目的是确定这些关联对保护对象整体安全保护能力的影响。区域间安全测评是指对互联互通的不同区域之间的关联进行测评分析,其目的是确定这些关联对保护对象整体安全保护能力的影响。

表5-21 等级保护测评控制点

安全要求	层面	一级	二级	三级	四级
技术要求	安全物理环境	7	10	10	10
	安全通信网络	2	3	3	8
	安全区域边界	3	6	6	6
	安全计算环境	7	10	11	11
	安全管理中心	0	2	4	4
管理要求	安全管理制度	1	4	4	4
	安全管理机构	3	5	5	9
	安全管理人员	4	4	4	10
	安全建设管理	7	10	10	14
	安全运维管理	8	14	14	14
合计		42	68	71	90

等级保护测评一般由有资质的测评机构进行测评,出具测评报告。测评机构名单可参看“中国网络安全等级保护网”网站《全国网络安全等级保护测评机构推荐目录》。

测评时,首先根据调研结果,分析等级保护对象的业务流程和数据流,确定测评工作的范围。然后结合等级保护对象的安全级别,综合分析系统中各个设备和组件的功能和特性,从等级保护对象构成组件的重要性、安全性、共享性、全面性和恰当性等几方面属性确定技术层面的测评对象,并将与其相关的人员及管理文档确定为管理层面的测评对象。可以根据类别描述测评对象,如机房、业务应用软件、主机操作系统、数据库管理系统、网络互联设备、安全设备、访谈人员及安全管理文档等。

测评完成后给出等级测评报告。等级测评报告中要对整体测评之后单项测评结果中的不符合项或部分符合项进行风险分析和评价,给出等级保护对象的等级测评结论,确认等级保护对象达到相应等级保护要求的程度。等级测评结论分为符合、基本符合、不符合。

符合:定级对象中未发现安全问题,等级测评结果中所有单项测评的部分符合和不符合的统计结果为0,综合得分100分。

基本符合:定级对象中存在安全问题,部分符合和不符合的统计结果不全为0,但存在的安全问题不会导致定级对象面临高等级安全风险,且综合得分不低于阈值。

不符合:定级对象中存在安全问题,部分符合和不符合的统计结果不全为0,而且存在的安全问题会导致定级对象面临高等级安全风险,或者中低风险所占比例超过阈值。

对于测评结论,一般认为70~100分为符合和基本符合,70分以下可能存在高风险。

下面以第三级测评为例,简述十四项测评控制中的单项测评要求,实际测评时,请参阅《测评要求》。

(一)通用安全物理环境测评控制

通用安全物理环境测评控制包含22个单项测评单元,覆盖物理位置选择、物理访问控制、防盗窃和防破坏、防雷击、防火、防水和防潮、防静电、温湿度控制、电力供应、电磁防护等要求。

例如,温湿度控制测评单元(L3–PES1–17)包括以下要求。

(1)测评指标:应设置温度、湿度自动调节设施,使机房温度、湿度的变化在设备运行所允许的范围之内。

(2)测评对象:机房温度、湿度调节设施。

(3)测评实施包括以下内容:

①核查机房内是否配备了专用空调;

②核查机房内温度、湿度是否在设备运行所允许的范围之内。

(4)单元判定:如果①~②均为肯定,则符合该测评单元指标要求,否则不符合或部分符合该测评单元指标要求。

(二)通用安全通信网络测评控制

通用安全通信网络测评控制包含8个单项测评单元,覆盖网络架构、通信传输、可信验证等要求。

例如,通信传输测评单元(L3–CNS1–06)包括以下要求。

(1)测评指标:应采用校验技术或密码技术保证通信过程中数据的完整性。

(2)测评对象:提供校验技术或密码技术功能的设备或组件。

(3)测评实施包括以下内容:

①核查是否在数据传输过程中使用校验技术或密码技术来保证其完整性;

②测试验证密码技术设备或组件是否保证通信过程中数据的完整性。

(4)单元判定:如果①~②均为肯定,则符合该测评单元指标要求,否则不符合或部分符合本测评单元指标要求。

(三)通用安全区域边界测评控制

通用安全区域边界测评控制包含20个单项测评单元,覆盖边界防护、访问控制、入侵防范、恶意代码和垃圾邮件防范、安全审计、可信验证等要求。

(四)通用安全计算环境测评控制

通用安全计算环境测评控制包含35个单项测评单元,覆盖身份鉴别、访问控制、安全审计、入侵防范、恶意代码防范、可信验证、数据完整性、数据保密性、数据备份恢复、剩余信息保护、个人信息保护等要求。

(五)通用安全管理中心测评控制

通用安全管理中心测评控制包含12个单项测评单元,覆盖系统管理、审计管理、安全管理、集中管控等要求。

（六）通用安全管理制度测评控制

通用安全管理制度测评控制包含 7 个单项测评单元，覆盖安全策略、管理制度、制定和发布、评审和修订等要求。

（七）通用安全管理机构测评控制

通用安全管理机构测评控制包含 14 个单项测评单元，覆盖岗位设置、人员配备、授权和审批、沟通和合作、审核和检查等要求。

（八）通用安全管理人员测评控制

通用安全管理人员测评控制包含 12 个单项测评单元，覆盖人员录用、人员离岗、安全意识教育和培训、外部人员访问管理等要求。

（九）通用安全建设管理测评控制

通用安全建设管理测评控制中包含了 34 个单项测评单元，覆盖定级和备案、安全方案设计、产品采购和使用、自行软件开发、外包软件开发、工程实施、测试验收、系统交付、等级测评、服务供应商管理等。

（十）通用安全运维管理测评控制

通用安全运维管理测评控制包含 48 个单项测评单元，覆盖环境管理、资产管理、介质管理、设备维护管理、漏洞和风险管理、网络和系统安全管理、恶意代码防范管理、配置管理、密码管理、变更管理、备份与恢复管理、安全事件处置、应急预案管理、外包运维管理等。

（十一）云计算专项安全测评控制

云计算平台的测评对象包括：虚拟化网络结构、虚拟化网络设备、虚拟化安全设备云平台；虚拟机、虚拟机监视器、云管理平台、其他虚拟计算设备；云应用开发平台、云业务管理系统、云运维管理系统、镜像文件、快照。

云计算专项安全测评控制包含 46 个单项测评单元，覆盖基础设施位置、网络架构、访问控制、入侵防范、安全审计、身份鉴别、访问控制、入侵防范、镜像和快照保护、数据完整性和保密性、数据备份恢复、剩余信息保护、安全管理中心、安全建设管理、安全运维管理等。

（十二）移动互联专项安全测评控制

移动互联专项安全测评控制包含 18 个单项测评单元，覆盖无线接入点的物理位置、边界防护、访问控制、入侵防范、移动终端管理、移动应用管控、移动应用软件采购、移动应用软件开发、配置管理等。

（十三）物联网专项安全测评控制

移动互联专项安全测评控制包含 21 个单项测评单元，覆盖感知节点设备物理防护、接入控制、入侵防范、感知节点设备安全、网关节点设备安全、抗数据重放、数据融合处理、感知节点管理等。

(十四)工业控制专项安全测评控制

工业控制专项安全测评控制包含21个单项测评单元,覆盖室外控制设备物理防护、网络架构、通信传输、访问控制、拨号使用控制、无线使用控制、控制设备安全、产品采购和使用、外包软件开发等。

七、等级保护控制审计

(一)贯彻国家网络安全等级保护制度控制审计

1. 审计目标

全面了解等级保护制度的贯彻执行情况,检查被审计单位是否建立了与信息系统战略规划和组织架构相匹配的信息安全等级保护制度,是否遵守等级保护制度开展信息安全定级保护,识别和分析相关风险,揭示等级保护制度落实中存在的问题,提出整改建议,促进等级保护工作不断完善。

2. 审计内容重点

(1)检查等级保护制度的建立,是否遵守《基本要求》《信息安全技术信息系统安全等级保护定级指南》(GB/T 22240—2008)的要求建立等级保护制度。

(2)检查信息系统等级保护的实施,检查信息系统安全等级保护的定级、建设、测评、整改、备案五个程序的执行情况,就其合规性和完备性发表审计意见。

(3)检查信息系统的定级过程,定级结果的论证、审定和批准,定级报告和定级备案。

(4)检查等级保护方案与建设实施情况,根据信息系统定级情况,检查信息系统的安全整体规划和安全方案设计及论证和审定资料,检查是否采取相应的安全等级保护方案,使信息系统具有相应等级的基本安全保护能力。

(5)检查是否按照《信息安全等级保护管理办法》(公通字〔2007〕43号)、《测评要求》的要求,定期对信息系统安全等级状况开展等级测评,检查等级保护测评报告。

(6)检查是否定期对信息系统安全状况、安全保护制度及措施的落实情况进行自查,是否根据信等级测评与检查结果,对信息系统安全与保护制度及措施的落实情况进行整改,检查等级保护安全检查及整改相关资料。

3. 审计方法

系统抽查、现场核查、资料审阅、人员访谈等。

(二)网络安全等级保护通用技术控制审计

(1)审计目标:全面了解网络安全等级保护通用技术的控制情况,识别和分析等级保护技术控制中的不足及问题,提出整改建议,控制网络安全等级保护技术控制风险,促进等级保护技术控制水平的提升。

(2)审计内容:定级系统的安全物理环境、安全通信网络、安全区域边界、安全计算环境和安全管理中心等技术控制措施的落实情况。

(3)审计重点:重点定级系统的技术控制措施落实情况及IT基础设施情况。

(4)审计方法:系统抽查、现场核查、资料审阅、人员访谈等。

(三)网络安全等级保护通用管理控制审计

(1)审计目标:全面了解网络安全等级保护通用管理控制现状,掌握等级保护管理控制中存在的问题及薄弱环节,缓释网络安全管理风险,提出改进建议,以提高网络安全管理能力和水平。

(2)审计内容:定级系统的安全管理制度、安全管理机构、安全管理人员、安全建设管理和安全运维管理等管理控制措施的落实情况。

(3)审计重点:网络安全等级保护相关管理制度的适宜性、充分性、有效性,及落实相关管理制度产生的文件化信息。

(4)审计方法:资料审阅、人员访谈、现场核查等。

(四)网络安全等级专项扩展控制审计

(1)审计目标:全面了解网络安全等级保护专项扩展控制现状,掌握等级保护扩展控制措施的有效性,全面深入揭示各环节存在的各类风险,提出改进建议和解决措施,优化操作流程,全面提升网络安全专项扩展控制水平。

(2)审计内容:云计算、移动互联安全、物联网、工业控制系统、大数据系统等专项扩展控制措施的落实情况。

(3)审计重点:重要定级系统的专项扩展控制措施是否全部落实。

(4)审计方法:系统抽查、现场核查、资料审阅、人员访谈等。

(五)网络安全等级保护设计控制审计

(1)审计目标:全面了解网络安全等级保护设计控制的有效性,全面深入揭示等级保护设计控制措施存在的各类风险,对现行的监管重点提出重点管控措施,优化操作流程,不断提高网络安全等级保护设计控制水平。

(2)审计内容:通用等级保护安全环境设计、云计算等级保护安全技术设计、移动互联等级保护安全技术设计、物联网等级保护安全技术设计、工业控制等级保护安全技术设计、大数据系统等级保护安全技术设计的合规性。

(3)审计重点:各项等级保护安全技术设计满足等级保护标准及相关法律法规的要求。

(4)审计方法:审阅设计资料,现场核查,人员访谈,系统抽查。

(六)网络安全等级保护测评控制审计

(1)审计目标:全面了解网络安全等级保护测评控制的合规性、及时性、充分性,深入揭示等级保护测评控制中存在的问题,提出改进建议,促进网络安全等级保护测评工作的不断完善。

(2)审计内容:定级系统的安全测评通用要求和安全测评扩展要求的落实情况。

(3)审计重点:定级系统的网络安全等级保护测评情况、过程文档。

(4)审计方法:资料审阅,现场核查,人员访谈,系统抽查。

本节思考题

1. 网络安全等级保护工作有哪几个工作程序?
2. 网络安全等级保护定级备案工作有哪几个工作环节?
3. 网络安全等级保护的安全通用要求可细分为哪两类具体要求?
4. 网络安全等级保护有哪几项专项扩展控制?
5. 网络安全等级保护的"一个中心、三重防护"是什么?
6. 网络安全等级保护通用技术和通用管理控制的审计内容是什么?

第三节　风险评估控制审计

信息安全风险评估控制是信息系统建设、运维单位为保障项目风险评估和风险治理的符合性和有效性,按照国家和行业的规章制度和标准规范,加强项目的风险评估对象、资产识别、脆弱性识别、风险评估指标方面的控制,使信息系统项目具有更好的风险评估控制。

信息安全风险评估控制审计是信息系统审计服务单位按照国家和行业的规章制度和标准规范,对项目的风险评估总体控制、资产识别、脆弱性识别、风险评估指标方面控制的符合性和有效性进行检查监督,提出审计意见和建议,保障风险评估控制具有符合性和有效性,保障信息系统项目健康安全运行。

一、风险评估总体控制

习近平总书记指出"维护网络安全,首先要知道风险在哪里,是什么样的风险,什么时候发生风险,正所谓'聪者听于无声,明者见于未形'。感知网络安全态势是最基本最基础的工作。要全面加强网络安全检查,摸清家底,认清风险,找出漏洞,通报结果,督促整改。"《国家政务信息化项目建设管理办法》要求"定期开展网络安全检测与风险评估,保障信息系统安全稳定运行。"《网络安全法》规定:"关键信息基础设施的运营者应当自行或者委托网络安全服务机构对其网络的安全性和可能存在的风险每年至少进行一次检测评估,并将检测评估情况和改进措施报送相关负责关键信息基础设施安全保护工作的部门。"国家发展改革委、公安部、国家保密局发布的《关于加强国家电子政务工程建设项目信息安全风险评估工作的通知》(发改高技〔2008〕2071号),对信息系统建设项目的信息安全风险评估的规定是:"国家的电子政务网络、重点业务信息系统、基础信息库以及相关支撑体系等国家电子政务工程建设项目,应开展信息安全风险评估工作。项目建设单位应在项目建设任务完成后试运行期间,组织开展该项目的信息安全风险评估工作,并形成相关文档,该文档应作为项目验收的重要内容。"同时提出了信息安全风险评估的主要内容,包括分析信息系统资产的重要程度,评估信息系统面临的安全威胁、存在的脆弱性、已有的安全措施和残余风险的影响等。

简单地说,风险评估的内容是评估风险发生的可能性和影响。可能性表示设定事项将会发生的概率。

《关于加强国家电子政务工程建设项目信息安全风险评估工作的通知》规定,非涉密信息系统的信息安全风险评估应按照《信息安全等级保护管理办法》(公通字〔2007〕43号)、《信息安全

技术　信息系统安全等级保护定级指南》《基本要求》《信息安全技术　信息系统安全等级保护实施指南》和《信息安全技术　信息安全风险评估规范》(GB/T 20984—2007)等有关要求实施。可委托同一专业测评机构完成等级测评和风险评估工作,并形成等级测评报告和风险评估报告。

风险评估分为自评估和检查评估两种形式,以自评估为主,自评估与检查评估相互结合,互为补充。

对信息系统而言,存在风险并不意味着不安全,只要风险控制在可接受的范围内,就可以达到系统稳定运行的目的。风险评估的结果为保障信息系统的安全建设、稳定运行提供技术参考。在规划与设计阶段,风险评估的结果是安全需求的来源,为信息系统的安全建设提供依据;在系统运行维护阶段,由于信息系统的动态性,需要定期进行风险评估,是了解、掌握系统安全状态,保证系统安全的动态措施。同时,风险评估是信息系统安全等级确定及建设过程中一种不可或缺的技术手段。

二、风险评估实施控制

风险评估的过程包括风险评估准备、风险要素识别、风险分析和风险结果判定4个阶段。风险评估的实施流程如图5-6所示。

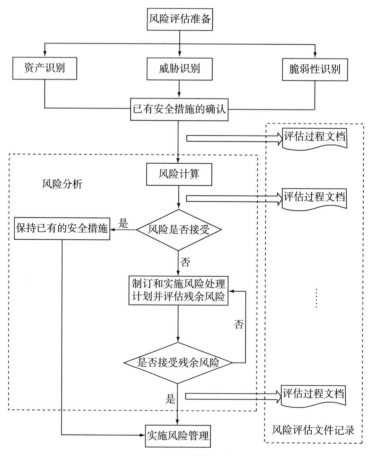

图5-6　风险评估实施流程

1. 风险评估准备

风险评估准备是整个风险评估过程有效性的保证。实施风险评估是一种战略性的考虑,其结果受到组织业务战略、业务流程、安全需求、系统规模和结构等方面的影响。因此,在风险评估实施前,应:

(1)确定风险评估的目标;

(2)确定风险评估的范围;

(3)组建适当的评估管理与实施团队;

(4)进行系统调研;

(5)确定评估依据和方法;

(6)获得最高管理者对风险评估工作的支持。

2. 确定目标

根据满足组织业务持续发展对安全的需要和法律法规规定,识别现有信息系统及管理上的不足,以及可能造成的风险大小。

3. 确定范围

风险评估范围可能是组织全部的信息及与信息处理相关的各类资产、管理机构,也可能是某个独立的信息系统、关键业务流程、与用户相关的系统或部门等。

4. 组建团队

由管理层、相关业务骨干、IT技术人员等组成风险评估小组。

5. 系统调研

系统调研是确定被评估对象的过程,风险评估小组应进行充分的系统调研,为选择风险评估依据和方法、实施评估内容奠定基础。可以采取问卷调查、现场面谈及相结合的方式进行系统调研。调研内容至少应包括:

(1)业务战略及管理制度;

(2)主要的业务功能和要求;

(3)网络结构与网络环境,包括内部连接和外部连接;

(4)系统边界;

(5)主要的硬件、软件;

(6)数据和信息;

(7)系统和数据的敏感性;

(8)支持和使用系统的人员;

(9)其他。

6. 确定依据

根据系统调研结果,确定评估依据和评估方法。

评估依据包括(但不限于)现有国际或国家标准、行业主管机关的业务系统的要求和制度、系统互联单位的安全要求、系统本身的实时性或性能要求等。

根据评估依据,考虑评估的目的、范围、时间、效果、人员素质等因素,选择具体的风险计算方法,并依据业务实施对系统安全运行的需求,确定相关的判断依据,使之能够与组织环境和安全要求相适应。

7. 获得支持

上述所有内容确定后,应形成较为完整的风险评估实施方案,得到单位最高管理者的支持、批准;就风险评估相关内容进行培训,明确有关人员在风险评估中的任务。

三、风险评估指标控制

风险评估的内容包括风险要素识别、风险分析和风险评价三个方面。风险要素识别是风险评估的一项基础性工作,涉及资产、威胁和脆弱性三个基本要素,每个要素有各自的属性。风险分析是对所识别出的风险要素严重性和可能性进行赋值。风险评价是对严重性和可能性赋值的风险计算其风险值。因此,风险评估的主要工作是对资产、威胁和脆弱性进行识别,并对资产的价值、威胁的频率、脆弱性的严重程度进行赋值;根据威胁及威胁利用脆弱性的难易程度判断安全事件发生的可能性;根据脆弱性的严重程度及安全事件所作用的资产价值计算安全事件造成的损失;根据安全事件发生的可能性及安全事件出现后的损失,计算安全事件一旦发生对组织的影响,即风险值。

(一)风险要素识别控制

风险评估围绕着资产、威胁、脆弱性和安全措施这些要素展开。图5-7为风险评估中各要素的关系。

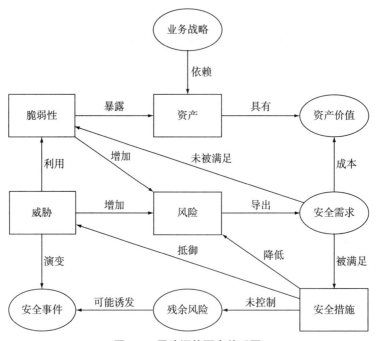

图5-7　风险评估要素关系图

图5-7中方框部分是风险评估的基本要素,椭圆部分是与这些要素相关的属性。在对基本要素的评估过程中,需要充分考虑业务战略、资产价值、安全需求、安全事件、残余风险等与基本要素相关的各类属性。

（二）资产识别与分析指标控制

资产是有价值的信息或资源，是安全策略保护的对象。在风险评估工作中风险的重要因素都以资产为中心。资产自身客观存在着脆弱性和威胁。威胁利用资产的脆弱性，使得发生安全事件成为可能，从而形成了安全风险。这些安全事件一旦发生，对具体资产甚至是整个信息系统都将造成一定影响，从而对组织的利益造成影响。因此，资产是风险评估的重要对象。

资产价值是资产的属性，不同价值的资产受到同等程度破坏时对组织造成的影响程度不同。资产价值是资产重要程度或敏感程度的表征。识别资产并评估资产价值是风险评估的一项重要内容。

1. 资产分类

资产的存在形式多种多样，不同类别资产具有的资产价值、面临的威胁、拥有的脆弱性、可采取的安全措施都不同。对资产进行分类既有助于提高资产识别的效率，又有利于整体的风险评估。资产分类方法可以根据具体的评估对象和要求来确定。例如，可根据资产的表现形式，将资产分为数据、软件、硬件、文档、服务、人员等类型。表5-22列出了一种基于表现形式的资产分类方法。

表5-22　一种基于表现形式的资产分类方法

分类	示例
数据	保存在信息媒介上的各种数据资料，包括源代码、数据库数据、系统文档、运行管理规程、计划、报告、用户手册等
软件	系统软件：操作系统、语句包、工具软件、各种库等 应用软件：外部购买的应用软件，外包开发的应用软件等 源程序：各种共享源代码、自行或合作开发的各种代码等
硬件	网络设备：路由器、网关、交换机等 计算机设备：大型机、小型机、服务器、工作站、台式计算机、移动计算机等 存储设备：磁带机、磁盘阵列、磁带、光盘、软盘、移动硬盘等 传输线路：光纤、双绞线等 保障设备：动力保障设备（UPS、变电设备等），空调，保险柜，文件柜，门禁，消防设施等 安全保障设备：防火墙、入侵检测系统、身份验证等 其他：打印机、复印机、扫描仪、传真机等
服务	办公服务：为提高效率而开发的管理信息系统（MIS），包括各种内部配置管理、文件流转理等服务 网络服务：各种网络设备、设施提供的网络连接服务 信息服务：对外依赖该系统开展的各类服务
文档	纸质的各种文件，如传真、电报、财务报告、发展计划等
人员	掌握重要信息和核心业务的人员，如主机维护主管、网络维护主管及应用项目经理等
其他	企业形象，客户关系等

2. 资产赋值

机密性、完整性和可用性是资产的三个安全属性。风险评估中资产的价值不是以资产的经济价值来衡量,而是由资产在这三个安全属性上的达成程度或者其安全属性未达成时所造成的影响程度来决定的。对资产的赋值不仅要考虑资产的经济价值,更重要的是要考虑资产的安全状况对于系统或组织的重要性,即资产在其三个安全属性上的达成程度。为确保资产赋值时的一致性和准确性,应建立资产价值的评价尺度,以指导资产赋值。

资产赋值的过程也就是对资产在机密性、完整性和可用性上的达成程度进行分析,并在此基础上得出综合结果的过程。达成程度可由安全属性缺失时造成的影响来表示,这种影响可能造成某些资产的损害以至危及信息系统,还可能导致社会经济效益、组织形象的损失。

3. 机密性赋值

根据资产在机密性上的不同要求,将其分为五个不同等级,分别对应资产在机密性上应达成的不同程度或者机密性缺失时对整个组织的影响。表5-23提供了一种机密性赋值的参考。

表5-23 资产机密性赋值

赋值	标识	定义
5	很高	包含组织最重要的秘密,关系未来发展的前途命运,对组织根本利益有着决定性的影响,如果泄露会造成灾难性的损害
4	高	包含组织的重要秘密,其泄露会使组织的安全和利益遭受严重损害
3	中等	组织的一般性秘密,其泄露会使组织的安全和利益受到损害
2	低	仅能在组织内部或在组织某一部门内部公开的信息,向外扩散有可能对组织的利益造成轻微损害
1	很低	可对社会公开的信息,公用的信息处理设备和系统资源等

4. 完整性赋值

根据资产在完整性上的不同要求,将其分为五个不同的等级,分别对应资产在完整性上缺失时对整个组织的影响。表5-24提供了一种完整性赋值的参考。

表5-24 资产完整性赋值

赋值	标识	定义
5	很高	完整性价值非常关键,未经授权的修改或破坏会对组织造成重大或无法接受的影响,对业务冲击重大,并可能造成严重的业务中断,难以弥补
4	高	完整性价值较高,未经授权的修改或破坏会对组织造成重大影响,对业务冲击严重,较难弥补
3	中等	完整性价值中等,未经授权的修改或破坏会对组织造成影响,对业务冲击明显,但可以弥补
2	低	完整性价值较低,未经授权的修改或破坏会对组织造成轻微影响,对业务冲击轻微,容易弥补
1	很低	完整性价值非常低,未经授权的修改或破坏对组织造成的影响可以忽略,对业务冲击可以忽略

5. 可用性赋值

根据资产在可用性上的不同要求,将其分为五个不同的等级,分别对应资产在可用性上应达成的不同程度。表5-25提供了一种可用性赋值的参考。

表5-25　资产可用性赋值

赋值	标识	定义
5	很高	可用性价值非常高,合法使用者对信息及信息系统的可用度达到年度99.9%以上,或系统不允许中断
4	高	可用性价值较高,合法使用者对信息及信息系统的可用度达到每天90%以上,或系统允许中断时间小于10分钟
3	中等	可用性价值中等,合法使用者对信息及信息系统的可用度在正常工作时间达到70%以上,或系统允许中断时间小于30分钟
2	低	可用性价值较低,合法使用者对信息及信息系统的可用度在正常工作时间达到25%以上,或系统允许中断时间小于60分钟
1	很低	可用性价值可以忽略,合法使用者对信息及信息系统的可用度在正常工作时间低于25%

6. 资产重要性等级

资产价值应依据资产在机密性、完整性和可用性上的赋值等级,经过综合评定得出。综合评定方法可以根据自身的特点,选择对资产机密性、完整性和可用性最为重要的一个属性的赋值等级作为资产的最终赋值结果;也可以根据资产机密性、完整性和可用性的不同等级对其赋值进行加权计算得到资产的最终赋值结果。加权方法可根据组织的业务特点确定。

与上述安全属性的赋值相对应,可将资产最终赋值划分为五级,级别越高表示资产越重要,也可以根据组织的实际情况确定资产识别中的赋值依据和等级。表5-26中的资产等级划分是对不同等级的重要性的综合描述。评估者可根据资产赋值结果,确定重要资产的范围,并主要围绕重要资产进行下一步的风险评估。

5-26　资产等级及含义描述

等级	标识	描述
5	很高	非常重要,其安全属性破坏后可能对组织造成非常严重的损失
4	高	重要,其安全属性破坏后可能对组织造成比较严重的损失
3	中	比较重要,其安全属性破坏后可能对组织造成中等程度的损失
2	低	不太重要,其安全属性破坏后可能对组织造成较低的损失
1	很低	不重要,其安全属性破坏后对组织造成很小的损失,甚至忽略不计

(三)威胁识别与分析指标控制

1. 威胁分类

威胁可以通过威胁主体、资源、动机、途径等多种属性来描述。造成威胁的因素可分为人为因素和环境因素。根据威胁的动机,人为因素又可分为恶意和非恶意两种。环境因素包括自然界不可抗的因素和其他物理因素。威胁作用形式可以是对信息系统直接或间接的攻击,在机密性、完整性或可用性等方面造成损害;也可能是偶发的或蓄意的事件。在对威胁进行分类前,应考虑威胁的来源。表5-27提供了一种威胁来源的分类方法。

表5-27　威胁来源列表

来源		描述
环境因素		由于断电、静电、灰尘、潮湿、温度、鼠蚁虫害、电磁干扰、洪灾、火灾、地震等环境条件或自然灾害,意外事故或软件、硬件、数据、通信线路方面的故障
人为因素	恶意人员	不满的或有预谋的内部人员对信息系统进行恶意破坏;采用自主或内外勾结的方式盗窃机密信息或进行篡改,获取利益 外部人员利用信息系统的脆弱性,对网络或系统的机密性、完整性和可用性进行破坏,以获取利益或炫耀能力
	非恶意人员	内部人员由于缺乏责任心,或者由于不关心和不专注,或者没有遵循规章制度和操作流程而导致故障或信息损坏;内部人员由于缺乏培训、专业技能不足、不具备岗位技能要求而导致信息系统故障或被攻击

对威胁进行分类的方式有多种,针对表5-27的威胁来源,可以根据其表现形式将威胁分为表5-28中的几类。表5-28提供了一种基于表现形式的威胁分类方法。

表5-28　一种基于表现形式的威胁分类表

种类	描述	威胁子类
软硬件故障	由于设备硬件故障、通信链路中断、系统本身或软件缺陷造成对业务实施、系统稳定运行的影响	设备硬件故障、传输设备故障、存储媒体故障、系统软件故障、应用软件故障、数据库软件故障、开发环境故障
物理环境影响	断电、静电、灰尘、潮湿、温度、鼠蚁虫害、电磁干扰、洪灾、火灾、地震等环境问题或自然灾害	
无作为或操作失误	由于应该执行而没有执行相应的操作,或无意地执行了错误的操作,对系统造成的影响	维护错误、操作失误
管理不到位	安全管理无法落实,不到位,造成安全管理不规范,或者管理混乱,从而破坏信息系统正常有序运行	
恶意代码和病毒	具有自我复制、自我传播能力,对信息系统构成破坏的程序代码	恶意代码、木马后门、网络病毒、间谍软件、窃听软件
越权或滥用	通过采用一些措施,超越自己的权限访问了本来无权访问的资源,或者滥用自己的职权,做出破坏信息系统的行为	未授权访问网络资源、未授权访问系统资源、滥用权限非正常修改系统配置或数据、滥用权限泄露秘密信息
网络攻击	利用工具和技术,如侦察、密码破译、安装后门、嗅探、伪造和欺骗、拒绝服务等手段,对信息系统进行攻击和入侵	网络探测和信息采集,漏洞探测,嗅探(账户、口令、权限等),用户身份伪造和欺骗,用户或业务数据的窃取和破坏,系统运行的控制和破坏

种类	描述	威胁子类
物理攻击	通过物理的接触造成对软件、硬件、数据的破坏	物理接触、物理破坏、盗窃
泄密	信息泄露给不应了解的他人	内部信息泄露、外部信息泄露
篡改	非法修改信息,破坏信息的完整性使系统的安全性降低或信息不可用	篡改网络配置信息、篡改系统配置信息、篡改安全配置信息、篡改用户身份信息或业务数据信息
抵赖	不承认收到的信息和所作的操作和交易	原发抵赖、接收抵赖、第三方抵赖

2. 威胁赋值

判断威胁出现的频率是威胁赋值的重要内容,评估者应根据经验和(或)有关的统计数据来进行判断。在评估中,需要综合考虑以下三个方面,以形成在某种评估环境中各种威胁出现的频率:

(1)以往安全事件报告中出现过的威胁及其频率的统计;

(2)实际环境中通过检测工具以及各种日志发现的威胁及其频率的统计;

(3)近一两年来国际组织发布的对于整个社会或特定行业的威胁及其频率统计,以及发布的威胁预警。

可以对威胁出现的频率进行等级化处理,不同等级分别代表威胁出现的频率的高低。等级数值越大,威胁出现的频率越高。

表5-29提供了威胁出现频率的一种赋值方法。在实际评估中,威胁频率的判断依据应在评估准备阶段根据历史统计或行业判断予以确定,并得到被评估方的认可。

表5-29　威胁赋值表

等级	标识	定义
5	很高	出现的频率很高(或≥1次/周);或在大多数情况下几乎不可避免;或可以证实经常发生过
4	高	出现的频率较高(或≥1次/月);或在大多数情况下很有可能会发生;或可以证实多次发生过
3	中	出现的频率中等(或>1次/半年);或在某种情况下可能会发生;或被证实曾经发生过
2	低	出现的频率较小;或一般不太可能发生;或没有被证实发生过
1	很低	威胁几乎不可能发生,仅可能在非常罕见和例外的情况下发生

(四)脆弱性识别与分析指标控制

1. 脆弱性识别

脆弱性是资产本身存在的,脆弱性如果没有被威胁利用,则其本身不会对资产造成损害。如果系统足够强健,严重的威胁也不会导致发生安全事件,即威胁是利用资产的脆弱性才可能造成危害。

　　资产的脆弱性具有隐蔽性,有些脆弱性只有在一定条件和环境下才能显现,这是脆弱性识别中最为困难的部分。不正确的、起不到应有作用的或没有正确实施的安全措施本身就可能是一个弱点。

　　脆弱性识别是风险评估中最重要的一个环节。脆弱性识别可以以资产为核心,针对每一项需要保护的资产,识别可能被威胁利用的弱点,并对脆弱性的严重程度进行评估;也可以从物理、网络、系统、应用等层次进行识别,然后与资产、威胁对应起来。脆弱性识别的依据可以是国际或国家安全标准,也可以是行业规范或应用流程的安全要求。应用在不同环境中的相同的弱点,其脆弱性严重程度是不同的,评估者应从组织安全策略的角度考虑、判断资产的脆弱性及其严重程度。信息系统所采用的协议、应用流程的完备与否、与其他网络的互联等也应考虑在内。

　　脆弱性识别时的数据应来自资产的所有者、使用者,以及相关业务领域和软硬件方面的专业人员等。脆弱性识别所采用的方法主要有问卷调查、工具检测、人工核查、文档查阅、渗透性测试等。

　　脆弱性识别主要从技术和管理两个方面来进行。技术脆弱性涉及物理层、网络层、系统层、应用层等各个层面的安全问题。管理脆弱性又可分为技术管理脆弱性和组织管理脆弱性两方面,前者与具体技术活动相关,后者与管理环境相关。

　　对不同的识别对象,其脆弱性识别的具体要求应参照相应的技术或管理标准实施。例如,对物理环境的脆弱性识别可以参照《计算机场地安全要求》(GB/T 9361—2011)中的技术指标实施;对操作系统、数据库可以参照《计算机信息系统安全保护等级划分准则》(GB 17859—1999)中的技术指标实施。管理脆弱性识别方面可以参照《信息技术　信息安全管理实用规则》(GB/T 19716—2005)的要求对安全管理制度及其执行情况进行检查,发现管理漏洞和不足。表5-30提供了一种脆弱性识别内容的参考。

表5-30　脆弱性识别内容表

类型	识别对象	识别内容
技术脆弱性	物理环境	从机房场地、机房防火、机房供配电、机房防静电、机房接地与防雷、电磁防护、通信线路的保护、机房区域防护、机房设备管理等方面进行识别
	网络结构	从网络结构设计、边界保护、外部访问控制策略、内部访问控制策略、网络设备安全配置等方面进行识别
	系统软件(含操作系统及系统服务)	从补丁安装、物理保护、用户账号、口令策略、资源共享、事件审计、访问控制、新系统配置(初始化)、注册表加固、网络安全、系统管理等方面进行识别
	数据库软件	从补丁安装、鉴别机制、口令机制、访问控制、网络和服务设置、备份恢复机制、审计机制等方面进行识别
	应用中间件	从协议安全、交易完整性、数据完整性等方面进行识别
	应用系统	从审计机制、审计存储、访问控制策略、数据完整性、通信、鉴别机制、密码保护等方面进行识别

类型	识别对象	识别内容
管理脆弱性	技术管理	从物理和环境安全、通信与操作管理、访问控制、系统开发与维护、业务连续性等方面进行识别
	组织管理	从安全策略、组织安全、资产分类与控制、人员安全、符合性等方面进行识别

2. 脆弱性赋值

根据对资产的损害程度、技术实现的难易程度、弱点的流行程度,采用等级方式对已识别的脆弱性的严重程度进行赋值。由于很多弱点反映的是同一方面的问题,或可能造成相似的后果,赋值时应综合考虑这些弱点,以确定这一方面脆弱性的严重程度。

对某个资产,其技术脆弱性的严重程度还受到组织管理脆弱性的影响。因此,资产的脆弱性赋值还应参考技术管理和组织管理脆弱性的严重程度。

脆弱性严重程度可以进行等级化处理,不同的等级分别代表资产脆弱性严重程度的高低。等级数值越大,脆弱性严重程度越高。表5-31提供了脆弱性严重程度的一种赋值方法。

表5-31　脆弱性严重程度赋值表

等级	标识	定义
5	很高	如果被威胁利用,将对资产造成完全损害
4	高	如果被威胁利用,将对资产造成重大损害
3	中	如果被威胁利用,将对资产造成一般损害
2	低	如果被威胁利用,将对资产造成较小损害
1	很低	如果被威胁利用,将对资产造成的损害可以忽略

(五)已有安全措施确认

在识别脆弱性的同时,应对已采取的安全措施的有效性进行确认,即确认是否真正降低了系统脆弱性,抵御了威胁。对有效的安全措施继续保持,防止重复建设,避免不必要的工作和费用。对于确认为不适当的安全措施应核实是否应取消或修正,或用更合适的安全措施替代。已有安全措施确认与脆弱性识别存在一定的联系。一般来说,安全措施的使用将减少系统技术或管理上的脆弱性,但安全措施确认并不需要像脆弱性识别一样具体到每个资产或组件的脆弱性,而是一类具体措施的集合。

(六)风险评价指标控制

1. 风险计算原理

在完成了资产识别、威胁识别、脆弱性识别,以及对已有安全措施确认后,便可采用适当的方法与工具确定威胁利用脆弱性导致安全事件发生的可能性。综合安全事件所作用的资产价值及脆弱性的严重程度,判断安全事件造成的损失对组织的影响,即安全风险。按照《信息安全技术 信息安全风险评估规范》(GB/T 20984—2007)提供的风险计算原理,以下面的范式说明:

$$风险值 = R(A,T,V) = R\left[L(T,V),F(I_a,V_a)\right] \tag{5-1}$$

其中,R表示安全风险计算函数;A表示资产;T表示威胁;V表示脆弱性;I_a表示安全事件所作用的资产价值;V_a表示脆弱性严重程度;L表示威胁利用资产的脆弱性导致安全事件发生的可能性;F表示安全事件发生后产生的损失。

有以下三个关键计算环节。

(1)计算安全事件发生的可能性:

根据威胁出现频率及弱点的状况,计算威胁利用脆弱性导致安全事件发生的可能性,即

$$安全事件发生的可能性 = L(威胁出现频率,脆弱性) = L(T,V) \tag{5-2}$$

在具体评估中,应综合攻击者技术能力(专业技术程度、攻击设备等),脆弱性被利用的难易程度(可访问时间、设计和操作知识公开程度等),资产吸引力等因素来判断安全事件发生的可能性。

(2)计算安全事件发生后的损失:

根据资产价值及脆弱性严重程度,计算安全事件一旦发生后的损失,即

$$安全事件的损失 = F(资产价值,脆弱性严重程度) = F(I_a,V_a) \tag{5-3}$$

部分安全事件的发生造成的损失不仅仅是针对该资产本身,还可能影响业务的连续性;不同安全事件的发生对组织造成的影响也是不一样的。在计算某个安全事件的损失时,应将对组织的影响也考虑在内。

部分安全事件损失的判断还应参照安全事件发生可能性的结果,对发生可能性极小的安全事件,如处于非地震带的地震威胁、在采取完备供电措施状况下的电力故障威胁等,可以不计算其损失。

(3)计算风险值:

根据计算出的安全事件发生的可能性及安全事件的损失,计算风险值,即

$$风险值 = R(安全事件发生的可能性,安全事件的损失) = R(L(T,V),F(I_a,V_a)) \tag{5-4}$$

评估者可根据自身情况选择相应的风险计算方法计算风险值,如矩阵法或相乘法。矩阵法通过构造一个二维矩阵,形成安全事件发生的可能性与安全事件的损失之间的二维关系;相乘法通过构造经验函数,将安全事件发生的可能性与安全事件的损失进行运算得到风险值。使用两种方法计算风险的详细内容可参考《信息安全技术　信息安全风险评估规范》(GB/T 20984—2007)附录A。

2. 风险结果判定

为实现对风险的控制,可以对风险评价进行等级化处理,将风险划分为一定的级别,如划分为五级或三级,等级越高,风险越高。

评估者应根据所采用的风险计算方法,计算每种资产面临的风险值,根据风险值的分布状况,为每个等级设定风险值范围,并对所有风险计算结果进行等级处理。每个等级代表了相应风险的严重程度。表5-32提供了一种风险等级划分方法。

表5-32　风险等级划分表

等级	标识	描述
5	很高	一旦发生将产生非常严重的经济或社会影响,如组织信誉严重破坏、严重影响组织的正常经营,经济损失重大、社会影响恶劣

续表

等级	标识	描述
4	高	一旦发生将产生较大的经济或社会影响,在一定范围内给组织的经营和组织信誉造成损害
3	中	一旦发生会造成一定的经济、社会或生产经营影响,但影响面和影响程度不大
2	低	一旦发生造成的影响程度较低,一般仅限于组织内部,通过一定手段很快能解决
1	很低	一旦发生造成的影响几乎不存在,通过简单的措施就能弥补

风险等级处理的目的是在风险管理过程中对不同风险进行直观比较,以确定安全策略。应当综合考虑风险控制成本与风险造成的影响,提出一个可接受的风险范围。对某些资产的风险,如果风险计算值在可接受的范围内,则该风险是可接受的风险,应保持已有的安全措施;如果风险评估值在可接受的范围外,即风险计算值高于可接受范围的上限值,是不可接受的风险,需要采取安全措施降低、控制风险。

3. 风险处理计划

对不可接受的风险应根据导致该风险的脆弱性制订风险处理计划。风险处理计划中明确应采取的弥补弱点的安全措施、预期效果、实施条件、进度安排、责任部门等。安全措施的选择应从管理与技术两个方面考虑,管理措施可以作为技术措施的补充。安全措施的选择与实施应参照信息安全的相关标准进行。

4. 残余风险评估

在对不可接受的风险选择适当安全措施后,为确保安全措施的有效性,可进行再评估,以判断实施安全措施后的残余风险是否已经降低到可接受的水平。残余风险的评估可以依据标准提出的风险评估流程实施,做适当裁减。一般来说,安全措施的实施是以减少脆弱性或降低安全事件发生可能性为目标的,因此,残余风险的评估可以从脆弱性评估开始,在对照安全措施实施前后的脆弱性状况后,再次计算风险值的大小。

四、风险评估规范控制

(一)风险评估文件记录的要求

记录风险评估过程的相关文件,应符合以下要求(不限于此):

(1)确保文件发布前是得到批准的;

(2)确保文件的更改和现行修订状态是可识别的;

(3)确保文件的分发得到适当的控制,并确保在使用时可获得有关版本的适用文件;

(4)防止作废文件的非预期使用,若因任何目的需保留作废文件时,应对这些文件进行适当的标识。

对于风险评估过程中形成的相关文件,还应规定其标识、储存、保护、检索、保存期限及处置所需的控制。

相关文件是否需要及详略程度由组织的管理者来决定。

(二)风险评估文件

风险评估文件是指在整个风险评估过程中产生的评估过程文档和评估结果文档,包括(不限于此)以下几项。

(1)风险评估方案:阐述风险评估的目标、范围、人员、评估方法、评估结果的形式和实施进度等;

(2)风险评估程序:明确评估的目的、职责、过程、相关的文件要求,以及实施评估所需要的各种资产、威胁、脆弱性识别和判断依据;

(3)资产识别清单:根据风险评估程序文件中所确定的资产分类方法进行资产识别,形成资产识别清单,明确资产的责任人和(或)部门;

(4)重要资产清单:根据资产识别和赋值的结果,形成重要资产列表,包括重要资产名称、描述、类型、重要程度、责任人和(或)部门等;

(5)威胁列表:根据威胁识别和赋值的结果,形成威胁列表,包括威胁名称、种类、来源、动机及出现的频率等;

(6)脆弱性列表:根据脆弱性识别和赋值的结果,形成脆弱性列表,包括具体弱点的名称、描述、类型及严重程度等;

(7)已有安全措施确认表:根据对已采取的安全措施确认的结果,形成已有安全措施确认表,包括已有安全措施名称、类型、功能描述及实施效果等;

(8)风险评估报告:对整个风险评估过程和结果进行总结,详细说明被评估对象、风险评估方法、资产、威胁、脆弱性的识别结果、风险分析、风险统计和结论等内容;

(9)风险处理计划:对评估结果中不可接受的风险制订风险处理计划,选择适当的控制目标及安全措施,明确责任、进度、资源,并通过对残余风险的评估以确定所选择安全措施的有效性;

(10)风险评估记录:根据风险评估程序,要求风险评估过程中的各种现场记录可复现评估过程,并作为产生歧义后解决问题的依据。

五、生命周期风险评估控制

信息系统生命周期包含规划、设计、实施、运行维护和废弃五个阶段,安全风险评估作为信息安全保障的基础性工作,应贯穿于信息系统生命周期的各阶段中。各阶段中涉及的风险评估的原则和方法是一致的,但由于各阶段实施的内容、对象、安全需求不同,所以风险评估的对象、目的、要求等各方面也会有所不同。具体而言,在规划设计阶段,通过风险评估以确定系统的安全目标;在建设验收阶段,通过风险评估以确定系统的安全目标达成与否;在运行维护阶段,要不断地实施风险评估以识别系统面临的不断变化的风险和脆弱性,从而确定安全措施的有效性,确保安全目标得以实现。因此,每个阶段风险评估的具体实施应根据该阶段的特点有所侧重地进行。风险评估不是一次性的管理活动,是一个持续性和重复性的互动过程。无论是对固有风险的评估还是对剩余风险的评估,始终不变的是要从可能性和影响两个方面来进行。

(一)规划阶段的风险评估

规划阶段风险评估的目的是识别系统的使命,以支撑系统安全需求及安全战略。规划阶段的评估应能够描述信息系统建成后对现有业务模式的作用,包括技术、管理等方面,并根据其作用确定系统建设应达到的安全目标。

该阶段评估中,资产、脆弱性不需要识别。威胁应根据未来系统的应用对象、应用环境、业务状况、操作要求等方面进行分析。评估着重以下几个方面:

(1)是否依据相关规则,建立了与业务战略相一致的信息系统安全规划,并得到最高管理者的认可;

(2)系统规划中是否明确信息系统开发的组织、业务变更的管理、开发优先级;

(3)系统规划中是否考虑信息系统的威胁、环境,并制定总体的安全方针;

(4)系统规划中是否描述信息系统预期使用的信息,包括预期的应用、信息资产的重要性、潜在的价值、可能的使用限制、对业务的支持程度等;

(5)系统规划中是否描述所有与信息系统安全相关的运行环境,包括物理和人员的安全配置,以及明确相关的法规、组织安全策略、专门技术和知识等。

规划阶段的评估结果应体现在信息系统整体规划或项目建议书中。

(二)设计阶段的风险评估

设计阶段的风险评估需要根据规划阶段所明确的系统运行环境、资产重要性,提出安全功能需求。该阶段评估中,应详细评估设计方案中对系统面临威胁的描述,将使用的具体设备、软件等资产列表,以及这些资产的安全功能需求。对设计方案的评估着重以下几个方面:

(1)设计方案是否符合系统建设规划;

(2)设计方案是否对系统建设后面临的威胁进行了分析,重点分析来自物理环境和自然的威胁,以及由于内、外部入侵等造成的威胁;

(3)设计方案中的安全需求是否符合规划阶段的安全目标,并基于威胁的分析,制定信息系统的总体安全策略;

(4)设计方案是否采取了一定的手段来应对系统可能的故障;

(5)设计方案是否对设计原型中的技术实现及人员、组织管理等方面的脆弱性进行评估,包括设计过程中的管理脆弱性和技术平台固有的脆弱性;

(6)设计方案是否考虑可能随着其他系统接入而产生的风险;

(7)应用系统(含数据库)是否根据业务需要进行了安全设计;

(8)设计活动中所采用的安全控制措施、安全技术保障手段对风险的影响。在安全需求变更和设计变更后,也需要重复这项评估。

设计阶段的评估可以采用安全建设方案评审的方式进行,判定方案所提供的安全功能与信息技术安全技术标准的符合性。评估结果应对设计方案中所提供的安全功能符合性进行判断,体现在信息系统需求分析报告或建设实施方案中,并作为采购过程风险控制的依据。

(三)实施阶段的风险评估

实施阶段风险评估的目的是根据系统安全需求和运行环境对系统开发、实施过程进行风险识别,并对系统建成后的安全功能进行验证。根据设计阶段分析的威胁和制定的安全措施,在实施及验收时进行质量控制。

实施阶段应基于设计阶段的资产列表、安全措施,对安全威胁进一步细分,同时评估安全措施的实现程度,从而确定安全措施能否抵御现有威胁、脆弱性的影响。实施阶段风险评估主要对系统的开发与技术/产品获取、系统交付实施两个过程进行评估,开发与技术/产品获取过程的评估要点包括以下几点。

(1)法律、政策、适用标准和指导方针:直接或间接影响信息系统安全需求的特定法律,影响信息系统安全需求、产品选择的政府政策、国际或国家标准;

(2)信息系统的功能需要:安全需求是否有效地支持系统功能;

(3)成本效益风险:是否根据信息系统的资产、威胁和脆弱性的分析结果,确定在符合相关法律、政策、标准和功能需要的前提下选择最合适的安全措施;

(4)评估保证级别:是否明确系统建设后应进行怎样的测试和检查,从而确定是否满足项目建设、实施规范的要求。

系统交付过程的评估要点包括:

(1)根据实际建设的系统,详细分析资产、面临的威胁和脆弱性;

(2)根据系统建设目标和安全需求,对系统的安全功能进行验收测试,评价安全措施能否抵御安全威胁;

(3)评估是否建立了与整体安全策略一致的组织管理制度;

(4)对系统实现的风险控制效果与预期设计的符合性进行判断,如存在较大的不符合,应重新进行信息系统安全策略的设计与调整。

本阶段风险评估可以采取对照实施方案和标准要求的方式,对实际建设结果进行测试、分析。

(四)运行维护阶段的风险评估

运行维护阶段风险评估的目的是了解和控制运行过程中的安全风险,是一种较为全面的风险评估。评估内容包括真实运行的信息系统、资产、威胁、脆弱性等各方面。

(1)资产评估:在真实环境下较为细致的评估,包括实施阶段采购的软硬件资产、系统运行过程中生成的信息资产、相关的人员与服务等,该阶段资产识别是前期资产识别的补充与增加。

(2)威胁评估:全面地分析威胁的可能性和影响程度。对非故意威胁导致安全事件的评估可以参照安全事件的发生频率;对故意威胁导致安全事件的评估主要就威胁的各个影响因素做出专业判断。

(3)脆弱性评估:是全面的脆弱性评估,包括运行环境中物理、网络、系统、应用、安全保障设备、管理等各方面的脆弱性。技术脆弱性评估可以采取核查、扫描、案例验证、渗透性测试的方式实施;安全保障设备的脆弱性评估,应考虑安全功能的实现情况和安全保障设备本身的脆弱性;管理脆弱性评估可以采取文档、记录核查等方式进行验证。

(4)风险计算:根据标准的相关方法,对重要资产的风险进行定性或定量的风险分析,描述不同资产的风险高低状况。

运行维护阶段的风险评估应定期执行;当组织的业务流程、系统状况发生重大变更时,也应进行风险评估。重大变更包括以下情况(但不限于):

(1)增加新的应用或应用发生较大变更;

(2)网络结构和连接状况发生较大变更；

(3)技术平台大规模的更新；

(4)系统扩容或改造；

(5)发生重大安全事件后，或基于某些运行记录怀疑将发生重大安全事件；

(6)组织结构发生重大变动对系统产生了影响。

（五）废弃阶段的风险评估

当信息系统不能满足现有要求时，信息系统进入废弃阶段。根据废弃的程度，又分为部分废弃和全部废弃两种。

废弃阶段风险评估着重以下几个方面：

(1)确保硬件和软件等资产及残留信息得到了适当的处置，并确保系统组件被合理地丢弃或更换；

(2)如果被废弃的系统是某个系统的一部分，或与其他系统存在物理或逻辑上的连接，还应考虑系统废弃后与其他系统的连接是否被关闭；

(3)如果在系统变更中废弃，除对废弃部分外，还应对变更的部分进行评估，以确定是否会增加风险或引入新的风险；

(4)是否建立了流程，确保更新过程在一个安全、系统化的状态下完成。

本阶段应重点针对废弃资产对组织的影响进行分析，并根据不同的影响制定不同的处理方式。对由于系统废弃可能带来的新的威胁进行分析，并改进新系统或管理模式。对废弃资产的处理过程应在有效的监督之下实施，同时对废弃的执行人员进行安全教育。

信息系统的维护技术人员和管理人员均应该参与此阶段的评估。

六、风险评估控制审计

风险评估控制审计是对风险评估的整个流程和结果进行检查，了解风险评估过程中哪个环节出现问题，便于快速调整、完善评估过程，使整个风险评估合规、有效。通过对风险评估控制的审计，及时发现已经出现或即将出现的变化、偏差和延误等问题，并采取适当措施进行控制和纠正，从而减少因此造成的损失，降低风险发生的可能性，提高评估结果的有效性。

（一）风险评估控制的审计目标

真实性、合法性、效益性是审计法规定的审计的基本目标，主要关注的是财务收支及其有关的经济活动的真实性、合法性和效益情况。风险评估审计应在真实性、合法性、效益性的基础上，重点关注信息系统安全性、可靠性、经济性和合法性。

（二）风险评估控制的审计内容

(1)检查是否制定并执行安全风险评估制度，按照安全等级保护制度和标准的要求开展安全风险评估活动。通过对被审计单位的安全风险评估委托程序进行测评，检查风险评估方案、风险评估程序、资产识别清单、重要资产清单、威胁列表、脆弱性列表、已有安全措施确认表、风险评估报告、风险处理计划、风险评估记录等文档,评价被审计单位安全风险评估工作是否合规和有效。

(2)检查被审计单位是否正确地履行安全风险评估程序,全面而系统地评估信息系统建设过程中存在的安全风险,判断信息系统的安全性。

(3)检查被审计单位是否完整而充分地开展风险评估工作,可以根据信息系统风险的存在多少,初步判断被审计单位信息系统可靠性。

(4)检查被审计单位的主要信息系统开展安全风险评估后,是否对风险评估报告中提出的整改意见采取措施予以落实,降低信息系统风险,保证系统的安全性。

(5)检查被审计单位所采取的整改措施是否到位,能够有效降低信息系统风险。

(6)检查被审计单位对风险评估报告中提出的整改意见采取必要的安全措施后,是否对残余风险进行再评估,确保残余风险低于可接受水平,以合理保证信息系统安全。

(7)检查被审计单位信息安全残余风险进行再次评估后,是否对不可接受的残余风险采取了有效的安全措施,以使最终残余风险低于可接受水平。

(三)风险评估控制的审计方法

(1)询问相关控制人员。

(2)观察特定控制的运用。

(3)审阅文件和报告及计算机文档或者日志。

(4)利用风险评估辅助工具。

(5)利用计算机辅助审计工具和技术。

(6)利用其他专业机构的审计结果或者组织对信息技术内部控制的自我评估结果。

本节思考题

1.《关于加强国家电子政务工程建设项目信息安全风险评估工作的通知》(发改高技〔2008〕2071号)要求国家电子政务网络、重点业务信息系统、基础信息库及相关支撑体系等国家电子政务工程建设项目,应在什么期间开展信息安全风险评估工作? 所形成的相关文档,应作为哪一项工作的重要内容?

2. 信息安全风险评估包括哪些主要内容?

3. 风险评估的过程包括哪四个阶段?

4. 风险要素识别涉及的基本要素有哪些?

5. 风险评估的主要工作是什么?

第四节　应急预案控制审计

网络信息安全应急预案控制是信息系统建设、运维单位为保障项目应急响应的符合性和有效性,按照国家和行业的规章制度和标准规范,加强项目应急响应资源的备战状态、增强预案任务、采用预案体系和预案指标方面的控制,使信息系统项目具有更好的应急响应控制能力。

网络信息安全应急预案控制审计是信息系统审计服务单位按照国家和行业的规章制度和标准规范,对项目应急响应的预案资源、预案任务、预案体系和预案指标方面控制的符合性和有效性进行检查监督,提出审计意见和建议,保障应急响应控制具有符合性和有效性,保障信息系统项目健康安全运行。

本书所称的"应急预案"均指"网络信息安全应急预案"。

一、应急预案目标控制

网络信息安全事件是指由于人为原因、软硬件缺陷或故障、自然灾害等,对网络和信息系统或者其中的数据造成危害,对社会造成负面影响的事件,包括有害程序事件、网络攻击事件、信息破坏事件、信息内容安全事件、设备设施故障、灾害性事件和其他网络安全事件。

根据《中华人民共和国突发事件应对法》《网络安全法》《国家突发公共事件总体应急预案》《突发事件应急预案管理办法》和《信息安全　技术信息安全事件分类分级指南BG/T 20986—2007》、《国务院办公厅关于印发〈国务院有关部门和单位制定和修订突发公共事件应急预案框架指南〉的函》(国办函〔2004〕33号)等要求,各单位都需要制定网络信息安全事件应急预案。中央网络安全和信息化领导小组办公室(以下简称"中央网信办")和工信部于2017年先后发布的《国家网络安全事件应急预案》和《公共互联网网络安全突发事件应急预案》,标志着国家网络信息安全事件应对实现了制度化,也为各单位的网络安全事件应急预案提供了指导和参考。

应急预案的目标控制是为了更好地适应法律法规要求和经济活动的应急要求,建立健全网络安全事件应急工作机制,保证各种应急响应资源处于良好的备战状态,指导应急反应工作按计划有序实施,提高应对网络安全事件能力,有效预防和减少、降低或消除网络安全事件造成的负面影响、损失和危害,保护公众利益,维护国家安全、公共安全和社会秩序。

二、应急预案体系控制

《中华人民共和国突发事件应对法》规定:"国务院制定国家突发事件总体应急预案,组织制定国家突发事件专项应急预案;国务院有关部门根据各自的职责和国务院相关应急预案,制定国家突发事件部门应急预案。""应急预案应当根据本法和其他有关法律、法规的规定,针对突发事件的性质、特点和可能造成的社会危害,具体规定突发事件应急管理工作的组织指挥体系与职责和突发事件的预防与预警机制、处置程序、应急保障措施以及事后恢复与重建措施等内容。"

参照《国务院有关部门和单位制定和修订突发公共事件应急预案框架指南》,应急预案体系主要包括体制和运行机制两个方面。

在体制方面,要明确应急体系框架、组织机构和职责,强调协作。以突发网络安全事件应急响应全过程为主线,明确事件发生、报警、响应、结束、善后处置等环节的主管部门与协作部门;以应急准备及保障机构为支线,明确各参与部门的职责,特别要落实各级岗位责任制和行政首长负责制。

运行机制方面包括预测预警机制、应急信息报告程序、应急决策协调机制、应急公众沟通机制、应急响应级别确定机制、应急处置程序、应急社会动员机制、应急资源征用机制和责任追究机制等内容。

例如,国家专项应急预案《国家网络安全事件应急预案》体系,在体制方面规定如下。领导机构与职责:在中央网络安全和信息化领导小组(以下简称"网信领导小组")的领导下,中央网信办统筹协调组织国家网络安全事件应对工作,建立健全跨部门联动处置机制,工信部、公安部、国家保密局等相关部门按照职责分工负责相关网络安全事件应对工作。必要时成立国家网络安全事件应急指挥部(以下简称"指挥部"),负责特别重大网络安全事件处置的组织指挥和协调。

办事机构与职责:国家网络安全应急办公室(以下简称"应急办")设在中央网信办,具体工作由中央网信办网络安全协调局承担。应急办负责网络安全应急跨部门、跨地区协调工作和指挥部的事务性工作,组织指导国家网络安全应急技术支撑队伍做好应急处置的技术支撑。有关部门派负责相关工作的司局级同志为联络员,联络应急办工作。

各部门职责:中央和国家机关各部门按照职责和权限,负责本部门、本行业网络和信息系统网络安全事件的预防、监测、报告和应急处置工作。

各省(自治区、直辖市)职责:各省(自治区、直辖市)网信部门在本地区党委网络安全和信息化领导小组统一领导下,统筹协调组织本地区网络和信息系统网络安全事件的预防、监测、报告和应急处置工作。

《国家网络安全事件应急预案》的运行机制如下。

工作原则:统一领导、分级负责;统一指挥、密切协同、快速反应、科学处置;预防为主,预防与应急相结合;谁主管谁负责、谁运行谁负责。

监测与预警:包括预警分级、预警监测、预警研判和发布、预警响应、预警解除。

应急处置:包括事件报告、应急响应、应急结束。

调查与评估:包括调查处理和总结评估、报告内容、报告程序、报告时间。

预防工作:包括日常管理、演练、宣传、培训、重要活动期间的预防措施。

保障措施:包括机构和人员、专家队伍、技术支撑队伍、社会资源、基础平台、技术研发和产业促进、国际合作、物资保障、经费保障、责任与奖惩。

附则:包括预案管理、预案解释、预案实施时间。

三、应急预案任务控制

应急预案是为有效预防和控制可能发生的网络安全事故,最大限度减少事故及其造成损害而预先制订的工作方案。应急预案的重要任务是对突发事件进行应急处置,其中应把事件描述出来,还应描述清楚发生安全事件后,谁去处理安全事件,有哪些资源,资源怎么去协调。处置的步骤可遵循"监测与预警"—"预警响应"—"应急处置"—"事后总结"的方法。下面综合《国家网络安全事件应急预案》《公共互联网网络安全突发事件应急预案》来说明这些应急处置步骤。

(一)监测与预警

(1)预警分级管理:将网络安全事件预警等级划分为特别重大、重大、较大和一般网络安全事件四级,分别对应红色、橙色、黄色和蓝色预警。

(2)各司其职监测:各单位按照"谁主管谁负责、谁运行谁负责"的要求,组织对本单位建设运行的网络和信息系统的运行状况进行密切监测。重点行业主管或监管部门组织指导本行业网络安全监测工作。各省(自治区、直辖市)网信部门统筹组织开展对本地区网络和信息系统的安全监测工作。一旦发生网络安全突发事件,应当立即向应急办和相关省(自治区、直辖市)主管部门报告,不得迟报、谎报、瞒报、漏报。报告突发事件信息时,应当说明事件发生时间、初步判定的影响范围和危害、已采取的应急处置措施和有关建议。

（3）预警研判：应当建立或确定本地区、本部门统一的突发事件信息系统，汇集、储存、分析、传输有关突发事件的信息，并与有关部门、专业机构和监测网点的突发事件信息系统实现互联互通，加强跨部门、跨地区的信息交流与情报合作。各省（自治区、直辖市），各部门组织对监测信息进行研判，认为需要立即采取防范措施的，应当及时通知有关部门和单位，对可能发生重大及以上网络安全事件的信息及时向应急办报告。应急办组织开展跨省（自治区、直辖市），跨部门的网络安全信息共享，及时汇总分析突发事件隐患和预警信息，必要时组织相关单位、专业技术人员、专家学者进行会商研判。

（4）预警发布：各省（自治区、直辖市），各部门可根据监测研判情况，发布本地区、本行业的重大及以下预警。认为需要发布特别重大预警的，由地方应急办报国家网络安全应急办统一发布；认为需要发布重大预警的，由当地应急办统一发布，并报国家网络安全应急办；认为需要发布较大、一般预警的，相关省（自治区、直辖市）主管部门可在本行政区域内发布，并报应急办。对达不到预警级别但又需要发布警示信息的，应急办和各省（自治区、直辖市）主管部门可以发布风险提示信息。发布预警信息时，应当包括预警级别、起始时间、可能的影响范围和造成的危害、应采取的防范措施、时限要求和发布机关等，并公布咨询电话。可通过网站、短信、微信等形式面向社会发布预警信息。

（5）预警解除：发布预警后，应当根据事态发展，适时调整预警级别并按照权限重新发布。经研判不可能发生突发事件或风险已经解除的，应当及时宣布解除预警，并解除已经采取的有关措施。相关省（自治区、直辖市）解除黄色、蓝色预警后，应及时向应急办报告。

（二）预警响应

1. 一般预警响应（蓝色预警）

（1）应急办组织预警响应工作，联系专家和有关机构，组织对事态发展情况进行跟踪研判，研究制定防范措施和应急工作方案，协调组织资源调度和部门联动的各项准备工作。

（2）有关省（自治区、直辖市），部门网络安全事件应急指挥机构实行24小时值班，相关人员保持通信联络畅通。加强网络安全事件监测和事态发展信息搜集工作，组织指导应急支撑队伍、相关运行单位开展应急处置或准备、风险评估和控制工作，重要情况报应急办。

（3）网络安全应急技术支撑队伍进入待命状态，针对预警信息研究制订应对方案，检查应急车辆、设备、软件工具等，确保处于良好状态。

（4）及时宣传避免、减轻危害的措施，公布咨询电话，并对相关信息的报道工作进行正确引导。

2. 较大预警响应（黄色预警）

（1）有关省（自治区、直辖市），部门网络安全事件应急指挥机构启动相应应急预案，组织开展预警响应、风险评估、应急准备和风险控制工作。

（2）有关省（自治区、直辖市），部门及时将事态发展情况报应急办。应急办密切关注事态发展，有关重大事项及时通报相关省（自治区、直辖市）和部门。

（3）网络安全应急技术支撑队伍保持联络畅通，检查应急车辆、设备、软件工具等，确保处于良好状态。

（4）加强宣传引导。

3. 重大、特别重大预警响应（橙色、红色预警）

有关地区、部门网络安全事件应急指挥机构启动相应应急预案，组织开展预警响应，还应当针对即将发生的网络安全突发事件的特点和可能造成的危害，采取下列措施：

（1）各相关单位实行24小时值班，相关人员保持通信联络畅通，负有特定职责的人员进入待命状态，后备人员做好参加应急处置工作的准备；

（2）组织研究制定防范措施和应急工作方案，协调调度各方资源，做好各项准备工作，重要情况上报；

（3）组织有关单位加强对重要网络、系统的网络安全防护；

（4）相关网络安全专业机构、网络安全企业进入待命状态，针对预警信息研究制订应对方案，检查应急设备、软件工具等，确保处于良好状态，随时可以投入正常使用。

（三）应急处置

1. 先行处置

网络安全事件发生后，事发单位在按照预案规定立即向主管部门报告的同时，应当立即启动本单位应急预案，组织本单位应急队伍和工作人员采取应急处置措施，尽最大努力恢复网络和系统运行，尽可能减少对用户和社会的影响，同时注意保存网络攻击、网络入侵或网络病毒的证据。

2. 启动响应

网络安全事件应急响应分为四级，分别对应特别重大、重大、较大和一般网络安全事件。I级为最高响应级别。

（1）I级响应。

特别重大网络安全事件，及时启动I级响应。公共互联网网络安全突发事件的I级响应根据国家有关决定或经工信部网信领导小组批准后启动。I级响应启动后，成立指挥部，应急办24小时值班。有关省（自治区、直辖市）、部门应急指挥机构进入应急状态，指挥部统一领导、指挥、协调，视情设立应急恢复、攻击溯源、影响评估、信息发布、跨部门协调、国际协调等工作组。

（2）II级响应。

网络安全事件的II级响应，由省（自治区、直辖市）和部门根据事件的性质和情况确定，公共互联网网络安全突发事件的II级响应由工信部应急办决定启动。

①事件发生省（自治区、直辖市）或部门的应急指挥机构进入应急状态，按照相关应急预案做好应急处置工作。

②事件发生省（自治区、直辖市）或部门及时将事态发展变化情况报应急办。应急办将有关重大事项及时通报相关地区和部门。

③处置中需要其他有关省（自治区、直辖市）、部门和国家网络安全应急技术支撑队伍配合和支持的，商应急办予以协调。相关省（自治区、直辖市）、部门和国家网络安全应急技术支撑队伍应根据各自职责，积极配合、提供支持。

④有关省（自治区、直辖市）和部门根据应急办的通报，结合各自实际有针对性地加强防范，防止造成更大范围影响和损失。

（3）Ⅲ级、Ⅳ级响应。

事件发生地区和部门按相关预案进行应急响应。公共互联网网络安全突发事件的Ⅲ级、Ⅳ级响应由相关省（自治区、直辖市）通信管理局决定启动。

3. 事态跟踪

启动Ⅰ级响应、Ⅱ级响应后，事发单位和网络安全专业机构、网络安全企业应当持续加强监测，跟踪事态发展，检查影响范围，密切关注舆情，及时将事态发展变化、处置进展情况、相关舆情报应急办。省（自治区、直辖市）立即全面了解本行政区域受影响情况，并及时报应急办。

启动Ⅲ级响应、Ⅳ级响应后，相关省（自治区、直辖市）通信管理局组织相关单位加强事态跟踪研判。

4. 决策部署

启动Ⅰ级响应、Ⅱ级响应后，网信领导小组或应急办应紧急召开会议，听取各相关方面情况汇报，研究紧急应对措施，对应急处置工作进行决策部署。

对于公共互联网网络安全突发事件，针对事件的类型、特点和原因，相关单位应采取以下措施：带宽紧急扩容、控制攻击源、过滤攻击流量、修补漏洞、查杀病毒、关闭端口、启用备份数据、暂时关闭相关系统等；对大规模用户信息泄露事件，要求事发单位及时告知受影响的用户，并告知用户减轻危害的措施；防止发生次生、衍生事件的必要措施；其他可以控制和减轻危害的措施。

做好信息报送：及时向国家网络安全应急办等报告突发事件处置进展情况。

注重信息发布：及时向社会公众通告突发事件情况，宣传避免或减轻危害的措施，公布咨询电话，引导社会舆论。未经应急办同意，各相关单位不得擅自向社会发布突发事件相关信息。

启动Ⅲ级响应、Ⅳ级响应后，相关省（自治区、直辖市）组织相关单位开展处置工作。处置中需要其他区域提供配合和支持的，接受请求的省（自治区、直辖市）应当在权限范围内积极配合并提供必要的支持。

5. 应急结束

突发事件的影响和危害得到控制或消除后，Ⅰ级响应根据国家有关决定或由应急办提出建议，报指挥部批准后结束；Ⅱ级响应由事件发生省（自治区、直辖市）或部门决定，报应急办决定结束；Ⅲ级响应、Ⅳ级响应由相关省（自治区、直辖市）主管部门决定结束。

（四）事后总结

1. 调查与评估

网络安全事件应急响应结束后，事发单位要及时调查突发事件的起因（包括直接原因和间接原因）、经过、责任，评估事件造成的影响和损失，总结事件防范和应急处置工作的经验教训，提出处理意见和改进措施。特别重大网络安全事件由应急办组织有关部门和省（自治区、直辖市）进行调查处理和总结评估，并按程序上报。重大及以下网络安全事件由事件发生地区或部门自行组织调查处理和总结评估，其中重大网络安全事件相关总结调查报告报应急办。总结调查报告应对事件的起因、性质、影响、责任等进行分析评估，提出处理意见和改进措施。事件的调查处理和总结评估工作原则上在应急响应结束后30天内完成。公共互联网网络安全突发事件在应急响应结束后10个工作日内形成总结报告，报电信主管部门。电信主管部门汇总并研究后，在应急响应结束后20个工作日内形成报告，按程序上报。

2. 奖惩问责

中央网信办及有关地区和部门对网络安全事件应急管理工作中做出突出贡献的先进集体和个人给予表彰和奖励。对不按照规定制定预案和组织开展演练,迟报、谎报、瞒报和漏报网络安全事件重要情况或者应急管理工作中有其他失职、渎职行为的,依照相关规定对有关责任人给予处分;构成犯罪的,依法追究刑事责任。

(五)预防与应急准备

1. 预防保护

各地区、各部门按职责做好网络安全事件日常预防工作,制定完善相关应急预案,做好网络安全检查、隐患排查、风险评估和容灾备份,健全网络安全信息通报机制,及时采取有效措施,减少和避免网络安全事件的发生及危害,提高应对网络安全事件的能力。

2. 应急演练

定期组织演练,检验和完善预案,提高实战能力。各省(自治区、直辖市),各部门每年至少组织一次预案演练,并将演练情况报中央网信办。

3. 宣传培训

各地区、各部门应充分利用各种传播媒介及其他有效的宣传形式,加强突发网络安全事件预防和处置的有关法律、法规和政策的宣传,开展网络安全基本知识和技能的宣传活动。各地区、各部门要将网络安全事件的应急知识列为领导干部和有关人员的培训内容,加强网络安全特别是网络安全应急预案的培训,提高防范意识及技能。

4. 重要活动期间的预防措施

在国家重要活动、会议期间,各省(自治区、直辖市),各部门要加强网络安全事件的防范和应急响应,确保网络安全。应急办统筹协调网络安全保障工作,根据需要要求有关省(自治区、直辖市),部门启动红色预警响应。有关省(自治区、直辖市),部门加强网络安全监测和分析研判,及时预警可能造成重大影响的风险和隐患,重点部门、重点岗位保持24小时值班,及时发现和处置网络安全事件隐患。

5. 手段建设与工具配备

各地区、各部门要加强网络安全应急基础平台和管理平台建设,做到早发现、早预警、早响应,提高应急处置能力。

(六)保障措施

1. 机构和人员

各地区、各部门、各单位要落实网络安全应急工作责任制,把责任落实到单位领导、具体部门、具体岗位和个人,建立健全本单位网络安全应急工作体制机制。

2. 技术支撑队伍

加强网络安全应急技术支撑队伍建设,不断提升网络安全事件预防保护、监测预警、应急处置、应急技术支援、攻击溯源等能力。各省(自治区、直辖市),各部门应配备必要的网络安全专业技术人才,并加强与国家网络安全相关技术单位的沟通、协调,建立必要的网络安全信息共享机制。

3. 社会力量

建立国家网络安全应急专家组,为网络安全事件的预防和处置提供技术咨询和决策建议。各地区、各部门加强各自的专家队伍建设,充分发挥专家在应急处置工作中的作用。从教育科研机构、企事业单位、协会中选拔网络安全人才,汇集技术与数据资源,形成网络安全技术人才库,建立网络安全事件应急服务体系,提高应对特别重大、重大网络安全事件的能力。

4. 国际合作

有关部门建立国际合作渠道,签订合作协定,必要时通过国际合作共同应对突发网络安全事件。

5. 物资与经费保障

加强对网络安全应急装备、工具的储备,及时调整、升级软件硬件工具,不断增强应急技术支撑能力。财政部门为网络安全事件应急处置提供必要的资金保障。有关部门利用现有政策和资金渠道,支持网络安全应急技术支撑队伍建设、专家队伍建设、基础平台建设、技术研发、预案演练、物资保障等工作开展。各地区、各部门为网络安全应急工作提供必要的经费保障。

(七)预案管理

预案原则上每年评估一次,根据实际情况适时修订。

各省(自治区、直辖市)通信管理局要结合实际制定或修订本行政区域公共互联网网络安全突发事件应急预案,并报工信部备案。基础电信企业、域名机构、互联网企业要制定本单位公共互联网网络安全突发事件应急预案,并向电信主管部门备案。

四、应急预案指标控制

(一)网络安全事件分类控制

《信息安全技术　信息安全事件分类分级指南》(GB/Z 20986—2007)和《国家网络安全事件应急预案》对信息安全事件的定义是:由于自然或者人为以及软硬件本身缺陷或故障的原因,对信息系统造成危害,或对社会造成负面影响的事件;并将其分为有害程序事件、网络攻击事件、信息破坏事件、信息内容安全事件、设备设施故障、灾害性事件和其他信息安全事件7个基本类别,每个基本类别分别包括若干个子类。

(1)有害程序事件:指插入信息系统中的一段程序,有害程序危害系统中数据、应用程序或操作系统的机密性、完整性或可用性,或影响信息系统的正常运行。有害程序事件是指蓄意制造、传播有害程序,或是因受到有害程序的影响而导致的信息安全事件。有害程序事件包括计算机病毒事件、蠕虫事件、特洛伊木马事件、僵尸网络事件、混合程序攻击事件、网页内嵌恶意代码事件和其他有害程序事件7个子类。

(2)网络攻击事件:指通过网络或其他技术手段,利用信息系统的配置缺陷、协议缺陷、程序缺陷或使用暴力攻击对信息系统实施攻击,并造成信息系统异常或对信息系统当前运行造成潜在危害的信息安全事件。网络攻击事件包括拒绝服务攻击事件、后门攻击事件、漏洞攻击事件、网络扫描窃听事件、网络钓鱼事件、干扰事件和其他网络攻击事件7个子类。

(3)信息破坏事件:指通过网络或其他技术手段,造成信息系统中的信息被篡改、假冒、泄露、窃取等而导致的信息安全事件。信息破坏事件包括信息篡改事件、信息假冒事件、信息泄露事件、信息窃取事件、信息丢失事件和其他信息破坏事件6个子类。

（4）信息内容安全事件：指利用信息网络发布、传播危害国家安全、社会稳定和公共利益等内容的安全事件。它包括以下4个子类：违反宪法和法律、行政法规的信息安全事件；针对社会事项进行讨论、评论，形成网上敏感的舆论热点，出现一定规模炒作的信息安全事件；组织非法串联、煽动集会游行的信息安全事件；其他信息内容安全事件。

（5）设备设施故障：分为软硬件自身故障、外围保障设施故障、人为破坏事故和其他设备设施故障。

（6）灾害性事件：指由自然灾害等其他突发事件导致的网络安全事件。

（7）其他事件：指不能归为以上分类的网络安全事件。

（二）信息安全事件分级控制

对信息安全事件分级主要考虑三个要素：信息系统的重要程度、系统损失和社会影响。

1. 重要网络与信息系统

所承载的业务与国家安全、社会秩序、经济建设、公众利益密切相关的网络和信息系统。

2. 按网络和信息系统损失程度划分

网络和信息系统损失是指由于网络安全事件对系统的软硬件、功能及数据的破坏，导致系统业务中断，从而给事发组织所造成的损失。按照恢复系统正常运行和消除安全事件负面影响所需付出的代价大小，网络和信息系统损失划分为特别严重的系统损失、严重的系统损失、较大的系统损失和较小的系统损失。

（1）特别严重的系统损失：造成系统大面积瘫痪，使其丧失业务处理能力，或系统关键数据的机密性、完整性、可用性遭到严重破坏，恢复系统正常运行和消除安全事件负面影响所需付出的代价十分巨大，对于事发组织是不可承受的。

（2）严重的系统损失：造成系统长时间中断或局部瘫痪，使其业务处理能力受到极大影响，或系统关键数据的机密性、完整性、可用性遭到破坏，恢复系统正常运行和消除安全事件负面影响所需付出的代价巨大，但对于事发组织是可承受的。

（3）较大的系统损失：造成系统中断，明显影响系统效率，使重要信息系统或一般信息系统业务处理能力受到影响，或系统重要数据的机密性、完整性、可用性遭到破坏，恢复系统正常运行和消除安全事件负面影响所需付出的代价较大，但对于事发组织是完全可以承受的。

（4）较小的系统损失：造成系统短暂中断，影响系统效率，使系统业务处理能力受到影响，或系统重要数据的机密性、完整性、可用性遭到影响，恢复系统正常运行和消除安全事件负面影响所需付出的代价较小。

3. 按社会影响划分

社会影响是指信息安全事件对社会所造成影响的范围和程度。按照国家安全、社会秩序、经济建设和公众利益等方面的影响大小，其可划分为特别重大的社会影响、重大的社会影响、较大的社会影响和一般的社会影响。

（1）特别重大的社会影响：波及一个或多个省市的大部分地区，极大威胁国家安全，引起社会动荡，对经济建设有极其恶劣的负面影响，或者严重损害公众利益。

(2)重大的社会影响:波及一个或多个地市的大部分地区,威胁到国家安全,引起社会恐慌,对经济建设有重大的负面影响,或者损害到公众利益。

(3)较大的社会影响:波及一个或多个地市的部分地区,可能影响到国家安全,扰乱社会秩序,对经济建设有一定的负面影响,或者影响到公众利益。

(4)一般的社会影响:波及一个地市的部分地区,对国家安全、社会秩序、经济建设和公众利益基本没有影响,但对个别公民、法人或其他组织的利益会造成损害。

4. 网络安全事件分级

根据影响范围和程度,《国家网络安全事件应急预案》将网络安全事件分为四级:特别重大网络安全事件、重大网络安全事件、较大网络安全事件、一般网络安全事件。

(1)特别重大网络安全事件。

①重要网络和信息系统遭受特别严重的系统损失,造成系统大面积瘫痪,丧失业务处理能力。

②国家秘密信息、重要敏感信息和关键数据丢失或被窃取、篡改、假冒,对国家安全和社会稳定构成特别严重威胁。

③其他对国家安全、社会秩序、经济建设和公众利益构成特别严重威胁、造成特别严重影响的网络安全事件。

(2)重大网络安全事件。

①重要网络和信息系统遭受严重的系统损失,造成系统长时间中断或局部瘫痪,业务处理能力受到极大影响。

②国家秘密信息、重要敏感信息和关键数据丢失或被窃取、篡改、假冒,对国家安全和社会稳定构成严重威胁。

③其他对国家安全、社会秩序、经济建设和公众利益构成严重威胁、造成严重影响的网络安全事件。

(3)较大网络安全事件。

①重要网络和信息系统遭受较大的系统损失,造成系统中断,明显影响系统效率,业务处理能力受到影响。

②国家秘密信息、重要敏感信息和关键数据丢失或被窃取、篡改、假冒,对国家安全和社会稳定构成较严重威胁。

③其他对国家安全、社会秩序、经济建设和公众利益构成较严重威胁、造成较严重影响的网络安全事件。

(4)除上述情形外,对国家安全、社会秩序、经济建设和公众利益构成一定威胁、造成一定影响的网络安全事件,为一般网络安全事件。

《公共互联网网络安全突发事件应急预案》,将公共互联网网络安全突发事件分为四级:特别重大事件、重大事件、较大事件、一般事件。

(1)特别重大事件是指在全国范围内发生的,造成或可能造成特别严重社会影响的网络安全突发事件。它包括以下几类:

①国际出入口、互联网骨干网或.cn国家顶级域名遭受大规模DDOS攻击等导致严重拥塞或瘫痪。

②全国互联网出现大规模的网络病毒爆发。

③重要域名系统遭受攻击,或重要网站遭受域名劫持,导致全国互联网出现大规模用户访问异常。

④大规模数据泄露导致国家安全、社会稳定和大量用户权益受到严重危害。

⑤其他造成或可能造成全国范围内,特别重大社会影响的网络安全突发事件。

(2)重大事件是指在全国范围内发生的,造成或可能造成严重社会影响的网络安全突发事件。它包括以下几类:

①大规模DDOS攻击等导致多个省级行政区发生互联网瘫痪、重要网站瘫痪或出现严重访问异常。

②多个省级行政区互联网出现大规模网络病毒爆发。

③重要域名系统遭受攻击,或重要网站遭受域名劫持,导致多个省级行政区互联网出现大规模用户访问异常。

④大规模数据泄露导致多个省级行政区的大量用户权益受到严重危害。

⑤重要网站网页遭受篡改,被张贴违法有害信息。

⑥其他造成或可能造成涉及多个省级行政区,重大社会影响的网络安全突发事件。

(3)较大事件是指在部分或个别省级行政区发生的,造成较大影响的网络安全事件。它包括以下几类:

①大规模DDOS攻击导致个别省级行政区内发生互联网瘫痪、重要递归或权威域名系统瘫痪或出现严重拥塞、省级行政区内较重要网站出现严重访问异常等。

②个别省级行政区互联网出现大规模网络病毒爆发。

③重要域名系统遭受攻击,或在省级行政区内较重要网站遭受域名劫持,导致个别省级行政区内互联网出现大规模用户访问异常。

④大规模数据泄露导致个别省级行政区的大量用户权益受到严重危害。

⑤在省级行政区内较重要的网站网页遭受篡改,被张贴违法有害信息。

⑥其他造成或可能造成部分或个别省级行政区,较大社会影响的网络安全突发事件。

(4)一般事件指在个别省级行政区发生的,造成一定影响的网络安全事件。它包括以下几类:

①大规模DDOS攻击导致个别省地市级互联网出现严重拥塞或瘫痪等。

②个别省级行政区互联网出现一定规模的网络病毒爆发。

③重要域名系统遭受攻击导致个别省级行政区内互联网出现一定规模用户访问异常。

④数据泄露导致个别省级行政区的一定规模用户权益受到严重危害。

⑤地市级重要网站网页遭受篡改,被张贴违法有害信息。

⑥其他造成或可能造成个别省级行政区,一般社会影响的网络安全突发事件。

(三)预警响应分级控制

依据《国家网络安全事件应急预案》,网络安全事件预警等级分为四级:由高到低依次用红色、橙色、黄色和蓝色表示,分别对应发生或可能发生特别重大、重大、较大和一般网络安全事件。

《公共互联网网络安全突发事件应急预案》按照紧急程度、发展态势和可能造成的危害程度,将公共互联网网络突发事件预警等级分为四级:由高到低依次用红色、橙色、黄色和蓝色标示,分别对应可能发生特别重大、重大、较大和一般网络安全突发事件。

针对不同级别的网络安全事件,要按突发公共事件可控性、严重程度和影响范围,立即启动相应的预警响应:红色预警响应、橙色预警响应、黄色预警响应、蓝色预警响应。具体内容可参见本节"预警响应"。

五、应急预案编制控制

参照《国家网络安全事件应急预案》和《公共互联网网络安全突发事件应急预案》内容,按照国务院办公厅发布的《国务院有关部门和单位制定和修订突发公共事件应急预案框架指南》的要求,编制本部门的网络信息安全事件应急预案。应急预案主要内容应包括如下内容。

(1)总则:说明编制预案的目的、工作原则、编制依据、适用范围等。

(2)组织指挥体系及职责:明确各组织机构的职责、权利和义务,以突发事故应急响应全过程为主线,明确事故发生、报警、响应、结束、善后处理处置等环节的主管部门与协作部门;以应急准备及保障机构为支线,明确各参与部门的职责。

(3)预警和预防机制:包括信息监测与报告、预警预防行动、预警支持系统、预警级别及发布。

(4)应急响应:包括分级响应程序(原则上按一般、较大、重大、特别重大四级启动相应预案),信息共享和处理,通信,指挥和协调,紧急处置,应急人员、群众的安全防护,社会力量动员与参与,事故调查分析、检测与后果评估,新闻报道,应急结束11个要素。

(5)后期处置:包括善后处置、社会救助、保险、事故调查报告和经验教训总结及改进建议。

(6)保障措施:包括通信与信息保障,应急支援与装备保障,技术储备与保障,宣传、培训和演习,监督检查等。

(7)附则:包括有关术语、定义,预案管理与更新,国际沟通与协作,奖励与责任,制定与解释部门,预案实施或生效时间等。

(8)附录:包括相关的应急预案、预案总体目录、分预案目录、各种规范化格式文本,相关机构和人员通讯录等。

六、应急预案控制审计

(一)审计目标

全面了解网络信息安全事件预案制度的贯彻执行情况,检查被审计单位是否建立了网络信息安全事件预案制度,检查预案的目标、体系、任务、指标控制是否符合国家相关法律、法规的规定和行业相关标准与规范的要求,是否按照预案进行演练、培训,揭示网络信息安全事件预案制度落实中存在的问题,提出整改建议,促进网络信息安全事件应急处置工作不断完善。

(二)审计的重点

一是检查被审计单位网络信息安全事件应急预案的符合性,即网络信息安全事件应急预案是否按照《国务院有关部门和单位制定和修订突发公共事件应急预案框架指南》结合本单位的实际情况编制,内容完整、任务清晰、责任明确、要求具体、针对性强,具有可操作、可实施性;二是检查被审计单位的网络信息安全事件应急预案是否符合《国家网络安全事件应急预案》《公共互联网网络安全突发事件应急预案》等要求,预案中的相关措施是否落实,是否能为网络信息安全事件应急处置提供可靠有效的支撑。

(三)审计的主要内容

1. 应急预案制度控制审计

(1)检查是否建立统一的应急预案框架,制定不同事件的应急预案。

(2)检查应急预案框架内容是否包括机构与职责、预测预警机制、应急信息报告程序、应急决策协调机制、应急公众沟通机制、应急响应级别确定机制、应急处置程序、应急资源调用机制和责任追究机制等内容。

(3)检查是否对系统相关的人员进行应急预案培训,应急预案的培训应至少每年举办一次。还应定期对应急预案进行演练,根据不同的应急恢复内容,确定演练的周期。应当规定应急预案需要定期审查和根据实际情况更新的内容,并按照执行。

2. 应急预案任务控制审计

(1)检查是否按预案确定了信息监测方法与程序,建立信息来源与分析、常规数据监测、风险分析与分级等制度;是否明确影响范围、信息渠道、时限要求、审批程序、监督管理等。

(2)检查是否按预案明确了预警预防方式方法、渠道及监督检查措施,信息交流与通报,新闻和公众信息发布程序。

(3)检查是否按预案明确了预警级别的确定原则、信息的确认与发布程序等。

(4)检查是否按预案明确了预案启动级别和条件,以及相应级别指挥机构的工作职责和权限,是否明确了网络信息安全事件发生后报告的组织、顺序、时间要求、主要联络人及备用联络人、应急响应及处置过程等。

(5)检查是否制订了详细、科学的应对网络信息安全事件处置技术方案,明确处置措施,人员组织、设备调用程序等,以及不同处置队伍间的分工协作程序。

(6)检查网络信息安全事件应急预案的测试和演练,是否预先制订测试和演练计划,在计划中说明测试和演练的场景;测试和演练的整个过程是否有详细的记录,并形成报告;是否每年至少完成一次有最终用户参与的完整测试和演练。

(7)检查网络信息安全事件应急预案文档是否由专人负责保存与分发,具有多份拷贝在不同的地点保存,是否正确地分发给参与应急响应工作的所有人员。

(8)检查是否对网络信息安全事件应急预案文档进行严格的维护,反映了业务变化、系统更新及测试结果要求,并定期评审和修订应急响应计划。

3. 应急预案指标控制审计

(1)检查被审计单位对网络安全事件的分类,评估其分类依据是否合适,分类内容是否合规。

(2)检查被审计单位对网络安全事件的分级,评估其分级依据是否合适,分级是否合规。

(3)检查被审计单位预警响应分级,评估其分级依据是否合适,分类与分级是否合规。

(四)审计方法

现场核查、资料审阅、人员访谈、系统抽查等。

本节思考题

1. 网络信息安全应急预案的目标控制是什么?

2. 网络信息安全应急预案体系的运行机制方面包括哪些内容?

3. 网络信息安全事件应急处置的步骤可遵循的方法是什么?

4. 网络安全事件的预警、预警响应、应急响应的分级及对应关系是什么?

5. 各部门多长时间内至少组织一次网络信息安全应急预案演练?

6. 网络信息安全事件应急预案原则上几年评估一次?

第六章　信息系统审计案例

本章包括信息系统审计案例概述、管理控制审计案例、应用控制审计案例、网络控制审计案例、安全控制审计案例五部分内容。

第一节　信息系统审计案例概述

一、信息系统审计案例知识

本节涉及信息系统专业知识、信息系统法规知识、信息系统技术知识、信息系统审计知识。

（一）信息系统专业知识

信息系统审计案例首先要分析信息系统专业知识。信息系统专业知识是指信息系统承载业务的专业知识,也是信息系统审计机构和审计人员在审计案例实践中必须了解和掌握的知识。

当前,我国的信息系统发展已进入"数字中国"(包括数字政府、数字经济、数字文化、数字社会、数字城市等)阶段。信息系统审计案例所涉及的专业知识包括政府和单位履职进行各项业务处理知识;政府和单位为提升履职能力和水平对相关业务进行关联聚类数据分析等知识;政府和单位为解决履职面临的重大社会问题采用大数据分析、调整相关政策、解决社会问题的综合知识。

1. 信息系统承载业务的业务处理分析

业务处理知识主要包括主题模型和主题数据的知识。业务处理的主题模型包括政府部门、事业单位和企业履职的业务处理主题模型。业务处理的主题数据包括政府部门、事业单位和企业履职中与业务处理主题模型配套的主题数据。信息系统审计就是检查业务处理主题模型和主题数据的可靠性、安全性、经济性。

这里重点叙述中央财政部门的业务处理主题模型和主题数据,它们主要包括财政预算指标管理、中央部门预算编审管理的业务处理主题模型和主题数据知识。

(1)财政预算指标管理的主题模型和主题数据。

财政预算指标管理的主题模型包括中央部门预算指标管理、转移支付预算指标管理。其中,中央财政部门的业务处理主题模型主要是解决年初预算指标分配的财政指标(包括财政部门内设机构的指标分配)、部门指标(包括中央各部门的预算指标分配),年终决算指标的财政指标(包括财政部门内设机构的指标决算)、部门指标(包括中央各部门的指标决算);同时,业务处理主题模型还要解决年初转移支付指标分配的财政指标(包括财政部门内设机构的转移支付指标分配)、地方指标(包括各专项和地方的转移支付预算指标分配),年终决算指标的财政指标(包括财政部门内设机构的转移支付指标决算)、地方指标(包括各专项和地方的转移支付指标决算)。中央部门预算指标管理、转移支付预算指标管理的业务处理主题模型如图6-1所示。

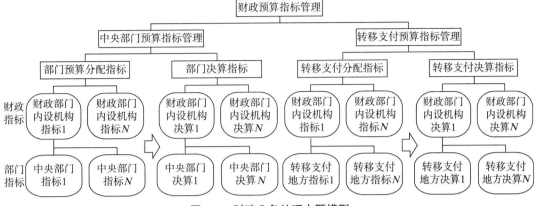

图6-1　财政业务处理主题模型

财政预算指标管理的主题数据。与主题模型配套的主题数据包括中央部门预算指标管理数据、转移支付预算指标管理数据。中央部门预算指标管理数据下设中央部门预算指标数据、部门决算指标数据。其中,中央部门预算指标数据包括财政内设机构的指标数据、中央部门预算数据,部门决算指标数据包括财政内设机构决算数据、中央部门决算数据;转移支付预算指标管理数据下设转移支付分配指标数据、转移支付决算指标数据。其中,转移支付分配指标数据包括财政内设机构转移支付数据、转移支付地方数据,转移支付决算指标数据包括财政内设机构决算数据、转移支付地方决算数据。财政预算管理的主题数据如图6-2所示。

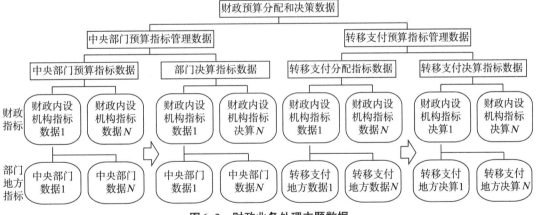

图6-2　财政业务处理主题数据

(2)中央部门预算编审管理的主题模型和主题数据。

中央部门预算编审管理的主题模型包括财政审核和批复主题模型、部门预算编制主题模型。其业务流程是:财政下达预算编制—部门下达预算编制通知—部门和所属单位组织预算编制安排—部门和所属单位组织"一上"预算报送—财政预算收集—财政审核后下达"一下"控制预算数—部门和所属单位组织预算修订—部门和所属单位形成"二上"预算报送—财政预算收集后进行审核确认并下达"二下"通知—部门和所属单位进入预算执行。中央部门预算编审管理的主题模型如图6-3所示。

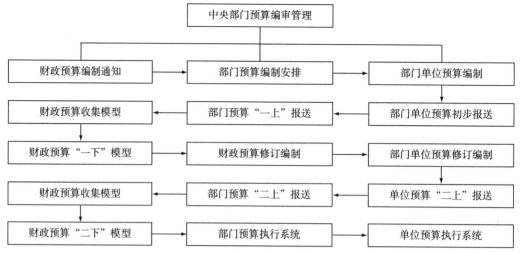

图6-3　中央部门预算主题数据编审管理主题模型

中央部门预算编审管理的主题数据包括财政审核和批复主题数据、部门预算编制主题数据。其数据流程是：部门单位接到预算编制通知后组织预算编制并报送"一上"—财政预算收集并下达"一下"—部门单位接到后组织预算调整并组织"二上"—财政预算收集并下达"二下"—部门单位接到后组织预算执行。中央部门预算编审管理的主题数据如图6-4所示。

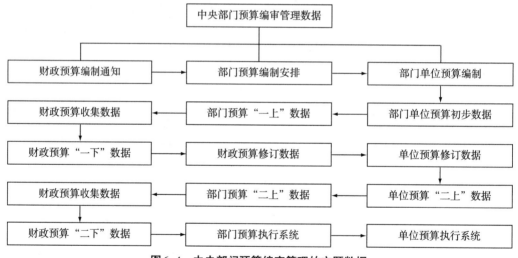

图6-4　中央部门预算编审管理的主题数据

（3）业务处理主题模型和主题数据的可靠性、安全性、经济性。

业务处理主题模型和主题数据的可靠性。在实施业务处理主题模型和主题数据审计的时候，重在主题模型和主题数据的可靠性。例如，中央部门预算编制涉及基本支出和项目支出，基本支出涉及部门人员数量的多少、不同工资福利津贴的待遇水平、部门工作环境的运维水平等因素，是否真实反映了实际情况？有无弄虚作假？项目支出是涉及部门履职所需的建设，是否符合国家相关建设要求？有无弄虚作假？信息系统审计是否按照国家的相关要求和本单位的实际情况设计的？主题数据是否按照实际需要并依据主题模型相配套的？如果都是，那么可以认为主题模型和主题数据是可靠的，否则则应当提出审计意见和建议。

业务处理主题模型和主题数据的安全性。在实施业务处理主题模型和主题数据审计的时候,重在主题模型和主题数据的安全性。如果是基于公共服务的业务处理,主题模型和主题数据可以基于互联网环境构建;如果是基于部门工作环境的业务处理,主题模型和主题数据可以基于政务外网环境构建;如果是基于部门涉密环境的业务处理,主题模型和主题数据可以基于政务类网环境构建。同时,主题模型和主题数据的安全性还基于对其的安全性防护,包括访问人群的身份认证、对主题模型和主题数据的一般人员可读不可写、采取相应环境的可信安全防护等。

业务处理主题模型和主题数据的经济性。在实施主题模型和主题数据审计的时候,重在主题模型和主题数据的经济性。经济性涉及两个方面:一是技术性价比。例如,在数据中心的底层是数据资源,上面就是主题数据,业务处理的主题数据可以是依据主题模型的数据要素从若干基础表中读取,但一定是基于主题模型构建的,并构建主题数据目录,便于业务人员和技术人员直接调整。数据中心的顶层是核心应用,其下是业务处理主题模型、数据分析主题模型、大数据分析主题模型,业务处理的主题模型也可以形成主题目录,便于业务人员和技术人员进行调整和调用。这样的业务处理其技术难度不大,投资也比较小。二是项目贡献度。信息系统建成后,业务处理的主题模型和主题数据具有较好的规范化和标准化,可以在本部门、本单位人员中推广,也可以在全国同行业机构和人员中推广,发挥广泛推广的贡献度。

2.　信息系统承载业务的数据分析

信息系统承载业务的数据分析是指政府部门和企业单位为提升履职水平,对相关业务进行聚类关联等的数据分析。数据分析主要包括主题模型和主题数据。数据分析的主题模型是包括政府部门、事业单位和企业为提升履职能力和水平,对若干业务进行分析处理的主题模型。数据分析的主题数据是包括政府部门、事业单位和企业履职中与数据分析主题模型配套的主题数据。

这里重点介绍企业生产经营资源计划(ERP)的数据分析主题模型和主题数据。

(1)数据分析的主题模型。企业ERP中的数据分析主题模型,是企业ERP中的重要部分。在企业ERP中,首先要了解和掌握ERP的销售系统、供应系统、生产系统、人力系统、财力系统、物力系统的业务关系(图6-5)。

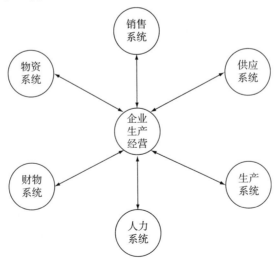

图6-5　ERP的业务关系

在企业ERP系统中,任一系统的变动都将对其他系统产生重大影响。例如,销售系统订单的变动,对供应系统、生产系统、财务系统等都将产生重大影响(图6-6)。

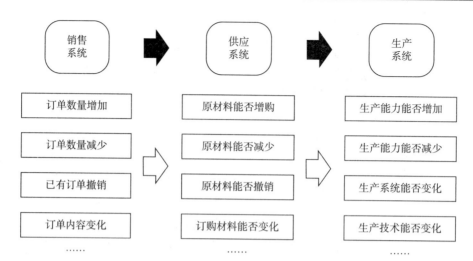

图6-6 销售系统变动对其他系统的影响

于是,从ERP的业务关系中了解不同业务关系之间进行数据分析的主题模型(表6-1)。

表6-1 数据分析的主题模型目录表

序号	主题模型	说明
1	销售系统与供应系统的数据分析主题模型	销售与材料供应的关系、销售与成品提交的关系等
2	销售系统与财务系统的数据分析主题模型	销售与财务收入的关系、销售与财务支出的关系等
3	供应系统与生产系统的数据分析主题模型	材料和半成品供应与生产系统的关系等
4	供应系统与市场系统的数据分析主题模型	材料和半成品供应与市场供给系统的关系等
5	生产系统与人力系统的数据分析主题模型	生产系统与内部管理、技术人员的关系等
6	生产系统与市场系统的数据分析主题模型	生产系统与市场技术水平的关系等
7	人力系统与市场系统的数据分析主题模型	内部人力系统与生产系统的关系等
8	财力系统与销售系统的数据分析主题模型	财务的收入、支出、利润和销售系统的关系等
9	财力系统与供应系统的数据分析主题模型	财务的材料、半成品、产成品与销售系统的关系等
10	财力系统与生产系统的数据分析主题模型	财务的资产、负债、损益与生产系统的关系等
11	物力系统与财务系统的数据分析主题模型	物力的不动产、可动产与财力系统的关系等
……	……	……

(2)数据分析的主题数据。分析销售系统订单的变动,对供应系统、生产系统等影响的主题数据。如图6-6所示,销售系统订单数量增加、订单数量减少、订单内容变化、已有订单撤销等因素,将直接影响供应系统、生产系统的相关数据。由此,构建销售系统订单变动对供应系统、生产系统等影响的主题数据(图6-7)。

销售变化对供应、生产变化的数据分析表

序号	销售变化	对供应的影响	对生产的影响
1	生产能力增加多少	原材料增购多少	生产能力增加多少
2	生产能力减少多少	原材料减少多少	生产能力减少多少
3	生产能力是否变化	原材料能否撤销	生产能力能否撤销
4	生产技术是否变化	订购材料能否变化	生产能力能否变化
……	……	……	……

销售系统基础表

序号	销售变化
1	订单数量变化
2	订单数量减少
3	已有订单撤销
4	订单内容变化
……	……

供应系统基础表

序号	销售变化
1	原材料增购多少
2	原材料减少多少
3	原材料能否撤销
4	订购材料能否变化
……	……

生产系统基础表

序号	销售变化
1	生产能力增加多少
2	生产能力减少多少
3	生产能力能否变化
4	生产技术能否变化
……	……

图6-7　销售系统变动对供应、生产系统的数据影响

于是,从ERP的业务关系中了解不同业务关系之间进行数据变动的主题数据(表6-2)。

表6-2　数据分析的主题数据目录表

序号	主题模型	说明
1	销售系统与供应系统的数据分析主题的数据	销售系统订单变化时对供应系统的影响等
2	销售系统与生产系统的数据分析主题的数据	销售系统订单变化时对生产系统的影响等
3	销售系统与财务系统的数据分析主题的数据	销售系统订单变化时对财务收入、支出的影响等
4	供应系统与生产系统的数据分析主题的数据	供应系统已有材料和新购材料对生产系统的影响等
5	供应系统与财务系统的数据分析主题的数据	供应系统已有材料使用或新购材料对财务系统的影响等
6	供应系统与市场系统的数据分析主题的数据	供应系统材料和半成品变动对市场供给系统的相互影响
7	生产系统与人力系统的数据分析主题的数据	生产系统对企业内部管理、技术人员的影响等
8	生产系统与市场系统的数据分析主题的数据	生产系统对市场供应系统技术水平的相互影响等
9	人力系统与生产系统的数据分析主题的数据	企业人力资源储备变化对生产系统管理技术人员的影响等
10	财力系统与销售系统的数据分析主题的数据	财务的收入、支出、利润对销售系统的影响等
11	财力系统与供应系统的数据分析主题的数据	财务的材料、半成品、成品对供应系统的影响等

续表

序号	主题模型	说明
12	财力系统与生产系统的数据分析主题的数据	财务的资产、负债、损益对生产系统的影响等
13	物力系统与财务系统的数据分析主题的数据	物力的不动产、可动产对生产系统的影响等
……	……	……

（3）数据分析主题模型和主题数据的可靠性、安全性、经济性。

数据分析主题模型和主题数据的审计，重在其可靠性、安全性、经济性。

数据分析主题模型和主题数据的可靠性。在实施数据分析主题模型和主题数据审计的时候，重在主题模型和主题数据的可靠性。企业ERP数据分析的可靠性涉及三个方面：一是数据分析主题的可靠性，是否反应了当前企业ERP数据分析的主题？是否存在更重要的主题没有列入数据分析？二是数据分析主题模型的可靠性，是否反映了当前企业ERP数据分析的主题模型？是否将当前相关业务之间的关系列入了主题模型？三是数据分析主题数据的可靠性，是否依据主题模型的数据要素将相关基础表数据进行归集、整理、集成等，形成与主题模型配套的主题数据？是否列示了与主题模型配套的各类主题数据的目录？如果在数据分析主题的可靠性、数据分析主题模型的可靠性、数据分析主题数据的可靠性审计方面发现一定的不足和问题，就应当提出信息系统审计的意见和建议。

数据分析主题模型和主题数据的安全性。在实施数据分析主题模型和主题数据审计的时候，重在主题模型和主题数据的安全性。企业ERP数据分析的安全性涉及三个方面：一是数据分析主题和业务处理主题应当有一定的安全隔离。因为业务处理主题是履职的基本要求，是对各类履职业务的基本处理。而数据分析主题是为提升履职能力的水平，对相关业务之间存在的业务关系进行关联聚类的分析。二是数据分析主题模型应单独形成主题目录表。业务处理有自己的主题模型，而数据分析应当形成独立的主题模型。重要的数据分析主题模型建议采用商用密码或普通密码存储和处理方式。三是数据分析主题数据应单独形成数据目录表。业务处理有较为全面的基础表支撑，而数据分析需要基于主题模型的数据要素对相关基础表进行归集、整理、集成形成数据分析表。重要的数据分析主题数据建议采用商用密码或普通密码存储和处理方式。如果在数据分析主题的安全性、数据分析主题模型的安全性、数据分析主题数据的安全性审计方面发现一定的不足和问题，就应当提出信息系统审计的意见和建议。

数据分析主题模型和主题数据的经济性。在实施数据分析主题模型和主题数据审计的时候，重在主题模型和主题数据的经济性。企业ERP数据分析的经济性涉及三个方面：一是数据分析主题应当基于业务处理数据做适当的扩展。因为数据分析主题是对业务处理的相关业务进行关系分析，可以适当进行必须数据的扩展，离开了业务处理的主题独立形成数据分析的主题是不经济的，要适当控制。二是数据分析主题模型建议设置在数据中心的数据分析区。因为数据中心具有数据分析区、应用支撑区，可以为数据分析提供有效的存储、技术支撑，独立形成主题模型的数据分析区是不经济的。三是数据分析主题数据建议设置在数据中心的数据资源区。可以在数据资源区开辟一个数据分析区，不建议独立形成数据分析的主题数据区。如果在数据分析主题的经济性、数据分析主题模型的经济性、数据分析主题数据的经济性审计方面发现一定的不足和问题，就应当提出信息系统审计的意见和建议。

3. 信息系统承载业务的大数据分析

信息系统承载业务的大数据分析是指政府部门和企业事业单位为解决履职面临的重大社会问题,采用大数据分析、调整相关政策机制、解决重大社会问题。大数据分析主要包括主题模型和主题数据。大数据分析主题模型是指政府部门和企业事业单位为解决履职面临的重大社会问题,对重大社会问题进行模拟仿真分析、知识图谱分析等的主题模型。大数据分析主题数据是指政府部门和企业事业单位为解决履职面临的重大社会问题,依据主题模型的数据要素,进行业务数据、管理数据、共享开放数据、宏观经济数据、网络舆情数据等的数据采集、转换、标识,形成的主题数据。

这里重点介绍公共服务信息化的大数据分析主题模型和主题数据。

(1)大数据分析主题模型。《促进大数据发展行动纲要》(国发〔2015〕50号)开宗明义提出,大数据是以应用价值高为主要特征的数据集合,从中发现新知识、创造新价值、提升新能力的新一代信息技术和服务业态。《关于加快推进"互联网+政务服务"工作的指导意见》(国发〔2016〕55号)提出,开展政务服务大数据分析,变被动服务为主动服务。为此,"互联网+政务服务"起步较早、发展较快的广东省佛山市政府积极联合大数据局、发展和改革委员会、服务中心等部门,积极利用涉及事发地点、事发时间、事发实体、事发服务、事发行业、事发问题等的群众投诉举报数据,政府部门、事业单位、服务企业等的服务数据,以及社会资源数据、网络舆情数据等,积极开展政务服务的大数据分析,变被动服务为主动服务,形成了大数据分析的主题模型、主题数据,也强化了大数据分析主题模型、主题数据的可靠性、安全性、经济性。市民消费维权投诉举报涉及事发地点的大数据分析主题模型如图6-8所示。

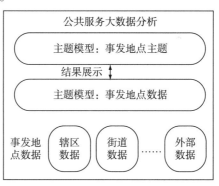

图6-8 公共服务事发地点的大数据分析主题模型

事发地点、事发时间、事发实体、事发服务、事发行业、事发问题等的大数据分析主题模型见表6-3。

表6-3 "互联网+政务服务"大数据分析主题模型

序号	主题模型	说明
1	事发地点的大数据分析主题模型	把消费投诉举报等信息转化为消费维权地点指数,结合佛山的辖区、所属街道和外部区域,进行事发地点大数据主题分析,确定投诉举报高发地

序号	主题模型	说明
2	事发时间的大数据分析主题模型	把消费投诉举报等信息转化为消费维权时间指数,结合年度、月份、日期时间,进行事发时序大数据主题分析,确定投诉举报高发时序,变被动服务为主动服务
3	事发实体的大数据分析主题模型	把消费投诉举报的日用百货、食品、家用电器等实体服务转化为消费维权实体指数,进行事发实体大数据主题分析,确定投诉举报实体,变被动服务为主动服务
4	事发服务的大数据分析主题模型	把销售和售后等事发信息,转化为消费维权服务指数,进行事发服务大数据主题分析,确定投诉举报的服务,变被动服务为主动服务
5	事发行业的大数据分析主题模型	把合同、售后服务类,广告、无照经营、环保类宣传信息,转化为消费维权服务行业指数,进行事发行业大数据主题分析,确定投诉举报的问题,变被动服务为主动服务
6	事发问题的大数据分析主题模型	把合同、售后服务类,广告、无照经营、环保类宣传信息,转化为消费维权服务问题指数,进行事发问题大数据主题分析,确定投诉举报的问题,变被动服务为主动服务
……	……	……

(2)大数据分析主题数据。事发地点的大数据分析主题数据依据大数据模型的数据要素涉及事发事件、事发地点、事发处置等数据,构建形成大数据分析主题数据(图6-9)。

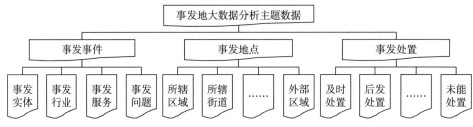

图6-9 大数据分析主题数据

由此,形成事发地点、事发时间、事发实体、事发服务、事发行业、事发问题等的大数据分析主题数据(表6-4)。

表6-4 "互联网+政务服务"大数据分析主题数据

序号	主题数据	说明
1	事发地点的大数据分析主题数据	把消费投诉举报等信息转化为消费维权地点指数,结合佛山的辖区、所属街道和外部区域,进行事发地点大数据主题分析,确定投诉举报高发地
2	事发时间的大数据分析主题数据	涉及事发实体、行业、服务、问题等事发数据,事发年度、月份、日期时间等事发时序,及时处置、后发处置、未能处置的事发处置等数据

续表

序号	主题数据	说明
3	事发实体的大数据分析主题数据	涉及事发实体、行业、服务、问题等事发数据,日用百货、食品、家用电器等事发实体,及时处置、后发处置、未能处置的事发处置等数据
4	事发服务的大数据分析主题数据	涉及事发实体、行业、服务、问题等事发数据,销售、售后等事发服务,及时处置、后发处置、未能处置的事发处置等数据
5	事发行业的大数据分析主题数据	涉及事发实体、行业、服务、问题等事发数据,合同、售后服务类,广告、无照经营、环保类等事发行业,及时处置、后发处置、未能处置的事发处置等数据
6	事发问题的大数据分析主题数据	涉及事发实体、行业、服务、问题等事发数据,事发实体、事发服务、事发行业等事发问题,及时处置、后发处置、未能处置的事发处置等数据
……	……	……

（3）大数据分析主题模型和主题数据的可靠性、安全性、经济性。

大数据分析主题模型和主题数据的审计,重在其可靠性、安全性、经济性。

大数据分析主题模型和主题数据的可靠性。在实施大数据分析主题模型和主题数据审计的时候,重在主题模型和主题数据的可靠性。公共服务"变被动服务为主动服务"的可靠性关键在于两个方面:一是主题模型的适用性。主题模型首先是适用于解决本单位履职面临的重大社会问题,同时能够联合解决该类重大社会问题而与相关部门的通力合作。一般来讲,大数据分析涉及的社会问题并不是一个部门和单位能够解决好的,最好是政府统一领导、相关部门牵头组织,经过主题模型和主题数据的大数据分析得到结论,调整部门和政府的相关政策机制,逐步解决好社会问题。二是主题数据的可采集性。由于社会问题涉及多个部门和单位,不仅需要部门和单位的门户数据、业务数据、管理数据等的支持,也需要国家和地方政务数据中心的数据支持,还需要社会数据、网络舆情等数据的大力支持。因此,大数据分析的主题模型要有一定的收敛性,以确保主题数据的可采集性,保障主题模型和主题数据的可用性。如果在大数据分析主题模型和主题数据的可靠性审计方面发现一定的不足和问题,就应当提出信息系统审计的意见和建议。

大数据分析主题模型和主题数据的安全性。公共服务"变被动服务为主动服务"的安全性关键在于两个方面:一是主题模型的系统安全。通常来讲,大数据分析涉及的是多个部门单位的属于政府统一牵头的社会问题,而且解决问题也一般涉及政府和企业主管部门的政策机制调整,否则再好的大数据分析结论也只能是学术问题。因此,信息系统涉及政府的重大问题,一般都要考虑信息系统本身的系统安全。所以,设置在数据中心数据分析区的大数据主题模型目录、数据分析结论、采取的相应政策机制调整等,都要采取相应的安全防护措施,避免受到内部尤其是外部的攻击。二是主题数据的数据安全。由于主题数据涉及相关部门单位和政府的门户数据、业务数据、管理数据、共享数据、社会开放数据、网络舆情数据等,必须全力重视数据的安全。要强化数据存储的安全性控制、数据访问的身份认证和权限控制、计算环境的可信安全防护控制、相关网络系统的安全控制等,保障主题数据的数据安全性。如果在大数据分析主题模型和主题数据的经济性审计方面发现一定的不足和问题,就应当提出信息系统审计的意见和建议。

大数据分析主题模型和主题数据的经济性。公共服务"变被动服务为主动服务"的经济性关键在于两个方面:一是主题模型和主题数据的技术性价比。技术性价比涉及主题模型计算的算力环境,应当在数据中心数据分析区中予以加强。《关于加快构建全国一体化大数据中心协同创新体系的指导意见》(发改高技〔2020〕1922号)指出,到2025年,全国范围内数据中心形成布局合理、绿色集约的基础设施一体化格局;形成"数网"体系、"数纽"体系、"数链"体系、"数脑"体系的一体化。形成统一的主题模型和主题数据的网络通信环境、数据传输环境、数据存储环境、计算算力环境、应用支撑环境等,其目的之一就是提高主题模型算力环境的技术性价比。因此,不建议进行大数据分析主题模型和主题数据的独立环境的建设。二是主题模型和主题数据的项目贡献度。信息系统规划建设有自身的项目贡献度,增加大数据分析主题模型和主题数据后,应当具有涉面更广泛、意义更深远的项目贡献度。大数据分析不仅解决本部门或单位履职面临的社会问题,而且必须联合其他部门单位甚至在政府统一领导下有计划、有组织、有领导地全面实施,方能达到大数据分析深层次解决社会问题的目的。如果在大数据分析主题模型和主题数据的安全性审计方面发现一定的不足和问题,就应当提出信息系统审计的意见和建议。

(二)信息系统法规知识

信息系统审计案例要分析信息系统的法规知识。信息系统法规知识是指国家法律法规类、标准规范类、工作规则类对信息系统规划、建设、运维的控制性规定,也是信息系统审计机构和审计人员应当了解和掌握的知识。

信息系统法律法规类是指中华人民共和国现行有效的法律、行政法规、司法解释、地方法规、地方规章、部门规章等法规类,对信息系统的管理、应用、网络和安全规划建设运维的控制规定。

信息系统标准规范类是指国家标准、行业标准、地方标准、企业标准、团体标准的标准类,对信息系统的管理、应用、网络和安全规划建设运维的控制规定。

信息系统工作规则类是指公共组织制定、社会共同遵循的工作守则、行为准则的规则类,对信息系统的管理、应用、网络和安全规划建设运维的控制规则。

1. 信息系统法律法规类

【实例1】政务信息系统整合共享

2017年5月,国务院办公厅发布的《政务信息系统整合共享实施方案》(国办发〔2017〕39号)提出了法规类要求,为解决长期以来困扰我国政务信息化建设的"各自为政、条块分割、烟囱林立、信息孤岛"问题,各部门要通过"摸清家底、清除僵尸、系统整合"的要求,原则上将分散的、独立的信息系统整合为一个互联互通、业务协同、信息共享的"大系统"。本书提出的规则类要求是,按照一个部门或单位具有门户网站、业务系统、管理系统、数据中心、行业共享、运维系统、安全系统等不超过10个信息系统,进行"系统整合"(图6-10)。

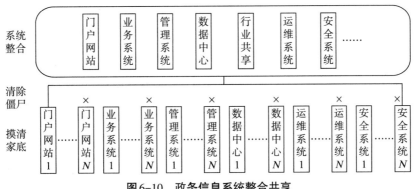

图6-10　政务信息系统整合共享

政务信息系统整合共享审计中,如果已经按照法规类、规则类要求进行了信息系统的整合共享,就是合格的。否则,就应当提出执行国家关于政务信息系统整合共享法规类规定的审计意见和建议。

【实例2】信息系统建设项目投资概算调整

2019年12月,国务院办公厅发布的《国家政务信息化项目建设管理办法》(国办发〔2019〕57号)指出:

第二十三条　项目投资规模未超出概算批复、建设目标不变,项目主要建设内容确需调整且资金调整数额不超过概算总投资15%,并符合下列情形之一的,可以由项目建设单位调整,同时向项目审批部门备案:

(一)根据党中央、国务院部署,确需改变建设内容的;

(二)确需对原项目技术方案进行完善优化的;

(三)根据所建政务信息化项目业务发展需要,在已批复项目建设规划的框架下调整相关建设内容及进度的。

不符合上述情形的,应当按照国家有关规定履行相应手续。

根据上述规定,信息系统审计要对信息化项目概算调整进行两个方面的审查:一是项目投资调整。项目投资规模未超出概算批复、建设目标不变,项目主要建设内容确需调整且资金调整数额不超过概算总投资15%(图6-11)。二是项目投资调整理由,包括政策变化、技术变化、业务需求变化。

信息系统建设项目投资概算调整审计中,如果项目投资概算调整较之批复投资控制在15%以内,且投资调整理由,可以由项目建设单位调整同时向项目审批部门备案,否则就应当提出按照国家关于履行相应投资概算调整报批手续法规类规定的审计意见和建议。

调整投资：按照三级目录的增加、减少的绝对值加总为2676万元。
批复投资：28599万元。
调整比例：2676/28599=9.35%
审查结论：符合建设单位调整，同时向项目审部门备案的要求。

建设内容	批复投资（万元）	实际投资（万元）	占比（%）	绝对值合计
总额	28599	28599	100	2676
一、工程建筑	3700	3660	98.92	-40
（一）建筑费	2500	2510	100.4	10
（二）装修费	1200	1150	95.83	-50
二、工程费	20400	20639	101.2	239
（一）硬件购置	11800	12110	102.6	310
1.网络设备	2800	3280	117.1	480
2.计算设备	2000	1950	97.5	-50
3.存储设备	3200	3100	96.88	-100
4.终端设备	1800	1750	97.22	-50
5.安全设备	1200	1210	100.8	10
6.专用设备	800	820	102.5	20
（二）软件费	8600	8529	99.17	-71
1.系统软件	2600	2100	80.77	-500
2.安全软件	1300	1090	83.85	-210
3.定制软件	3500	4100	117.1	600
4.信息资源	1200	1239	103.3	39
三、系统集成	1099	1059	96.36	-40
四、工程其他	2100	1991	94.81	-109
……	……	……	……	……
五、预备费	1300	1250	96.15	-50

图6-11 项目投资概算调整

【实例3】"互联网+政务服务"的组织保障

2018年7月,国务院办公厅发布的《关于成立国务院推进政府职能转变和"放管服"改革协调小组的通知》(国办发〔2018〕65号)提出,为深入推进简政放权、放管结合、优化服务改革,加快政府职能深刻转变,国务院决定将国务院推进职能转变协调小组的名称改为国务院推进政府职能转变和"放管服"改革协调小组。其目的就是要加强"互联网+政务服务"的统一领导、各司其责、共享协同、合作共赢的组织保障。

按照国家关于"互联网+政务服务"组织保障的法规类要求,地方"互联网+政务服务"的组织保障应当坚持在党委政府的统一领导下,网信办、政府办、信息办负责统一的政策规划保障,大数据局负责数据中心规划建设、发展和改革委员会负责政务共享平台规划建设、服务中心负责政务服务平台规划建设等,各部门应当在党委政府的统一领导下,互相合作、共商共议(图6-12)。

　　在"互联网+政务服务"组织保障审计中,发现有的地方虽然有党委政府的领导,服务中心负责政务服务平台、发展和改革委员会负责政务共享平台、大数据局负责数据中心,但各自为政、分封割据。可以说,凡是地方"互联网+政务服务"举措不定、难以共享,首先要寻找组织保障的问题。对此,应当提出执行国家关于"互联网+政务服务"组织保障法规类规定的审计意见和建议。

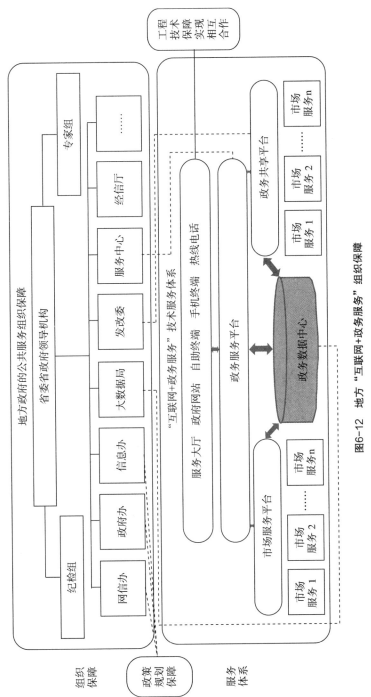

图6-12　地方"互联网+政务服务"组织保障

【实例4】"互联网+政务服务"平台总体层级架构

2016年12月,国务院办公厅发布的《"互联网+政务服务"技术体系建设指南》(国办函〔2016〕108号)在"互联网+政务服务"平台总体架构中提出,"互联网+政务服务"平台体系由国家级平台、省级平台、地市级平台三个层级组成,并在"互联网+政务服务"平台总体层级架构和信息流架构示意图中作了详图说明。

在"互联网+政务服务"平台总体架构审计中,发现一些地方的平台架构不仅具有省级、市级,还有区县级。多层次的平台架构不仅影响了政务服务事项和数据协作统一的可靠性,也影响了多次平台可能带来的安全性,而且我国的区县级有近3000个,如果每个区县级都各自建设服务平台,将是一笔巨大的投资,这影响了经济性。因此,应当提出执行国家关于"互联网+政务服务"平台总体层级架构法规类规定的审计意见。

2. 信息系统标准规范类

【实例5】电子政务工程管理基本流程

《电子政务标准化指南第2部分:工程管理》(GB/T 30850.2—2014)描述了电子政务系统工程建设的一般流程,包括审批部门、建设单位、咨询机构、监理单位、实施单位、政府采购、测评机构、审计部门等,在项目准备、项目申报、项目审批、招标投标、项目实施、项目验收、项目运维等方面的业务流程要求。

在电子政务系统工程建设一般流程审计中,经常发现主栏的审批、建设单位在宾栏的项目准备、项目申报、项目审批、招标投标、项目实施、项目验收、项目运维等方面,缺乏职责、责任不清,尤其是建设单位没有发挥主导的作用,把相关事项的结果责任推给监理单位、实施单位、测评机构等,使得项目拖延、成效不明显。因此,应当提出执行国家关于电子政务工程管理基本流程标准类规定的审计意见。

【实例6】企业ERP系统的数据接口

《财经信息技术ERP数据接口国家标准–销售》(GB/T 32180.4—2015)描述了输出文件的数据结构,包括销售合同信息数据结构、销售订单信息数据结构、应收单据信息数据结构、应收核销明细信息数据结构等。各类输出文件的数据结构具有数据表名、数据元素标识符、数据元素名等(表6-5)。

表6-5　应收核销明细信息数据结构

编号	数据表名	数据元素标识符	数据元素名
01	销售合同	1039	合同类型
		5001	销售合同ID
		5002	销售合同号
		1019	制单日期
		1024	合同开始日期
		1025	合同结束日期
		1003	销售组织编码
		1010	业务员
		1012	结算方式编码

编号	数据表名	数据元素标识符	数据元素名
01	销售合同	1008	客户ID
		1015	币种编码
		1020	状态
		1017	付款条件编码
		1021	备注
02	销售合同明细	5001	销售合同ID
		5003	销售合同行ID
		……	……

企业ERP系统的数据接口信息系统审计中,发现ERP系统的数据接口通常存在如下问题:一是不同的数据接口不是采用数据级,二是采用不同数据接口的应用软件,为企业ERP系统的运行带来运维方面的困难。二是数据接口经常是自行设定、自行定义,而且销售合同、销售订单、应收单据、应收核销明细等不同业务,没有统一的数据结构规范,为企业ERP系统的运行带来不断调整的困难。因此,应当提出执行国家关于企业ERP系统数据接口标准类规定的审计意见。

3. 信息系统工作规则类

【实例7】信息系统项目投资估算表格式

本书结合《国家电子政务工程建设项目管理暂行办法》《中央预算内直接投资项目管理办法》等的法规类要求,对信息系统项目的项目建议书、可研报告、初步设计投资概算的投资报表格式提出了规则类的要求,即采用三级目录要求,第一级为土建部分、信息系统建设部分。第二级为硬件、软件、系统集成、其他费用、预备费。第三级的硬件为网络设备、计算设备、存储设备、终端设备、安全设备、机房设备、其他设备等(表6-6)。

表6-6　信息系统建设项目投资估算表

序号	建设内容	投资估算	说明
一	土建部分		
(一)	房屋建设或购置		
(二)	装修		
(三)	工程其他项目		
(四)	预备费		
二	信息系统建设部分		
(一)	硬件		
1	网络设备		
2	存储设备		
3	处理设备		
4	终端设备		
5	安全设备		

序号	建设内容	投资估算	说明
6	机房设备		
7	其他设备		
(二)	软件		
1	系统软件		
2	安全软件		
3	专用软件		
4	定制应用软件		
5	信息资源		
(三)	系统集成		
(四)	工程其他费用		
1	建设单位管理费		
2	前期工作费		含需求分析、项目建议书、可研编制
3	设计费		
4	招标费		
5	监理费		
6	培训费		
7	电路租用费		
8	其他费用		
(五)	预备费		

在信息系统建设项目投资估算表审计中,也是经常发现如下问题:一是建设单位将若干应用系统(含硬件)填写在"(一)硬件"下,又将若干应用系统(含系统软件、安全软件、定制软件等)填写在"(二)软件"下。二是建设单位将若干应用系统直接填写在"二、信息系统建设部分"下。因此,应当提出执行关于信息系统项目投资估算表格式的规则类规定的审计意见。

【实例8】信息系统主题模型和主题数据

在我国进入数字政府的时候,数据应用成为这一时代的重要特征。本书在信息系统应用控制中提出了主题模型和主题数据的规则类要求,即在部门单位履职的业务处理、提升履职能力的数据分析、解决履职面临重大社会问题的大数据分析三个阶段,需要突出主题模型和主题数据的数据应用,并且以资源目录构建主题模型和主题数据。以履职的一般业务逻辑和流程处理为例,需要构建基于主题模型和主题数据的实体关系模型(ER模型),即首先弄清不同实体之间发生的业务关系,再将业务关系转换成数据关系,就可以利用计算机语言进行数据处理(图6-13)。

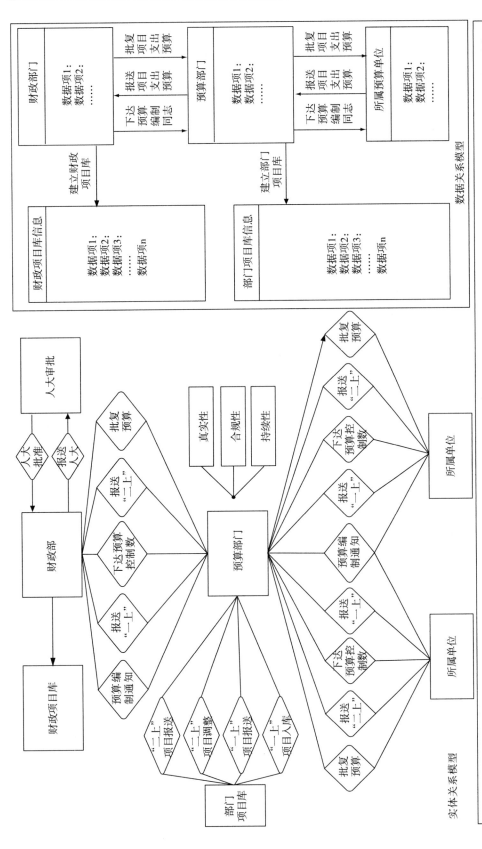

数据关系模型

实体关系模型

计算机语言（片段）：a：=select distinct［本级二下预算项目支出表］.*from［本级二下预算项目支出表］join［本级二下预算项目支出表］on［本级二下预算项目支出表］.
［科目编码］-［本级项目收入支出表］where［本级项目收入支出表］.［科目编码］-［本级项目收入支出表］.［资金来源合计］=［本级项目收入支出表］.［项目数合计］；

图6-13 主题模型和主题数据的实体关系模型（ER模型）

在数据分析的信息系统审计中,经常会发现如下问题:一是履职业务处理将处理的主题模型置于源程序中,一旦业务发生变化,建设方无法调整源程序中的主题模型,导致应用软件的升级改造多次依托IT企业。二是提升履职能力的数据分析中,对诸如企业ERP中销售系统、供应系统、生产系统的关联分析,其分析的主题模型也是置于应用软件的源程序中,同时没有对数据基础表进行相关处理形成数据分析表,系统进入运行后需要进行的调整变化,都需要依托IT企业。三是解决履职面临重大社会问题的大数据分析,目前一般都在强调以数据为核心,进行数据治理,没有强调数据应用,也没有构建大数据分析的主题模型和主题数据,难以实现《促进大数据发展行动纲要》(国发〔2015〕50号)中强调的"大数据是应用价值高为主要特征的数据集合,是从中发现新知识、创造新价值、提升新能力的新一代信息技术和服务业态"的要求。因此,应当提出执行关于信息系统主题模型和主题数据的规则类规定的审计意见。

(三)信息系统技术知识

信息系统审计案例要分析信息系统的技术知识。信息系统技术知识是指信息系统的管理控制、应用控制、网络控制、安全控制的知识。

1. 信息系统管理控制知识

管理控制包括项目管理控制、项目立项控制、项目建设控制、项目投资控制、项目验收控制、项目绩效控制。

【实例9】信息化项目立项报告的一致性配置

本书在信息化项目立项报告的控制中提出了履职面临的社会问题、信息化业务和数据资源需求分析、信息化业务和数据资源技术设计、信息化业务和数据资源的软硬件配置、信息化业务和数据资源的投资概算的一致性配置的规则类要求,即为了解决履职面临的社会问题,确定相关业务实施信息化;在技术设计中对相关业务的业务模型、业务流程、业务性能和配套的数据资源进行设计;在软硬件配置中进行相关运行环境的硬件、系统软件和定制软件的配套;在项目投资中列入相适应的投资概算。

在信息系统审计中,需要重点关注信息化项目立项报告的一致性配置。而审计中经常会发现如下问题:一是履职面临的社会问题信息化业务与数据资源需求分析不配套。二是信息化业务和数据资源需求分析与信息化业务和数据资源技术设计不配套。三是信息化业务和数据资源技术设计与信息化业务和数据资源的软硬件配置不配套。四是信息化业务和数据资源的软硬件配置与信息化业务和数据资源的投资概算不配套。因此,应当提出执行关于信息化项目立项报告的一致性配置的规则类规定的审计意见。

【实例10】信息化项目立项顶层设计的可靠安全经济性

信息化项目立项报告的技术顶层设计影响信息系统的可靠性、安全性、经济性。涉及的主要内容如下。

(1)政务信息系统的总体目录。根据《国家政务信息化项目建设管理办法》(国办发〔2019〕57号)关于"各部门均应当在全国投资项目在线审批监管平台政务信息化项目管理子平台及时更新本部门政务信息系统目录,管理平台汇总形成国家政务信息系统总目录"的法规类要求,建设单位应当构建应用系统的总体目录。根据《政务信息系统整合共享实施方案》(国办发〔2017〕39号)关于"各部门原则上将分散的、独立的信息系统整合为一个互联互通、业务协同、信息共享的

'大系统'"的法规类要求,以及"大系统"的规则类要求,建设单位应当构建信息系统的门户系统、业务系统、管理系统、共享平台、数据中心、运维系统、安全系统等不超过10个系统的"大系统"目录。

(2)政务信息资源的总体目录。根据《国家政务信息化项目建设管理办法》(国办发〔2019〕57号)关于"初步形成数据目录,确保各部门建设内容无重复交叉,实现共建共享要求",《政务信息资源共享管理暂行办法》(国发〔2016〕51号)关于"政务共享开放信息分为基础类、主题类、部门类"的法规性要求,以及信息资源的法规类要求,建设单位应当构建信息资源的业务目录、共享目录、开放目录的总目录。根据"数字政府的核心是数据应用"的规则类要求,建设单位应当构建基于政务信息资源的业务处理、数据分析、大数据分析的主题模型、主题数据,并置于数据中心的数据资源层、分析模型层。

(3)网络系统的总体布局。根据《国家信息化领导小组关于我国电子政务建设指导意见》(中办发〔2002〕17号)关于"电子政务网络由政务内网和政务外网构成,两网之间物理隔离,政务外网与互联网之间逻辑隔离。政务内网主要是副省级以上政务部门的办公网,与副省级以下政务部门的办公网物理隔离。政务外网是政府的业务专网,主要运行政务部门面向社会的专业性服务业务和需在内网上运行的业务"的法规类要求,建设单位应当合理布局各类系统:基于互联网布局的门户系统;基于政务外网布局的业务系统、管理系统、共享平台、数据中心、运维系统、安全系统;基于政务内网布局需要的管理系统、业务系统等;基于三网之间逻辑隔离、物理隔离的条件下,实施双向交换、单向导入的安全交换措施,保障三网之间信息共享、业务协同。

(4)计算存储系统的总体布局。根据《国家政务信息化项目建设管理办法》(国办发〔2019〕57号)关于"项目建设单位应当充分依托云服务资源开展集约化建设"的法规类要求,根据"依据业务计算和存储要求,合理布局计算存储区域"的规则类要求,建设单位应当合理布局计算存储的大计算存储区域、云计算存储区域。

(5)备份系统的总体布局。根据"依据业务连续性要求,合理采用数据备份、系统备份、双系统备份"的规则类要求,建设单位应当对连续性较低的业务实行数据备份,对连续性较高的业务实行系统备份,对连续性特别高的业务实行"双中心"的系统备份。

(6)机房系统的总体布局。根据《北京市市级政务云管理办法(试行)》(京经信委函〔2016〕4号)关于"按照'上云为常态、不上云为例外'原则,各部门现有信息系统应逐步迁移上云,停止服务器、存储等相关软硬件采购"的法规类要求,建设单位的机房系统应当按照"上云为常态、不上云为例外"的要求进行涉及迁移。

(7)运维系统的总体布局。根据《国家政务信息化项目建设管理办法》(国办发〔2019〕57号)关于"确保政务信息系统运行安全和政务信息资源共享交换的数据安全"的法规类要求,"构建集中监控系统确保信息系统的健康安全运行"的规则类要求,建设单位应当采用集中监控系统确保信息系统的健康安全运行。

(8)安全系统的总体布局。根据《测评要求》关于构建安全管理中心的法规类要求,建设单位应当构建安全管理中心,综合管理信息系统安全、信息资源安全的各类防护措施。

在信息系统审计中,经常发现如下问题:一是政务信息系统总体目录不清晰。没有构建政务信息系统的总体目录,政务信息系统的整合共享做得不到位。二是政务信息资源总体目录不清晰。没有很好构建政务信息资源的总体目录,业务目录不清,共享目录和开放目录也没有完全实施,主题模型和主题数据基本嵌套在应用软件的源程序中。三是网络系统的总体布局不清晰。互联网、政务外网、政务内网的系统布局不合理。四是计算存储系统的总体布局不清晰。业务处理性能不同的系统部署在同一类计算存储环境中,造成CPU、内存等的计算资源、数据的存储资源的浪费。五是备份系统总体布局不合理。没有按照业务连续性要求设置备份系统,导致备份系统的浪费。六是机房系统的总体布局不合理。本城市具有政务云,而该单位仍然自行建设云计算环境。七是运维系统的总体布局不合理。没有构建集中监控系统,导致相关系统的非正常运行情况没能得到有效控制。八是安全系统的总体布局不合理。没有构建安全管理中心,缺乏对安全事件的统一防护。

为此,当信息系统审计中发现上述问题,就应当依据法规类、标准类、规则类要求,提出审计意见和建议。

2. 信息系统应用控制知识

应用控制包括应用规划控制、应用能力控制、数据资源控制、分析模型控制、新技术应用控制。

【实例11】企业ERP系统集约化应用能力

某企业已建有销售系统、供应系统、生产系统、人力系统、财力系统、资产系统,在销、供、产方面形成了初步的ERP,但人、财、物系统还是各自存在、独立运行。

在信息系统审计中,要依据《企业信息化技术规范·第1部分:企业资源规划系统(ERP)规范》(SJ/T 11293—2003)关于ERP具有销售系统、供应系统、生产系统、人力系统、财力系统、资产系统等的规定,提出在销、供、产初步ERP的基础上,将人、财、物系统并入,形成较为完整的ERP系统的审计意见,提升各类系统集约化的应用能力。

【实例12】主题模型和主题数据的布局

某单位构建了业务处理、数据分析、大数据分析的主题模型、主题数据,将业务处理的主题模型和主题数据布局在业务系统,将数据分析的主题模型和主题数据独立布局在分析系统,将大数据分析的主题模型和主题数据独立布局在大数据分析平台。

在信息系统审计中,发现上述问题要独立分析。将业务处理的主题模型和主题数据布局在业务系统还尚可,但将数据分析的主题模型和主题数据独立布局在分析系统,将大数据分析的主题模型和主题数据独立布局在大数据分析平台,就存在要独立部署应用支撑平台,各类通用组件、商用组件、应用组件都要形成两套,相应的计算存储系统也可能要形成两套。这样既不便于应用管理,而且造成通用组件、商用组件、应用组件等的应用支撑平台浪费,造成计算存储系统的浪费。为此,就要提出审计意见和建议:将业务处理、数据分析、大数据分析的主题模型、主题数据统一布局在数据中心,形成基于数据分析的管理功能、主题模型、主题数据、计算展示等的核心功能(图6-14)。

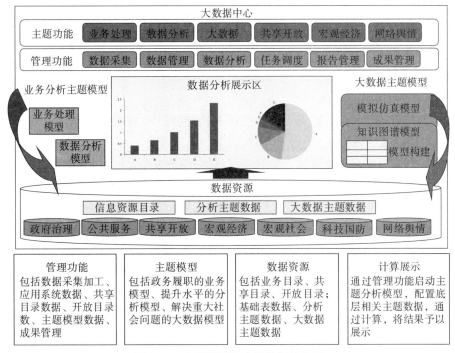

图6-14　主题模型和主题数据的布局

3. 信息系统网络控制知识

网络控制包括网络系统控制、计算系统控制、存储系统控制、备份系统控制、机房系统控制。

【实例13】互联网、政务外网、政务内网的网络布局

某部门的网络系统布局如下:在互联网布局了门户系统,同时布局了业务数据采集的独立系统;在政务外网布局了业务系统、管理系统、共享平台、运维系统、安全系统;在政务内网布局了业务系统、管理系统、数据中心。其理由是因业务数据方便采集的需要在互联网布局了独立系统;因部门数据的分析汇总形成总体报告的需要,将数据中心布局在政务内网。

在信息系统审计中,要根据《国家信息化领导小组关于我国电子政务建设指导意见》(中办发〔2002〕17号)关于三网划分的法规类规定,《政务信息系统整合共享实施方案》(国办发〔2017〕39号)关于政务信息系统整合共享的的法规类规定,以及信息系统布局的规则类要求,提出如下审计意见:互联网部署基于政府部门向社会公众提供信息采集和发布、信息公开、公共服务等需要的门户系统,而且一个部门原则上只构建一个门户系统;政务外网构建业务系统、管理系统、共享平台、数据中心、运维系统、安全系统;政务外网构建涉密的相关系统。

【实例14】计算和存储系统的布局

某部门两年前对已有一套大型计算系统和基于SAN的存储系统进行更新换代,将业务系统、管理系统、数据中心等的信息系统迁移至该环境运行。当大数据、云计算等新一代信息技术传来的时候,为了提升计算存储环境的要求,打算统一构建基于分布式、虚拟化的云环境的计算存储环境,将已有的业务系统、管理系统、数据中心等统一迁移到新的云计算存储环境中。

当信息系统审计的时候,要依据计算存储环境变化的实际需求,根据国家关于相关政策和财力投入的实际可能,提出相应的审计意见和建议:一是暂缓构建云计算存储环境。因为更新换代的大型计算和SAN存储系统只运行了两年,还具有一定的利用价值。为了充分利用已投资环境

的价值,可以先进行相关业务基于分布式、虚拟化云环境的研究,再构建云计算存储环境。二是保留原有系统、构建云计算存储环境同步进行。保留大型计算和SAN存储系统,用于管理系统、相对简易的业务系统方面的应用,构建小规模的云计算存储环境进行核心业务系统和大数据分析的需要,今后再逐步扩展。

4. 信息系统安全控制知识

安全控制包括网络安全控制、等级保护控制、风险评估控制、应急预案控制。

【实例15】网络安全等级保护的工作流程

某单位进行网络安全等级保护工作,编制了《等级保护工作方案》,进行了等级保护定级,依次进行了等级保护建设,并向所属公安部门申请等级保护测评,结果遇到了不符合网络安全等级保护的工作流程方面的问题。

在开展网络安全等级保护工作实施的信息系统审计时,应当依据《信息安全等级保护管理办法》(公通字〔2007〕43号)关于等级保护工作流程的要求,提出相应的审计意见和建议:①定级。依据等级保护定级要求,进行本单位信息系统的定级。②备案。将定级和相关资料向所辖的公安部门备案。《信息安全等级保护管理办法》(公通字〔2007〕43号)规定,已运营(运行)的第二级以上信息系统,应当在安全保护等级确定后30日内,由其运营、使用单位到所在地设区的市级以上公安机关办理备案手续。新建第二级以上信息系统,应当在投入运行后30日内,由其运营、使用单位到所在地设区的市级以上公安机关办理备案手续。③建设。按照等级保护的设计要求,参照等级保护的测评指标,进行等级保护的各项建设。④测评。等级保护建设完成后,向所辖的公安部门申请测评,并做好测评的各项配合工作,直到取得通过测评和取得相关证书。⑤自查。按照等级保护关于"第三级信息系统应当每年至少进行一次自查"的要求,进行自查。⑥整改。经测评或者自查,信息系统安全状况未达到安全保护等级要求的,运营、使用单位应当制订方案进行整改。

【实例16】可信计算技术的安全防护

某部门完成了网络安全等级保护的建设,当咨询是否进行了可信计算技术的配置时回答:听说过可信计算,但由于不清楚可信计算技术,所以没采用。

信息系统审计时,应当检查和解释网络安全等级保护的可信计算技术。可信计算(Trusted Computing)是在计算和通信系统中广泛使用基于硬件安全模块支持下的可信计算平台,以提高系统整体的安全性。信息安全具有四个方面:设备安全、数据安全、内容安全与行为安全,可信计算为行为安全而生。《测评要求》对可信验证作了如下规定:该测评单元包括以下要求。

1)测评指标:可基于可信根对通信设备的系统引导程序、系统程序等进行可信验证,并在检测到其可信性受到破坏后进行报警。

2)测评对象:提供可信验证的设备或组件;

3)测评实施包括以下内容:①应核查是否基于可信根对通信设备的系统引导程序、系统程序等进行可信验证;②应核查当检测到通信设备的可信性受到破坏后是否进行报警。单元判定:如果①②均为肯定,则符合本测评单元指标要求,否则不符合或部分符合本测评单元指标要求。

由此,可信计算技术是网络安全等级保护的重要技术,是计算环境安全性的重要保障。信息系统审计应当重视网络安全等级保护的可信计算技术。

(四)信息系统审计知识

信息系统审计知识是指审计程序、审计方法、审计判断、审计质量管控方面的知识。

1. 信息系统审计程序知识

审计程序是信息系统审计工作从开始到结束的整个过程,主要包括审计计划、审前调查、审计实施、审计终结四个过程。每个过程产生的审计项目计划、审计工作方案、审计实施方案、审计通知书,数据风险报告,审计调查报告,审计证据、审计底稿,审计报告、整改跟踪,是信息系统审计的重要文件。

信息系统审计项目实施过程中,要严格遵守审计程序关于审计计划、审前调查、审计实施、审计终结四个阶段的工作要求和质量控制。

(1)审计计划。审计机构的计划列入计划项目库,对项目进行可行性研究后,提出审计方案、审计通知书。

(2)审前调查。审前调查对方专业和系统,对发现的数据控制缺失可能导致数据风险的,编写《数据风险报告》。

(3)审计实施。对管理控制、应用控制、网络控制和安全控制进行检查取证、形成底稿。

(4)审计终结。编写审计组报告,征求对方意见,形成审计机构报告,跟踪审计意见的整改。

2. 信息系统审计方法知识

信息系统审计方法是审计人员在信息系统审计监督活动过程中所运用的各种手段的总称。信息系统审计方法主要包括:审计方法、审计工具、第三方资源利用。

信息系统审计项目中,要严格利用审计方法、审计工具和第三方资源利用等方法,对管理控制、应用控制、网络控制、安全控制的每个环节进行认真的审查。

(1)审计方法:包括审计一般方法、审计测试方法、实地测试方法、数据审计方法、其他方法。

(2)信息系统审计工具:包括信息系统审计一般工具、安全检测工具。

(3)第三方资源利用:包括第三方机构资源利用、第三方专家资源利用。

3. 信息系统审计判断知识

审计职业判断是指审计人员依据法规类、标准类、规则类的控制规定,对信息系统管理控制、应用控制、网络控制、安全控制,进行的审计建议类、违规类、违法类的职业类判断的活动。

信息系统审计案例中,要严格利用法规类、标准类、规则类的审计职业判断的方法,对信息系统管理控制、应用控制、网络控制、安全控制,进行的审计建议类、违规类、违法类的职业类判断。

(1)建议类:是指审计人员依据标准类、规则类的控制规定,对信息系统管理控制、应用控制、网络控制、安全控制中违反规则类、标准类的行为,提出建议类的审计建议。

(2)违规类:是指审计人员依据法规类、标准类的控制规定,对信息系统管理控制、应用控制、网络控制、安全控制中违反法规类、标准类的行为,提出违规类的审计意见。

(3)违法类:是指审计人员依据法规类、标准类的控制规定,对信息系统管理控制、应用控制、网络控制、安全控制中违反法律类的行为,构成犯罪的应当依法追究刑事责任,审计机构按规定办理移交。

4. 信息系统审计质量控知识

审计质量管控是指在审计机构建立审计质量管控制度和机制的基础上,加强审计质量控制,提升信息系统审计的质量和水平的过程。

审计质量管控制度是指在审计组成员、审计组组长(科长)、审计法制部门、审计机构负责人(总审计师)中,建立分级负责的审计质量控制制度。

审计质量管控机制是指在审计计划、审前调查、审计实施、审计终结的四个阶段,发挥审计质量管控机制的作用,不断提升信息系统审计的工作质量和水平。

二、信息系统审计案例规范

《信息系统审计案例规范》对信息系统审计案例要素作出了如下规定,包括:背景资料、案例名称、审计事项、基本情况、分析流程、发现问题、审计意见、作者时间。

(1)背景资料给出的被审计单位主要情况,并依此提出各类数据要素的审计内容。

(2)案例名称:是该案例浓缩的文字表述,一般控制在20个汉字左右。例如:××××企业信息系统数据治理审计案例。

(3)审计事项:是该案例对信息系统审计内容的一级、二级目录的描述。例如:应用控制—数据资源。

(4)基本情况:是指审计机构基于何时对何方信息系统建设和运维相关事项的信息系统进行审计的基本情况。例如:对被审计单位数据治理的审计案例。

①审计情况。××××审计机构于××××年×月×日至×月×日对××××企业信息系统数据治理进行审计。

②审计范围。对××××企业的××××数据治理进行审计。

③审计事项。对××××企业的数据资源目录、数据标准、主题数据等事项的审计。

④审计方法。应用信息系统审计方法、信息系统审计工具、第三方资源利用的情况。

(5分析流程:是指被审计相关事项的业务流程、审计的业务流程,利用流程图编制和文字说明等方式进行的描述。

例如:对被审计单位数据治理的审计案例。

①分析流程。对××××企业数据资源建设情况的分析。

②业务模型。对××××企业数据资源业务目录、共享目录、开放目录建设的分析。

③分析模型。对××××企业数据资源的业务模型数据、主题模型数据建设的分析。

(6)发现问题:是指审计方依据法规类、标准类、规则类的控制规定,对被审计方信息系统违反管理控制、应用控制、网络控制、安全控制的规定,提出信息系统违反规定的问题。

例如:对被审计单位数据治理的审计案例。

①发现问题1。数据资源整合不完整。

②发现问题2。数据资源共享目录、开放目录建设不完整。

③发现问题3。数据资源的主题模型数据建设不及时、不完整。

(7)审计意见:是指审计方依据法规类、标准类、规则类的规定,对信息系统建设和运维违反规定的事项提出的审计处理意见和审计处理建议。

例如:对被审计单位数据治理的审计案例。

①审计意见。建议加强数据资源整合建设的完整性;应加强共享目录、开放目录的建设和完整性。

②审计建议。建议加强企业业务处理的数据模型建设;建议加强企业数据分析的数据模型建设;建议加强企业大数据分析的主题数据模型建设。

(8)作者时间:是指审计案例编制者标明姓名及其单位、编制日期。

本节思考题

1. 为什么说信息系统审计案例是需要信息系统的专业知识、法规知识、技术知识、审计知识的复合型知识体系?

2. 什么是信息系统审计案例的要素?

3. 如何编写信息系统审计案例的分析流程、发现问题、审计意见等重要要素?

第二节　管理控制审计案例

信息系统管理控制审计案例包括组织管理、项目立项、项目实施、项目投资、项目验收、绩效评价等。本书例举某单位信息系统立项需求分析审计案例、信息系统项目投资审计案例。

一、项目立项需求分析审计案例

(一)背景材料

某企业申报信息系统建设项目,提出如下需求分析。

(1)履职面临的社会问题。

①销售渠道不畅通。

②生产技术提升有困难。

③财务管理要提升。

(2)新建提升信息系统业务计划。

①企业管理信息系统。

②销售信息系统。

③人事信息系统。

(3)数据量分析。

①存储数据量:每年增长50TB数据量。

②处理数据量:企业管理系统、销售信息系统、人事信息系统处理量。未提出特殊处理的性能要求。

③传输数据量:未提出特殊处理带宽要求。

(二)案例名称

××××企业信息系统立项需求分析审计案例。

（三）审计事项

管理控制——项目立项。

（四）基本情况

（1）审计机构于何时对企业信息系统立项需求分析进行审计。
（2）审计范围：对企业提出的需求分析进行审计。
①履职面临的社会问题。
②信息系统业务提升计划。
③数据量分析。包括数据存储量、数据处理量、数据传输量。
④需求分析与技术设计、利旧和新增软硬件配置、项目投资概算的一致性、关联性进行审计。

（五）分析流程

（1）履职面临社会问题与新建提升业务系统的对比分析（图6–15）。

销售渠道
不通畅
生产技术提升
有困难
财务管理
要提升
履职面临社会问题
新建提升业务系统
企业管理
信息系统
销售信息
系统
人事信息
系统

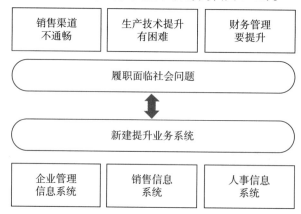

图6–15　履职面临社会问题与新建提升业务系统

分析步骤：提出的履职面临社会问题包括销售渠道不畅通、生产技术提升有困难、财务管理要提升。提出的新建提升业务系统包括企业管理信息系统、销售信息系统、人事信息系统。两者之间除了销售系统相一致，其他两个不一致。

（2）数据量分析：包括数据存储量、数据处理量、数据传输量（图6–16）。

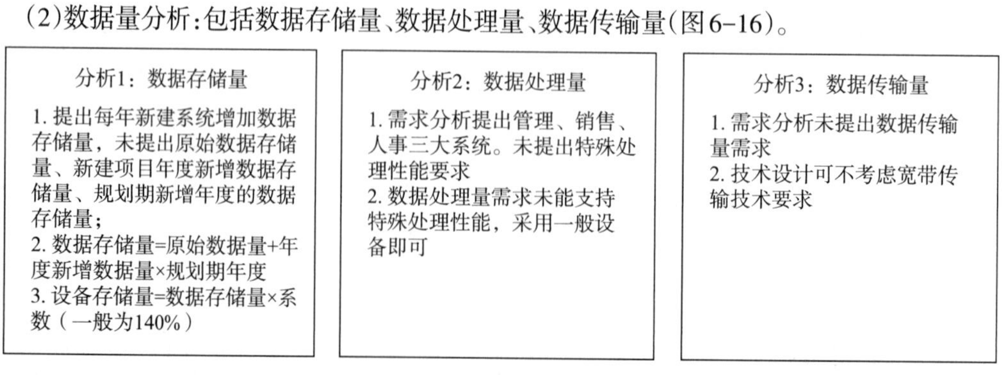

分析1：数据存储量
1. 提出每年新建系统增加数据存储量，未提出原始数据存储量、新建项目年度新增数据存储量、规划期新增年度的数据存储量；
2. 数据存储量=原始数据量+年度新增数据量×规划期年度
3. 设备存储量=数据存储量×系数（一般为140%）
分析2：数据处理量
1. 需求分析提出管理、销售、人事三大系统。未提出特殊处理性能要求
2. 数据处理量需求未能支持特殊处理性能，采用一般设备即可
分析3：数据传输量
1. 需求分析未提出数据传输量需求
2. 技术设计可不考虑宽带传输技术要求

图6–16　数据量分析

(六)发现问题

1. 社会问题与解决问题的新建业务系统不一致

社会问题包括销售渠道不畅通、生产技术提升有困难、财务管理要提升。新建业务系统包括企业管理信息系统、销售信息系统、人事信息系统。其中:销售渠道不畅通对应新建销售信息系统;生产技术提升有困难、财务管理要提升的社会问题与新建企业管理信息系统、人事信息系统不一致。

2. 数据量需求不完整

(1)数据存储量只提出每年新增数据存储量,未提出原始数据存储量、新建项目年度新增数据存储量、规划期新增年度的数据存储量的计算数据。

(2)数据处理量只提出管理、销售、人事三大系统,未提出特殊处理性能要求,采用一般设备即可。

(3)未提出数据传输量需求,技术设计可不考虑宽带传输技术要求。

(七)审计意见

1. 社会问题与解决问题的新建业务系统应具有一致性

社会问题包括销售渠道不畅通、生产技术提升有困难、财务管理要提升。新建业务系统包括企业管理信息系统、销售信息系统、人事信息系统。根据信息系统控制规则,为解决履职面临的社会问题,新建业务系统应与社会问题具有一致性。为此,建议调整、修订信息系统立项报告。

2. 数据存储量需求应具有完整性

未提出原始数据存储量、新建项目年度新增数据存储量、规划期新增年度的数据存储量。根据信息系统控制规则,建议完善数据存储量要素。

3. 数据处理量和数据传输量

需求分析未提出处理量和传输量的特殊需求。根据信息系统控制规则,在技术设计中不增加相关内容。

(八)作者时间

姓名:×××。
单位:××××。
日期:××××年××月××日。

二、信息系统项目投资审计案例

(一)背景材料

某企业申报信息系统建设项目,提出如下投资计划。

(1)项目总投资××××万元,见表6-7。

表6-7 企业申报信息系统项目投资总表

序号	建设内容	投资/万元	备注
	总投资		
一	工程费		
（一）	企业管理信息系统		
（二）	销售信息系统		
（三）	人事信息系统		
二	集成费		
三	工程其他费		
（一）	建设单位管理费		
（二）	前期工作费		
（三）	技术设计费		
（四）	招标投标费		
（五）	工程监理费		
（六）	标准规范费		
（七）	技术培训费		
四	预备费		

表中内容包括：

①工程费。包括企业管理信息系统、销售信息系统、人事信息系统三大系统的网络设备、计算设备、存储设备、机房设备等，操作系统、数据库、中间件等，应用系统定制开发费用。

②集成费。

③工程其他费。

④预备费。

（2）硬件设备购置明细，见表6-8。

表6-8 企业申报信息系统项目硬件投资表

序号	硬件名称	技术指标	单价	总价
一	网络设备			
（一）	路由器			
（二）	核心交换机			
（三）	接入交换机			
（四）	网关			
二	计算设备			
（一）	计算服务器1			
（二）	计算服务器2			
三	存储设备			
（一）	存储服务器			

序号	硬件名称	技术指标	单价	总价
（二）	存储一体机			
四	机房设备			
（一）	机柜			
（二）	空调			

表中内容包括：

①网络设备。路由器、核心交换机、接入交换机、网关。

②计算设备。包括计算机服务器1、计算服务器2。

③存储设备。包括存储服务器、存储一体机。

④机房设备。包括机柜、空调设备等。

（3）应用软件定制见表6-9。

表6-9　企业申报信息系统项目软件投资表

序号	软件名称	人月工作量					人月单价	总价
		需求分析	技术设计	定制开发	功能测试	总量		
一	企业管理信息系统							
（一）	查询1							
（二）	查询2							
（三）	……							
二	销售信息系统							
（一）	报表1							
（二）	报表2							
（三）	……							
三	人事信息系统							
（一）	功能1							
（二）	功能2							
（三）	……							

表中内容包括：

①企业管理信息系统。包括功能1、功能2，查询1、查询2等。

②销售信息系统。包括功能1、功能2，报表1、报表2。

③人事信息系统。包括功能1、功能2等。

（二）案例名称

××××企业信息系统项目投资审计案例。

（三）审计事项

管理控制——项目投资。

（四）基本情况

(1)审计机构于何时对企业信息系统项目投资进行审计。

(2)审计范围:对企业提出的项目投资进行审计。

①项目总投资的合理性审计。

②硬件设备购置信息的完整性审计。

③定制软件开发信息的完整性审计。

④其他投资内容的审计。

（五）分析流程

1. 项目总投资的合理性分析

(1)投资总表工程费设置。一般设置为硬件(含网络设备、计算设备、存储设备、备份设备、机房设备等),软件(含系统软件、安全软件、定制软件)。但表6-9中设置为企业管理信息系统、销售信息系统、人事信息系统所需的硬件、软件。

(2)其他费用、预备费总体合理。

2. 硬件设备购置的合理性分析

(1)硬件设备参考型号。表6-9中未提出参考型号,同一品牌设备有不同的单价。

(2)硬件设备单价。文中未说明单价的来源,但目前单价有媒体报价、政府采购价、其他单位近期成交价等。

3. 定制软件投资合理性分析

(1)软件功能复用性。企业管理信息系统中,有不同的查询1、查询2等模块。销售信息系统中有不同的报表1、报表2等。

(2)软件工作量报价。人月工作量由于明细量较大,造成总量较大,影响总价不实。

（六）发现问题

(1)项目投资总表不符合工作规则。表6-9中未设置网络设备、计算设备、存储设备、备份设备、机房设备等,而设置了企业管理信息系统、销售信息系统、人事信息系统所需的硬件、软件,影响对投资总价把控。

(2)硬件设备购置不符合工作规则。表6-9中未设置参考型号、硬件设备单价的来源,影响对硬件设备购置投资的把控。

(3)定制软件投资不符合工作规则。表6-9中设置了多类查询模块、多类报表模块,应按照信息系统复用性原理进行相关组件的开发;从软件工作量报价看,由于人月工作量的明细数据超过相关要求,导致总价不实。

（七）审计意见

(1)调整项目投资总表。根据国家发展改革委批复信息系统投资表的规则要求,应调整项目总投资表中在工程费下设置硬件(含网络设备、计算设备、存储设备、备份设备、机房设备等),软件(含系统软件、安全软件、定制软件)。

（2）调整硬件设备购置表。按照信息系统工作规则要求，硬件购置表中应设置参考型号，表明硬件设备单价的来源等。

（3）调整定制软件投资表。按照信息系统工作规则要求，将表中设置的多类查询模块、多类报表模块调整为统一的专业组件；软件人月工作量、人月单价要如实控制。

（八）作者时间

作者：×××。

单位：××××。

日期：××××年××月××日。

本节思考题

1. 信息系统管理控制审计包括哪些重要内容？

2. 怎样编写信息系统管理控制审计的组织管理控制审计、项目立项控制审计、项目实施控制审计、项目投资控制审计、项目验收控制审计、项目绩效控制审计的审计案例？

第三节　应用控制审计案例

信息系统应用控制审计案例包括应用规划、应用能力、数据资源、分析模型、新技术应用等。本书例举某单位信息系统集约化审计案例、某单位数据治理审计案例。

一、信息系统集约化审计案例

（一）背景材料

某单位信息系统和数据资源现状。

（1）某单位信息系统现状如图6-17所示。

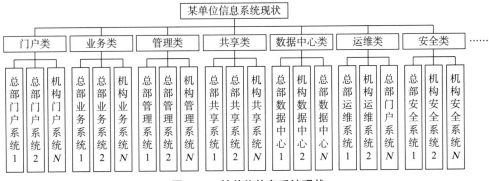

图6-17　某单位信息系统现状

①几十个门户系统；

②数十个甚至数百个业务系统；

③几十个管理系统；

④多个共享系统

⑤多个数据中心；

⑥多类运维系统；

⑦多类安全系统。

（2）某单位信息资源现状如图6-18所示。

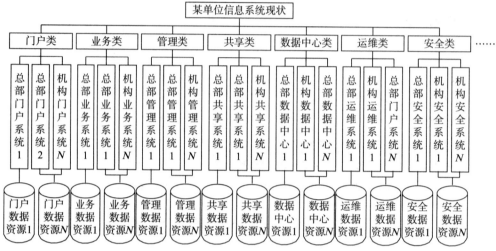

图6-18 某单位信息资源现状

①几十类门户数据；

②数十类甚至数百类业务数据；

③几十类管理数据；

④多类共享平台数据；

⑤多类数据中心数据；

⑥多类运维系统数据；

⑦多类安全系统数据。

（二）案例名称

某单位信息系统集约化审计案例。

（三）审计事项

应用控制——应用能力。

（四）基本情况

（1）审计机构于何时对企业信息系统集约化进行审计。

（2）审计范围：对企业提出的相关内容进行审计。

①信息系统情况。该单位存在几十个门户类系统、几十个甚至数百个业务类系统、几十个管理类系统、多类数据中心、多类共享平台、多类运维系统、多类安全系统。

②信息资源情况。该单位在多类门户系统、业务系统、管理系统、数据中心、共享平台、运维系统、安全系统的每个系统之下存在多类的数据资源。

（五）分析流程

1. 信息系统集约化分析

根据《政务信息系统整合共享实施方案》（国办发〔2017〕39号）整合形成"大系统"的要求，进行"摸清家底、清除僵尸、系统整合"（图6-19）。

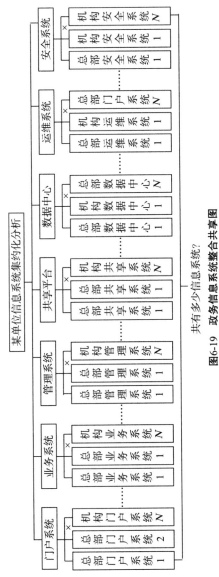

图6-19　政务信息系统整合共享图

①摸清家底：共有多少信息系统。

②清除僵尸：清除不必要的信息系统。

③系统整合：形成门户系统、业务系统、管理系统、共享平台、数据中心、运维系统、安全系统等不超过10个系统的"大系统"。

2. 信息资源集约化分析

根据《政务信息系统整合共享实施方案》（国办发〔2017〕39号）关于"大平台、大数据、大系统"的要求，进行数据资源的整合共享。

(1)在系统整合同时,进行数据资源的整合(图6-20)。

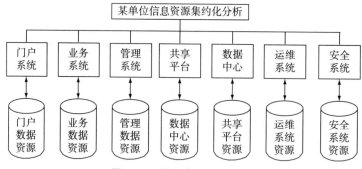

图6-20　信息资源整合共享

(2)建立统一的数据资源业务目录。

(3)将业务目录和数据资源统一归集到数据中心。

(六)发现问题

(1)某单位现有信息系统不符合法规要求。现有的门户类、业务类、管理类、数据中心、共享平台、运维系统、安全系统,各自具有多个、几十个甚至几百个不符合现行法规要求的"大系统"。

(2)某单位现有信息资源不符合法规要求。现有的门户类、业务类、管理类、数据中心、共享平台、运维系统、安全系统下,信息资源"各自为政、分封割据",没有统一的数据资源业务目录,影响了信息资源的关联分析、大数据分析,也影响了数据资源的信息共享、数据开放。

(3)……

(七)审计意见

(1)信息系统集约化整合。根据《政务信息系统整合共享实施方案》(国办发〔2017〕39号)关于"各部门原则上将分散的、独立的信息系统整合为一个互联互通、业务协同、信息共享的'大系统'"法规要求,对现有几十个甚至几百个信息系统,整合形成门户类、业务类、管理类、数据中心、共享平台、运维系统、安全系统的"大系统"。

(2)信息资源集约化共享。根据《政务信息系统整合共享实施方案》关于"大平台、大数据、大系统"的法规要求,将原有各系统自带的信息资源进行整合,形成业务目录、共享目录、开放目录,以及所有系统的信息资源引入数据中心,形成集约化的信息资源。

(3)……

(八)作者时间

姓名:×××。

单位:×××××。

日期:××××年××月××日。

二、数据治理审计案例

（一）背景资料

某单位拟进行数据治理，现状如下：

（1）信息资源状况。具有100多个信息系统，每个系统自带信息资源，信息资源"各自为政、分封割据"。

（2）资源目录状况。100多个信息系统自带的信息资源具有业务目录，但没有集中管理的业务目录，也没有统一的共享目录、开放目录。

（3）主题数据状况。主题数据是业务处理、数据分析、大数据处理模型对应的集中数据资源。在100多个信息系统中有业务处理模型和对应的业务处理数据，但总体上缺乏数据分析、大数据处理的主题数据。

（二）案例名称

某单位数据治理审计案例。

（三）审计事项

应用控制——数据资源。

（四）基本情况

（1）审计机构于何时对企业数据治理进行审计。

（2）审计范围：数据治理的范畴。

①该单位具有100多个信息系统，每个系统自带信息资源，信息资源"各自为政、分封割据"。

②该单位100多个信息系统自带的信息资源具有业务目录，但没有集中管理的业务目录，也没有统一的共享目录、开放目录。

③100多个信息系统中有业务处理模型和对应的业务处理数据，但总体上缺乏数据分析、大数据处理的主题数据。

（五）分析流程

1. 信息资源状况分析

现有的100多个应用功能各自携带的信息资源"各自为政、分封割据"，是不合理的，应当进行集约化整合。

信息资源集约化分析。按照《政务信息系统整合共享实施方案》（国办发〔2017〕39号）关于"大平台、大数据、大系统"的法规要求，进行信息资源集约化共享（图6-21）。

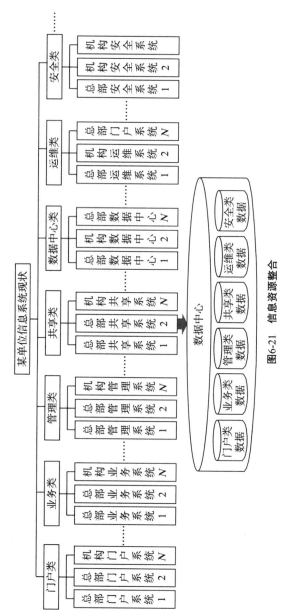

图6-21 信息资源整合

2. 信息资源目录分析

没有业务目录而影响应用系统的数据对应。按照《国家政务信息化项目建设管理办法》(国办发〔2019〕57号)形成业务目录要求进行构建集成。

按照《政务信息资源共享管理暂行办法》要求构建共享目录。按照《中华人民共和国政府信息公开条例》要求构建开放目录(图6-22)。

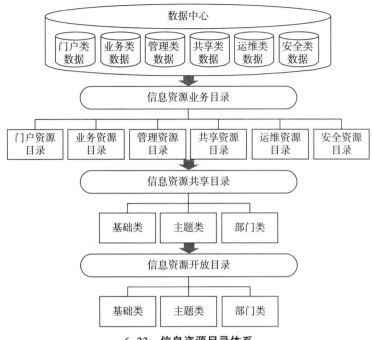

6-22 **信息资源目录体系**

3. **主题数据分析**

根据《促进大数据发展行动纲要》(国发〔2015〕50号)关于"发现新知识、创造新价值、提升新能力"要求,构建主题数据。

(1)业务处理主题数据。构建各类业务处理的主题数据。

(2)数据分析主题数据。构建各类数据分析的主题数据。

(3)大数据主题数据。构建各类大数据分析的主题数据(图6-23)。

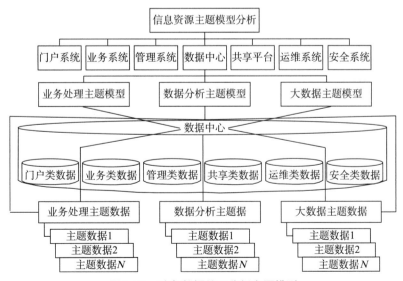

图6-23 政务数据处理分析主题模型

（六）发现问题

（1）信息资源状况各自为政。该单位现有的100多个应用功能各自携带的信息资源"各自为政、分封割据"，不符合国家要求。

（2）信息资源目录不完整。该单位100多个信息系统自带的信息资源具有业务目录，但没有集中管理的业务目录，也没有统一的共享目录、开放目录。

（3）主题数据不完整。该单位在100多个信息系统中有业务处理模型和对应的业务处理数据，但总体上缺乏数据分析、大数据处理的主题数据。

（七）审计意见

（1）信息资源的整合共享。按照《政务信息系统整合共享实施方案》（国办发〔2017〕39号）关于"大平台、大数据、大系统"的要求，应对100多个信息系统自带的信息资源进行信息资源集约化整合共享。

（2）构建信息资源目录。按照《国家政务信息化项目建设管理办法》（国办发〔2019〕57号）构建资源目录的要求，应构建统一的业务目录、共享目录、开放目录，保障数据资源的应用、共享、开放。

（3）构建主题数据。按照《促进大数据发展行动纲要》关于"发现新知识、创造新价值、提升新能力"要求，构建各类主题数据。

（八）作者时间

姓名：×××。

单位：××××。

日期：××××年××月××日。

本节思考题

1. 信息系统应用控制审计包括哪些重要内容？

2. 怎样编写信息系统应用控制审计的应用规划控制审计、应用能力控制审计、数据资源控制审计、分析模型控制审计、新技术运用控制审计的审计案例？

第四节 网络控制审计案例

一、网络布局审计案例

（一）背景材料

某单位拟对网络系统布局进行检查，情况如下：

（1）互联网系统布局。在互联网上布局了单位门户网站、单位业务系统，并构建了基于互联网的数据中心。

（2）政务外网系统布局。在政务外网上布局了单位管理系统、共享平台、运维系统、安全系统,并构建了基于政务外网的数据中心。

(3)互联网与政务外网的互联情况。互联网与政务外网之间没有设置互联互通,需要数据沟通时通过人工处理。

(二)案例名称

某单位网络布局审计。

(三)审计事项

网络控制——网络系统。

(四)基本情况

(1)审计机构于何时对企业信息系统网络布局进行审计。

(2)审计范围:对互联网、政务外网的布局进行审计。

①该单位在互联网上布局了单位门户网站、单位业务系统,并构建了基于互联网的数据中心。

②该单位在政务外网上布局了单位管理系统、共享平台、运维系统、安全系统,并构建了基于政务外网的数据中心。

③该单位互联网与政务外网之间没有设置互联互通,需要数据沟通时通过人工处理。

(五)分析流程

分析流程如图6-24所示。

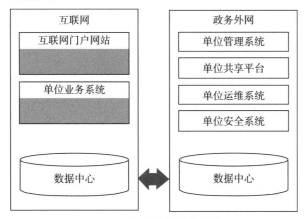

图6-24　网络布局数据分析

(1)互联网系统布局分析。布局了单位门户网站、单位业务系统,并构建了基于互联网的数据中心。

(2)政务外网上布局分析。布局了单位管理系统、共享平台、运维系统、安全系统,并构建了基于政务外网的数据中心。

(3)互联网与政务外网互联分析。两者之间没有设置互联互通,需要数据沟通时通过人工处理。

(六)发现问题

(1)互联网布局不合理。互联网布局门户网站是可以的,但布局业务系统是不合理的。《国家信息化领导小组关于我国电子政务建设指导意见》(中办发〔2002〕17号)指出:政务外网是政府的业务专网主要运行政务部门面向社会的专业性服务业务和需在内网上运行的业务。

(2)含有业务数据的数据中心部署在互联网是不合理的。《国家信息化领导小组关于我国电子政务建设指导意见》(中办发〔2002〕17号)关于"政务外网是政府的业务专网"的规定,含有业务数据的数据中心部署也部署在政务外网。

(3)互联网与政务外网通过人工交互信息不合理。该单位互联网与政务外网之间没有设置互联互通,需要数据沟通时通过人工处理,是不合理的。根据本书提供的互联网与政务外网之间的互联规则:互联网与政务外网之间逻辑隔离,可以通过国家指定的双向交换设备和相关的安全措施,实现两方之间在逻辑隔离条件下的互联互通。

(七)审计意见

(1)业务系统不应部署在互联网。根据《国家信息化领导小组关于我国电子政务建设指导意见》(中办发〔2002〕17号)关于"政务外网是政府的业务专网"的规定,业务系统应部署在政务外网。

(2)应在政务外网整合共享数据中心。在互联网、政务外网同时部署数据中心不合理。根据《国家信息化领导小组关于我国电子政务建设指导意见》(中办发〔2002〕17号)关于"政务外网是政府的业务专网"的规定,建议在政务外网整合数据中心并实现共享。

(3)实施互联网与政务外网逻辑隔离条件下的双向交换。根据本书提供的互联网与政务外网实施逻辑隔离条件下双向交换的互联规则,可采用国家指定的双向交换设备和相关安全措施,实现互联网与政务外网实施逻辑隔离条件下双向交换。

(八)作者时间

姓名:×××。
单位:××××。
日期:××××年××月××日。

二、计算存储利用率审计案例

(一)背景资料

某单位拟对计算存储系统利用率进行检查,情况如下:

(1)计算系统CPU利用率有的过低,有的过高。CPU利用率一般是在50%左右,但该单位管理信息系统的CPU利用率通常低于10%。业务信息系统的CPU利用率通常高于95%。

(2)计算系统内存利用率不正常。网站服务器配置2核4G,内存利用率通常在60%。但最近几个月不知什么原因,内存利用率通常达90%以上。

（3）存储系统利用率过低。该单位存储系统的空间利用率长期只有15%，而吞吐量指标显得较为紧张。

（二）案例名称

某单位计算存储利用率审计案例。

（三）审计事项

网络控制——计算/存储。

（四）基本情况

（1）审计机构于何时对企业计算存储系统进行审计。

（2）审计范围：对网站、业务和管理系统的计算存储进行审计。

①该单位有互联网网站系统，外网有业务信息系统、管理信息系统。

②该单位管理信息系统的CPU利用率通常低于10%，业务信息系统的CPU利用率通常高于95%。

③该单位网站服务器配置2核4G，内存利用率通常在60%。但最近几个月不知什么原因，内存利用率通常达90%以上。

④该单位管理信息系统的存储空间利用率长期只有15%，业务信息系统的存储空间利用率高达90%以上。

（五）分析流程

1. 服务器CPU利用率分析

（1）总体分析。CPU利用率用来描述CPU的使用情况，使用率越高说明机器在这个时间上运行了很多程序，反之较少。

（2）CPU利用率检查。利用CPU利用率测试工具进行检查，发现在CPU中运行多程序，导致CPU利用率过高。

（3）CPU利用率恢复。因CPU中同一时间是只能做一件事，采用分时多任务操作系统对CPU分时间片使用，同时对同一时间内过多的应用进程进行控制，CPU利用率就恢复正常了。

2. 服务器内存利用率分析

（1）总体分析。内存使用率就是系统和应用程序占用物理内存的百分比，程序开启越多，内存使用率越高。

（2）检查内存运用。打开任务管理器，可以看到计算机内存使用情况。

（3）内存占用清理。利用360安全卫士等工具，扫描出许多占用内存的软件及垃圾，进行未用软件和垃圾的清理。

（4）内存恢复正常。内存占用过高的原因在于未用软件和垃圾过多，要及时清理。

3. 存储系统空间利用率分析

（1）总体分析。存储系统空间利用率过低或过高的一个原因是对存储存储系统空间需求量测算得不准,需求量测算过低导致利用率不足,测算过高导致利用率过低。

$$存储系统空间需求量 = \left\{ 原始数据存储量 + \sum_n^1 \left[年度数据存储量_i \times (1 + 增长系数) \right] \right\} \times$$
$$(1 + 存储设备空间系数) \tag{6-1}$$

式中:原始数据存储量为新建系统前的结构化、半结构化、非结构化的所有数据存储量;年度数据存储量为新建系统每年数据存储量,其中 i 为规划年度且一般为 1 至 5 年;增长系数为确定的每年数据中心各类数据总的增长量;存储设备空间系数为存储设备空间与存储数据空间的比值,一般为140%。

(2)存储系统空间利用率检查。

方法一:利用任务管理器检查存储空间。

方法二:利用df命令检查磁盘空间信息。

df‐hl

Filesystem Size Used Avail Use% Mounted on

/dev/hda2 45G 19G 24G 44%/…

(3)存储系统空间利用率正常。采用去除多余信息、与空间占用率较低的存储交换使用等方法,使存储系统空间利用率正常。

(六)发现问题

(1)服务器CPU运行不正常。该单位管理信息系统的服务器利用率通常低于10%,业务信息系统的服务器利用率通常高于95%,有两个原因:一是服务器CPU配置不好,管理信息系统没有配置相适应的CPU,业务信息系统没有配置较高的CPU。二是没有采用分时多任务操作系统对CPU进行分时间片使用以提高CPU利用率。

(2)服务器内存利用率不正常。经检查,服务器中占用内存的软件和垃圾过多,没有进行及时清除,导致近期内存利用率通常达90%以上。

(3)存储系统空间占用率不正常。该单位管理信息系统的空间利用率长期只有15%,业务信息系统的存储空间利用率高达90%以上。原因由两个:一是存储空间测算方法不准。对存储系统空间需求量测算不准,导致存储系统空间大于或小于存储数据需求量。二是没有及时清除存储空间。检查时采用去除多余信息、与空间占用率较低的存储交换使用等方法,使存储系统空间利用率正常。

(七)审计意见

(1)服务器CPU的保障措施。根据服务器CPU配置的信息系统工作规则,一是对管理信息系统、业务信息系统的服务器CPU进行重配,满足不同系统的CPU需求。二是采用分时多任务操作系统对CPU进行分时间片使用,提高业务信息系统CPU的利用率。

(2)服务器内存利用率的保障措施。根据服务器内存利用率的信息系统工作规则,应当及时清除服务器中占用内存的软件和垃圾,避免较高的内存利用率。

(3)存储系统空间占用率的保障措施。根据服务器CPU配置的信息系统工作规则,一是采用符合规则的存储空间测算方法,并按不同的存储数据需求量进行存储空间容量设备的配置。二是采用及时清除存储空间的方法,检查时采用去除多余信息、与空间占用率较低的存储交换使用等方法,使存储系统空间利用率正常。

(八)作者时间

姓名:×××。
单位:××××。
日期:××××年××月××日。

本节思考题

1. 信息系统网络控制审计包括哪些重要内容?
2. 怎样编写信息系统网络控制审计的网络系统控制审计、计算系统控制审计、存储系统控制审计、备份系统控制审计、机房系统控制审计的审计案例?

第五节　安全控制审计案例

信息系统安全控制审计案例包括网络安全、等级保护、风险评估、应急预案等。本书例举某单位信息系统集约化审计案例、某单位数据治理审计案例。

一、网络安全审计案例

(一)背景资料

××××年,某单位信息系统连续发生了多起安全事件:病毒入侵事件、网络断网事件和数据窃取事件。

该单位信息中心领导立即组织了网络安全保障审计,以保障网络空间的安全可靠,保障承载业务的健康运行。

(二)案例名称

某单位网络安全保障审计。

(三)审计事项

安全控制——网络安全。

(四)基本情况

(1)审计机构于何时对企业网络安全保障进行审计。
(2)审计范围:对网络安全、组织管理、运行维护进行审计:
①网络安全监控系统检查。该单位原来有网络安全监控系统不知何故已经停运2年,导致信息系统缺乏及时监控。
②网络安全"三大员"组织机制检查。该单位仅在××处室设置网络管理员、安全检查员、安全

审计员，设置未在信息中心，信息中心缺乏统一的人员监控和应急措施机制。

③网络安全运维管理检查。该单位网络安全制度不完整、执行不严格，导致安全事件连续发生。

（五）分析流程

1. 网络安全监控系统分析

该单位原来有一套信息系统的监控系统，负责对应用数据、计算存储、网络安全、机房设施的监控，并分屏显示。

监控系统停运。由于某种原因监控系统已经停运2年，导致信息系统缺乏及时监控，连续发生3起安全事件未能及时发现。

2. 网络安全"三大员"组织机制分析

如果有系统管理员、安全管理员、审计管理员的"三大员"，能够看到监控显示，可以立即向信息中心主任提出事件事实、风险评估、应急预案。

但是，该单位在××处室设置了"三大员"，未在信息中心设置，导致事件发生未能及时报告（图6-25）。

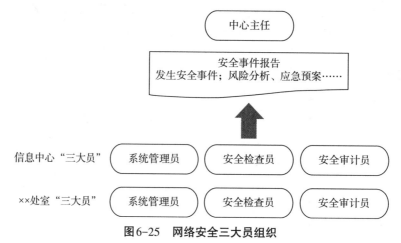

图6-25　网络安全三大员组织

3. 网络安全运维管理检查

（1）缺乏安全运维巡检记录。采用人工方式对安全设备的运行情况进行监控，未形成记录。未对安全设备产生的安全日志进行分析并监控。

（2）操作系统补丁更新不及时。近年来未对服务器和终端的操作系统的补丁进行定期更新。

（3）防病毒客户端安装率低、病毒库授权过期。运维处室提供了防病毒客户端，但未对安装率进行监督。

（4）用户操作行为审计不完善。防火墙及部分安全设备不通过堡垒机进行统一登录管理，存在运维人员直接访问设备的情况，同时修改访问控制策略时无人员进行复核，无人监管操作过程。

（六）发现问题

（1）缺乏网络安全监控系统。该单位原来有一套信息系统的监控系统，由于某种原因已经停运2年，导致信息系统缺乏及时监控，连续发生3起安全事件未能及时发现。

（2）信息中心缺乏网络安全"三大员"。××处室"三大员"未就安全事件及时报告,导致信息中心主任未及时得到安全事件的事实信息,也未得到风险评估、应急预案的信息。

（3）网络安全运维缺乏管理。有制度但贯彻落实不具体,导致缺乏安全运维巡检记录、缺乏操作系统补丁未及时更新、防病毒客户端安装率低、病毒库授权过期、防火墙及部分安全设备的堡垒机缺乏统一登录管理等。

（七）审计意见

1. 应立即启动网络安全监控系统

根据国家标准《基本要求》关于"应核查是否部署了具备运行状态监测功能的系统或设备,能够对网络链路、安全设备、网络设备和服务器等的运行状况进行集中监测"的规定,信息中心应立即启动网络安全监控系统,实施对应用系统、数据资源、网络设备、计算设备、存储设备、备份设备、机房设备等各类软件、硬件运行指数的集中监测,报道各类安全事件的发生。

2. 应立即组织信息中心"三大员"和工作制度

根据国家标准《基本要求》关于"应设立系统管理员等岗位,并定义各个工作岗位的职责"的规定,信息中心应立即设置系统管理员、安全管理员、安全审计员的组织机制和工作要求,通过"三大员"对信息系统的网络安全监控,及时发现安全事件,及时研究安全风险,及时提出应急预案,把安全事件控制在系统监控、"三大员"报告、组织预防之中。

3. 应加强网络安全运维管理检查

（1）加强安全运维巡检和记录。根据国家法规类、标准类的规定,加强对安全设备运行情况的及时监控,对安全设备产生的安全日志进行分析和监控。

（2）加强操作系统补丁的更新。根据国家法规类、标准类的规定,应加强对服务器和终端的操作系统补丁的定期更新。

（3）加强防病毒客户端安装、病毒库授权。根据国家法规类、标准类的规定,应加强对防病毒客户端检查和安装率的监督。

（4）加强用户操作行为的完善。根据国家法规类、标准类的规定,加强防火墙及部分安全设备堡垒机的统一登录管理,运维人员应加强对访问设备、访问控制策略的复核和监管。

（八）作者时间

姓名:×××。

单位:××××。

日期:××××年××月××日。

二、网络安全等级保护审计案例

（一）背景资料

××××年,某单位在信息系统等级保护备案之后,完成了等级保护的安全设施建设,为迎接等级保护测评,按照《测评要求》国家标准要求,开展了等级保护的内部审计。需要审计的内容如下：

(1)安全测评通用技术要求测评指标和建设完成情况。

(2)安全测评通用管理要求测评指标和建设完成情况。

(3)安全测评专项扩展要求测评指标和建设完成情况。

(二)案例名称

某单位网络安全等级保护审计。

(三)审计事项

安全控制——等级保护。

(四)基本情况

(1)审计机构于何时对单位网络安全等级保护进行审计。

(2)审计范围：按照国家《测评要求》进行审计：

①安全测评通用技术要求测评指标的建设情况。

②安全测评通用管理要求测评指标的建设情况。

③安全测评专项扩展要求测评指标的建设情况。

(五)分析流程

1. 通用技术指标建设情况

通用技术指标包括安全物理环境、安全通信网络、安全区域边界、安全计算环境、安全管理中心5类指标。审计发现如下问题。

(1)安全计算环境的可信验证。发现系统缺乏可信验证技术。理由：缺乏基于可信根的系统引导程序、系统程序、重要配置参数和应用程序；缺乏应用程序的关键执行环节的动态可信验证；缺乏计算设备可信性受到破坏后报警；验证结果是否以审计记录的形式送至安全管理中心(图6-26)。

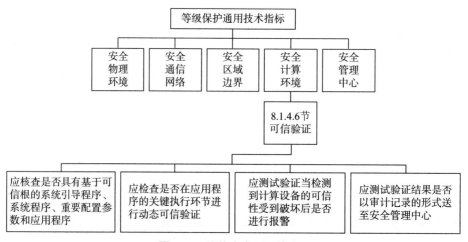

图6-26　网络安全通用技术1

(2)安全计算环境的系统管理。发现系统管理中存在问题。理由：系统管理员身份认证采用用户名+口令认证，没有采用Key+Pin码的强认证，容易被其他用户随意使用。系统管理员难以通过特定的命令进行系统管理操作。系统管理员操作的审计不严密(图6-27)。

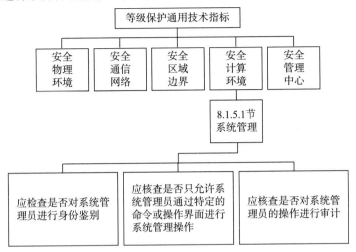

图6-27　网络安全通用技术2

2. 通用管理指标建设情况

通用管理指标包括安全管理制度、安全管理机构、安全管理人员、安全建设管理、安全运维管理5项指标。审计发现如下问题。

(1)安全物理环境的管理制度。发现管理制度不完整。理由：各类管理内容建立的安全管理制度不完整、时间要求不具体。安全管理制度没有覆盖物理、网络、主机系统、数据、应用、建设和运维等管理内容(图6-28)。

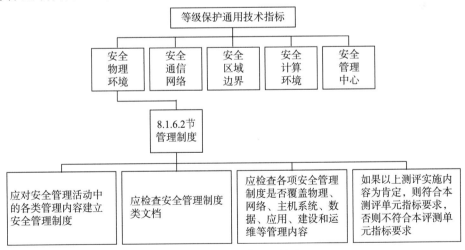

图6-28　网络安全通用技术3

(2)安全管理中心的环境管理。发现环境管理存在问题。理由：访谈安全管理人员指派部门和人员进行安全管理，但实际上进出机房的人员较为随意、基础设施的维护也较为随意。检查机房的出入登记记录，最初来访人员、来访时间、离开时间、携带物品等信息完整，但一段时间后登记信息就不完整了(图6-29)。

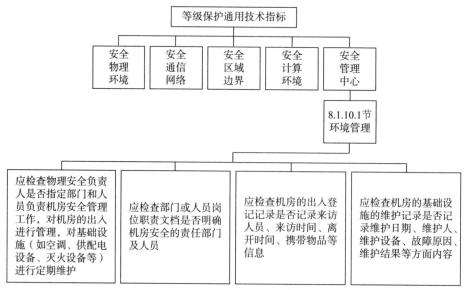

图6-29　网络安全通用技术4

3. 专项扩展指标建设情况

专项扩展指标包括云计算安全测评、移动互联安全测评、物联网安全测评、工业控制系统安全测评4项指标。审计发现如下问题。

(1)云计算安全测评扩展的安全通信网络。发现环境管理存在问题。理由:检查托管的云计算平台保护等级应为三级,而托管的业务应用系统中有四级。检查托管的云平台、业务应用系统的等级保护定级备案不属于同一管理部门,需要进行协商(图6-30)。

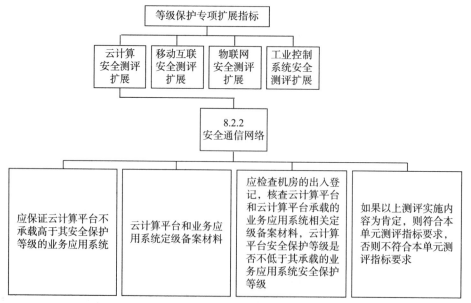

图6-30　网络安全扩展要求1

(2)移动互联扩展的安全计算环境。发现安全计算环境存在问题。理由:检查移动终端安装、注册并运行终端管理客户端软件,发现终端客户端软件不完整,缺乏移动终端不同时间进入互联网、进入政务外网时,对权限、数据的保护。检查该单位平台对移动终端和移动终端管理系统的服务,发现缺乏对移动终端不同时间进入互联网、进入政务外网时的不同的保护(见图6-31)。

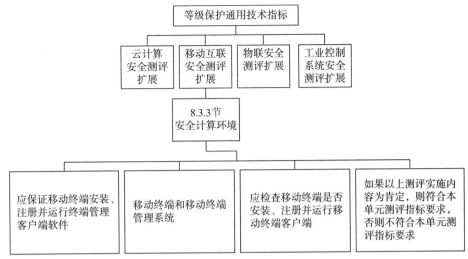

图6-31　网络安全扩展要求2

(六)发现问题

(1)安全计算环境方面没有采用可信验证技术。缺乏基于可信根的系统引导程序、系统程序、重要配置参数和应用程序;缺乏应用程序的关键执行环节的动态可信验证;缺乏计算设备可信性受到破坏后报警。

(2)安全计算环境的系统管理存在问题。系统管理员身份认证采用用户名+口令认证,没有采用Key+Pin码的强认证,容易被其他用户随意使用。系统管理员也难以通过特定的命令进行系统管理操作。

(3)安全物理环境的管理制度不完整。各类管理内容建立的安全管理制度不完整、时间要求不具体。安全管理制度没有覆盖物理、网络、主机系统、数据、应用、建设和运维等管理内容。

(4)安全管理中心的环境管理存在问题。访谈安全管理人员指派人部门和人员进行安全管理,但实际上出入机房的人员较为随意、基础设施的维护也较为随意。检查机房的出入登记记录,最初有来访人员、来访时间、离开时间、携带物品等信息完整,但一段时间后登记信息就不完整了。

(5)云计算安全测评扩展的安全通信网络存在问题。检查要求是托管的云计算平台保护等级为三级,而托管的业务应用系统中有四级。检查托管的云平台、托管的业务应用系统的等级保护定级备案不属于同一管理部门,需要进行协商。

(6)移动互联扩展的安全计算环境存在问题。检查移动终端安装、注册并运行终端管理客户端软件,发现终端客户端软件不完整,缺乏移动终端不同时间进入互联网、进入政务外网时对权限、数据的保护。检查该单位平台对移动终端和移动终端管理系统的服务,发现缺乏对移动终端不同时间进入互联网、进入政务外网时的不同的保护。

(七)审计意见

(1)加强安全计算环境的可信验证。根据《测评要求》关于安全计算环境可信验证的要求,应加强基于可信根的系统引导程序、系统程序、重要配置参数和应用程序,加强应用程序的关键执行环节的动态可信验证,加强计算设备可信性受到破坏后报警。

(2)加强安全计算环境的环境管理。根据《测评要求》关于安全管理中心的环境管理要求,加强访谈安全管理人员指派人部门和人员进行安全管理,加强对机房出入来访人员、来访时间、离开时间、携带物品的登记记录。

(3)加强安全物理环境的管理制度。根据《测评要求》的规定,应加强各类管理内容建立的安全管理制度,安全管理制度应当覆盖物理、网络、主机系统、数据、应用、建设和运维等管理内容。

(4)加强云计算安全测评扩展的安全通信网络。根据《测评要求》的规定,应加强托管的云计算平台与托管的业务系统等级保护的一致性。

(5)加强移动互联扩展的安全计算环境。根据《测评要求》的规定,应加强移动终端安装、注册并运行终端管理客户端软件,加强服务平台对移动终端不同时间进入互联网、进入政务外网时对权限、数据的保护。

(八)作者时间

姓名:×××。

单位:××××。

日期:××××年××月××日。

本节思考题

1. 信息系统审计案例规范包括哪些内容?

2. 怎样编写信息系统安全控制审计的网络安全控制审计、等级保护控制审计、风险评估控制审计、应急预案控制审计的审计案例?